Raffée / Wiedmann
(Hrsg.)
Strategisches
Marketing

VERLAG
C. E. POESCHEL

Hans Raffée / Klaus-Peter Wiedmann (Hrsg.)
Unter Mitarbeit von Ralf Kreutzer

Strategisches Marketing

Ungekürzte Sonderausgabe

C. E. Poeschel Verlag Stuttgart

Herausgeber:
Prof. Dr. Hans Raffée, Lehrstuhl für Allgemeine Betriebswirtschaftslehre und Absatzwirtschaft II an der Universität Mannheim.
Dipl.-Kfm. Klaus-Peter Wiedmann, wissenschaftlicher Mitarbeiter am Lehrstuhl für Allgemeine Betriebswirtschaftslehre und Absatzwirtschaft II an der Universität Mannheim.

CIP-Titelaufnahme der Deutsche Bibliothek

Strategisches Marketing /
Hans Raffée; Klaus-Peter Wiedmann (Hrsg.).
Unter Mitarb. von Ralf Kreutzer.
– 2. Aufl., ungekürzte Sonderausg. – Stuttgart: Poeschel, 1989
ISBN 3-7910-0513-8
NE: Raffée, Hans [Hrsg.]

ISBN 3 7910 0513 8

Einbandgestaltung: B, O & R, Frankfurt
Druck: Gulde-Druck GmbH, Tübingen
Printed in Germany

Vorwort

Marketing auf neuen Wegen: Strategisches Marketing.

Sowohl in der Unternehmenspraxis als auch in der wissenschaftlichen Diskussion finden heute Fragen des strategischen Marketing bzw. der strategischen Unternehmensführung besondere Aufmerksamkeit. Im Zentrum steht hier die Forderung, über die Bewältigung des Tagesgeschäfts hinaus alle Unternehmensaktivitäten in strategische Überlegungen einzubinden, die jeweils darauf ausgerichtet sind, die Erfolgspotentiale des Unternehmens aufzubauen, voll auszuschöpfen und langfristig zu sichern. Kennzeichnend für diese Betrachtungsweise ist die Hervorhebung einer *langfristigen und ganzheitlichen* Perspektive.

Die langfristige Perspektive umfaßt dabei vor allem den Blick in das nächste Jahrzehnt und damit verbundene Fragestellungen einer Langfristplanung oder speziell der Festlegung langfristiger Grundsatzentscheidungen: Wie soll die Unternehmensentwicklung langfristig verlaufen? Wo wollen wir im Jahr 2000 stehen? Aber gerade auch bei eher kurzfristig angelegten Maßnahmenprogrammen ist jeweils nach langfristigen Folgewirkungen zu fragen: Welche Konsequenzen ergeben sich bspw. aus bestimmten Sonderpreisaktionen? Wird damit etwa eine »Sonderpreismentalität« bei den Verbrauchern gefördert, die mittel- oder langfristig die Erfolgsaussichten einer Markenstrategie erheblich beeinträchtigt?

Nach Maßgabe der ganzheitlichen Perspektive ist zum einen immer die Unternehmung als Ganzes in den Mittelpunkt von Planungsüberlegungen zu stellen: Entscheidend ist also nicht die Optimierung einzelner Teilbereiche, sondern ein harmonisches Gesamtkonzept! Zum anderen erfordert ein ganzheitliches Denken eine andere Sicht der Umwelt bzw. der Beziehung zwischen der Unternehmung und ihrer Umwelt. Im Gegensatz zur isolierend-abstrahierenden Betrachtung einzelner Umweltsektoren oder -komponenten müssen gerade wechselseitige Beziehungen, Strukturen und Prozesse Beachtung finden. So dürfen bspw. ökonomische Konstellationen wie etwa stagnierende und schrumpfende Märkte nicht isoliert von allgemeinen gesellschaftlichen Entwicklungen (z. B. Wertwandlungsprozessen) gesehen werden. Ebenso unzweckmäßig ist die für das Marketingdenken vieler Unternehmen noch typische Betrachtung des Kunden als »Homo Consumiensis«: Wer den Kunden lediglich in seiner Rolle als Nachfrager und Verbraucher sieht, wird nicht in der Lage sein, ihn zu verstehen, seine Bedürfnisse zu ergründen und ihm entsprechende Problemlösungen in Gestalt von Gütern anzubieten.

Die Notwendigkeit einer langfristigen und ganzheitlichen Perspektive und damit einer stärker strategisch ausgerichteten Unternehmensführung im allgemeinen, des

Marketing im besonderen, resultiert wesentlich aus Umweltveränderungen, mit denen neue Herausforderungen (Chancen und Risiken) für alle Unternehmen verbunden sind. Zu erwähnen sind hier einerseits generell die gestiegene Dynamik und Komplexität der Umwelt und in Verbindung damit vor allem die sog. Diskontinuitäten – Strukturbrüche in den bislang zumeist als kontinuierlich betrachteten Entwicklungslinien, die zahlreiche Unternehmen vor strategische Überraschungen stell(t)en. Auf der anderen Seite müssen konkrete Veränderungen Berücksichtigung finden, die sich in verschiedenen Umweltkomponenten vollzogen haben. Exemplarisch hervorzuheben sind etwa Aspekte wie stagnierende und schrumpfende Märkte, erhöhter Wettbewerbsdruck, technologische Dynamik, ökologische Krisen, Wertwandlungsprozesse etc.

Um den angesichts dieser Entwicklungen verstärkt in Bedrängnis geratenen Unternehmen neue Erfolgschancen zu eröffnen, werden heute verschiedene Konzepte als Grundlage einer effizienten strategischen Unternehmensführung angepriesen. Einen relativ breiten Raum nahmen hier zunächst Bemühungen ein, Informations- und Planungsinstrumente zu entwickeln, mit deren Hilfe sich die Chancen/Risiken sowie Stärken/Schwächen eines Unternehmens umfassend und möglichst frühzeitig erkennen lassen. Einen ersten Schritt in diese Richtung stellte insbesondere die Entwicklung der *Portfolio-Analyse* dar, die inzwischen in zahlreichen Varianten vorliegt und – obwohl z. T. heftig kritisiert – im Repertoire moderner Instrumente der strategischen Analyse ihren festen Platz hat.

Während in einer ersten Phase allein die Einsatzmöglichkeiten unterschiedlicher Konzepte der strategischen Analyse im Mittelpunkt standen, verlagert sich inzwischen der Schwerpunkt zugunsten einer intensiveren *Diskussion strategischer Handlungsalternativen* als Antwort auf die sich neu stellenden Herausforderungen. Beachtung finden dabei etwa Herausforderungen, die sich aus stagnierenden und schrumpfenden Märkten, dem erhöhten Wettbewerbsdruck, den Konzentrationsprozessen im Handel, der Internationalisierung von Märkten, der technologischen Dynamik, den gesellschaftlichen Veränderungen und dem Wertewandel ergeben.

In Verbindung mit strategischen Analyseinstrumenten und strategischen Handlungsprogrammen werden schließlich z. T. auch *Fragen eines organisationalen Wandels* als Voraussetzung einer effizienten strategischen Unternehmensführung diskutiert. Mit dem Konzept der Portfolio-Analyse verbindet sich etwa die Forderung, sog. strategische Geschäftseinheiten einzurichten; die Auseinandersetzung mit technologieorientierten Wettbewerbsstrategien läßt u. a. Ansatzpunkte einer Abstimmung zwischen F&E und Marketing immer wichtiger erscheinen und im Kontext der Konzentrationsprozesse im Handel wird z. B. eine stärkere Hinwendung zum Konzept des Key Account Management gefordert. Trotz dieser Ansätze sind auf's Ganze gesehen jedoch gerade im Bereich der Schaffung organisationaler Voraussetzungen noch erhebliche Defizite zu verzeichnen. Nur langsam setzt sich die Erkenntnis durch, daß es sich hier um ein zentrales Aufgabengebiet einer erfolgssichernden strategischen Unternehmensführung handelt. Neben Fragen der

Gestaltung der formalen Organisationsstruktur rücken dabei vor allem Aspekte der *Personalplanung*, des *Management Development* und last not least Ansatzpunkte im Sektor der *Unternehmensphilosophie, der Unternehmenskultur sowie des Organisationsklimas* in den Mittelpunkt des Interesses. Speziell die richtungsweisende Bedeutung einer adäquaten Unternehmens- und Managementphilosophie, die etwa in Unternehmensleitlinien oder -grundsätzen niedergelegt ist, wird in zunehmendem Maße auch von der Praxis erkannt. Zumindest einzelne Unternehmen besinnen sich darauf, an den Anfang ihres Bemühens um eine strategische Unternehmensführung bzw. ein strategisches Marketing die kritische Reflexion der im Unternehmen vorherrschenden Überzeugungen, Denk- und Werthaltungen zu stellen. Damit wird der Erkenntnis Rechnung getragen, daß es wesentlich darauf ankommt, die Unternehmens- und speziell die Managementphilosophie zu ändern, um neue Herausforderungen erkennen und adäquat beantworten zu können: Neue Informations- und Planungsinstrumente, Strategieprogramme und Konzepte zur Gestaltung der Organisationsstruktur nützen wenig, wenn die für ihre effiziente Nutzung erforderliche Neuorientierung nicht vorliegt.

Zum Hintergrund und Inhalt dieses Bandes

Aus der Fülle der Probleme und möglicher Problemlösungsansätze einer strategischen Unternehmensführung können im vorliegenden Band nur einige ausgewählte Aspekte aufgegriffen werden. Im Hinblick auf mögliche Problemlösungsansätze wird bspw. darauf verzichtet, das Konzept des Strategischen Marketing mit anderen Managementkonzeptionen (Konzept des Strategischen Management, Konzept des Evolutionsmanagement etc.) zu kontrastieren und in eine detaillierte »Theoriediskussion« einzusteigen. Kennzeichnend für diese Aufsatzsammlung ist vielmehr eine pragmatische Perspektive, bei der die Suche nach Gestaltungshilfen für die Unternehmenspraxis im Zentrum steht. Dies führt dazu, daß in einigen Beiträgen z.T. Ideen und Gestaltungsansätze vorgestellt werden, die aus anderen Managementkonzeptionen stammen. Wenn wir dennoch den Titel »Strategisches Marketing« gewählt haben, so liegt dem die Überzeugung zugrunde, daß strategische Unternehmensführung in praxi nach wie vor durch eine Markt- bzw. Marketingorientierung geprägt sein muß. Damit ist allerdings nicht ausgeschlossen, daß die bislang in der Marketingwissenschaft vorliegenden Ansätze erweiterungs- und ergänzungsbedürftig sind und andere Managementkonzeptionen hierzu entscheidende Anregungen zu vermitteln vermögen.

Die stärker praxisbezogene Ausrichtung dieses Buches hat ihren Ursprung nicht zuletzt darin, daß die Idee dazu auf das »4. Mannheimer Marketing Seminar« zurückgeht, das vom Institut für Marketing, Universität Mannheim, am 14. und 15. Oktober 1983 veranstaltet wurde und unter dem Motto »Strategisches Marketing» stand. Dieses Seminar richtete sich speziell an Marketing-Praktiker und sollte ihnen Anregungen in einem Bereich vermitteln, der bis dahin in zahlreichen Unternehmen noch zu wenig Beachtung gefunden hatte. Nach den einführenden Vorträgen seitens der Veranstalter befaßten sich die Referate zunächst mit Beispielen erfolgreicher Marketing-Konzeptionen. Vorgestellt wurden hier die Marketing-Konzeption des Hauses IKEA und des Hauses STIHL, die beide bereits mit dem deutschen Marketingpreis ausgezeichnet worden waren. Die Vorträge von Firmenvertretern beider Marketing-Preisträger ließen deutliche Unterschiede erkennbar werden: Während bei STIHL die konsequente Nutzung der modernen Marketingtechnologie eine zentrale Rolle spielte, sind es bei IKEA noch eher die Ausgangsidee des Firmengründers und eine gewisse Zurückhaltung gegenüber dem Einsatz verschiedener Instrumente der strategischen Analyse, die für das »strategische Marketingverständnis« charakteristisch waren.

Den Schwerpunkt der weiteren Referate bildete die Frage nach den Einsatzmöglichkeiten strategischer Analyseinstrumente. Wichtige Anstöße sollten hier einerseits Vorträge seitens einzelner Vertreter verschiedener Unternehmensberatungsgesellschaften (Arthur D. Little International; Battelle Institut; Boston Consulting Group; Kienbaum; Baumgartner u. Partner) bieten, andererseits jedoch gerade auch Stellungnahmen zu diesem Thema von Seiten der Praxis. Letzteres erfolgte vor allem durch Herrn Prof. Dr. Alois Gälweiler (Brown Boverie & Cie., Mannheim). Sein Vortrag stellte einen der Höhepunkte der Veranstaltung dar. Dies keinesfalls allein aufgrund profunder Sachkenntnis, sondern insbesondere auch durch seinen Vortragsstil, mit dem er alle Teilnehmer zu faszinieren vermochte. Mit dem Tod von Herrn Prof. Dr. Alois Gälweiler am 6. Januar 1984 bleibt unter den Experten strategischer Planung eine Lücke zurück, die sich nicht schließen läßt.

Weitere Referate der Veranstaltung befaßten sich schließlich noch mit der Frage nach der organisationalen Verankerung eines strategischen Marketing und dem Problem der Umsetzung des strategischen Marketing in das operative Marketing.

Von den insgesamt dreizehn Vorträgen des »4. Mannheimer Marketing Seminars« sind elf in den vorliegenden Band eingeflossen. Darüber hinaus enthält er jedoch zahlreiche weitere Beiträge, die das der Seminarveranstaltung zugrundeliegende Konzept erweitern sollen. In dieser Erweiterung ist auch der Grund für die zeitliche Verzögerung zwischen dem Veranstaltungstermin des Seminars und dem Erscheinen dieses Bandes zu suchen. Wir haben diese Verzögerung jedoch deshalb in Kauf genommen, um Beiträge weiterer Experten aus Praxis und Wissenschaft (nicht zuletzt den von McKinsey) mitaufnehmen zu können.

Der Band gliedert sich in vier Kapitel. Das Kapitel A dient zur Hinführung und enthält einen Beitrag von Raffée, in dem die Grundgedanken einer Konzeption des Strategischen Marketing skizziert werden, sowie die von Mayr (STIHL) und Knappstein (IKEA) vorgestellten Praxisfälle eines erfolgreichen Marketing.

Kapitel B beschäftigt sich dann zunächst mit den Ansatzpunkten einer strategischen Marketing- bzw. Unternehmensplanung. Im Zentrum stehen hier die Beiträge von Gälweiler und den Vertretern verschiedener Unternehmensberatungsgesellschaften (Droege, Laukamm, Strüven/Herp und Timmermann), die aus ihrer Perspektive zentrale Problemlösungsansätze vorstellen. Hinzu kommen zwei Überblicksbeiträge, die in den Problembereich der strategischen Marketingplanung (Wiedmann/Kreutzer) und den der Prognose (Raffée) einführen sollen. Abgerundet wird das Kapitel B durch den Beitrag von Kreikebaum, der sich mit organisationalen Problemen der strategischen Marketingplanung befaßt.

Den Schwerpunkt des Kapitels C bilden mögliche Ansatzpunkte im Sektor einer strategischen Früherkennung – einem gerade im Zeichen zunehmend diskontinuierlich verlaufender Umweltentwicklungen zentralen Aufgabenfeld der strategischen Marketingplanung. Nach dem Überblicksbeitrag von Wiedmann präsentieren hier Krampe einen vom Battelle Institut entwickelten Ansatz auf der Basis sog. struktureller Trendlinien, Müller den im Sektor eines strategischen Informationsmanagements anzusiedelnden STAR-Ansatz, Merkle verschiedene Möglichkeiten der Patentanalyse und schließlich Wiedmann/Löffler Ansatzpunkte von Portfolio-Simulationen und -Planspielen als Unterstützungssysteme einer strategischen Früherkennung.

Im Kapitel D werden zentrale Herausforderungen an Unternehmen sowie mögliche strategische Antworten auf diese Herausforderungen aufgezeigt. Den Einstieg in dieses Kapitel gibt Dichtl mit seinem Überblicksbeitrag »Marketing vor neuen Herausforderungen«. Im Anschluß daran greifen dann Meffert und Specht/Zörgiebel strategische Gestaltungsalternativen im Zeichen des sich verschärfenden Wettbewerbs auf, und zwar einmal vor dem Hintergrund stagnierender und schrumpfender Märkte (Meffert) und zum anderen im Kontext technologischer Herausforderungen (Specht/Zörgiebel). Mit dem Thema »Global Marketing« wird im Beitrag von Kreutzer ferner ein zentraler Problemaspekt im Zusammenhang mit der zunehmenden Internationalisierung von Märkten behandelt. Aufmerksamkeit finden schließlich insbesondere Herausforderungen im Kontext von Wertwandlungsprozessen (vgl. die Beiträge von Raffée/Wiedmann »Wertewandel« und »Corporate Communications«) und speziell der Verbraucherbewegung. Letzteres findet seinen Niederschlag im Beitrag von Fritz, der sich auf mögliche strategische Antworten auf die sich aus der Tätigkeit der Stiftung Warentest ergebenden Herausforderungen bezieht, sowie dem Beitrag von Hansen/Raabe/Stauss, der sich mit der Einrichtung von Verbraucherabteilungen als einer strategischen Gestaltungsperspektive beschäftigt.

Daß dieses Konzept unseres Bandes »Strategisches Marketing« verwirklicht werden konnte, ist das Verdienst vieler, bei denen wir uns an dieser Stelle noch einmal sehr herzlich bedanken. Hervorzuheben sind zunächst natürlich alle Autoren der Beiträge. Besondere Verdienste hat sich ferner Herr Dipl.-Kfm. Ralf Kreutzer erworben, der nicht nur bei der Organisation des erwähnten Seminars, sondern auch bei der redaktionellen Überarbeitung der Beiträge maßgebend mitgewirkt hat. Dank gebührt auch Herrn Dipl.Kfm., Dipl.-Volkswirt Ahmet Toroslu, Herrn Dipl.-

Kfm Kay Segler, Herrn Dipl.-Kfm. Günter Werkmann, Herrn Dipl.-Kfm., Dipl.-Psych. Michael Thiess und Herrn cand. rer. oec. Burkhard Heinz, die einzelne Beiträge Korrektur gelesen haben. Nicht zu vergessen sind darüber hinaus Frau Borghild Keller, Frau Ilse Welker, Frau cand. rer. oec. Gabi Villringer, Frau cand. rer. oec. Susanne Jauch und Herr cand. rer. oec. Achim Hoffmann, die mit vielfältigen und nicht immer einfach zu lösenden Schreibarbeiten konfrontiert waren. Last not least sind wir dem Poeschel Verlag – und hier vor allem Frau Dr. Friederike Kästing, Frau Ass. Marita Rollnik-Mollenhauer sowie Frau Margarethe Trinkle – für die gute Zusammenarbeit sehr verbunden.

Mannheim, Juni 1985

Hans Raffée
Klaus-Peter Wiedmann

Inhaltsverzeichnis

C. Früherkennung als Baustein des Strategischen Marketing

D. Strategische Unternehmensführung und Marketing vor neuen Herausforderungen

Autorenverzeichnis

Dichtl, Erwin, Prof. Dr., Inhaber des Lehrstuhls für Allgemeine Betriebswirtschaftslehre und Absatzwirtschaft I an der Universität Mannheim sowie Mitdirektor des Instituts für Marketing, Universität Mannheim.

Droege, Walter P. J., Betriebswirt, Bereichsleiter Marketing der Kienbaum Unternehmensberatung GmbH, Düsseldorf.

Fritz, Wolfgang, Dr., Hochschulassistent an der Fakultät für Betriebswirtschaftslehre der Universität Mannheim sowie Mitglied des Instituts für Marketing, Universität Mannheim.

Gälweiler, Alois (†), Prof. Dr., war Generalbevollmächtigter der BBC Mannheim.

Hansen, Ursula, Prof. Dr., Lehrstuhlinhaberin Fachbereich Wirtschaftswissenschaften, Abteilung Markt und Konsum, Universität Hannover.

Herp, Thomas, Dr., Berater im Münchner Büro der Boston Consulting Group.

Knappstein, Michael, Dipl.-Kfm., Marketing-Leiter der Firma IKEA Einrichtungs GmbH Süd.

Krampe, Gerd, Dr., Leiter der Abteilung Unternehmungsplanung, Projektleiter Frühwarnsysteme, Battelle Institut e.V., Frankfurt.

Kreikebaum, Hartmut, Prof. Dr., Direktor des Seminars für Industriewirtschaft an der Johann Wolfgang Goethe-Universität Frankfurt.

Kreutzer, Ralf, Dipl.Kfm., wissenschaftlicher Mitarbeiter am Lehrstuhl für Allgemeine Betriebswirtschaftslehre und Absatzwirtschaft II, Universität Mannheim sowie Mitglied des Instituts für Marketing, Universität Mannheim.

Laukamm, Thomas, Dr., Geschäftsbereichsleiter Strategisches Management bei Arthur D. Little, Wiesbaden.

Löffler, Reiner, Dipl.-Kfm., Financial Analyst bei der Firma Wang Deutschland GmbH, Frankfurt.

Mayr, Robert, Dipl.-Kfm. Marketing-Leiter der Firma Andreas Stihl KG, Waiblingen.

Meffert, Heribert, Prof. Dr., Inhaber des Lehrstuhls für Betriebswirtschaftslehre, insbesondere Marketing, an der Universität Münster und Direktor des dortigen Instituts für Marketing.

Merkle, Erich, Dr., Gastprofessor an der Universität Kassel.

Müller, Günter, Dr., Akademischer Rat an der Universität München, Institut für Organisation (Prof. Dr. Werner Kirsch).

Raabe, Thorsten, Dipl.-Oec., wissenschaftlicher Mitarbeiter am Fachbereich Wirtschaftswissenschaften, Abteilung Markt und Konsum, Universität Hannover.

Raffée, Hans, Prof. Dr., Inhaber des Lehrstuhls für Allgemeine Betriebswirtschaftslehre und Absatzwirtschaft II, Universität Mannheim sowie Mitdirektor des Instituts für Marketing, Universität Mannheim.

Specht, Günter, Prof. Dr., Inhaber eines Lehrstuhls für Marketing am Institut für Betriebswirtschaftslehre der Technischen Hochschule Darmstadt.

Stauss, Bernd, Priv.-Doz., Dr., Akademischer Rat, Fachbereich Wirtschaftswissenschaften, Abteilung Markt und Konsum, Universität Hannover.

Strüven, Peter, Dr., Vice President und Geschäftsführer von The Boston Consulting Group in München.

Timmermann, Armin, Dipl.-Ing., Direktor im Hause McKinsey & Company, Inc., München.

Wiedmann, Klaus-Peter, Dipl.-Kfm., wissenschaftlicher Mitarbeiter am Lehrstuhl für Allgemeine Betriebswirtschaftslehre und Absatzwirtschaft II, Universität Mannheim sowie Mitglied des Instituts für Marketing, Universität Mannheim.

Zörgiebel, Wilhelm W., Dr., Mitarbeiter der Fa. F. Deckel in München.

A. Einführung und Praxisfälle

Hans Raffée *

Grundfragen und Ansätze des strategischen Marketing

---

*Prof. Dr. Hans Raffée ist Inhaber des Lehrstuhls für Allgemeine Betriebswirtschaftslehre und Absatzwirtschaft II an der Universität Mannheim.

A. Einführung

Die augenblickliche sozio-ökonomische Situation ist maßgeblich durch Unternehmen geprägt, die in erhebliche, existenzbedrohende Schwierigkeiten geraten waren bzw. sind (vgl. z.B. auch manager magazin, 7/1982). Die Ursachen für solche Firmenkrisen liegen wesentlich in Umfeldentwicklungen begründet, die Fehler in der Unternehmensführung, speziell im Bereich des strategischen Marketing, immer weniger tolerieren bzw. ungestraft lassen. Als besonders wichtige, risikobehaftete Umfeldentwicklungen, in die strategisches Marketing heute und in Zukunft gestellt ist, sind zu nennen /1/:

- Marktsättigungserscheinungen
- Rückläufige Bevölkerung in der Bundesrepublik Deutschland
- Wachsende Konkurrenz, insbesondere auch durch ausländische Anbieter
- Markt- und Machtkonzentrationen, insbesondere im Handel
- Ressourcenverknappung und Umweltbelastungen
- Neue Technologien
- Anspruchsänderungen, Wertewandel und wachsende Kritikpotentiale der Bürger - mit Ausstrahlungen auf das Verhalten als Arbeitnehmer und Konsumenten

Aus diesen Entwicklungen resultiert eine Bedrohung zahlreicher Marktpositionen. Märkte - insbesondere Absatzmärkte - werden noch mehr zum zentralen Engpaß erfolgreicher Unternehmensführung, und strategisches Marketing erhält einen besonderen Stellenwert. Gelingt ein qualifiziertes strategisches Marketing, werden die Unternehmenserfolge nicht ausbleiben. Dies zeigt sich etwa bei der Analyse erfolgreicher Unternehmen, denen es durch überzeugende, langfristig angelegte Markt- bzw. Marketingkonzepte gelungen ist, trotz schwieriger Umweltsituation beträchtliche Erfolge zu erzielen (vgl. im einzelnen auch Absatzwirtschaft, Sonderausgabe 10/82; Mayr, in diesem Band). Insgesamt erscheint insofern eine stärkere Hinwendung der Unternehmen zu einem strategischen Marketing dringend geboten. Bei einigen erfolgreichen Unternehmen, die heute noch von einer hervorragenden Angebotsidee zehren, besteht teilweise die Gefahr, daß die Notwendigkeit eines systematischen Ausbaus der strategischen Marketingplanung zu spät erkannt wird (vgl. z.B. Knappstein, in diesem Band).

Im folgenden ist zunächst das Grundkonzept des strategischen Marketing in groben Zügen aufzuzeigen. Anschließend werden dann einige ausgewählte Umsetzungsprobleme des strategischen Marketing behandelt. In einem Ausblick wird schließlich die zunehmende Bedeutung eines gesellschaftsorientierten Marketing "nach Außen und Innen" skizziert.

B. Das Grundkonzept des strategischen Marketing

Marketing meint in moderner Sicht eine Führungskonzeption von Unternehmen oder generell von Organisationen, in deren Zentrum eine spezielle Technologie zur zielorientierten Gestaltung von Austauschprozessen mit verschiedenen Umweltpartnern (Kunden, Lieferanten usw.) steht. Durch den systematischen, an allgemeinen Strategien wie z.B. der Marktsegmentierung ausgerichteten Einsatz von Marketinginformations- und -aktionsinstrumenten (Produkt-, Preis-, Distributions- und Kommunikationspolitik) sowie durch die konsequente Führung der gesamten Unternehmung von den jeweils relevanten Umweltbereichen her und auf diese hin sollen dabei Marktpotentiale aufgedeckt, ausgeschöpft und langfristig gesichert werden. /2/

Strategisches Marketing läßt sich vor diesem Hintergrund ganz allgemein als die langfristige Dimension des Marketing als Führungskonzeption kennzeichnen. Damit wird zugleich deutlich, daß strategisches Marketing nicht nur Neues bringt, sondern auch die Rückbesinnung auf Altbekanntes, immer wieder Gefordertes darstellt. Es geht um eine langfristige Zielplanung, in deren Mittelpunkt vor allem der Kunde steht. Kundenorientierung sollte - wie im Marketing schlechthin - auch beim strategischen Marketing dessen Herzstück bilden. Eindringlich zu warnen ist dabei allerdings vor einer engen, kurzsichtigen Orientierung an kurzfristigen Kundenwünschen ("Marketing-Myopia"), die den Kunden isoliert betrachtet und die Einflüsse anderer Interaktionspartner (Lieferanten, Konkurrenten, Behörden etc.) sowie langfristiger Umweltentwicklungen nicht genügend berücksichtigt (vgl. Dichtl, Fritz, Hansen/Raabe/Stauss sowie Raffée/Wiedmann "Wertewandel" in diesem Band).

Das ist nun wahrlich nicht neu, aber die Rezeption dieser Forderung in der unternehmerischen Praxis und insbesondere die daraus gezogenen Konsequenzen sind noch immer unvollkommen. Marketing als strategische Denkhaltung wird in vielen Unternehmen immer noch zu wenig realisiert. Dies ist Grund genug, die zentralen Leitideen des Marketing noch einmal aus der langfristigen Perspektive eines strategischen Marketing herauszustellen.

Die erste Leitidee des strategischen Marketing läßt sich demgemäß kennzeichnen als:

(1) Gewinnbringende Orientierung an den Bedürfnissen, Erwartungen und Forderungen der Austauschpartner (Gratifikationsprinzip /3/).

Unter dem Aspekt einer möglichst optimalen Aufdeckung, Ausschöpfung und gleichzeitig langfristigen Sicherung gewinnbringender Marktpotentiale ist folgender Gesichtspunkt von zentraler Bedeutung: Austauschprozesse im allgemeinen, die des Marketing im besonderen, vollziehen sich im Kontext des Strebens nach Belohnungen sowie der Vermeidung von Sanktionen - allgemein: im Kontext von Gratifikationen; sie finden daher nur dann statt, wenn ein Austausch für die beteiligten Parteien von (wechselseitigem) Vorteil ist bzw. ein solcher Vorteil erwartet wird (Law of Exchange /4/).

Mit Blick auf die Maxime der Kundenorientierung bedeutet dies konkret z.B., daß hier "echte Problemlösungen" zu entwickeln sind, die der Kunde - und ggf. der zwischengeschaltete Handel - auch langfristig zu honorieren bereit ist. Es kann daher beim strategischen Marketing auch nicht um ein Wachstum um jeden Preis gehen, bei dem mehr oder weniger gelungene Produktkonzepte mit Schleuderpreisen und/oder mittels intensivster Kommunikationsanstrengungen (kurzsichtiges Hard-Selling) "durchzudrücken" versucht werden. Nur Problemlösungskonzepte, die ausreichende Gratifikationen enthalten und bei denen das Preis-/Leistungs-Verhältnis für den Nachfrager und für den Anbieter "stimmt", sind entsprechend erfolgsträchtig.

Das Denken in langfristig an Kundenbedürfnissen ausgerichteten Problemlösungskonzepten bei der Formulierung des Geschäftszwecks bedeutet gleichzeitig eine erhöhte Sensibilität für eine rechtzeitige Anpassung und/oder kreative Ausweitung des Produkt- bzw.

Leistungsangebots. Unternehmen müssen sich demnach heute mehr denn je als kreative Problemlöser für Energieversorgungsprobleme, Ernährungsprobleme, Transportprobleme, Probleme der Freizeitgestaltung etc. bestimmter Zielgruppen verstehen, um zur Planung effizienter strategischer Aktionen fähig zu sein. /5/

In Verbindung mit einer konsequenten Kundenorientierung erfordert die langfristige Sicherung von Marktpotentialen auch die Integration der Beschaffungsmärkte und des Beschaffungsmarketing in ein marketingstrategisches Konzept. /6/ Die langfristige Sicherung preisgünstiger Rohstoffquellen, das Auffinden leistungsfähiger Lieferanten (z.B. beim Vertrieb von Handelsmarken oder beim Anlagengeschäft im Rahmen einer Generalunternehmerschaft) und last not least die Bereitstellung eines qualifizierten und hochmotivierten Mirarbeiterstamms sind demnach ebenfalls wichtige Elemente eines strategischen Marketing. Auch in diesem Bereich bildet die Orientierung an den Bedürfnissen, Erwartungen und Forderungen der jeweiligen Austauschpartner eine wesentliche Erfolgsvoraussetzung. Ohne ein überzeugendes Gratifikationskonzept (und daraus abgeleiteten Beschaffungsstrategien) dürfte es bspw. kaum gelingen, leistungsfähige Lieferanten zu binden und sich günstige Konditionen, termingerechte Lieferungen etc. auch in schwierigen Zeiten zu sichern. Das kurzsichtige Ausnutzen momentaner Machtvorteile kann hier langfristig leicht zu Beschaffungsengpässen führen.

Schließlich ist mit allem Nachdruck auf die Bedeutung der Konkurrenten auf den Absatz- und Beschaffungsmärkten hinzuweisen. Ein Defizit des strategischen Marketing vieler Unternehmungen liegt darin, daß sie die Bedrohung ihrer Marktpositionen durch Wettbewerber des In- und Auslands nicht ernst genug genommen haben (z.B. Bauknecht). Gerade aus dem Blickwinkel der langfristigen Sicherung von Marktpotentialen hat neben der Kunden- und Lieferanten-Analyse also die systematische Wettbewerbs- bzw. Konkurrentenanalyse einen wesentlichen Bestandteil strategischer Marketingplanung zu bilden. Während die Analyse von Konkurrenten auf Absatzmärkten in jüngster Zeit zunehmend Beachtung findet (vgl. Meffert sowie Strüven/Herp, in diesem Band), verkörpert die Auseinandersetzung mit Beschaffungskonkurrenten noch eher eine Seltenheit.

(2) Eine weitere Leitidee des strategischen Marketing ist die systematische Einbeziehung der natürlichen und gesellschaftlichen Umwelt in die Marketingplanung.

Ein zentrales Defizit der Marketingplanung vieler Unternehmen besteht heute immer noch darin, daß zu isoliert und eng für einzelne Marktbereiche geplant wird (Absatz-, Beschaffungs-, Finanzierungs- und Personalplanung) und vorwiegend nur technologisch-ökonomische Tatbestände Beachtung finden. Der Bedeutung politischer, sozio-kultureller sowie ökologischer Einflußfaktoren wird damit zu wenig Rechnung getragen.

In immer mehr Branchen (Chemische Industrie, Kernkraftwerkhersteller, Zigarettenindustrie, Pharmaindustrie etc.) sowie bei der Erschließung ausländischer Märkte im Zuge eines internationalen Marketing ist demgegenüber jedoch insbesondere die Einbeziehung der natürlichen und gesellschaftlichen Umwelt Vorbedingung für die erfolgreiche und reibungslose Markterschließung sowie -ausschöpfung (vgl. auch Raffée/Wiedmann "Wertewandel", in diesem Band).

Die Wichtigkeit einer solchen, erheblich erweiterten Umweltorientierung resultiert zum einen daraus, auf der Basis politischer, sozio-kultureller und ökologischer Tatbestände künftige Marktentwicklungen besser abschätzen und damit mögliche Chancen und Risiken frühzeitig erkennen zu können. Besonderes Gewicht erhält eine erweiterte Umweltorientierung zum anderen aber auch durch die veränderte gesellschaftliche Situation, die sich in der zunehmenden Organisation von Kritik und Widerspruch gegenüber verschiedenen Verhaltensweisen der Unternehmer bzw. Entwicklungen im ökologischen Bereich äußert. Ein wichtiges Unternehmensziel muß hier sein, durch ein gezieltes Public-Marketing (vgl. Raffée, 1979, S. 8; Raffée/Wiedmann "Corporate Communications, in diesem Band) Widerspruch der Bürger zu vermeiden und möglichst deren Zustimmung zu gewinnen. Gelingt dies nicht, so wird eine Gefährdung des Markterfolges vielfach unvermeidbar sein.

Versäumnisse lassen sich hier etwa bei deutschen Kernkraftwerkherstellern erkennen: Das "psychische Problem der Kernenergie" (vgl. Gassert, 1984) und die Macht, die von Bürgerinitiativen ausgehen kann, wurden lange Zeit zu wenig ernst genommen. Eine stärkere Aufgeschlossenheit zeichnet sich demgegenüber bei manchen Unternehmungen hinsichtlich verbraucherpolitischer Bewegungen und deren Institutionen ab. Viele Unternehmen erkennen heute, welch große Bedeutung eine Institution wie z.B. die Stiftung Warentest für die Ausschöpfung sowie langfristige Sicherung ihrer Marktpotentiale inzwischen erlangt hat und beginnen diese Institution als hoch relevanten Interaktionspartner zu begreifen (vgl. Fritz, in diesem Band).

Als dritte Leitidee des strategischen Marketing läßt sich schließlich formulieren:

(3) Vermehrte Beachtung der organisatorischen Verankerung des Marketing (Transfer- und Implementierungsprobleme).

Damit Marketing im allgemeinen, strategisches Marketing im besonderen realisiert werden kann, bedarf es zunächst entsprechender <u>Informations- und Überzeugungsprozesse innerhalb der Unternehmung</u>, um die Mitarbeiter mit dem Marketingkonzept als strategischer Denkhaltung vertraut zu machen und die notwendigen Verhaltensbereitschaften zu schaffen. Die Fähigkeit einer Unternehmung zur systematischen Ausschöpfung und langfristigen Sicherung von Marktpotentialen setzt so z.B. voraus, daß die Orientierung an den Bedürfnissen der Kunden, Lieferanten usw. (Gratifikationsprinzip) als zentrale Handlungsmaxime internalisiert wird und strategisches Denken nicht allein auf die Mitglieder einer "strategischen Zentrale" beschränkt bleibt. Viele Unternehmungen sind demgegenüber noch weit davon entfernt, Marketing als umgreifende strategische Führungskonzeption auch tatsächlich konsequent zu praktizieren, nicht selten deshalb, weil es den jeweiligen Mitarbeitern an einem entsprechenden Marketingverständnis mangelt.

Während ein solches Marketing-Transferproblem zunächst die Übertragung der Leitideen des strategischen Marketing auf die Unternehmensmitglieder und deren Arbeitsbereiche beinhaltet, geht es in einem weiteren Schritt darum, durch personelle und strukturelle Maßnahmen die konkrete Umsetzung eines strategischen Marketing zu gewährleisten (Implementierungsproblem). Insbesondere die organisatorische Verankerung eines strategischen Marketing nicht nur in Gestalt eines strategischen Planungsstabes, sondern innerhalb einer den jeweiligen situativen Bedingungen angepaßten

Unternehmensstruktur, ist heute in vielen Fällen noch notleidend. Im nächsten Abschnitt wird hierauf noch näher einzugehen sein.

Bei der organisatorischen Verankerung des strategischen Marketing ist grundsätzlich zu beachten, daß es nicht allein auf eine reibungslose Realisation der strategischen Marketingkonzeption ankommt, sondern daß die Marketingorganisation auch die Stimulation neuer strategischer Konzepte zu sichern hat. Die Organisation der Unternehmung soll die Generierung und (informatorische) Verarbeitung strategischer Alternativen fördern und sich somit durch ein hohes Maß an Flexibilität und Kreativität auszeichnen. Die von Chandler (1982) herausgestellte Sequenz "structure follows strategy" ist insofern also durch ein "structure leads to strategy" zu relativieren.

Soweit zur Kennzeichnung des strategischen Marketing anhand einiger zentraler Leitideen. Bei der hier aufgezeigten Perspektive zeigt sich der große Überlappungsbereich zwischen strategischer Unternehmensführung und strategischem Marketing. Als inhaltliche Konsequenz für die strategische Unternehmensplanung ergibt sich, daß diese durch das strategische Marketing geprägt sein sollte: eine strategische Unternehmensplanung, die nicht markt- und damit marketingorientiert ist, hat in Zukunft noch weniger Erfolgschancen als bisher.

Marketing als Führungskonzeption hat also auch die strategische Unternehmensplanung bzw. das strategische Management inhaltlich zu füllen. Einige der hierbei relevant erscheinenden Umsetzungsprobleme sollen nachfolgend kurz skizziert werden, und zwar aus den eng miteinander verbundenen Problembereichen der strategischen Marketingplanung, der Entwicklung strategischer Innovationen als Antwort auf strategische Herausforderungen sowie der organisatorischen Verankerung des strategischen Marketing.

C. Ausgewählte Umsetzungsprobleme des strategischen Marketing

I. Umsetzungsprobleme im Bereich der strategischen Marketingplanung

1. Die Planung einer strategischen Zielkonzeption

Im Zentrum strategischer Marketingplanung muß mehr denn je die Formulierung eines strategischen Zielsystems stehen. Es gilt dabei vor allem, eine strategische Sachzielkonzeption zu entwickeln, die in generelle Formalziele wie z.B. die langfristige Gewinnerzielung eingebettet ist. Ohne ein klares, langfristig ausgerichtetes Zielkonzept droht die strategische Unternehmensführung zu einer blinden, reaktiven Anpassung an einzelne Umweltentwicklungen bzw. zu einem "Muddling Through" zu degenerieren.

Bei der Formulierung einer strategischen Zielkonzeption sind zunächst der allgemeine Geschäftszweck sowie die grundlegenden Geschäftsbereiche im Sinne einer globalen strategischen Generallinie festzulegen und zu beurteilen. Darauf aufbauend sind dann operationalere strategische Marketingkonzepte (Basisstrategien des Marketing und funktionale Teilpolitiken) zu entwickeln und als Antworten auf strategische Herausforderungen langfristig an einem strategischen Bezugsrahmen auszurichten (vgl. Wiedmann/Kreutzer, in diesem Band).

Konzentrieren wir uns hier zunächst auf die Festlegung des allgemeinen Geschäftszwecks, so läßt sich gerade auch in diesem Bereich die Ergiebigkeit der Marketingtechnologie zur inhaltlichen Ausfüllung der strategischen Unternehmensplanung aufzeigen: Die oben skizzierten Leitideen des (strategischen) Marketing wie auch die in der Marketingwissenschaft diskutierten Basisstrategien und Marketing-Instrumente stellen dabei einerseits ein wertvolles Anregungspotential zur Generierung neuer strategischer Alternativen dar; andererseits bilden sie die Grundlage für die Erstellung einer Checkliste von Anforderungen, denen die festzulegenden (Sach-)Ziele genügen müssen. So sind etwa folgende Fragen zu stellen:

- Kommt in der strategischen Planung die Kundenorientierung ausreichend zum Tragen? - Etwa im Bereich Forschung und Entwicklung mittels einer konsequenten Ausrichtung an langfristigen

Kundenproblemen bzw. -bedürfnissen und nicht allein an technischen Erwägungen; Kundenorientierung aber auch in Gestalt eines besonderen Beratungsservice, wie er z.B. im Versicherungssektor von der ÖVA, Mannheim, mit Hilfe des Einsatzes mobiler Außendienstterminals praktiziert wird.

- Ist die Funktionserfüllung der Angebote genügend breit und zukunftsgerichtet sowie im Sinne kundenproblem- und nicht produktbezogener Leistungsangebote angelegt (z.B. Lösung von Kommunikations- und Informationsproblemen der Kunden statt Herstellung von EDV-Anlagen)? Sind die Leistungsangebote ausreichend differenziert auf die Bedarfe verschiedener potentieller und/oder faktischer Nachfragesektoren abgestellt?
- Können sich die anvisierten kundenorientierten Ziele gegenüber den Wettbewerbern behaupten? Ist die eigene Unternehmung zu einer konkurrenzfähigen Preis-Leistungs-Relation in der Lage, und kann diese langfristig aufrechterhalten werden? Gelingt in Gestalt der Nischenstrategie eine monopolähnliche strategische Produktpositionierung; hat eine Strategie der Marktführerschaft Chancen oder muß man sich demgegenüber auf oligopolistischen Wettbewerb unter Gleichen einstellen?
- Wie stark ist die Stellung gegenüber dem Handel? Besteht die Möglichkeit zu einer kooperativen Strategie oder sollte eine Gegenmachtstrategie erwogen werden? Inwieweit resultieren aus Zugeständnissen an den Handel zielwidrige Abhängigkeiten?
- Sind bzw. werden bei der strategischen Planung Beschaffungs- und allgemeine Umweltaspekte ausreichend berücksichtigt? Welchen Stellenwert nehmen übergreifende gesellschaftspolitische oder ökologische Ziele im strategischen Zielsystem ein? Werden die sich hieraus ergebenden Chancen für neue Problemlösungsangebote konsequent genutzt, bzw. wie werden entsprechende Risiken ggf. gehandhabt?

Ein auf der Grundlage der Marketingtechnologie bzw. modernen Marketingwissens ersteller Fragenkatalog bildet gleichzeitig auch den Ausgangspunkt der Identifikation strategischer Erfolgsfaktoren, die in eine Portfolio-Analyse eingebracht werden können. Trotz ihrer Grenzen stellt die Portfolio-Analyse ein wichtiges Instrument bzw. Denkschema dar, das den kreativen Prozeß der Formulierung strategischer Zielkonzeptionen zu unterstützen und dabei vor allem zu vereinfachen vermag (vgl. Wiedmann/Kreutzer sowie Wiedmann/Löffler, in diesem Band).

In diesem Zusammenhang wird zugleich die generelle Bedeutung einer wechselseitigen Ergänzung und Verstärkung des "Kreativ- und Kalkülbereichs" der strategischen Marketing- bzw. Unternehmensplanung deutlich. Die kreative Entwicklung einer strategischen Zielkonzeption muß insofern grundsätzlich Hand in Hand mit der systematischen Analyse und Prognose unternehmensinterner wie -externer Tatbestände gehen. Neben den Chancen und Risiken einzelner Umweltentwicklungen sind als unternehmensinterne Informationen vor allem auch die Ziele und Restriktionen des Finanzbereichs zu erfassen. Finanzwirtschaftliche Informationen sind dabei nicht zuletzt auch deshalb außerordentlich wichtig, um abschätzen zu können, ob und wie lange Durststrecken bei der Realisation strategischer Alternativen in Kauf genommen und durchgestanden werden können.

2. Die Analyse und Prognose der unternehmensinternen und -externen Situation zur Identifikation strategischer Herausforderungen

Weit mehr als die kreative Formulierung strategischer Zielkonzeptionen fanden in jüngster Zeit die Situationsanalyse und Entwicklung entsprechender Analyseinstrumente Aufmerksamkeit. Damit wird einerseits zwar den erhöhten Informationsbedürfnissen strategischer Unternehmensführung Rechnung getragen, andererseits jedoch übersehen, daß ohne Ziele - zumindest im Sinne globaler Ausgangsziele bzw. strategischer Zielleitlinien - eine Informationsgewinnung und -verarbeitung wenig effizient ist. Ziele sind somit eine notwendige Voraussetzung, um Informationen auswählen und in ihrer Relevanz beurteilen zu können.

Im Mittelpunkt der Situationsanalyse steht eindeutig die Identifikation strategischer Herausforderungen durch die systematische Gewinnung und Verarbeitung von Informationen über Chancen und Risiken in den unterschiedlichen unternehmensexternen Feldern (Absatz- und Beschaffungsmärkte, natürliche und gesellschaftliche Umwelt) sowie über Stärken und Schwächen der eigenen Unternehmung. Zu diesem Zweck wurden inzwischen bereits zahlreiche Analysetechniken und -konzepte entwickelt, so etwa die Potential- und Gap-Analyse, Stärken-/Schwächen-Analyse, Risiko-, Sensibilitäts- und Entscheidungsbaumanalysen, Misfit-Analyse und last not least die zuvor schon kurz erwähnte Portfolio-Analyse (vgl. die Beiträge im Kapitel B dieses Bandes). Einer der Vorteile der durchaus umstrittenen Portfolio-Analyse liegt dabei u.a. in der simultanen Berücksichtigung externer Chancen und Risiken sowie unternehmensinterner Stärken und Schwächen in einem relativ einfachen und komprimierten Untersuchungsraster (Portfolio-Matrix). Die hohe Komprimierung von Informationen innerhalb der Portfolio-Analyse erfordert allerdings gleichzeitig die zusätzliche Anwendung anderer Analyseverfahren sowohl zur Vorbereitung einer Portfolio-Analyse als auch zur Gewinnung weiterer strategischer Informationen. Zur Abrundung und Vertiefung sind heute z.B. mehr und mehr strategische Wettbewerbs- bzw. Konkurrenzanalysen zu empfehlen (vgl. Porter, 1983; Hinterhuber, 1982; Meffert sowie Strüven/Herp, in diesem Band).

Der sich hier andeutende erhöhte Informations- bzw. Informationsverarbeitungsbedarf der strategischen Marketingplanung läßt gleichzeitig die Dringlichkeit von computergestützten Marketing-Informationssystemen (MAIS) sichtbar werden, wobei die mittlere Datentechnik heute in einer Weise entwickelt ist, daß auch mittelständische Unternehmen über ein computergestütztes MAIS verfügen können.

In der Datenbank des MAIS sind alle relevanten Kontroll- und Prognoseinformationen zu speichern (z.B. Daten im Rahmen von Absatzsegmentrechnungen); die Datenbank dient damit auch als Stärken/Schwächen-Chancen/Risiken-Informant für die strategische Planung. In diesem Zusammenhang sind vor allem auch die zahlreich vorhandenen, kostengünstigen Informationspotentiale wie z.B. das Berichtswesen des Außendienstes oder die Auswertung von Kundenreklamationen voll auszuschöpfen und für die strategische Planung aufzubereiten.

Weiterhin ist im Rahmen der Entwicklung eines MAIS dafür Sorge zu tragen, daß moderne Analyse- und Prognoseverfahren konsequent benutzt werden können (Methodenbank). Neben den zuvor genannten Methoden ist dabei insbesondere auch auf verschiedene Verfahren der multivariaten Statistik hinzuweisen, die - wie z.B. die Mehrdimensionale Skalierung (MDS) - bei strategischen Produktpositionierungen oder - wie die Regressionsanalyse - bei Prognosen wertvolle Dienste leisten können.

Trotz der Enttäuschungen, die wir bezüglich umfassender (Marketing-)Modelle inzwischen erlebt haben, sollte ein strategisches MAIS schließlich auch eine Modellbank enthalten. Vor allem Diffusions- und Simulationsmodelle können Beiträge zur Identifikation strategischer Herausforderungen und zur strategischen Zielplanung leisten.

Die durchaus imponierende Entwicklung des Instrumentariums eines strategischen MAIS darf allerdings nicht darüber hinwegtäuschen, daß die Identifikation strategischer Herausforderungen und generell die strategische Planung ein außerordentlich schwieriges, teilweise kaum lösbares Problem bleibt. Insbesondere der große Bedarf an Prognoseinformationen führt uns immer wieder die Grenzen strategischer (Marketing)Planung vor Augen (vgl. Raffée "Prognose", in diesem Band).

Das Prognoseproblem beeinträchtigt so in hohem Maße die präzise Planung strategischer Ziele, weil hier im Rahmen von Investitionskalkülen quantitative Größen prognostiziert werden müssen, um die Rentabilität strategischer Marketingmaßnahmen beurteilen zu können.

Etwas besser zu handhaben ist demgegenüber das Prognoseproblem im Bereich der frühzeitigen Identifikation strategischer Herausforderungen: Hier kann wesentlich auch auf qualitative Informationen zurückgegriffen werden, die mittels Szenarien, der unternehmensbezogenen Verwendung der Delphi-Methode und Diffusionsforschung, Simulationen und last not least Indikatorprognosen gewonnen werden können. Derartige Ansätze sind in ein strategisches Frühwarn- bzw. Früherkennungssystem zu integrieren (vgl. die Beiträge im Kapitel C dieses Bandes). Gerade unter dem Blickwinkel der Gewinnung von Früherkennungsinformationen ist die systematische Erschließung und Nutzung leicht zugänglicher Informationspotentiale wie die erwähnten Kundenreklamationen und -anregungen, Veröffentlichungen verbraucherpolitischer Institutionen (vgl. Hansen/Raabe/Stauss, in diesem Band) sowie der Bereich der Konkurrenzanalysen dringend geboten. Außerdem liefert die Arena der allgemeinen wirtschaftlichen und gesellschaftlichen Diskussion ein breites Spektrum von Früherkennungssignalen; sie werden indessen i.d.R. zu wenig ernst genommen und eher verdrängt als zum Ausgangspunkt der Suche nach strategischen Antworten gemacht.

Als derartige Früherkennungssignale lassen sich bspw. anführen:

- Die Bedrohung jener Markenartikelhersteller, deren Hochpreisstrategie etwa bei Lebensmitteln, Haushaltsartikeln, haushaltstechnischen Geräten usw. durch keinen entsprechenden Qualitätsvorsprung in den Augen der Konsumenten gerechtfertigt ist. Auslandskonkurrenz, Handelsmarken und No-Names werden die Wettbewerbsposition solcher Markenartikler in Zukunft noch stärker beeinträchtigen, und zwar auch im Falle wachsender Märkte. Dies umso mehr, als der Verbraucher von morgen in vielen Sektoren noch kritischer und sparsamer sein wird und Institutionen wie die Stiftung Warentest seine Marktübersicht wesentlich verbessern helfen (vgl. Fritz, in diesem Band).
- Die Bedrohung deutscher Konsum- und Investitionsgüterhersteller durch verstärkte Auslandskonkurrenz und die Forcierung heimischer Produktion in ehemaligen Exportländern der Bundesrepublik Deutschland. Zu denken ist etwa an die Herstellung von Massenchemikalien durch ausländische Firmen oder an die japanische Offensive auf weiteren Märkten, z.B. im Werkzeugmaschinenbau. Werden aus diesen Bedrohungen rechtzeitig strate-

gische Konsequenzen gezogen, etwa durch die noch stärkere Forcierung sog. "intelligenter Produkte"?

- Die Bedrohung insbesondere mittelständischer Unternehmen durch neue Technologien, die - wie etwa in der Druckindustrie - die bisherigen Produktionsprozesse obsolet werden lassen und einschneidende Prozeßinnovationen fordern.
- Den verschiedenen Bedrohungen stehen indessen neue Marktchancen gegenüber, etwa aufgrund neuer Technologien, in Gestalt des Ausbaus sachbezogener Dienstleistungen (z.B. EDV-Software, verstärkter Pre-Sale und After-Sale-Service im Investitionsgütermarketing), Marktchancen auf speziellen Dienstleistungsmärkten im Haushaltsbereich, auf Informationsmärkten (etwa im Zusammenhang mit neuen Medien) und im Freizeitbereich.
- Schließlich dürfen die Risiken und Chancen sich deutlich abzeichnender Wertwandlungstendenzen in Gestalt neuer Märkte bzw. Marktsegmente keinesfalls vernachlässigt werden. Wurde so etwa dem Segment ökologiebewußter Konsumenten bei der langfristigen Produkt- und Programmplanung sowie im Forschungs- und Entwicklungsbereich ausreichend Aufmerksamkeit geschenkt?

Das strategische Marketing vieler Unternehmungen leidet wesentlich darunter, derartige fundamentale, qualitative Chancen-/Risiken-Informationen nicht systematisch genug zu suchen bzw. aufzunehmen und sich in ihrer Tragweite bewußt zu machen. Häufig verstellen Unternehmens-Mythen (vgl. Kieser, 1984) oder Informationspathologien wie z.B. der "Primat harter Fakten" (vgl. z.B. Roventa, 1979, S. 237 ff.) den Blick für Informationen und deren Relevanz. Im besonderen Maße gilt dies wohl für Informationen über potentiellen und/oder bereits faktischen gesellschaftlichen Widerspruch gegenüber bestimmten unternehmerischen Handlungsweisen und Leistungsangeboten. Zu oft bleiben hier zudem die Chancen einer aktiven Beeinflussung durch den frühzeitigen Dialog z.B. mit politischen Entscheidungsträgern, Verbrauchervertretern, Bürgerinitiativen ungenutzt (vgl. Raffée/Wiedmann "Corporate Communications", in diesem Band). Sicherlich sollten sich Unternehmungen und ihre Verbände hinsichtlich politischer Einflußmöglichkeiten keinen übertriebenen Hoffnungen hingeben. Entsprechende Aktionen - etwa seitens der Verbände - blieben hier aber z.T. auch deshalb wenig erfolgreich, weil nur die eigene Interessenlage einseitig im Vordergrund stand und die Bereitschaft fehlte, umfassend das Pro und Contra neuer Technologien, neuer Produkte, neuer Standorte (z.B. Verbrauchermärkte auf der grünen Wiese) etc. zu diskutieren bzw. frühzeitig entsprechende gesellschaftliche Folgewirkungen abzuschätzen. Gerade eine solche umfassende Technologie- oder Marketing-Folgenbewertung (Technologie- bzw. Marketing-Assessment) (vgl. Wiedmann, in diesem Band) sollte jedoch ebenfalls im Rahmen eines strategischen Früherkennungssystems angegangen werden, will man Chancen und Risiken, Stärken und Schwächen rechtzeitig erfassen sowie strategische Antworten auf diese Herausforderungen entwickeln.

II. Umsetzungsprobleme bei der Entwicklung strategischer Innovationen als Antwort auf strategische Herausforderungen

Oftmals noch schwieriger als das Aufdecken strategischer Herausforderungen ist das Finden strategischer Antworten, und hierin kann das strategische Kernproblem jeder Unternehmung gesehen werden, auch einer solchen mit relativ starken Marktpositionen bzw. mit einer langfristig positiven Stärken-Schwächen-Bilanz.

Im Kern geht es darum, die allgemeine strategische Zielkonzeption vor dem Hintergrund konkreter situativer Gegebenheiten in operationale Marketingkonzepte umzusetzen. Wie bereits angedeutet, kann dieser Prozeß durch den Rückgriff auf allgemeine Basisstrategien des Marketing wesentlich unterstützt werden - z.T. handelt es sich also darum, altbekannte Marketingstrategien kreativ auf neue Situationen hin anzuwenden.

Strategische Innovationsfelder eröffnen sich dem strategischen Marketing insofern vor allem in folgenden Bereichen:

- Marktsegmentierung
- Internationalisierung
- Marketingkooperation
- Produkt- und Programm-Innovationen einschließlich Diversifikationsstrategien

Einige der sich in diesen Feldern ergebenden Antwortmöglichkeiten sollen im folgenden kurz und beispielhaft skizziert werden.

1. Marktsegmentierung als Ansatzpunkt des strategischen Marketing

Langfristige Erfolgspotentiale lassen sich durch die Strategie der Marktsegmentierung gewinnen:

- Immer wieder läßt sich feststellen, daß die Angebote nicht ausreichend auf unterschiedliche Käufer-Typen ausgerichtet sind - etwa im Dienstleistungsmarketing (z.B. im Touristikbereich oder im Bereich Banken und Versicherungen). Die Entwicklung produktspezifischer Käufertypologien - ein in der Marketingwissenschaft inzwischen intensiv bearbeiteter Bereich - vermag die Grundlage für ein stärker segmentspezifisches Marketing-Mix zu bilden; strategisch wird eine solche Marktsegmentierung dann bedeutsam, wenn es gelingt, nachfrage- und wettbewerbsstabile Segmente aufzuspüren.

- Ansätze für eine strategische Marktsegmentierung bieten sich zudem immer dann, wenn bestimmte Angebotsformen nicht mehr ausreichend kundengerecht sind. Die Dynamik der Betriebsformen im Handel bietet hierfür viele Beispiele - etwa die Entstehung der Verbrauchermärkte oder das Vordringen des Discountprinzips. So brachte der Attraktivitätsrückgang der traditionellen Drogerien einige Unternehmer auf die Idee, sich auf ein bestimmtes Bedarfssegment der traditionellen Drogerie zu spezialisieren und preisgünstig in Selbstbedienung anzubieten.
- Derartige "DM-Märkte" bilden gleichzeitig ein gutes Beispiel für eine gelungene Strategie der Segmentierung ins (Niedrig-) Preissegment. Es gilt, heute mehr und mehr zu erkennen, daß es innerhalb vieler Branchenmärkte zu einer Aufspaltung in ein Preis- und ein Qualitätssegment kommt. Infolge enger werdender Konsumbudgets wird ein Teil der Konsumenten in bestimmten Produktbereichen (Produkte des täglichen Bedarfs, sozial unauffällige bzw. nicht demonstrationsfähige Gütersegmente) auf preisniedrige Güter Wert legen, auch um den Bedarf an speziellen, qualitativ hochwertigen und z.T. sozial auffälligen Produkten finanzieren zu können (Tendenz zum Qualitätssegment). Wird dieser Entwicklung im Rahmen der Marketingpolitik, speziell der Preis- und Produktpolitik, nicht ausreichend Rechnung getragen, so ist der Verlust von Marktpotentialen vorprogrammiert.
- Die Strategie der Marktsegmentierung bietet im Zusammenhang mit neuen Qualitätssegmenten und angesichts einer zukünftigen Individualisierung des Konsums zusätzliche Chancen für mittelständische Unternehmen - z.B. im Bereich beratungsintensiver Fachgeschäfte (Textil, Lebensmittel) und im Dienstleistungsbereich (z.B. Gastronomie).
- Marktsegmentierung als strategisches Instrument heißt jedoch nicht nur Segmentverfeinerung, sondern ggf. statt dessen Seg-

mentzusammenfassung; denn bei der strategischen Marktsegmentierung hat es gerade langfristig um erlös- und kostenoptimale Segmentgrößen zu gehen. Ein Beispiel hat jüngst die deutsche Automobilindustrie im Bereich der Ausstattungspolitik bei PKWs geboten: Statt dem Käufer eine Vielzahl von Ausstattungsvarianten gegen Mehrpreis anzubieten, wurden zum einen einige besonders stark gefragte Extras in die Grundausstattung aufgenommen, zum anderen entgeltliche Extras zu marktgängigen Ausstattungspaketen kombiniert - bezeichnenderweise erst als Reaktion auf die japanische Konkurrenz. Nicht immer ist der Marketingpraxis ausreichend bekannt, daß die Marketingforschung heute über Verfahren insbesondere aus der multivariaten Statistik verfügt (Cluster-Analyse, mehrdimensionale Skalierung etc.), mit deren Hilfe man z.B. allein mittels einer Analyse des faktischen Bestellverhaltens zu solchen kosten- und absatzgünstigen Ausstattungspaketen gelangen kann. Wir selbst haben in unserem Institut für Marketing eine solche Analyse in Zusammenarbeit mit einem Automobilproduzenten durchgeführt, um mit Hilfe multivariater Verfahren bedarfsgerechte Ausstattungspakete zu ermitteln (vgl. Dichtl/Raffée/Beeskow/Köglmayr, 1983).

2. Die Internationalisierung des Marketing als strategischer Ansatzpunkt

Angesichts stagnierender und schrumpfender Binnenmärkte gewinnt das internationale Marketing, insbesondere das Exportmarketing, zunehmende strategische Bedeutung. In vielen Fällen werden sich Wachstumsraten nur durch Intensivierung des Exportmarketing erzielen lassen. Da aber auch auf den Auslandsmärkten eine zunehmende Wettbewerbsintensität zu verzeichnen ist, müssen die Unternehmen ihre Markterschließungs- und -ausschöpfungsstrategien verstärkt an international ausgerichteten Marketing-Konzeptionen orientieren (vgl. Raffée/Segler, 1984).

Der erste Baustein zur Entwicklung einer internationalen Marketing-Konzeption besteht in der Schaffung einer ausreichenden Informationsbasis. Hierin sehen erfahrungsgemäß insbesondere mittelständische Unternehmen häufig eine unüberwindbare Barriere, die der Ausschöpfung von im Export liegenden Chancen schon in diesem frühen Stadium enge Grenzen setzt. Dabei werden i.d.R. die vielfältigen Informationsmöglichkeiten unterschätzt, die bspw. von den Industrie- und Handelskammern (speziell etwa im Hinblick auf Exportförderungsmaßnahmen für mittelständische Unternehmen), von Fachzeitschriften sowie von diversen Informationsdiensten geboten werden.

Im Rahmen der Erarbeitung einer Informationsbasis sind Techniken zur Analyse von Stärken und Schwächen der Unternehmung einzusetzen, um auf diese Weise die international relativierte Ausgangsposition im Hinblick auf die Leistungsfähigkeit einzelner betrieblicher Funktionsbereiche zu ermitteln. Der Erfassung von Chancen und Risiken einzelnen Länder können verschiedene Marktperspektiven zugrundegelegt werden, die sich an strategischen Erfolgsfaktoren orientieren (bpw. Nachfragepotential, Wettbewerbsposition, Innovations- und Technologiepotential) (vgl. z.B. Rafflée/Segler, 1984). Ein besonderes Augenmerk verdienen in diesem Kontext die Ansätze zur Analyse von Länderrisiken, weil der langfristige Erfolg einer Internationalisierungsstrategie ganz maßgeblich von der frühzeitigen Identifikation bestehender Risikopotentiale abhängig ist. Neben dem Zugriff auf "fertige risikoorientierte Länderklassifikationen" (bspw. vom Geschäftsrisiko-Informationsdienst - früher BERI, von der Business International Corporation sowie von Fachzeitschriften wie manager magazin, Euromoney, Institutional Investor) besteht hier auch die Möglichkeit, eigenständige Konzepte zu entwickeln, die den Unternehmensspezifika i.a.R. in sehr viel höherem Maße Rechnung zu tragen vermögen (vgl. Raffée/Kreutzer, 1984).

Die hier gewonnenen Informationen bilden die Basis für eine zielorientierte Auswahl langfristig erfolgversprechender Auslandsmärkte bzw. Länder sowie für den zweiten Baustein zur Entwicklung einer internationalen Marketing-Konzeption, der die Entwicklung eines Weltmarktkonzepts zum Inhalt hat. Der erste Schritt zur Entwicklung dieses Weltmarktkonzepts beinhaltet die Erarbeitung eines Orientierungssystems, in dem sich die zentralen unternehmenspolitischen Zielsetzungen niederschlagen (bspw. die anvisierte Exportintensität, die Stoßrichtungen der Unternehmensstrategie). Der zweite Schritt hat die Festlegung von Basisstrategien zum Inhalt, die im Zuge der internationalen

Marktbearbeitung eingesetzt werden sollen (so bspw. die schon erwähnte Strategie der Marktsegmentierung, die Kooperation sowie die Allokationsstrategie).

Den dritten und letzten Baustein bildet der Entwurf von Marketing-Konzepten für einzelne Ländermärkte. Hier stellt sich dann auch die Frage, in welchem Ausmaß eine Anpassung der unternehmerischen Marketing-Konzeption nicht nur an die spezifischen ökonomischen, sondern insbesondere auch an die politisch-rechtlichen sowie sozio-kulturellen Bedingungen der jeweiligen Länder erfolgen soll. Damit ist der Problembereich Standardisierung vs. Differenzierung im internationalen Marketing angesprochen. Unter dem Aspekt einer zunehmend an Bedeutung gewinnenden Marketing-Rationalisierung drängt sich mehr und mehr die Frage in den Vordergrund, ob und inwieweit sich vorhandene "Binnenansätze" oder auch "Weltmarktkonzepte" (bspw. im Bereich der Produkt- und Kommunikationspolitik) unmodifiziert auf einzelne Ländern übertragen lassen. Vor allem Großunternehmen wie Procter & Gamble, Coca-Cola, Beiersdorf, Philip Morris und BASF versuchen hier zunehmend Marketing-Konzeptionen zu entwickeln, die auf supranationale Großsegmente abgestellt sind ("Euro-Marketing", "Global Marketing") (vgl. Levitt, 1984; Raithel, 1984; Kreutzer, in diesem Band).

Vor dem Hintergrund wachsender sozialer Sensibilität weiter Bevölkerungskreise im In- und Ausland ist bei ländersegmentspezifischen Exportmarktstrategien dem politischen und sozio-kulturellen Entwicklungsstand insbesondere in Ländern der Dritten Welt erhöhte Aufmerksamkeit zu schenken. Unzureichend angepaßte Marketing-Konzepte bergen hier nicht nur die Gefahr mangelhaft ausgeschöpfter Marktpotentiale und langfristiger sozio-ökonomischer wie politischer Widerstände in sich, sondern lassen auch in Binnen- und anderen ausländischen Märkten risikoreiche Ausstrahlungseffekte erwarten (vgl. z.B. die Protestaktionen aufgrund bestimmter Kindernährmittelexporte in zentralafrikanische Staaten).

Ähnliches gilt auch für ein internationales Beschaffungsmarketing, dem unter dem Gesichtspunkt einer langfristigen Sicherung von Marktpotentialen ebenfalls eine stetig wachsende Bedeutung zukommt. Unternehmen, die hier in ihrer strategischen Beschaffungs-Konzeption den politischen und sozio-ökonomischen Anforderungen der jeweiligen Länder nicht gerecht werden, setzen langfristig mehr denn je ihre Erfolgschancen aufs Spiel.

3. Marketingkooperation als strategischer Ansatzpunkt

Die Probleme im Feld des internationalen (Absatz- wie Beschaffungs-)Marketing sind in der Regel so komplex, daß sich die Strategie der Marketingkooperation häufig unmittelbar anbietet, und zwar sowohl die Kooperation mit in- und ausländischen Anbietern wie auch mit politischen Instanzen des In- und Auslandes (vgl. z.B. Hansen/Raffée/Riemer/Segler, 1983; Rösch/Segler, 1983). Doch nicht nur im internationalen Marketing sondern generell im strategischen Marketing bildet die Kooperationsstrategie eine wesentliche Voraussetzung erfolgreicher Marktausschöpfung und langfristiger Sicherung von Marktpotentialen. Die strategischen Erfolgspotentiale der Marketingkooperation werden demgegenüber immer noch zu wenig genutzt, wobei es auch darum gehen sollte, neue Kooperationsformen zu realisieren. So sind etwa folgende konkrete Kooperationen in Betracht zu ziehen:

- Mehr denn je ist es vordringlich, durch Kooperationen das heute z.T. dysfunktionale Konfliktverhältnis zwischen Industrie und Handel zu entschärfen, sei es durch Kooperationen zwischen diesen beiden Wirtschaftsstufen, sei es durch Kooperationsformen auf derselben Wirtschaftsstufe. Jeder Beteiligte sollte sich darüber klar werden, daß gerade unter langfristigen Aspekten die einseitige Ausnutzung von Marktmacht eine problematische Strategie ist. Der oft unterentwickelte Kooperationswille der Betroffenen sollte nicht zuletzt durch das Aufkommen neuer Technologien und ihrer Probleme gefördert werden. So lassen sich z.B. die Möglichkeiten der elektronischen artikelgenauen Datenerfassung am Verkaufspunkt (Scanning) nur dann effizient verwerten, wenn es zu vernünftigen Kooperationen zwischen Herstellern, Handelsbetrieben, Marktforschungsinstituten und Verbraucherorganisationen kommt.
- Eben solche Kooperationen von Anbietern mit Verbraucherorganisationen sind ein neuer, m.E. zukunftsträchtiger Kooperationsbereich (vgl. auch Fritz sowie Hansen/Raabe/Stauss, in diesem

Band). Warum sollen z.B. Unternehmungsstiftungen nicht die Förderung verbraucherpolitisch relevanter Forschungsprojekte betreiben? Selbst wenn entsprechende finanzielle Mittel vorhanden sind, hat man vielfach noch auf beiden Seiten Berührungsängste, die ein produktives Miteinander behindern.
Noch einmal ist in diesem Zusammenhang auf die Chancen hinzuweisen, die sich im Konsumgüterbereich im Hinblick auf die Stiftung Warentest auch für mittelständische Unternehmungen ergeben. In einer großangelegten, von uns durchgeführten Untersuchung über Wirkungen des vergleichenden Warentests - insbesondere auch auf Hersteller und Handelsbetriebe (vgl. Raffée/Silberer, 1984; Raffée/Fritz, 1984 a, 1984 b und 1984 c; Silberer/Raffée, 1983; Fritz, 1984 und in diesem Band) - wurden die besonderen Risiken erkennbar, die der vergleichende Warentest nicht zuletzt für mittelständische Unternehmungen mit sich bringt. Einer unserer Vorschläge sieht denn auch eine verstärkte Kooperation zwischen der Stiftung Warentest und der anbietenden Wirtschaft im Bereich der Produktinnovationen vor. So sollte eine entgeltliche Innovationsberatung speziell für mittelständische Hersteller institutionalisiert werden. Auch mittelständische Handelsbetriebe stehen dem vergleichenden Warentest häufig reserviert und/oder hilflos gegenüber. Durch eine stärkere Kooperation mit der Stiftung Warentest könnten sie sich das akquisitorische Potential des Warentests stärker zunutze machen.

- Last not least liegen auch beim strategischen Marketing Effizienzreserven im Bereich einer Kooperation Praxis/Wissenschaft. Die Betriebswirtschaftslehre im allgemeinen, die Marketingwissenschaft im besonderen, verfügt heute über ein Instrumentarium, das in gemeinsamen Projekten zwischen Unternehmungen und Hochschulen zum Nutzen beider Partner noch effizienter eingesetzt und verbessert werden kann.
- Schließlich wird sich das Konzept eines übergreifenden gesellschaftsorientierten Marketing in wichtigen Bereichen nur im Wege umfassender Kooperation lösen lassen. Wir sollten nicht aus unserem Bewußtsein verdrängen, daß in der Bundesrepublik Deutschland heute erhebliche Widerstandspotentiale oder zumindest innere Reserven gegenüber unserem marktwirtschaftlichen

System vorhanden sind. Der Unternehmenssektor ist in eine bedenkliche Isolierung gegenüber anderen Lebensbereichen - z.B. dem kulturellen Sektor - geraten. Strategisches Marketing sollte an solchen Entwicklungen nicht achtlos vorbeigehen, sondern sich den daraus ergebenden Herausforderungen stellen: Zum einen sind - etwa auch als Aufgabe der Verbände - durch Aufklärung und Dialog die Leistungen und die Leistungsfähigkeit unseres marktwirtschaftlichen Systems wirtschaftsfernen Kreisen verständlich zu machen; zum anderen sollten konkrete Gemeinschaftsaktionen der Solidarität und des sonstigen Defizitausgleichs der Marktwirtschaft in Angriff genommen werden - zur Bekämpfung der Arbeitslosigkeit, zugunsten von Randgruppen, zur Förderung von Kultur im weitesten Sinne u.ä. (vgl. Raffée/Wiedmann "Wertewandel" und "Corporate Communications", in diesem Band).

4. Produktinnovationen und Diversifikation als strategische Ansatzpunkte

Erfolgreiches strategisches Marketing wird schließlich entscheidend bestimmt von marktfähigen Produkt- und Programminnovationen, teilweise in Verbindung mit der Strategie der Diversifikation.

So wenig der Problembereich der Produkt- und Programminnovationen hier vertieft werden kann, so ist doch festzustellen, daß die Vernachlässigung erfolgsträchtiger Produktinnovationen heute in vielen Unternehmungen die Achillesferse des strategischen Marketing schlechthin darstellt. Sicherlich haben sich in manchen Bereichen die Innovationspotentiale vermindert und/oder sind schwerer zugänglich geworden. Für manche Branchen folgt daraus u.E. die Notwendigkeit einer staatlichen Forschungsförderung, gerade auch im Blick auf die Innovationsvorsprünge ausländischer Konkurrenten.

Den Innovationserschwernissen stehen andererseits neue Innovationsbereiche gegenüber, so z.B. im Mediensektor, aufgrund des Einsatzes von Mikro-Prozessoren, im Bereich der Energieeinsparung, der Entwicklung umweltfreundlicher Produkte im Gesundheitsbereich und im Freizeitbereich. In vielen Unternehmungen lassen sich Innovationsreserven allein schon dadurch erschließen, daß betriebliche Forschung und Entwicklung ihre Impulse verstärkt von ungelösten Kundenproblemen her zu empfangen bereit ist.

Im übrigen vermag die Marketingforschung heute ein vielfältiges Instrumentarium zur Verfügung zu stellen, um Kundenbedürfnissen und Kundenproblemen auf die Spur zu kommen. Zu denken ist etwa an so wenig aufwendige Verfahren wie Gruppendiskussionen mit Kunden oder den Einsatz kreativer Methoden. Auch die erwähnten multivariaten Verfahren sollten verstärkt zur Gewinnung von Neuproduktkonzepten eingesetzt werden, etwa im Rahmen von Positionierungsmodellen, bei denen die Eigenschaften eines "Idealproduktes" erhoben werden, die die Produktgestaltung steuern können. Auch hier gewinnt eine systematische Konkurrenzforschung als Impulsgeber für Produktinnovationen erhebliche Bedeutung: Die konsequente Analyse des Marketing - und insbesondere der Produktprogramme japanischer wie US-amerikanischer Unternehmen - könnte wesentliche Anregungen für das Finden neuer Produkte und Märkte bieten.

Angesichts struktureller Änderungen und schrumpfender Märkte macht strategisches Marketing gerade unter dem Aspekt langfristiger Erfolgssicherung Diversifikationsstrategien (also ein Eindringen mit neuen Produkten in neue Märkte) unerläßlich. Demgegenüber stellen wir immer wieder fest, daß die Diversifikationsbereitschaft gerade in mittelständischen Unternehmungen zu wenig ausgeprägt ist und Diversifikationsmöglichkeiten oft auch dann nicht in Erwägung gezogen werden, wenn sich technologische und/oder akquisitorische Synergieeffekte relativ leicht realisieren lassen. Hier fehlt es an jener unternehmerischen Dynamik, die angesichts erschwerter Wettbewerbsbedingungen unverzichtbar geworden ist.

In ihrer Neuartigkeit interessant sind bestimmte Diversifikationen in der Zigarettenindustrie, etwa die Reynolds-Strategie bei der Marke Camel: Die Camel-Zigaretten werden ergänzt durch das Angebot von Schuhen und speziellen Bekleidungsartikeln für den "Camel-Typ". Durch Diversifikationen dieser Art läßt sich nicht nur ein "zweites Bein" schaffen, sondern es ergibt sich darüber hinaus die Chance eines Image-Transfers der neuen Sortimentsteile auf das Zigaretten-Image. Sollte die Zigarettenwerbung weiteren Einschränkungen ausgesetzt sein, kann der Zigarettenabsatz auch von den neuen Produkten her gefördert werden.

III. Probleme der organisatorischen Verankerung des strategischen Marketing

Es wurde bereits erwähnt, daß strategisches Marketing im allgemeinen, die Identifikation strategischer Herausforderungen und Entwicklung entsprechender strategischer Antworten im besonderen nur gelingen können, wenn hierfür geeignete organisatorische Voraussetzungen geschaffen werden. Im Gegensatz dazu werden in der Praxis jedoch häufig situations- und strategie-adäquate organisatorische Veränderungen mit einem zu hohen Time Lag, dann aber unter erheblichem Zeitdruck eingeleitet. Übersehen wird damit die Dringlichkeit weitblickender organisatorischer bzw. struktureller Maßnahmen sowie die Notwendigkeit, durch organisatorische Vorkehrungen ein strategisches Marketing zu stimulieren ("Structure leads to strategy"). Daher soll wenigstens knapp und exemplarisch auf einige besonders wichtige organisatorische Aspekte eines strategischen Marketing hingewiesen werden (vgl. auch Kreikebaum, in diesem Band).

Zunächst und grundsätzlich ist dafür Sorge zu tragen, daß dem Marketing innerhalb der Gesamtunternehmung ein entsprechender Stellenwert zukommt. Zum einen sind dazu entsprechende Personalschulungs- und -entwicklungsprogramme vorzusehen, die bis in die Vorstandsetagen reichen und alle relevanten Organisationsmitglieder mit dem Marketingdenken bzw. der Marketing-Technologie vertraut machen. Vorstände, die maßgeblich in technischen und/oder finanzwirtschaftlichen Kategorien denken, gefährden heute mehr denn je den erforderlichen strategischen Weitblick einer Unternehmung.

Zum anderen muß Marketing innerhalb der Unternehmenshierarchie ausreichend hoch angesiedelt sein. Dabei kommt es allerdings weniger darauf an, daß irgendwo in der Hierarchie eine Marketingabteilung installiert wird. Vielmehr muß Marketing als Denkhaltung innerhalb der Unternehmensleitung institutionalisiert sein, gleichgültig unter welcher Bezeichnung der für das Marketing verantwortliche Topmanager agiert.

Ein hoher Stellenwert des Marketing innerhalb der Organisation bildet gleichzeitig eine wesentliche Grundlage für die markt- und speziell engpaßorientierte Koordination und Kommunikation zwischen den verschiedenen Funktionsbereichen einer Unternehmung. Gerade die Koordination und Kommunikation zwischen Beschaffung, Forschung & Entwicklung, Produktion und Absatz, aber auch zwischen verschiedenen Produktdivisionen und/oder regionalen Einheiten muß reibungslos und verzerrungsfrei verlaufen sowie durch eine übergreifende strategische Zielkonzeption geprägt sein, sollen langfristig Erfolge erzielt werden. Blinder Ressort-Egoismus gefährdet in einer Zeit zunehmender Dynamik und Komplexität der Umwelt die langfristige Entwicklungsfähigkeit eines Unternehmens.

Unter dem Aspekt einer markt- bzw. umweltorientierten Unternehmensführung kommt es im Bereich der Koordination und Kommunikation ferner immer mehr darauf an, spezielle funktionsbereichsübergreifende (Koordinations-)Einheiten zu schaffen. Während früher in diesem Zusammenhang eindeutig sog. Produktmanager-Systeme dominierten, um für eine hohe Marktorientierung der Organisationsstruktur zu sorgen, zeichnet sich heute mehr und mehr die Notwendigkeit ab, die Kundendimension stärker und vor allem funktionsübergreifend zu institutionalisieren (z.B. im Rahmen einer Matrix-Organisation). Einige Unternehmen haben die Bedeutung einer stärkeren und umfassenderen Institutionalisierung der Kundenorientierung bereits erkannt und versuchen, diesem strategischen Erfordernis durch kundenbezogene Divisionen oder Kundenmanagement-Systeme gerecht zu werden (vgl. z.B. Frese, 1981). Dementsprechend sind in einigen Unternehmen umfangreiche Reorganisationsmaßnahmen zu beobachten, so z.B. bei IBM und bei Markenartiklern, die durch ein Key-Account-Management auf die wachsende Konzentration im Handel zu antworten versuchen.

Durch eine stärkere marktbezogene Koordination und Kommunikation kann gleichzeitig dem strategischen Erfordernis einer höheren Flexibilität und Kreativität der Unternehmensstruktur Rechnung getragen werden. Es kommt hier darauf an, die gesamte Unternehmung auf die Identifikation strategischer Herausforderungen sowie das Finden kreativer strategischer Antworten auszurichten. Dazu ist das gesamte kreative Potential der Organisationsmitglieder zu nutzen und Raum für neue Ideen zu schaffen, die nicht zuletzt durch ein zugkräftiges betriebliches Vorschlagswesen systematisch zu gewinnen sind.

Zur Gewährleistung innovativer Antworten sind ferner spezielle kreative Einheiten zu schaffen, etwa in Gestalt von Task Forces und funktionsbereichsübergreifender Projektteams, die im Umgang mit modernen Kreativtechniken geschult sind, sowie neuartigen Informationseinheiten wie z.B. Verbraucherabteilungen (vgl. Hansen/Raabe/Stauss, in diesem Band), die systematisch Kundenreklamationen akquirieren und auswerten.

Trotz der zentralen Bedeutung organisational gewährleisteter Flexibilität und Kreativität, darf schließlich die Bedeutung einer raschen und reibungslosen Implementierung strategischer Lösungen nicht vernachlässigt werden. In diesem Zusammenhang werden in Zukunft Rationalisierungspotentiale im Marketing, Möglichkeiten einer "Handlungsprogrammierung" sowie Konzepte effektiver Zielvorgaben (z.B. MbO) noch stärker auszuschöpfen sein.

D. Ausblick: Gesellschaftsorientiertes Marketing nach "Außen" und "Innen"

Strategisches Marketing steht mehr denn je vor tiefgreifenden Markt- bzw. Umweltveränderungen. Alle "Zeichen der Zeit" deuten zudem darauf hin, daß erfolgreiches strategisches Handeln heute in ungleich höherem Maße mit dem "Prinzip Verantwortung" konfrontiert ist als in der Vergangenheit. Das macht Umdenkungsprozesse bei allen Beteiligten - Anbietern wie Nachfragern, Arbeitgebern wie Arbeitnehmern - erforderlich; Umdenkungsprozesse, die auch bisherige Modalitäten der Gewinnerzielung und Gewinnverwendung in anderem Licht erscheinen lassen. Nicht alles, was man kurzfristig noch mit Gewinn verkaufen kann, sollte auch verkauft werden /7/. Das, was Erich Fromm (1976) die Orientierung vom "Haben-Modus" weg und zum "Seins-Modus" hin bezeichnet hat, wird wohl stärker als bisher die Unternehmensstrategien bzw. ein strategisches Marketing prägen müssen. Dabei dürfte sich herausstellen, daß ein Marketing in Verantwortung keinesfalls nur mit Gewinnverzichten verbunden sein muß, sondern neue - z.T. legitimere - Gewinnchancen eröffnet.

Wir leben in einer Zeit, in der sich verantwortliches Marketing bei Marktpartnern, Öffentlichkeit und den eigenen Mitarbeitern mehr und mehr langfristig "auszuzahlen" beginnt - und sei es zunächst nur in Gestalt wachsender Breitenidentifikation mit unserem marktwirtschaftlichen System.

Marketing in Verantwortung und damit eine spezielle Spielart des gesellschaftsorientierten Marketing (Sozio-Marketing) /8/ ist schließlich wohl die einzig tragfähige Basis für ein erfolgreiches "Marketing nach innen": Marketing als Führungskonzeption muß ja auch den Mitarbeitern vermittelt werden. Für diesen Vermittlungs- und Identifikationsprozeß bietet das Konzept eines Marketing in Verantwortung die beste Voraussetzung. Es vermag - in Verbindung mit konkreten Leistungen wie z.B. Vermögensbildung der Arbeitnehmer - jene Motivationspotentiale zu erschließen, die in besonderer Weise ein erfolgreiches strategisches Marketing garantieren. Durch ein Marketing in Verantwortung wird sich auch eine Corporate Identity am ehesten realisieren lassen.

Anmerkungen

1 Eine ausführliche Darstellung strategisch bedeutsamer Umweltentwicklungen findet sich z.B. bei Meffert, 1980; Raffée, 1982; Tietz, 1982. Vgl. ferner die Beiträge im Kapitel D dieses Bandes.

2 Zur Marketingkonzeption vgl. z.B. Kotler, 1982; Meffert, 1984; Nieschlag/Dichtl/Hörschgen, 1985; Raffée, 1974 und 1979; Becker, 1983.

3 Allgemein zum Gratifikationsprinzip vgl. z.B. Schanz, 1977; Silberer, 1979, S. 44 - 45; speziell zur Deutung des Gratifikationsprinzips als Marketing-Leitidee kommerzieller wie nicht-kommerzieller Organisationen vgl. Raffée/Wiedmann/Abel, 1983, S. 698 ff.; Raffée/Wiedmann, 1983, S. 191 - 192, 199 - 200; Wiedmann, 1982.

4 Dieses Law of Exchange oder Interaktionsparadigma wurde schon sehr früh von Alderson (1957; 1965) als Basis einer Theorie des Marketing proklamiert. Vgl. auch Bagozzi, 1975, S. 32 - 39.

5 Vgl. dazu auch Levitt (1960), der in seinem als "klassisch" zu bezeichnenden Aufsatz "Marketing Myopia" am Beispiel amerikanischer Eisenbahngesellschaften die Auswirkungen eines kurzsichtigen Rollenverständnisses bei der Definition der Business Definition und vor allem der Festlegung grundsätzlicher Problemlösungsbereiche des Unternehmens darlegt. Vgl. ergänzend Köhler, 1981, S. 265 ff.; Raffée/Wiedmann "Wertewandel", in diesem Band.

6 Zur Bedeutung dieser Integration des Beschaffungsmarketing in das Marketingkonzept vgl. Raffée, 1982, S. 1 - 16; allgemein zum Beschaffungsmarketing z.B. Grochla/Schönbohm 1981.

7 Vgl. die griffige Forderung, die Dawson (1969) im Rahmen des Human-Konzept des Marketing erhebt: Nicht das "Could it be sold", sondern das von Verantwortung geprägte "Should it be sold", sollte die Devise sein.

8 Zum Konzept des Sozio-Marketing vgl. Raffée/Wiedmann/Abel, 1983; Raffée/Wiedmann, 1982, 1983 a und 1984; Wiedmann, 1982; Raffée/Wiedmann "Wertewandel", in diesem Band.

Literaturverzeichnis

Alderson, W., (1957): Marketing Behavoir and Executive Action, Homewood, Ill. 1957.

Alderson, W., (1965): Dynamic Marketing Behavoir, Homewood, Ill. 1965.

Bagozzi, R.P., (1975): Marketing as Exchange, in: Journal of Marketing, No. 4/1975, S. 32 - 39.

Becker, J., (1983): Grundlagen der Marketing-Konzeption, München 1983.

Chandler, A.D., (1962): Strategy and Structure, Cambridge, Mass. 1962.

Dawson, L.M., (1969): The Human Concept: New Philosophy for Business, in: Business Horizons, Heft 12/1969, S. 29 - 38.

Dichtl, E., Raffée, H., Beeskow, W., und Köglmayr, H.G., (1983): Faktisches Bestellverhalten als Grundlage einer optimalen Ausstattungspolitik bei PKW-Modellen, in: Zeitschrift für betriebswirtschaftliche Forschung, Heft 3/1983, S. 173 - 196.

Dichtl, E., Leibold, M., Beeskow, W., Köglmayr, H.G., Müller, St., und Potucek, V., (1983): Die Entscheidung kleiner und mittlerer Unternehmen für die Aufnahme einer Exporttätigkeit, in: Zeitschrift für Betriebswirtschaft, Heft 2/1983, S. 428 - 444.

Dichtl, E., und Issing, O., (1984, Hrsg.): Exporte als Herausforderung für die deutsche Wirtschaft, Köln 1984.

Dichtl, E., Köglmayr, H.G., und Müller, St., (1984): Die Auslandsorientierung von Führungskräften: Ein Schlüsselvariable für Exportförderung und Exporterfolg, in: Dichtl, E. und Issing, O. (1984, Hrsg.), S. 429 - 462.

Frese, E., (1981): Die Unternehmensorganisation im Spannungsfeld zwischen Produkt und Markt, in: Die Unternehmung, Heft 4/1981, S. 209 - 228.

Fritz, W., (1984): Warentest und Konsumgütermarketing, Wiesbaden 1984.

Fritz, W., (1985): Einflußgrößen der Produktinnovationsstrategie von Industrieunternehmen, Arbeitspapier Nr. 32, Institut für Marketing, Universität Mannheim, Mannheim 1985.

Fromm, E., (1976): Haben oder Sein, Stuttgart 1976.

Gassert, H., (1984): Der Einfluß öffentlicher Sachzwänge auf die Unternehmensstrategie am Beispiel der Energiewirtschaft, in: Gaugler, E., Jacobs, O.H. und Kieser, H. (1984, Hrsg.), S. 133 - 144.

Gaugler, E., Jacobs, O.H., und Kieser, A., (1984, Hrsg.): Strategische Unternehmensführung und Rechnungslegung, Stuttgart 1984.

Geist, M., und Köhler, R., (1981, Hrsg.): Die Führung des Betriebes, Festschrift für Curt Sandig, Stuttgart 1981.

Grochla, E., und Schönbohm, P., (1981): Beschaffung in der Unternehmung, Stuttgart 1981.

Hansen, U., Raffée, H., Riemer, M., und Segler, K., (1983): Kooperation zwischen japanischen und deutschen Unternehmen, Arbeitspapier Nr. 23, Institut für Marketing, Universität Mannheim, Mannheim 1983.

Hinterhuber, H.H., (1982): Wettbewerbsstrategie, Berlin/New York 1982.

Irle, M., (1983, Hrsg.): Handbuch der Psychologie, Band 12, 2. Halbband: Methoden und Anwendungen in der Marktpsychologie, Göttingen/Toronto/Zürich 1983.

Kieser, A., (1984): Wie rational kann man strategische Planung betreiben?, in: Gaugler, E., Jacobs, O.H. und Kieser, A. (1984, Hrsg.), S. 31 - 44.
Kieser, A., und Kubicek, H., (1984): Organisation, 2. Aufl., Berlin/New York 1984.
Köhler, R., (1981): Grundprobleme der strategischen Marketingplanung, in: Geist, M. und Köhler, R. (1981, Hrsg.), S. 265 - 282.
Kortzfleisch, G. v., und Kaluza, B., (1984, Hrsg.): Internationale und nationale Problemfelder der Betriebswirtschaftslehre, Festschrift für Heinz Bergner zum 60. Geburtstag, Berlin 1984.
Kotler, Ph., (1982): Marketing-Management, 4. Auflage, Stuttgart 1982.
Levitt, Th., (1960): Marketing Myopia, in: Harvard Business Review, No. 4/1960, S. 45 - 56.
Levitt, Th., (1984): Die Globalisierung von Märkten, in: Harvard Manager, Nr. 4/1984, S. 19 - 27.
Meffert, H., (1980): Perspektiven des Marketing in den 80er Jahren, in: Meffert, H. (1980 a, Hrsg.), S. 3 - 35.
Meffert, H., (1980a, Hrsg.): Marketing im Wandel, Wiesbaden 1980.
Meffert, H., (1984): Marketing, 7. Aufl., Wiesbaden 1984.
Nieschlag, R., Dichtl, E., und Hörschgen, H., (1985): Marketing, 14. Aufl., Berlin 1985.
Porter, M.E., (1983): Wettbewerbsstrategie, Frankfurt 1983.
Raffée, H., (1974): Grundprobleme der Betriebswirtschaftslehre, Göttingen 1974.
Raffée, H., (1979): Marketing und Umwelt, Stuttgart 1979.
Raffée, H., (1982): Marketingperspektiven der 80er Jahre, in: Marketing-ZFP, Nr. 2/1982, S. 1 - 16.
Raffée, H., und Fritz, W., (1984 a): The Effects of Comparative Product Testing in Industry and Trade: Findings of a Research Project, in: Journal of Consumer Policy, No. 4/1984, S. 423 - 437.
Raffée, H., und Fritz, W., (1984 b): Wirkungen vergleichender Warentests in Industrie und Handel. Ergebnisse eines Forschungsprojekts, in: Jahrbuch der Absatz- und Verbrauchsforschung, Heft 4/1984, S. 303 - 318.
Raffée, H., und Fritz, W., (1984 c): Mittelständische Industrie: Nachteile durch Warentestpraxis, in: Mittelstandsmagazin, Heft 9/1984, S. 14 - 16.
Raffée, H., und Kreutzer, R., (1984): Ansätze zur Erfassung von Länderrisiken in ihrer Bedeutung für Direktinvestitionsentscheidungen, in: Kortzfleisch, G.V. und Kaluza, B. (1984, Hrsg.), S. 27 - 63.
Raffée, H., und Segler, K., (1984): Marketingstrategien im Export, in: Dichtl, E. und Issing, O. (1984, Hrsg.), S. 279 - 281.
Raffée, H., und Silberer, G., (1984, Hrsg.): Warentest und Unternehmen, Frankfurt/M. 1984.,
Raffée, H., Wiedmann, K.P., und Abel, B., (1983): Sozio-Marketing, in: Irle, M. (1983, Hrsg.), S. 675 - 768.
Raffée, H., und Wiedmann, K.P., (1982): Sozio-Marketing, in: Die Betriebswirtschaft, Heft 3/1982, S. 465 - 466.
Raffée, H., und Wiedmann, K.P., (1983): Nicht-kommerzielles Marketing - ein Grenzbereich des Marketing?, in: Betriebswirtschaftliche Forschung und Praxis, Heft 3/1983, S. 185 - 208.

Raffée, H., und Wiedmann, K.P., (1983 a): Das gesellschaftliche Bewußtsein in der Bundesrepublik und seine Bedeutung für das Marketing, Hamburg 1983.
Raffée, H., und Wiedmann, K.P., (1984): Wenn Werte wichtig werden, in: Manager Magazin, Heft 3/1984, S. 56 - 60.
Raithel, H., (1984): Engpaß beim Ego, in: Manager Magazin, Heft 10/1984, S. 228 - 241.
Rösch, M., und Segler, K., (1983): Kommunikation mit Japanern - Kooperation mit japanischen Unternehmen als Kommunikationsproblem, Arbeitspapier Nr. 20, Institut für Marketing, Universität Mannheim, Mannheim 1983.
Roventa, P., (1979): Portfolio-Analyse und strategisches Management, München 1979.
Schanz, G., (1977): Grundlagen der verhaltenstheoretischen Betriebswirtschaftslehre, Tübingen 1977.
Segler, K., (1983): Strategisches internationales Marketing, unveröffentlichtes Manuskript, Mannheim 1983.
Silberer, G., (1979): Warentest-Informationsmarketing-Verbraucherverhalten, Berlin 1979.
Silberer, G., und Raffée, H., (1983, Hrsg.): Warentest und Konsument, Frankfurt/M. 1983.
Tietz, B., (1982): Die Wertedynamik der Konsumenten und Unternehmer in ihren Konsequenzen für das Marketing, in: Marketing-ZFP, Nr. 2/1982, S. 91 - 102.
Wiedmann, K.P., (1982): Ansatzpunkte einer theoretischen und empirischen Erforschung des Problemfeldes Sozio-Marketing: Stand der Forschung und erste Skizze eines Forschungsprogramms, Arbeitspapier Nr. 18, Institut für Marketing, Universität Mannheim, Mannheim 1982.

Michael Knappstein *

Die Marketing-Strategie des Hauses IKEA **

A. Einführung
  I. Ursprung des Hauses IKEA
  II. IKEA's Geschäftsidee

B. Das Marketing-Konzept
  I. Zielgruppenselektion
  II. Das Marketing-Mix
    1. Produkt- und Programmpolitik
    2. Distributionspolitik
    3. Preispolitik
    4. Kommunikationspolitik

C. Organisationsstrukturen des Marketing-Management

D. Ausblick - Einsatz strategischer Analyseinstrumente

---

* Dipl.-Kfm. Michael Knappstein ist Marketing-Leiter der Firma IKEA Einrichtungs-GmbH Süd, München.

** Dem Beitrag lag ein Vortragsmanuskript von Herrn Michael Knappstein zugrunde, das von Herrn cand. rer. pol. Burkhard Heinz in die vorliegende Fassung gebracht wurde.

A. Einführung

I. Ursprung des Unternehmens IKEA

In den 40-er Jahren etablierte Ingvar(I) Kampard(K) einen kleinen Versandhandel auf dem elterlichen Bauernhof Elmtaryd(E) in Agunnaryd(A) in Süd-Schweden. Von hier aus bot er ein äußerst preiswertes Sortiment an, das vom gerade erfundenen Kugelschreiber über Damenstrümpfe bis hin zum Küchenstuhl reichte. Wenige Jahre später hatte er sich auf Einrichtungsgegenstände konzentriert, ließ 1958 das erste IKEA-Möbelhaus bauen, um die Produkte den Kunden in natura vorstellen zu können.

Heute existieren 50 IKEA-Häuser in 14 Ländern der Welt mit einer Verkaufsfläche von 460.000 m² und einem Umsatz von ca. 2 Mrd. DM (Geschäftsjahr 82/83).

II. IKEA's Geschäftsidee

IKEA's Geschäftsidee läßt sich wie folgt umreißen: Für "junge Leute jeden Alters" sollen Produkte angeboten werden, die sich auszeichnen durch:

- gute Qualität zu niedrigen Preisen,
- modernes schwedisches Design,
- Kombinationsfähigkeit,
- Zerlegbarkeit der Möbel,
- Abtransportierbarkeit durch den Kunden,
- sofortige Lieferbereitschaft,
- ausführliche Kundeninformation durch Etiketten als Kommunikationsmittel,
- Rücknahmegarantie innerhalb von zwei Wochen nach dem Kauf.

Im Jahre 1974, als IKEA sein erstes Einrichtungshaus in Deutschland eröffnete, erlebte der Möbeleinzelhandel sein bislang schwerstes Jahr. Nach relativ kontinuierlichen Umsatzzuwächsen mußte der Einzelhandel ab 1970 ständig sinkende Umsatzzuwächse hinnehmen, 1974 sogar reale Umsatzverluste.

Zusätzlich nahm der Trend zur Konzentration und Selektion im Möbelhandel zu. Stagnierende Realeinkommen flachten die Bereitschaft zum Möbelkauf ab, und die Sorge um den Arbeitsplatz ließ die Mobilität und Umzugsneigung als Motiv für Neuanschaffungen sinken. Die allgemeine Sparneigung der Konsumenten schließlich sorgte für das Zurückstellen von Investitionsplänen im privaten

Haushalt.

Gerade für einen Newcomer wie IKEA mit seiner für den Handel neuartigen Marketing-Konzeption bargen die Stagnations-Tendenzen hohe Chancen. Denn weder die tradierten Einrichtungshäuser, noch die zunehmend aktiv werdenden fachfremden Möbelverkäufer wie SB-Warenhäuser und C&C-Märkte waren bereit und in der Lage, einer selektiven Marketing-Politik Wirksames entgegenzusetzen.

Die Preispolitik von IKEA, nämlich mit dem Wegfall von Service-Leistungen niedrige Preise bei hohem Qualitätsanspruch glaubhaft zu machen, mußte ökonomisch denkende Verbraucher besonders ansprechen. Der Markteintritt zu Krisenzeiten war also ein kalkulierbares Risiko.

Längerfristig signalisierte der Markt aber auch Tendenzen, die eine Tragfähigkeit des Konzepts über die Zeit der geringen Einkaufsneigung hinaus erwarten ließen:

(1) Einkommenszuwächse nach überstandener Rezession kommen dem Möbelmarkt zugute. Die Verbraucher holen ihre zurückgestellten Investitionen nach.
(2) Die Zahl der Haushalte wird sich zwar langfristig nur unwesentlich erhöhen. Dafür nimmt aber die durchschnittliche Wohnfläche zu.
(3) Der Anteil der voll auszustattenden Ein-Personen-Haushalte wird sich von derzeit 27,6 auf 30 Prozent erhöhen.
(4) Geburtsstarke Jahrgänge werden zu Erstkäufern. Bis 1985 wird der Bevölkerungsanteil der 20-30jährigen von 12,3 Prozent (1979) auf 16 Prozent anwachsen.
(5) Mittelfristige Einrichtungszyklen nehmen zu. Nicht mehr die Einrichtung fürs Leben steht im Wunsch-Mittelpunkt der Erstkäufer, sondern austauschbare Verbrauchsmöbel.
(6) Der Mitmacher-Gedanke unterstützt die Mitmacher-Konzeption IKEAs, nach der die Möbelkäufer ihre Einrichtungsstücke auch selber montieren sollen.

Aus den Komponenten, die in der Produktidee enthalten sind, nämlich gute, funktionelle Qualität, gutes Design und günstiger Preis sowie der Delegation von Leistungen in ihren vielfältigen Ausprägungen auf den Konsumenten entsteht die unverwechselbare Positionierung von IKEA.

Diese lautet:
"IKEA ist das einzige Möbelhaus, das mit Hilfe seiner Kunden, die einen Teil der Leistung übernehmen, das bisher Unmögliche möglich macht: Gutes Design und gute, funktionelle Qualität zu niedrigem Preis."

Als zentrale Kommunikations-Idee formuliert heißt das:

"IKEA - das unmögliche Möbelhaus aus Schweden".

Ziel der Unternehmenspolitik ist es, eine Marktabdeckung von 75 Prozent aller bundesrepublikanischen Haushalte zu erreichen.

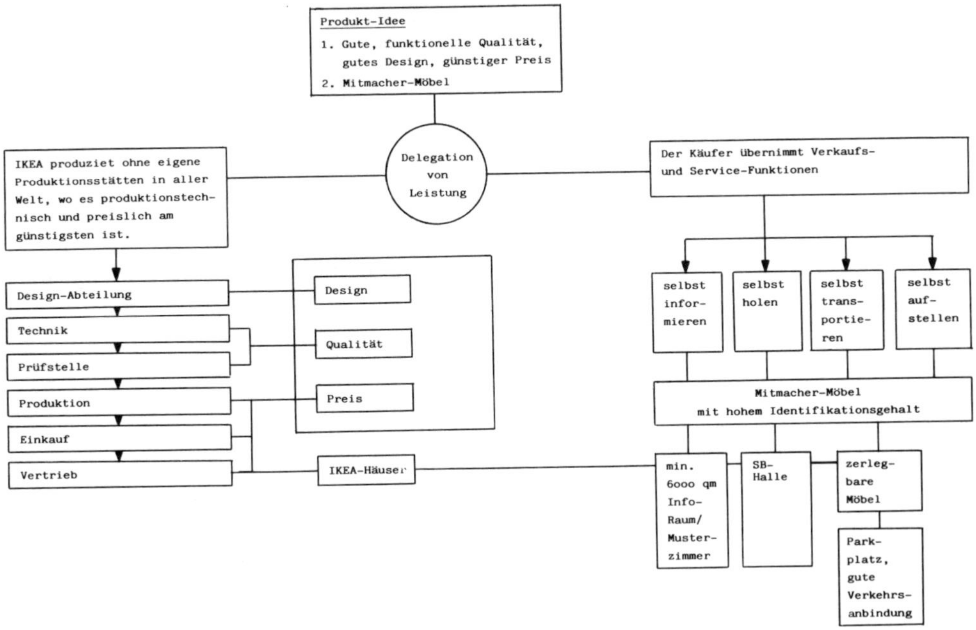

Abb. 1: Ausformung der Geschäftsidee von IKEA

B. Das Marketing-Konzept

I. Zielgruppenselektion

Grundlage für die schnelle Expansion der deutschen Gruppe ist eine konsequent durchgeführte Marketingpolitik, die vorwiegend auf einer bislang noch nicht ausreichend berücksichtigten Zielgruppe basiert: Die Zielgruppe der jungen Käufer mit hohem Individualitätsanspruch, großem Investitionsbedarf aber begrenzten finanziellen Mitteln. Diese Kernzielgruppe wurde in ihrer Gesamtheit definiert als "Junge Leute jeden Alters". Durch verschiedene Erfahrungen und Befragungen stellt sich eine Kernzielgruppe mit folgender Ausprägung dar:

Soziodemographisch ist die Kernzielgruppe definiert:

- 18 - 40 Jahre,
- Haushalts-Nettoeinkommen zwischen 1.000 und 3.000 Mark,
- überwiegend verheiratet,
- vorwiegend Angestellte,
- vorwiegend Personen mit höherer Bildung.

Die psychologischen Parameter sind:

- hohe Mobilität und Flexibilität,
- hohe Ansprüche an Design und Qualität,
- intelligentes Kaufverhalten.

Nun ist unsere Marketingpolitik nicht ausschließlich auf diese eine Zielgruppe ausgerichtet. Wir stellen uns vielmehr die Aufgabe, mit unserem Leistungsbündel und unseren kommunikativen Bemühungen über die definierte Zielgruppe hinaus weitere Verbraucherschichten zu erreichen.

Wer als Anbieter den spezifischen Produkt-, Preis- und Service-Erwartungen dieser Zielgruppe entspricht, kann sich freihalten von Dienstleistungen, die dieser Käuferschicht peripher erscheinen. So nimmt es die IKEA-Kundschaft gerne in Kauf, daß sie ihre Möbel selber transportieren und montieren muß. Sie zieht sogar aus diesen Eigenleistungen die Befriedigung, etwas Eigenständiges geleistet zu haben.

II. Das Marketing-Mix

1. Produkt- und Programmpolitik

IKEA's Sortimentskern sind Möbel schwedischen Designs, die großenteils zerlegbar sind.

Die Sortimentspolitik entspricht dem geschmacklichen Anspruch der Käufer. Durch die Beschränkung auf eine ästhetische Linie, nämlich modernes, klares, funktionelles, schwedisches Design, können wir ein Produktsystem anbieten, das

- beliebig kombinierbar ist und
- eine außerordentliche Tiefe und Breite aufweist(immerhin bieten wir in unseren Häusern um die 12.000 Artikel an) und das
- durch harmonische Abstimmung aller Artikel in Farben, Materialien, Formen, Dessins dem Käufer echte Hilfestellung beim Selberzusammenstellen einer Einrichtung leistet und Geschmacksverirrungen nahezu unmöglich macht.

Neben diesem Möbel-Kernsortiment hat IKEA aktuelle und attraktive Nebensortimente aufgebaut. Dazu gehören ein Möbelsortiment des aktuellen italienischen Designs, aufeinander abgestimmte Heimtextilien aber auch Einrichtungsgegenstände mit besonderem "Pfiff".

2. Distributionspolitik

Wir errichten IKEA-Häuser ausschließlich in Ballungsgebieten. Maßstab sind mindestens 700.000 Haushalte im Umkreis von 30 bis 50 km. Die hohe Flexibilität der Großstadtbewohner läßt selbst Entfernungen von 50 Kilometern gering erscheinen.

Auf der anderen Seite übt die Entfernung zum Wohnort auch eine gewisse Vorselektion aus: Wer bei IKEA eintrifft, hat zumindest unterschwellig schon beschlossen, hier etwas einzukaufen.

Durchschnittlich 12- bis 15.000 Besucher in der Woche verlangen problemlose An- und Abfahrtswege. Autobahnnähe und große Parkräume sind daher unabdingbare Voraussetzung für eine IKEA-Ansiedlung.

Auch die Ausmaße der Verkaufsräume sollen Streß vermeiden. Auf mindestens 6.000 Quadratmetern Verkaufsfläche finden unsere Kunden auch zu Stoßzeiten noch genügend Abstand voneinander.

Eine erhebliche Grundfläche ist darüberhinaus auch nötig, um immerhin ca. 12.000 Artikel so zu plazieren, daß aus dem IKEA-Besuch auch ein Einkaufserlebnis wird.

Wir meinen, dieses Ziel erreicht zu haben. Denn immerhin kommen 50 Prozent unserer Käufer bis viermal, 12 Prozent bis zehnmal im Jahr zu uns.

Einen Teil der angebotenen Ware kann der Kunde im SB-Warenlager selbst dem Regal entnehmen und zur Kasse transportieren. Bei der Durchsetzung dieser Angebotsform hat uns sicherlich die Tatsache geholfen, daß die meisten Besucher schon vorher mit Verkäufen aus Einfach-Regalen Erfahrung gemacht haben. Große Möbelstücke erhält der Kunde nach Bezahlung an der Kasse und gegen Vorlage des Abholscheins im angegliederten Abhollager.

"Jedes Auto ist ein Möbelwagen" hieß eine unserer Einführungs-Headlines. Ein "Möbelwagen" will beladen sein. Ausreichender Parkraum um die IKEA-Häuser hilft vermeiden, daß ein Kunde seine neuen Möbel unnötig weit schleppen muß. Und schon bei der Produktgestaltung haben wir uns überlegt, wie wir jedes Möbelstück so zerlegen müssen, damit es bequem abtransportiert werden kann.

Weiterhin bietet jedes Haus die Möglichkeit, Dach-Gepäckträger zu kaufen, einen Leih-Transporter zu mieten oder den Transportdienst in Anspruch zu nehmen.

Natürlich müssen Produktversprechen, Produkterwartung und Produkterfahrung miteinander harmonieren.

Wenn wir dem potentiellen Kunden ein in allen Bereichen "unmögliches Möbelhaus" versprechen, müssen wir das auch in allen Ebenen halten. Das heißt: Unsere Leistung am Verkaufspunkt so plausibel machen, daß die persönliche Erwartungshaltung auch erfüllt wird.

Zum Eröffnungszeitpunkt des ersten Hauses war der Selbstbedienungsgedanke, bedingt u.a. durch die konsequente Zerlegbarkeit der Möbel, in Einrichtungshäusern wirklich neuartig.

Die Selbstbedienung dient in IKEA-Häusern nicht ausschließlich der Kostensenkung und damit dem Preiswettbewerb. Sie bietet uns auch die Chance, den Bedürfnissen unserer Zielgruppe nachzukommen. Unser Käufer möchte:

- In Ruhe gelassen werden und sich selbst ein Urteil bilden über das Sortiment.
- Deshalb auch keine herkömmliche Beratung.

Fehler kann der Kunde ausbügeln, indem er die gekaufte Ware innerhalb zweier Wochen zurückgibt - ohne weitere Erklärung. Wir nennen das Verkaufssicherheit. Hat er richtig gewählt, wird ihn der Kauf für die nächsten Jahre in seiner Persönlichkeit und Geschmackssicherheit bestätigen.

Weil wir so viele Wiederkäufer haben, die wir ja auch zu Spontankäufen anregen möchten, müssen wir unser Haus permanent verändern. Das bedeutet ständige Umbauten in der Präsentation, ständig neue Ideen und Akzente und immer wieder neue Aktionen, die auch ein ständig neues Einkaufserlebnis mit sich bringen.

3. Preispolitik

In Übereinstimmung mit den Merkmalen unserer Zielgruppe ist es unsere erklärte Politik, Produkte mit gutem Qualitätsniveau zu günstigen Preisen anzubieten.

Kostenaspekte spielen hier die wichtigste Rolle.

- Wir kaufen dort, wo wir unsere Grundstoffe am billigsten bekommen und lassen dort konfektionieren, wo die Produktionskosten am niedrigsten sind. Damit wir aber unseren hohen Qualitätsansprüchen gerecht werden, müssen wir auf die Einhaltung unserer Normen achten und mitunter auch helfend eingreifen. Das geht so weit, daß wir einem Unternehmer in einem lohnkostenmäßig günstigen Land, der aber mit unseren Ansprüchen keine Erfahrung hat, massive Engineering-Leistungen zukommen lassen.
- Die meisten IKEA-Möbel sind zerlegt. Gerade bei sperrigen Produkten, wie in besonderem Maße Möbel es sind, lassen sich enorme Transport- und Lagerkosten einsparen.
- Unsere Verkaufshäuser sind "auf der grünen Wiese" positioniert, außerhalb der teuren Innenstadt-Bereiche.
- Der Kunde arbeitet mit. Anhand des entsprechend gestalteten Katalogs informiert sich der Kunde selbst, in den Verkaufsräumen erhält er weiterhin vielfältige Hinweise und Informationen durch Schilder, Poster, Displays, Etiketten etc. Einen Großteil der Ware kann er selbst den Regalen entnehmen, er transportiert sie selbst nach Hause und montiert die Möbel auch selbst. Dies alles spart für uns vor allem erhebliche Personalkosten ein. Die Mitarbeit des Kunden kommt ihm so selbst wieder zugute.

4. Kommunikationspolitik

Wer unter den deutschen Verbrauchern nicht gerade jährlich seinen Urlaub in Schweden verbrachte, dem war der Name IKEA völlig unbekannt. Ein weißer Image-Fleck also, den auszufüllen gerade die Chance des Newcomers ausmachte. So ist es verständlich, daß gerade auf kommunikative Maßnahmen besonderes Gewicht gelegt wurde. Hierzu gehört in erster Linie die werbliche Ansprache der Konsumenten, in zweiter Linie (dem Informationsfluß unserer Kunden folgend) die informative Präsentation des Sortiments, drittens der ungehinderte Informationsfluß über Eigenschaften der angebotenen Ware und viertens die Aufklärung über das Handling unseres Verkaufssystems.

Dem Primat der Kommunikation hatte sich die Logistik unterzuordnen, das heißt: Die augenblickliche Verfügbarkeit jedes Sortimentsteils war unabdingbare Voraussetzung eines funktionierenden Abverkaufs. Die Ausstellungsflächen und Lagermöglichkeiten waren der angestrebten Vertriebsform anzupassen.

Als ein zentrales Kommunikationsproblem ergab sich: Wer bis dato gute Qualität und gutes Design wollte, mußte immer tief in die Tasche greifen. Wer wenig Geld ausgeben konnte, mußte sich mit mäßigem Design und geringerer Qualität zufriedengeben. Diese gelernte Vorstellung stellte IKEA auf den Kopf.

Wir machten möglich, was immer unmöglich schien, und so mußte es unser zentrales Kommunikationsanliegen sein, den Verbraucher schnell hinsichtlich seiner alten Vorstellungen und seiner Kauf-Gewohnheiten buchstäblich umzukrempeln.

Ein weiteres Kommunikationsproblem lag im folgenden: Das vorher beschriebene Null-Image, das Fehlen jeglichen Bekanntheitsgrades. Zunächst einmal war nicht zu erwarten, daß sich der Begriff IKEA schnell einprägen würde, wenn man ihm nicht besondere mnemotechnische Hilfsmittel zur Seite stellte.

Die Wort-Bild-Marke, das visuelle Vehikel des bekannten Elchs wurde entwickelt, der neben seiner Einprägsamkeit auch noch den Vorteil mit sich bringt, als Kommunikationsfigur aktionsgerecht eingesetzt werden zu können.

Mit diesem Elch wurde ein Blickfang und Identifizierungsobjekt höchsten Grades entwickelt, das auch leicht eine Verbindung zum

Mutterland Schweden schafft. Einem Land, das vom Verbraucher mit besonders soliden Möbeln verbunden wird. Verbal kommunizieren wir unsere Angebots-Idee mit dem Slogan "IKEA - das unmögliche Möbelhaus aus Schweden."

Das Handelsunternehmen IKEA richtet seine Werbung naturgemäß stark regional aus. Basismedium ist dafür die Tageszeitung, weil sie binnen kürzester Zeit eine enorme Reichweite und Durchsetzung im jeweiligen Einzugsgebiet erzielt.

Die Aktualität und Informationsfunktion der Tageszeitung übertragen sich auf die Anzeigen und gewährleisten für IKEA einen hohen Informationsstand der Öffentlichkeit und rasche Durchsetzung. Durchschnittlich erscheinen im Monat zwei Anzeigen, um die handelsübliche Präsenz sicherzustellen.

Dennoch erschien es uns von Anfang an notwendig, Werbeleerräume mittels eines Kataloges zu überbrücken. Dieses Medium erfüllt für uns gleich mehrere Aufgaben:

- Es dient der permanenten Bedarfsweckung.
- Es schafft Kaufbestätigung.
- Der Kunde kann anhand des Katalogs im Bekanntenkreis als Multiplikator auftreten.

Der Katalog (83/84: 180 Seiten, ca. 15 Mio. Auflage) wird im Kerngebiet an jeden Haushalt verteilt. In den Verkaufsräumen liegt er an exponierten Stellen aus.

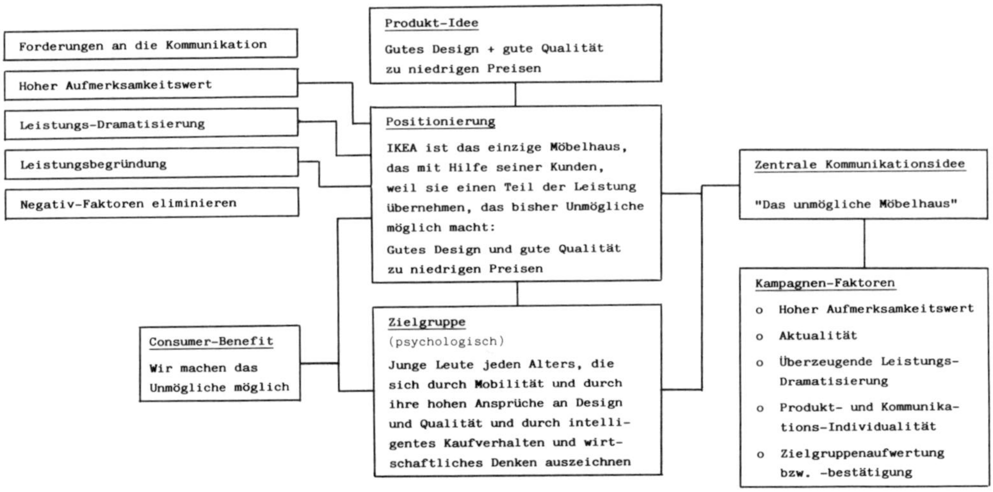

Abb. 2: Das Kommunikationskonzept von IKEA

C. Organisationsstrukturen des Marketing-Management

Unser Konzern lebt von der Kreativität seiner Mitarbeiter. So meinen wir, daß es falsch wäre, den Elan irgendeines für uns Tätigen mit bürokratischen Mitteln zu hemmen. Auf der anderen Seite sind wir gezwungen, in allen geschäftlichen Bereichen, vordringlich aber in den verkaufsnahen Ebenen des Marketing, die eingeschlagene Richtung kontinuierlich zu verfolgen.

Jedes der IKEA-Häuser arbeitet im Rahmen des vorgegebenen Gesamtbildes weitgehend selbständig. Das bedeutet für den jeweiligen Geschäftsführer: Er zeichnet verantwortlich für Warendisposition, Präsentation, Personaleinsatz und regionale Kommunikation. Die Dezentralisierung findet ihre Begründung in der Tatsache, daß die regionale Mannschaft viel eher als die Zentrale in der Lage ist, den Wettbewerb zu analysieren und auf Maßnahmen der Mitbewerber schnell zu reagieren.

Aus dem Spannungsfeld zwischen größtmöglicher Individualität einzelner Häuser und der Wahrung einer einheitlichen Geschäftspolitik resultiert der Aufbau unserer Organisation, wie sie auf folgendem Schaubild verdeutlicht wird.

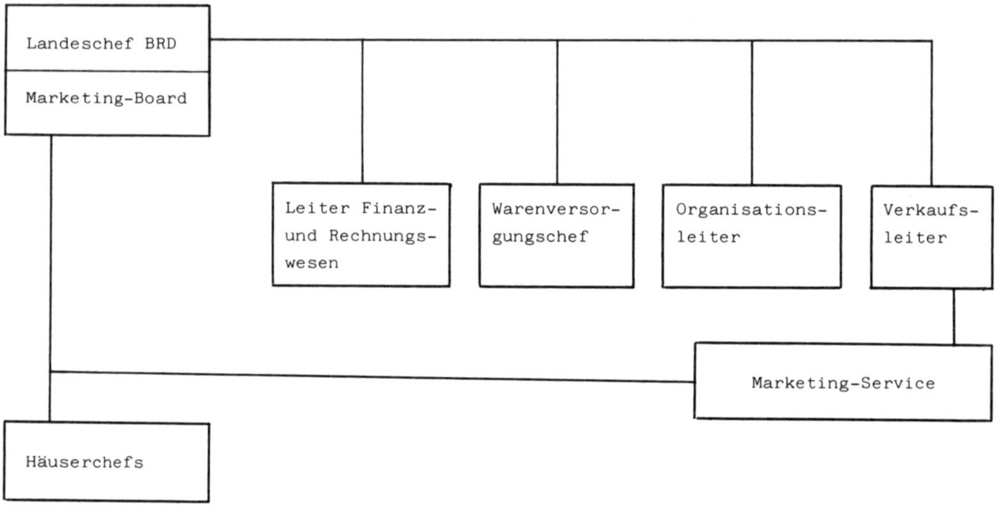

Abb. 3: Die Organisation der IKEA-Deutschland GmbH

Dem Marketing-Service als Kopf übergeordnet, fungiert der IKEA-Marketing-Board als Entscheidungs- und Richtlinien-Instanz. Der Marketing-Board legt die Kommunikationslinie eines ganzen Jahres fest und definiert die jeweiligen Marketing-Ziele, die die regionalen Häuserchefs dann in eigener Regie erreichen müssen.

Direkten Einfluß nimmt die Zentrale lediglich auf die Gestaltung überregionaler Werbeaktionen.

Im Interesse einer günstigeren Produktionskostengestaltung und der rationelleren Abwicklung werden u.a. folgende Werbe-Kommunikationsmittel zentral entwickelt und produziert:

- Der Jahreskatalog (in Zusammenarbeit mit der Zentrale in Schweden).
- Deko-Verkaufsförderungsmaterial.
- Überregionale Kampagnen in entsprechenden Werbeträgern.
- Angebotsprospekte (als Beilage zu Tageszeitungen oder als Prospekte für Direktwerbung).
- Überregionale Marktforschung und Statistik.
- Überregionale Wettbewerbs-Beobachtung.

C. Ausblick - Einsatz strategischer Analyseinstrumente

Unserem Einstieg in den europäischen Kontinent sind keine umfassenden wissenschaftlichen Untersuchungen vorausgegangen. Wir hatten uns schnell elementare Kenntnisse über den Markt beschafft und sahen deutlich, daß es eine Marktlücke für uns gab.

Zwei Grundgedanken sind bei IKEA noch wichtiger als ausgefeilte Analysemethoden:

- Wir versuchen immer an den Wurzeln unseres Erfolgs anzusetzen, sei es, daß nicht im Verkauf arbeitende Mitarbeiter mindestens einmal pro Jahr bei der sog. "Büromuffelwoche" den direkten Kontakt zum Endverbraucher wieder spüren dürfen, sei es, daß unsere Designer ihre Entwürfe "auf dem Fabrikboden" machen. Zuhören können, immer selbstkritisch auf der Suche nach neuen Lösungen zu sein sind wichtige Eigenschaften eines guten IKEA-Mitarbeiters.
- Anstelle langwieriger Untersuchungen versuchen wir, möglichst schnell eine Idee mit im Unternehmen vorhandenem oder leicht zu beschaffendem Wissen zu bewerten, um diese bei positiver Bewertung umgehend in die Praxis umsetzen zu können. Eine praxisrelevante Abhandlung geringeren Umfangs, bei der man das tatsächliche Resultat ablesen kann ist uns wichtiger als noch so gut ausgearbeitete Vermutungen.

Strategische Analyseinstrumente können sicher ein wichtiges Hilfsmittel bei der unternehmerischen Entscheidungsfindung sein; die richtige Einstellung zum bzw. das offene Ohr für den Verbraucher können sie ebensowenig ersetzen wie den kritischen Menschenverstand und unternehmerische Initiativkraft.

Robert Mayr *

Das Marketingkonzept eines Investitionsgüter-Herstellers - unter besonderer Berücksichtigung des internationalen Marketing

*Dipl.-Kfm. Robert Mayr ist Marketing-Leiter der Firma Andreas Stihl KG, Waiblingen.

A. Einführung

I. Das Produkt

Das Hauptprodukt der Firma STIHL ist die Benzinmotorsäge. Daneben werden Motorsensen, Trennschleifer, Bohrgeräte, Sprühgeräte, Blasgeräte und Heckenscheren angeboten. Diese Geräte werden in der Regel von einem modifizierten Motorsägenmotor angetrieben.

Die Produkte können damit als technische Gebrauchsgüter klassifiziert werden - als Investitionsgüter im weitesten Sinn.

II. Das Unternehmen

Die Firma STIHL wurde 1926 als 2-Mann-Betrieb von Herrn Andreas Stihl gegründet. Bei der Durchsetzung der Motorsäge im Forst spielte STIHL die führende Rolle. Durch den Einsatz der Motorsäge in der Forstwirtschaft wurde ein ganzer Berufsstand sozial und ökonomisch revolutioniert. Aus dem unterprivilegierten Holzknecht von einst ist der moderne, gut bezahlte Waldarbeiter geworden.

STIHL ist nicht nur der älteste, sondern auch der größte Motorsägenhersteller der Welt. Der Weltmarktanteil liegt bei 24 %. Über 80 % der Produkte werden im Ausland verkauft. Das weltweite Händlernetz umfaßt 30.000 Betriebe.

Gefertigt wird in 6 Inlands- und 4 Auslandswerken. Eigene Vertriebsgesellschaften gibt es in neun Ländern.

1982 wurde ein Gesamtumsatz von 743 Mio DM erzielt. Damit konnte erstmals nach dem Krieg kein Umsatzwachstum realisiert werden, nachdem im Jahre 1981 der Umsatz noch bei 803 Mio DM lag. Das Abknicken der Umsatzkurve ist auf den deutlichen Rückgang des Weltmarktvolumens an Benzinmotorsägen zurückzuführen. Abgesehen von diesem Rückgang betrug das durchschnittliche Wachstum der STIHL-Gruppe seit 1948 22 %.

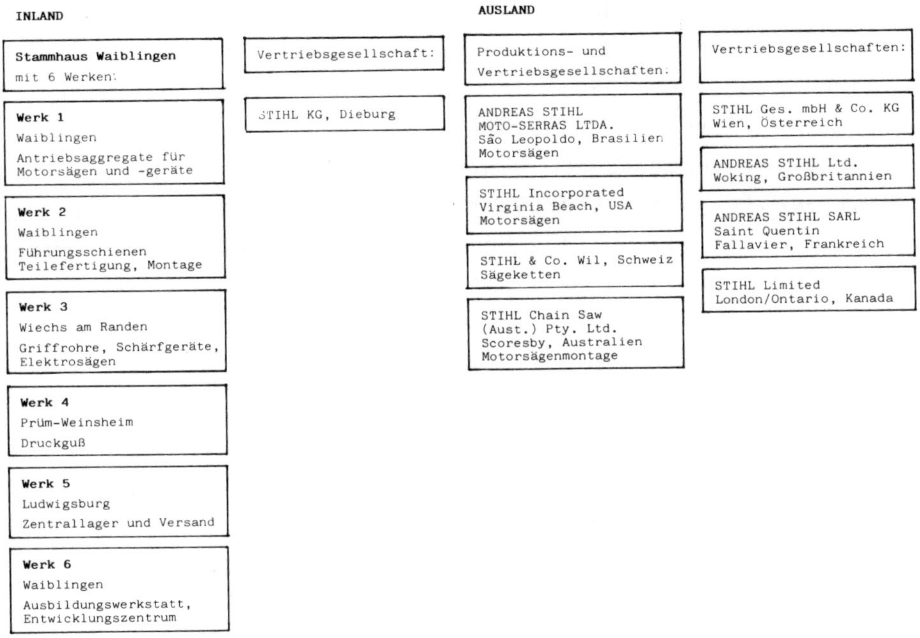

Abb. 1: Die Struktur des Unternehmens

B. Die Marketingkonzeption

I. Die Marketingziele

Die aus den Unternehmenszielen abgeleiteten Marketingziele lauten:
Weiterer Ausbau des Weltmarktanteils bei Motorsägen und weitere Ausschöpfung der bereits bearbeiteten Zielgruppen mit neuen Produkten und eher zurückhaltende Erschließung neuer Zielgruppen. Daneben wird angestrebt, den Vertrieb in weiteren Ländern in eigene Regie zu übernehmen und ein permanentes "Upgrading" der weltweiten Vertriebsorganisation durchzuziehen.

II. Der Markt

Traditionell war der Markt für Motorsägen bis anfangs der siebziger Jahre durch zwei Abnehmergruppen geprägt: durch die Forst- und die Landwirtschaft.
Nach dem Ölschock 1973 explodierte der Markt förmlich. Brenn-

holz wurde plötzlich wieder stark nachgefragt und kleine, billige Hobbymotorsägen - auf einem geringeren Qualitätsniveau - erlebten einen Boom, der 1980 seinen Höhepunkt erreichte. In den beiden letzten Jahren ebbte der Hobbyboom aufgrund des erreichten hohen Sättigungsgrads ab. Hinzu kam die weltweite Rezession der Bauwirtschaft, die als größter Verwender von Holz für den Motorsägenmarkt von ausschlaggebender Bedeutung ist. Dies führte dazu, daß das Weltmarktvolumen mit 3,4 Mio Einheiten wieder das Niveau der Jahre 1975 und 1976 erreichte, nachdem 1980 der entsprechende Wert noch bei 5,8 Mio Stück lag.

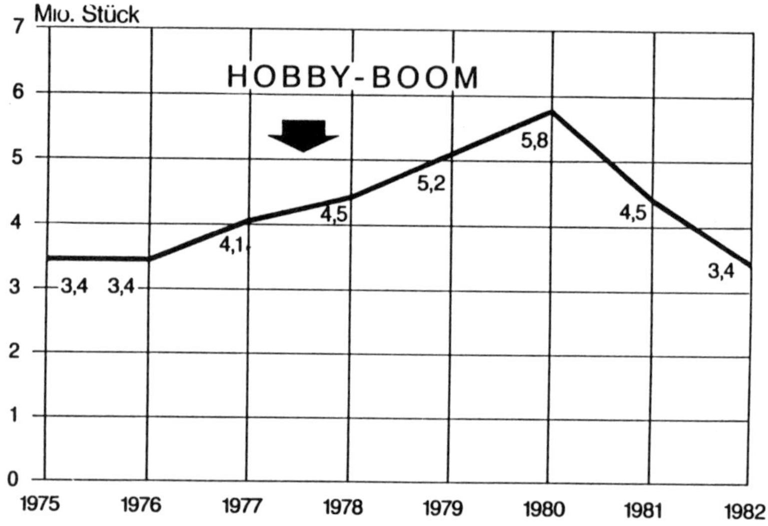

Abb. 2: Weltmarktentwicklung bei Benzinmotorsägen

Damit einher ging auch wieder eine Umschichtung der Marktsegmente. Nachdem in den siebziger Jahren der Anteil des Hobbymarkts von 10 auf 50 % anstieg, scheint sich die Segmentstruktur jetzt von 40 % Hobbykäufern, 40 % Landwirten und 20 % professionelle Waldarbeiter zu stabilisieren.

Regional liegt das Schwergewicht des Motorsägenweltmarkts bei Nordamerika mit einem Anteil von 45 %, dicht gefolgt von Europa mit 40 %. Der Rest von 15 % entfällt auf die eher unterentwickelten Länder in Südamerika, Asien und Afrika.

Bemerkenswert ist, daß für STIHL die Marktselektion als Prozeß im internationalen Marketing heute nicht mehr relevant ist,

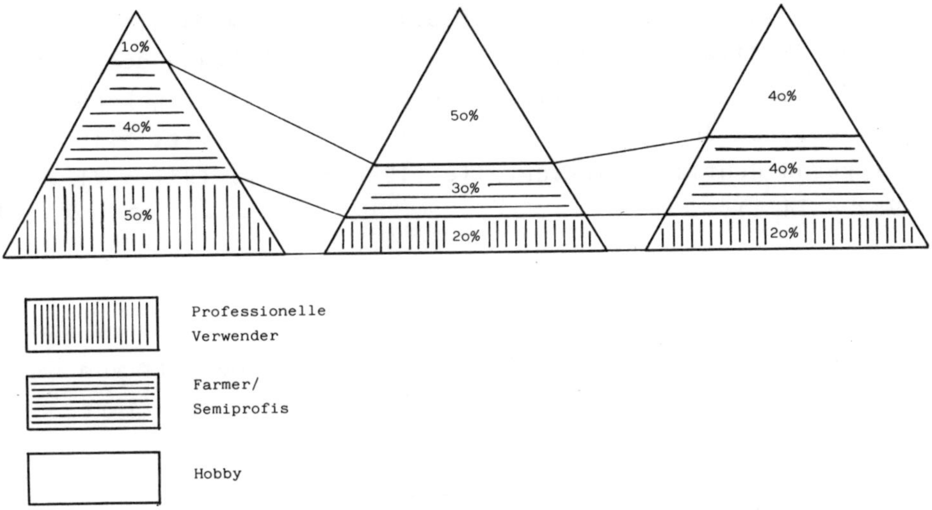

Abb. 3: Die Entwicklung der Marktsegmente 1970 - 1982

da das Unternehmen praktisch in allen Ländern der Erde vertreten ist. Das Problem liegt eher darin, wann und wo bisher von Importeuren betreute Länder in eigene Regie überführt werden sollen.

III. Das Marketingkonzept

1. Die Segmentstrategie

Das wesentliche Element der gesamten Marketingstrategie bei STIHL ist darin zu sehen, daß man sich zwar auf breiter internationaler Ebene betätigt, sich dabei aber konsequent auf die Stärken des Unternehmens konzentriert und ein Verzetteln vermeidet. Das zeigt sich zunächst in der Segmentstrategie. Hier standen von jeher die Segmente Forst- und Landwirtschaft, d.h. die Profis und Semiprofis, im Mittelpunkt der Absatzbemühungen. Diesen Schwerpunkten blieb das Unternehmen auch treu, als der Hobbymarkt phantastische Zuwachsraten erreichte.

STIHL setzte weiter auf die Profis und Semiprofis und nur auf die anspruchsvollen Kunden im Hobbysegment, die hohe Qualität auch im Preis zu honorieren bereit sind. Damit wurde absichtlich ein erheblicher Teil des Marktes nicht besetzt, um mit allen Kräften in den angestammten Marktsegmenten präsent zu bleiben.

Diese Grundsatzentscheidung half STIHL in hohem Maße, die Marktkrise ab 81/82, die durch einen starken Rückgang des Hobbysegments infolge der dort erreichten hohen Sättigung gekennzeichnet war, zu überwinden. Der Markt war rückläufig, STIHL gewann hingegen deutlich Marktanteile (1980 = 16 %, 1981 = 21 % und 1982 = 24 %).

2. Die Produktstrategie

Die Produktstrategie ist in den Kernelementen bereits vom Firmengründer weitgehend vorbestimmt worden. Sie differenziert STIHL klar von den Wettbewerbern.

Produkt \ Käufer/Märkte	Vorhanden	Neu
Vorhanden	Markt-ausschöpfung	Markt-schaffung
Neu	Erschließung von Marktlücken	Diversi-fikation

Abb. 4: Die Produktstrategie

In der Produktqualität hat sich STIHL für eine Politik der hohen Qualität entschieden - abgeleitet aus der Konzentration auf das Marktsegment der professionellen Verwender. Diese Philosophie wurde auch mit aller Konsequenz beibehalten, als der schon erwähnte Hobbymarkt in der 2. Hälfte der 70er Jahre mit billigen, kleinen Hobbysägen inferiorer Qualität - insbesondere aus US-Produktion - überschwemmt wurde. STIHL verzichtete bewußt darauf, "me too"-Produkte anzubieten.

Das in Jahrzehnten aufgebaute Qualitätsimage wurde aufrechterhalten. Die Bewahrung dieser Identität bleibt weiterhin eine hochrangige Marketingaufgabe. Diese Qualitätsphilosophie gilt weltweit. Kompromisse zugunsten niedrigerer Preise werden nicht eingegangen - auch nicht in kaufkraftschwachen Ländern.

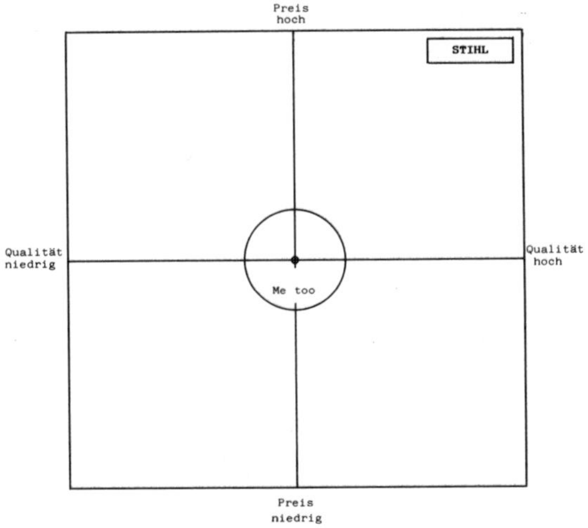

Abb. 5: Produktpositionierung

Die Qualität wird durch eine große Fertigungstiefe konsequent gesteuert. So ist STIHL der einzige Motorsägenhersteller, der das Antriebsaggregat, die Führungsschiene und die Sägekette im eigenen Hause herstellt.

Mit der hohen Qualität unmittelbar verknüpft ist die Bedeutung, die dem technischen Service zugemessen wird. STIHL hat weltweit das größte Servicenetz aufgebaut. Hier orientiert man sich noch heute an dem Prinzip des Firmengründers: "Eine Motorsäge ist nur so gut wie ihr Service".

Schließlich ist auch die Verbindung zur Distributionsstrategie zu sehen. STIHL konzentriert sich weltweit ausschließlich auf den Fachhandel als den einzigen Vertriebspartner. Diese Strategie wurde auch dann konsequent - und aus heutiger Sicht mit großem Erfolg - durchgehalten, als die anderen Hersteller im Zuge des Hobbybooms auf die Massenvertriebswege setzten und vom Fachhandel abrückten.

Die Strategie der Konzentration zeigt sich auch im Sortimentsschwerpunkt. Dieser ist nach wie vor die Motorsäge, ein Spezialfeld, das eine hochstehende Technologie erfordert. Als Spezialist kann STIHL hier eine Sortimentsbreite und -tiefe bieten wie kein anderer Hersteller.

Dennoch hat STIHL sein Geschäft mit anderen Produkten, die vornehmlich von den bereits bedienten Marktsegmenten nachgefragt werden, sukzessive ausgebaut. Ihr Anteil am Absatz liegt bereits bei über 20 %. Dabei wurden im angestammten Produktbereich für die vertrauten Zielgruppen auf der Basis des Sägenmotors weitere Motorgeräte für den weltweiten Vertrieb entwickelt: Motorsensen, Trennschleifgeräte, Sprühgeräte, Blasgeräte, Heckenscheren und Bohrgeräte. Von einer "hektischen Diversifikation" hält man bei STIHL nichts.

Das Programm, wie es heute vorhanden ist, ist beim Kernprodukt ein umfassendes Systemangebot bestehend aus

- den Motorsägen,
- einem Zubehörprogramm für die Holzernte,
- der Software: der Schulung der Kunden von der Wartung und Reparatur der Geräte bis hin zu modernen Verfahren der Waldbewirtschaftung.

Wesentlich in der internationalen Produktpolitik von STIHL ist eine Differenzierung des Angebots nach den Anforderungen in den einzelnen Ländern von Skandinavien bis Südostasien. Diese hängt bei Motorsägen in hohem Maße von den Arbeitstechniken, dem Ausbildungsgrad der Verwender, gesetzlichen Vorschriften, den Klimaverhältnissen, den Holzverhältnissen, den Mentalitäten etc. ab.

Gesetzliche Vorschriften werden übrigens nicht kleinlich abgewehrt, sondern aktiv mitgestaltet und nach Möglichkeit als Differenzierungsmerkmal antizipiert.

Ein wesentliches Element der Produktstrategie ist schließlich, daß STIHL die technische Marktführerschaft systematisch vorantreibt. Das verdeutlicht auch der über dem Durchschnitt des deutschen Maschinenbaus liegende Entwicklungsaufwand von 5 % des Umsatzes gegenüber 3 %, bzw. der Umstand, daß selbst 1982, als der Umsatz rückläufig war, nicht nur der Werbe-, sondern auch der Entwicklungsetat weiter aufgestockt wurde.

STIHL orientiert sich in der Produktentwicklung dabei an zwei wesentlichen Kriterien: an der Ergonomie und an der Sicherheit, bei einem Werkzeug wie einer Motorsäge naturgemäß besonders wichtig.

3. Die Markterschließungs- und Distributionsstrategie

Die international breit angelegte Marktbearbeitung stellt natürlich besondere Anforderungen an die Distribution.

Das internationale Marketing bei STIHL hat sich in Stufen entwickelt.

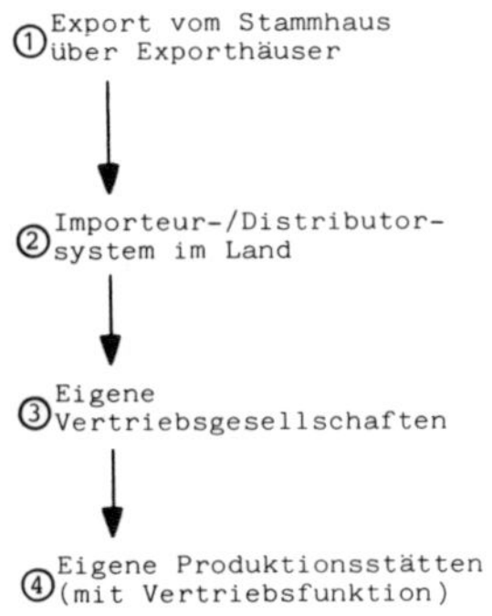

Abb. 6: Phasen der Markterschließung

Nachdem der Vertrieb zunächst von Exporthäusern durchgeführt worden war, begann der Aufbau eines Importeur- bzw. Großhändlersystems. Diese sogenannten "Distributors" konzentrieren sich als selbständige Unternehmer meist voll auf den Vertrieb des STIHL-Programms. Auch heute noch arbeitet STIHL in den meisten Ländern mit solchen Distributors zusammen.

Im dritten Schritt wurden eigene Vertriebstöchter gegründet: in Österreich, Brasilien, USA, Australien, Großbritannien, Frankreich und Kanada. Über diese eigenen Töchter werden heute bereits 7o % des Umsatzes abgewickelt.

Die Aktions-, Steuerungs- und Kontrollmöglichkeiten, die eine eigene Vertriebsorganisation bietet, sind für eine solche Entscheidung ausschlaggebend. Diese Politik wird in den größeren Märkten weiterverfolgt.

Schließlich fertigt STIHL auch im Ausland. Heute in Brasilien, den USA, der Schweiz und Australien, vor allem um die nationalen Märkte effizienter zu versorgen und um den Währungs- und Protektionsrisiken besser zu begegnen.

Die Steuerung und Kontrolle der Vertriebsfirmen erfolgt über den Deckungsbeitrag - bei Töchtern über den konsolidierten Gewinn - und den Marktanteil. Wenn es gilt, Gewinn und Marktanteil zu optimieren, entscheidet man sich bei STIHL in der Regel für den Marktanteil, um über hohe Volumina entsprechende Kostendegressionsvorteile ausnützen zu können.

Das Personal in den eigenen Vertriebsgesellschaften kommt übrigens fast ausschließlich aus dem jeweiligen Land, um den unterschiedlichen Mentalitäten der einzelnen Kulturgebiete voll gerecht werden zu können.

Die Organisation im Stammhaus orientiert sich im Vertriebssektor an den Prinzipien des Kundenmanagements.

Auf der Einzelhandelsebene gilt weltweit die schon erwähnte Fachhandelsorientierung, ein Merkmal, in dem sich STIHL deutlich von den Wettbewerbern abhebt. Mass-Merchandising ist ein Weg, den STIHL nicht beschreitet.

4. Die Kommunikationsstrategie

Die Marketing-Kommunikation im internationalen Bereich hat ebenfalls ihre Besonderheiten. Ein wesentliches Merkmal der internationalen Kommunikation bei STIHL als einem Familienunternehmen ist das personale Element - im Gegensatz zur Konzernanonymität anderer Hersteller. Das kommt z.B. darin zum Ausdruck, daß das Top-Management nahezu jeden Importeur und Großhändler sowie die großen Einzelhändler in der Welt persönlich kennt und regelmäßig besucht. Diese Politik ist zwar mit erheblichen Belastungen verbunden, ein regelmäßiger "Fronteinsatz" ist aber gerade im internationalen Bereich eine Grundvoraussetzung für ein erfolgreiches Marketing.

Die Corporate Identity wird weltweit gesteuert:
Die Gestaltungsrichtlinien, die einen hohen Detaillierungsgrad haben, sind vorgegeben und müssen strikt eingehalten werden.

Zentral im Stammhaus werden für alle Länder die Verpackung, die technischen Unterlagen, Prospekte und Broschüren erstellt, wobei heute in 17 Sprachen gedruckt wird.

Die Verantwortung für die landesspezifische Werbung und Verkaufsförderung liegt hingegen bei den Auslandsgesellschaften.

Die zentrale Werbebotschaft wird wiederum vorgegeben. Sie lautete seither "Vorsprung durch Forschung" und wurde jetzt ersetzt durch den Slogan "STIHL - Nr. 1 weltweit".

Durch einen intensiven Austausch von Marketing-Ideen und -Mitteln unter den Vertriebsorganen, der zentral vom Stammhaus gesteuert wird, u.a. auch in Form internationaler Workshops, sollen möglichst große Synergieeffekte erzielt werden.

Verkaufsförderung wird international überwiegend als strategisches Instrument eingesetzt zum permanenten Upgrading und zur Unterstützung der Vertriebsorganisation. Die Maßnahmen zur qualitativen Verbesserung der Vertriebsorganisation sind wesentliche Bestandteile der Distributionsstrategie.

Und nicht zuletzt ist die intensive Kommunikation mit den Verwendern der Produkte eine wesentliche Voraussetzung für eine marktgerechte Produktentwicklung und -gestaltung. Dabei hilft auch, daß bei STIHL Produktforschung und -planung im Marketing angesiedelt sind. Damit ist ein unmittelbarer Zugriff zur Produkt- und Sortimentspolitik gewährleistet.

C. Zusammenfassung

Soweit ein geraffter Überblick über die Strategie von STIHL als weltweit operierendem Hersteller technischer Gebrauchsgüter.

Mit der Entwicklung ausgefeilter Strategien allein - das ist unsere Erfahrung - ist es allerdings noch lange nicht getan. Entscheidend für den Erfolg ist die Konsequenz in ihrer Durchsetzung. Diese Konsequenz wird uns sicherlich dadurch erleichtert, daß wir als Familienunternehmen einerseits langfristig operieren können und nicht an vierteljährlichen Ergebnissen gemessen werden und zum anderen, daß wir aus dem gleichen Grund äußerst kurze Entscheidungswege haben.

Konzentration, Kontinuität und Konsequenz in allen Marketingmaßnahmen - das ist der wohl letztlich entscheidende Erfolgsfaktor.

B. Strategische Marketingplanung als Grundlage effizienter Unternehmensführung

Klaus-Peter Wiedmann und Ralf Kreutzer *

Strategische Marketingplanung - Ein Überblick

*Dipl.-Kfm. Klaus-Peter Wiedmann und Dipl.-Kfm. Ralf Kreutzer sind wissenschaftliche Mitarbeiter am Lehrstuhl für Allgemeine Betriebswirtschaftslehre und Absatzwirtschaft II, Prof. Dr. Hans Raffée, Universität Mannheim und Mitarbeiter des Institut für Marketing.

A. Einführung

Erfolgreiche Unternehmensführung ist heute zu einer außerordentlich schwierigen Aufgabe geworden. Kam es früher in erster Linie auf das unternehmerische Gespür an, so bestimmt heute mehr und mehr auch der Einsatz komplizierter Planungstechniken den Erfolg eines Unternehmens. Zwar können noch so ausgefeilte Planungstechniken das unternehmerische Gespür und vor allem auch das notwendige Quäntchen an Fortune nicht ersetzen; wohl aber vermögen sie unternehmerisches Handeln methodisch zu unterstützen und die Abhängigkeit von "Zufallstreffern" zu vermindern.

Aufgabe der Planung ist es, auf der Basis globaler Ausgangsziele und systematisch gewonnener Informationen zukunftsorientiert Ziele operational zu formulieren und damit einhergehend Strategien und konkrete Maßnahmenprogramme zu ihrer Realisation zu entwickeln. Zur Bewältigung dieser vielschichtigen Aufgaben steht heute ein umfangreiches Instrumentarium zur Verfügung. Sowohl in der Praxis als auch bei der wissenschaftlichen Auseinandersetzung mit Planungsproblemen besteht dabei jedoch nicht selten die Gefahr, daß einzelne Planungstechniken bzw. -instrumente überschätzt und/oder zu isoliert gesehen werden. Hinzuweisen ist hier etwa auf die "Portfolio-Welle", bei der ein, wenn auch weitreichender Planungsansatz einseitig hervorgehoben wurde (wird). Grundsätzlich zu beachten ist demgegenüber, daß nicht einzelne Planungstechniken erfolgreiches unternehmerisches Handeln ermöglichen. Notwendig ist das planvolle Handeln in toto, also nicht zuletzt der systematisch kombinierte Einsatz mehrerer Planungstechniken und die Implementierung einer umfassenden, auf die jeweilige Problemsituation des Unternehmens zugeschnittenen Planungskonzeption.

Vor diesem Hintergrund erscheint es zweckmäßig, im vorliegenden Überblicksbeitrag zunächst die Umrisse einer umfassenden Planungskonzeption grob zu skizzieren, für die damit zusammenhängenden Gestaltungsprobleme zu sensibilisieren und lediglich exemplarisch auf einige ausgewählte Planungstechniken hinzuweisen. Hiermit soll gleichzeitig ein Orientierungsrahmen geschaffen werden, der die Einordnung und Beurteilung der in den folgenden Beiträgen behandelten Planungsansätze zu unterstützen vermag. Im Zentrum steht dabei die strategische Marketingplanung. Ausgehend von der Interpretation des Marketing als einer grundlegenden Führungskonzeption von Unternehmen (vgl. Raffée "Strategisches Marketing", in diesem Band) ist die strategische Marketingplanung als Kernbestandteil der strategischen Unternehmensplanung sowie -führung zu begreifen (vgl. auch Köhler, 1981, S. 264). Dies soll zunächst im folgenden Abschnitt - in Verbindung mit der Darlegung einzelner Entwicklungsstufen der Unternehmens- bzw. Marketingplanung - verdeutlicht werden.

B. Zur Konzeption strategischer Marketingplanung

I. Entwicklungsstufen und veränderte Aufgaben der Marketingplanung

Der Unternehmensplanung im allgemeinen, der Marketingplanung im besonderen kommt eine Reihe von Funktionen zu, von denen einige, besonders wichtige in Abb. 1 festgehalten sind.

● Steuerungsfunktion Die Steuerung arbeitsteilig organisierter Unternehmen wird durch die Erarbeitung eines globalen Zielrahmens und dessen operativer Konkretisierung ermöglicht.	● Motivationsfunktion Bieten die Unternehmensphilosophie und der globale Zielrahmen den Mitarbeitern ein Identifikationspotential, so kann damit eine stark motivierende Wirkung verbunden sein.
● Koordinations- und Integrationsfunktion Die Offenlegung von Entscheidungs- und Realisationsprozessen und -strukturen im Rahmen der Planung ermöglicht ein koordiniertes Handeln und damit die Integration von Einzelaktivitäten zur anvisierten Gesamtleistung.	● Effizienzsteigerungsfunktion Durch die zielorientierte Gestaltung des Strategien- und Maßnahmeneinsatzes, welche sich konsequent am Postulat der Wirtschaftlichkeit orientiert, kann ein höheres Maß an Effizienz realisiert werden, als dies ohne Planung möglich wäre.
● Chancengenerierungs- und Risikoreduktionsfunktion Die systematische Einbindung entscheidungsorientierter Informationsprozesse ermöglicht die Identifikation und Gestaltung von Chancenpotentialen sowie die Erkennung drohender Risiken, die durch den planvollen Einsatz risikopolitischer Instrumentarien z.T. vermieden oder handhabbarer gemacht werden können.	● Lernfunktion Der Einsatz von Kontrollmechanismen (bspw. Abweichungsanalysen) im Rahmen des Planungsprozesses eröffnet Möglichkeiten zu Vor- und Rückkoppelungen, die durch ihre Einwirkung auf Verhalten und System Lernvorgänge auslösen können.

Abb. 1: Funktionen der Unternehmensplanung /1/

Während die grundsätzliche Bedeutung dieser Funktionen unverändert blieb, haben sich das Planungsverständnis und die inhaltliche Interpretation sowie z.T. auch die Gewichtung der angeführten Planungsfunktionen in den letzten Jahren und Jahrzehnten wesentlich gewandelt. Zurückzuführen ist dies jeweils auf die Veränderung situativer Bedingungen und die sich daraus ergebenden Herausforderungen an die Unternehmensführung. Vor dem Hintergrund veränderter Umweltanforderungen lassen sich vereinfachend drei Entwicklungsstufen unterscheiden /2/:

1. Entwicklungsstufe
Die erste Entwicklungsstufe der Planung ist durch eine Situation geprägt, in der die Umwelt relativ stabil und überschaubar ist. Die Anforderungen der Gesellschaft an den Unternehmenssektor konzentrieren sich auf eine optimale Versorgung der Bevölkerung mit preisgünstigen Gütern und die techno-ökonomische Bewältigung der damit in Verbindung stehenden Probleme (z.B. durch Massenproduktion). Vor dem Hintergrund einer weitgehenden Kompatibilität zwischen gesellschaftlichen Anforderungen und unternehmerischer Zielsetzung ist die Planung in dieser Phase in erster Linie durch eine "Innenorientierung" gekennzeichnet, wobei an vorgegebenen Zielen (mit dem Gewinnziel an oberster Stelle) ausgegangen wird. Die Planung konzentriert sich hier im Kern auf die Allokation der Mittel zur Zielerreichung. Die Funktion der Effizienzsteigerung wird im Sinne einer Optimierung von Input-Output-Relationen interpretiert. Besondere Aufmerksamkeit erlangt dabei die Produktionsplanung und speziell die Sicherung eines reibungslosen, wirtschaftlichen Produktionsprozesses (Produktionsorientierung). Das Planungsverständnis ist insbesondere durch Aspekte wie Rationalisierung, Standardisierung etc. und eine eher operative, kurzfristige sowie reaktive Perspektive geprägt. Neben der Produktionsplanung spielt dabei vor allem noch die Finanzplanung eine wichtige Rolle.

Die Marketingplanung erschöpfte sich in diesem Stadium im wesentlichen auf eine Verkaufs- bzw. Vertriebsplanung. Im Mittelpunkt steht dabei die Distributionspolitik (speziell die Optimierung des Außendienstes und der Marketing-Logistik) und z.T. noch die Preispolitik. Die Produkt- und Programmplanung wird durch den Produktionssektor und somit allein durch techno-ökonomische Überlegungen dominiert; als generelle Maximen zur Optimierung gelten auch hier Standardisierung sowie Rationalisierung und mithin die Leitlinie einer möglichst geringen Produktdifferenzierung.

2. Entwicklungsstufe
Die Notwendigkeit einer Veränderung dieses produktionsorientierten, innengerichteten Planungsverständnisses resultiert daraus, daß eine "quasi-automatische Interessenharmonie" zwischen Gesellschaft und Unternehmen zunehmend weniger gegeben ist. Die Ursache hierfür ist nicht zuletzt in den immer nachhaltiger auftretenden Marktsättigungserscheinungen zu sehen, die häufig veränderte Kundenbedürfnisse und -forderungen zur Folge haben. Aus diesen Entwicklungen resultiert die Notwendigkeit einer stärkeren "Außenorientierung" der Unternehmensplanung; Unternehmen werden dementsprechend in zunehmendem Maße als "offene Systeme" betrachtet, welche den Anforderungen der verschiedenen Interessengruppen innerhalb und außerhalb ihrer Organisation gerecht werden müssen, um überleben zu können. Damit rückt nun auch die

(Ober-)Ziel- und Strategienplanung in den Mittelpunkt des Interesses: Hierbei sind die verschiedenen Erwartungen an das Unternehmen in Form von "Zielen für die Unternehmung" bei der Formulierung von "Zielen der Unternehmung" zu berücksichtigen (Kirsch, 1969, S. 668 f.); ausgehend davon sind dann die Strategien vor dem Hintergrund bestehender Handlungsmöglichkeiten zu operationalisieren. Der Ziel- und Strategienplanung nachgelagert gewinnt auch die Planung der Organisationsstruktur an Bedeutung ("Structure follows Strategy"). /3/

In dieser Phase kommt gerade der Marketingplanung ein erheblicher Stellenwert zu. Bedingt durch die erwähnten Marktsättigungserscheinungen und den damit einhergehenden Wandel von "Verkäufer- zu Käufermärkten" wurde speziell der Absatzmarkt zum dominanten Engpaß unternehmerischen Wirkens. Dies führte zur Proklamation des Marketing als einer umfassenden Führungskonzeption von Unternehmen, wonach das gesamte Unternehmen "von den Absatzmärkten her und auf diese hin" geführt werden sollte (vgl. Raffée, 1974, S. 107 f.). Neben der operativen Marketingplanung kristallisieren sich hier bereits erste Ansatzpunkte einer strategischen Marketingplanung bzw. einer "marktorientierten strategischen Unternehmensplanung" heraus. Dies bspw. dadurch, daß im Sinne der Steuerungsfunktion der Planung alle Unternehmensaktivitäten unter den Primat des Absatzmarktes gestellt werden. Dabei sind z.B. die Voraussetzungen für eine erfolgreiche Implementierung von Produkt-Markt-Strategien (Diversifikation, Marktsegmentierung etc.) zu schaffen und speziell etwa die Koordinationsprobleme zwischen dem Absatzsektor und den anderen Funktionsbereichen des Unternehmens zu bewältigen (vgl. hierzu den klassischen Konflikt zwischen Absatz und Produktion). Von daher gewinnt auch die Planung einer marketingorientierten Organisationsstruktur an Gewicht (Produkt-Management, Key Account-Management usw.), wobei neben der Sicherung einer ausreichenden Absatzmarkt- bzw. Kundenorientierung Anforderungen wie: Innovationsfähigkeit, Flexibilität etc. eine herausragende Rolle spielen. /4/

Das insgesamt wohl entscheidende Merkmal einer sich abzeichnenden strategischen Marketingplanung liegt vor allem in der Marketing-Prägung der Unternehmensphilosophie und - im Anschluß daran - der unternehmerischen Zielplanung, indem generell die Befriedigung der Kundenbedürfnisse als Schlüssel zum langfristigen Unternehmenserfolg herausgestellt wird. /5/ Hierbei geht es allerdings nicht allein um eine reaktive oder vielleicht noch antizipative Anpassung an Kundenbedürfnisse (Bedarfsdeckungsfunktion). Vielmehr sollen im Rahmen von Marketingstrategien und durch den Einsatz der Marketinginstrumente die vorhandenen Beeinflussungspotentiale (voll) zum Einsatz kommen (Beeinflussungs- und Bedarfsweckungsfunktion) (vgl. Raffée, 1984, S. 83). Die Planung des zielorientierten, an allgemeinen Marketingstrategien wie z.B. der Marktsegmentierung ausgerichteten Einsatzes der Marketinginstrumente bildet dabei dann den Schwerpunkt der operativen Marketingplanung (Planung der Produkt-, Preis-, Distributions- und Kommunikationspolitik). In diesem Zusammenhang werden auch Prognosen zu einem wichtigen Bestandteil der Planung, und zwar sowohl Prognosen der Marktentwicklung, der Entwicklung der Kundenbedürfnisse als auch Prognosen der Wirkung einzelner Marketinginstrumente und des gesamten Marketing-Mix. /6/

3. Entwicklungsstufe

Für die Notwendigkeit einer Weiterentwicklung des Planungsverständnisses sind in erster Linie Umfeldbedingungen verantwortlich, die sich durch folgende Schlagworte kennzeichnen lassen: Neuartigkeit des Umweltwandels, Diskontinuitäten und Umweltturbulenzen, Verschärfung ökonomischer und ökologischer, politischer sowie sozio-kultureller Krisen, Interessenpluralisierung sowie z.T. -polarisierung und damit erhöhte gesellschaftliche Anforderungen an Unternehmen im Zeichen eines Wertewandels u.ä.m. /7/. In Anbetracht dieser Situation kristallisiert sich noch stärker die Notwendigkeit einer strategischen Unternehmensplanung heraus, die auf die langfristige Entwicklung des Unternehmens und speziell den Aufbau, die Sicherung sowie Erweiterung langfristiger Erfolgspotentiale ausgerichtet ist.

Wesentliches Kennzeichen einer hierauf bezogenen strategischen Planung ist neben der langfristigen Perspektive zunächst ihre ganzheitliche Betrachtungsweise, sowohl des Unternehmens und der Umwelt als auch der Unternehmens-Umweltbeziehungen: Die Umwelt wird möglichst vollständig zu erfassen versucht; im unternehmensinternen Bereich findet noch stärker das Zusammenwirken aller Funktionsbereiche bis hin zur abgestimmten Planung einzelner Marketinginstrumente Beachtung (vgl. dazu Raffée/Wiedmann "Corporate Communications", in diesem Band), um mögliche Synergie-Effekte nutzen zu können.

Die Planung der Organisationsstruktur ist in diesem Zusammenhang nicht mehr der Strategieentwicklung nachzulagern ("Structure follows Strategy"), sondern ist vielmehr explizit als Voraussetzung effizienter Strategieentwicklung zu begreifen ("Structure leads to Strategy") (vgl. Raffée, 1985, S. 66). Neben der formalen Organisationsstruktur sind hier in zunehmendem Maße Aspekte wie der Aufbau einer geeigneten Planungsorganisation (Bildung strategischer Geschäftseinheiten) und die Planung der Unternehmenskultur, der Human-Ressourcen (unter besonderer Berücksichtigung der Mitarbeiter-Motivation) sowie insgesamt einer tragfähigeren Unternehmensidentität (Corporate Identity) im Sinne des Aufbaus von Erfolgspotentialen zu beachten.

An die Stelle einer dominanten "Außenorientierung" des Planungsverständnisses tritt hier also eine "Interaktionsperspektive". Sie schlägt sich zum einen im gezielten Ausschöpfen von Synergie-Effekten nieder - und zwar bis hin zur Planung einzelner Marketinginstrumente (vgl. z.B. Raffée/Wiedmann "Corporate Communications", in diesem Band). Zum anderen äußert sich diese Interaktionsperspektive darin, daß die umweltbedingten Chancen und Risiken noch systematischer vor dem Hintergrund der Stärken und Schwächen des Unternehmens analysiert werden (et vice versa).

Besondere Herausforderungen an die strategische Planung ergeben sich schließlich aus den sog. Diskontinuitäten und Umweltturbulenzen. Hierdurch werden der Wunsch nach eindeutigen Prognosen und die bislang hauptsächlich eingesetzten explorativen Prognoseverfahren fragwürdig. Diesen Herausforderungen versucht man mit der Implementierung umfassend angelegter Früherkennungs-Systeme zu begegnen. In der Früherkennung wird darüber hinaus eine grundlegende Leitidee strategischer Unternehmensführung gesehen. Neben dem frühzeitigen Erkennen von Stärken/Schwächen sowie Chancen/Risiken spielen dabei strategische Reaktionen auf schwache Signale und generell das geplante Lernen im Hinblick auf ein besseres Verstehen der Unternehmens-Umweltbeziehungen eine entscheidende Rolle (vgl. die Beiträge in Kapitel C. des vorliegenden Bandes).

Vor diesem Hintergrund kommt gerade in diesem Entwicklungsstadium der strategischen Marketingplanung bzw. einer marketingorientierten strategischen Unternehmensplanung eine zentrale Bedeutung zu. Allerdings darf hier nicht mehr allein eine Konzentration auf die Absatzmarkt- bzw. Kundenbeziehungen erfolgen. Obwohl der Absatzmarkt den Charakter eines dominanten Engpasses in den seltensten Fällen verlieren wird, können durchaus auch Beschaffungsmärkte oder die Beziehungen zu Institutionen der gesellschaftlichen Umwelt einen dominanten, zumindest aber gleichwertigen Engpaßcharakter einnehmen. Insofern ist vielmehr von einer erweiterten Konzeption des strategischen Marketing auszugehen, in die u.a. Aspekte eines Beschaffungsmarketing, eines Publicmarketing und generell Ansatzpunkte zur Berücksichtigung gesellschaftlicher Bezüge (gesellschaftsorientiertes Marketing) integriert sind (vgl. Raffée "Strategisches Marketing", in diesem Band). Auf's Ganze gesehen bildet die systematische Gestaltung der Austauschbeziehungen mit den verschiedenen Umweltpartnern sowie Organisationsmitgliedern ("Marketing nach außen und innen") das Kernproblem strategischer Unternehmensführung. Es gilt, in beiden Bereichen Untersützungspotentiale zu sichern und weiter auszubauen. Die Ziel- und Strategienplanung ist dabei grundsätzlich unter das Leitprinzip zu stellen, "einen Fortschritt in der Befriedigung von Bedürfnissen und Interessen, der von der Organisation und ihrem Handeln Betroffenen" (Kirsch, 1980, S. 70) zu erzielen (konsequente Orientierung am Gratifikationsprinzip). /8/

Als Grundlage für die inhaltliche Ausgestaltung der strategischen Unternehmensplanung werden heute darüber hinaus eine Reihe weiterer Management-Konzeptionen diskutiert. Hierzu zählen etwa die Konzeption des strategischen Management /9/, die Konzeption des strategischen Controlling /10/ sowie die Konzeption eines "Evolutions-Management" /11/. Teilweise setzt man durchaus ähnliche Akzente wie in der Konzeption des strategischen Marketing; aber es werden auch darüber hinausgehende Gestaltungsvorschläge vorgelegt, die etwa die Planungsorganisation, die finanzielle Unternehmenssteuerung oder das Weltbild der Manager betreffen. Die wissenschaftliche Auseinandersetzung mit (vermeintlich) alternativen Management-Konzeptionen ist gleichzeitig als Ausdruck dafür zu werten, daß die dritte Entwicklungsstufe der Planung noch nicht voll ausgereift ist - man befindet sich noch auf der Suche nach geeigneten Ansätzen als Antwort auf die sich neu stellenden Herausforderungen.

Angesichts der zweiten und dritten Entwicklungsstufe der Planung läßt sich die strategische Marketingplanung sowohl in einem weiten als auch engeren Sinne interpretieren. Bei einer weiten Interpretation ist dabei eine "marktorientierte strategische Unternehmensplanung" gemeint, d.h. die inhaltliche Ausgestaltung aller Planungsaktivitäten ist an den Leitideen einer Konzeption des strategischen Marketing auszurichten, und zwar bis hin zur Organisations-, Personal-, Finanz- und Produktionsplanung. Bei der engeren Interpretation ("strategische Marketingplanung") stehen demgegenüber die Analyse der Erfolgspotentiale und die Entwicklung langfristig angelegter Konzepte zur Zukunftssicherung im Kontext einer zielorientierten Gestaltung der umweltbezogenen Austauschprozesse des Unternehmens im Mittelpunkt. Aufgabe einer so verstandenen strategischen Marketingplanung ist es jedoch auch, Impulse für die Gestaltung der Organisations-, Personal-, Finanz- sowie Produktionsplanung zu geben. Diese engere Interpretation einer strategischen Marketingplanung liegt den folgenden Ausführungen zugrunde. Dabei werden zunächst die Aufgabenschwerpunkte im Rahmen eines Phasenschemas herausgearbeitet, die im Zuge der Diskussion ausgewählter Planungstechniken eine weitere Konkretisierung erfahren.

II. Ein Phasenkonzept zur Verdeutlichung der Konzeption strategischer Marketingplanung

Zur gedanklichen Strukturierung des Prozesses strategischer Marketingplanung wurden in jüngster Zeit zahlreiche Phasenkonzepte vorgelegt. Hierbei werden jeweils logische Teilschritte und weniger ein konkreter zeitlicher Planungsablauf aufgezeigt, der ohnehin auf die spezifischen situativen Bedingungen eines Unternehmens abzustellen wäre /12/. Die einzelnen Phasenschemata können somit lediglich globale Anregungsinformationen zur inhaltlichen Ausgestaltung des Planungsablaufes geben.

Trotz aller Unterschiede in den propagierten Konzepten lassen sich als gemeinsamer Nenner folgende Kernphasen der strategischen Marketingplanung anführen:

- Festlegung globaler Ausgangsziele und strategischer Stoßrichtungen bzw. Definition grundsätzlicher Problemlösungsbereiche der Unternehmenstätigkeit ("Defining the Business");
- Analyse und Prognose der Umwelt- und Unternehmenssituation bzw. Diagnose langfristiger Erfolgspotentiale und Früherkennung von Chancen/Risiken sowie Stärken/Schwächen;
- Entwicklung und Festlegung maßnahmenbezogener Zielkonzeptionen und Strategien ("Defining the Business Mission", Abgrenzung und Auswahl von Marktsegmenten etc. (bis hin zur Budgetierung);
- Entwicklung und Festlegung funktionaler Teilpolitiken sowie konkreter Maßnahmenprogramme (Planung des Marketing-Mix);
- Kontrolle im Anschluß an die Realisation der entwickelten Strategien und Maßnahmen.

Natürlich sind innerhalb jeder dieser Phasen zahlreiche Teilschritte zu beachten; ebenso müssen Vor- und Rückkopplungen zwischen einzelnen Phasen in die Betrachtung mit einbezogen werden. Wichtig erscheint ferner die Beachtung phasenübergreifender Planungsaspekte. Hierzu zählt etwa die systematische Gewinnung, Verarbeitung, Speicherung sowie unternehmensinterne Kommunikation von Informationen, die den Kern der Planungsaktivitäten in allen Phasen bildet. Als zentraler Baustein einer Planungskonzeption bietet sich von daher die Installation eines "phasenübergreifenden (strategischen) Informationssystems" an, in dem z.B. neben relevanten Daten (Datenbank) auch einzelne Planungstechniken (Methoden- und Modellbank) sowie Theorien und Hypothesen (Theorien- bzw. Hypothesenbank) erfaßt sind. Ebenfalls phasenübergreifend ist ferner ein "strategisches Steuerungssystem" einzurichten, dessen Hauptaufgaben in der Handhabung organisatorischer Probleme sowie dem (Marketing-) Controlling bestehen und welches darüber hinaus ein entsprechendes Anreiz- und Sanktionssystem beinhaltet. Vor dem Hintergrund der Controlling-Funktion des strategischen Steuerungssystems wird gleichzeitig deutlich, daß die Kontrolle nicht - wie üblich - lediglich im Sinne von Soll-Ist-Vergleichen nach der Realisation einzelner Strategien oder Maßnahmen interpretiert werden darf (ergebnisbezogene Kontrolle). Kontrollbezogene Aktivitäten werden demgegenüber in allen Planungsphasen relevant; die Kontrolle ist also auch als eine prozeßbegleitende Planungsfunktion aufzufassen. Hierauf wird weiter unten noch näher einzugehen sein.

Die strategische Marketingplanung wird heute meist noch sehr eng im Sinne einer strategischen Maßnahmen- bzw. Programmplanung ausgelegt. Damit finden zwei grundlegende Planungsaspekte keine oder zu geringe Beachtung, nämlich die strategische Rahmenplanung sowie die strategische Realisationsplanung. Beide Problembereiche sollen in die vorliegende Betrachtung der strategischen Marketingplanung integriert und wenigstens knapp behandelt werden. Den nachfolgenden Ausführungen liegt damit ein erweitertes Planungskonzept zugrunde, wie es in Abb. 2 noch einmal veranschaulicht wird /13/.

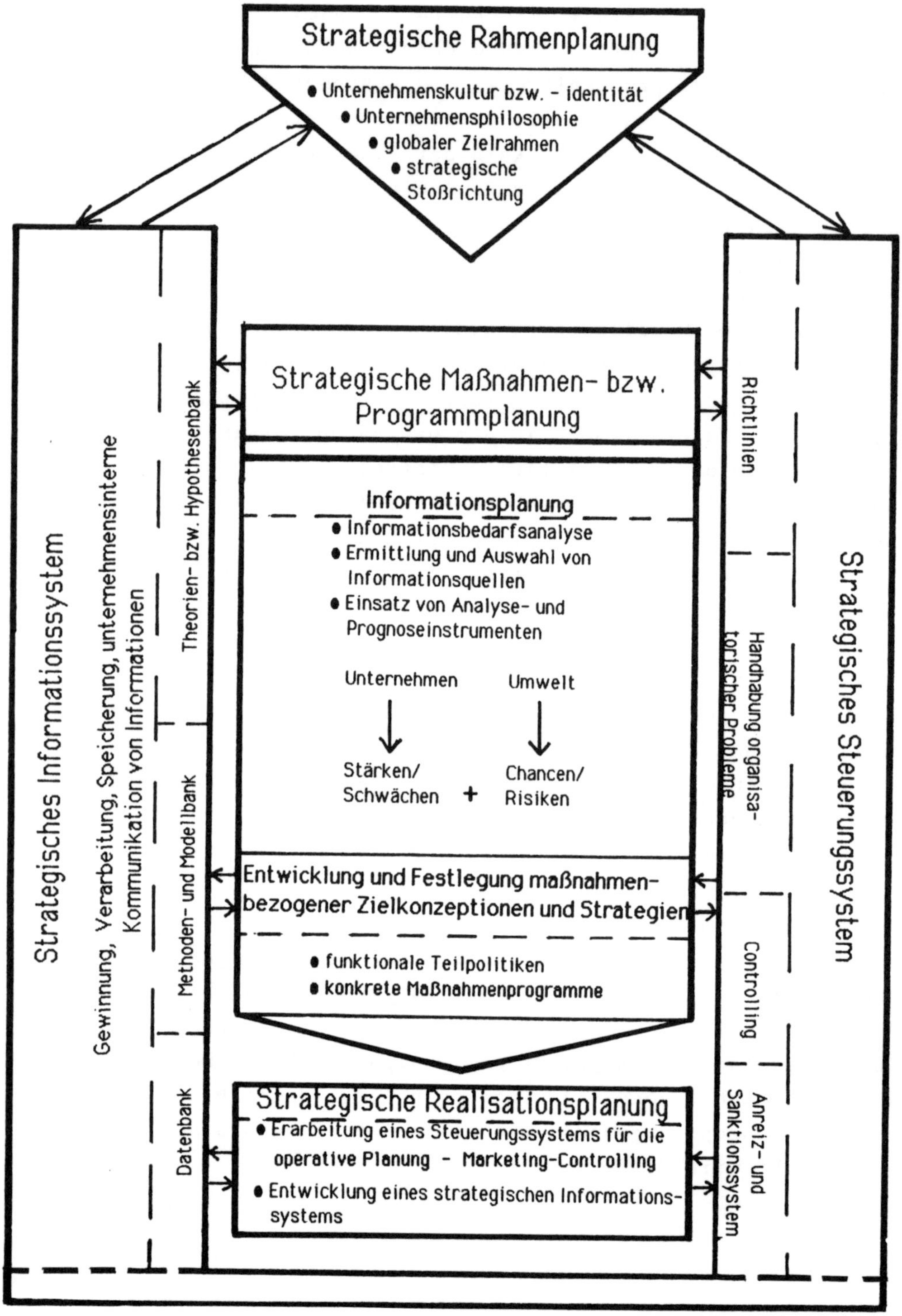

Abb. 2: Phasenkonzept einer strategischen Marketingplanung

C. Ausgewählte Ansatzpunkte der strategischen Marketingplanung

I. Strategische Rahmenplanung

1. Grundgedanken der strategischen Rahmenplanung

Ausgehend von der langfristigen und ganzheitlichen Perspektive der strategischen (Marketing-)Planung wird unmittelbar deutlich, daß sie sich nicht in der Auseinandersetzung mit einzelnen Herausforderungen und Problemaspekten erschöpfen darf. Den Ausgangspunkt muß vielmehr die Planung eines strategischen Bezugsrahmens als konsequenter Ausdruck einer konzeptionellen Gesamtsicht bilden, in dem der langfristige Kurs des Unternehmens festgelegt ist und vor dessen Hintergrund einzelne Herausforderungen beurteilt sowie darauf bezogene Antworten generiert werden (vgl. Wiedmann, 1984 d).

Wurde früher der hier geforderte Bezugsrahmen allein im Sinne eines feststehenden operationalen Zielsystems interpretiert und dann eine rationale "zielorientierte Unternehmenssteuerung" gefordert, so wird diese Sichtweise heute im Lichte einer dynamischen und komplexeren Umwelt immer fragwürdiger. Dies nicht zuletzt deshalb, weil beschränkte Informationsverarbeitungskapazitäten einerseits, Umweltturbulenzen, Diskontinuitäten etc. andererseits und die damit verbundene Situation extremer Unsicherheit die Möglichkeiten einer rationalen langfristigen Zielplanung en detail erheblich einschränken: Es ist kaum möglich, auf lange Sicht ein operationales und detailliertes Zielsystem festzulegen und alle Strategien sowie Maßnahmenprogramme konsequent daran auszurichten.

Um allerdings angesichts akuter Störungen, Umweltturbulenzen und damit verbundener Herausforderungen, die sowohl Risiken als auch Chancen darstellen können, nicht lediglich die Konzeption des "Muddling Through" zu verfolgen und so die Übersicht über die langfristige Entwicklung des Unternehmens aus den Augen zu verlieren, gilt es, in einem strategischen Bezugsrahmen eine globale Zielkonzeption und allgemeine strategische Stoßrichtungen wenigstens grob festzulegen (vgl. dazu auch Kirsch/Esser/Gabele, 1979). Ferner sind in diesem Bezugsrahmen allgemeine Orientierungsgrundlagen in Gestalt der Unternehmensphilosophie bzw. relevanter Unternehmensgrundsätze oder Leitmaximen, der angestrebten Unternehmensidentität usw. niederzulegen. Auf die verschiedenen Inhalte des strategischen Bezugsrahmen und konkrete Aufgabenstellungen der strategischen Rahmenplanung wird im nachfolgenden Abschnitt noch näher einzugehen sein.

Der sich aus einer globalen Zielkonzeption, strategischen Stoßrichtungen und Leitmaximen zusammensetzende strategische Bezugsrahmen erfüllt - neben seiner allgemeinen orientierungs- und impulsgebenden Funktion - vor allem eine Steuerungs- bzw. Koordinierungsfunktion: ohne einen solchen Bezugsrahmen lassen sich einzelne Strategien und Maßnahmen nur schwerlich im Sinne der langfristig angestrebten Unternehmensentwicklung aufeinander abstimmen. Überdies darf im vorliegenden Zusammenhang das Motivationspotential klar formulierter Richtlinien und Unternehmensleitbilder nicht übersehen werden.

Der strategische Bezugsrahmen ist allerdings nicht als "heilige Kuh" aufzufassen; er muß vielmehr in Anbetracht neuer Ideen, strategischer Herausforderungen sowie systematisch gewonnener Erfahrungen bei der Realisation einzelner Maßnahmenprogramme zur Verwirklichung der langfristig angestrebten Unternehmensentwicklung ständig einer kritischen Überprüfung unterworfen werden. Die Steuerung der Unternehmensentwicklung erfolgt damit also einerseits über die Ausrichtung an einem strategischen Bezugsrahmen; andererseits jedoch auch über die unternehmenspolitische Anpassung an aktuelle Umweltentwicklungen. Hierin zeigt sich zugleich die enge Verzahnung zwischen der strategischen Rahmenplanung und den nachfolgenden Ebenen der Marketingplanung (Maßnahmen- und Realisationsplanung):

Der Planung und Realisation einzelner Maßnahmenprogramme kommt bspw. jeweils die Funktion "robuster Schritte" zu, mit deren Hilfe die Realisationschancen der angestrebten Unternehmensentwicklung ausgetestet werden. Teilweise können innerhalb der strategischen Rahmenplanung auch nur intelligente Fragen aufgeworfen werden, die im Wege der strategischen Maßnahmen- und Realisationsplanung zu beantworten sind, um darauf aufbauend dann den strategischen Bezugsrahmen zu konkretisieren. Es handelt sich hier also um einen interdependenten und dynamischen Planungs- und nicht zuletzt Lernprozeß, der dem in Abb. 3 vorgestellten "Prinzip der geplanten Evolution" folgt, das vor allem von Kirsch et al. propagiert und näher dargelegt wird.

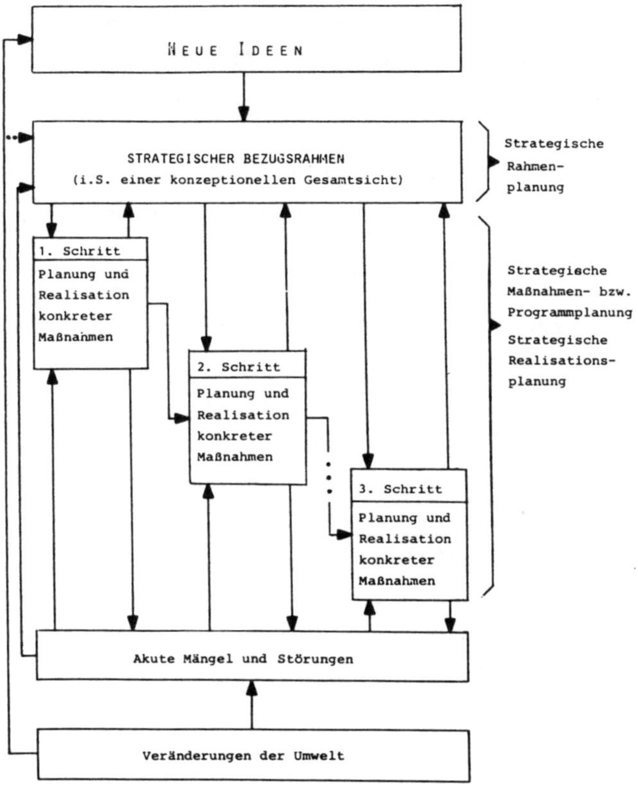

Abb. 3: "Konzept der geplanten Evolution" (vgl. Kirsch et al., 1979; Kirsch/Trux, 1983, S. 54 - 56; Kirsch, 1980)

2. Konkrete Aufgabenstellungen der strategischen Rahmenplanung

a) Die Bestimmung einer globalen langfristigen Zielkonzeption und allgemeiner strategischer Stoßrichtungen

Ins Zentrum strategischer Rahmenplanung wird in aller Regel die Formulierung einer globalen langfristigen Zielkonzeption und speziell einer Sach- sowie Formalzielkonzeption gestellt. Die strategische Sachzielkonzeption soll dabei zunächst die grundsätzlichen konkreten Betätigungsfelder (z.B. Produkt-/Markt-Bereiche) und Problemlösungsprogramme des Unternehmens abstecken ("Defining the Business"); die Formalzielkonzeption legt demgegenüber dann die Leistungserwartungen in Gestalt von Gewinn, Umsatz, ROI, Marktanteil etc. für die verschiedenen Betätigungsfelder fest ("Defining the Business Mission") (vgl. Abell/Hammond,

1979; Kreikebaum, in diesem Band). Hieraus lassen sich dann auf der Mittelebene jeweils allgemeine strategische Stoßrichtungen unmittelbar ableiten (z.B. Investitions- und Wachstumsstrategien, Rückzugsstrategien), die eine Generallinie für die Entwicklung und Bewertung konkreter Strategien sowie Maßnahmenprogramme in den verschiedenen Funktionsbereichen des Unternehmens (Absatz, Beschaffung, F&E etc.) darstellen.

Besondere Aufmerksamkeit erlangte in neuerer Zeit vor allem die Bestimmung strategischer Sachzielkonzeptionen und allgemeiner strategischer Stoßrichtungen (vgl. auch Raffée "Strategisches Marketing", in diesem Band). Als Planungshilfe werden hier zumeist einfache Denkschemata empfohlen, wie z.B. die Produkt-Markt-Matrix von Ansoff (vgl. Abb. 4a) oder - als eine Weiterentwicklung davon - der dreidimensionale Denkrahmen von Abell und Hammond (vgl. Abb. 4b; Abell/Hammond, 1979; Abell, 1980). Derartige Konzepte sollen jeweils ein relevantes Alternativenspektrum strukturieren und dadurch strategisches Denken sowie kreative Prozesse fördern, um auf diese Weise der strategischen Maßnahmenplanung - wie zuvor erwähnt - entsprechende Impulse geben zu können.

Der Denkrahmen von Abell und Hammond erscheint im vorliegenden Zusammenhang insofern besonders zweckmäßig, als hier die Produkt-/Markt-Bereiche bereits etwas differenzierter erfaßt werden als in der Ansoff-Matrix (wodurch zeichnen sich "neue Ansätze" aus, welches sind "neue Märkte"?) und gerade auch technologische Aspekte Beachtung finden. Daneben finden sich heute zahlreiche weitere Vorschläge zur Ausgestaltung solcher Denkschemata, die z.T. zusätzliche Aspekte aufgreifen. Erwähnenswert ist bspw. das von McKinsey entwickelte "strategische Spielbrett", bei dem der Wettbewerbsaspekt im Rahmen einer Diskussion der Betätigungsmöglichkeiten in den Vordergrund gestellt wird (vgl. Abb. 4c; Timmermann, 1981; Schiefer, 1982; Buaron, 1981). Grundsätzlich sollten im strategischen Informationssystem eines Unternehmens immer mehrere solcher Denkschemata gespeichert sein und im Zuge der strategischen Rahmenplanung als sich gegenseitig ergänzende Planungsheuristiken zum Einsatz gelangen.

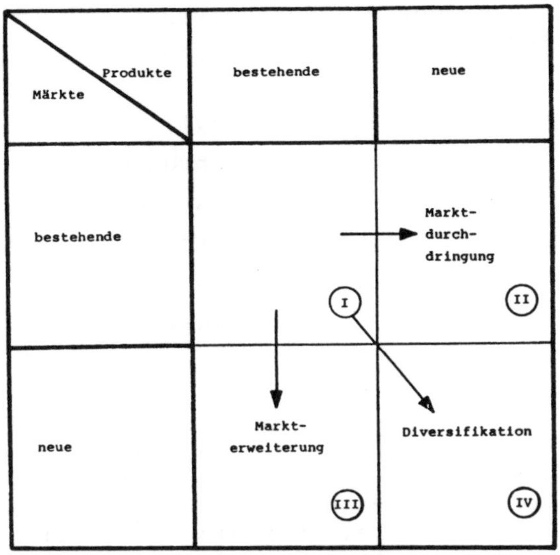

Abb. 4a: Produkt-Markt-Matrix nach Ansoff

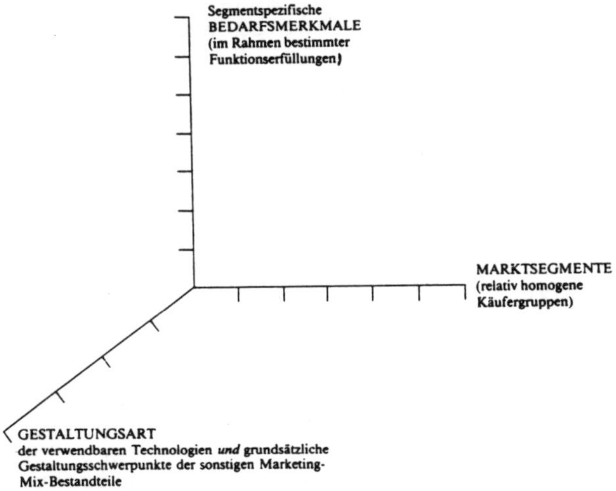

Abb. 4b: Dreidimensionaler Bezugsrahmen von Abell/Hammond (entnommen aus: Köhler, 1981, S. 271)

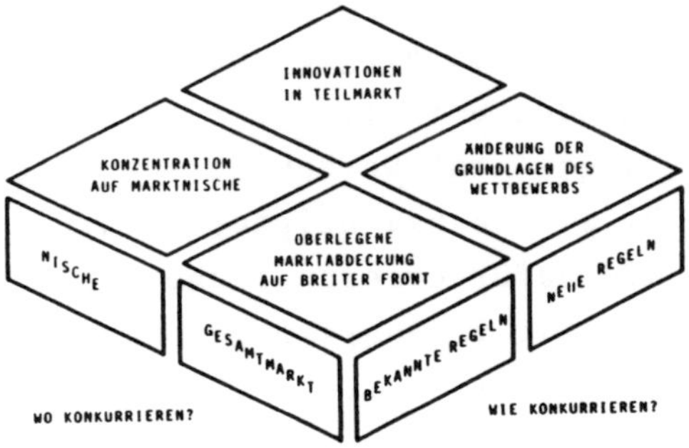

Abb. 4c: Strategisches Spielbrett (McKinsey); (entnommen aus: Trux et al., 1984, S. 151)

b) Die Auseinandersetzung mit der Unternehmenskultur und Unternehmensphilosophie

So wichtig die Festlegung einer langfristigen Zielkonzeption und allgemeiner strategischer Stoßrichtungen auch ist, so darf dennoch nicht übersehen werden, daß es sich hierbei lediglich um eine Teilaufgabe der strategischen Rahmenplanung handelt. Von ebenso zentraler Bedeutung ist die Auseinandersetzung mit der Unternehmenskultur und der Unternehmensphilosophie (vgl. Wiedmann, 1984 d).

Die Unternehmenskultur rekrutiert sich aus der Gesamtheit der historisch gewachsenen aber auch durch die aktuelle Situation beeinflußten Denkmuster, Überzeugungen, Verhaltensnormen, Verhaltensweisen und -routinen, Strukturen und Ordnungssysteme, Potentiale und Ressourcen, Beziehungen und Gegebenheiten innerhalb eines Unternehmens. Sie kennzeichnet die "Persönlichkeit" bzw. "Identität" eines Unternehmens (Corporate Identity), die in den spezifischen Merkmalen des Verhaltens, des Erscheinungsbildes und der Kommunikation des Unternehmens ihren Ausdruck findet.

Die Unternehmensphilosophie läßt sich z.T. als Element der Unternehmenskultur begreifen; sie setzt sich aus Wertorientierungen, grundlegenden Überzeugungen, Orientierungsstandards, Leitprinzipien, Verhaltensrichtlinien etc. zusammen und beinhaltet insofern Kriterien des Wünschenswerten, die für die Wahl zwischen Alternativen von Bedeutung sind. Wir haben es also mit dem Wertsystem des Unternehmens zu tun, welches die Prozesse der Zielbildung und -realisation innerhalb dieser Institution beeinflußt. So führt bspw. eine gesellschaftsorientierte, durch das Prinzip der sozialen Verantwortung geprägte Unternehmensphilosophie dazu, daß zugunsten der Lösung gesellschaftlicher Probleme auf eine kurzfristige Gewinnmaximierung verzichtet wird, irreführende Werbepraktiken unterbleiben, Mitarbeitern größere Partizipationsmöglichkeiten eingeräumt werden u.ä.m.

Während der Begriff "Unternehmenskultur" auch die Verhaltens- und Objektebene des Unternehmensgeschehens und mithin "Wertkonkretisierungen" miteinbezieht, ist dem Terminus "Unternehmensphilosophie" allein die Wertbasis unternehmerischen Denkens und Handelns angesprochen.

Die Integration des Phänomens "Unternehmenskultur" in die strategische (Rahmen-)Planung ist u.a. deshalb von so zentraler Bedeutung, weil alle Ziele, Strategien und Maßnahmen des Unternehmens mit den vorliegenden Wertorientierungen, Potentialen, Verhaltensweisen etc. abgestimmt werden müssen. Nicht selten ist zu beobachten, daß z.B. ein beabsichtigter strategischer Wandel daran scheitert, daß die dafür erforderliche "kulturelle Transformation" nicht rechtzeitig in Angriff genommen wurde oder nicht zu bewerkstelligen war (Kirsch/Trux, 1981, S. 315): Verläßt ein

Unternehmen etwa den bislang eingeschlagenen Weg einer Niedrigpreisstrategie zugunsten einer Qualitätsstrategie, dann hat dies nur dann Aussicht auf Erfolg, wenn zuvor bspw. die von den Organisationsmitgliedern internalisierten Werthaltungen, Verhaltensroutinen etc. verändert werden (vgl. ergänzend Laukamm, in diesem Band, der auf das wichtige Problem einer Planung der Human Ressourcen hinweist). Gleichzeitig ist zu beachten, daß die Unternehmenskultur eine spezifische Unternehmensidentität konstituieren kann, die auch nach "außen" ausstrahlt und bei den verschiedenen Umweltpartnern zu einem bestimmten Image des Unternehmens führt. Soll der geplante strategische Wandel von einer Niedrigpreis- zu einer Qualitätsstrategie gelingen, dann muß als Voraussetzung hierfür das neue Identitätskonzept den Umweltpartnern im Wege imagebildender Maßnahmen vermittelt werden: Mit dem Image eines "billigen Jakob" lassen sich qualitativ hochwertige Güter der oberen Preisklasse schwerlich absetzen. Da sowohl extern als auch intern ausgerichtete Maßnahmen der Identitätsvermittlung nur mit erheblichen zeitlichen Verzögerungen wirksam werden, ist hier in aller Regel ein entsprechender "Vorlauf" einzukalkulieren (Kirsch/Trux, 1981, S. 318 - 319).

Der Unternehmensphilosophie ist im Kontext strategischer Rahmenplanung insofern ein besonders hoher Stellenwert einzuräumen, als sie grundlegende Vorstellungen darüber enthält, "wie man sich verhalten soll, an was man sein Tun und Lassen messen und beurteilen soll, wie man Dinge einschätzen soll, wie etwas betrachtet ("gesehen") werden soll usw." (Probst, 1983, S. 323).

Das Spektrum der Unternehmensphilosophie erstreckt sich dabei von Werthaltungen im Sektor des Selbstverständnisses und der Zielkonzeption des Unternehmens bis hin zu Wertvorstellungen bezüglich der Stärken und Schwächen des Unternehmens, des Umgangs mit Austauschpartnern (z.B.: ein "hard selling" kommt für uns nicht in Betracht, wir nehmen die Kritik seitens Medien, Bürgerinitiativen sehr ernst), der Planungsmethodik (wir fundieren alle Entscheidungen durch harte Fakten) usw.

Letztlich ist das gesamt Unternehmensgeschehen in Werthaltungen eingebunden, die - im Sinne subjektiver Wertungen der Manager - die Funktion von Entscheidungsregeln erfüllen, ohne die keine unternehmenspolitischen Entscheide getroffen werden können (Ulrich, 1978, S. 51; vgl. auch Kieser, 1984).

Zwar liegt in jedem Unternehmen - ob bewußt oder unbewußt, implizit oder explizit (z.B. in Unternehmensgrundsätzen, -leit- bzw. -richtlinien offiziell niedergelegt) - ein solches Wertsystem vor, welches eine "weltanschauliche Grundlage" (Ulrich/Fluri, 1978, S. 49) für die Unternehmensleitung und die Mitarbeiter verkörpert und Einfluß auf die Zielbildung und -realisation ausübt. Nur selten wird jedoch diese Unternehmensphilosophie als Gegenstand bewußter Analyse und Gestaltung gesehen, zumal das Tagesgeschäft vermeintlich wichtigere Planungsaufgaben mit sich bringt. Damit besteht die Gefahr, daß sich im Managementdenken Fehler einschleichen, die auf allen Planungsstufen zu Fehleinschätzungen führen und ein Miß-Management gewissermaßen vorprogrammieren (vgl. dazu Kieser, 1984; Laukamm, in diesem Band, Abschnitt B. V.). Nicht ohne Grund spielt daher die Auseinandersetzung mit unternehmerischen Wert- und Denkhaltungen in modernen Managementkonzeptionen eine herausragende Rolle.

Hervorzuheben ist hier das Plädoyer für die Marketingkonzeption als Denkhaltung bzw. Philosophie und dabei speziell die Forderung nach einer Markt- oder Bedürfnisorientierung (vgl. z.B. Kotler, 1982; Meffert, 1980; Nieschlag/Dichtl/Hörschgen, 1985; Raffée, 1974 und "Strategisches Marketing", in diesem Band) oder nach einer erweiterten, gesellschaftsorientierten Marketingphilosophie (vgl. Dichtl, Fritz, Hansen/Raabe/Stauss sowie Raffée/Wiedmann "Wertewandel", in diesem Band).

Aufmerksamkeit erlangt die Neuorientierung der Unternehmensphilosophie etwa auch im Kontext des sog. Evolutionsansatzes. Gefordert werden dabei bspw. ein "ganzheitliches, systematisches bzw. vernetztes Denken" oder ein neues Verständnis im Sektor der Planung (vgl. etwa das erwähnte Konzept der geplanten Evolution) und speziell der Früherkennung (vgl. z.B. Krampe, Müller und Wiedmann, in diesem Band).

Forderungen nach einer Umorientierung des Managementdenkens finden ihren Niederschlag darüber hinaus etwa auch im Plädoyer für einen höheren Stellenwert der Human Ressourcen (vgl. Laukamm, in diesem Band), der Schaffung organisatorischer Voraussetzungen (vgl. Kreikebaum sowie Raffée "Strategisches Marketing", in diesem Band) oder des Wettbewerbsaspektes im Rahmen der strategischen Planung (vgl. Porter, 1983; Meffert sowie Strüven/Herp, in diesem Band; speziell Strüven, 1981, der das "Verstehen des Wettbewerbsumfeldes" an den Anfang strategischer Planung stellt). Nicht zu vernachlässigen ist schließlich die Diskussion um "Strategische Erfolgsfaktoren" oder "Strategische Grundsätze", bei der ebenfalls die Neuorientierung des Managementdenkens im Zentrum steht. Den Ausgangspunkt bildet dabei die Analyse der Gestaltungsprinzipien erfolgreicher Unternehmen, die dann in die Philosophie anderer Unternehmen einfließen sollen. Dieser Ansatz ist z.T. insofern nicht ganz unproblematisch, als hierbei oftmals die spezifischen situativen Bedingungen nicht oder nicht ausreichend berücksichtigt werden, in denen sich die analysierten Unternehmen befinden. So ist bspw. eine ausgeprägte Qualitätsphilosophie, wie sie im Erfolgskatalog der Peters-Waterman-Studie herausgestellt wird (vgl. Abb. 5), dann wenig erfolgsstimulierend, wenn sich das Unternehmen in einer Marktsituation befindet, in der die Kunden weniger auf die Qualität als auf den Preis achten. Die Qualitätsphilosophie führt hier vielmehr dazu, daß - wie wir im Rahmen unserer Beratungstätigkeit anhand eines konkreten Falles feststellen konnten - alle Marketingüberlegungen in die falsche Richtung gelenkt werden. - Auf's Ganze gesehen sind solche Leitprinzipien also immer einer kritischen Überprüfung vor dem Hintergrund der spezifischen Situation des Unternehmens zu unterziehen.

STRATEGISCHE ERFOLGSFAKTOREN BZW. STRATEGISCHE GRUNDPRINZIPIEN	
PETERS/WATERMANN	PÜMPIN
• Eigenständige Unternehmenskultur • Kontinuierliche Evolution bzw. Weiterentwicklung von Produkten, Strukturen, Prozessen • Intensive Beziehungen zu Kunden • Konsequente Qualitätsausrichtung ("ausgeprägte Qualitätsphilosophie") • Orientierung der Unternehmensausweitung am angestammten Geschäftsbereich • Ausrichtung am Leitbild des mündigen leistungsbereiten, sich selbst fordernden Mitarbeiters • Unkonventionelles "Innovations-Management" • Handlungs- vor Analyseorientierung • Aufteilung der Unternehmensführung, kein zentralisiertes hierarchisches Denken • Flexibel interpretierbare, d.h. bewegliche und durchlässige Aufbau- und Ablauforganisation • "Straff-lockere" Führung • Orientierung am Prinzip der Spartenorganisation	• Konzentration der Kräfte • Entwicklung der Stärken und Vermeidung von Schwächen • Ausnutzung von Umwelt- und Marktchancen • Geschickte Innovation • Ausnutzung von Synergiepotentialen • Abstimmung von Zielen und Mitteln • Risikoausgleich • Schaffung einer zweckmäßigen und führbaren Organisation • Ausnutzung von Koalitionsmöglichkeiten • Beharrlichkeit, Einfachheit, einheitliche Grundauffassung

Abb. 5: Strategische Erfolgsfaktoren bzw. strategische Grundprinzipien (vgl. Hauschildt, 1985, S. 3 f. und Pümpin, 1980, S. 15 ff.)

Das systematische Sammeln und Prüfen neuer Leitideen, wie sie in modernen Management-Konzeptionen propagiert werden, stellt bereits einen wichtigen Schritt im Zuge einer Planung der Unternehmensphilosophie dar. Hiermit lassen sich nicht nur Anregungsinformationen, sondern auch relevante Beurteilungs- bzw. Vergleichsmaßstäbe für die Analyse und ggf. Neubestimmung der eigenen Unternehmensphilosophie gewinnen. Im einzelnen sind bei der Planung der Unternehmensphilosophie folgende Schritte zu beachten:

- Erfassung der momentanen Unternehmensphilosophie, einschließlich der Analyse von Abweichungen zwischen offizieller (in Unternehmensgrundsätzen niedergelegter) und tatsächlich handlungsbestimmender Philosophie, zwischen den Werthaltungen verschiedener Manager(-gruppen) usw. Hierzu bietet sich die Erstellung von Werthaltungs- bzw. Einstellungsprofilen an, welche z.B. in Gestalt eines Polaritäten-Profils die jeweiligen Wertausprägungen in verschiedenen Bereichen erfassen (vgl. Abb. 6).
- Suche nach Anregungsinformationen und Orientierungsmaßstäben mit Blick auf eine Neubestimmung der Unternehmensphilosophie. Neben dem Sammeln und Prüfen der in neuen Management-Konzeptionen herausgestellten Leitprinzipien sind dabei insbesondere folgende Aufgabenfelder zu berücksichtigen:
  - o Diagnose und Prognose der Philosophie anderer Unternehmen (z.B. wichtiger Konkurrenten und erfolgreicher Unternehmen),
  - o Diagnose und Prognose der Werthaltungen, Einstellungen und unternehmensgerichteter Erwartungen sowie Forderungen relevanter Austauschpartner (Kunden, Behörden, Medien etc.),
  - o Bewertung der hier gewonnenen Erkenntnisse.

  Die verschiedenen Leitprinzipien bzw. Werthaltungen, Forderungen etc. können dann ebenfalls in das zuvor erwähnte Polaritätenprofil eingebracht werden (vgl. Abb. 6).
- Analyse und Bewertung der Situationsadäquanz der vorliegenden Unternehmensphilosophie im Lichte neuer Ideen und Anforderungen, wahrgenommener Alternativen, der Ergebnisse von Abweichungsanalysen sowie von Ursachenanalysen der Unternehmens(miß)-erfolge (vgl. bspw. Hauschildt, 1983).
- Generierung situationsadäquater Leitbilder sowie Leitprinzipien und Prognose ihrer Eignung, Überprüfung ihrer Durchsetzbarkeit sowie ihrer Kompatibilität mit der bestehenden Unternehmenskultur.
- Neubestimmung der Unternehmensphilosophie und Dokumentation dieses Wertsystems in Unternehmensgrundsätzen, Richtlinien o.ä. und der Unternehmensverfassung.

Die Planung der Unternehmensphilosophie ist im Kern als eine Top-Managementaufgabe zu verstehen, wobei allerdings - nicht zuletzt um den Gefahren "betrieblicher Scheuklappen" zu begegnen - externe Planungsexperten hinzugezogen werden sollten.

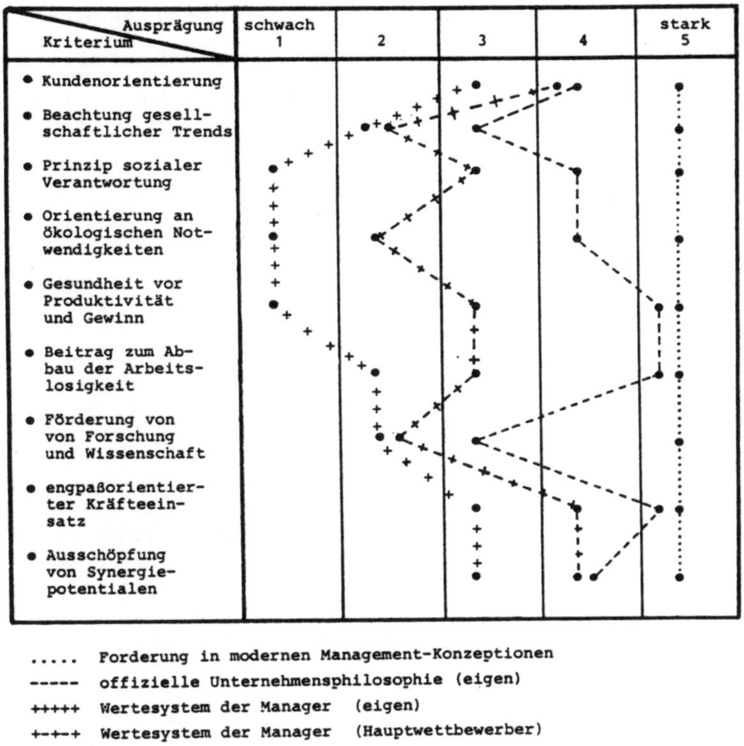

Abb. 6: Werthaltungs- bzw. Einstellungsprofile

c) Entwicklung und Implementierung eines strategischen Steuerungssystems

In Verbindung mit dem Entwurf eines strategischen Bezugsrahmens, also

- der Festlegung einer globalen langfristigen Zielkonzeption sowie allgemeiner strategischer Stoßrichtungen,
- der Identifikation und Festlegung erfolgstimulierender Denkhaltungen in allen Bereichen der Unternehmenstätigkeit (bei der strategischen Marketingplanung speziell mit Blick auf die Pla- und Gestaltung der Austauschprozesse mit Kunden, Lieferanten, Behörden etc.),
- dem Entwurf eines Identitätskonzepts bzw. eines Leitbildes für die künftige Entwicklung der Unternehmenskultur,

kommt der strategischen Rahmenplanung vor allem die Aufgabe zu, die verschiedenen Leitprinzipien der Unternehmensphilosophie, Identitätsvorstellungen, Zielkonzeptionen und Strategien in ein strategisches Steuerungssystem einzubringen (vgl. Abb. 2), um so deren Beachtung und Verwirklichung zu gewährleisten. Die Dokumentation der Unternehmensphilosophie in Unternehmensgrundsätzen und der Unternehmensverfassung, das Herausstellen eines neuen Identitätskonzepts, neuer Zielkonzeptionen und strategischer Stoßrichtungen etc. reicht hierzu sicherlich nicht aus. Darüber hinaus müssen vielmehr Prozesse des Management Development, des organisatorischen Wandels eingeleitet und entsprechende Kontrollvorkehrungen getroffen werden.

An dieser Stelle sei lediglich exemplarisch auf die Relevanz einiger personalpolitischer und organisatorischer Maßnahmen im Zusammenhang mit der Festlegung einer neuen Unternehmensphilosophie hingewiesen: Zunächst bedarf es entsprechender Informations- und Überzeugungsprozesse, um die Mitarbeiter mit "neuen" Leitprinzipien vertraut zu machen und - eventuell durch den Abbau möglicher Widerstände - notwendige Verhaltensbereitschaften sicherzustellen (vgl. auch Raffée "Strategisches Marketing", in diesem Band). In Ergänzung dazu sind mit Hilfe von Schulungsprogrammen und der Entwicklung konkreter Verhaltensprogramme und -routinen, die in Organisationshandbüchern oder speziellen Marketing-Manuals niedergelegt werden, geeignete Verhaltensgrundlagen zur Umsetzung der Unternehmensphilosophie zu schaffen. Sollen im Zuge der Neubestimmung der Unternehmensphilosophie bspw. Ressort-Egoismen, eine mangelnde Kundenorientierung, ein kurzsichtiges Gewinndenken u.ä.m. überwunden werden, so sind hierzu ferner u.U. neue Entlohnungssysteme sowie Organisationsmodelle (z.B. Produkt- oder Kundenmanagement) dringend erforderlich.

Als Basis eines effizienten strategischen Denkens und Handelns wird heute darüber hinaus bspw. die Bildung sog. strategischer Geschäftseinheiten (SGEs) gefordert, die entweder lediglich als gedankliche Planungskonstrukte fungieren und dabei eine Sekundär- bzw. Planungsorganisation bilden, oder sogar die Grundlage für die Gestaltung der formalen Organisationsstruktur (Primärorganisation) darstellen. Als SGEs werden dabei möglichst homogene Produkt-Markt-Kombinationen bezeichnet, für die weitgehend eigenständige Ziel- und Strategienkonzepte entwickelt werden können. Durch diese Zerlegung des Gesamtsystems in überschaubare Teileinheiten sollen u.a. eine bessere strategische Ausrichtung der Unternehmenspolitik, ein höheres Maß an Flexibilität, Koordinierbarkeit sowie Kontrollierbarkeit usw. erzielt werden. Die Abgrenzung von SGEs orientiert sich jeweils sowohl an externen als auch internen situativen Bedingungen (Wettbewerbssituation, Nachfragestruktur, Kostensituation, Ressourcenausstattung u.ä.m.) /14/.

II. Strategische Maßnahmen- bzw. Programmplanung

Die strategische Rahmenplanung stellt immer die Unternehmung als Ganzes in den Mittelpunkt und zielt darauf ab, einen strategischen Bezugsrahmen für alle Unternehmensaktivitäten zu erstellen. Die strategische Maßnahmen- bzw. Programmplanung konzentriert sich demgegenüber auf die Entwicklung und Bewertung konkreter Strategien und Maßnahmenprogramme zur Verwirklichung der im strategischen Bezugsrahmen vorgezeichneten Unternehmensentwicklung.

Zwar wird heute in zunehmendem Maße die Notwendigkeit erkannt, an den Anfang der strategischen (Marketing-)Planung die Bestimmung globaler Ausgangsziele sowie strategischer Stoßrichtungen zu stellen: Ohne solche grundlegenden Zielvorstellungen lassen sich Informationen über vermeintliche Chancen/Risiken sowie Stärken/Schwächen in ihrer Relevanz kaum richtig beurteilen. Es wird jedoch noch häufig übersehen, daß dem Einsatz einzelner Analyseinstrumente im Rahmen der strategischen Maßnahmenplanung eine gezielte Informationsplanung voranzustellen ist. Im folgenden sollen daher zunächst einige Ansatzpunkte einer solchen Informationsplanung wenigstens grob skizziert werden.

1. Systematische Informationsplanung als Ausgangspunkt

Die Informationsaktivitäten im Zuge der strategischen Maßnahmenplanung erhalten ihre generelle Ausrichtung zum einen durch die in der strategischen Rahmenplanung festgelegten Zielkonzeptionen und strategischen Stoßrichtungen. Wurde bspw. als strategische Stoßrichtung die Verfolgung einer Diversifikations- bzw. Innovationsstrategie festgelegt, so lassen sich im Anschluß daran gezielt die hierfür erforderlichen Informationsgrundlagen bestimmen (Entwicklungspotentiale einzelner Märkte, technologische Entwicklungen, Möglichkeiten und Restriktionen des Unternehmens, Ideenquellen u.ä.m.). Hierzu kann teilweise auf theoretische Ausarbeitungen zurückgegriffen werden (z.B. Veröffentlichungen in Fachzeitschriften, wissenschaftliche Publikationen), in denen relevante Informationsbedarfe und Möglichkeiten zur Informationsbedarfsdeckung aufgezeigt sind. Grundsätzlich ist darüber hinaus jedoch immer eine gedankliche Durchdringung des anstehenden strategischen Problems in gemischten Teams mit Managern aus unterschiedlichen Funktionsbereichen und externen Planungsspezialisten zweckmäßig. Ausgehend davon sind dann Informationspläne zu erstellen, in denen neben den zu beschaffenden Informationen z.B. auch die jeweiligen Informationsquellen, die Erhebungs- und Auswertungsmethoden und nicht zuletzt die Aufgaben der innerhalb des Unternehmens zuständigen Planungsstellen detailliert festgeschrieben werden. Von hier aus ergeben sich dann unmittelbar Impulse bezüglich der Nutzung, Beurteilung und ggf. Weiterentwicklung des vorliegenden Informationssystems.

Zum anderen - und dies vor allem, wenn man die impulsgebende Funktion gegenüber der strategischen Rahmenplanung in Rechnung stellt - dürfen sich die Informationsaktivitäten im Feld strategischer Marketingplanung nicht allein auf einzelne "Strategieprojekte" beziehen. Über diese gerichtete, gezielt entscheidungsbezogene Informationssuche hinaus muß immer auch eine allgemeine, mitunter ungerichtete Unternehmens- und Umweltbeobachtung erfolgen, um die Informationsperspektive nicht vorschnell einzuengen. Die Bestimmung des hier relevanten Informationsbedarfs wird dabei z.T. zu einem kreativen Problem, wobei u.a. etwa auf einen morphologischen Kasten zurückgegriffen werden kann, wie er in Abb. 7 skizziert ist. Hierbei werden auf der Grundlage allgemeiner Unternehmens-Umweltmodelle /15/ sowie allgemeinen Planungswissens relevante Beobachtungsfelder und Informationskategorien fixiert. Ein solches Schema /16/ kann natürlich auch im Rahmen einer projektbezogenen Informationsbedarfsanalyse und generell zur Überprüfung des vorliegenden Informationsstandes bzw. zur Lokalisierung von Informationsdefiziten eingesetzt werden. Ähnliche Schemata lassen sich auch mit Blick auf mögliche Ansätze einer Informationsbedarfsdeckung konstruieren, in denen etwa alternative Informationsquellen, Erhebungs- und Auswertungsverfahren festgehalten sind.

Von übergreifender Bedeutung ist im vorliegenden Zusammenhang schließlich die "theoriegeleitete" Identifikation strategischer Erfolgsfaktoren - einerseits zur weiteren Strukturierung des Informationsbedarfs und zur Gewichtung einzelner Informationskategorien; andererseits als Basis für die Auswertung und Interpretation bereits erfaßter Informationen und mithin zur Deckung des Bedarfs an "theoretischen" Informationen. In neuerer Zeit werden hier verstärkt Versuche unternommen, theoretische Grundlagen für die strategische Planung zu erarbeiten /17/. Die Ergebnisse der Forschungsbemühungen sind u.a. in folgende Ansätze eingeflossen, die sowohl relevante Informationsbedarfe aufzuzeigen als auch - zumindest teilweise - den Bedarf an "theoretischen" Informationen zu decken vermögen:

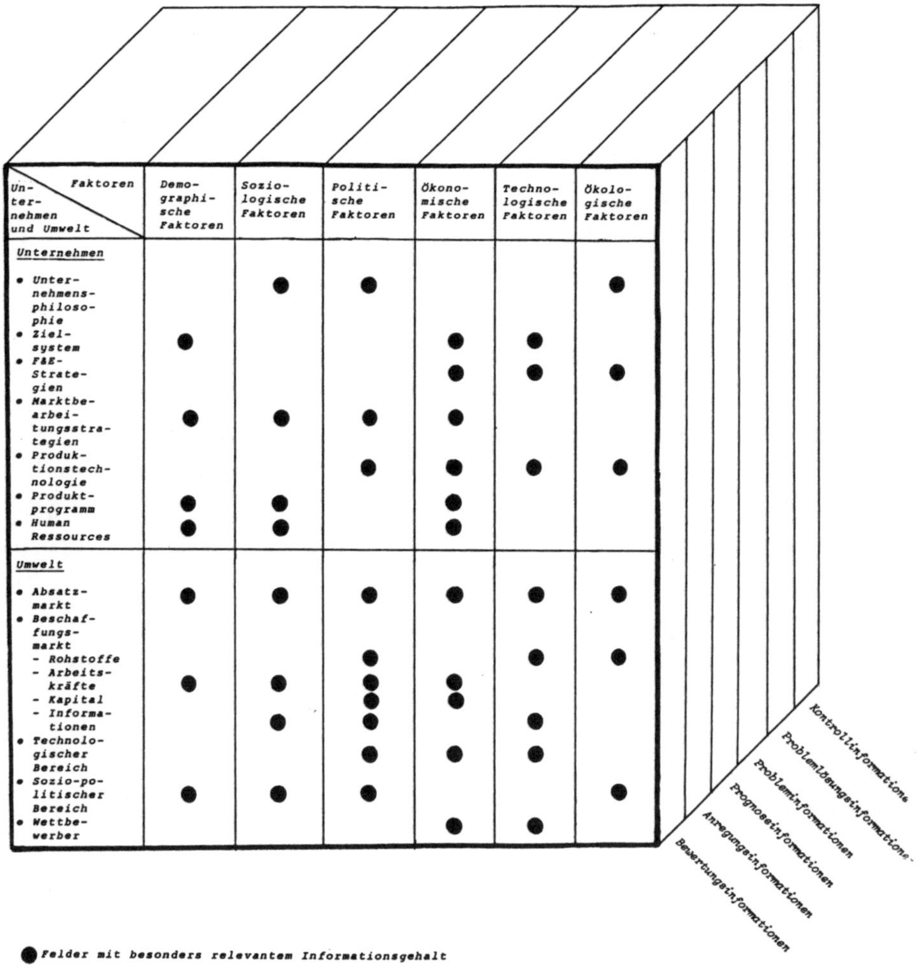

Abb. 7: Morphologischer Kasten zur Bestimmung des Informationsbedarfs

- Produktlebenszyklus-Konzept, welches den Hintergrund darstellt für die Identifikation phasenspezifischer kritischer Erfolgsfaktoren, die dann in die strategische Planung des Produktlebenszyklus einfließen /18/;
- Konzept der Erfahrungskurve, in dem im Zusammenhang mit Kostendegressionen die Relevanz des relativen Marktanteils und des zukünftigen Marktwachstums herausgestellt wird /19/;
- PIMS-Projekt, in dem über einen längeren Zeitraum der Einfluß einer Vielzahl unabhängiger Variablen auf ROI und Cash-Flow analysiert wurde (als kritische interne Erfolgsfaktoren wurden dabei neben dem relativen Marktanteil insbesondere auch die relative Produktqualität, der F&E-Aufwand, die Kapitalintensität und die Unternehmensgröße identifiziert; externe Erfolgsfaktoren waren Branchenproduktivität sowie die Konzentrationen auf Anbieter- und Nachfragerseite) /20/;

- Untersuchungen im Kontext wettbewerbstheoretischer Ansätze bzw. der Industrieökonomik (vgl. z.B. Porter, 1983);
- populärwissenschaftliche Studien aus der Unternehmensberatung, die verschiedene Grundprinzipien erfolgreicher Unternehmen identifizieren (vgl. Abb. 5; Peters/Waterman, 1983).

Obwohl sich aus diesen Erkenntnissen zahlreiche Anregungen für die eigene Informationsgewinnung und -auswertung ziehen lassen, ist von einer unkritischen Übernahme dringend zu warnen. Die hier herausgestellten Abhängigkeiten und Beziehungen sind jeweils angesichts der spezifischen situativen Bedingungen des Unternehmens auf ihre Relevanz hin zu überprüfen. Grundsätzlich sollte allerdings im strategischen Informationssystem eine "Theorien- bzw. Hypothesenbank" eingerichtet werden, in der die grundlegenden Hypothesen und Ergebnisse solcher Konzepte systematisch aufgezeichnet sind. Dies vermag die Entwicklung und den Einsatz innovativer Auswertungsprogramme und mithin das gezielte Sammeln von Erfahrungen hinsichtlich der Erfassung von Unternehmens-Umwelttatbeständen wesentlich zu befruchten.

Im Zusammenhang mit den hier nur schlaglichtartig beleuchteten Ansatzpunkten einer "Informationsplanung" zeigen sich zugleich enge Verbindungen zur (Weiter-)Entwicklung eines strategischen Informationssystems und die Relevanz eines strategischen Steuerungssystems.

Wie zuvor schon kurz erwähnt, gehen von der Informationsplanung wesentliche Impulse zur Gestaltung bzw. Überprüfung und ggf. Weiterentwicklung des Informationssystems aus. Dabei ist u.a. für eine geeignete Datenorganisation (z.B. Errichtung benutzerfreundlicher Datenbanksysteme) sowie für Verfügungsmöglichkeiten über leistungsfähige Methoden und Modelle der Informationsgewinnung sowie -auswertung zu sorgen. Nicht selten besteht hier allerdings die Gefahr, daß die Informationsplanung zu eng vor dem Hintergrund vorhandener Informationsmöglichkeiten oder eingeschliffener Informationsgewohnheiten erfolgt. Kennzeichen der strategischen Marketingplanung ist es u.a. jedoch gerade, daß z.T. auch neue Informationswege beschritten werden müssen. Hierzu sind die erforderlichen Voraussetzungen zu schaffen, was mitunter die Vergabe von Forschungsaufträgen an interne und/oder externe Informationsspezialisten impliziert.

Aufgabe des strategischen Steuerungssystems ist es nun, in diesem Kontext für eine adäquate Informationsplanung sowie für die Realisation der dabei festgelegten Informationsaufgaben Sorge zu tragen und beide Prozesse zu überwachen.
Hierzu zählt u.a. auch:
- die Ausrichtung aller Informationsaktivitäten an der Unternehmens-Philosophie (wurde bspw. eine Gesellschaftsorientierung der Unternehmenspolitik festgelegt, so dürfen sich die Informationsaktivitäten nicht durch eine enge Marktperspektive und die Vernachlässigung politischer, ökologischer und sozio-kultureller Aspekte auszeichnen);

- die Analyse und Beseitigung von Defiziten im Informationsangebot sowie bei der Informationsnachfrage durch Manager (einschließlich Vermeidung von Informationsverzerrungen, Überwindung inadäquater Informationsgewohnheiten wie bspw. ein kurzsichtiges "Zahlendenken", mangelnde Aufgeschlossenheit gegenüber sog. schwachen Signalen etc.);
- die Sicherung einer ausreichend kritischen Auseinandersetzung mit den Resultaten empirischer Untersuchungen, dem Einsatz sowie den Ergebnissen von Prognose- sowie Analysetechniken usw.;
- die Abwägung von Kosten/Nutzen-Relationen im Hinblick auf die Informationsaktivitäten (vgl. Wild, 1971).

Einhergehend damit werden bspw. entsprechende organisatorische Regelungen, personalpolitische Maßnahmen sowie die Einrichtung von Kontrollsystemen (u.a. Checklisten zur Überprüfung der Informationsaktivitäten) relevant.

2. Die Analyse und Prognose der Unternehmens- sowie Umweltsituation

a) Vorbemerkung

Aufbauend auf einer systematischen Informationsplanung lassen sich nun verschiedene Instrumente zur Informationsgewinnung und -auswertung einsetzen. Im Hinblick auf die jeweiligen Einsatzbereiche dieser Instrumente werden meist grob die Informationsfelder "Unternehmung" und "Umwelt" unterschieden, die dann jeweils noch weiter zu differenzieren sind.

Diese Unterscheidung in unternehmens- und umweltbezogene Informationsfelder darf allerdings nicht dahingehend mißverstanden werden, daß hier jeweils isolierte Informationsaktivitäten erfolgen: Informationen über das Unternehmen lassen sich in der Regel nur im Zeichen von Umweltentwicklungen sowie -anforderungen oder Vergleichsmaßstäben wie Branche, Konkurrenz etc. adäquat beurteilen; umgekehrt müssen Informationen über die Umwelt jeweils im Lichte der Unternehmenssituation interpretiert werden. Es handelt sich hierbei also in erster Linie um grundlegende Informationsperspektiven, wobei einerseits von Unternehmensaspekten ausgegangen und gleichzeitig auch nach möglichen Herausforderungen etc. in der Umwelt gefragt wird; andererseits von Umwelttatbeständen ausgegangen und nach möglichen Konsequenzen für das Unternehmen geforscht wird. In neuerer Zeit setzen sich daneben in Gestalt unterschiedlicher Varianten der Portfolio-Analyse zunehmend Planungstechniken durch, die geeignet sind, eine Zusammenführung der mit getrennten Blickrichtungen erhobenen Informationen vorzunehmen ("integrative Planungstechniken").

b) Analyse und Prognose der Unternehmenssituation

Die Analyse und Prognose der Unternehmenssituation zielt im wesentlichen darauf ab, die Stärken und Schwächen und damit auch die Handlungsmöglichkeiten, Leistungsreserven, strategischen Lükken usw. zu erfassen. Den ersten Schritt bildet die sorgfältige Erhebung der Ist-Situation, und zwar über alle Ebenen und Funktionsbereiche des Unternehmens hinweg. In der Literatur werden hierzu meist Checklisten angeboten, die die Identifikation relevanter interner Daten unterstützen sollen (vgl. Abb. 8). Um eine möglichst aussagekräftige Erfassung der Ist-Situation zu erreichen, bietet sich bereits hier der Einsatz einfacher Analyseinstrumente an, wie sie in der Praxis zur Informationsaufbereitung und -verdichtung Verbreitung gefunden haben. Hierzu zählen etwa aus den betrieblichen Rechnungswesen abgeleitete Kennzahlensysteme /21/ oder die Überprüfung der Produktangebots aufgrund der Analyse von Produkt-Lebenszyklen, Programmstrukturanalysen (Umsatzprofile, Altersstrukturanalysen, ABC-Analysen etc.) sowie einer Analyse der sozialen, politischen und/oder ökologischen Brisanz des Produktangebotes (etwa im Rahmen eines Produkt- bzw. Technologie-Assessments) /22/.

• MARKTPOSITION - Marktanteil, Marktanteilsentwicklung - Marktpenetration/Distributionsgrad - Rentabilität/Ertragsspannen - Produkt-/Unternehmensimage - F+E-Standing/technologische Position • FÜHRUNGSKRÄFTE UND MITARBEITER - Innovationsfähigkeit/Know-How-Niveau (Patentbilanz) - Zufriedenheit/ Motivation der Mitarbeiter - Altersstruktur	• PRODUKTIONSPOTENTIAL - Kostensituation der Produktionsprozesse (Modernität, Flexibilität, Kapazität) - Lohn- und Gehaltsstruktur - Kosten und Sicherheit der Energie- und Rohstoffversorgung - Standortqualität - Informations- und Planungssystem • ORGANISATION - Anpassungsfähigkeit - Konfliktpotential - Marktorientierung

Abb. 8: Checkliste zentraler Unternehmensinformationen

Sicherlich handelt es sich bei der Ist-Analyse um kein Kernproblem der strategischen Planung; vielmehr geht es hier um die Erfassung grundlegender Informationen, die sowohl für die strategische als auch operative Planung von Bedeutung sind. Dennoch dürfen gerade hier die Ansatzpunkte für eine strategische Marketingplanung nicht übersehen werden, die u.a. in der Ausrichtung der Informationsaktivitäten, also in der zuvor erwähnten Informationsplanung liegen. Ob bspw. eine Sozialbilanz erstellt wird, welche Kennzahlen besondere Beachtung finden, welche Kostenrechnungssysteme sich zur Entscheidungsunterstützung eignen usw. sind letztlich unternehmenspolitische Fragen, die vor dem Hintergrund von Markt- bzw. Umweltanforderungen beantwortet werden müssen.

Auf der Grundlage der Informationen über die Ist-Situation lassen sich unterschiedliche Analysen durchführen, von denen einige hier kurz angedeutet werden sollen:

o Soll-Ist-Vergleiche und Abweichungsanalysen

Soweit eine Unternehmenssteuerung über konsequente Zielvorgaben erfolgt /23/, können zunächst Soll-Ist-Vergleiche und im Anschluß daran Abweichungsanalysen durchgeführt werden, um das vorliegende Zielsystem und/oder die jeweils zu dessen Realisation entwickelten Strategien und Maßnahmen zu überprüfen /24/. Für die strategische Planung sind dabei vor allem Abweichungsanalysen von Interesse, bei denen systematisch nach den Gründen bzw. Ursachen negativer aber auch positiver Zielabweichungen geforscht wird: Zum einen, um unmittelbar Anregungen für mögliche Korrekturmaßnahmen zu erhalten (Produktelimination, Revision der Werbekonzeption, weiterer Ausbau der Verkaufsorganisation, Verbesserung der Koordination zwischen Absatz- und F&E-Abteilung u.v.a.m.); zum anderen jedoch auch, um grundlegende Planungsprämissen abzutesten und Anhaltspunkte für die Ermittlung relevanter strategischer Erfolgsfaktoren zu gewinnen (stimmt die eingeschlagene strategische Stoßrichtung, bewährt sich die Unternehmenssteuerung mit Hilfe des Produktmanagement etc.). Allein zeitpunktbezogene Analysen reichen hierzu allerdings kaum aus; es werden vielmehr Entwicklungsanalysen erforderlich, um gezielt Erfahrungen sammeln und Tendenzen erkennen zu können.

o Entwicklungsanalysen

Im Sinne einer Entwicklungsanalyse können bspw. die Ergebnisse einzelner Soll-Ist-Vergleiche sowie Abweichungsanalysen mit Hilfe von Zeitreihenanalysen über einen längeren Zeitraum ausgewertet werden /25/. Auf diese Weise sind etwa wertvolle Hinweise für die Beantwortung folgender Fragen zu erlangen: Welche Unternehmensfaktoren haben sich als besonders kritische erwiesen? Gibt es Veränderungen hinsichtlich der Relevanz einzelner strategischer Erfolgsfaktoren? Wie entwickeln sich einzelne Maßnahmenprogramme, stumpfen bestimmte Anreizsysteme, Verkaufsförderungskonzepte etc. in ihrer Wirkung ab? Ergeben sich im Zeitablauf Veränderungen der Zielbeziehungen (Kompatibilität oder Konfliktarität zwischen Marktanteils- und Rentabilitätszielen etc. - vgl. Becker, 1983, S. 48 ff.)? Im Anschluß an die hier analysierten Beziehungen und gewonnenen Erfahrungen stellt sich freilich unmittelbar die Frage nach der zukünftigen Entwicklung und damit nach den Einsatzmöglichkeiten unterschiedlicher Prognoseverfahren (vgl. Raffée "Prognosen", in diesem Band). Im Feld zukunftsgerichteter Entwicklungsanalysen hat u.a. etwa das Leitlinien- bzw. Ziel-Trajektorien-Konzept /26/ und die daran anknüpfende Gap-Analyse einige Bedeutung erlangt. Das einfache Grundmuster dieses Ansatzes läßt sich im Hinblick auf komplexe Zielsysteme (Zielbündel-Trajektorien) erweitern, indem, ausgehend von einem zu erreichenden Umsatz-Planziel (10 % Umsatzsteigerung in t_4) mehrere Teilziele (z.B. Ausbau der Vertriebsorganisation, Steigerung des Bekanntheitsgrades) im Zuge einer normativen Prognose festgelegt werden. Ihre Realisation zu einem bestimmten Zeitpunkt (t_1, t_2, t_3) wird dann als Voraussetzung für die Erreichung des Umsatz-Planzieles angesehen (vgl. dazu Abb. 9). Ferner können die hier zur Prognose des tatsächlichen Zielerreichungsgrades häufig eingesetzten Extrapolationsverfahren durch leistungsfähigere Ansätze ersetzt werden (Indikator-Prognosen, Regressionsansätze etc.).

Interessant sind in diesem Zusammenhang etwa auch die von Mertens und Rackelmann (1979) propagierten Umsatzprognosen auf der Basis von Produkt-Lebenszyklen und die daran anknüpfenden Problemanalysen (bspw. bezüglich vermeintlicher Innovationslücken im Angebotsprogramm oder generell der Wirkung prognostizierter Umsätze auf die Erfolgs-, Kosten sowie Finanzstruktur des Unternehmens; vgl. Abb. 10).

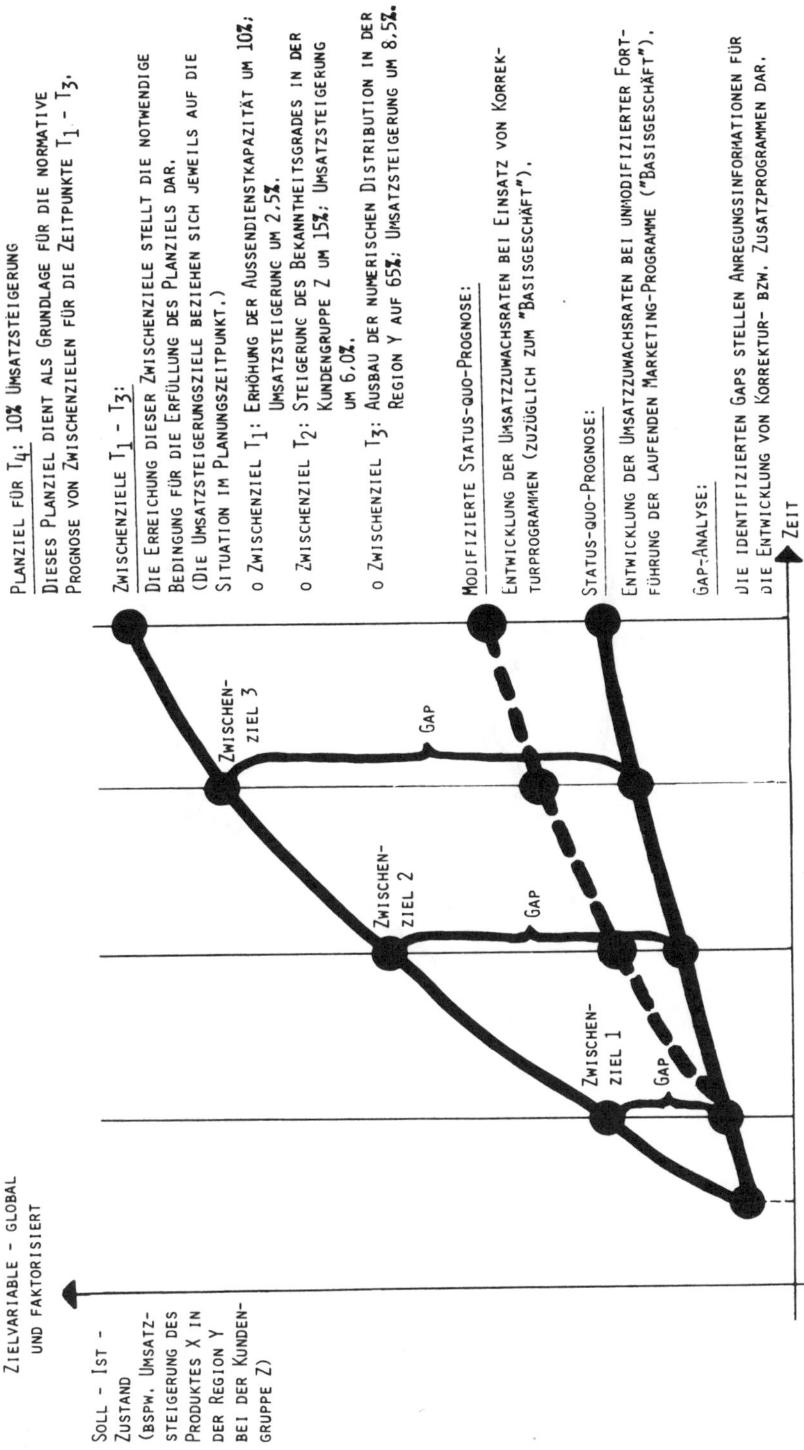

Abb. 9: Leitlinien- bzw. Ziel-Trajektorien-Konzept

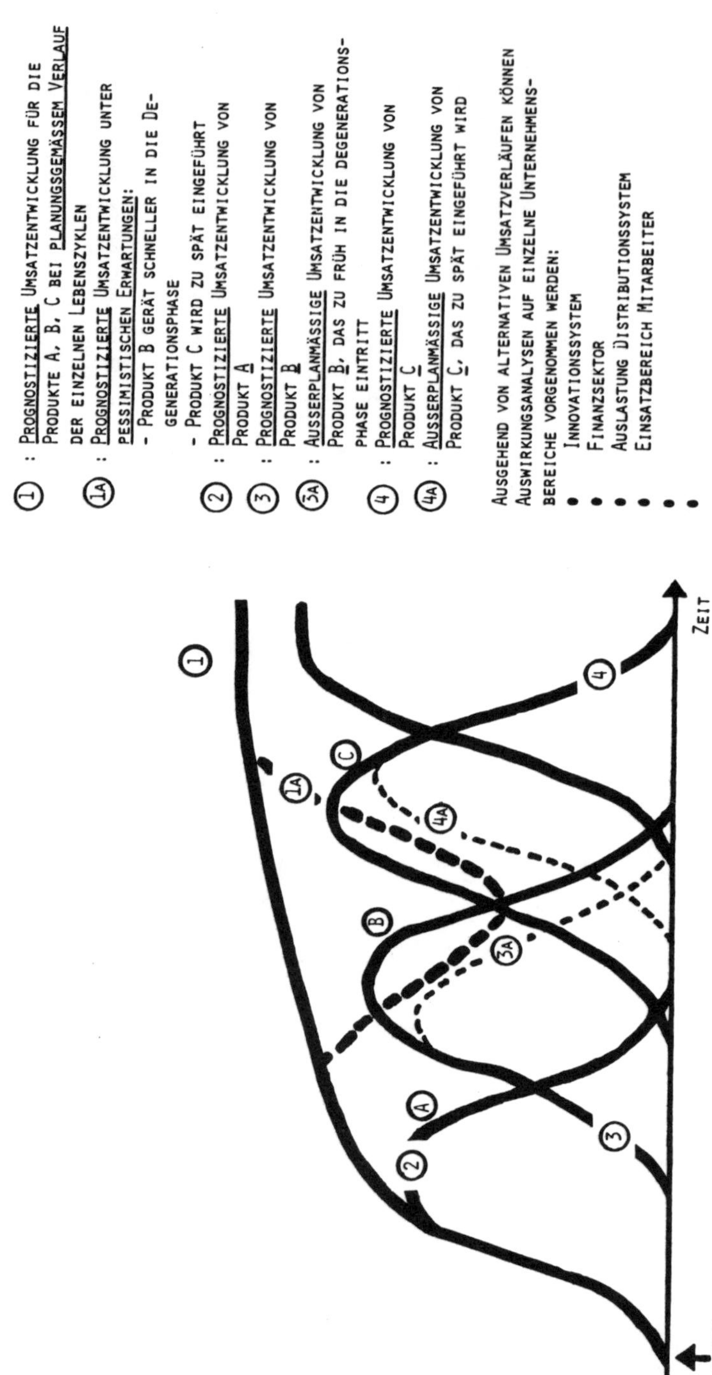

Abb. 10: Umsatzprognosen auf der Basis von Produkt-Lebenszyklen (vgl. Mertens/Rackelmann, 1979, S. 70 - 72)

o Analyse strategischer Freiräume zur Identifikation von Handlungsmöglichkeiten und -notwendigkeiten

Teils unmittelbar in Verbindung mit Abweichungsanalysen, Gap-Analysen etc., teils aber auch unabhängig davon nehmen Analysen zur Identifikation strategischer Freiräume eine zentrale Stellung bei der strategischen Maßnahmenplanung ein. Hierunter fallen bspw. Analysen im Hinblick auf mögliche Verbesserungen der

- Kostensituation (Wertanalysen zur Ermittlung von Überqualitäten, die vom Markt nicht honoriert werden; Gemeinkosten-Wertanalyse; Rationalisierungsanalysen bspw. zur Identifikation von Standardisierungsmöglichkeiten des Marketingprogramms etc.),
- Mitarbeiter-Motivation und -Qualifikation (Analyse der aktuell eingesetzten bzw. potentiell vorhandenen Human-Ressourcen im Unternehmen zur Einsatzoptimierung des Human Portfolios; vgl. Laukamm, in diesem Band),
- Koordination von Organisationsprozessen (Analysen zur Ermittlung unproduktiver Slacks im Rahmen von Informations- und Planungsprozessen),
- Produkt- und Programmpolitik (Identifikation neuer Einsatzmöglichkeiten der aktuellen Produkte bzw. von Arrondierungsmöglichkeiten des Produktprogramms),
- Service- und Vertriebspolitik (Erweiterung von Service-Potentialen im Unternehmen, um Problemlösungspakete anbieten zu können; Analyse der Möglichkeiten zu einer effizienteren Ausschöpfung bestehender Vertriebskanäle - "Eduscho-, Tschibo-Konzeption").

Um hier jeweils die in Betracht kommenden Verbesserungsmöglichkeiten herausarbeiten zu können, sind neben unternehmensbezogenen Detailanalysen und dem Einsatz kreativer Techniken insbesondere Umweltinformationen erforderlich. Hierzu zählen auch Informationen über momentane oder künftig zu erwartende neue Technologien als Ansatzpunkt für Rationalisierungsmaßnahmen (z.B. Büroautomatisierung), Schulungsprogramme, Motivationstechniken u.ä.m. Die erarbeiteten Gestaltungsalternativen sind in einem Schema anschaulich aufzubereiten (vgl. Abb. 11) und dann im Hinblick auf ihre Ertrags- und Kostenwirksamkeit, ihre Durchführbarkeit und ihre Kompatibilität mit den Zielen und Strategien des Unternehmens zu bewerten. Welche dieser strategischen Gestaltungsspielräume ausgeschöpft werden, ist nicht zuletzt vor dem Hintergrund der Umweltsituation zu entscheiden. So verlangen bspw. bestimmte Wettbewerbssituationen entweder stärker das Ausschöpfen von Kostensenkungspotentialen oder die Steigerung der Angebotsqualität, einhergehend etwa mit der Erhöhung der Mitarbeiter-Qualifikation.

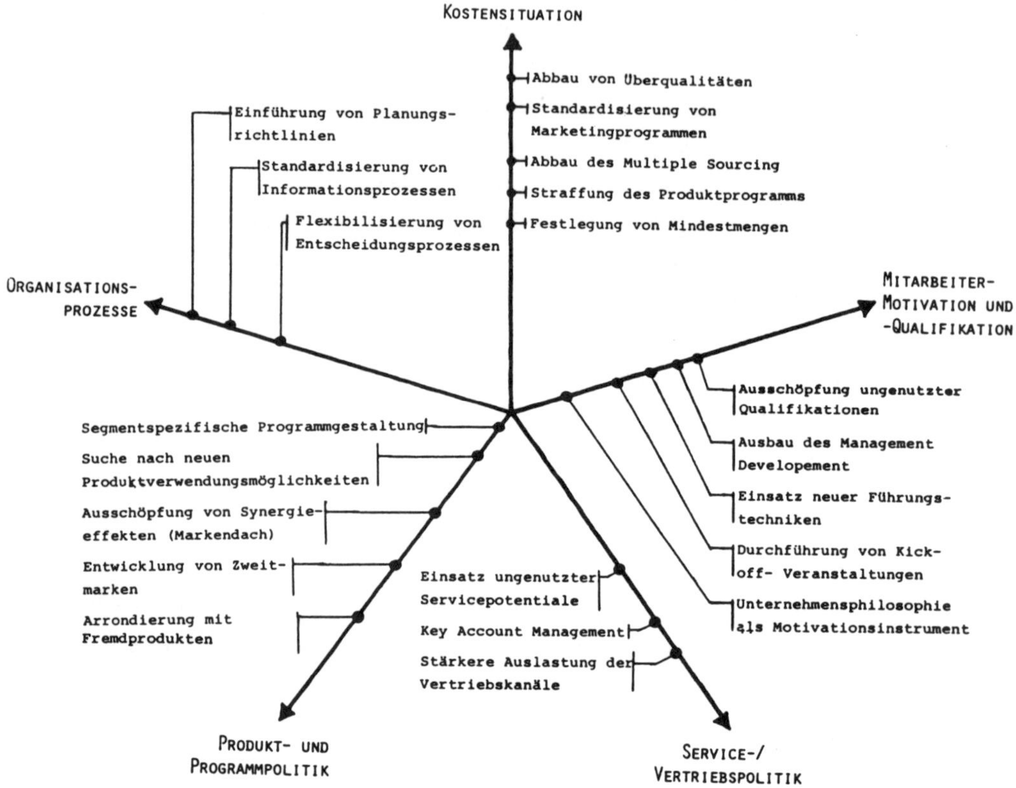

Abb. 11: Nutzungsmöglichkeiten strategischer Freiräume (vgl. ähnlich auch Henzler, 1980, S. 82)

o Abhängigkeits- und Verwundbarkeitsanalysen

Einen weiteren Analyseansatz stellen Abhängigkeits- und Verwundbarkeitsanalysen dar, in denen die kritischen Variablen der Unternehmenstätigkeit ermittelt werden. Dazu gehören u.a. die Analyse der Exportabhängigkeit, der Abhängigkeit von einzelnen Produkten, Produktionstechnologien, Ressourcen, Vertriebskanälen, Mitarbeiter-Qualifikationen, Käufergruppen oder etwa die Analyse von Angriffsflächen für öffentliche Kritik (Bürgerinitiativen, Medien etc.). Daran anknüpfend können dann - unter Einbeziehung von Umweltinformationen oder entsprechenden Situationsannahmen - Sensitivitäts- sowie Risikoanalysen durchgeführt und einzelne Szenarien erstellt werden. Am Beispiel der Analyse einer Technologieabhängigkeit sind in Abb. 12 einige Analyseschritte wiedergegeben.

(1) Erfassung der technologischen Basis des Gesamtunternehmens (insbes. Produktions-, Distributions-, Kommunikationstechnologien) (2) Ermittlung der Bedeutung, die einzelnen Technologien im Rahmen der Unternehmensleistung zukommt (bspw. orientiert am Wertschöpfungsanteil) (3) Erarbeitung von Szenarien über alternative technologische Entwicklungen (Verbesserung aktueller Technologien, Erfindung neuer Technologien)	(4) Erforschung der Beziehungsrichtung und -intensität zwischen neuen bzw. optimierten Technologien und der technologischen Basis des Unternehmens (konkurrierende, komplementäre, indifferente Beziehungen) (5) Abschätzung der Auswirkungen der Technologie auf das Unternehmen, insbes. im Hinblick auf Produkt, Produktion, Distribution, Kommunikation und - übergreifend - die Kostensituation: - direkte Wirkungen Unternehmen setzt Technologie selbst ein - indirekte Wirkungen Wettbewerber setzt/setzen Technologie ein

Abb. 12: Arbeitsschritte zur Analyse technologischer Abhängigkeit

o Stärken/Schwächen- und Potentialanalysen

Den wohl bekanntesten Ansatz der strategischen Analyse stellt die sog. Stärken/Schwächen-Analyse dar, in der eine Analyse und Bewertung der Ressourcen eines Unternehmens im Vergleich zu dem (den) wichtigsten Konkurrenten vorgenommen wird /27/. Hierbei sind jeweils die Ergebnisse der zuvor erwähnten Analysen einzubeziehen, indem gerade auch strategische Freiräume, Abhängigkeiten etc. Berücksichtigung finden, und zwar sowohl bezogen auf die momentane als auch auf die in der Zukunft zu erwartende Situation (vgl. Abb. 13).

Trotz der zentralen Bedeutung der Stärken/Schwächen-Analyse erscheint uns die hier vorgenommene vergleichende Bewertung zur Konkurrenz zu wenig aussagekräftig. Dies zumindest dann, wenn sie isoliert bzw. nicht vor dem Hintergrund spezifischer situativer Bedingungen und den damit jeweils verbundenen Anforderungen seitens direkter Austauschpartner (Kunden, Lieferanten etc.) erfolgt: Entscheidend ist letztlich nicht, ob das Unternehmen bspw. über ein auf gewissen Gebieten hoch qualifiziertes Personal verfügt;

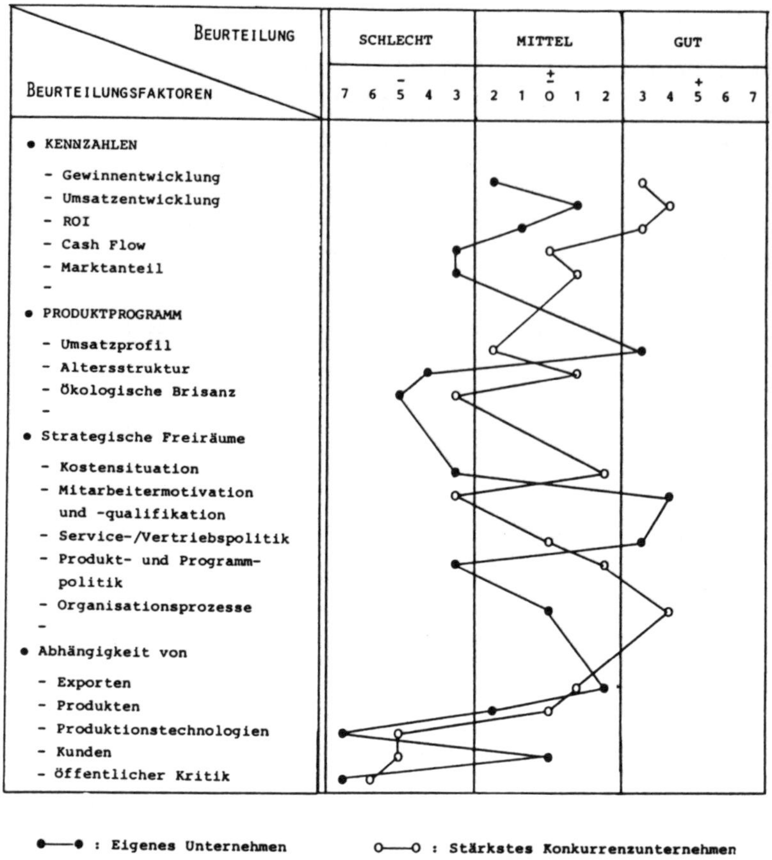

Abb. 13: Stärken/Schwächen-Profil
(vgl. ähnlich auch Hinterhuber, 1977, S. 47)

entscheidend ist vielmehr, ob die Art der vorliegenden Qualifikation in einer bestimmten Situation von Bedeutung ist. Erst dann ist die Frage nach vermeintlichen Konkurrenzvorteilen aufzuwerfen. Die Übernahme vorgefertigter Stärken/Schwächen-Kataloge ist insofern also gefährlich bzw. unzweckmäßig (vgl. auch Trux/Müller/Kirsch, 1984, S. 89).

Von daher bietet sich ein mehrstufiges Vorgehen an, bei dem zunächst eine Potentialanalyse (vgl. z.B. Kreikebaum, 1981, S. 59) durchgeführt wird. Dabei werden vorliegende und/oder zu erwartende Unternehmenspotentiale (z.B. Ressourcen, Verpflichtungen) unter dem Gesichtspunkt ihrer Eignung zur Bewältigung strategischer Herausforderungen (Realisation einer geplanten Strategie, Handhabung von Umweltanforderungen u.ä.m.) analysiert und bewertet. Als Grundlage hierfür eignen sich u.a. einfache Profildarstellungen und Punktbewertungsmodelle (vgl. Abb. 14). In Verbindung mit derartigen Potentialanalysen kann dann jeweils ein Vergleich zur Konkurrenz im Sinne der herkömmlichen Stärken/Schwächen-Analyse erfolgen.

Soweit im Rahmen der hier skizzierten Potentialanalyse verschiedene Unternehmensmerkmale (Potentiale) ins Verhältnis zu extern vorgegebenen Problemsituationen gesetzt werden, entspricht diese Vorgehensweise bereits jenen integrativen Planungstechniken, wie sie heute etwa in Form der Portfolio-Analyse propagiert werden. Hierauf wird weiter unten noch näher einzugehen sein.

c) Analyse und Prognose der Umweltsituation

Analysen und Prognosen der Umweltsituation erhalten ihre inhaltliche Ausrichtung zum einen durch die im Zuge der Unternehmensanalyse und -prognose aufgeworfenen Fragen. Um bspw. Gap-Analysen, Verwundbarkeitsanalysen, Stärken/Schwächen-Analysen vornehmen zu können, sind jeweils spezifische Umweltinformationen erforderlich. Im Falle der Stärken/Schwächen-Analyse sind u.a. die Ausprägungen einzelner Unternehmenspotentiale bei den Mitwettbewerbern durch eine entsprechende Konkurrenzforschung zu ermitteln.

Auf der anderen Seite setzt sich heute unter dem Stichwort "Environmental Scanning" eine Informationsperspektive durch, die die Bedeutung einer umfassenderen Berücksichtigung externer Informationen unterstreicht /28/. Dabei soll die Umwelt nicht nur im Zusammenhang mit geplanten Strategien, bestehenden Produktlinien, möglichen Ressourcenengpässen usw. analysiert werden. Vielmehr sind Umweltentwicklungen in einem generellen Sinne auf mögliche Herausforderung zu durchforsten und dann mit der Unternehmenssituation zu konfrontieren, wobei stets nach neuen relevanten Umweltbereichen und -aspekten gesucht wird. Die den betrieblichen Informationsaktivitäten üblicherweise zugrundeliegende Problemlösungs- und/oder Risikovermeidungsperspektive ist in diesem Zusammenhang um eine explizite "Chancenfindungsorientierung" zu ergänzen /29/.

Den ersten Schritt bildet nach Maßgabe beider Informationsper-

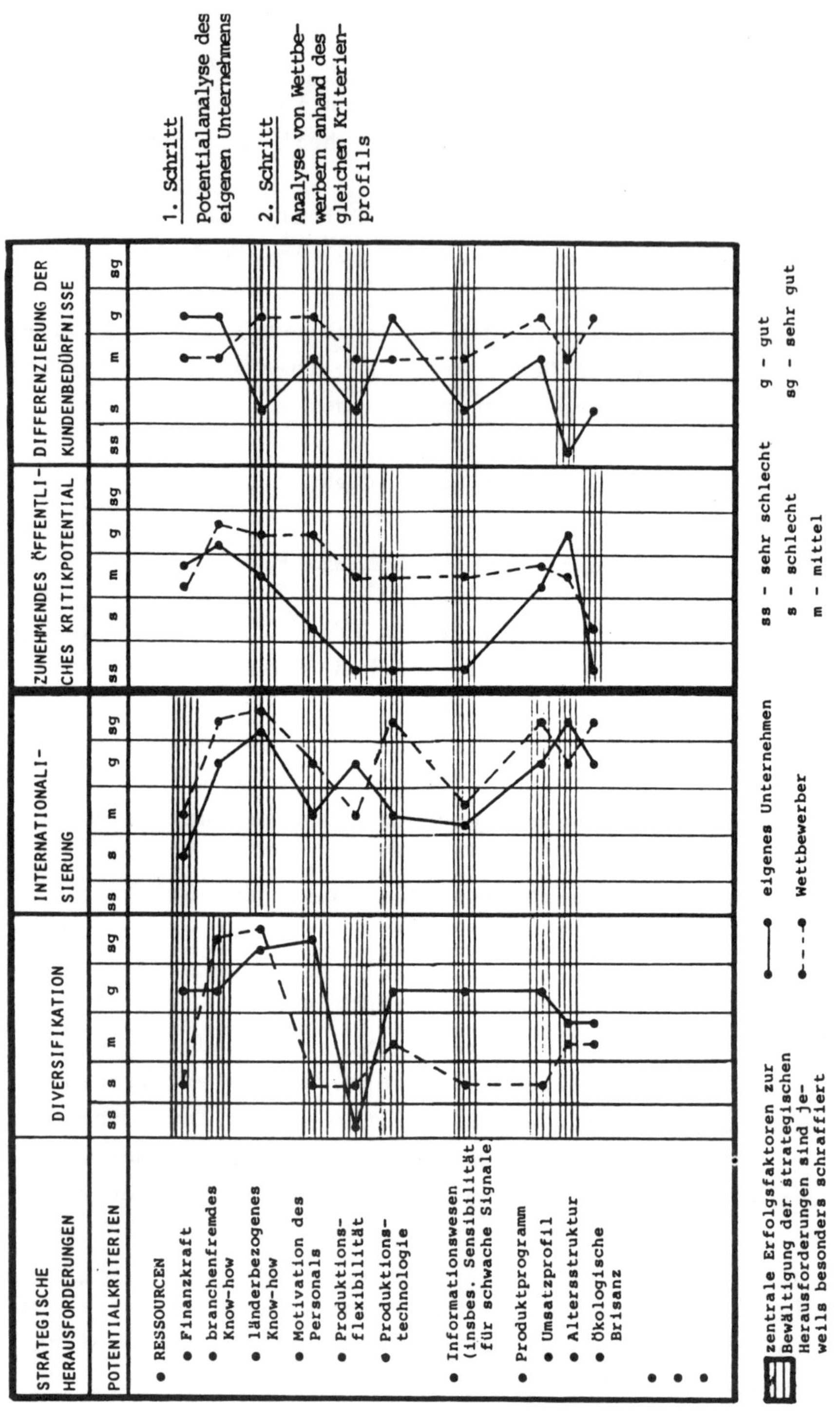

Abb. 14: Grundmuster einer erweiterten Potentialanalyse

spektiven zunächst die Identifikation und Abgrenzung relevanter externer Informationsfelder sowie die Festlegung der Informationsbedarfe zur Erfassung der jeweiligen Ist-Situation. Hierzu kann u.a. auf Umweltmodelle und Checklisten /30/ zurückgegriffen werden (vgl. Abb. 15). Ferner ist auf das Instrumentarium der betrieblichen Markt- bzw. Marketingforschung hinzuweisen, welches jeweils die Basis der Informationsgewinnung darstellt /31/.

• <u>ABSATZMARKT</u> - Marktpotential, Marktvolumen, Marktwachstum (lang-/kurzfristig) - Rentabilität der Branche (Deckungsbeitrag, Umsatzrendite, Kapitalumschlag) - Technologisches Know-How, Innovationspotential - Auswahl, Struktur, Verhaltensstabilität aktueller / potentieller Kunden - Wettbewerbsintensität und -struktur, Markteintrittsbarrieren - Konjunkturabhängigkeit	• <u>BESCHAFFUNGSMARKT</u> - Sicherheit von Rohstoff- und Energieversorgung (Volumen, Preis) - Zugriffsmöglichkeiten auf relevantes Know-How (Patentsituation, Lage am Arbeitsmarkt) - Zugang zum Kapitalmarkt • <u>UMWELTSITUATION</u> - Politische Situation (Risiko staatlicher Eingriffe) - Ökonomische Stabilität (Tragfähigkeit des sozialen Netzes, Auslandsverschuldung) - Gesellschafts-politisches Meinungsklima - Ökologische Lage

Abb. 15: Checkliste zentraler Umweltinformationen

Als mögliche Analysevarianten lassen sich im vorliegenden Zusammenhang u.a. etwa folgende Ansätze anführen, die teilweise allerdings im Sinne einzelner Analysebausteine unmittelbar ineinandergreifen:

o Analysen zur Erfassung relevanter Strukturen innerhalb der Umwelt

Einen zentralen Stellenwert nimmt zunächst der Versuch ein, relevante Strukturen innerhalb der Umwelt zu erfassen. Hinzuweisen ist hier bspw. auf die Erstellung von Marktmodellen, die erste Hinweise auf relevante Einflußfaktoren, mögliche Verhaltensweisen der Marktpartner und/oder damit einhergehende Chancen sowie Risiken zu geben vermögen. In der momentanen Diskussion finden dabei nicht zuletzt verschiedene Ansätze aus dem Bereich der Nationalökonomie (Marktformenschemata) unter dem Aspekt ihrer Verwertungsmöglichkeiten im Sektor strategischer Planung Beachtung (vgl. z.B. Schreyögg, 1983). Darüber hinaus sind auch Marktmodelle zu erwähnen, bei denen mittels relevanter Produkteigenschaften ein Wettbewerbs- bzw. Produktfeld aufzuspannen ist, in welchem das Produktangebot des eigenen Unternehmens sowie der Konkurrenz positioniert wird. Unter Berücksichtigung idealer Produktvorstellungen seitens der Abnehmer lassen sich hieraus wertvolle Anregungen für die Gestaltung von Marketing-Strategien und -Maßnahmen gewinnen /32/ (vgl. Abb. 16).

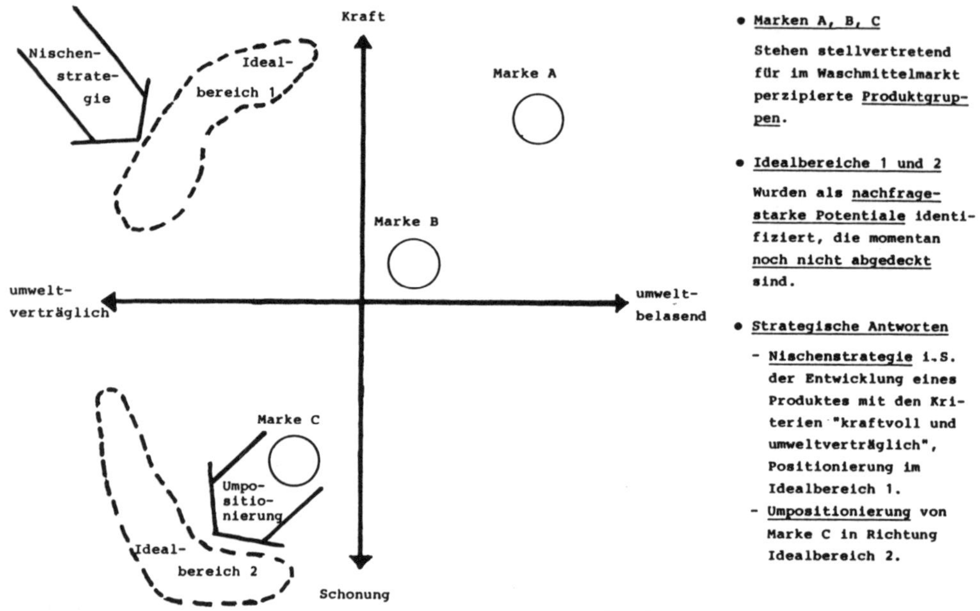

Abb. 16: Zweidimensionales Marktmodell des Waschmittelmarktes mit Strategieansätzen

Ein weiterer Strukturierungsansatz ist in der Marktsegmentierung zu erkennen. Während dieser Ansatz heute noch hauptsächlich mit Blick auf die Identifikation relativ homogener Abnehmer-Zielgruppen diskutiert wird, läßt er sich problemlos auf andere Umweltbereiche bzw. Gruppen von Austauschpartnern (z.B. Arbeitskräfte; vgl. Laukamm, in diesem Band) übertragen.

So können bspw. auch die allgemeine Umwelt (Öffentlichkeit, Medien) oder Lieferanten, Kapitalgeber in homogenere Teileinheiten aufgespalten werden, um so eine gezieltere, segmentspezifischere Strategien- und Maßnahmenplanung zu ermöglichen (Scharfschützen- im Gegensatz zur Schrotflinten-Methode). Die neueste Entwicklung stellt hier etwa die im wesentlichen auf Porter (1980, 1983) zurückgehende Segmentierung der Konkurrenz in sog. "<u>strategische Gruppen</u>" dar. Dabei werden die Unternehmen eines Industriezweiges, die gleiche oder ähnliche Strategien - etwa hinsichtlich Spezialisierung, Produktqualität, Vertriebskanal, Kostenposition - verfolgen, in strategischen Gruppen zusammengefaßt. Damit wird die übliche Abgrenzung des wettbewerbsrelevanten Umfeldes /33/ wesentlich verfeinert, um unterschiedliche Wettbewerbssituationen eines Unternehmens herauszuarbeiten (Konkurrenz innerhalb der eigenen strategischen Gruppe, Konkurrenzbeziehungen zu Unternehmen anderer strategischer Gruppen) (vgl. Abb. 17).

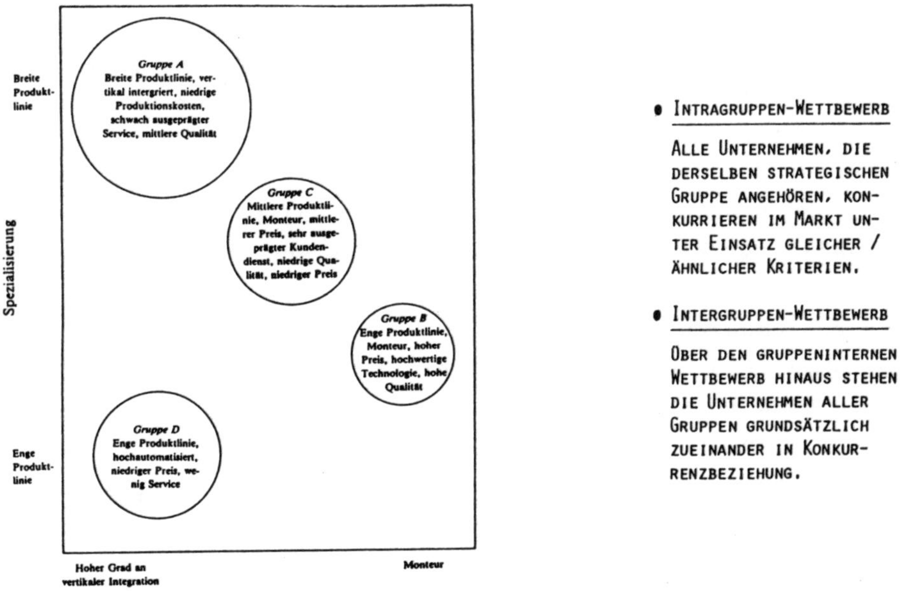

<u>Abb. 17:</u> Wettbewerbssituation in einer hypothetischen Branche - dargestellt anhand strategischer Gruppen (Schaubild entnommen aus: Porter, 1983, S. 179)

Insgesamt bildet die Strukturierung der Umwelt insofern ein wichtiges Aufgabenfeld, als sich erst darauf aufbauend Herausforderungen i.S. von Risiken und Chancen systematischer erkennen und gezielter handhaben lassen.

o Analyse von Ursache-/Wirkungs-Beziehungen

Ein außerordentlich wichtiges Feld stellt die Analyse von Ursache-/Wirkungs-Beziehungen dar, die sich u.a. etwa auf folgende Aspekte zu beziehen hat:

- allgemeine Phänomene wie Konjunktur, Wettbewerb, Konsumerismus, sozialer Wandel usw.,
- generell das Verhalten der Austauschpartner (z.B. Abnehmerverhaltensmodelle),
- die Beziehungen zwischen verschiedenen Austauschpartnern (Konsumenten und verbraucherpolitische Institutionen, Wirkung sozialer Änderungen sowie gesetzgeberischer Maßnahmen auf das Verhalten der Abnehmer, Absatzmittler oder Lieferanten),
- die Wirkung unternehmenspolitischer und speziell absatz- sowie beschaffungspolitischer Maßnahmen auf Kunden, Lieferanten und auch auf die gesellschaftliche sowie die natürliche Umwelt (Ermittlung von Reaktionsfunktionen).

Ohne in solchen Bereichen über ausreichende Erkenntnisse zu verfügen, lassen sich weder aussagekräftige Umweltprognosen erstellen (Prognose der konjunkturellen Entwicklung, des Nachfrageverhaltens etc.) noch können wirkungsvolle Strategien und Maßnahmen entwickelt werden. (Einschränkend ist allerdings hinzuzufügen, daß im Sektor der Prognose z.B. Trendextrapolationen sicherlich nach wie vor ihren Stellenwert haben (vgl. Raffée "Prognosen", in diesem Band); mit Blick auf die Entwicklung von Strategien und Maßnahmen sind allerdings immer Kenntnisse über mögliche Ursache-/Wirkungs-Beziehungen zu fordern.)

Als methodisches Gerüst wurden hier in der wissenschaftlichen Diskussion etwa leistungsfähige Verfahren der Kausalanalyse erarbeitet (EQS-Ansatz, Pfadanalyse oder LISREL-Ansatz) /34/; speziell als Grundlage zur Durchführung umfassender Wirkungsanalysen sind ferner die Ansätze des Technology- sowie des Marketing-Assessment hervorzuheben (vgl. auch Wiedmann, in diesem Band). Überdies ist auf die vielfältigen theoretischen Erkenntnisse hinzuweisen, die die gedankliche Durchdringung von Ursache-/Wirkungs-Beziehungen durch den Praktiker und die Formulierung analyserelevanter Hypothesen wesentlich zu befruchten vermögen (Theorien des Abnehmerverhaltens, Wettbewerbstheorien u.a.m.) /35/. Aufmerksamkeit verdienen hier z.B. neuere Ansätze der Branchen- bzw. Wettbewerbsanalyse, die Erkenntnisse aus dem Sektor der Industrieökonomik und Wettbewerbstheorie für die strategische Analyse nutzbar zu machen versuchen (vgl. Strüven/Herp, in diesem Band).

o Entwicklungsanalysen

Nicht zu vernachlässigen sind ferner Entwicklungsanalysen, die sich sowohl auf einzelne Umwelttatbestände (Marktvolumen, Stand des technologischen Wissens, Verabschiedung von Gesetzen etc.) als auch auf unterstellte Markt- oder Abnehmerstrukturen, sowie generell auf Ursache-/Wirkungs-Beziehungen usw. konzentrieren können. Vergangenheitsbezogene Entwicklungsanalysen sind dabei u.a. deshalb wichtig, weil sie es bspw. ermöglichen, Trendverläufe zu erfassen (Abnahme der Bevölkerung, Zunahme gesetzlicher Verordnungen), Veränderungen in der Bedeutung einzelner Einflußfaktoren zu registrieren (zunehmende Wirkung verbraucherpolitischer Aktivitäten auf das Verhalten der Abnehmer) oder generell vermutete Ursache-/Wirkungs-Beziehungen zu überprüfen. Damit werden gleichzeitig wesentliche Voraussetzungen für den Einsatz von Prognosetechniken geschaffen, indem Funktionsbeziehungen identifiziert bzw. validiert werden können. So werden z.B. quantitative Modelle zur Abbildung der Umwelt oder einzelner Umweltsektoren zunächst laufend dahingehend überprüft, ob sie die Vergangenheit zu reproduzieren in der Lage sind. Im Anschluß daran können dann etwa mit Hilfe von Computersimulationen oder Regressionsanalysen Zukunftsprojektionen vorgenommen werden (vgl. Wiedmann/Löffler, in diesem Band).

Ansätze zur Analyse technologischer Entwicklungen auf der Basis von Patentinformationen stellt im vorliegenden Band Merkle vor; entsprechende Entwicklungsanalysen bilden ferner die Grundlage für die Ermittlung von Diffusionsfunktionen, wie sie im Früherkennungssystem des Battelle-Instituts Verwendung finden (vgl. Krampe, in diesem Band). Auf verschiedene Prognoseansätze geht ferner Raffée ("Prognosen", in diesem Band) ein.

o Analyse der Konsequenzen einzelner Umweltentwicklungen

Soweit Umweltinformationen unmittelbar zur Durchführung von Stärken-/Schwächen-Analysen, Abhängigkeits-Analysen usw. beschafft werden, ist damit bereits ihre weitere Auswertung im Hinblick auf vermeintliche Konsequenzen für das Unternehmen festgelegt. Werden demgegenüber jedoch im Sinne eines Environmental Scanning generell Umweltentwicklungen registriert und/oder prognostiziert, so sind zu deren systematischer Verarbeitung spezielle Wirkungsprognosen oder Impact-Analysen erforderlich. Immer wieder hervorgehoben werden dabei in neuerer Zeit vor allem Ansätze, die mit Verflechtungsmatrizen arbeiten. Das Grundmuster solcher Verflechtungsmatrizen (Cross-Impact-Matrizen) wird in Abb. 18 exemplarisch verdeutlicht. Die Bewertung einzelner Konsequenzen kann dabei bspw. im Zuge einer unternehmensinternen Delphi-Befragung erfolgen. Die Ergebnisse solcher Impact-Analysen oder Wirkungsprognosen sind dann schließlich zu einem Chancen-/Risiken-Katalog zusammenzufassen.

Wenngleich die Darstellung der Impact-Analyse jener einer erweiterten Potential-Analyse (vgl. Abb. 14) gleicht, so ist dennoch zu beachten, daß hier jeweils unterschiedliche Analyseperspektiven zugrundeliegen: Im ersten Fall werden Umweltentwicklungen im Hinblick auf ihren Chancen-/Risiken-Gehalt untersucht; im zweiten hingegen geht es im Kern um die Ermittlung von Stärken/Schwächen des Unternehmens. Beide Analysevarianten können jedoch bereits so angelegt werden, daß sie sich unschwer kombinieren und zu einer integrativen Planungstechnik erweitern lassen.

d) Integrative Planungstechniken

Die im Rahmen der Analyse und Prognose der Unternehmens- sowie Umweltsituation ermittelten Informationen sind häufig außerordentlich vielschichtig und für das Management nicht selten schwer überschaubar. Sie sind dabei in einem weiteren Schritt systematisch zu verzahnen, noch stärker zu verdichten und für strategische Entscheidungen aufzubereiten. Genau hier setzt bspw. die vieldiskutierte Portfolio-Technik an, die auf einer hochaggregierten Ebene die strategische Position des Unternehmens zu visualisieren sucht. Das Grundkonzept der Portfolio-Analyse läßt sich vereinfacht wie folgt charakterisieren (vgl. auch Abb. 19):

UMWELTENTWICKLUNGEN (aktuell / potentiell) / UNTERNEHMENSASPEKTE	SÄTTIGUNGSTENDENZEN IN ANGESTAMMTEN MÄRKTEN	ZUNEHMENDES ÖFFENTLICHES KRITIKPOTENTIAL	TECHNOLOGIEN ZUR FERTIGUNGSAUTOMATISIERUNG	POLITISCHE RESTRIKTIONEN IM KOMMUNIKATIONSBEREICH	VERTEUERUNG ZENTRALER PRODUKTIONSFAKTOREN	• • •
DIVERSIFIKATION	+	?	?!	?	+	
INTERNATIONALISIERUNG	+	–	?	0	+	
KOOPERATION	+	?!	?	0	+	
CI - KONZEPT (Markendach für unterschiedlichste Produkte)	+	–	0	+ -	0	
MOTIVATIONSPROGRAMME	+ -	?	–	–	?!	
MITARBEITERAKQUIRIERUNG	?	–	–	–	0	
• • • • •						
• • • • •						

+: POSITIVER EINFLUSS
–: NEGATIVER EINFLUSS
0: NEUTRAL
?: EINFLUSS VERMUTET / WIRKUNGSRICHTUNG UNBEKANNT
?!: EINFLUSS UND WIRKUNGSRICHTUNG UNBEKANNT

INSB. DIE BEWERTUNGEN "?", "?!" SOWIE "+ –" (IN EINEM FELD) SOLLTEN EINE "TRIGGERFUNKTION" FÜR WEITERE ANALYSEN HABEN

Abb. 18: Grundmuster einer (Cross-)Impact-Analyse /37/

- Der erste Schritt beinhaltet das Aufspannen eines zumeist zweidimensionalen Raums anhand ausgewählter Erfolgsfaktoren, in dem dann generalisierte Typen strategischer Positionen unterschieden werden. Die jeweiligen strategischen Erfolgsfaktoren beziehen sich in der Regel einerseits auf Stärken/Schwächen und Chancen/Risiken, andererseits auf unternehmensübergreifende Marktfaktoren. Ihre Auswahl erfolgt auf der Basis theoretischer Erkenntnisse bzw. empirischer Untersuchungen, in denen die Relevanz einzelner Faktoren im Hinblick auf den Unternehmenserfolg zu überprüfen versucht wurde (vgl. hierzu die Ausführungen zum Produktlebenszyklus, zur Erfahrungskurve und zum PIMS-Modell). Dabei können entweder nur einzelne Faktoren (z.B. Marktwachstum/Marktanteil) oder hochaggregierte Dimensionen (wie Marktattraktivität/Wettbewerbsvorteile) zugrundegelegt werden.
- Dieser Festlegung schließt sich die Abgrenzung einzelner Produkt-Markt-Kombinationen bzw. strategischer Geschäftseinheiten (SGEs) und deren Positionierung in der Portfolio-Matrix an (Erstellung eines Ist-Portfolios).
- Aus der jeweiligen Position in der Portfolio-Matrix ergeben sich gleichzeitig Hinweise auf mögliche strategische Handlungskonsequenzen, die allerdings nicht als konkrete Strategieempfehlungen, sondern vielmehr als Auslöser für differenzierterte Informations- und Planungsaktivitäten auszulegen sind (Norm-Strategien) (vgl. Abb. 19).
- Nachdem die jeweils angezeigten Norm-Strategien überprüft und ggf. modifiziert wurden, lassen sich die angestrebten Ziel-Positionen schließlich ebenfalls in eine Portfolio-Matrix eintragen (Soll-Portfolio).

Trotz der z.T. nicht unbeträchtlichen Einwände gegenüber der Portfolio-Analyse /38/ stellt sie zweifellos einen wichtigen ersten Schritt zur Entwicklung integrativer Planungstechniken im Bereich der strategischen Analyse dar. Einen Überblick über die Vorzüge und Schwachstellen der Portfolio-Analyse vermittelt Abb. 20.

Neben den Grundvarianten des Marktanteils-Marktwachstums-Portfolios, des Marktattraktivitäts-Wettbewerbsvorteils-Portfolios sowie des Marktlebenszyklus-Portfolios liegen inzwischen zahlreiche weitere Varianten vor. Beachtenswert erscheinen dabei vor allem folgende Ansätze, die jeweils unterschiedliche inhaltliche Akzente setzen:

- Technologie-Portfolios
  Diese Portfolios bieten durch die mit ihrem Einsatz einhergehende Definition von Innovationszielen, der systematischen Suche nach Innovationsmöglichkeiten und der kritischen Erfassung des Innovationspotentials ein Instrumentarium, um den Innovationsaspekt stärker in den strategischen Planungsprozeß zu integrieren und den F&E-Einsatz optimal zu steuern /40/ (vgl. Abb. 21).

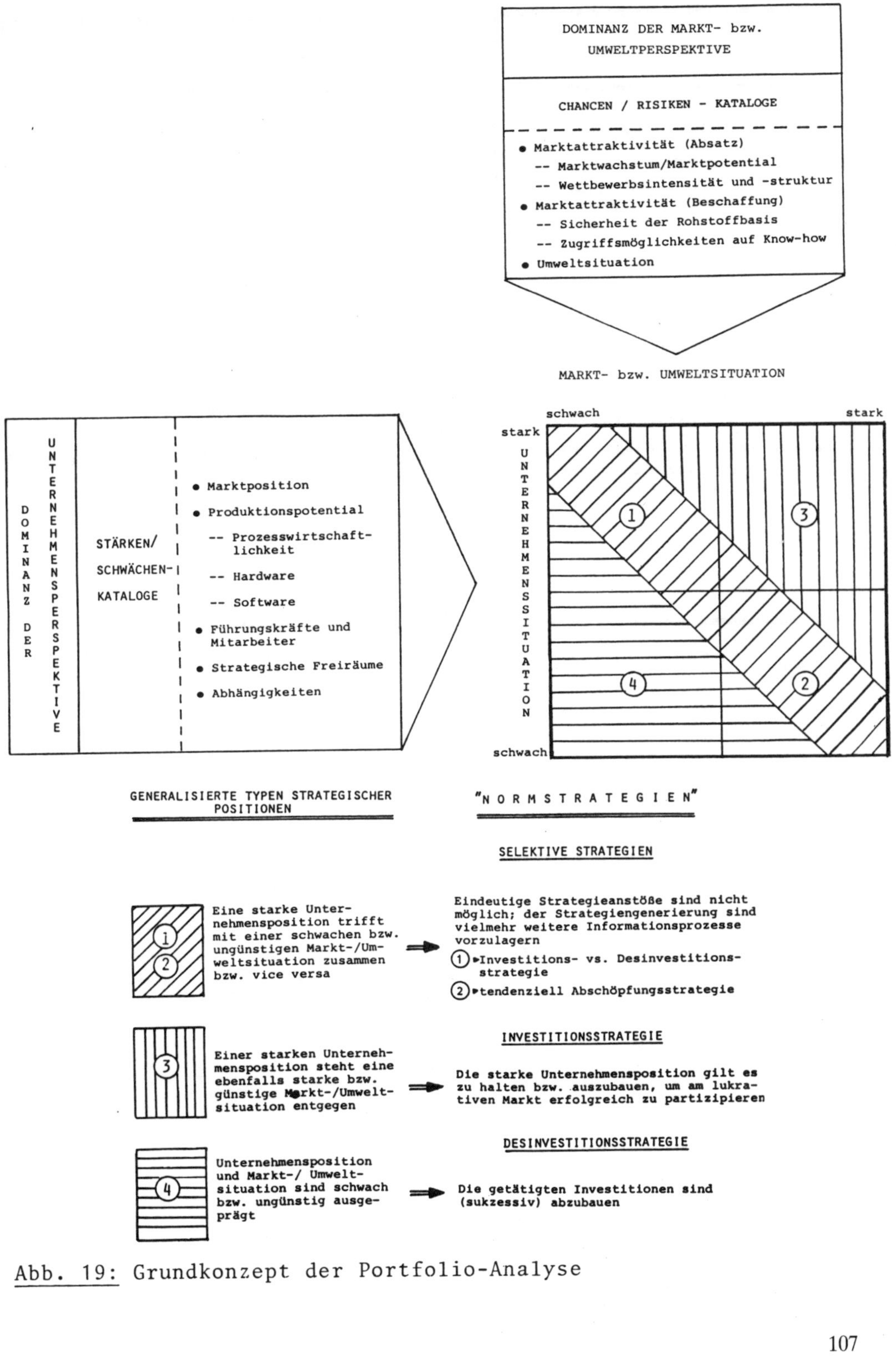

Abb. 19: Grundkonzept der Portfolio-Analyse

V O R Z Ü G E	S C H W A C H S T E L L E N
• Instrument zur Visualisierung strategischer Positionen • Rastertechnik der Portfolioanalyse zwingt zu einer gedanklichen Strukturierung komplexer Situationen • Strategische Positionen können eine "Triggerfunktion" (Auslösungsfunktion) für weitere Analysen beinhalten • Portfolio-Analysen ermöglichen die zentrale Integration externer und interner Sichtweisen • Gewinnung von Anhaltspunkten bzgl. der finanziellen Ausgewogenheit des Produktprogrammes	• Zugrundeliegende Typisierungen sind z.T. recht grob gehalten • Einfache Portfolio-Ansätze reduzieren die Fülle relevanter Einflußfaktoren auf eine kleine Auswahl • Viele Ansätze verzichten auf eine Unschärfenpositionierung bei Meinungsdivergenzen • Erkenntnisse aus der Erfahrungskurve und aus dem PIMS-Modell verleiten zu einer unkritischen Übernahme, bedürfen aber der Abstimmung mit individuellen betrieblichen Gegebenheiten • Die zeitliche Dimension des Produktprogramms wird nicht ausreichend gewürdigt • Gewinnaussichten und Risiken werden gegeneinander aufgerechnet • Die vorgegebenen, rein formalen Normstrategien können leicht als generelle Katechismen statt als situativ zu modifizierende und zu konkretisierende Denkanstöße verstanden werden

Abb. 20: Vorzüge und Schwachstellen der Portfolio-Analyse /39/

- Internationale (Länder-)Portfolios
  Internationale Portfolios eröffnen die Möglichkeit, länderübergreifende Engagements zu visualisieren. Hieraus können wertvolle Anregungen für das zukünftige Auslandsengagement gewonnen werden /41/.

- Wettbewerber-Portfolios
  Die Ergebnisse der Wettbewerbsanalyse können in einem Wettbewerber-Portfolio dargestellt werden. Wird nur ein Markt betrachtet, so kann - abweichend von den Standard-Portfolio-Konzepten - auf die Integration von Marktdimensionen verzichtet werden; deren Kurzcharakteristik ist hierfür ausreichend. Sind von den relevanten Wettbewerbern auch die strategischen Stoßrichtungen bekannt, so können diese ebenfalls in das Portfolio aufgenommen werden /42/.

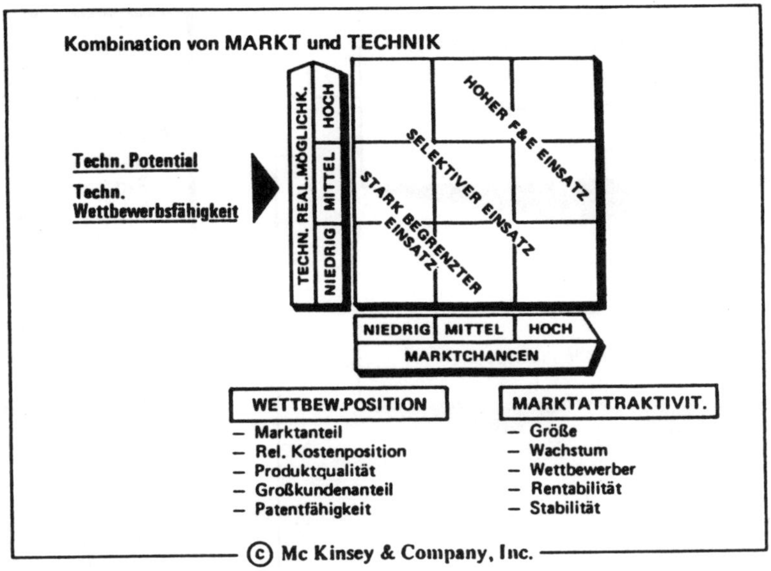

Abb. 21: Technologie-Portfolio
(Henzler, 1980, S. 80)

Der Versuch, Unternehmens- und Umweltanalysen zu kombinieren bzw. in umfassende Planungskonzepte zu integrieren, steht mit den verschiedenen Varianten der Portfolio-Analyse sicherlich erst am Anfang. Intensivere Bemühungen zur Entwicklung integrativer Planungstechniken erscheinen insofern dringend erforderlich.

3. Die Generierung und Bewertung konkreter Strategien und Maßnahmenprogramme

a) Vorbemerkung

Die Analyse und Prognose der Unternehmens- sowie Umweltsituation und nicht zuletzt der Einsatz integrativer Planungstechniken wie der Portfolio-Analyse gehen Hand in Hand mit dem Versuch, konkrete Strategien sowie Maßnahmenprogramme zu entwerfen. Die Entwicklung von Strategien und Maßnahmenprogrammen vollzieht sich dabei auf verschiedenen Ebenen und wird jeweils von spezifischen Informationsaktivitäten begleitet, wie Abb. 22 zeigt.

Die konkrete Festlegung einzelner Maßnahmen der Produktpolitik, Kommunikationspolitik usw. im Absatzsektor ist demgegenüber Gegenstand der operativen Marketingplanung. Die strategische Marketingplanung hat hierzu lediglich Richtlinien und Gestaltungs-

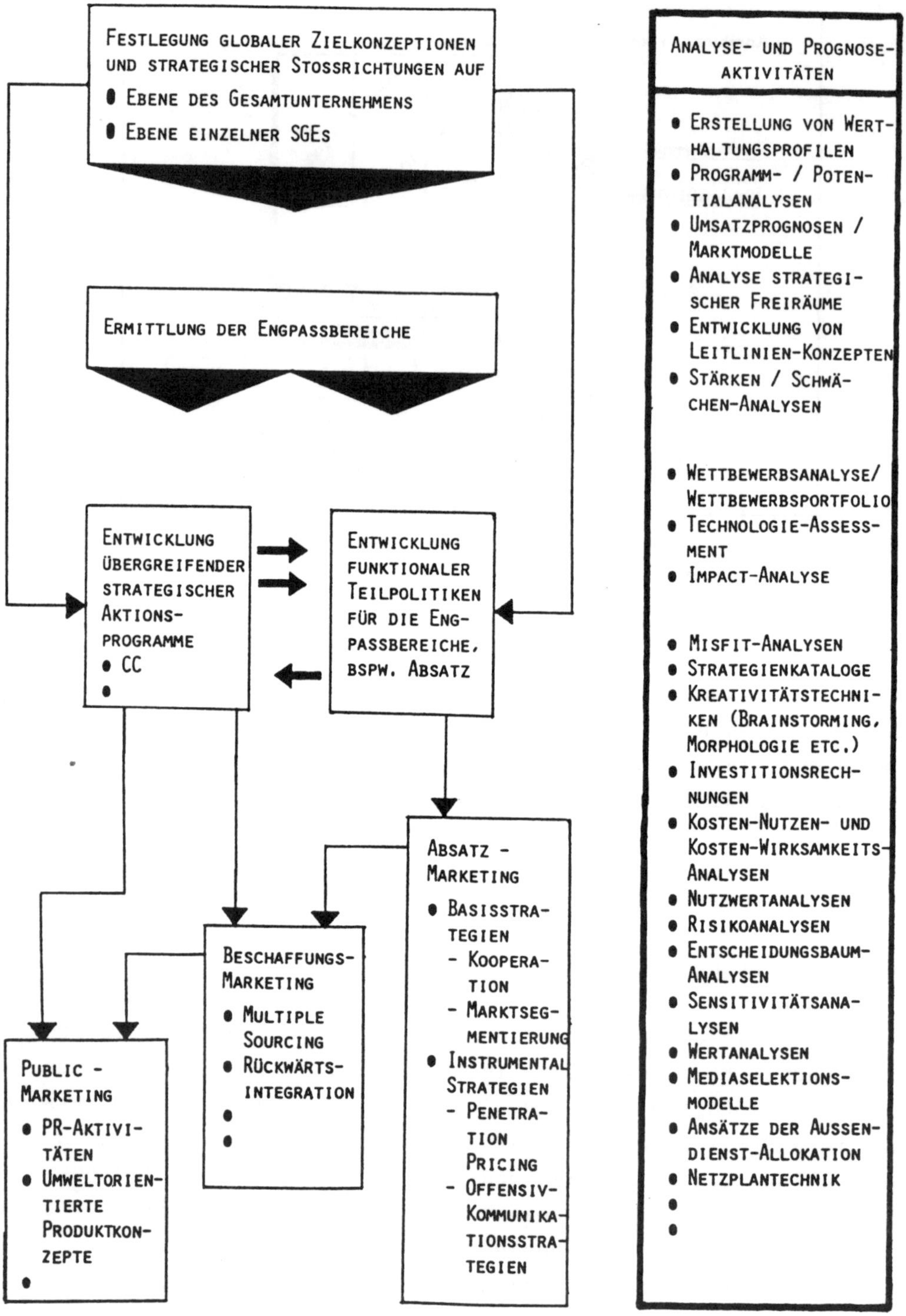

Abb. 22: Aufgabenfelder der strategischen Planung und sie begleitende Informationsaktivitäten

korridore vorzugeben, wie im Zusammenhang mit der strategischen Realisationsplanung noch zu zeigen sein wird.

Kennzeichen einer marketingorientierten strategischen Unternehmensplanung ist es somit, daß ausgehend von der Festlegung strategischer Stoßrichtungen auf der Unternehmens- sowie der SGE-Ebene zunächst die Strategien sowie Maßnahmenprogramme im dominanten Engpaßsektor der Unternehmenstätigkeit präzisiert und daran dann die Strategien sowie Maßnahmenprogramme in den anderen Funktionsbereichen ausgerichtet werden. Soweit der Absatzmarkt den Charakter eines dominanten Engpasses einnimmt, ergibt sich daraus das in Abb. 22 wiedergegebene Planungsmuster. Liegen demgegenüber mehrere Engpaßsektoren gleichzeitig vor, so wird ein Gleichgewichts-Marketing /43/ erforderlich, bei dem die Anforderungen unterschiedlicher Markt- bzw. Umweltbereiche zielorientiert auszubalancieren versucht werden. Konkret gilt es dabei, zunächst bspw. eine Kompromiß-Formel zwischen Kundenbedürfnissen, gesellschaftlichen Anforderungen und der vorliegenden Ressourcensituation zu finden, die dann die Ausgestaltung der einzelnen Teilpolitiken bestimmt (Werbemaßnahmen zur Beeinflussung der Kunden hinsichtlich der Übernahme sozialer Kosten; PR-Maßnahmen bezüglich einer stärkeren Beachtung wirtschaftlicher Grunderfordernisse u.ä.m.).

b) Instrumente zur Generierung strategischer Handlungsalternativen

Bei der <u>Generierung strategischer Handlungsalternativen</u> läßt sich im Grunde an den zuvor erwähnten Analyseansätzen anknüpfen, und zwar

- angefangen bei den unterschiedlichen Varianten der Portfolio-Analyse, die jeweils Hinweise auf mögliche Normstrategien geben,
- über detailliertere Stärken-/Schwächen-Analysen, Potentialanalysen, Analysen strategischer Freiräume, Chancen-/Risiken-Analysen etc., die sowohl Handlungsmöglichkeiten als auch Handlungsnotwendigkeiten aufzeigen,
- bis hin etwa zu einzelnen Markt- oder Positionsierungsmodellen, die - wie z.B. im Falle des erwähnten Marktmodells (vgl. Abb. 16) - u.a. attraktive Marktnischen oder sogar die Notwendigkeit produktpolitischer Maßnahmen (etwa Neupositionierungen) verdeutlichen.

Darüber hinaus sind freilich auch Analysen der Kundenbedürfnisse, technologischer Entwicklungen usw. zu erwähnen, die relevante Hinweise auf mögliche und/oder notwendige Strategien sowie Maßnahmenprogramme erbringen. Interessant erscheint etwa auch die Erstellung von Anforderungsprofilen seitens unterschiedlicher Austauschpartner, die - werden sie dem Unternehmensprofil gegenübergestellt (Misfit-Analyse) /44/ - unmittelbar Anhaltspunkte für eine Corporate Identity-Strategie (aufeinander abgestimmte Gestaltung von Corporate Behavior, Corporate Design und Corporate Communications) ergeben.

Obwohl einzelnen Analyseverfahren und mithin der Variante "rationaler Strategienfindung" eine erhebliche Bedeutung zukommt, stellt die Entwicklung effizienter Strategien und Maßnahmenprogramme immer auch in hohem Maße ein kreatives Problem dar. Um hierbei kreative Prozesse zu stimulieren und zu unterstützen, spielen im Sektor der Strategienfindung verschiedene Kreativitäts-Techniken eine entscheidende Rolle. Hierbei kommt es vor allem auf einen systematisch kombinierten Einsatz mehrerer Kreativitäts-Techniken an, wobei sowohl intuitive Techniken (Brainstorming, Synektik etc.) als auch logisch-kombinative Techniken (z.B. Morphologischer Ansatz) heranzuziehen sind /45/. In einem solchen "System kreativer Techniken" verkörpern gerade auch die in jüngster Zeit verstärkt propagierten und zuvor bereits erwähnten Denkschemata wie z.B. die Produkt-Markt-Matrix von Ansoff oder der dreidimensionale Bezugsrahmen von Abell und Hammond einen wichtigen Baustein. Die in solchen Denkschemata oder Bezugsrahmen zum Ausdruck kommende Grundidee des systematischen Erfassens strategischer Handlungsalternativen, läßt sich natürlich in verschiedener Weise konkretisieren. Hierbei ist etwa an sog. Strategien- und Maßnahmenkataloge zu denken, die eine systematische Auflistung generell möglicher Handlungsalternativen enthalten. Auch sie bieten eine nicht zu unterschätzende Grundlage, um in kreativen Sitzungen vor dem Hintergrund einzelner Problemsituationen und unter Rückgriff auf vorliegende Erfahrungen Ideen zu generieren. In Abb. 23 ist beispielhaft ein Strategienkatalog dargestellt /46/.

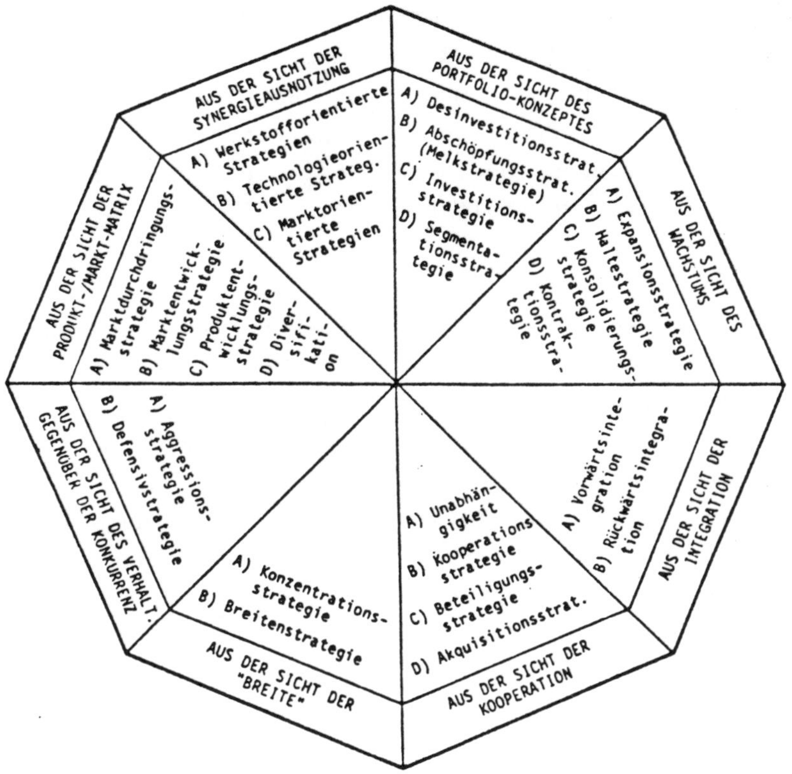

Abb. 23: Strategienkatalog
(Pümpin, 1980, S. 48)

c) Instrumente zur Bewertung und Auswahl einzelner Strategien und Maßnahmenprogramme

Unabhängig davon, ob alternative Strategien und Maßnahmenprogramme mittels Analysetechniken oder Kreativitäts-Techniken generiert wurden, muß sich als nächster Schritt ein zielorientierter Auswahlprozeß anschließen. Im strategischen Steuerungssystem sind hierfür zunächst geeignete organisatorische Voraussetzungen zu schaffen, z.B. in Gestalt eines aus Top-Managern sowie unterschiedlichen Planungsexperten zusammengesetzten "Decision Board". In der Praxis ist nicht selten zu beobachten, daß zwar durchaus interessante strategische Handlungsalternativen generiert werden, diese jedoch das Stadium der Realisation nicht erreichen, weil strategische Entscheidungen gerne hinausgeschoben werden. Abgesehen von den negativen Wirkungen auf die Mitarbeiter-Motivation, werden hier oftmals wichtige Chancen verpaßt.

Die Auswahl der zu realisierenden Strategien oder Maßnahmenprogramme sollte grundsätzlich in einem mehrstufigen Prozeß erfolgen. In einer ersten Phase müssen die entwickelten Alternativen im Sinne einer Grobauswahl zunächst unterschiedlichen Tests unterworfen werden. Einen Überblick über die hierbei zu beachtenden Testeinheiten vermittelt Abb. 24.

In der zweiten Phase ist dann eine Feinauswahl vorzunehmen, die auf detailliertere Analysen zurückgreift und insbesondere mögliche Zielwirkungen untersucht. Folgende Analyseansätze sind hierbei insbesondere in Betracht zu ziehen /48/:
- Investitionsrechnungen,
- Kosten-Nutzen- und Kosten-Wirksamkeits-Analysen,
- Nutzwertanalysen/Punktbewertungs-Modelle.

Da es sich bei der Auswahl strategischer Handlungsalternativen in der Regel um schlecht strukturierte Entscheidungsprobleme handelt, werden ferner Verfahren der Unsicherheitshandhabung und Bewertungsstabilisierung relevant /49/. Hierzu zählen etwa Risikoanalysen, Entscheidungsbaum- sowie Roll-back-Analysen und insbesondere folgende Verfahren (Trux/Müller/Kirsch, 1984, S. 273 - 274):

- Sensitivitätsanalysen
  "Mit Hilfe der Sensitivitätsanalyse kann eine Rangfolge von Strategiealternativen auf ihre Robustheit gegenüber Veränderungen in den Erwartungen und in sehr unsicheren Schlüsselvariablen überprüft werden. Damit vermag sie auch die Bandbreite der Unsicherheit, der die Strategieentwürfe nicht unterliegen, deutlich zu machen."
- Kontingenzanalyse
  "Die Kontingenzanalyse untersucht, wie die Rangordnung alternativer Strategieentwürfe stabil bleibt, wenn z.B. ein grundlegender Wandel in der Entwicklung des sozio-ökonomischen Feldes angenommen wird."
- Cost-Constraint-Analyse (Analyse der Kosten zur Überwindung von Widerständen)
  "Bei der Implementierung von Strategien treten häufig interne und externe Widerstände auf, die für die mit der Umsetzung betrauten Manager Beschränkungen (constraints) darstellen. Daraus ergibt sich die Notwendigkeit, die Ergebnisse und die Möglichkeiten der Überwindung solcher potentieller Beschränkungen bereits vor der Strategie-Implementierung im Entwurf und der Bewertung zu berücksichtigen. Die Cost-Constraint-Analyse versucht dabei die Frage zu beantworten, 'wieviel und welche Arten unternehmens- bzw. marketingpolitischer Aufwendungen gemacht werden sollen oder können, um eine präferierte Strategie-Alternative gegen die bestehenden Widerstände durchzusetzen'."

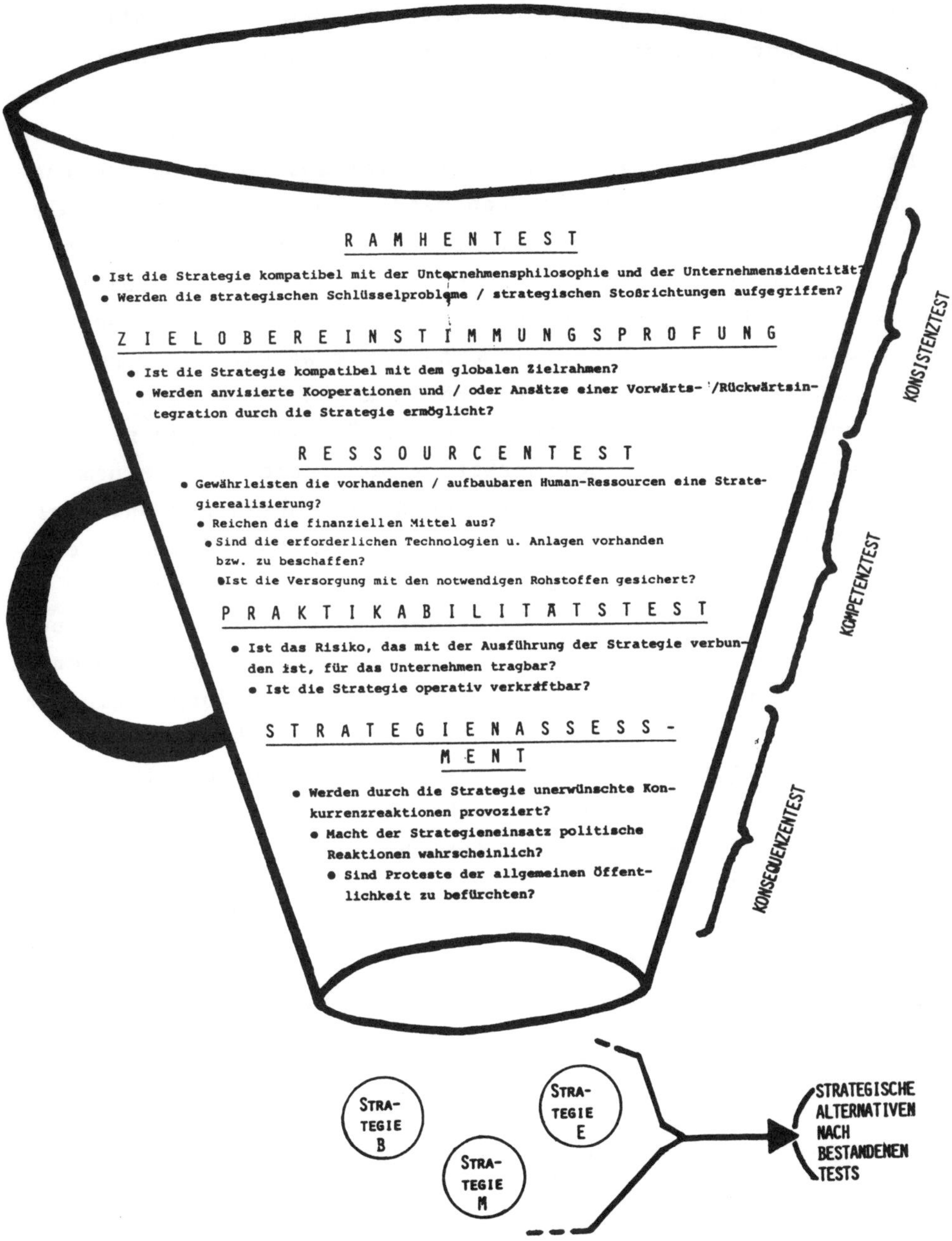

Abb. 24: Trichtermodell zur Strategiengrobauswahl /47/

Bei allen Analyseansätzen zur Bewertung und Auswahl strategischer Handlungsalternativen, darf grundsätzlich die ganzheitliche und langfristige Perspektive der strategischen Marketingplanung nicht vernachlässigt werden. Die ganzheitliche Perspektive steht bspw. im Widerspruch zu einer nicht selten zu beobachtenden Konzentration auf allein ökonomische Kosten-Nutzen-Kalküle. Im Gegensatz dazu müssen bei der strategischen Marketingplanung immer auch gesamtgesellschaftliche Aspekte (Ökologie, Politik, Kultur) in Kosten-Nutzen-Analysen, Cost-Constraint-Analysen etc. miteinbezogen werden. Von daher erhalten etwa die zuvor schon erwähnten Ansätze des Technology- und Marketing-Assessment erhebliches Gewicht; da sie die potentiellen Folgewirkungen neuer Technologien oder einzelner Marketing-Konzeptionen in einem umfassenden Sinne abzuschätzen versuchen (ausführlicher dazu vgl. Wiedmann, in diesem Band). Nach Maßgabe der langfristigen Perspektive müssen bei allen Analysen gleichzeitig jeweils mögliche Zukunftskonstellationen (bspw. in Gestalt alternativer Szenarien) Beachtung finden. Einhergehend damit werden Wirkungsprognosen erforderlich, die die Wirkung der Strategien und Maßnahmenprogramme über mehrere Perioden hinweg abzuschätzen versuchen /50/.

Die ganzheitliche und langfristige Perspektive der strategischen Marketingplanung verlangt schließlich auch, daß die bei der strategischen Rahmenplanung festzulegenden Bewertungskriterien sowie deren Gewichtungsfaktoren selbst einer ständigen kritischen Überprüfung unterzogen werden. Noch so ausgefeilte Analysetechniken und Bewertungsverfahren nützen wenig, wenn die ihnen zugrundeliegenden Bewertungskriterien nicht den aktuellen und potentiellen Herausforderungen an die strategische Unternehmensführung Rechnung tragen: "Wer heute z.B. allein in Gewinnen denkt, der wird morgen viel zu verlieren haben". Dies zu verhindern ist u.a. Aufgabe eines strategischen Steuerungssystems.

III. Strategische Realisationsplanung und strategisches Controlling

1. Ausgewählte Ansatzpunkte der strategischen Realisationsplanung

Die Aufgabe der strategischen Marketingplanung besteht im Kern darin, langfristige Zielkonzeptionen, strategische Stoßrichtungen etc. zu bestimmen und auf dieser Basis konkrete Strategien und Maßnahmenprogramme festzulegen, die dann im Zuge der operativen Marketingplanung weiter zu präzisieren und schließlich zu realisieren sind. Aufgabe der strategischen Marketingplanung ist es bspw. nicht, den endgültigen Preis pro Einheit eines Gutes konkret festzusetzen; vielmehr sind hier das Preis-Genre oder Richtlinien für die operative Planung der Preispolitik zu bestimmen.

Grundsätzlich erscheint es allerdings unzweckmäßig, die strategische Marketingplanung allein auf die Festlegung einzelner Strategien und Maßnahmenprogramme zu beschränken. Vielmehr wird u.E. darüber hinaus eine <u>strategische Realisationsplanung</u> erforderlich, die ein Steuerungssystem für die operative Marketingplanung entwickelt und mithin dafür Sorge trägt, daß sich alle operativen Aktivitäten an den in der strategischen Marketingplanung festgelegten Maximen orientieren. Das Aufgabenspektrum einer strategischen Realisationsplanung erstreckt sich dabei u.a. auf folgende Bereiche:

- <u>Organisations- und Personalplanung</u>
  Als mögliche Teilaufgaben sind hier zu nennen: Bestimmung der Planungs- bzw. Durchführungsträger, Zuordnung von Kompetenzen und Verantwortlichkeiten, Informations-, Instruktions- und Schulungsmaßnahmen, Motivationsprogramme, Vorgabe oder Vereinbarung von Zielen sowie Leistungsstandards (Management by Objectives), Programme zur Koordination der Aktivitäten zwischen einzelnen Planungs- bzw. Durchführungsträgern u.ä.m.
- <u>Budgetierung</u>
  Bei der Budgetierung handelt es sich um eine Steuerung über die Allokation von Finanz-, Personal- sowie Sachmitteln. Budgetierungstechniken, die sich hier rigide an Vergangenheitsbudgets orientieren oder mit starren (Umsatz-)Relationen arbeiten, widersprechen generell dem Grundgedanken strategischer Unternehmensführung. Die Budgets müssen demgegenüber jeweils explizit aus den verfolgten Zielen und Strategien abgeleitet werden, wobei die Budgetierungspraxis in bestimmten Abständen einer grundlegenden Überprüfung zu unterziehen ist (vgl. dazu

z.B. die Technik des Zero-Base-Budgeting) /51/.

- <u>Terminplanung</u>
  Die Terminplanung dient dem Zweck, die zur Realisation verschiedener Strategien und Maßnahmenprogramme erforderlichen Teilschritte zeitlich aufeinander abzustimmen und ggf. Engpässe sowie Möglichkeiten zu ihrer Überwindung zu identifizieren. Ein geeignetes Planungsinstrument stellt im vorliegenden Zusammenhang die Netzplantechnik dar. Sie zwingt zu gedanklicher Durchdringung von Gesamt-Strategieprojekten und läßt sich zu einem umfassenden Konzept der Realisationsplanung erweitern /52/.

Gerade auch im Kontext der strategischen Realisationsplanung kommt der Entwicklung eines strategischen Informationssystems eine zentrale Bedeutung zu. In Gestalt einer Methoden- und Modellbank müssen außerdem geeignete Planungstechniken (etwa für die Preis- und Produktpolitik) zur Verfügung gestellt werden (vgl. den Überblick in Abb. 25), um die verfügbaren Informationen zielorientiert verarbeiten zu können. Vor dem Einsatz der Planungstechniken ist dabei jeweils kritisch zu prüfen, ob diese dem Problemumfang gerecht werden (Vernachlässigen bspw. die Instrumente zur Analyse von Kundenbedürfnissen zentrale Aspekte und führen damit zu einer Fehleinschätzung der Situation?). Eine wichtige Arbeitshilfe für die operative Marketingplanung können sog. Marketing-Manuals darstellen, die als "Leitfaden für die Marketingplanung" konkrete Arbeitsschritte, Entscheidungsregeln und Planungsinstrumente - nach typischen Problemsituationen differenziert - aufzeigen. Die Notwendigkeit zu einem - in Grenzen - standardisierten Vorgehen ergibt sich, gerade auch in größeren Unternehmen, allein schon aus dem Streben, den Controllingaufwand in Grenzen zu halten.

Abschließend ist noch darauf hinzuweisen, daß selbstverständlich auch die jeweiligen Konzepte der strategischen Realisationsplanung ständig überprüft und weiter entwickelt werden müssen. Hierbei sind nicht zuletzt im Wege eines systematischen Lernprozesses mögliche Rationalisierungspotentiale voll auszuschöpfen, um die Geschwindigkeit der Ziel- und Strategienrealisation zu erhöhen. Die Fähigkeit zur raschen und konsequenten Durchsetzung entwickelter Strategien gehört heute mehr denn je zu den entscheidenden Erfolgsfaktoren eines Unternehmens.

Marketing Instrumente	Technik	Literaturangaben
Informations-Instrumente		
• Informationsgewinnung	• Verbraucherpanel	• Huppert, 1984; Bauer, 1981.
	• Meinungs- und Motiv-forschung	• Forschungsgruppe Konsum und Verhalten, 1983;
		• Green / Tull, 1982.
• Informationsverarbeitung	• Bi- und multivariate Analyseverfahren	• Hüttner, 1979; Schuchard / Ficher et al.,1980; Nieschlag / Dichtl / Hörschgen, 1980
	speziell Kausalanalysen	• Bagozzi, 1980; Förster et al 1983 und 1984; Hildebrandt, 1984; Fritz, 1984.
• Aktions-Instrumente		
• Produktpolitik	• Positionierungsmodelle	• Schobert, 1980; Mazanec / Wiegele, 1977; Pessemier , 1975; Dichtl / Schobert, 1979.
	• Kreative Techniken	• Ulrich, 1977 a - d; Busching, 1973; Zwicky, 1972; Anschütz, 1971.
	• Wertanalyse	• Lüder, 1967; Janssen, 1975; Ruttkamp / Eicker, 1978
	• Ansatz der Produkteinführungsentscheidung	• Pessemier, 1977.
• Preispolitik	• Fliessdiagramm	• Kotler, 1971.
	• Entscheidungsbaum	• Krautter, 1973 u. 1980; Diller, 1980a
	• Submissionspreismodell	• Edelmann, 1974.
	• Kostenrechnungssysteme (z.B. selektive Absatzsegmentrechnung)	• Geist, 1974; Linnert, 1974; Beik / Buzby, 1974; Simon 1982.
• Distributionspolitik	• Reisenden-Optimierungsmodelle	• Köster, 1981.
	• Aussendienst- Allokationsmodell	• Montgomery et al.,1977; Hobday / Reah, 1977.
	• Aussendienst-Steuerungsansätze	• Böcker, 1980; Lodisch, 1977.
	• Netzplantechnik	• Bauer, 1980; Böcker, 1974; Schulz, 1974, Wille et al.,1972; Gal / Gehring, 1981; Buttler / Pechstein, 1980; Dichtl, 1375.
	• Modelle zur Planung der Absatzlogistik	• Ihde, 1984.
• Kommunikationspolitik	• Mediaselektionsmodelle	• Asimus / Nauwerk; 1977; Little / Lodish, 1974.
	• Methoden der Streuplanung	• Freter, 1974 u. 1980; Junk, 1971; Schweiger, 1975.
	• Budgetierungstechniken	• Diller, 1980 c; Marettek, 1974 u. 1982; Marx, 1979; Wittmann, 1975.

Abb. 25: Ausgewählte Techniken zur Unterstützung der Marketing-Informations- und Aktionsinstrumente

2. Zur Rolle des Controlling im Bereich der strategischen Marketingplanung

Die strategische Marketingplanung kann ihre Funktionen nur dann effizient erfüllen, wenn eine kontinuierliche Unterstützung durch den - oben bereits diskutierten - systematischen Einsatz verschiedener Analyseinstrumente erfolgt. Die hierdurch gewonnenen Informationen fließen in das strategische Informationssystem sowie in das damit verbundene strategische Steuerungssystem ein. Von hier aus ergeben sich dann Impulse, um die gesamten Marketing-Aktivitäten an den sich vollziehenden internen und externen Entwicklungen zu orientieren bzw. diese Entwicklungen maßgeblich mitzugestalten.

Damit diese Aufgaben optimal aufgefüllt werden können, bedarf es neben einer koordinativen Unterstützung der gesamten Planungs-, Kontroll- und Informationsaktivitäten insbes. auch einer kontinuierlichen kritischen Reflexion sowohl der Planungsprozesse als auch der Planungsinhalte selbst. Damit dieses - nachfolgend näher skizzierte - Aktivitätenfeld im Rahmen des Planungs- wie auch des Realisationsprozesses wahrgenommen wird, ist Controlling im Unternehmen funktional wie organisatorisch zu verankern (vgl. Abb. 2 zur Einbettung des Controlling in den Prozeß der strategischen Marketingplanung).

Die koordinative Unterstützung durch das Controlling kann sich zum einen in systembildenden Funktionen, zum anderen in systeminternen Funktionen niederschlagen (vgl. zu dieser Unterscheidung Kiener, 1980, S. 14).

Im Rahmen der systembildenden Funktionen hat Controlling bei der Implementierung und kontinuierlichen Weiterentwicklung von Planungs-, Realisations- und Kontrollprozessen sowie der sie begleitenden und durchdringenden Informationssysteme mitzuwirken (vgl. zur "Meta-Planung und -Kontrolle" Töpfer, 1976, S. 151). Hierbei ist insbes. die ausreichende prozessuale wie inhaltliche Integration verschiedener Funktionsbereiche und/oder Divisionen zu gewährleisten. Eine formalisierte Unterstützung kann dabei nicht nur durch Planungs-, Realisations- und Kontrollrichtlinien, sondern bspw. auch durch bereichsübergreifende bzw. bereichsverzahnende Kennzahlen- und Budgetierungssysteme und - last but not least - durch geeignete aufbauorganisatorische Maßnahmen erreicht werden.

Bei den systeminternen Funktionen eines koordinationszentrierten Controlling nimmt die Marketing-Kontrolle eine zentrale Stellung ein. Zur Erfüllung dieser Controlling-Funktion steht eine reiche Instrumentenpalette - die z.T. auch bereits vorgestellte Verfahren beinhaltet - zur Verfügung. Eine kleine Auswahl kontroll-relevanter Methoden wird im folgenden vorgestellt:

- Zielvorgaben, bspw. auch in Gestalt von Trajektorien-Konzepten, ermöglichen die Durchführung von Soll-Ist-Analysen auf der Basis einer Kontrastierung von geplantem und realisiertem Entwicklungsverlauf (etwa im Hinblick auf Umsatz-, Gewinn-, Marktanteilsentwicklung). Auf den Ergebnissen dieser Planfortschrittskontrollen bzw. Parallelkontrollen aufbauend, können dann Abweichungs-Analysen - hinsichtlich Abweichungsursachen und Abweichungsrelevanz - durchgeführt werden, die in eine Prognose der Abweichungskonsequenzen einmünden /53/.
  Die hier skizzierten Kontroll-Aktivitäten sind nicht auf die Phase nach Planung und Realisation beschränkt, sondern weisen vielmehr einen realisationsbegleitenden Charakter auf. Durch eine solch permanente Überprüfung der Zielerreichung können bereits sehr früh innerhalb der Realisationsphase Informationen gewonnen werden, die sich - bei Bedarf - unmittelbar für Steuerungseingriffe verwerten lassen. Voraussetzung dafür, daß eine solche Kontrolle überhaupt durchgeführt werden kann, ist das Setzen operationaler, d.h. meßbar definierter Ziele. Diese sind dabei nicht nur bezogen auf das Ende des Planungszeitraums zu definieren, sondern auch für Fixpunkte innerhalb dieses Zeitraums, etwa auf Quartals- oder Monatsbasis.
- Zur Erfolgskontrolle einzelner Marketingaktivitäten bzw. des Marketingmix liegen zum einen quantitativ-ergebnisorientierte Verfahren vor, wie bspw. die Absatzsegmentrechnung oder die Artikelerfolgsrechnung, die einen Ergebnisausweis auf unterschiedlichen Bezugsbasen (Absatzkanäle, Kundengruppen, Auftragsgrößen, Produktgruppen usw.) zum Inhalt haben /54/. Zum anderen können quantitativ/qualitativ-orientierte Analysemethoden zum Einsatz kommen, die neben rein ökonomischen auch außer-ökonomische Wirkungen der Marketing-Instrumente zu erfassen suchen, wie bspw. die Erfolgskontrolle von Verkaufsförderungsaktionen, Messebeteiligungen /55/.

Parallel zu den koordinationszentrierten Funktionen des Controlling und unabhängig davon bedarf der gesamte Planungs-, Realisations- und Kontrollprozeß der umfassenden, systematisch kritischen Reflexion - quasi von einer Meta-Ebene aus; dies ist der Einsatzbereich des Marketing-Audit (vgl. hierzu Droege, in diesem Band). Durch dessen Einsatz sollen möglichst frühzeitig Schwachstellen und Fehlentwicklungen im gesamten Marketing-Bereich identifiziert (vgl. Kühn, 1977; Kiener, 1980) und z.T. bereits auch Möglichkeiten ihrer Überwindung aufgezeigt werden. Im Hinblick auf den jeweils interessierenden Analysegegenstand können verschiedene Audit-Versionen unterschieden werden (vgl. Nieschlag et al., 1985, S. 56):

- Gegenstand des Prämissen-Audit ist es, die der Planung zugrundeliegenden Annahmen zu erfassen und aufzulisten, um sie anschließend insbes. auf Realitätsgehalt, Sinnhaftigkeit, Vollständigkeit und Aktualität zu überprüfen.
- Im Rahmen des Ziel- und Strategien-Audit wird geprüft, ob Zielvorgaben und strategische Ansätze ausreichend präzise, d.h. operational und eindeutig interpretierbar definiert sind; in diesen Kontext fällt auch die Unterstützung der Durchführung von Konsistenz-, Kompetenz- und Konsequenzentests.
- Beim Maßnahmen-Audit geht es im Kern um die Prüfung, ob die geplanten Maßnahmen und die erfolgten Budgetzuweisungen ausreichend auf die Unternehmenssituation (hinsichtlich Ressourcen, Wettbewerbssituation, Marktgegebenheiten usw.) abgestimmt sind. Weiterhin ist zu analysieren, ob die unternehmensrelevanten Alternativen vollständig erfaßt und konsistent bewertet werden.
- In das Aufgabenspektrum des Prozeß-Audit fällt die Überprüfung von Informationsbeschaffung, -verarbeitung und -bereitstellung im Hinblick auf ihre Entscheidungsorientierung. Weiterhin werden hier die Koordination von Planungs-, Realisations- und Kontrollprozessen einschließlich des jeweiligen Modell- und Methodeneinsatzes im Hinblick auf ihre Problemorientierung untersucht.
- Ziel des Organisations-Audit ist es, Schwachstellen - etwa unzweckmäßige organisatorische Regelungen, kontraproduktive (informelle) Kommunikations- und Machtstrukturen, ungeeignete Qualifikationsprofile - sowie die dadurch bedingten unausgeschöpften Potentiale zu identifizieren.

D. Ausblick

In den nachfolgenden Beiträgen werden nun einzelne, hier lediglich grob angedeutete Problembereiche und Ansatzpunkte der strategischen Marketingplanung detaillierter behandelt. Dies gilt zum einen für die Einsatzmöglichkeiten unterschiedlicher Prognoseinstrumente und zum anderen für verschiedene Instrumente der strategischen Analyse, die heute zur Bewältigung von unternehmensbezogenen Problemen eine zunehmend größere Bedeutung erlangen. Schließlich werden noch die speziellen Probleme der organisatorischen Durchsetzung strategischer Marketingplanung aufgegriffen.

Versucht man abschließend zu einer Beurteilung der heute vorliegenden Ansätze der strategischen Marketingplanung zu kommen, so müssen in diesem Sektor - obwohl die entwickelten Planungstechniken durchaus Anlaß zur Hoffnung geben - nach wie vor noch erhebliche Defizite konstatiert werden. Wir stehen heute erst am Anfang der Erschließung des Problemfeldes strategischer Unternehmens- und Marketingplanung. Um schneller als bisher zu verwertbaren Planungstechniken und -konzepten zu gelangen, sollte vor allem die Zusammenarbeit zwischen anwendender Praxis, Unternehmensberatung und Wissenschaft intensiviert werden. Trotz der gestiegenen und noch weiter steigenden Bedeutung der strategischen (Marketing-)Planung ist allerdings auch darauf hinzuweisen, daß die Probleme der operativen Marketingplanung keinesfalls vernachlässigt werden dürfen: Zwar ist die Unternehmensführung ohne strategische Marketingplanung "kopflos", ohne eine funktionsfähige operative Marketingplanung bleibt sie jedoch "kraftlos". Hier wird es wesentlich darauf ankommen, Konzepte zur Verzahnung strategischer und operativer Marketingplanung zu entwickeln.

Anmerkungen

1 Vgl. allgemein hierzu: Wild, 1974, S. 36; Diller, 1980a, S. 5; Ax/Börsig, 1983, S. 359; Bircher, 1976, S. 65 - 71.
2 Vgl. zu einer ähnlichen Unterscheidung auch Kirsch et al., 1978 und Kirsch, 1980, S. 63 - 76; sowie auch Meffert, 1980, S. 33.
3 Vgl. hierzu die grundlegende Studie von Chandler, 1962.
4 Vgl. hierzu Wagner, 1975, S. 281 ff.; Kemma, 1979; Wild, 1972; Diller, 1975; Kieser, 1970.
5 Vgl. hierzu insbesondere die Ausführungen bei Kotler, 1982, S. 15 und Meffert, 1980, S. 34.
6 Vgl. Brockhoff, 1977; Hüttner, 1982; Wheelwright/Makridakis, 1980; Schwarze, 1980; Meffert/Steffenhagen, 1977, Wöller, 1980.
7 Vgl. zum Wertewandel Tietz, 1982; Raffée/Wiedmann, 1983a und 1984a; Buss, 1982 und 1983; Klages/Kmieciak, 1979; Wiedmann, 1984a, b, c.
8 Zur Erläuterung des Gratifikationsprinzips als Leitidee im Marketing vgl. Raffée/Wiedmann, 1983b; allgemein Schanz, 1977, S. 99.
9 Zur Konzeption des strategischen Management und zur strategischen Unternehmensführung Kirsch/Roventa, 1983; Ansoff, 1979; Kirsch, 1980; Kirsch/Trux, 1981; Albach, 1978; Arnold, 1981; Gälweiler, 1981b.

10 Vgl. zum strategischen (Marketing-)Controlling Mann, 1979; Buchner, 1981; Horvâth, 1979; Horvâth/Stark, 1982; Kiener, 1980.

11 Zum "Evolutions-Management" vgl. Jantsch, 1975; Jantsch/ Waddington, 1976; Malik, 1979; Malik/Probst, 1981; Raffée/ Wiedmann, 1984b; Sprüngli, 1981; Vester, 1980.

12 Hinweise zur konkreten Ausgestaltung von Planungsabläufen finden sich u.a. bei Wild, 1974; Hinterhuber, 1980; Köhler, 1981; Bidlingmaier, 1973; Meffert/Wehrle, 1981, Koch, 1982. Zu erwähnen sind ferner einige empirische Untersuchungen, die die momentane Planungspraxis zu erfassen suchen. Vgl. hierzu Kreikebaum/Grimm, 1980; Kreikebaum, 1981; Götzen/Kirsch, 1983; Pümpin, 1981; Ebskamp, 1979. Schließlich ist auf einige Arbeiten hinzuweisen, die sich mit der situativen Bedingtheit der Planungsorganisation auseinandersetzen. Vgl. dazu bspw. Köhler/Böhler, 1984; Köhler, 1983; Bircher, 1976, S. 268 - 274.

13 Vgl. zu ähnlichen Konzepten Kirsch/Trux, 1981; Horvâth, 1978, S. 203; Bircher, 1976.

14 Vgl. Gälweiler, 1979b; Dunst, 1979; Köhler, 1981; Meffert/ Wehrle, 1981; Gerl/Roventa, 1983; Baumgartner, 1983; Felzmann, 1981; Henzler, 1978; Stalp, 1978; Szyperski/Winand, 1979; Koch, 1982.

15 Vgl. dazu bspw. Bircher, 1976, S. 160 - 162; Jehle, 1980; Hahn, 1983, S. 13; Kubicek/Thom, 1976.

16 Zu ähnlichen Ansätzen der Informationsbedarfsbestimmung vgl. Kiener, 1980; Diller, 1975; Horvâth, 1979; Müller, 1981; Berthel, 1975; Gälweiler, 1974; Hahn/Krystek, 1979; Hinterhuber, 1977; Koreimann, 1976.

17 Zu theoretischen Grundlagen der Portfolio-Analyse vgl. Bamberger, 1981; Gup, 1977; Cardozo/Smith, 1983.

18 Vgl. zum Produktlebenszyklus Pfeiffer/Bischof, 1974, S. 644 - 658; Hofstätter, 1977; Kreikebaum, 1981, S. 54 - 56.

19 Vgl. vertiefend zur Erfahrungskurve Gälweiler, 1979a, S. 123 - 131; Roventa, 1979, S. 132 - 139; Dunst, 1979, S. 68 - 79; Henderson, 1974; Day/Montgomery, 1983.

20 Vgl. zum PIMS-Modell Neubauer, 1983, S. 39 - 58; Dunst, 1979, S. 79 - 87; Lange, 1982, S. 27 - 41.

21 Vgl. Kern, 1981; Wolf, 1977; Staehle, 1973; Heinen, 1972 und 1976; Berthel, 1973.

22 Zur Programmstrukturanalyse vgl. bspw. Meffert, 1980, S. 344 - 349; Müller, 1982; zu Ansätzen eines Produkt- bzw. Technologie-Assessment vgl. Martino, 1972; Paschen et al., 1978; Utz, 1978; Hinterhuber/Kritzler, 1979; Esser, 1981; Böhret/Franz, 1982; zum weitergreifenden Marketing-Assessment Wolff, 1975.

23 Vgl. Heinen, 1976; Grochla, 1972; Odiorne, 1971.

24 Vgl. Gälweiler, 1981a; Kern, 1981; Mann, 1979; Hinterhuber, 1977.

25 Zum bi- und multivariaten Analyseverfahren vgl. Hüttner, 1979; Schuchard-Ficher et al., 1980; Nieschlag/Dichtl/Hörschgen, 1980, S. 145 - 178.

26 Vgl. zu dem auf Crawford (1966 und 1972) zurückgehenden Trajektorien-Konzept Köhler, 1981; Kühn/Walliser, 1978; zur Gap-Analyse vgl. bspw. Kami, 1964; Kreikebaum, 1981; Ax/Börsig, 1983; Bircher, 1976; Veit, 1983.

27 Vgl. Kreikebaum, 1981, S. 62 - 64; Bircher, 1976, S. 319 - 325; Becker, 1983, S. 239 - 241; Hinterhuber, 1977.

28 Vgl. Kreikebaum, 1981; Hinterhuber, 1980; Porter, 1983; Buchinger, 1983; Kirsch/Roventa, 1983.

29 Vgl. Nanus, 1982; Fahey et al., 1981; Muchna, 1984, S. 197; ausführlicher Aquilar, 1967; Rieser, 1980, S. 35 ff.; Godiwalla et al., 1980.

30 Anhaltspunkte für die Identifikation relevanter externer Informationsfelder bieten verschiedene Umweltmodelle; vgl. dazu bspw. Jehle, 1980; Hahn, 1983; Buchinger, 1983. Zum Einsatz von Checklisten für die Erhebung externer Informationen vgl. Hinterhuber, 1977, S. 73 und 1980, S. 44 f.; Gälweiler, 1974, S. 356 - 360; Dunst, 1979, S. 68 - 87.

31 Vgl. bspw. Forschungsgruppe Konsum und Verhalten, 1983; Green/Tull, 1982; Quitt, 1977; Hüttner, 1972; Zentes, 1984.

32 Zu Marktmodellen vgl. Green/Tull, 1982, S. 495 - 525; Schobert, 1980; Mazanec/Wiegele, 1977; Dichtl/Bauer/Schobert, 1983.

33 Vgl. hierzu bspw. die Ansätze der Wettbewerbsanalyse bei Hoffmann, 1979; Kreikebaum, 1981; Dreger, 1980; Dunst, 1974; Flögel, 1970; Illig, 1980; Fischer, 1984.

34 Vgl. vertiefend zum Bereich Kausalanalysen Bagozzi, 1980; Förster et al., 1983 und 1984; Roth/Gosslar, 1979; Hildebrand, 1984; zu einem konkreten Anwendungsbereich Fritz, 1984.

35 Vgl. zu Modellen des Käuferverhaltens bspw. Kotler, 1982; Webster/Wind, 1972; Sheth, 1973; Howard/Sheth, 1969; Robinson/Faris/Wind, 1967; Schulz, 1972.

37 Während es bei der Impact-Analyse zunächst darum geht, einzelne Umweltfaktoren bzw. -entwicklungen hinsichtlich ihrer Auswirkungen auf das Unternehmen zu analysieren, werden bei der Cross-Impact-Analyse mehrere Faktoren und Entwicklungen verknüpft, bevor ihre Wirkungen auf Erfolgspotentiale und Strategien aufgezeigt werden. Zur Cross-Impact-Analyse Fontela, 1976.

38 Vgl. dazu stellvertretend die Kritik von Koch, 1979 und 1980; Gälweiler, 1980.

39 Vgl. zur Beurteilung der Portfolio-Analyse Szyperski/Winand, 1978, S. 132; Gabele, 1980; Gälweiler, 1980; Koch, 1980. Zur grundlegenden Darstellung der Portfolio-Analyse Dunst, 1979; Albach, 1978; Gaitanides, 1980; Ihde, 1980; Timmermann, 1982.

40 Vgl. zum Technologie-Portfolio Brose/Corsten, 1983; Pfeiffer et al., 1982; Henzler, 1980.

41 Zum Länder-Portfolio vgl. Malik/Schwaninger, 1982; Fayerweather, 1975, S. 62; Simmerl, 1978, S. 78; Meissner/Wickelgrund, 1982, S. 118; Wind/Douglas, 1981.

42 Vgl. zu Wettbewerber-Portfolios Porter, 1983; Hinterhuber, 1980 und 1982; Hoffmann, 1979.

43 Zum "Gleichgewichts-Marketing" vgl. Raffée, 1977, S. 57 und 1980, S. 273 f.

44 Vgl. zu Misfit-Analysen Ax/Börsig, 1983, S. 389; Roventa, 1979, S. 86.

45 Zu Kreativitätstechniken vgl. Ulrich, 1977a, b, c, d; Keller, 1971; Michael, 1973; Busching, 1973; Anschütz, 1971; Dubach, 1977; Geschka/Wiggert, 1969; Zwicky, 1972.

46 Zu weiteren Strategienkatalogen vgl. bspw. Ansoff, 1957; Hinterhuber, 1982, S. 124 und 159; Krüger, 1974, S. 66 - 70; Steffenhagen, 1983; Porter, 1983, S. 67; Wiedmann, 1983; Raffée/Wiedmann/Abel, 1983.

47 Vgl. zu anderen Ansätzen des Strategiencheck Rumelt, 1978, S. 7 - 12; Kreikebaum, 1981, S. 43 - 45; Trux et al., 1984; Esser et al., 1983, S. 63; bzw. der Kontrolle und Bewertung strategischer Pläne und Programme Reichert/Stinner, 1983; Köhler, 1976.

48 Zu Investitionsrechnungen vgl. Kern, 1974; Rühli, 1970; Trechsel, 1972; Schneider, 1980. Ansätze der Kosten-Nutzen- und Kosten-Wirksamkeits-Analysen finden sich bei Rinza/Schmitz, 1977; Knigge, 1975. Vgl. zu Nutzwertanalyse und Punktwertungsmodellen O'Meara, 1968; Dean/Nishry, 1965; Andritzky, 1976; Beckmann, 1978; Diller, 1980b; Porzelt, 1982; Strebel, 1969, 1975 und 1978; Zangemeister, 1972.

49 Zu Risikoanalysen allgemein vgl. Hertz, 1964; Hull, 1980; Neubürger, 1980; Kuss, 1978; Schindel, 1978; Thomas, 1983; speziell zur Analyse von Länderrisiken Raffée/Kreutzer, 1984; Kreutzer, 1983, Brewer, 1981; Gerber, 1982; Root, 1972; Schöllhammer, 1978. Vgl. zum Einsatz von Entscheidungsbaum- und Roll-back-Analysen Diller, 1980a; Krautter, 1980; Timmermann, 1972; Strebel, 1974; Magee, 1980 und zu Sensitivitäts- und Kontingenzanalysen Lange, 1976; Kotler, 1971; Kiener, 1980.

50 Vgl. vertiefend zu Wirkungsanalysen und -prognosen Böcker/Dichtl, 1975; Hüttner, 1979; Meffert/Steffenhagen, 1977; Green/Tull, 1982; Becker, 1983; Rehorn, 1977; Merkle, 1980; Behrens, 1976; Meyer-Hentschel, 1983; Wenzel, 1984.

51 Zum Zero-Base-Budgeting vgl. Marx, 1979 und Marettek, 1982. Weitere Budgetierungsansätze sind zu finden bei Wittmann, 1975; Marettek, 1974; Diller, 1980c.

52 Vgl. zur Netzplantechnik Böcker, 1974; Bauer, 1980; Schulz, 1974.

53 Vgl. zur Abweichungsanalyse Kiener, 1980, S. 284 - 288; Köhler, 1975; Zünd, 1973.

54 Vgl. hierzu Geist, 1974; Beik/Buzby, 1973; Linnert, 1974. Neue Möglichkeiten eröffnet hier der Einsatz neuer Medien bspw. von Scanning. Vgl. dazu bspw. Huppert, 1984; Simon, 1983.

55 Zur Erfolgskontrolle bei Verkaufsförderungs-Aktionen vgl. Rieder, 1982; Raffée/Deutsch, 1983; Böcker/Dichtl, 1975; Raffée, 1983.

56 Zum Marketing-Audit vgl. Kiener, 1980, S. 33 - 36 und 1978; Kühn, 1977; Köhler, 1982; Kiener, 1978.

Literaturverzeichnis

Abell, D.F., (1980): Defining the Business: The Starting Point of Strategic Planning, Prentice-Hall, Inc. 1980.

Abell, D.F., Hammond, J.S., (1979): Strategic Marketing Planning - Problems and Analytical Approaches, Englewood Cliffs, N.J. 1979.

Albach, H., (1978): Strategische Unternehmungsplanung bei erhöhter Unsicherheit, in: ZfB, 48. Jg., (8/1978), S. 702 - 715.

Andritzky, K., (1976): Der Einsatz von Scoring-Modellen für die Produktbewertung, in: Die Unternehmung, 30. Jg., (1976), S. 21 - 37.

Anschütz, T., (1971): ...Ergebnis angewandter Kreativtechniken, in: Marketing Journal, 4. Jg., (6/1971), S. 522 - 527.

Ansoff, H.I., (1957): Strategies for Diversification, in: HBR, Vol. 35, (5/1957), S. 113 - 124.

Ansoff, H.I., (1979): Strategic Management, London 1979.

Ansoff, H.I., Kirsch, W., Roventa, P., (1981): Unschärfenpositionierung in der Strategischen Portfolio-Analyse, in: ZfB, 51. Jg., (10/1981), S. 963 - 988.

Aquilar, F.J., (1967): Scanning the Business Environment, New York 1967.

Arnold, U., (1981): Strategische Unternehmensführung und das Konzept der "Schwachen Signale", in: WiSt, 10. Jg., (6/1981), S. 290 - 293.

Asimus, H.D., Nauwerk, M., (1977): Das Media-Optimierungsprogramm MOSES, in: Köhler, R./Zimmermann, H.-J. (Hrsg.), Entscheidungshilfen im Marketing, Stuttgart 1977, S. 148 - 160.

Ax, A., Börsig, C., (1983): Praxis der integrierten Unternehmensplanung - Planungsphilosophie und Planungssystem des Unternehmens Mannesmann, in: Kirsch, W./Roventa, P. (Hrsg.), Bausteine des strategischen Managements, Berlin - New York 1983, S. 355 - 398.

Bagozzi, R.P., (1980): Causal Models in Marketing, New York 1980.

Bamberger, I., (1981): Theoretische Grundlagen strategischer Entscheidungen, in: WiSt, 10. Jg., (3/1981), S. 97 - 104.

Bauer, D., (1981): Das Handels-Panel auf neuen Wegen, in: Marketing Journal, 14. Jg., (4/1981), S. 399 - 402.

Bauer, H.H., (1980): Netzplantechniken, in: Diller, H. (Hrsg.), Marketingplanung, München 1980, S. 126 - 141.

Baumgartner, K., (1983): Was nicht angepackt wird, das läuft nicht, in: Blick durch die Wirtschaft, 10. Okt. 1983.

Becker, J., (1983): Grundlagen der Marketing-Konzeption, München, 1983.

Beckmann, A., (1978): Nutzwertanalyse, Bewertungstheorie und Planung, Bern - Stuttgart 1978.

Beik, L., Buzby, S., (1973): Profitability Analysis by Market Segments, in: Journal of Marketing, Vol. 37, (1973), S. 48 - 53.

Behrens, G., (1976): Werbewirkungsanalyse, Opladen 1976.

Berthel, J., (1973): Zur Operationalisierung von Unternehmungs-Zielkonzeptionen, in: ZfB, 43. Jg., (1973), S. 29 - 58.

Berthel, J., (1975): Betriebliche Informationssysteme, Stuttgart 1975.

Bidlingmaier, J., (1973): Marketing, Band 1, Reinbek bei Hamburg 1973.

Bircher, B., (1976): Langfristige Unternehmungsplanung, Bern/ Stuttgart 1976.
Böcker, F., (1974): Netzplantechnik in der Absatzwirtschaft, in: Tietz, B. (Hrsg.),Handwörterbuch der Absatzwirtschaft, Stuttgart 1974, Sp. 1558 - 1566.
Böcker, F., (1980): Die Planung der Verkaufsleistung von Reisenden, in: Diller, H. (Hrsg.), Marketingplanung, München 1980, S. 176 - 193.
Böcker, F., Dichtl, E., (1975; Hrsg.): Erfolgskontrolle im Marketing, Berlin 1975.
Böhret, C., Franz, P., (1982): Technologiefolgenabschätzung, Frankfurt - New York 1982.
Brewer, T.L., (1981): Political Risk Assessment for Foreign Direct Investment Decisions: Better Methods for Better Results, in: CJOWB, Vol. 16, (1/1981), S. 5 - 12.
Brockhoff, K., (1977): Prognoseverfahren für die Unternehmensplanung, Wiesbaden 1977.
Brose, P., Corsten, H., (1983): Technologie-Portfolio als Grundlage von Innovations- und Wettbewerbsstrategien, in: GfK-Nürnberg (Hrsg.), Jahrbuch der Absatz- und Verbrauchsforschung, 29. Jg., (4/1983), Berlin 1983.
Buaron, R., (1981): New-game Strategies, in: McKinsey Quarterly, (Spring/1981), S. 24 - 40.
Buchinger, G., (1983; Hrsg.): Umfeldanalysen für das strategische Management, Wien 1983.
Buchner, M., (1981): Controlling ein Schlagwort? Eine kritische Analyse der betriebswirtschaftlichen Diskussion um die Controlling-Konzeption, Frankfurt/Main 1981.
Busching, L., (1973): Fallstudie: Die Geburt einer neuen Produktidee, in: Marketing Journal, 6. Jg., (5/1973), S. 400 - 405.
Buss, E., (1982): Neue Werte in einer sich ändernden Gesellschaft, in: FAZ, (258/1982), 6.11.1982, S. 15.
Buss, E., (1983): Die rein-materielle Konsum-Mentalität hat ihre dominierende Stellung längst eingebüßt, in: Handelsblatt, (223/1983), 21.11.1983, S. 15.
Buttler, G., Pechstein, E., (1980): Netzplantechnik als Instrument der betrieblichen Planung, in: WiSt, 9. Jg., (12/1980), S. 559 - 565.
Cardozo, R.N., Smith, D.K. Jr., (1983): Applying Financial Portfolio Theory to Product Portfolio Decisions: An Empirical Study in: Journal of Marketing, Vol. 47, (Spring/1983), S. 110 - 119.
Chandler, A.D. Jr., (1962): Strategy and Structure. Chapters in the History of Industrial Enterprise, Cambridge, London 1962.
Day, G.S., Montgomery, D.B., (1983): Diagnosing the Experience C...?, in: Journal of Marketing, Vol. 47 (Spring/1983), S. 44 - 58.
Dean, B.V., Nishry, M.J., (1965): Scoring and Profitability Models for Evaluating and Selecting Engineering Projects, in: Operations Research, Vol. 13, (1965), S. 550 - 569.
Dichtl, E., (1975): Die Bedeutung der Netzplantechnik für die Einführung neuer Produkte, in: Böcker, F./Dichtl, E. (Hrsg.), Erfolgskontrolle im Marketing, Berlin 1975.
Dichtl, E., Schobert, R., (1979): Mehrdimensionale Skalierung - Methodische Grundlage und betriebswirtschaftliche Anwendungen, München 1979.

Dichtl, E., Bauer, H.H., Schobert, R., (1983): Die Dynamisierung mehrdimensionaler Marktmodelle am Beispiel des deutschen Automobilmarkts, in: Dichtl, E./Raffée, H./Potucek, V. (Hrsg.), Marktforschung im Automobilsektor, Frankfurt/Main 1983, S. 108 - 130.
Diller, H., (1975): Produkt-Management und Marketing-Informationssystem, Berlin 1975.
Diller, H., (1980a): Entscheidungsbäume und Roll-back-Analyse, in: Diller, H. (Hrsg.), Marketingplanung, München 1980, S. 33 - 43.
Diller, H., (1980b): Nutzwertanalyse, in: Diller, H. (Hrsg.), Marketingplanung, München 1980, S. 44 - 57.
Diller, H., (1980c): Budgetierungstechniken, in: Diller, H. (Hrsg.), Marketingplanung, München 1980, S. 114 - 125.
Diller, H., (1980d): Planungstechniken im Marketing, in: Diller, H. (Hrsg.), Marketingplanung, München 1980, S. 3 - 15.
Dreger, W., (1980): Mehr und bessere Konkurrenz-Analyse, in: Industrielle Organisation, 49. Jg., (9/1980), S. 411 - 414.
Dubach, P., (1977): Morphologie als kreative Methode in der Langfristplanung, in: Bruckmann, G. (Hrsg.), Langfristige Prognosen, Würzburg-Wien 1977, S. 112 - 125.
Dunst, K.H., (1974): Konkurrenzanalyse, in: Marketing Enzyklopädie, Bd. 2, München 1974, S. 147 - 154.
Dunst, H.K., (1979): Portfolio-Management, Konzeption für die strategische Unternehmensplanung, Berlin-New York 1979.
Ebskamp, K., (1979): Strategische Planung in der Praxis, in: ZfbF-Kontaktstudium, 31. Jg., (1979), S. 11 - 20.
Edelman, F., (1974): Ein Verfahren der Preisbestimmung bei Submissionen, in: Weinberg, P./Behrens, G./Kaas, K.P. (Hrsg.), Marketingentscheidungen, Köln 1974, S. 93 - 115.
Esser, W.-M., (1981): Technologiefolgen-Abschätzung und Unternehmensplanung, in: Bratschitsch, R./Schellinger, W. (Hrsg.), Unternehmenskrisen, -ursachen, Frühwarnung, Bewältigung, Stuttgart 1981, S. 85 - 121.
Esser, W.-M., Höfer, K., Kirsch, W., und Wieselhuber, N., (1983): Der Stand der Strategischen Unternehmensführung in der BRD und West-Berlin, Dr. Höfer und Partner, Management- und Marketingberatung München, München 1983.
Fahey, L., King, W.R., Narayanan, V.K., (1981): Environmental Scanning and Forecasting in Strategic Planning - The State of the Art, in: LRP, Vol. 14, (1/1981), S. 32 - 39.
Fayenweather, J., (1975): Internationale Unternehmensführung, Berlin 1975.
Felzmann, H., (1981): Ein Modell zur Unterstützung der strategischen Planung auf der Ebene strategischen Geschäftseinheiten, Diss., München 1981.
Flögel, H., (1970): Konkurrenz-Analyse, in: Management Enzyklopädie, Bd. 3, München 1970, S. 926 - 933.
Förster, F., Fritz, W., Silberer, G., Raffée, H., (1983): Moderne Verfahren der Kausalanalyse und ihre Bedeutung für Marketingwissenschaft und -praxis, Bericht der Forschungsgruppe Konsumenteninformation, Mannheim 1983.
Förster, F., Fritz, W., Silberer, G., Raffée, H., (1984): Der LISREL-Ansatz der Kausalanalyse und seine Bedeutung für die Marketing-Forschung, in: ZfB, 54. Jg., (4/1984), S. 346 - 367.

Fontela, E., (1976): Industrial Applications of Cross-Impact-Analysis, in: LRP, 9. Jg., (4/1976), S. 29 - 33.
Forschungsgruppe Konsum und Verhalten: Innovative Marktforschung, Würzburg-Wien 1983.
Freter, H., (1974): Media-Selektion, Informationsgewinnung und Entscheidungsmodelle für die Werbeträgerauswahl, Wiesbaden 1974.
Freter, H., (1980): Qualitative Methode der Streuplanung, in: Diller, H. (Hrsg.), Marketingplanung, München 1980, S. 215 - 231.
Fritz, W., (1984): Warentest und Konsumgüter-Marketing. Forschungskonzeption und Ergebnisse einer empirischen Untersuchung, Wiesbaden 1984.
Gabele, E., (1980): Kritik einer Strategie, in: Wirtschaftswoche, (45/1980), S. 62 - 69.
Gälweiler, A., (1974): Unternehmensplanung - Grundlagen und Praxis, Frankfurt/Main-New York 1974.
Gälweiler, A., (1979a): Boston-Effekt, in: Schanz, G. (Hrsg.), Betriebswirtschaftliche Gesetze, Effekte und Prinzipien, München 1979, S. 123 - 131.
Gälweiler, A., (1979b): Strategische Geschäftseinheiten (SGE) und Aufbau-Organisation der Unternehmung, in: ZfO, 48. Jg., (1979), S. 252 - 260.
Gälweiler, A., (1980): Portfolio-Management - Produkt/Markt-Strategien als Voraussetzung, in: ZfO, 49. Jg., (4/1980), S. 183 - 190.
Gälweiler, A., (1981a): Zur Kontrolle strategischer Pläne, in: Steinmann, H. (Hrsg.), Planung und Kontrolle - Probleme der strategischen Unternehmensführung, München 1981, S. 383 - 399.
Gälweiler, A., (1981b): Strategische Unternehmensplanung, in: Steinmann, H. (Hrsg.), Planung und Kontrolle - Probleme der strategischen Unternehmensführung, München 1981, S. 84 - 101.
Gaitanides, M., (1980): Produktportfoliomanagement und Planungsrechnung bei dezentraler Organisationsstruktur, in: Die Unternehmung, 34. Jg., (1/1980), S. 67 - 83.
Gal, T., Gehring, H., (1981): Betriebswirtschaftliche Planungs- und Entscheidungstechniken, Berlin-New York 1981.
Geist, M., (1974): Selektive Absatzpolitik, 2. Aufl., Stuttgart 1974.
Gerber, S., (1982): Risikoanalyse und Risikopolitik bei direkten deutschen Auslandsinvestitionen von mittelständigen Unternehmungen in Entwicklungsländern, Frankfurt/Main-Bern 1982.
Gerl, K., Roventa, P., (1983): Strategische Geschäftseinheiten - Perspektiven aus der Sicht des Strategischen Managements, in: Kirsch, W./Roventa, P. (Hrsg.), Bausteine eines strategischen Managements, Berlin-New York 1983, S. 141 - 161.
Geschka, H., Wiggert, H., (1969): Neue Ideen: Man kann auch mit Methode vorgehen, in: Marketing Journal, 2. Jg., (2/1969), S. 102 - 105.
Godiwalla, W.M., Meinhardt, W.A., Warde, W.D., (1980): Environmental Scanning - Does it Help the Chief Executive?, in: LRP, Vol. 13, (5/1980), S. 87 - 99.
Götzen, G., Kirsch, W., (1983): Problemfelder und Entwicklungstendenzen der Planungspraxis, in: Kirsch, W./Roventa, P. (Hrsg.), Bausteine eines strategischen Managements, Berlin-New York 1983, S. 309 - 353.

Green, P.E., Tull, D.S., (1982): Methoden und Techniken der Marketingforschung, 4. Aufl., Stuttgart 1982.
Grochla, E., (1972): Unternehmensorganisation, Reinbek bei Hamburg 1972.
Gup, B.E., (1977): Portfolio Theory - A Planning Tool, in: LRP, Vol. 10, (June/1977), S. 10 - 13.
Fischer, G., (1984): Strategische Konkurrenzanalyse, in: Wieselhuber, N./Töpfer, A. (Hrsg.), Strategisches Marketing, Landsberg am Lech 1984, S. 103 - 115.
Hahn, D., (1983): Stand und Entwicklungstendenzen der strategischen Planung, in: Hahn, D./Taylor, B. (Hrsg.), Strategische Unternehmensplanung - Stand und Entwicklungstendenzen, 2. Aufl., Würzburg u.a. 1983.
Hahn, D., Krystek, U., (1979): Betriebliche und überbetriebliche Frühwarnsysteme für die Industrie, in: ZfbF, 31. Jg., (1979), S. 76 - 88.
Hahn, D., Taylor, B., 1983; Hrsg.): Strategische Unternehmensplanung - Stand und Entwicklungstendenzen, 2. Aufl., Würzburg u.a. 1983.
Hauschildt, J., (1983): Aus Schaden klug, in: mm, 13. Jg., (10/1983), S. 142 - 152.
Hauschildt, J., (1985): "Auf der Suche nach Spitzenleistungen", in: Otto Versand Personalentwicklung, Management in Theorie und Praxis, (1/1985), S. 3 f.
Heinen, E., (1972): Zur empirischen Analyse des Zielsystems der Unternehmung durch Kennzahlen, in: Die Unternehmung, 26. Jg., (1/1972), S. 1 - 13.
Heinen, E., (1976): Grundlagen betriebswirtschaftlicher Entscheidungen, Das Zielsystem der Unternehmung, 3. Aufl., Wiesbaden 1976.
Henderson, B.D., (1974): Die Erfahrungskurve in der Unternehmensstrategie, Frankfurt-New York 1974.
Henzler, H., (1978): Strategische Geschäftseinheiten (SGE): Das Umsetzen von Strategischer Planung in Organisation, in: ZfB, 48. Jg., (1978), S. 912 - 919.
Henzler, H., (1980): Strategisches Marketing als Impulsgeber der 80er Jahre, in: ZfbF-Sonderheft 1980, Nr. 11, Neue Technologien - Neue Märkte, S. 70 - 86.
Hertz, D.B., (1964): Risiko-Analyse bei Kapitalanalagen, in: Fortschrittliche Betriebsführung, 13. Jg., (4/1964), S. 107 - 117.
Hildebrandt, L., (1984): Kausalanalytische Validierungen in der Marketingforschung, in: Marketing ZFP, 6. Jg., (1/1984), S. 41 - 51.
Hinterhuber, H.H., (1977): Strategische Unternehmensführung, Berlin-New York 1977.
Hinterhuber, H.H., (1980): Strategische Unternehmensführung, 2. Aufl., Berlin-New York 1980.
Hinterhuber, H.H., (1982): Wettbewerbsstrategie, Berlin-New York 1982.
Hinterhuber, H.H., Kritzler, T., (1979): Technologiewirkungsanalyse, in: Kern, W. von (Hrsg.), Handwörterbuch der Produktion, Stuttgart 1979, Sp. 1930 - 1938.
Hobday, C.F., Reah, G.R., (1977): Erfahrungen mit der Entwicklung und Anwendung eines Außendienst-Allokationsmodells für den Mehrprodukt-Fall, in: Köhler, R./Zimmermann, H.-J. (Hrsg.), Entscheidungshilfen im Marketing, Stuttgart 1977, S. 211 - 232.

Hoffmann, K., (1979): Die Konkurrenzuntersuchung als Determinante der langfristigen Absatzplanung, Göttingen 1979.
Hofstätter, H., (1977): Die Erfassung der langfristigen Absatzmöglichkeiten mit Hilfe des Produktlebenszyklus eines Produktes, Würzburg-Wien 1977.
Horvâth, P., (1978): Controlling - Entwicklung und Stand einer Konzeption zur Lösung der Adaptions- und Koordinationsprobleme der Führung, in: ZfB, 48. Jg., (1978), S. 194 - 208.
Horvâth, P., (1979): Controlling, München 1979.
Horvâth, P., Stark, H., (1982): Controlling für das Marketingmanagement, in: Marketing ZFP, 4. Jg., (3/1982), S. 183 - 194.
Howard, J.A., Sheth, J.N., (1969): The Theory of Buyer Behavior, New York u.a. 1969.
Hüttner, M., (1972): Grundzüge der Marktforschung, Wiesbaden 1972.
Hüttner, M., (1979): Informationen für Marketing-Entscheidungen, München 1979.
Hüttner, M., (1982): Markt- und Absatzprognosen, Stuttgart u.a. 1982.
Hull, J.C., (1980): The Evaluation of Risk in Business Investment, Oxford u.a. 1980.
Huppert, E., (1984): Scanning: Elektronische Handels- und Konsumentenpanels, in: Zentes, J. (Hrsg.), Neue Informations- und Kommunikationstechnologien in der Marktforschung, Berlin u.a. 1984, S. 18 - 41.
Ihde, G.B., (1980): Portfolio-Management, in: WiSt, 9. Jg., (3/1980), S. 130 f.
Ihde, G.B., (1984): Transport, Verkehr, Logistik, München 1984.
Illig, A., (1980): Konkurrenzanalyse mit Hilfe multivariater Klassifikation, Thun-Frankfurt/Main 1980.
Janssen, G., (1975): Wertanalyse, in: Haberland, G. (Hrsg.), Handbuch des Controlling und Finanzmanagement, München 1975, S. 291 - 315.
Jantsch, E., (1975): Design for Evolution, New York 1975.
Jantsch, E., Waddington, C.H., (1976): Evolution and Consciousness: Human System in Transition, London-Amsterdam 1976.
Jehle, E., (1980): Unternehmung und gesellschaftliche Umwelt, Stuttgart 1980.
Junk, H., (1971): Optimale Werbeprogrammplanung - Grundlagen und Entscheidungsmodelle, Essen 1971.
Kami, M.J., (1964): Gap Analysis to Super Growth, in: LRP, Vol. 1, (4/1964).
Keller, A.F., (1971): Methoden zum Finden neuer Ideen, in: Marketing Journal, 4. Jg., (2/1971), S. 154 - 158.
Kemna, H., (1979): Key Account-Management, München 1979.
Kern, W., (1974): Investitionsrechnung, Stuttgart 1974.
Kern, W., (1981): Kennzahlensysteme als Niederschlag interdependenter Unternehmensplanung, in: Steinmann, H. (Hrsg.), Planung und Kontrolle, Probleme der strategischen Unternehmensführung, München 1981, S. 410 - 431.
Kiener, J., (1978): Marketing-Audit, in: asw, 21. Jg., (4/1978), S. 68 - 73.
Kiener, J., (1980): Marketing-Controlling, Darmstadt 1980.
Kieser, A., (1970): Management von Innovationen, in: IfO-Institut für Wirtschaftsforschung (Hrsg.), Innovationen in der Wirtschaft, München 1970, S. 290 - 307.

Kieser, A., (1984): Wie "rational" kann man Strategische Planung betreiben?, in: Gaugler, E./Jacobs, O.H./Kieser, A. (Hrsg.), Strategische Unternehmensführung und Rechnungslegung, Stuttgart 1984, S. 31 - 44.
Kirsch, W., (1969): Die Unternehmensziele in organisationstheoretischer Sicht, in: ZfbF, 21. Jg., (1969), S. 665 - 675.
Kirsch, W., (1980): Marketing und die Idee des Strategischen Managements, in: Meffert, H. (Hrsg.), Marketing im Wandel, Wiesbaden 1980, S. 63 - 76.
Kirsch, W., Esser, W.-M., Gabele, E., (1978): Reorganisation, München 1978.
Kirsch, W., Esser, W.-M., Gabele, E., (1979): Das Management des geplantes Wandels von Organisationen, Stuttgart 1979.
Kirsch, W., Trux, W., (1981): Perspektiven eines Strategischen Managements, in: Kirsch, W. (Hrsg.), Unternehmenspolitik: Von der Zielforschung zum Strategischen Management, München 1981, S. 290 - 396.
Kirsch, W., Roventa, P., (1983; Hrsg.): Bausteine eines strategischen Managements, Berlin u.a. 1983.
Kirsch, W., Trux, W., (1983): Strategische Frühaufklärung, in: Kirsch, W./Roventa, P. (Hrsg.), Bausteine eines strategischen Managements, Berlin u.a. 1983, S. 225 - 235.
Klages, H., Kmieciak, P., (1979; Hrsg.): Wertewandel und gesellschaftlicher Wandel, Frankfurt-New York 1979.
Knigge, R., (1975): Von der Cost-Benefit-Analyse zur Nutzwertanalyse, in: WISU, 4. Jg., (3/1975), S. 123 - 129.
Koch, H., (1979): Zum Verfahren der strategischen Programmplanung, in: ZfbF, 31. Jg., (1979), S. 145 - 161.
Koch, H., (1980): Marktwachstums-Marktanteil-Analyse versus Cash-Verlaufsanalyse - Ein Problem der strategischen Programmplanung, in: ZfO, 49. Jg., (7/1980), S. 369 - 374.
Koch, H., (1982): Integrierte Unternehmensplanung, Wiesbaden 1982.
Köhler, R., (1975): Verlustquellenanalyse im Marketing, in: Marketing Enzyklopädie, Bd. 3, München 1975, S. 605 - 618.
Köhler, R., (1976): Die Kontrolle strategischer Pläne als betriebswirtschaftliches Problem, in: ZfB, 46. Jg., (4/5 1976), S. 301 - 318.
Köhler, R., (1981): Grundprobleme der strategischen Marketingplanung, in: Geist, M./Köhler, R. (Hrsg.), Die Führung des Betriebes, Festschrift für Curt Sandig, Stuttgart 1981, S. 261 - 291.
Köhler, R., (1982): Marketing-Controlling, in: DBW, 42. Jg., (2/1982), S. 197 - 215.
Köhler, R., (1983): Marketingplanung in Abhängigkeit von Umwelt- und Organisationsmerkmalen - Ergebnisse empirischer Studien, in: Mazanec, J./Scheuch, F. (Hrsg.), Marktorientierte Unternehmensführung, Wien 1983.
Köhler, R., Böhler, H., (1984): Strategische Marketing-Planung: Kursbestimmung bei ungewisser Zukunft, in: asw, 27. Jg., (3/1984), S. 93 - 101.
Köster, W., (1981): Quantitative Modelle zur Bestimmung der optimalen Anzahl von Reisenden, Karlsruhe 1981.
Koreimann, D.S., (1976): Methoden der Informationsbedarfsanalyse, Berlin-New York 1976.
Kotler, P., (1971): Marketing Decision Making - A Model Building Approach, New York u.a. 1971.

Kotler, P., (1982): Marketing-Management - Analyse, Planung und Kontrolle, 4. Aufl., Stuttgart 1982.
Krautter, J., (1973): Marketing-Entscheidungsmodelle, Wiesbaden 1973.
Krautter, J., (1980): Quantitative Modellanalyse von Preisentscheidungen, in: Diller, H. (Hrsg.), Marketingplanung, München 1980, S. 162 - 175.
Kreikebaum, H., (1981): Strategische Unternehmensplanung, Stuttgart u.a. 1981.
Kreikebaum, H., Grimm, U., (1980): Strategische Unternehmensplanung in der Bundesrepublik Deutschland - Ergebnisse einer empirischen Untersuchung, in: Hahn, D./Taylor, B. (Hrsg.), Strategische Unternehmensplanung - Stand und Entwicklungstendenzen, Würzburg-Wien 1980, S. 517 - 539.
Kreutzer, R., (1983): Möglichkeiten und Probleme der Analyse von Länderrisiken im internationalen Marketing, unveröffentlichtes Manuskript, Mannheim 1983.
Krüger, W., (1974): Umweltwandel und Unternehmensverhalten, in: ZfO, 43. Jg., (2/1974), S. 62 - 70.
Kubicek, H., Thom, N., (1976): Umsystem, betriebliches, in: Grochla, E./Wittmann, W. (Hrsg.), Handwörterbuch der Betriebswirtschaft, 4. Aufl., Stuttgart 1976, Sp. 3977 - 4017.
Kühn, R., (1977): Marketing-Audit - ein Führungsinstrument, in: Die Unternehmung, 31. Jg., (1977), S. 199 - 212.
Kühn, R., Walliser, M., (1978): Problementdeckungssystem mit Frühwarneigenschaften, in: Die Unternehmung, 32. Jg., (2/1978), S. 223 - 246.
Kuss, A., (1978): Sicherer planen mit der Risiko-Analyse, in: Marketing Journal, 11. Jg., (1978), S. 33 - 39.
Lange, B., (1982): Bestimmung strategischer Erfolgsfaktoren und Grenzen ihrer empirischen Fundierung, dargestellt am Beispiel der PIMS-Studie, in: Die Unternehmung, 36. Jg., (1/1982), S. 27 - 41.
Lange, M., (1976): Marketing-Controller, in: Controller Magazin, (1976), S. 135 - 140.
Linnert, P., (1974): Praktische Analyse und Kontrolle von Umsatz und Gewinn, München 1974.
Little, J.D.C., Lodish, L.M., (1974): Ein heuristischer Ansatz zur Mediaselektion, in: Weinberg, P./Behrens, G./Kaas, K.P. (Hrsg.), Marketingentscheidungen, Köln 1974, S. 230 - 264.
Lodisch, L.M., (1977): CALLPLAN: Ein Dialogsystem zur Verkäufereinsatzplanung, in: Köhler, R./Zimmermann, H.-J. (Hrsg.), Entscheidungshilfen im Marketing, Stuttgart 1977, S. 162 - 180.
Lüder, K., (1967): Wertanalyse, in: Agthe, K./Blohm, H./Schnaufer, E. (Hrsg.), Industrielle Produktion, Baden-Baden/Bad Homburg vdH 1967, S. 533 - 545.
Magee, J.F., (1980): Die Technik des Entscheidungsbaums, in: Harvard Manager, (1/1980), S. 45 - 59.
Malik, F., (1979): Die Managementlehre im Lichte der modernen Evolutionstheorie, in: Die Unternehmung, 33. Jg., (1979), S. 303 - 316.
Malik, F., Probst, G., (1981): Evolutionäres Management, in: Die Unternehmung, 35. Jg., (2/1981), S. 121 - 140.
Malik, F., Schwaninger, M., (1982): Portfolio-Management in der international tätigen Unternehmung, in: Verkauf & Marketing, (2/1982), S. 11 - 16.

Mann, R., (1979): Praxis strategisches Controlling mit Checklists und Arbeitsformularen, München 1979.
Marettek, A., (1974): Budgetierung, in: Grochla, E./Wittmann, W. (Hrsg.), Handwörterbuch der Betriebswirtschaft, 4. Aufl., Stuttgart 1974, Sp. 1031 - 1038.
Marettek, A., (1982): Arbeitsschritte zur Durchführung der Zero-Base-Budgeting-Analyse, in: WiSt, 11. Jg., (6/1982), S. 257 - 263.
Martino, J.T., (1972): Technological Forecasting for Decision Making, New York 1972.
Marx, G.-R., (1979): Zero-Base-Budgeting, in: Die Unternehmung, 33. Jg., (3/1979), S. 227 - 241.
Mathieu, G., (1974): Informationssysteme im Marketing, in: Tietz, B. (Hrsg.), Handwörterbuch der Absatzwirtschaft, Stuttgart 1974, Sp. 850 - 876.
Mazanec, J., Wiegele, O.J., (1977): Zum praktischen Einsatz von Positionierungsmodellen in der Produktpolitik, in: Köhler, R./Zimmermann, J.-J. (Hrsg.), Entscheidungshilfen im Marketing, Stuttgart 1977, S. 46 - 60.
Meffert, H., (1980): Marketing, 4. Aufl., Wiesbaden 1980.
Meffert, H., (1984): Thesen zur marktorientierten Führung in stagnierenden und gesättigten Märkten, in: Marketing ZFP, 6. Jg., (3/1984), S. 215 - 220.
Meffert, H., Steffenhagen, H., (1977): Marketing-Prognosemodelle, Quantitative Grundlagen des Marketing, Stuttgart 1977.
Meffert, H., Wehrel, F., (1981): Strategische Unternehmensplanung - Eine Bestandsaufnahme ausgewählter Grundprobleme, Münster 1981.
Meissner, H.G., Winkelgrund, R., (1982): Internationales Marketing als Herausforderung deutscher Unternehmen, in: Marketing ZFP, 4. Jg., (2/1982), S. 115 - 121.
Merkle, E., (1980): Experimentelle Wirkungsprognosen, in: Diller, H. (Hrsg.), Marketingplanung, München 1980, S. 103 - 114.
Mertens, P., Rackelmann, G., (1979): Konzept eines Frühwarnsystems auf der Basis von Produktlebenszyklen, in: Albach, H./Hahn, D./Mertens, P. (Hrsg.), Frühwarnsysteme, Sonderheft 2, ZfB, Wiesbaden 1979, S. 70 - 88.
Meyer-Hentschel, G., (1983): Aktivierungswirkung von Anzeigen, Meßverfahren für die Praxis, Würzburg-Wien 1983.
Michael, M., (1973): Produktideen und "Ideenproduktion", Wiesbaden 1973.
Montgomery, D.B., Silk, A.J., Zaragoza, C.E., (1977): Ein Außendienst-Allokationsmodell für den Mehrprodukt-Fall, in: Köhler, R./Zimmermann, H.-J. (Hrsg.), Entscheidungshilfen im Marketing, Stuttgart 1977, S. 182 - 210.
Muchna, C., (1984): Stand und Entwicklungstendenzen der Investitionsgütermarktforschung, in: Marketing ZFP, 6. Jg., (3/1984), S. 195 - 202.
Müller, G., (1981): Strategische Frühaufklärungssysteme, München 1981.
Müller, G., (1982): Konzentrationsanalysen zur Geschäftsfeldbereinigung, in: DBW, 42. Jg., (4/1982), S. 553 - 560.
Nanus, B., (1982): QUEST - Quick Environment Scanning Technique, in: LRP, Vol. 15, (2/1982), S. 39 - 45.

Neubauer, F.-F., (1983): Die Integration von Umfeldanalysen in den strategischen Entscheidungsprozeß, in: Buchinger, G. (Hrsg.), Umfeldanalysen für das strategische Management, Wien 1983, S. 39 - 58.

Neubürger, K.W., (1980): Risikobeurteilung bei strategischen Unternehmungsentscheidungen, Stuttgart 1980.

Nieschlag, R., Dichtl, E., Hörschgen, H., (1980): Marketing, 11. Aufl., Berlin 1980.

Nieschlag, R., Dichtl, E., Hörschgen, H., (1985): Marketing, 14. Aufl., Berlin 1985.

Odiorne, G.S., (1971): Management mit Zielvorgabe - Management by Objectives, München 1971.

O'Meara, J.T. Jr., (1968): Selecting Profitable Products, in: Dirksen, C.J./Kroeger, A./Lockley, L.C., Readings in Marketing, Homewood, Ill., 1968, S. 499 - 510.

Paschen, H., Gresser, K., Conrad, T., (1978): Technology Assessment. Technologiefolgenabschätzung. Ziele, methodische und organisatorische Probleme, Frankfurt-New York 1978.

Pessemier, E.A., (1975): Market Structure Analysis of New Product an Market Opportunities, in: Journal of Contemporary Business, Vol. 4, 1975, S. 35 - 67.

Pessemier, E.A., (1977): Die Entscheidung über Markteinführung, Markttest oder Nichteinführung eines neuen Produkts, in: Köhler, R./Zimmermann, J.-J. (Hrsg.), Entscheidungshilfen im Marketing, Stuttgart 1977, S. 61 - 86.

Peters, R.J., Waterman, R.H. Jr., (1983): Auf der Suche nach Spitzenleistungen, Landsberg am Lech 1983.

Pfeiffer, W., Bischof, P., (1974): Produktlebenszyklen als Basis der Unternehmensplanung, in: ZfB, 44. Jg., (1974), S. 635 - 666.

Pfeiffer, W., Metze, G., Schneider, W., Amler, R., (1983): Technologie-Portfolio zum Management strategischer Zukunftsfelder, Göttingen 1983.

Porter, M.W., (1980): Competitive Strategy, 1980.

Porter, M.W., (1983): Wettbewerbsstrategie, Frankfurt 1983.

Porzelt, U., (1982): Universalmethoden der Entscheidungsfindung und die praxisorientierte Analyse ihrer Anwendbarkeit in absatzwirtschaftlichen Aufgabenstellungen, Berlin 1982.

Probst, G.J.B., (1983): Variationen zum Thema Management-Philosophie, in: Die Unternehmung, (4/1983), S. 322 - 332.

Pümpin, C.B., (1980): Strategische Führung in der Unternehmenspraxis, in: Die Orientierung (Schweizerische Volksbank), (76/1980).

Pümpin, C.B., (1981): Strategische Unternehmensführung in der Praxis, Zürich 1981.

Quitt, H., (1977): Quantitative Marktforschung, 1977.

Raffée, H., (1974): Grundprobleme der Betriebswirtschaftslehre, Göttingen 1974.

Raffée, H., (1977): Der Marketingansatz als Grundkonzept in der Betriebswirtschaftslehre, in: WISU, 6. Jg., (2/1977), S. 56 - 60.

Raffée, H., (1980): Nicht-kommerzielles Marketing - Möglichkeiten, Chancen, Risiken, in: Sarges, W./Haeberlin, F. (Hrsg.), Marketing für die Erwachsenenbildung, Hannover u.a. 1980, S. 272 - 290.

Raffée, H., (1983): Messen als Herausforderung an die Marketing-Theorie, in: Deutsche Werbewissenschaftliche Gesellschaft e.V. (Hrsg.), Messen als Marketing-Instrument, DWG-Jahrestagung 1983, Transfer VI, Bonn 1983, S. 73 - 95.

Raffée, H., (1984): Marketingorientierung der Betriebswirtschaftslehre zwischen Anspruch und Wirklichkeit, in: Mazanec, J./Scheuch, F. (Hrsg.), Marktorientierte Unternehmensführung, Wien 1984, S. 81 - 108.

Raffée, H., Deutsch, W., (1983): VF-Kampagnen: Kontrollieren ist gut, bewerten ist besser, in: asw, 25. Jg., (8/1983), S. 69 - 73.

Raffée, H., Kreutzer, R., (1984): Ansätze zur Erfassung von Länderrisiken in ihrer Bedeutung für Direktinvestitionsentscheidungen, in: Kortzfleisch, G. von/Kaluza, B. (Hrsg.), Internationale und nationale Problemfelder der Betriebswirtschaftslehre, Festschrift für Heinz Bergner, Berlin 1984, S. 27 - 63.

Raffée, H., Wiedmann, K.P., (1983a): Dialoge - Der Bürger als Partner, Das Gesellschaftliche Bewußtsein in der Bundesrepublik und seine Bedeutung für das Marketing, Hamburg 1983.

Raffée, H., Wiedmann, K.P., (1983b): Nicht-kommerzielles Marketing - ein Grenzbereich des Marketing?, in: BFuP, 35. Jg., (3/1983), S. 185 - 208.

Raffée, H., Wiedmann, K.P., Abel, B., (1983): Sozio-Marketing, in: Irle, M. (Hrsg.), Handbuch der Psychologie, Bd. 12, 2. Halbband: Methoden und Anwendung in der Marktpsychologie, Göttingen-Toronto-Zürich 1983, S. 675 - 768.

Raffée, H., Wiedmann, K.P., (1984a): Wenn Werte wichtig werden, in: mm, 10. Jg., (3/1984).

Raffée, H., Wiedmann, K.P., (1984b): Der Evolutionsansatz, unveröffentlichtes Manuskript, Mannheim 1984.

Rehorn, J., (1977): Markttests, Neuwied 1977.

Reichert, R., Stinner, R., (1983): Die Bewertung von strategischen Programmen, in: Kirsch, W./Roventa, P. (Hrsg.), Bausteine eines strategischen Managements, Berlin-New York 1983, S. 205 - 219.

Rieder, B., (1982): Erfolgskontrolle von Verkaufsförderungs-Aktionen, Ansatzpunkte zu ihrer Dimensionierung und Implementierung, Frankfurt 1982.

Rieser, I., (1980): Frühwarnsysteme für die Unternehmenspraxis, München 1980.

Rinza, P., Schmitz, H., (1977): Nutzwert-Kosten-Analysen, Düsseldorf 1977.

Robinson, P.J., Faris, C.W., Wind, Y., (1967): Industrial Buying and Creative Marketing, Boston/Mass. 1967.

Root, F.R., (1972): Analysing Political Risk in International Business, in: Kapoor, A./Grub, P.D. (Hrsg.), The Multinational Enterprise in Transition, Princeton 1972, S. 354 - 365.

Rosove, P.E., (1967): Developing Computer-Based Information Systems, New York u.a. 1967.

Roth, R., Gosslar, H., (1979): Zur Anwendung der Pfadanalyse im Marketing, in: Marketing ZFP, 1. Jg., (1/1979), S. 48 - 58.

Roventa, P., (1979): Portfolio-Analyse und strategisches Management, München 1979.

Rühli, E., (1970): Methodische Verfeinerungen der traditionellen Verfahren der Investitionsrechnung und Übergang zu den mathematischen Modellen, in: Die Unternehmung, 24. Jg., (1970), S. 161 - 190.

Rumelt, R.P., (1978): Theory, Models, and the Evaluation of Strategy, Working Paper MGL-56, Graduate School of Management, University of California, Los Angeles 1978.
Ruttkamp, R., Eicker, M., (1978): Controlling in Aktion, in: Controller Magazin, (1978), S. 205 - 220.
Schanz, G., (1977): Grundlagen der verhaltensorientierten Betriebswirtschaftslehre, Tübingen 1977.
Schiefer, F., (1982): Faktoren der internationalen Wettbewerbsfähigkeit - aufgezeigt am Vergleich USA, Japan, Deutschland, in: ZfbF, (1/1982), S. 34 - 51.
Schindel, V., (1978): Risikoanalyse, Darstellung und Bewertung von Risikorechnungen am Beispiel von Investitionsentscheidungen, 2. Aufl., München 1978.
Schneider, D., (1980): Investition und Finanzierung, 5. Aufl., Wiesbaden 1980.
Schobert, R., (1980): Positionierungsmodelle, in: Diller, H. (Hrsg.), Marketingplanung, München 1980, S. 145 - 161.
Schöllhammer, H., (1978): Identification, Evaluation and Prediction of Political Risks from an International Business Perspective, in: Ghertman, M./Leontiades, J. (Hrsg.), European research in international business, Amsterdam u.a. 1978, S. 91 - 109.
Schreyögg, G., (1983): Theorien der Unternehmensstrategie - Grundprobleme eines betriebswirtschaftlichen Theorie strategischer Unternehmensführung, Universität Erlangen-Nürnberg, 1983.
Schuchard-Ficher, C., Backhaus, K., Humme, U., Lohrberg, W., Plinke, W., Schreiner, W., (1980): Multivariate Analysemethoden, Eine anwendungsorientierte Einführung, Berlin u.a. 1980.
Schulz, H., (1974): Netzplantechnik, in: Becker, U./Thieme, W. (Hrsg.), Handbuch der Verwaltung, Heft 4.5, Köln u.a. 1974.
Schulz, R., (1972): Kaufentscheidungsprozesse des Konsumenten, Wiesbaden 1972.
Schwarze, J., (1980; Hrsg.): Angewandte Prognoseverfahren, Herne/Berlin 1980.
Schweiger, G., (1975): Mediaselektion - Daten und Modelle, Wiesbaden 1975.
Sheth, J.N., (1973): A Model of Industrial Buyer Behavior, in: Journal of Marketing, Vol. 37, (4/1973), S. 50 - 56.
Simmerl, M., (1978): Portfolio-Selektion: Strategie gegen Zufallserfolge, in: asw, 21. Jg., (5/1978), S. 78 - 82.
Simon, H., (1982): Preismanagement, Wiesbaden 1982.
Simon, H., (1983): Höhere Marketing-Effizienz mit Scanner-Daten, in: asw, 25. Jg., (2/1983), S. 81 - 89.
Sprüngli, R.K., (1981): Evolution und Management. Ansätze zu einer evolutionistischen Betrachtung sozialer Systeme, Bern-Stuttgart 1981.
Staehle, W.H., (1973): Kennzahlensysteme als Instrumente der Unternehmensführung, in: WiSt, 2. Jg., (5/1973), S. 222 - 228.
Stalp, H.-G., (1978): Strategische Geschäftseinheiten?, in: ZfB, 48. Jg., (10/1978), S. 919 - 924.
Steffenhagen, H., (1983): Der Strategiebegriff der Marketingplanung, Arbeitspapier Nr. 29, Institut für Marketing der Universität Münster, Münster 1983.

Strebel, H., (1969): Scoring-Methoden als Entscheidungshilfen bei der Wahl von Forschungs- und Entwicklungsprojekten, in: Layer, M./Strebel, H. (Hrsg.), Rechnungswesen und Betriebswirtschaftspolitik, Festschrift für Gerhard Krüber, Berlin 1969, S. 252 - 278.
Strebel, H., (1974): Relevanz-Baum-Analyse als Planungsinstrument, in: BFuP, 26. Jg., (1974).
Strebel, H., (1975): Forschungsplanung mit Scoring-Modellen, Baden-Baden 1975.
Strebel, H., (1978): Scoring-Modelle im Lichte neuer Gesichtspunkte zur Konstruktion praxisorientierter Entscheidungsmodelle, in: Der Betrieb, 31. Jg., (46/1978), S. 2181 - 2186.
Strüven, P., (1981): Strategieentwicklung und Konkurrenzanalysen, Unterlagen zur Agplan-Fachtagung: Strategieerarbeitung in der Praxis, Wiesbaden 1981.
Szyperski, N., Winand, U., (1978): Strategisches Portfolio-Management: Konzept und Instrumentarium, in: ZfbF-Kontaktstudium, 30. Jg., (1978), S. 123 - 132.
Szyperski, N., Winand, U., (1979): Duale Organisation - Ein Konzept zur organisatorischen Integration der strategischen Geschäftsplanung, in: ZfbF-Kontaktstudium, 31. Jg., (1979), S. 195 - 205.
Thomas, H., (1983): Risk Analysis and the Formulation of Acquisition/Diversification Strategies, in: LRP, Vol. 16, (2/1983), S. 28 - 37.
Tietz, B., (1982): Die Wertedynamik der Konsumenten und Unternehmer in ihren Konsequenzen auf das Markting, in: Marketing ZFP, 4. Jg., (2/1982), S. 91 - 102.
Timmermann, A., (1981): Erarbeitung innovativer Strategien, Unterlagen zur Agplan-Fachtagung: Strategieerarbeitung in der Praxis, Wiesbaden 1981.
Timmermann, A., (1982): An Haupterfolgsfaktoren orientierte Geschäftsfeldstrategien: Grundbausteine der Multi-Faktor-Portfolio-Methode, in: Agplan Gesellschaft für Planung e.V. (Hrsg.), Portfolio-Management, Ein strategisches Führungskonzept und seine Leistungsfähigkeit, Berlin 1982.
Timmermann, M., (1972): Entscheidungsbaumverfahren, in: Tumm, G.W. (Hrsg.), Die neuen Methoden der Entscheidungsfindung, München 1972, S. 286 - 296.
Trechsel, F., (1972): Die neuen Management-Techniken der Investitions- und Wirtschaftlichkeitsrechnung, in: Demmer, K.H. et al. (Hrsg.), Die neuen Management-Techniken, 6. Aufl., München 1972, S. 125 - 149.
Töpfer, A., (1976): Planungs- und Kontrollsysteme industrieller Unternehmungen, Berlin 1976.
Trux, W., Müller, G., Kirsch, W., (1984): Das Management strategischer Programme, 1. Halbband, München 1984.
Ulrich, H., (1978): Unternehmenspolitik, Bern-Stuttgart 1978.
Ulrich, P., Fluri, E., (1978): Management, Eine konzentrierte Einführung, 2. Aufl., Bern-Stuttgart 1978.
Ulrich, W., (1977a): Einführung in die heuristischen Methoden des Problemlösens: Induktive Heuristik: Einführung in die gruppendynamischen Methoden des Problemlösens; das Brainstorming, in: WISU, 6. Jg., (1977), S. 51 - 56.
Ulrich, W., (1977b): Einführung in die heuristischen Methoden des Problemlösens: Induktive Heuristik: Die Synektik (I), in: WISU, 6. Jg., (5/1977), S. 199 - 204.

Ulrich, W., (1977c): Einführung in die heuristischen Methoden des Problemlösens: Induktive Heuristik: Die Synektik (II), in: WISU, 6. Jg., (6/1977), S. 247 - 253.
Ulrich, W., (1977d): Einführung in die heuristischen Methoden des Problemlösens: Induktive Heuristik: Schöpferische Entwicklung, in: WISU, 6. Jg., (9/1977), S. 395 - 411.
Utz, H.W., (1978): Umweltwandel und Unternehmenspolitik, München 1978.
Veit, A., (1983): Praxisorientierte Planungstechniken, Frankfurt/Main 1983.
Vester, F., (1980): Neuland des Denkens, Stuttgart 1980.
Wagner, H., (1975): Gestaltungsmöglichkeiten einer marketingorientierten Strukturorganisation, in: Meffert, H. (Hrsg.), Marketing heute und morgen. Entwicklungstendenzen in Theorie und Praxis, Wiesbaden 1975, S. 279 - 297.
Webster, F.E. Jr., Wind, Y., (1972): A General Model for Understanding Organizational Buying Behavior, in: Journal of Marketing, Vol. 36, (April/1972), S. 12 - 19.
Wenzel, W., (1984): Werbewirkungsforschung für die Mediaplanung, in: Marketing ZFP, 6. Jg., (2/1984), S. 89 - 97.
Wiedmann, K.P., (1983): Theoretische und praktische Leitideen als Grundlage effizienter strategischer Unternehmensführung, unveröffentlichtes Manuskript, Mannheim 1983.
Wiedmann, K.P., (1984a): Ökologisches Bewußtsein und unternehmerisches Marketing - Einige ausgewählte Befunde und Gestaltungsperspektiven, Arbeitspapier Nr. 28 des Institut für Marketing, Universität Mannheim, 1984.
Wiedmann, K.P., (1984b): Werte und Wertewandel, Begriffliche Grundlagen, Erklärungsskizzen und ausgewählte Tendenzen, Arbeitspapier Nr. 29 des Institut für Marketing, Universität Mannheim, 1984.
Wiedmann, K.P., (1984c): Herausforderungen an eine marktorientierte Unternehmensführung im Zeichen eines Wertewandels, Arbeitspapier Nr. 31 des Institut für Marketing, Universität Mannheim, 1984.
Wiedmann, K.P., (1984d): Ansatzpunkte der Strategischen Rahmenplanung, unveröffentlichtes Manuskript, Mannheim 1984.
Wheelwright, S.C., Makridakis, S., (1980): Forecasting Methods for Management, 3. Ed., New York u.a. 1980.
Wild, J., (1971): Problematik der Nutzenbewertung von Informationen, in: ZfB, 41. Jg., (1971), S. 315 - 334.
Wild, J., (1972): Product Management - Ziele, Kompetenzen und Arbeitstechniken des Produktmanagers, München 1972.
Wild, J., (1974): Grundlagen der Unternehmensplanung, Reinbek bei Hamburg 1974.
Wille, H., Gewald, K., Weber, H., (1972): Netzplantechnik, Bd. 1, München-Wien 1972.
Wind, Y., Douglas, S., (1981): International Portfolio-Analysis And Strategy: The Challenge of the 80s, in: Journal of International Business Studies, (Fall/1981), S. 69 - 82.
Wittmann, W., (1975): Das Planning-Programming-Budgeting-System (PPBS), in: WiSt, 4. Jg., (4/1975), S. 169 - 174.
Wöller, R., (1980): Absatzprognosen - Grundlagen für Entscheidungen im Marketing, Oftershausen 1980.
Wolf, J., (1977): Kennzahlensysteme als betriebliche Führungsinstrumente, München 1977.

Wolff, O., (1975): Marketing by Assessment, in: Marktforscher, 19. Jg., (2/1975), S. 27 - 32.
Zangemeister, C., (1972): Nutzwertanalyse, in: Thumm, G.W. (Hrsg.), Die neuen Methoden der Entscheidungsfindung, München 1972, S. 264 - 285.
Zentes, J., (1984): Neue Informations- und Kommunikationstechnologien in der Marktforschung, Berlin u.a. 1984.
Zünd, A., (1973): Kontrolle und Revision in der multinationalen Unternehmung, Bern-Stuttgart 1973.
Zwicky, F., (1972): Morphologisches Denken und Vorgehen, in: Thumm, G.W. (Hrsg.), Die neuen Methoden der Entscheidungsfindung, München 1972, S. 130 - 143.

Hans Raffée *

Prognosen als ein Kernproblem der Marketingplanung

*Prof. Dr. Hans Raffée ist Inhaber des Lehrstuhls für Allgemeine Betriebswirtschaftslehre und Absatzwirtschaft II an der Universität Mannheim.

A. Einführung: Zur Prognosesituation

Zutreffende Prognosen waren immer schon ein "schwieriges Geschäft". Die Prognoseschwierigkeiten haben in den 80er Jahren indessen noch zugenommen, da zum einen mit verstärkten Diskontinuitäten in den ökonomischen und gesellschaftlichen Rahmendaten zu rechnen ist und zum anderen der verschärfte Kampf um Märkte auch das Prognoserisiko erhöht. In einer solchen Situation sind denn auch in weiten Teilen der Praxis Skepsis und Vorbehalte gegenüber Prognosen beträchtlich. Solche Skepsis und Vorbehalte werden immer wieder - mindestens scheinbar - bestätigt, wenn selbst renommierte Organisationen und Institute, die über große Datenbanken und ein erhebliches Know how verfügen, Fehlprognosen abgeben. Erinnert sei etwa an die Fehlprognosen des Club of Rome, die teils zu pessimistisch, teils noch nicht pessimistisch genug waren, oder an die Prognosen, die für die siebziger Jahre abgegeben wurden und in denen z.B. das Phänomen Ölkrise schlicht nicht vorkam.

Trotz der Erschwerung von Prognosen und gestiegener Prognose-Skepsis kann es sicher nicht darum gehen, sich weniger um Prognosen zu bemühen. Prognosen sind Ausdruck einer rationalen Beschäftigung mit der Zukunft, und ungeachtet der erhöhten Prognoserisiken ist der Bedarf an Prognosen in den 80er Jahren besonders vordringlich, auch wenn dies von vielen Unternehmungen noch nicht erkannt wird. Nicht zuletzt ist es die verstärkte Notwendigkeit einer strategischen Unternehmensführung bzw. eines strategischen Marketing, die Prognosen immer unverzichtbarer werden läßt.

Welche Konsequenzen sind aus diesem Dilemma zwischen Prognoseschwierigkeiten einerseits, erhöhtem Prognosebedarf andererseits zu ziehen? Bleibt nur die Konsequenz, das Anspruchsniveau an Prognosen zu reduzieren, "mit falschen Prognosen zu leben" und sich damit zu trösten, daß man selbst aus falschen Prognosen Erkenntnisse gewinnen kann? (Auch im letzteren liegt übrigens ein enormes Lernpotential, das in der Unternehmenspraxis oft in hohem Maß brachliegt.) Oder geht es - zumindest auch - darum, in der Prognose-Praxis einige Akzente anders zu setzen - in Bezug auf Prognosemethoden ebenso wie hinsichtlich der organisatorischen

Bewältigung des Prognoseproblems?

Im folgenden sollen zunächst einige Problembereiche von Prognosen diskutiert und dann ausgewählte Prognosemethoden skizziert werden. Den Abschluß bilden Hinweise auf die organisatorische Bewältigung von Prognosen und das Akzeptanzproblem.

B. Problembereiche von Prognosen

I. Überblick

Die Lösung von Prognoseproblemen hängt zwar auf's engste mit den verfügbaren bzw. verwendeten Prognosemethoden und ihrer Leistungsfähigkeit zusammen. Das ist jedoch nicht die einzige Problemdimension: Folgende Strukturierung der Problembereiche von Prognosen erscheint im Anschluß an Steffenhagen (1980, S. 1 - 8) zweckmäßig:

Problembereiche von Prognosen

Technologische Probleme	Organisatorisch-menschliche Probleme
1. Datenprobleme	1. Organisatorische Probleme
2. Modell- und Methodenprobleme	2. Akzeptanzprobleme

Die skizzierten Problembereiche von Prognosen sind inhaltlich auch durch die jeweiligen Aufgaben bzw. Ziele von Prognosen geprägt, die wiederum mit bestimmten Prognosearten Hand in Hand gehen. Folgende Aufgaben bzw. Ziele sowie Prognosearten sind besonders wichtig:

Prognose-Ziele	Fristigkeit der Prognosen
1. Informations-Bereitstellung für die strategische Planung: Produkt- und Programmplanung; Standort- und Distributionsplanung, Internationalisierung, Marktsegmentierung, strategische Kapazitätsplanung u.ä.	mittel- und langfristig
2. Informations-Bereitstellung für die operative Planung: Marketing-Mix-Planung, Formulierung von Zielvorgaben (MbO), operative Kapazitätsplanung u.ä.	kurz- und mittelfristig

Sowohl für die strategische wie für die operative Planung sind Entwicklungs- und Wirkungsprognosen von Bedeutung. Entwicklungsprognosen sind dadurch gekennzeichnet, daß die einzelne Unternehmung keinen bzw. keinen spürbaren Einfluß auf die zu prognostizierenden Größen ausübt (z.B. Marktentwicklung der Pharmazeutika, der Personal Computer insgesamt). Bei Wirkungsprognosen geht es demgegenüber darum, die Wirkungen von Marketingmaßnahmen der eigenen Unternehmung vorauszusagen (vgl. z.B. Meffert, 1984, S. 188 - 190). Gegenstand von Entwicklungsprognosen sind zum einen Marktvolumen- und Marktpotentialschätzungen, zum anderen aber auch eine wissenschaftlich begründete (oder begründbare) Vorhersage politischer und gesellschaftlicher Entwicklungen, Veränderungen des Abnehmerverhaltens, Veränderungen im Distributionssystem.

Ähnlich breit ist das Spektrum der Größen, die es im Rahmen von Wirkungsprognosen zu prognostizieren gilt: Neben ökonomischen Größen wie Absatzvolumina, Absatzpotentialen, Deckungsbeiträgen, Produktlebenszyklen auf den verschiedensten Aggregationsstufen (Produkt, Produktgruppe, Abteilung etc.) geht es um die Prognose nicht-ökonomischer Größen wie z.B. Markenbekanntheitsgrade, Einstellungen, Images.

Die Erfassung, Verdichtung und Speicherung derartiger Informationen wirft eine Reihe wichtiger Fragen auf, die den Bereich der Datenprobleme bei Prognosen darstellen.

II. Datenprobleme und Implementierung eines prognoseorientierten Marketinginformationssystems

Es ist im Grunde eine Binsenweisheit, gegen die in vielen Unternehmungen jedoch immer wieder verstoßen wird: Qualität und Leistungsfähigkeit von Prognosen hängen wesentlich vom Umfang und von der Qualität der Gegenwarts- und Vergangenheitsinformationen sowie von der Art ihrer methodischen Aufarbeitung ab. Damit erhalten die Probleme der Datengewinnung und der Datenverdichtung erhebliches Gewicht.

Drei Aufgabenbereiche seien hier besonders herausgestellt, die nach unseren Erfahrungen auch in vielen Großunternehmen nur unzureichende Beachtung finden:

- Die Bestimmung entscheidungsrelevanter Informationsbedarfe.
- Die Entwicklung eines abgestimmten und effizienten Systems der Informationsgewinnung.
- Die Implementierung eines prognoseorientierten Marketing-Informationssystems (MAIS).

1. Die Bestimmung entscheidungsrelevanter Informationsbedarfe

Wir stellen immer wieder fest, daß der Erarbeitung eines leistungsfähigen Informationsbedarfskonzepts - als Basis einer effizienten betrieblichen Informationswirtschaft bzw. Marketingforschung - zu wenig Aufmerksamkeit geschenkt wird (vgl. auch Wiedmann/Kreutzer, in diesem Band). Die Folge sind dann zum einen mangelnde Vollständigkeit entscheidungs- bzw. prognoserelevanter Informationen, zum anderen deren unzureichender Differenzierungsgrad.

Die Forderung nach Vollständigkeit der Informationen ist für alle Anbieter mit der Notwendigkeit einer Erfassung der unterschiedlichen Umweltbedingungen verbunden. In diesen Kontext fällt auch die - insbesondere für die strategische Planung relevante - Berücksichtigung schwacher Signale aus der gesellschaftlichen und natürlichen Unternehmensumwelt, die nicht ernst genug genommen werden kann, wobei schwache Signale vielfach lediglich als qualitative Daten auftreten (vgl. Raffée "Strategisches Marketing", in diesem Band). Wir haben mehr und mehr einsehen müssen, daß es einer "Informationspathologie" gleichkommt, wenn sich die

Bestimmung von Informationsbedarfen einseitig an quantitativen Daten orientiert und qualitative Früherkennungsdaten vernachlässigt werden (vgl. hierzu Wiedmann, in diesem Band).

Weitere Schwachstellen bei der Erstellung eines Informationsbedarfskonzepts liegen sodann vielfach in der Vernachlässigung von Konkurrenzinformationen und einer ausreichenden segmentspezifischen Informationsdifferenzierung. So steht bspw. die Pharmaindustrie einer außerordentlich heterogenen Ärzteschaft gegenüber, so daß segmentspezifische Informationen erforderlich werden. Zudem stellen wir immer wieder fest, daß der Bedarf an Informationen über Entscheidungsprozesse (Entscheidungsstrukturen in Krankenhäusern, bei der Anlagenbeschaffung, bei Bauprojekten etc.) und damit verbundene Möglichkeiten ihrer Beeinflussung zu wenig Beachtung finden.

2. Die Entwicklung eines abgestimmten und effizienten Systems der Informationsgewinnung

Aus der Vielzahl der sich hier stellenden Probleme seien - gewissermaßen checklistenähnlich - folgende aufgegriffen:

(a) Wird im Bereich der Sekundärforschung die selektive Inanspruchnahme externer Datenbanken (auf der Basis von Kosten/Nutzen-Analysen) ausreichend geprüft?

(b) Ist die Primärforschung richtig dimensioniert? Ist sie ausreichend, um bspw. den Bedarf an segmentspezifischen Informationen und an Informationen über Entscheidungsprozesse zu decken? (z.B. zur Entwicklung von Entscheidungstypologien). Gibt es andererseits Bereiche, in denen kostspielige fremdbezogene Primärforschung durch unternehmenseigene Recherchen (z.B. des Kundendienstes) ersetzt werden können?

(c) Wird das Informationspotential der Außendienstmitarbeiter hinreichend ausgeschöpft? Dabei geht es nicht zuletzt darum, die beim Außendienst latent vorhandenen Informationspotentiale über Markttrends, Konkurrenten, Kundenmerkmale etc. auszuschöpfen.

(d) Werden Beschwerden, Reklamationen, Kritik und Anregungen der verschiedenen Kundengruppen systematisch verwertet? Lassen sich Anregungen aus dem Abnehmer- und Verwenderbereich stimulieren? (Vgl. hierzu Hansen/Raabe/Stauss, in diesem Band).

(e) Wird - gerade im Bereich der qualitativen Daten und der schwachen Signale - das Wissens- und Anregungspotential unternehmensinterner Experten gezielt eingesetzt? (Fallweise Expertenbefragungen oder iterativ in Form von Delphi, etwa zur Prognose gesellschaftlicher Entwicklungen und ihrer Konsequenzen für die jeweilige Branche bzw. gezielt für das eigene Unternehmen). Wir dürfen ja nicht aus dem Auge verlieren, daß gerade schwache Signale interpretationsbedürftig sind und deshalb auch unter diesem Aspekt Experten-Know-how (ggf. auch das externer Experten) gefordert ist (vgl. auch Müller, in diesem Band).

3. Die Implementierung computergestützter Marketinginformationssysteme (MAIS) als übergreifender Problembereich

Keine Unternehmung kann heute mehr ohne computergestützte Informationsverarbeitung auskommen. Diese Technologie gilt es nun in verstärktem Maße auch für die Zwecke der Marketingplanung, insbesondere die Erstellung von Marketingprognosen, nutzbar zu machen.

Bei der Entwicklung von MAIS sind folgende Teilaufgaben zu berücksichtigen (vgl. Hansen, 1978; Heinzelbecker, 1977; Thome, 1981; Toroslu, 1981):

o Beschaffung von Marketinginformationen

Die marketingrelevanten internen und externen Daten müssen erfaßt, gespeichert und aktualisiert werden. Hierbei sind insbesondere Absatzinformationen ausreichend differenziert in eine Datenbank zu integrieren. Gerade die Verknüpfung unterschiedlicher Einzeldaten (z.B. Verknüpfung von Umsatz- und Kostendaten, von Kundendaten im Zeitablauf) bietet Chancen für strategische Marktprognosen.

Vor allem die lückenlose Erfassung von Zeitreihendaten ist als zentrale Funktion einer Marketingdatenbank anzusehen; denn erst dadurch ergeben sich Möglichkeiten, Entwicklungs- und auch Wirkungsprognosen durchzuführen.

o Verarbeitung von Marketinginformationen

Ein Hauptaugenmerk bei der Entwicklung und Implementierung computergestützter Prognosesysteme ist auf die Bereitstellung einer aufgabenadäquaten Methoden- und Modellbank zu richten (vgl. auch Alpar, 1983).

Die entscheidungsorientierte Verdichtung und Analyse von Marketingdaten kann dabei von einfachen Programmen zur Erstellung von Tabellen und Schaubildern über speziellere Verfahren der multivariaten Statistik bis hin zu komplexen Marktmodellen (z.B. Positionierungsmodelle, Portfolio-Simulationsmodelle) reichen (vgl. z.B. Wiedmann/Löffler, in diesem Band).

Besondere Möglichkeiten der Datenanalyse im Rahmen eines MAIS bieten spezielle Verfahren der multivariaten Statistik, so z.B. die Cluster- und Diskriminanzanalyse bei der Erstellung von Typologien, die Regressionsanalyse und nicht zuletzt die multidimensionale Skalierung (MDS) etwa im Bereich von Produktpositionierungsstudien. Solche Studien können nicht nur wichtige Aufschlüsse über die Position eigener Produkte gegenüber denen der Konkurrenz und im Verhältnis zu einem Idealprodukt ermitteln. Durch die Dynamisierung der Meßmodelle der MDS lassen sich vielmehr auch Positionsveränderungen in der Vergangenheit erfassen, die die Grundlage von Prognosen bilden können (vgl. hierzu z.B. Dichtl/Bauer/Schobert, 1983, S. 108 - 130).

Gerade unter dem Aspekt strategischer Marketingprognosen ist schließlich auch an den Einsatz von MAIS im Rahmen von Expertenpanels oder computergestützter Delphi-Prognosen zu denken.

o Kommunikation von Marketinginformationen

Eine Schwachstelle von MAIS stellt häufig der benutzerfreundliche Zugang zu den Informationen eines MAIS dar. In der Regel sind erhebliche Investitionen in die Entwicklung eines Kommunikationssystems vorzunehmen, um eine Akzeptanz für das EDV-gestützte System beim Marketingmanagement zu erhalten. Denn gerade um strategische Marketingprognosen erfolgreich durchführen zu können, bedarf es neben den technischen Voraussetzungen insbesondere auch des kreativen Elements von Marketingpraktikern.

Neben der Bereitstellung benutzerfreundlich aufbereiteter Standardberichte (hier spielt im übrigen die Visualisierung von Marketinginformationen in Form von Management-Graphiken eine bedeutsame Rolle) sollte auch die Möglichkeit für Ad hoc-Analysen bestehen.

o Integration des MAIS in ein übergreifendes Informationsmanagement

Die Entwicklung und Implementierung eines computergestützten MAIS bietet darüber hinaus die Chance, unternehmensübergreifend Informationsprozesse zu organisieren. Ein MAIS wird als Entscheidungsunterstützungssystem nur in dem Maße an Bedeutung gewinnen, wie es bereits auch ex ante in den Marketingplanungsprozeß integriert ist. Dabei ist vor allem die Servicefunktion solcher computergestützten Prognosesysteme für Prognose-Teams zu beachten. Auf der einen Seite sind viele, auch noch so "trickreiche" Datenauswertungen ohne deren Einbindung in kreative Prozesse (z.B. Einspeisung in Frühwarn-Expertenteams) für strategische Marketingprognosen nicht viel wert. Auf der anderen Seite können solche harten Informationen dazu beitragen, daß zum einen das Prognosegeschäft nicht nur aus "der hohlen Hand" erfolgt, zum anderen Marketing-Manager auch lernen, schwache Signale in harten Marketingdaten zu erkennen.

III. Prognosen als Modell- und Methodenproblem

In Verbindung mit der Installation eines MAIS und speziell der Einrichtung von Methoden- und Modellbanken stellt sich unmittelbar die Frage, auf welche Prognosemethoden und -modelle zurückgegriffen werden kann.

Im Feld der Prognosemethoden steht heute eine breite Palette leistungsfähiger Ansätze zur Verfügung; sie reicht von einfachen qualitativen bis hin zu mathematisch anspruchsvollen quantitativen Methoden. Auf einzelne - u.E. besonders wichtige - Methoden wird im nachfolgenden Abschnitt noch etwa detaillierter eingegangen. Grundsätzlich festzuhalten ist an dieser Stelle, daß in der Methodenbank eines MAIS immer die gesamte Palette gängiger Prognosemethoden erfaßt und einzelne Planungsspezialisten des Unternehmens bezüglich der Anwendungsmöglichkeiten und -probleme dieser Methoden geschult sein sollten.

Sicherlich sind hier bei kleineren und mittleren Unternehmen Abstriche zu machen. Auf's Ganze gesehen bildet jedoch ein entsprechendes Methoden-Know-how im Sektor der Prognose zunehmend einen wichtigen strategischen Erfolgsfaktor, dessen Ausprägung nicht dem Privatinteresse einzelner Mitarbeiter überantwortet werden sollte, sondern gezielt geplant werden muß. Entsprechende Schulungsprogramme sind nicht zuletzt auch deshalb erforderlich, um die Mitarbeiter zu befähigen, die Leistungsangebote und generell die Leistungsfähigkeit von Marktforschungsinstituten zu beurteilen und extern durchgeführte Prognosestudien richtig zu interpretieren.

Ein breites Methodenspektrum ist insbesondere deshalb erforderlich, weil jeweils in Abhängigkeit der vorliegenden Situation (z.B. vorhandene Datenbasis, verfügbares Finanz- und Zeitbudget, Entscheidungssituation und damit verbundene Anforderungen an die Prognoseinformationen) entschieden werden muß, welche Methoden die anstehenden Prognoseprobleme am besten zu lösen vermögen (zur Auswahl geeigneter Prognosemethoden und zur "Theorie optimaler Prognoseverfahren" vgl. z.B. Brockhoff, 1977; Chambers/Mullick/Smith, 1971). Überdies erscheint vielfach ein systematisch kombinierter Einsatz mehrerer Prognosemethoden zweckmäßig (vgl. z.B. Lewandowski, 1974). Hierbei sind u.a. folgende Kombinationsvarianten zu berücksichtigen:

- Verschiedene Prognoseverfahren werden unabhängig voneinander eingesetzt, um denselben Sachverhalt zu prognostizieren. Auf der Grundlage der so erzielten Prognoseergebnisse lassen sich dann mögliche Bandbreiten bzw. Unsicherheitsbereiche abstecken.
- Mit Hilfe eines Prognoseverfahrens wird zunächst eine Zukunftsprojektion bzw. eine Trendlinie erstellt. Im Wege des Einsatzes anderer Methoden werden dann mögliche Einflüsse auf den hier ermittelten Entwicklungsverlauf (z.B. Strukturbrücke) zu prognostizieren versucht. Auf diese Kombinationsvariante der Trend-Impact-Analyse wird weiter unten im Zusammenhang mit Trendextrapolationen noch etwas näher eingegangen.
- Eine weitere Kombinationsvariante stellt schließlich der Einsatz unterschiedlicher Prognosemethoden im Rahmen von Prognosesystemen bzw. Systemprognosen dar. In solchen Prognosesystemen werden jeweils zahlreiche Einflußgrößen berücksichtigt, die den Verlauf einer oder mehrerer zu prognostizierender

Größen bestimmen. Abb. 1 gibt exemplarisch ein Prognosesystem für die Entwicklung der PKW-Nachfrage wider (vgl. Meffert, 1984, S. 204; Hess, 1975, S. 6). Um nun die Entwicklung bzw. künftige Ausprägung der im Prognosesystem berücksichtigten Einflußgrößen zu prognostizieren, sind jeweils in Abhängigkeit von den bei einzelnen Einflußfaktoren bestehenden Prognosemöglichkeiten die hierfür geeigneten Methoden auszuwählen. Während sich in unserem Beispiel der PKW-Absatzprognose die Entwicklung der Reparaturkosten etwa am besten auf der Basis von Expertenurteilen prognostizieren läßt, kann hinsichtlich der Konjunkturentwicklung etwa auf Indikatorprognosen zurückgegriffen werden.

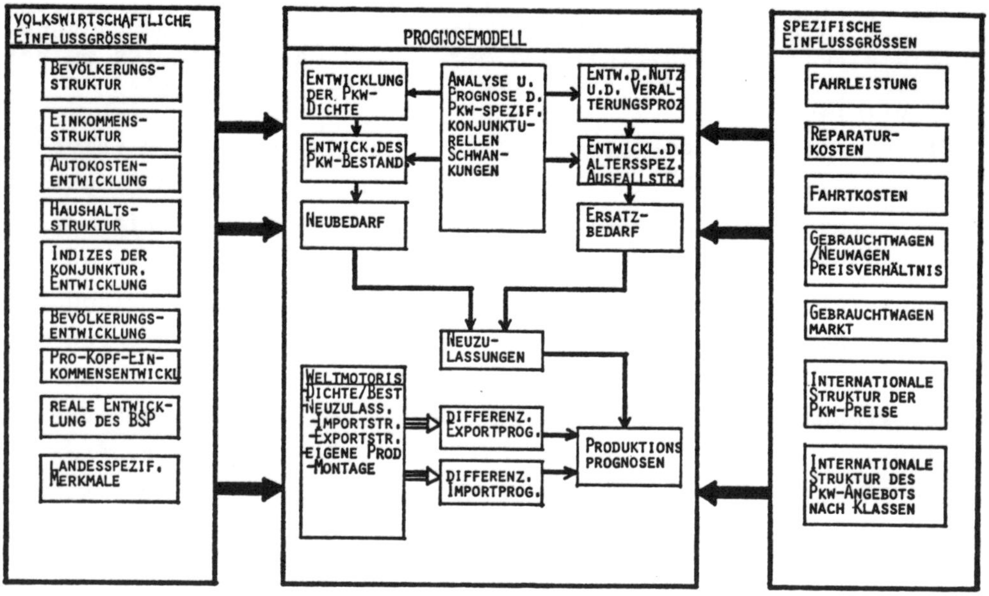

Abb. 1: System einer Absatzprognose im PKW-Markt (entnommen aus: Meffert, 1984)

Neben unterschiedlichen Methoden kommt dem Problemkreis "Modelle" im Rahmen von Prognosen ein bedeutender Stellenwert zu. Grundsätzlich setzt jeder Einsatz einer Prognosemethode ein Modell - also ein vereinfachtes Abbild der Realität - voraus. Hierbei kann es sich sowohl um implizite als auch explizite Modelle handeln.

Implizite Modelle, die allein in der Gedankenwelt der jeweils am Prognoseprozeß beteiligten Personen existieren ("kognitiv-intraindividuelle Modelle"; vgl. z.B. Köhler, 1975, Sp. 2702; Little, 1979; Naert/Leeflang, 1978, S. 26 ff.), gewinnen vor allem bei einigen qualitativen Prognosemethoden wie z.B. der Expertenbefragung oder der ebenfalls zu Prognosezwecken einzusetzenden Brainstorming-Technik an Bedeutung. Obwohl wir heute im Zeichen einer dynamischeren und komplexeren Umwelt sicherlich darauf angewiesen sind, Prognosepotentiale wie Intuition, Kreativität und Fingerspitzengefühl wieder in stärkerem Maße zu nutzen (vgl. z.B. auch Müller, 1981, S. 114 ff.), so darf ein entscheidender Nachteil solcher impliziten Modelle in Gestalt der mangelnden intersubjektiven Überprüfbarkeit nicht übersehen werden. Überdies ist nicht zu unterschätzen, daß etwa einfache verbale oder graphische Modelle, in denen bspw. relevante Unternehmens-Umweltbeziehungen abgebildet sind, intuitive und kreative Prozesse wesentlich anzuregen und zu unterstützen vermögen. Von daher sollten in der Modellbank eines MAIS immer auch anschauliche Graphiken und Situationsbeschreibungen enthalten sein, die in Brainstorming-Sitzungen oder Delphi-Runden eingebracht werden können (vgl. Wiedmann, 1984 und in diesem Band).

Explizite Modelle lassen sich etwa als verbale, graphische oder mathematische bzw. quantitativen Modelle konzipieren, die einen bestimmten Sachverhalt wie z.B. Austauschbeziehungen auf dem Absatzmarkt entweder lediglich beschreiben (Beschreibungsmodelle) oder bereits die hierbei relevanten Ursache-/Wirkungsbeziehungen zu erfassen versuchen (Erklärungsmodelle). Ein einfaches Beschreibungsmodell kann bspw. schon eine Umsatzkurve als vereinfachtes Abbild von Markt- bzw. Kaufprozessen darstellen. Werden gleichzeitig verschiedene Einflußfaktoren berücksichtigt, die den Umsatzverlauf beeinflußt haben, so handelt es sich um ein Erklärungsmodell (vgl. auch Abb. 1). Beide Modellvarianten eignen sich als Grundlage für Prognosen bzw. lassen sich in Prognosemodelle überführen, indem entweder allein durch die Variation des Faktors "Zeit" oder - speziell bei Erklärungsmodellen - durch Annahmen über die Veränderung von Einflußfaktoren künftige Entwicklungen abgebildet werden. Im einfachsten Fall einer linearen Trendextrapolation besteht die Prognosemethode hierbei z.B. darin, daß der in der Umsatzkurve (Modell) zum Ausdruck kommende Trend "per Lineal" in die Zukunft verlängert wird.

Erklärungs- und Prognosemodelle lassen sich schließlich dadurch zu Bewertungs- bzw. Entscheidungsmodellen weiterentwickeln, daß problemrelevante Zielsetzungen, unterschiedliche Rahmenbedingungen der Entscheidungssituation sowie Entscheidungsvariablen (z.B. absatzpolitische Instrumente) im Modell berücksichtigt werden.

Was den Bereich der Prognose- bzw. Entscheidungsmodelle angeht, so bildeten vor allem quantitative Modelle in der Anfangsphase der Konzeptionierung und Implementierung computergestützter MAIS die große Hoffnung von Wissenschaft und Praxis. Sowohl seitens der Praxis als auch seitens der Wissenschaft wurden zahllose quantitative Modelle für die unterschiedlichsten Fragestellungen entwickelt und eingesetzt. Als Beispiele sind etwa anzuführen:

- quantitative Marketing-Totalmodelle, die auf eine Optimierung der gesamten Marketing-Mix oder speziell die Unterstützung der Einführung neuer Produkte abstellen (z.B. DEMON, SPRINTER,

NEWS, BRANDAID; vgl. etwa Krautter, 1973; Böcker, 1974; Little, 1975; Meffert/Steffenhagen, 1977; Rütschi, 1972; Schmitt-Grohé, 1972; Tietz/Zentes, 1974; Simon, 1985);

- quantitative Marketing-Partialmodelle, deren Einsatzgebiet sich auf die Planung einzelner Marketinginstrumente bzw. -Sub-Mixes bezieht (z.B. Werbeplanung oder speziell Werbewirkung, Werbebudgetierung, Werbetiming etc., Verkäufereinsatzplanung, Verkaufsförderungsplanung; vgl. etwa Deutsch/Rieder, 1980; Raffée/Rieder/Deutsch, 1981; Köster, 1981; Schweiger, 1975; Freter, 1974);
- quantitative Unternehmensmodelle zur Unterstützung allgemeiner geschäftspolitischer Entscheidungen oder speziell zur Analyse der Unternehmensentwicklung vor dem Hintergrund von Umweltveränderungen (vgl. z.B. Milling, 1974; von Kortzfleisch, 1970; Zahn, 1971; Buchinger, 1983; Laukin/Merten, 1983);
- quantitative Umweltmodelle zur Prognose von Umweltentwicklungen, wie z.B. ökonometrische Makromodelle, internationale Verflechtungsmodelle und Weltmodelle (vgl. Forrester, 1972, 1978a, 1978b und 1980; Fürst, 1983; Munduch, 1983; Bruckmann, 1983).

Der Vorteil quantitativer Modelle wird generell vor allem in folgenden Punkten gesehen:

- Zum einen zwingt die Quantifizierung zu einer intensiven gedanklichen Durchdringung des im Modell abzubildenden Phänomens. Gleichzeitig erleichtert die mathematisch-statistische Kalkülsprache quantitativer Modelle eine intersubjektive Überprüfung.
- Zum anderen bieten quantitative Modelle aufgrund ihrer hohen formalen Präzision die Möglichkeit, mathematisch-statistische Transformationsregeln zur Ableitung von Entscheidungskonsequenzen anzuwenden. Im Verbund mit moderner EDV-Software und entsprechenden Kapazitäten automatischer Datenverarbeitung besteht somit die Aussicht, die relativ engen Grenzen der "mental arithmetics" menschlicher Informationsverarbeitung - zumindest stückweise - zugunsten quantitativ fundierter Maßnahmenentscheidungen auszudehnen (diesen Aspekt betonen insbesondere Krautter, 1979; Little, 1979; Naert/Leeflang, 1978, S. 26 - 27; Raffée/Rieder/Deutsch, 1981, S. 268).

Die Erfahrungen mit quantitativen Modellen sind allerdings recht unterschiedlich. Vor allem im Bereich komplexer Totalmodelle (z.B. Marketing-Totalmodelle) war verschiedentlich festzustellen, daß sie den gewünschten Erfolg nicht erbringen (vgl. etwa Krautter, 1980). Um derartige Enttäuschungen zu vermeiden, müssen einerseits schon im Stadium der Modellkonstruktion Anforderungskriterien Beachtung finden, die sowohl aus (wissenschafts-)theoretischer als auch anwendungspraktischer Sicht an Modelle zu stellen sind. Unter dem Gesichtspunkt pragmatischer bzw. anwendungspraktischer Anforderungen ist insbesondere der DECISION CALCULUS von Little (1970, 1977; vgl. auch Mazanec, 1975; Deutsch/

Rieder, 1980, S. 7 - 12) zu erwähnen, der folgende Beurteilungskriterien vorschlägt: "A model that is to be used by a manger should be simple, robust, easy to control, adaptive, as complete as possible, and easy to communicate with" (Little, 1970, S. B 466). In Abb. 2 finden sich neben diesem Anforderungskatalog von Little einige weitere Anforderungskriterien.

WISSENSCHAFTSTHEORETISCHE ANFORDERUNGEN	PRAGMATISCHE (BENUTZERORIENTIERTE)ANFORDERUNGEN
(1) Validierbarkeit/Prüfbarkeit	(1) Einfachheit
(a) logische Prüfbarkeit	(2) Robustheit
(b) empirische Prüfbarkeit	(3) leichte Kontrollierbarkeit/Durchschaubarkeit
(2) Berechenbarkeit	(4) Adaptivität (Anpassungsfähigkeit)
(3) (problemorientierte) Vollständigkeit	(5) (subjektive) Vollständigkeit
(4) Relevanz hinsichtlich der Zwecksetzung (z.B. prognostische Relevanz)	(6) Kommunikationsfähigkeit/einfache Handhabung
	(7) Wirtschaftlichkeit
(5) Reliabilität	
(6) hoher Bewährungsgrad	

Abb. 2: Anforderungen an quantitative Modelle

Der DECISION CALCULUS von Little oder generell pragmatische Anforderungskriterien sind im vorliegenden Zusammenhang deshalb so wichtig, weil sie u.a. auf die Benutzerfreundlichkeit eines Modells abstellen. Je geringer die Benutzerfreundlichkeit, um so größer ist die Gefahr, daß ein Modell von den Managern nicht akzeptiert wird. Durch die mangelnde Akzeptanz seitens der Anwender erhöht sich gleichzeitig das Scheiterrisiko des Modells, wie in der Vergangenheit immer wieder festgestellt werden konnte.

Andererseits ist mit Blick auf einen erfolgreichen Einsatz quantitativer Modelle zu fordern, daß die Einsatzmöglichkeit und die Leistungsfähigkeit der Modelle richtig eingeschätzt und sie auch dementsprechend konzipiert werden. Der Anwendungsbereich quantitativer Modelle im Sinne der Erstellung weitgehend verläßlicher (Entwicklungs- sowie Wirkungs-)Prognosen oder im Dienste einer Marketing-Optimierung liegt in erster Linie bei Partialproblemen der operativen Marketingplanung (etwa im Bereich der Werbeplanung oder der Außendienst-Optimierung). Sobald komplexere

Prognose- und Entscheidungsprobleme zu bewältigen sind oder wir in den Bereich strategischer Marketingplanung vorstoßen, sind die Einsatzmöglichkeiten quantitativer Modelle im Kern so zu interpretieren und auszuschöpfen, daß wir uns mit ihrer Hilfe an die Lösung komplexer Entscheidungsprobleme herantasten oder alternative Zukunftskonstellationen spielerisch experimentierend generieren können (Wiedmann, 1984, S. 72 ff. und in diesem Band). In diesem Sinne lassen sich im Kontext der strategischen Marketingplanung etwa Simulationsmodelle einsetzen (ausführlicher dazu vgl. Wiedmann/Löffler, in diesem Band).

C. Skizze ausgewählter Prognoseansätze

Aus dem umfangreichen Repertoir geeigneter Prognoseverfahren bzw. Prognoseansätze sollen im vorliegenden Beitrag lediglich einige ausgewählte Ansätze knapp skizziert werden. Im einzelnen handelt es sich hierbei um folgende Ansätze:
- Trendextrapolationen
- Indikatorprognosen
- Analogien
- Szenarien und Szenario-Simulationen
- Testmärkte und Testmarktsimulationen

Weitere Ansätze zur Erfassung möglicher Zukunftskonstellationen werden im Kapitel C des vorliegenden Bandes im Zusammenhang mit der Entwicklung moderner Früherkennungssysteme (FES) vorgestellt.

I. Trendextrapolationen

Beim Einsatz von Verfahren der Trendextrapolation wird darauf verzichtet, die Ursachenkomplexe von Entwicklungsläufen genau zu analysieren; sie basieren lediglich auf Beschreibungsmodellen. Vielmehr wird gemäß der "Zeitstabilitätshypothese" (Wild, 1974, S. 93 - 95) unterstellt, daß sich das Verhalten und die Veränderungen des Ursachensystems, wie sie in der Vergangenheit konstatiert wurden, auch in der Zukunft fortsetzen werden (vgl. Lehneis,

1971, S. 45; auch Gutenberg, 1979, S. 58).

In der Tat kann heute noch - und wohl auch im weiteren Verlauf der 80er Jahre - zumindest in Teilbereichen -, bei kurz- und mittelfristigen Prognosen von einer solchen Zeitstabilitätshypothese ausgegangen werden. So ändern sich, abgesehen von "Crash-Ereignissen" (wie bspw. politischen Umstürzen, Preisexplosionen, "technologischen Revolutionen"), viele unternehmensrelevanten Faktoren (Kundenstruktur, Produktpositionierung) nicht "von heute auf morgen", sondern durchlaufen eher einen kontinuierlichen Prozeß der Weiterentwicklung, der durch Verfahren der Trendextrapolation durchaus - wenn auch oft nur annäherungsweise - eingefangen werden kann.

Trotzdem sollte die Annahme dieses simplifizierenden "zeitlichen Determinismus" (Gisholt, 1976, S. 90) - aufgrund der damit einhergehenden Gefahr mangelnder Früherkennung von Strukturbrüchen und Diskontinuitäten - nur dann aufrechterhalten werden, wenn über die wirklichen Bestimmungsfaktoren einer Entwicklung Unklarheit herrscht oder aber diese zwar bekannt sind, jedoch keinerlei Erkenntnisse darüber vorliegen, wie sie sich in Zukunft gestalten werden (vgl. Gerfin, 1964, S. 116). Ist dies der Fall, so wird, um zu Aussagen über zukünftige Entwicklungen zu gelangen, eine aus Vergangenheitswerten ermittelte Zeitreihe durch graphische oder rechnerische Verlängerung in die Zukunft fortgeschrieben (vgl. zu diesen Verfahren Nieschlag et al., 1985; Hüttner, 1982, S. 77 - 88; Makridakis et al., 1980; Bruckmann, 1977, S. 45 - 71; Gisholt, 1976, S. 90; Rogge, 1972).

Um der gestiegenen Umweltdynamik der 80er Jahre, die sich wohl in den 90er Jahren unvermindert fortsetzen wird, durch Prognoseverfahren stärker Rechnung zu tragen, läßt sich die Trendextrapolation zur Trend-Impact-Analyse weiterentwickeln. An die "surprise-free-Prognose" schließt sich eine Phase der Identifikation kritischer Ereignisse an, die die Richtung der Extrapolation verändern können. In einem nächsten Schritt werden diesen Ereignissen auf der Basis von Expertenmeinungen (erhoben etwa unter Zugriff auf die Delphi-Technik) Eintrittswahrscheinlichkeiten zugeordnet, und es wird der Einfluß auf den Trendverlauf abgeschätzt. Um hierbei auftretende Unsicherheiten über den exakten Verlauf zu visualisieren, kann in Abhängigkeit von diesen Unsicherheiten um den extrapolierten Verlauf ein Unschärfenbereich gelegt werden (optimistischer, pessimistischer Verlauf), der die Vortäuschung einer nicht existierenden Sicherheit vermeidet und informationsverschleiernde Konsensbildungsprozesse bezüglich des "wahren" Verlaufs auf ein Minimum beschränkt.

Neben Verfahren der direkten Trendextrapolation können auch Ansätze der indirekten Trendextrapolation (bspw. Indikatorprognosen und Analogien) mit Gewinn eingesetzt werden. Von indirekter Trendextrapolation kann dabei insoweit gesprochen werden, als bei diesen Verfahren zur Prognose auf die Entwicklung einer Vergleichsreihe rekurriert wird. Diese Indirektheit konkretisiert sich bei der Indikatorprognose dadurch, daß aus dem vergangenen Verlauf der Größe X auf den zukünftigen Verlauf der Größe Y desselben Landes geschlossen wird. Dagegen schließt die Analogie von der vergangenen Entwicklung einer Größe X im Land A auf die zukünftige Entwicklung der gleichen Größe in einem Land B. Vor allem das Verfahren der Indikatorprognose ist allerdings nicht nur als eine Variante der indirekten Trendextrapolation zu interpretieren. Teilweise läßt sich dieses im folgenden näher zu beschreibende Verfahren auch der Gruppe der Kausalverfahren zuordnen, die auf einem Erklärungsmodell basieren.

II. Indikatorprognosen

Die Indikatorprognose (Leitreihen-Verfahren) stellt ein Verfahren dar, welches die Entwicklung einer Variablen aufgrund des Entwicklungsverlaufs einer oder mehrerer anderer Variablen (Frühindikatoren oder vorauseilende Indikatoren) vorherzusagen sucht (vgl. dazu auch Wiedmann, in diesem Band). Auch wenn die empirische Wirtschaftsforschung das Hauptanwendungsgebiet der Indikatorprognose darstellt (Hüttner, 1982, S. 45), kann sie auch in der unternehmerischen Praxis mit Gewinn eingesetzt werden. Hierbei steht die Prognose von Umkehrpunkten (bspw. einer Nachfrageentwicklung) - die erfahrungsgemäß die größten Probleme aufweist (vgl. Backhaus/Simon, 1981, S. 419) - im Zentrum der Betrachtung. Die Möglichkeit hierzu stellt einen der entscheidenden Vorteile gegenüber reinen Extrapolationsverfahren dar.

Im Rahmen der Indikatorprognose lassen sich metrisch skalierte Variablen verarbeiten. Der Einsatz dieses Prognoseverfahrens sollte in folgenden Stufen ablaufen:

1) Die Indikatorenauswahl hat sich an sachlogischen Beziehungen zwischen den Variablen zu orientieren. Eine Auswahl allein anhand von Kreuzkorrelationen bietet aufgrund möglicher Zufallskorrelationen keine ausreichende Sicherheit dafür, daß die ermittelten Beziehungen auch in Zukunft Bestand haben. Die Forderung nach einem plausiblen theoretischen Zusammenhang zwischen Frühindikator und der zu prognostizierenden Größe bedeutet aber nicht, daß zwischen diesen beiden Größen ein kausaler Zusammenhang bestehen muß (vgl. Henschel, 1979, S. 53). Insoweit stellt es eine nicht notwendige Einengung dar, wenn Chambers et al. (1971, S. 59) die Indikatorprognose den Kausalverfahren zuordnen. Allerdings lassen sich Indikatorprognosen - wie schon erwähnt- durchaus im Sinne eines Kausalverfahrens konzipieren (vgl. dazu auch Backhaus/Simon, 1981), indem auf der Basis von Theorien relevante Einflußfaktoren identifiziert und als Indikatoren in das Prognosemodell eingebracht werden. Bei der Prognose von Kaufverhaltensentwicklungen kann bspw. auf verhaltenswissenschaftliche Erkenntnisse bezüglich des Konsumentenverhaltens zurückgegriffen werden. Derartige Quellen zur Identifikation prognoserelevanter Indikatoren werden indessen in der Praxis bislang noch zu wenig genutzt.
2) Wurden ausreichend plausible Beziehungsstrukturen zwischen Variablen identifiziert (bspw. zwischen dem Geschäftsklimaindex des Ifo-Instituts und dem Auftragseingangsvolumen in Teilen der Investitionsgüterbranche; vgl. Backhaus/Simon, 1981, S. 423), so sind anschließend die bisherigen Entwicklungsverläufe dieser Größen quantitativ zu erfassen.
3) Zur Ermittlung des Lead-Lag-Zeitraums zwischen Vorlaufindikator und zu prognostizierender Größe können die Koeffizienten zeitverschobener Kreuzkorrelationen zwischen den Entwicklungsverläufen herangezogen werden (zur Anwendung dieser Technik vgl. Backhaus/Simon, 1981, S. 429).
4) Der Einsatz der Indikatorprognose findet seinen Abschluß in der Prognose des interessierenden Verlaufs auf der Basis der

Entwicklung des Vorlaufindikators. Eine Möglichkeit hierzu ist ein eher intuitives Vorgehen, bei dem aus den Werten des Vorlaufindikators die Werte der zu prognostizierenden Größe abgeschätzt werden. Die Prognose kann aber auch durch regressionsanalytische Ansätze methodisch unterstützt werden (vgl. Hüttner, 1982, S. 46).

Um der Multikausalität von Entwicklungen Rechnung tragen zu können, besteht die Möglichkeit, mehrere Indikatoren zu einem Gesamtindex zu verknüpfen (vgl. Brockhoff, 1977, S. 88 f.; bei Konjunkturprognosen vgl. Wagner, 1980, S. 74). Bei solchen Verknüpfungen ist allerdings darauf zu achten, daß die einbezogenen Ursachen unabhängig voneinander sind, weil sonst die Gefahr einer Fehlprognose bzgl. einzelner Faktoren auftreten kann.

III. Analogien

Beim Einsatz von Analogie-Verfahren wird eine vergangene oder gegenwärtige Entwicklung in einer Region (bspw. einem Land) oder von Produkten (sowohl eigenen als auch denen von Wettbewerbern) im Analogieschluß auf einen jeweils vergleichbaren, zu prognostizierenden Sachverhalt übertragen. Der theoretische Hintergrund für solche Übertragungen ist in der vielfach bestätigten Erkenntnis zu sehen, daß Diffusionsprozesse (ob von politischen, gesellschaftlichen Ideen, Freizeitaktivitäten, oder auch Produkten) i.d.R. nicht zufällig ablaufen, sondern vielmehr auf relativ stabilen Verbreitungsmustern basieren (vgl. dazu den Beitrag von Krampe, in diesem Band).

So können mit Hilfe von Analogien bspw. Sättigungsgrenzen für bestimmte Produkte ermittelt werden. Die hierbei zu durchlaufenden Stufen werden nachfolgend exemplarisch vorgestellt:

1) Zunächst muß überprüft werden, ob zwischen den herangezogenen Ländern nicht nur hinsichtlich äußerlich-formaler, sondern auch sachlogisch-inhaltlicher (hier produktrelevanter) Aspekte Ähnlichkeiten bzw. Beziehungen bestehen, so etwa bezüglich Kaufkraft, Bevölkerungsdichte, Konsumgewohnheiten, Marktstrukturen, gleichwohl aber unterschiedliche Stadien im Diffusionsprozeß erreicht sind. Erst eine weitgehende Übereinstimmung hinsichtlich Inhalt und Struktur berechtigt zu der Annahme

einer ausreichenden Parallelität bezüglich des zu prognostizierenden Ablaufs und verhindert, daß eine zufällige Analogie mit einer strukturellen Analogie verwechselt wird (vgl. Bruckmann, 1977, S. 72 f.).

2) Sodann erfolgt eine Rekonstruktion der bisherigen Entwicklungslinien beider Länder. Zweckmäßigerweise ist dabei so vorzugehen, daß die Absatzwerte für einzelne Stadien des Produktlebenszyklus ausgewiesen werden, wobei jeweils eine umfassende Situationscharakterisierung beizufügen ist.

3) Auf der Basis einer Gegenüberstellung beider Entwicklungslinien mit einer entsprechenden Situationsdarstellung ist die zeitliche Verschiebung zwischen den Ländern zu ermitteln.

4) Schließlich wird die Entwicklung im zeitlich nachlaufenden Land (etwa der Bundesrepublik) auf der Basis des Entwicklungsverlaufs im weiter fortgeschrittenen Land (bspw. USA) mittels Extrapolation prognostiziert.

Häufig ergeben sich bei der Prognose durch Analogien dadurch Probleme, daß gleiche Entwicklungsstufen des Diffusionsprozesses in verschiedenen Ländern unterschiedlich große Zeitspannen in Anspruch nehmen, wobei die Entwicklungslinien aufgrund der damit verbundenen Zeitraffung/Zeitlupe konvergieren bzw. divergieren (vgl. Meffert/Althans, 1982, S. 52). Schließlich ist eine vollständige Vergleichbarkeit zwischen zwei Ländern auch selten gegeben (vgl. Hüttner, 1982, S. 44). Aber selbst wenn diese vorhanden wäre, bestünde keine Zwangsläufigkeit, daß der Diffusionsprozeß eines Landes sich in gleicher Weise in einem anderen Land wiederholen wird, denn schließlich stellt die Analogie keine Begründungsmethode, sondern lediglich ein - wenn auch sehr wichtiges - Entdeckungsverfahren dar (Chmielewicz, 1979, S. 88 - 90).

Auch im Rahmen von Indikatorprognosen können Analogien mit Gewinn eingesetzt werden, weil die in einem Land gefundenen Beziehungen zwischen Vorlaufindikator und Prognosevariable per Analogie auch auf ein anderes Land übertragen werden können. Vor diesem Hintergrund wird der große Stellenwert des Bedarfs an ländervergleichenden Studien deutlich, die eine fundierte Anwendung derartiger Analogien erst möglich machen.

IV. Szenarien und Szenario-Simulationen

Die Entwicklung von Szenarien im Sinne des Entwurfes alternativer zukünftiger Umweltkonstellationen ist Ausdruck der nicht eindeutig prognostizierbaren Umweltbedingungen, wie sie gerade für die 80er Jahre kennzeichnend sind. Insofern sollten Szenarien zumindest in relativ einfacher Form im Prognose-Instrumentarium von Unternehmen nicht fehlen.

Bei international tätigen Unternehmungen bieten sich Länderszenarien an, die dann auf Branchen- und Marktszenarien "heruntergebrochen" werden. Kritische Variablen derartiger Szenarien können etwa sein: alternative unternehmensrelevante demographische Entwicklungen, gesamtwirtschaftliches Wachstum, politische Einbrüche (vgl. z.B. die beiden Szenarien in der Studie "Handel 2000"). Zweckmäßig ist auch die Kombination von Szenarien mit qualitativ-orientierten Indikator-Prognosen (zur Szenario-Technik vgl. im einzelnen auch Wiedmann, in diesem Band; Oberkampf, 1976; Lehnen, 1979; Mandel, 1982 und 1983; Zentner, 1982; Kneschaurek, 1983).

Im Wege quantitativer Szenario-Simulationen lassen sich alternative Auswirkungen auf unternehmerische Kosten- und Ertragsgrößen ermitteln. In Abhängigkeit vom Sensitivitätsgrad der relevanten Entscheidungsgrößen bieten Szenarien ein wichtiges Anregungspotential für Alternativstrategien und risikomindernde Maßnahmen (vgl. hierzu auch Wiedmann/Löffler, in diesem Band).

V. Testmärkte und Testmarktsimulationen

Eine übergeordnete Rolle spielen Testmärkte bzw. Testmarktprognosen als Informationsinstrument des Marketingmanagement. Dabei ist neben klassischen Testmarktverfahren insbesondere der Ansatz einer Testmarktsimulation zu nennen. Beide Ansätze dienen in erster Linie zur Erstellung von Wirkungsprognosen, so etwa im Rahmen der Planung von Neuprodukteinführungen, von preispolitischen Maßnahmen und Werbekonzeptionen (vgl. Green/Tull, 1982, S. 527 - 554; Bauer, 1981).

Aus Kostengründen, im Interesse eines Zeitgewinns und um Wettbewerber nicht frühzeitig auf neue Produktentwicklungen aufmerksam zu machen, setzt sich in den letzten Jahren in zunehmendem Maße die Testmarktsimulation in Gestalt des Labor-Testmarkts durch (vgl. Erichson, 1979, 1980 und 1981).

Das Grundkonzept der Testmarktsimulation läßt sich folgendermaßen skizzieren: Für einen repräsentativen Käuferquerschnitt werden - z.B. in einem Teststudio - reale Kaufsituationen simuliert und Käufe der Testpersonen stimuliert. Diese stimulierten Käufer sind in ein umfassendes Erhebungsverfahren eingebettet, bei dem bereits vor dem Kauf Markenbekanntheit, Produktverwendung, Kaufverhalten sowie Präferenz- und Einstellungsdaten erhoben werden. Nach der Werbe- und Kaufsimulation, an die sich eine Phase der Produktverwendung anschließt, erfolgt eine Nachbefragung, in der Produktverwendungserfahrungen und wiederum Präferenz- und Einstellungsdaten erhoben werden. Bei Produkten mit hoher Kauffrequenz wird im Rahmen der Nachbefragung eine weitere Kaufsituation simuliert, um auf diese Weise das Wiederkaufverhalten erfassen zu können.

An die Phasen der Kaufsimulation und des skizzierten Erhebungsverfahrens schließt sich das Analyseverfahren an, in der das Kaufvolumen des neuen Produkts prognostiziert wird (bei Verbrauchsgütern differenziert nach Prognose der Erstkäufe und Prognose der Wiederholungskäufe). Außerdem erfolgt eine Auswertung der Präferenz- und Einstellungsdaten, um auf diese Weise zu einer Produktpositionierung zu gelangen.

Für die Analysephase liegen inzwischen Computerprogramme vor, die deren Ablauf gewissermaßen "automatisieren".

Wie bei allen Laborexperimenten steht und fällt der Erfolg einer solchen Testmarktsimulation mit der Biotik der Situation: Einstellungsbildungsprozesse beim Käufer und Kaufsituation müssen realitätsgerecht abgebildet werden. So darf bspw. dem Käufer die Sonderstellung des neuen Produkts möglichst nicht bewußt werden. Daß solche Schwierigkeiten beherrschbar sind, zeigen Erfahrungen aus den USA und inzwischen auch in der Bundesrepublik, wo derartige Testmarktsimulationen eine beachtliche Prognosegenauigkeit erzielten. Es handelt sich dabei allerdings um Konsumgüter mit hohen Kauffrequenzen (z.B. Waschmittel), die sich in eine existierende Produktklasse einordnen lassen.

D. Schlußbetrachtung: Die organisatorische Bewältigung von Prognosen und das Akzeptanzproblem

Zum Zentrum der Problembereiche, die mit der organisatorischen Bewältigung von Prognosen verbunden sind, steht die ziel- und entscheidungsorientierte Koordination und Kommunikation relevanter Informationen. Auf der einen Seite ist in der Unternehmenspraxis immer wieder zu beobachten, daß identische Informationen von verschiedenen Stellen erhoben werden. Andererseits ist aber auch festzustellen, daß - ebenfalls aufgrund mangelnder Informationstransparenz - z.T. im Unternehmen bereits verfügbare Informationen (bspw. in der EDV-Abteilung oder im Bereich Marktforschung) nicht zur Entscheidungsfundierung herangezogen werden.

In der Praxis hat sich - auch zum Abbau oben skizzierter Prognosedefizite - die Installierung gemischter Prognoseteams bewährt. Solche Teams, die von Vertretern der Bereiche Marktforschung, Verkauf, EDV sowie (unternehmens-externen) Experten der jeweiligen Problembereiche gebildet werden, eignen sich insbesondere für Prognosen, die auf schwachen Signalen basieren (vgl. auch Müller, in diesem Band).

Durch eine derartige Hinzuziehung von Früherkennungsexperten, die in den USA mit großem Erfolg praktiziert wird, gelingt es oft nicht nur, relevante Entwicklungen frühzeitig zu identifizieren; vielmehr bieten solche Experten auch ein großes Potential, die Erkenntnisse kreativ in Produkt- und Marktstrategien zu transformieren. Erst ein solcher "Schuß" Kreativität aber gibt dem Unternehmen die Möglichkeit, seinen Wettbewerbern (die berühmte "Nasenlänge") voraus zu sein.

In welchem Ausmaß ein derartiges Früherkennungs- und Kreativitätspotential tatsächlich ausgeschöpft und in Marktvorteile umgesetzt wird, ist in hohem Maße von der Verknüpfung der Informationsabteilungen mit dem Top-Management abhängig. Eine ausreichende Integration mit kurzen Kommunikationswegen bietet hierfür die notwendige Voraussetzung. Doch erst wenn die zum Einsatz kommenden Methoden und Modelle für die Entscheidungsträger transparent und damit nachvollziehbar sind, wenn die Möglichkeiten aber auch die Grenzen des Methodeneinsatzes deutlich gemacht werden, ist die Akzeptanz zu erwarten, die für eine ergiebige

Anwendung dieses Instrumentariums unerläßlich ist. Die Erarbeitung von Prognosen sollte als permanenter Lernprozeß verstanden werden, der schließlich zu einem auf die Unternehmensspezifika zugeschnittenen Methodenmix führen kann. Im Zuge eines solchen Lernprozesses lassen sich schließlich auch die Know-how-Defizite abbauen, die bisher den erfolgreichen Einsatz von Prognosen wenn nicht verhindert so doch erschwert haben.

Literaturverzeichnis

Alpar, R., (1983): Methodenbanksysteme im Marketing, in: Marketing-ZFP, 5. Jg., (1/1981), S. 29 - 36.

Backhaus, K., Simon, W., (1981): Indikatorprognosen im Investitionsgüter-Marketing, in: DBW, 41. Jg., (3/1981), S. 419 - 431.

Bauer, E., (1981): Produkttests in der Marketingforschung, Göttingen 1981.

Böcker, F., (1974): Quantitative Marketing-Modelle, in: WiSt, (8/1974), S. 357 - 364.

Brockhoff, K., (1977): Prognoseverfahren für die Unternehmensplanung, Wiesbaden 1977.

Bruckmann, G., (1977): Trendextrapolation, in: Bruckmann, G. (1977; Hrsg.), Langfristige Prognosen, Würzburg-Wien 1977, S. 45 - 71.

Bruckmann, G., (1977): Prognose mittels Analogieschluß, in: Bruckmann, G. (1977; Hrsg.), Langfristige Prognosen, Würzburg-Wien 1977, S. 72 - 75.

Bruckmann, G., (1983): Weltmodelle, in: Buchinger, G. (1983; Hrsg.), Umfeldanalysen für das strategische Management, Wien 1983, S. 327 - 336.

Buchinger, G., (1983; Hrsg.): Umfeldanalysen für das strategische Management, Wien 1983, S. 327 - 336.

Chambers, J.C., Mullick, S.K., Smith, D.D., (1971): How to Choose right Forecasting Technique, in: HBR, Vol. 49, (4/1971), S. 45 - 74.

Chmielewicz, K., (1979): Forschungskonzeptionen der Wirtschaftswissenschaft, 2. Aufl., Stuttgart 1979.

Deutsch, W., Rieder, B., (1980): Das Modellsystem von Rao/Thomas als Entscheidungshilfe für Sonderpreis-Aktions-Entscheidungen von Markenartikelherstellern, Arbeitspapier Nr. 5, Institut für Marketing, Universität Mannheim, Mannheim 1980.

Dichtl, E., Bauer, H.H., Schobert, R., (1983): Die Dynamisierung mehrdimensionaler Marktmodelle am Beispiel des deutschen Automobilmarktes, in: Dichtl, E./Raffée, H./Potucek, V. (Hrsg.), Marktforschung im Automobilsektor, Frankfurt 1983, S. 108 - 130.

Erichson, B., (1979): Prognose für neue Produkte, Teil 1, in: Marketing-ZFP, 1. Jg., (1979), S. 255 - 266.
Erichson, B., (1980): Prognose für neue Produkte, Teil 2, in: Marketing-ZFP, 2. Jg., (1980), S. 49 - 52.
Erichson, B., (1981): TESI: Ein Test- und Prognoseverfahren für neue Produkte, in: Marketing-ZFP, 3. Jg., (1981), S. 201 - 207.
Forrester, J.W., (1972): Grundzüge einer Systemtheorie, Wiesbaden 1972.
Forrester, J.W., (1978a): Industrial Dynamics - A Major Breakthrough for Decision Makers, in: Robert, E.B. (Hrsg.), Managerial Applications of System Dynamics, Cambridge, Mass. 1978, S. 37 - 65.
Forrester, J.W., (1978b): Advertising: A Problem in Industrial Dynamics, in: Roberts, E.B. (Hrsg.), Managerial Applications of System Dynamics, Cambridge, Mass. 1978, S. 185 - 194.
Forrester, J.W., (1980): System Dynamics - Future Opportunities, in: System Dynamics, in: Legasto, A.A./Forrester, J.W./ Lyneis, J.M. (Hrsg.), System Dynamics, New York 1980, S. 7 - 21.
Freter, H.W., (1974): Mediaselektion, Wiesbaden 1974.
Fürst, E., (1983): Ökonometrische Makromodelle, in: Buchinger, G. (1983; Hrsg.), Umfeldanalysen für das strategische Management, Wien 1983, S. 257 - 276.
Gerfin, H., (1964): Langfristige Wirtschaftsprognose, Tübingen 1964.
Gisholt, O., (1976): Marketing-Prognosen, Bern-Stuttgart 1976.
Green, P.E., Tull, D.S., (1982): Methoden und Techniken der Marketingforschung, 4. Aufl., Stuttgart 1982.
Gutenberg, E., (1979): Grundlagen der Betriebswirtschaftslehre, Band 2: Der Absatz, 16. Aufl., Berlin u.a. 1979.
Hansen, H.R., (1978; Hrsg.): Entwicklungstendenzen der Systemanalyse, München-Wien 1978.
Heinzelbecker, K., (1977): Partielle Marketing-Informationssysteme, Frankfurt/M. 1977.
Menschel, H., (1979): Wirtschaftsprognosen, München 1979.
Hess, J., (1975): Autoindustrie bleibt eine Wachstumsbranche, in: Handelsblatt, 25.5.1975, S. 6.
Hüttner, M., (1982): Markt- und Absatzprognosen, Stuttgart u.a. 1982.
Kneschaurek, F., (1983): Szenarienanalysen, in: Buchinger, G. (1983; Hrsg.), Umfeldanalysen für das strategische Management, Wien 1983, S. 311 - 326.
Köhler, R., (1975): Systemforschung und Marketing, in: Jehle, E. (Hrsg.), Systemforschung in der Betriebswirtschaftslehre, Stuttgart 1975, S. 53 - 86.
Köster, W., (1981): Quantitative Modelle zur Bestimmung der optimalen Anzahl von Reisenden, Karlsruhe 1981.
Kortzfleisch, G. von, (1970): Heuristische und dynamische Verfahren für geschäftspolitische Entscheidungen bei unsicheren Erwartungen und veränderten Zielsetzungen, in: Hax, H. (Hrsg.), Entscheidungen bei unsicheren Erwartungen, Köln/ Opladen 1970, S. 203 - 217.
Krautter, J., (1977): Marketing-Entscheidungsmodelle, Wiesbaden 1973.

Krautter, J., (1979): Marketing-Modelle - Stagnation ohne Ende?, in: Absatzwirtschaft, (9/1979), S. 91 - 97.
Krautter, J., (1980): Computergestützte Informationssysteme als Hilfe der Datenbewältigung und Trenderkennung, in: Prognosen im Marketing-Management, Referate einer Fachtagung von BILD, Hamburg 1980, S. 31 - 42.
Laukin, H.-P., Merten, P., (1983): Ein System-Dynamics-Modell zur Unterstützung der Personalplanung in einem innovativen Unternehmen des Maschinenbaus, in: Angewandte Systemanalyse, Band 4, (2/1983), S. 78 - 91.
Lehneis, A., (1971): Langfristige Unternehmensplanung bei unsicheren Erwartungen, Neuwied-Berlin 1971.
Lehnen, F., (1979): Die Szenariotechnik in der Unternehmensplanung, in: ZfB (Kontaktstudium), 1979, S. 71 - 75.
Lewandowski, R., (1974): Prognose- und Informationssysteme, Band I, Kurz- und langfristige Prognose sowie Prognose des Ersatzbedarfs, Berlin-New York 1974.
Lewandowski, R., (1980): Prognose- und Informationssysteme, Band II. Mittelfristige Prognose- und Marketing-Systeme, Berlin-New York 1980.
Little, J.D.C., (1970): Models and Managers: The Concept of a Decision Calculus, in: Management, (8/1970), S. B466 - B484.
Little, J.D.C., (1975): BRANAID: A Marketing-Mix Model, in: Operations Research, (6/1975), S. 628 - 673.
Little, J.D.C., (1979): Decision Support Systems for Marketing Managers, in: Journal of Marketing, Vol. 43, (2/1979), S. 9 - 26.
Makridakis, S., Reschke, H., Wheelwright, S.C., (1980): Prognosetechniken für Manager, Wiesbaden 1980.
Mandel, T.F., (1982): Scenarios and corporate strategy: planning in uncertain times, in: Business Intelligenz Program, SRJ International, Research Report 669, November 1982.
Mandel, T.F., (1983): Futures scenarios and their uses in corporate strategy, in: Albert, K.J. (Hrsg.), The strategic management handbook, New York u.a. 1983, S. 10/1 - 10/21.
Mazanec, J., (1975): Das Konzept des "Decision Calculus" - Fortschrittsfähiger Ansatz der Modellkonstruktion oder Immunisierungsstrategie?, in: WiSt, (7/1975), S. 317 - 324.
Meffert, H., (1984): Marketing, Wiesbaden 1984.
Meffert, H., Steffenhagen, H., (1977): Marketing-Prognose-Modelle, Stuttgart 1977.
Meffert, H., Althans, J., (1982): Internationales Marketing, Stuttgart 1982.
Milling, P., (1974): Der technische Fortschritt bei Produktionsprozeß - ein dynamisches Modell für innovative Industrieunternehmen, Wiesbaden 1974.
Müller, G., (1981): Strategische Frühaufklärung, München 1981.
Munduch, G., (1983): Internationale Verflechtungsmodelle, in: Buchinger, G. (1983), Umfeldanalysen für das strategische Management, Wien 1983, S. 297 - 310.
Naert, Leeflang, (1978): Building Implementable Marketing Models, Leiden-Boston 1978.
Nieschlag, R., Dichtl, E., Hörschgen, H., (1985): Marketing, 14. Aufl., Berlin 1985.
Oberkampf, V., (1976): Szenario-Technik, Darstellung der Methodik, Frankfurt 1976.

Raffée, H., Rieder, B., Deutsch, W., (1981): Quantitative Modelle als Entscheidungshilfen bei Sonderpreis-Aktionen von Konsumgüterherstellern, in: Marketing ZFP, (4/1981), S. 267 - 278.

Raffée, H., Toroslu, A., (1981): Datenverarbeitung im Marketing, Anwendergespräch am 9. und 10. Oktober 1980 in der Universität Heidelberg, in: Marketing ZFP, 3. Jg., (1/1981), S. 69 - 71.

Rogge, H.-J., (1972): Methoden und Modelle der Prognose aus absatzwirtschaftlicher Sicht, Berlin 1972.

Rütschi, K., (1972): Marketing-Modelle, Winterthur 1972.

Schmitt-Grohé, J., (1972): Produktinnovationen, Wiesbaden 1972.

Schweiger, G., (1975): Mediaselektion - Daten und Modelle, Wiesbaden 1975.

Simon, H., (1985): Marketing-Modelle, Stuttgart u.a. 1985.

Steffenhagen, H., (1980): Prognoseprobleme im Marketing, in: Prognosen im Marketing-Management, Referate einer Fachtagung von BILD, Hamburg 1980, S. 1 - 8.

Thome, R., (1981; Hrsg.): Datenverarbeitung im Marketing, Berlin u.a. 1981.

Tietz, B., Zentes, J., (1974): Marketing-Modelle, in: Tietz, B. (Hrsg.), Handwörterbuch der Absatzwirtschaft, Stuttgart 1974, Sp. 1264 - 1293.

Toroslu, A., (1981): Marketing-Informationssysteme, unveröffentlichtes Manuskript, Mannheim 1981, ausgewählte Vortragsunterlagen finden sich in: Raffée, H./Toroslu, A./Wiedmann, K.P., Arbeitspapier zum Kontaktstudium Marketing, Institut für Marketing, Universität Mannheim 1981.

Wagner, M., (1980): Cash-Flow-Analyse versus Branchenprognose und Marktforschung als Kriterien einer dynamischen Kreditwürdigkeitsprüfung, Diss., Marburg 1980.

Wiedmann, K.P., (1984): Frühwarnung, Früherkennung, Frühaufklärung, Zum Stand der Verwirklichung eines alten Wunsches im Sektor der Unternehmensführung, Arbeitspapier Nr. 25 des Institut für Marketing, Universität Mannheim 1984.

Wild, J., (1974): Grundlagen der Unternehmensplanung, Reinbek bei Hamburg 1974.

Zahn, E., (1971): Das Wachstum industrieller Unternehmen, Wiesbaden 1971.

Zentner, R.B. von, (1982): Scenarios, past, present and future, in: Long Range Planning, (3/1982), S. 12 - 20.

Walter P. J. Droege *

Marketing-Audit
Darstellung einer Methodik zur Identifizierung von Erfolgsfaktoren und Beseitigung von Engpaßfaktoren im Marketing

*Betriebswirt Walter P.J. Droege ist Bereichsleiter Marketing der Kienbaum Unternehmensberatung GmbH, Düsseldorf.

A. Einführung

Um in einer immer komplexeren Umwelt marktorientierte Entscheidungen treffen zu können, die Bestand und Ertragskraft des Unternehmens langfristig sicherstellen, wird eine Konzentration aller Potentiale des Unternehmens auf die Bedürfnisse der Nachfrager immer zwingender.

Dies betrifft alle Bereiche des Unternehmens und nicht nur die für Verkauf oder Werbung zuständigen Abteilungen.

Optimiert werden sollten:

- die strategische Marktausrichtung des Unternehmens,
- die Verkaufsorganisation und die Erfolgskontrolle im Absatzbereich,
- der Einsatz des absatzpolitischen Instrumentariums,
- die Informationsquellen/-programme und das Marketing-Berichtssystem,
- die Struktur und Organisation des Budget-Systems,
- die statistischen Methoden und Marketing-Modelle.

Nur die Einbeziehung aller Gestaltungsebenen in den unternehmerischen Entscheidungsprozeß stellt eine langfristig effiziente, erfolgreiche Marktbearbeitung sicher.

B. Das Marketing-Audit

Im MARKETING-Audit wird die gesamte absatzbezogene Leistung des Unternehmens überprüft, und für alle Ebenen werden

- Basis-Informationen über die Umwelt und über die eigene Leistungsfähigkeit (Potentiale) ermittelt;
- Vergleiche und Bewertungen durchgeführt, wesentliche Erfolgs- und Mißerfolgsfaktoren identifiziert und
- Konsequenzen für die zukünftigen Aktivitäten aufgezeigt.

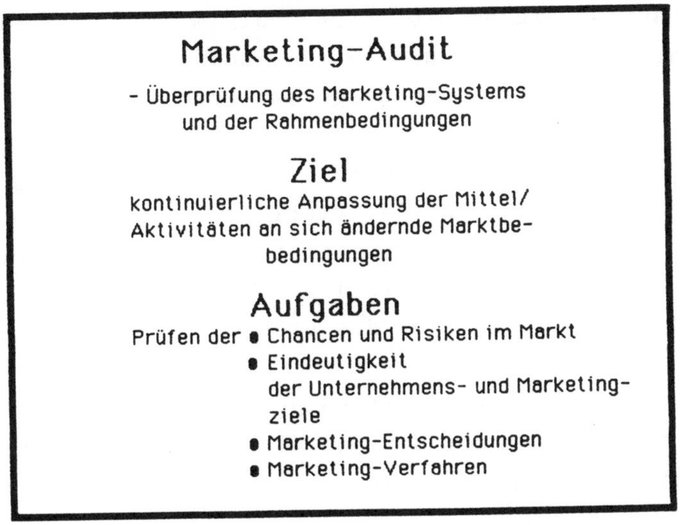

Abb. 1: Ziel und Aufgaben des Marketing-Audit

I. Warum Marketing-Audit?

Der Beratungsbedarf der Unternehmen war in den 70er Jahren überwiegend gekennzeichnet durch Teillösungen wie z.B. EDV, Controlling, Führungssysteme (Management by ...) sowie Rationalisierungen in Teilbereichen.

In den 80/90er Jahren stehen neben der verstärkten Absatzorientierung insbesondere ganzheitliche Lösungsansätze im Vordergrund der Marketing-Untersuchungen. Das Marketing-Audit erfüllt dabei den Anspruch an einen ganzheitlichen Marketing-Untersuchungsansatz.

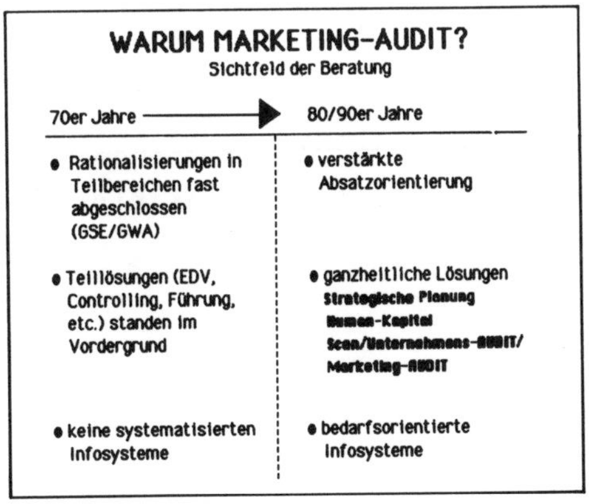

Abb. 2: Entwicklung zum Marketing-Audit

Die Kienbaum Unternehmensberatung hat im Rahmen einer primärstatistischen Arbeit Unternehmen zum Thema Marketing-Informationssysteme befragt, um eine Grundlage zur Verbesserung der Informationsbasis zu schaffen.

Dabei wurde deutlich, daß neben einem funktionsfähigen nach innen gerichteten Marketing-Informationssystem insbesondere ein aussagekräftiges nach außen gerichtetes Marketing-Informationssystem zur Bestimmung von Marketing-Mix-Alternativen notwendig ist. Allerdings bestehen hier die größten Defizite, wie Abb. 3 zeigt.

Die Aussagekraft der zur Verfügung stehenden oder erhobenen Marktdaten entscheidet darüber, ob die vom Unternehmen gewählte Marketing-Strategie optimal ist.

Bewertung der heutigen Informationen	zufriedenstellend	verbesserungswürdig
· marktbezogen	40%	55%
· nachfragebezogen	33%	45%
· produktbezogen	28%	19%
· distributionsbezogen	29%	10%
· außendienst-vertriebsbezogen	70%	25%
· konkurrenzbezogen	24%	52%
· logistikbezogen	35%	40%

Abb. 3: Defizite im Marketing/Vertriebsinformationssystem (Auszug)

II. Was leistet das Marketing-Audit?

Der Ansatz des Marketing-Audit ergibt sich aus dem Systemzusammenhang zwischen Zielen, Strategien und Instrumenten:

Unternehmensziele ⟶ Strategie ⟶ Instrumente

- Intern: Organisation
- Extern: Marketing-Mix

Durch die Anwendung des Audit wird eine Optimierung der Marktbearbeitung durch Identifizierung von Engpaß- und Erfolgsfaktoren in den Bereichen
- Strategie
- Organisation
- Marketing-Mix

erreicht. Der entscheidende Vorteil bei der Realisierung des Marketing-Audit ist die wechselseitige Verflechtung der Marketing-Instrumente.

Dabei wird durch das Audit eine kontinuierliche Anpassung der Mittel und Aktivitäten des Unternehmens an sich ändernde Marktbedingungen ermöglicht.

WAS LEISTET DAS MARKETING-AUDIT?

Marketing-AUDIT gibt Antworten auf existenzielle Fragen

- Ist unser Markt überhaupt noch zukunftsträchtig?
- Wie stark sind wir im Konkurrenzumfeld?
- Stimmen unsere Potentiale mit dem Bedarf überein?
- Wo liegt der wesentliche Anpassungsbedarf der kommenden Jahre?

Insgesamt geht es darum, Schwachstellen und Fehlentwicklungen frühzeitig zu entdecken, um einen optimalen Einsatz der vorhandenen/zu erwerbenden Potentiale sicherzustellen.

Abb. 4: Leistungen des Marketing-Audit

Im folgenden sollen die Audit-Teilschritte und die Breite des Untersuchungsspektrums näher dargestellt werden.

Ziel des STRATEGIE-Audits ist die marketingorientierte strategische Planung, die für den Planungsprozeß zugrundegelegten Prämissen und die resultierenden Planungsergebnisse in einem Vergleich-/Bewertungsverfahren einer kritischen Prüfung zu unterziehen.

Durch das Audit soll ermittelt werden, wie effizient die Marketing-Ziele und -Strategien des Unternehmens an die gegenwärtigen und zu erwartenden Umweltdeterminanten angepaßt sind.

Kernfragen zum Strategie-Audit:

- Welche in Zukunft wichtigen Nachfragetendenzen zeichnen sich bereits jetzt ab?
- Wie werden Konkurrenten voraussichtlich auf diese prognostizierten Nachfrageveränderungen reagieren?
- Wie kann das betrachtete Unternehmen seine eigene Wettbewerbsposition in einer veränderten Marktsituation behaupten/ausbauen?
- Ist die gegenwärtige Wettbewerbsposition durch Aktionen der Konkurrenz leicht angreifbar?
- Durch welche Maßnahmen kann das Marktpotential erweitert werden?
- Kann die Marktbearbeitung durch den Einsatz neuer Systeme/Methoden verbessert werden?

Im Vordergrund des <u>ORGANISATIONS-Audits</u> stehen die Überprüfung der Aufbau-/Ablauf-Organisation sowie die zeitliche Realisierung des Planungs-/Durchführungsprozesses.

Es soll ermittelt werden, ob die vorhandene Organisation den Unternehmensanforderungen nach Einfachheit, Wirtschaftlichkeit, Flexibilität und Anpassungsfähigkeit gegenüber Marktveränderungen entspricht.

Kernfragen zum Organisations-Audit:

- Welche Reaktionsfähigkeit bietet die Führungsorganisation im Hinblick auf veränderte Marktsituationen?
- Wie kann die Außendienstorganisation verbessert werden?
- Wie kann die Informationsversorgung zwischen Außendienst, Rechnungswesen, Marketing etc. optimiert werden?
- Kann die Wirtschaftlichkeit der Distributionsabwicklung gesteigert werden?
- Ist die gegenwärtige Außendienstkapazität optimal?
- Entsprechen derzeitige Aus- und Weiterbildungsmaßnahmen zukünftigen Leistungsanforderungen?

Aufgabe des <u>MARKETING-MIX-Audits</u> ist es, die gesamte taktische Planung des Unternehmens bzgl. der Aktionsparameter Produkt/Sortiment, Preis/Konditionen, Vertrieb und Kommunikation nach einem systematischen Vorgehensraster zu prüfen und kritisch zu hinterfragen.

Durch dieses Vorgehen soll bestimmt werden, ob, und wenn ja, wie gut die geplanten Ziele und Maßnahmen der gesamten taktischen Marketing-Planung mit den zugrundeliegenden Strategien abgestimmt sind und der gegebenen Marktdynamik entsprechen.

Kernfragen zum Marketing-Mix-Audit:

- Wie stark reagiert die Nachfrage auf preispolitische Maßnahmen?
- Sind Werbung, Verkaufsförderung und PR-Maßnahmen zeitgerecht und zielgruppenspezifisch?
- Sind wir mit unseren Produkten in den richtigen Absatzkanälen?
- Entsprechen Sortimentstiefe und -breite der Nachfragestruktur des Verbrauchers?

III. Wie arbeitet das Marketing-Audit?

Das Marketing-Audit als Systemkonzept wirkt als Gesamtheit, wobei sich die Wirkstruktur aus dem Zusammenspiel der verschiedenen Teilfunktionen (Audit-Bereiche) ergibt. Der Untersuchungsablauf ist dabei gekennzeichnet durch die klare und einheitliche Strukturierung der Vorgehensweise:

1. Zusammenstellung von Basisinformationen des Unternehmens
   = INFORMATIONSAUFGABE
2. Identifizierung von Engpaß- und Erfolgsfaktoren
   = BEWERTUNGSAUFGABE
3. Konzeptempfehlungen zur Verbesserung der Unternehmenssituation
   = KONZEPTIONSAUFGABE
4. Realisierungsunterstützung zur schrittweisen Implementierung.

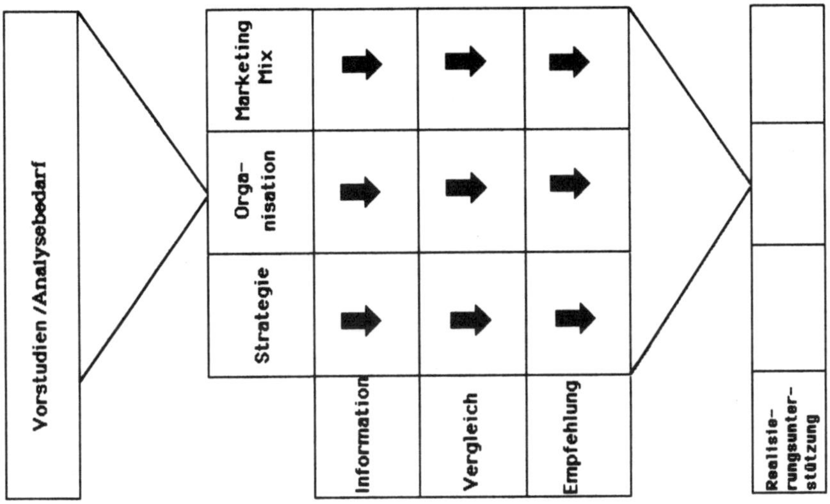

Abb. 5: Arbeitsweise des Marketing-Audit

Die Einbindung des Audit in ein Gesamtprojekt soll nachstehende Abbildung verdeutlichen:

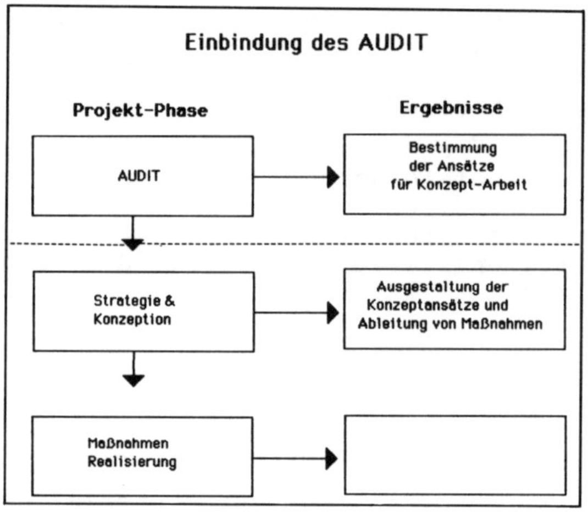

Abb. 6: Einbindung des Marketing-Audit

Der Umfang und die konkreten Inhalte des Untersuchungsablaufs werden auf die spezifische Unternehmens- und Branchensituation zugeschnitten.

Die Organisation des Beratungsprojektes wird durch den strukturierten Ablauf und die Installierung von Workshops bestimmt.

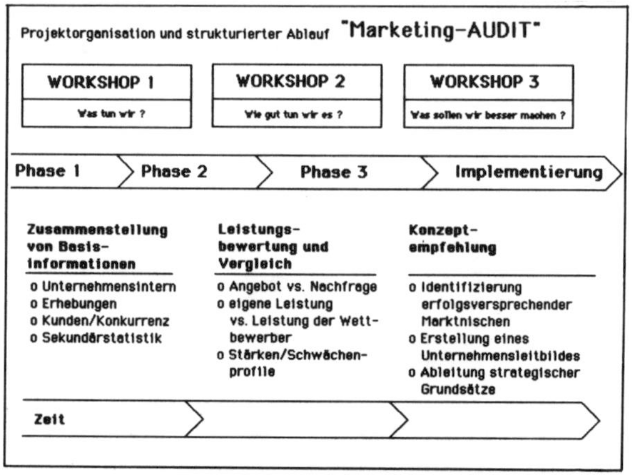

Abb. 7: Organisatorischer Ablauf des Marketing-Audit

IV. Erfolgsfaktoren und Besonderheiten im Überblick

Das Marketing-Audit liefert durch seine Strukturierung bei minimalem Aufwand eine vollständige Revision und ein Maximum an nutzbaren Veränderungsideen. Der geringe Aufwand ergibt sich u.a. daraus, daß der Untersuchungsbedarf im Rahmen von kurzen Vorstudien exakt bestimmt wird.

Das Konzept paßt sich hinsichtlich der Untersuchungsbreite und Untersuchungstiefe den Erfordernissen und unternehmensspezifischen Rahmenbedingungen an.

Insgesamt ermöglicht es, Schwachstellen und Fehlentwicklungen im Unternehmen frühzeitig zu entdecken, um einen optimalen Einsatz der vorhandenen und/oder zu erwerbenden Potentiale sicherzustellen. Hierdurch ermöglicht es eine kontinuierliche Anpassung der Mittel und Aktivitäten an sich ändernde Marktbedingungen.

Durch die laufende Einbeziehung der Mitarbeiter des Unternehmens wird insbesondere die Nutzung des vorhandenen Human-Kapitals erreicht. Darüber hinaus wirkt diese Vorgehensweise direkt auf die Motivation und Umsetzbarkeit/Akzeptanz der Ergebnisse und somit auf den Erfolg des Untersuchungsablaufs.

Die Bedeutung des Marketing-Audit resultiert aus den Besonderheiten des Audits und der optimalen Synthese aus Kostensenkung durch die Einbindung der Mitarbeiter und einer marktorientierten Leistungssteigerung. Im Vordergrund stehen dabei:

- Betonung der Informations- und Bewertungsphase aus neutraler Sicht
- Mehrdimensionaler Ansatz
  - Strategie-Audit
  - Organisations-Audit
  - Marketing-Mix-Audit
- Einbindung der Mitarbeiter durch Workshops, dadurch
  - effiziente Ergebnisse
  - Motivationseffekt
  - Wirtschaftlichkeit des Projektes
  - Nutzung des Human-Kapitals
- Standardisierte Methodik
  - Projektsteuerung
  - Erhebungsmanual
  - Projektablauf

C. Fallbeispiel

Nachstehend soll die skizzierte Vorgehensweise an einem konkreten Fallbeispiel verdeutlicht werden.

Das Beispiel ist dadurch gekennzeichnet, daß es sich um einen Krisenfall handelte, der es erforderte, kurzfristig auf der Grundlage der Ergebnisse des Marketing-Audit ein zukunftssicherndes Konzept vorzulegen.

I. Charakteristika des Unternehmens

- Konzern-Unternehmen in der Dienstleistungsbranche
  - Jahresumsatz ca. 300 Mio. DM in Deutschland
  - weltweit ca. 2 Mrd. DM
- Arbeitsweise - kombiniertes Marktsystem in Deutschland

II. Ausgangssituation

Das Unternehmen stellt sich wie folgt dar:

- komplexe, vielschichtige Unternehmensstruktur,
- stark diversifiziertes Unternehmen, im Stammsegment allerdings Ein-Produkt-Unternehmen,
- mangelnde Transparenz im Informations- und Entscheidungssystem,
- Divergenzen zwischen ausgewiesenen und tatsächlichen Betriebsergebnissen,
- starke Umsatzeinbrüche,
- erhebliche Kostensteigerungen
  - im Einzelbetrieb (Outlet),
  - in der Zentraleinheit.

Diese Daten lassen sich zusammengefaßt wohl am besten mit "Krisensituation" umschreiben.

III. Aufgabenstellung

Aufgabe der Beratung war es, eine marketing-orientierte Unternehmenskonzeption als Basis für die Weiterführung/Teil-Weiterführung von Aktivitäten der Gruppe zu erarbeiten.

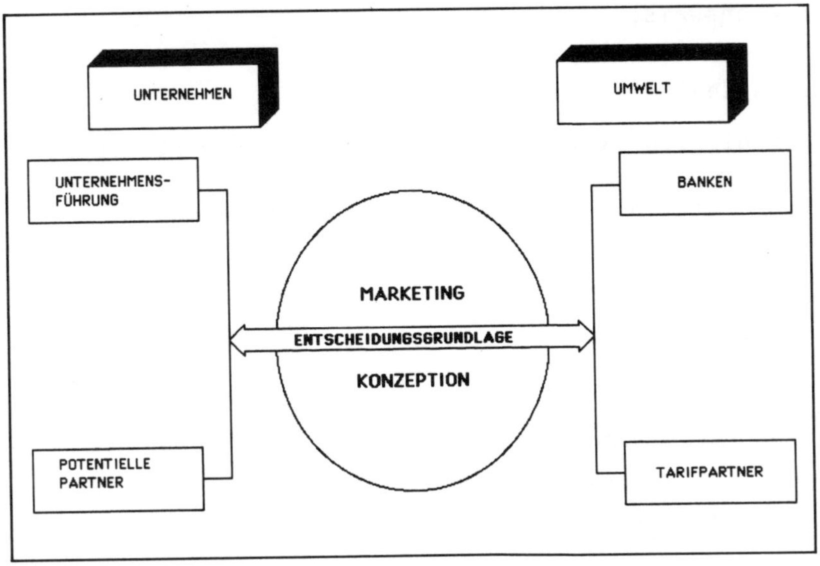

Abb. 8: Marketing-Konzeption als Entscheidungsgrundlage

Das erarbeitete Konzept bildete die Entscheidungsgrundlage für

- die Unternehmensführung:
  als Fahrplan zur Weiterführung des Unternehmens,
- die potentiellen Partner:
  als Grundlage zur Prüfung eines Engagements,
- die Banken:
  als Basis für ein weiteres Finanzierungsengagement,
- die Tarifpartner:
  als Beteiligungsmaßstab hinsichtlich evtl. Strukturmaßnahmen.

Im folgenden wird die Vorgehensweise in den einzelnen Audit-Bereichen grob dargestellt. Vorteil des Verfahrens ist, daß die Bewertungsaufgabe zur Identifizierung von Engpaß- und Erfolgsfaktoren auf eine rationale Basis gestellt und von einem neutralen Beraterteam vorgenommen wird. Dabei kommt es u.a. darauf an, daß der Faktorenkatalog des Bewertungsschemas auf die unternehmens- und produktspezifischen Belange (Ein-Produkt-Unternehmen) abgestimmt wird. Die "Richtigkeit" des Bewertungsverfahrens hängt weitgehend davon ab, welche Hauptkriterien gewählt, wie sie gewichtet und welche Teilfaktoren mit welchem Gewicht ihnen zugeordnet werden.

IV. Vorgehensweise

1. Strategie-Audit

Die definierten Ziele sind Grundlage für die Strategie:

Umwelt → Eig.Pos. → Unt.Ziele → Strategie

Strategie → Produkte
Strategie → Märkte
Strategie → Maßnahmen

In der strategischen Untersuchung wird festgelegt, wie die Ziele realisiert werden sollen, d.h.

- welche Produkte,
- auf welchen Märkten,
- mit welchem Maßnahmen,

besonders zu unterstützen sind.

<u>Schritt 1:</u> Erfassung der Basisinformationen

Die Ergebnisse in Schritt 1 weisen auf die problematische Unternehmenssituation hin:
- pauschale Qualitätseinstufung: unterer Mittelbereich
- stagnierendes Umsatzvolumen seit einigen Jahren
- Veränderungen in der Segmentierung des Marktes

<u>Schritt 2:</u> Informationsvergleich und Informationsbewertung

Der Vergleich dieser aufbereiteten Informationen mit Konkurrenzdaten, weiteren sekundärstatistischen Daten und ggf. Primärdaten sowie die Informationsbewertung ergeben:
- Wettbewerbsnachteile mangels klarer Zielvorstellungen
- zu starke Konzentration auf schrumpfendes Segment
- zu niedrige Anpassungsgeschwindigkeit

<u>Schritt 3:</u> Empfehlung

Marketingsstrategisch lassen sich die Ergebnisse aus Schritt 1 und Schritt 2 zu folgender Empfehlung zusammenfassen:
- Ausarbeitung eines Marketing-Leitbildes
- Formulierung strategischer Grundsätze für internes/externes Verhalten
- Ableitung konkreter Marketing-Ziele
  - o Wiederbelebung, Intensivierung von Umsatzzeiten
  - o Neupositionierung im Gesamtmarkt
- Entwicklung von Teilstrategien für
  - o Betriebstyp
  - o Sortiment, Service
  - o Marktauftritt
- Ausrichtung aller Strukturen auf die neue Strategie

2. Organisations-Audit

Bei dem Organisations-Audit stehen die Überprüfung der Aufbau-/Ablauf-Organisation und die zeitliche Realisierung des Planungs-/Durchführungsprozesses im Vordergrund der Untersuchung.

Es soll ermittelt werden, ob die vorhandene Organisation den Anforderungen nach Einfachheit, Wirtschaftlichkeit, Flexibilität und Anpassungsfähigkeit gegenüber Marktveränderungen entspricht.

Schritt 1: Erfassung von Basisinformationen

Sie ergeben:
- undifferenzierte Beziehungen zwischen den einzelnen Geschäftsbereichen
- 2/3 aller Betriebsleiter halten Entscheidungen der Geschäftsführung für "willkürlich"
- kaum "Marketing Denken" im Unternehmen vorhanden

Schritt 2: Informationsvergleich und Informationsbewertung

Ergebnisse:
- ineffiziente Organisationsstruktur; Nachweis-Einsparungspotential
- stark personenabhängige Entscheidungen, Demotivation der Mitarbeiter in Führungspositionen
- völlig unterentwickelter Bereich Marketing

Schritt 3: Empfehlung

Es ergibt sich:
- Erarbeitung eines klaren Organisationskonzepts (Struktur/Aufbau/Ablauf)
- Verlagerung von Entscheidungskompetenzen und Aufbau eines Planungs-, Informations- und Kontrollsystems
- Institutionalisierung der notwendigen Marketing-Ausrichtung/PM-MAFO
- kurzfristige Ausschöpfung des Ergebnisverbesserungs-Potentials (12 Mio. DM)

3. Marketing-Mix-Audit

Eine marktgerechte Auslegung des relevanten Marketing-Mix-Instrumentariums garantiert höchstmögliche Effizienz. Durch diesen Ansatz wird sichergestellt, daß alle Maßnahmen sich an den Ansprüchen/Vorstellungen der Zielgruppen orientieren (Abb. 9).

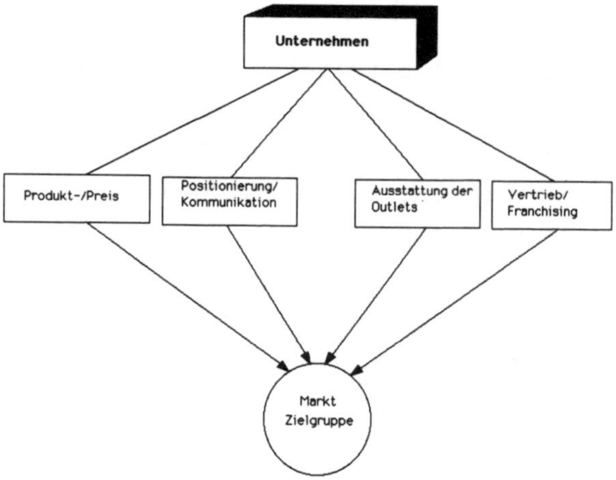

Abb. 9: Marktgerechte Auslegung des relevanten Marketing-Mix-Instrumentariums

Schritt 1: Erfassung von Basisinformationen

Ausstattung
- 42 % der Befragten bezeichnen die Betriebseinrichtung der Einzelbetriebe als "überholt"

Vertrieb
- 70 % der Lizenznehmer beklagen Mangel an Unterstützung durch Lizenzgeber

Schritt 2: Informationsvergleich und Informationsbewertung

Ergebnisse
- hohes Renovierungsdefizit
  Zusatzinvestitionen
  1. Jahr DM 10 Mio.
  2. Jahr DM 15 Mio.
- Vernachlässigung des Partnerschaftsgedankens

Schritt 3: Empfehlung

Aus der Erfassung der in Schritt 1 erhobenen Basisinformationen zu Produkt, Preis, Kommunikation, Ausstattung, Vertrieb, etc. und dem Vergleich dieser Informationen mit Konkurrenzdaten, sekundärstatistischen Daten etc. konnten folgende beispielhafte Empfehlungen zusammengefaßt werden:
- Entwicklung zum Mehrproduktunternehmen
- Up-Trading des Firmenimages
- Erarbeitung eines Renovierungskonzepts für Einzelbetriebe, neues Erscheinungsbild/-design
- Aufbau eines partnerschaftlichen Lizenzsystems
- Schließung von Betrieben mit negativen Deckungsbeiträgen
- Straffung der Außendienststeuerung

V. Ergebnisse

Durch den Einsatz des Marketing-Audit konnten erste Maßnahmen eingeleitet werden. Daraus ergaben sich u.a. folgende kurzfristig meßbaren Ergebnisse:

- Beseitigung der sofort schließbaren Verlustquellen
- Kostenreduzierung durch
  - o Freisetzung/Umsetzung von Mitarbeitern
  - o Senkung der Verwaltungskosten
    - = Aufbauorganisation - Wegfall Doppelaufgaben
    - = Ablauforganisation - Straffung Geschäftsverteilung
- Einholen von Außenständen durch Motivation der Lizenznehmer
- Eindämmung der Umsatzrückgänge durch
  - o Realisierung des Werbung-Sofortprogramms
  - o Einführung eines neuen Sortiments in Testbetrieben
  - o Neubesetzung von Filialpositionen

D. Schlußbemerkung

Die Audit-Bereiche Strategie, Organisation und Marketing-Mix waren in dieser Untersuchung stark miteinander verbunden. Erst das Ineinandergreifen bewirkte das erzielte Ergebnis, und darüber hinaus wurde ein spezifischer Beitrag geleistet, um die kurzfristig meßbaren Ergebnisse zu quantifizieren sowie die Mittelkombination der notwendigen Marketing-Instrumente zu bestimmen.

Der Untersuchungsablauf in dem skizzierten Fallbeispiel hat deutlich gemacht, daß die Untersuchung eines einzelnen Audit-Bereiches (z.B. Marketing-Mix) nicht ausreicht, um das erzielte Ergebnis zu erreichen. Die Gestaltung hat vielmehr in Hinblick auf seine wechselseitige Abhängigkeit zu erfolgen, wobei erst der gesamtheitliche Ansatz, die Einbindung der Mitarbeiter durch Workshops sowie die standardisierte Methodik einen Erfolg garantierten.

Aus dieser Grundlegung ergibt sich als Ableitung eine weitere Konsequenz. Dieser gesamtheitliche Ansatz beeinflußt vornehmlich auch den Einsatz bisher nicht aktiver Audit-Bereiche. Die bestehende Kombination wird durch die Hinzunahme einer oder mehrerer Audit-Bereiche wie z.B.

- Informationsversorgungs-System-Audit
- Budget-System-Audit
- Marketing-Methoden/-modelle-Audit

verändert.

Daraus ergibt sich ein völlig neuer Anpassungsprozeß. Bevor ein neuer Audit-Bereich eingesetzt wird, ist daher am konkreten Fall die Frage zu beantworten, ob es eingesetzt werden soll und wenn ja, welche relative Bedeutung ihm in der Kombination eingeräumt wird. Diese Fragestellung führt automatisch zur Neubewertung und ggf. zu einer Umgestaltung.

Peter Strüven und Thomas Herp *

Möglichkeiten und Grenzen strategischer Analyseinstrumente

*Dr. Peter Strüven ist Vice President und Geschäftsführer von The Boston Consulting Group (BCG) in München. Dr. Thomas Herp ist Berater im Münchener Büro der BCG.

A. Einführung - Ziel der Strategie

Strategie will den relativen Vorteil oder Nachteil gegenüber dem Wettbewerb bestimmen und verbessern. Das Ziel erfolgreicher Unternehmensstrategien besteht darin, sich von den Konkurrenten abzugrenzen und eine langfristig verteidigungsfähige, vorteilhafte Position zu erarbeiten.

Analog zum biologischen Modell des "natürlichen" Wettbewerbs gilt prinzipiell auch im wirtschaftlichen Wettbewerb,

- daß eine stabile Beziehung mehrerer Wettbewerber Unterschiede zwischen den Wettbewerbern voraussetzt, die jedem von ihnen in "seinem" Segment Überlegenheit sichern;
- daß letztlich nur einer überleben wird, wenn mehrere Wettbewerber in genau demselben Segment mit genau denselben Methoden gegeneinander konkurrieren;
- daß deshalb für den Erfolg im Falle eines Verdrängungswettbewerbs diejenige Kombination von Fähigkeiten und Merkmalen entscheidend ist, die einem Wettbewerber in diesem Segment Einmaligkeit und Überlegenheit garantiert.

Strategie beschreibt somit die bewußte Steuerung des Wettbewerbs durch Ausnutzung und Schaffung von Vorteilen. Sie umfaßt dabei sowohl Elemente des Ausweichens als auch der Konfrontation: "Ausweichen" im Sinne des Aufbaus einer vorteilhaften Position in bisher nicht oder nur schwach besetzten Segmenten, "Konfrontation" im Sinne des Ausnutzens einer vorteilhaften Position in etablierten Wettbewerbsfeldern.

B. Strategie und Analyse

Bedingt durch die komplexe Struktur des wirtschaftlichen Wettbewerbs sind sowohl die Art und die Anzahl der Möglichkeiten als auch das Ausmaß der erzielbaren Vorteile von Geschäft zu Geschäft, von Unternehmen zu Unternehmen, von Zeitpunkt zu Zeitpunkt unterschiedlich. Es gibt keine standardisierte, immer gültige "Erfolgsstrategie". Ein Wettbewerber, der eine sinnvolle Strategie entwickeln will, muß vielmehr in der Lage sein, das Verhalten eines Systems im Zeitablauf und seine eigene spezifische Rolle darin zu verstehen. Strategie setzt daher voraus:

- Verstehen von Vorteilen;
- Verstehen von Veränderungen;
- Verstehen der eigenen Situation;
- Verstehen der Wettbewerber.

Wenn nicht ausschließlich "Glück", sondern eine - mehr oder weniger - bewußte Strategie über den Erfolg eines Unternehmens entscheiden soll, sind ein gewisses Maß an Information und die Fähigkeit, diese Information entscheidungsorientiert interpretieren zu können, von grundlegender Bedeutung.

Ob dies im Kopf des Unternehmers, durch die gemeinsame Erfahrung eines Vorstands, durch eine analytisch orientierte Strategieentwicklung oder durch eine Kombination davon geschieht, ist im Grunde gleichgültig. Entscheidend ist der Erfolg. In den meisten Fällen wird jedoch ein analytisches Durchdenken der Probleme die Entscheidung zumindest sicherer machen und kann somit wertvolle Entscheidungsgrundlage und -hilfe sein.

Ziel strategischer Analysen ist es,

- die Variablen, die den relativen Vorteil bestimmen, zu identifizieren,
- ihre Beeinflußbarkeit, ihre Verteidigungsfähigkeit und ihre Anfälligkeit gegenüber externen Störgrößen zu beurteilen und
- die Variablen dahingehend zu beurteilen, ob und inwieweit sie zu einer positiven Veränderung der Wettbewerbsstrukturen führen bzw. herangezogen werden können.

Die Notwendigkeit strategischer Analysen wird um so deutlicher, je größer die Veränderungen sind, die durch die Strategie eingeleitet werden sollen. Denn strategische Analysen sind letztlich Analysen von Ursache- und Wirkungszusammenhängen. Wenn Ursache und Wirkung jedoch nur unzureichend verstanden werden, ist das Risiko der Veränderung groß und ihr Nutzen nebulös. Dann erscheint "business as usual" eher als die richtige Entscheidung gegenüber der eigentlich notwendigen Veränderung.

C. Strategie und Analyseinstrumente

Je komplexer ein Problem, je umfangreicher die Informationen und je schwieriger ihre Aufbereitung und Verarbeitung, desto sinnvoller ist es, strategische Analyseinstrumente einzusetzen.

Sie helfen, Fakten darzustellen, Zusammenhänge zu erkennen, Probleme zu durchdenken. Sie sind Bestandteil eines komplexen Prozesses der aktiven Entwicklung eines Handlungskonzeptes für ein Unternehmen durch das Abschätzen alternativer Chancen und Risiken, möglicher Vor- und Nachteile und letztlich des Entwickelns einer geschlossenen Strategie.

Das im Rahmen der Strategieentwicklung eingesetzte Instrumentarium reicht von reinen Darstellungstechniken über Beziehungsanalysen bis hin zu "strategischen Denkmodellen", die als Hilfestellung beim Durchleuchten wettbewerblicher Zusammenhänge dienen sollen. Die umfangreiche Palette strategischer Analyseinstrumente umfaßt sowohl qualitative als auch quantitative Verfahren, rein technische Methoden der Datenbearbeitung ebenso wie eher konzeptionelle Ansätze.

Den als Darstellungstechniken bezeichneten Methoden der Informationsaufbereitung und -veranschaulichung kommt in vielen Fällen eine nicht zu unterschätzende Bedeutung zu. Oftmals legen sie den Grundstein für das Erkennen von wesentlichen Veränderungen. Im Vorfeld des Verstehens von Zusammenhängen dienen sie quasi als Alarmsystem und können hilfreiche Hinweise auf Ansatzpunkte für weitere erforderliche, tiefergehende Analysen geben. Hierzu gehören Darstellungen der Renditeentwicklung, der Umsatzentwicklung, der Entwicklung des Verschuldungsgrades, der Mitarbeiterzahl, der Produktmixveränderungen usw. Sie werden in fast allen Unternehmen benutzt.

Anders als in den Bereichen der Implementierung und Kontrolle, in denen Darstellungstechniken durchaus eigenständig verwendet werden, können sie bei der Strategieentwicklung immer nur Teil eines komplexen Analyseprozesses sein, da sie nicht erklären, sondern nur darstellen. So ist in Abb. 1 zum Beispiel der Verschuldungsgrad der U.S.-Papierindustrie über einen 30-Jahres-Zeitraum abgebildet: Er steigt an. Warum er ansteigt und ob man diesen Trend stoppen kann oder ob er sich in Zukunft noch verschärfen wird, ist daraus nicht abzulesen. Dies gilt im übrigen auch für Darstellungen der Gewinnentwicklung im Zeitablauf: Sie erklären weder den sinkenden Gewinn der Vergangenheit noch den als steigend prognostizierten der Zukunft.

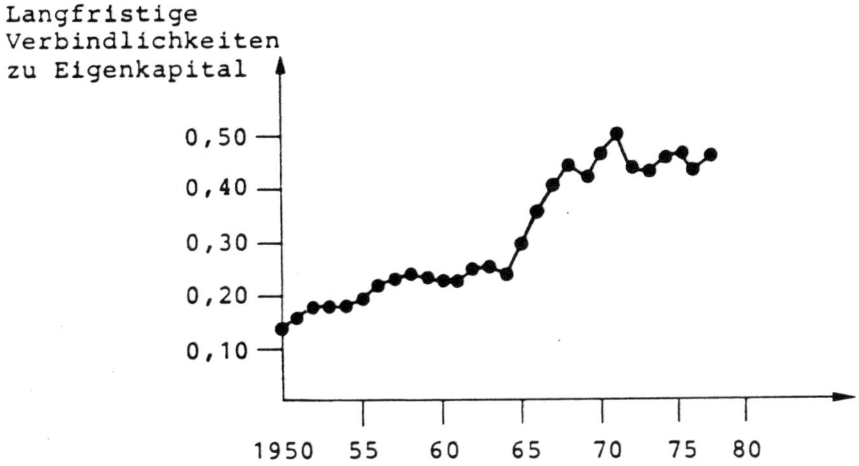

Abb.1: Papierindustrie U.S.A. (Quelle: API, IRS)

"Erklären" sollen die Instrumente der Beziehungsanalysen. Sie sind wesentlicher Bestandteil zur Aufdeckung von Ursache-/Wirkungszusammenhängen und tragen damit erheblich zum vollen Verständnis wettbewerblicher Zusammenhänge bei. Mit ihrer Hilfe werden Fakten miteinander verknüpft, auf strukturelle Gemeinsamkeiten hin überprüft und Zusammenhänge dargestellt. Das Spektrum der anwendbaren Verfahren erstreckt sich dabei von einfachen Korrelationsrechnungen über komplexere Interaktionsanalysen bis zu modernen multidimensionalen Skalierungs- und Dekompositionstechniken, die nur noch mit dem Computer bewältigt werden können.

Meist bedarf es jedoch gar nicht hochkomplizierter und umfangreicher Verfahren, sondern eher der intelligenten Aneinanderreihung von Beziehungen der wichtigsten Variablen. Zu diesen Instrumenten zählen zum Beispiel Komplexitätskostenkurven, Erfahrungs- und Scalekurven, Angebotskurven, V-Kurven etc. Daß es müßig ist, sie über den Typ hinaus genauer zu definieren, zeigt Abb. 2, in der eine Erfahrungskurve für die Auftragsbearbeitung dargestellt ist: Bei jeder Verdoppelung der abgewickelten Aufträge kann offensichtlich der Zeitaufwand pro Auftrag um 15 Prozent gesenkt werden. Diese Zahl ist völlig situationsspezifisch und a priori nur für diesen einen Fall von Bedeutung. Grundsätzlich mögen in anderen Fällen ähnliche Zusammenhänge gelten, wobei deren strategische Relevanz aber in jedem Einzelfall nachge-

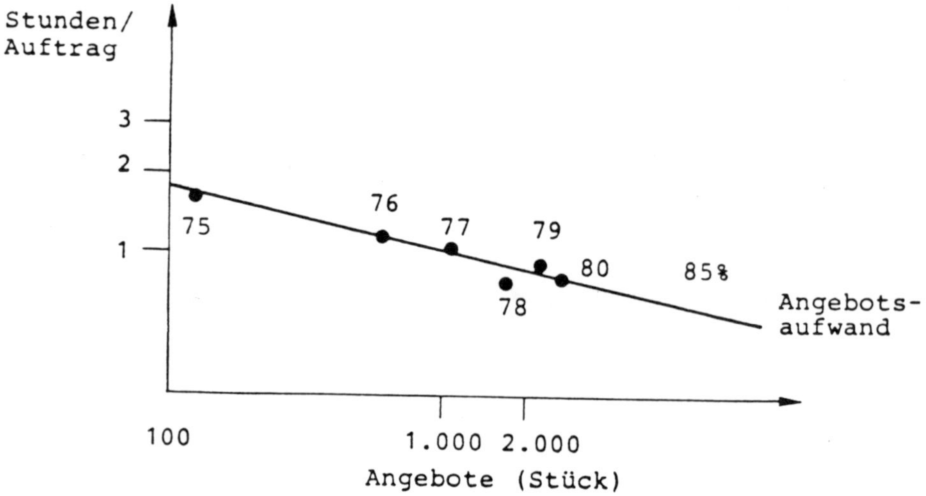

Abb. 2: Angebotsaufwand

wiesen werden muß.

Ähnliches gilt für die in Abb. 3 dargestellte V-Kurve, die eine ganz wesentliche Aussage zur Abhängigkeit der möglichen Größe des erzielbaren Vorteils (Gewinn vor Steuern) von der Betriebsgröße macht. Daß es in der Molkereiindustrie in den USA 1974 offensichtlich den Kleinen und den Großen gutging, nicht aber den mittleren Firmen, ist eine äußerst wichtige Erkenntnis, führt zu entscheidenden Fragen und kann Hinweise auf die eigenen Ansatzpunkte geben. Aber auch diese wichtige Erkenntnis kann nur im Zusammenhang mit anderen Überlegungen zu einer Gesamtstrategie verdichtet werden.

Beziehungsanalysen können Kausalitäten nie im strengen mathematischen Sinne beweisen, aber doch einen wichtigen Beitrag zur Absicherung von Hypothesen und damit letztlich von zu ergreifenden Maßnahmen leisten.

Wesentliche Hilfsmittel auf dem Weg zu solchen Hypothesen stellen die strategischen Denkmodelle dar. Aus der Erfahrung über ökonomische Zusammenhänge entwickelt, können sie als eine Art Wegweiser dienen, um sich im Labyrinth komplexer Wettbewerbsstrukturen zurechtzufinden. Entscheidend für die Leistungsfähigkeit dieser Instrumente ist es, inwieweit in ihnen die Forderung nach pragmatischer Relevanz mit der Bedingung eines konzeptionellen Charakters vereinigt ist.

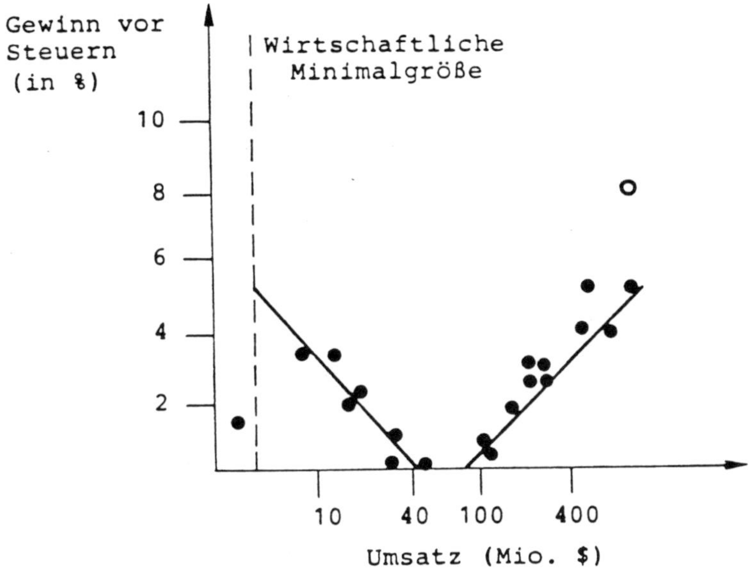

Abb. 3: Molkereiindustrie U.S.A. 1974
(Quelle: Jahresberichte, 10 K Reports)

Zu ihnen gehören als wesentliche Vertreter die von der Boston Consulting Group entwickelten Modelle des Portfolios und der Vorteilsmatrix. Obwohl diese Modelle einen allgemeineren Charakter haben, können und dürfen sie nur im Zusammenhang mit der gesamten Strategieentwicklung eines Unternehmens gesehen werden.

So ist das Portfolio (Abb. 4) eine Darstellung von Geschäften in verschiedenen Lebenszyklusphasen und verschiedenen Wettbewerbspositionen und eine Darstellung von Gewinn- und Cash-Flow-Charakteristika. Es ist ein machtvolles Instrument bzw. Denkmodell, weil es entscheidende Fragen an die Strategie stellen kann und damit zum hervorragenden Diagnose- nicht aber zum Therapieinstrument wird. Therapie kann immer nur die Strategie selbst sein, nicht aber ein Instrument, mit dessen Hilfe sie entwickelt wird.

Auch und gerade bei den strategischen Denkmodellen gilt, daß sie die Unternehmensführung nicht von der Notwendigkeit entlasten, Entscheidungen durch eigene Erfahrung und das eigene Urteilsvermögen abzusichern. Das Portfolio nimmt der Unternehmensführung die Entscheidungen nicht ab, sondern hilft entscheidend, die richtigen zu treffen.

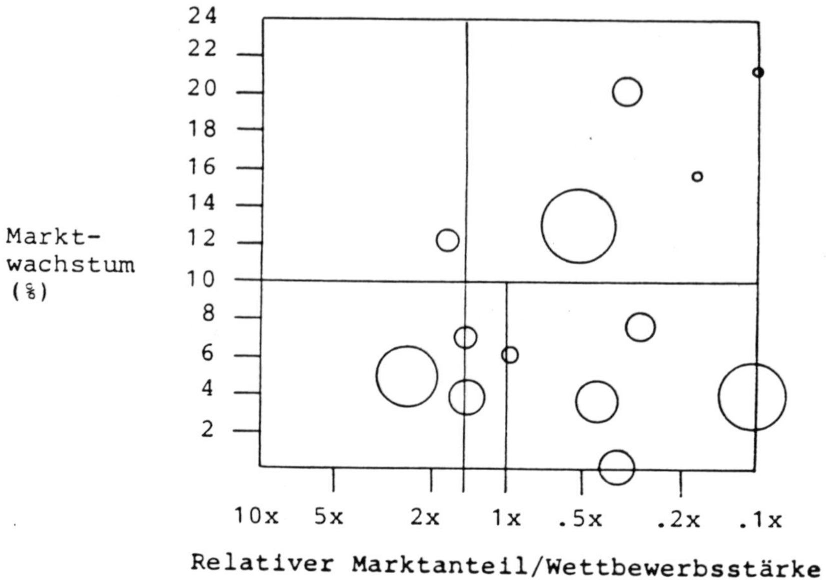

Abb. 4: Unternehmensportfolio

Ähnliches gilt für die Vorteilsmatrix (Abb. 5), deren offener Modellcharakter zukunftsweisend ist.

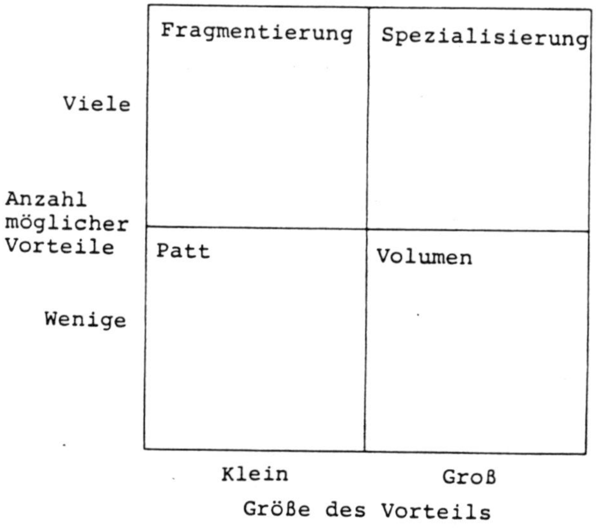

Abb. 5: Vorteilsmatrix

Er baut darauf auf, daß die strategischen Bedingungen eines jeden Geschäftes von seiner wettbewerblichen Umwelt und dem darin verfügbaren Veränderungspotential bestimmt werden. Das Wesen eines Geschäftes wird insbesondere von zwei Faktoren geprägt. Der erste ist die Größe des Vorteils, den ein Unternehmen gegenüber seinen Wettbewerbern aufbauen kann. Der zweite ist die Anzahl einzigartiger Möglichkeiten, einen solchen Vorteil zu schaffen. Aus der Kombination dieser beiden Faktoren lassen sich Rückschlüsse auf den langfristigen Wert eines Geschäftes ziehen und gleichzeitig die strategischen Erfolgsbedingungen ableiten, die in jedem Quadranten andere sind.

Der Erfolg eines Großunternehmens hängt davon ab, daß die meisten seiner Produkte in Volumens- oder Spezialisierungsgeschäften vorteilhafte Positionen behaupten können. In fragmentierten oder Pattgeschäften können selbst hohe Marktanteile und relativ günstige Kostenpositionen erheblich an Wert einbüßen. Für große Unternehmen hat die rechte Hälfte der Matrix einen höheren Wert als die linke, was sich sogar in den Aktienkursen niederschlägt.

Die größte Herausforderung - insbesondere für stark diversifizierte Unternehmen - ist, daß sich das wettbewerbliche Umfeld mit der Zeit verändert. Fragmentierte Restaurantbetriebe werden zu Volumensgeschäften transformiert. Große Volumensgeschäfte verlieren ihre Vorteile und wandern ins Patt ab, wie mit der Papier-, Stahl-, Basischemie- und ähnlichen Industrien geschehen. Andere Volumensgeschäfte entwickeln sich zu spezialisierten Bereichen, wie die amerikanische Automobilindustrie durch die Japaner und Europäer erfahren mußte.

In den achtziger Jahren werden viele Unternehmen vor der Herausforderung stehen, sich auf diese bedeutenden Veränderungen einzustellen oder sie selbst herbeizuführen, um den Wettbewerb auf eine neue Basis zu stellen. Die Unternehmensführungen beim Erkennen und Entwickeln neuer Erfolgsbedingungen zu unterstützen, ist die vornehmliche Aufgabe zukunftsweisender strategischer Analysemodelle.

D. Offene strategische Denkmodelle

Je größer die Zahl der Differenzierungs- und Erfolgsmöglichkeiten, desto unbegrenzter sind die möglichen Analysen bei der Strategieentwicklung.

Am stärksten kommt die Vielfalt der Möglichkeiten bei den eher technisch orientierten Analysemethoden zum Ausdruck. Die für jedes Unternehmen, jedes Geschäftsfeld und jeden Zeitpunkt spezifische Ausgangssituation erzwingt bei der naturgemäß begrenzten Aussagekraft exakt quantifizierter Ansätze der strategischen Analyse geradezu die offensichtliche Vielfalt der Instrumente, damit aber auch deren mangelnde Universalität.

Anders ist das bei den strategischen Denkmodellen mit eher konzeptionellem Charakter. Zwar reicht auch in diesem Bereich keiner der bekannten Ansätze aus, um das gesamte Spektrum des wirtschaftlichen Wettbewerbs vollständig abzudecken, doch erlaubt ihre Offenheit, sie situationsspezifisch anzupassen bzw. sie bei entsprechender Interpretation als Denkhilfe zu nutzen. Genau in dieser Forderung liegt jedoch die Schwierigkeit beim Gebrauch der offenen, konzeptionellen Instrumente. Nicht die "äußere Vielfalt" wie bei den exakt quantifizierten Ansätzen, sondern die "innere Vielfalt" der erforderlichen Interpretationen und Variationen lassen die strategische Analyse auch hier zu einem komplexen, anspruchsvollen Prozeß werden.

Mißt man diese Tatsache an der "Idealvorstellung" eines analytischen Instrumentariums, nach der ein möglichst einfach zu handhabender Satz von Methoden und Techniken bestehende Wettbewerbsverhältnisse abbilden, zugrundeliegende Ursache-/Wirkungsbeziehungen erklären und dadurch allgemein gültige Gestaltungsregeln für eine erfolgreiche Strategie offenlegen soll, so wird das inhärente Dilemma des Einsatzes strategischer Analyseinstrumente deutlich:

- Geschlossene, exakte quantifizierbare und damit relativ leicht handhabbare strategische Ansätze erklären nur Begrenztes und sind daher nur selten übertragbar, keineswegs jedoch pauschal anwendbar.
- Offene strategische Gedankenmodelle können zwar in einer größeren Anzahl von Fällen wichtige Denkanstöße geben, sind jedoch nur begrenzt quantifizierbar und können nur von denen gefahrlos angewendet werden, die sie situationsspezifisch inter-

pretieren und variieren, also letztlich selbst entwickeln können.

E. Ausblick

Auch wenn exakt quantifizierbare Modelle im Prozeß der Strategieentwicklung von nicht zu unterschätzendem Wert sind, um Zusammenhänge zu erkennen, werden die offenen strategischen Gedankenmodelle in den 80er Jahren immer mehr an Bedeutung gewinnen. Das wirtschaftliche Gesamtwachstum wird geringer sein als in den Jahrzehnten davor und strategische Fehler sowohl aufdecken als auch wegen ihrer schwerwiegenden Auswirkungen immer weniger akzeptabel erscheinen lassen. Allein die ständig sinkende Eigenkapitalquote der deutschen Unternehmen macht es ihnen immer schwerer, die finanziellen Auswirkungen strategischer Fehler aufzufangen. Der Einsatz elektronischer Produkte wird in nahezu allen Bereichen der Wirtschaft neue Vorteilsmöglichkeiten eröffnen, dadurch dem Unternehmen aber nicht nur neue Chancen geben, sondern sie auch vor die Notwendigkeit von Veränderungen stellen.

Neben der rein technischen Innovation wird die Feinsegmentierung der Kundenbedürfnisse neue Erfolgsbedingungen bestimmen. Das notwendige Verständnis von Kunden, Märkten, Technologien wird immer detaillierter. Gleichzeitig steigt natürlich auch die Gefahr, sich in der Informations- und Gestaltungsfülle der neuen Wettbewerbsumfelder zu verlieren und die wirklichen Vorteile zu übersehen. Ziel eines modernen unternehmerischen Führungsinstrumentariums muß es sein, diesen Erkenntnis-, Entwicklungs- und Umsetzungsprozeß strategischer Veränderungen zu steuern.

Vielfalt und Veränderungen stellen neue, höhere Anforderungen an das unternehmerische Denken und an Denkmodelle. Gleichzeitig wird den Unternehmensführungen noch mehr als bisher die Kunst abverlangt, aus den vielen verschiedenen Erfolgsbedingungen die wesentlichen herauszufiltern. Noch einschneidender werden die Forderungen an die adaptive Organisation und den Führungsstil der Unternehmen sein, die letztlich diese Veränderungen umsetzen müssen. Viele Unternehmen stehen vor dem Dilemma, Gefangene ihrer einstigen Erfolge zu sein. Sie verklären die Politik und die Maßnahmen, die vordem ihren Erfolg begründeten, und verfolgen sie noch lange, nachdem sich das wettbewerbliche Umfeld verändert hat.

Es gibt vermutlich keine schwierigere Aufgabe als die, eine erfolgreiche Organisation zur Korrektur ihrer Philosophie und ihres Selbstbildes zu bewegen. Diese Aufgabe geht über die Lösung von Einzelproblemen weit hinaus. Hier liegt die eigentliche Herausforderung der 80er und 90er Jahre an die strategische Unternehmensführung.

Armin Timmermann *

Strategisches Denken - Lebenslanges Lernen auch für Unternehmen

---

*Dipl.-Ing. Armin Timmermann ist Director im Hause McKinsey & Company, Inc., München.

A. Vorbemerkung

Die Zeichen mehren sich, daß strategische Planung, wie sie in den 60er und 70er Jahren entwickelt wurde und zur Blüte kam, zunehmend in Mißkredit gerät. So hat zum Beispiel General Electric - oft zitiertes Modell für ein strategisch geführtes Unternehmen und Pionier in der Einführung strategischer Planung in den 60er Jahren - in jüngster Vergangenheit die Mitarbeiterzahl in der Unternehmensplanung halbiert und die Planungsstäbe in den operativen Bereichen beträchtlich ausgedünnt. Eine ähnliche Entwicklung vollzieht sich in vielen anderen Unternehmen.

Gleichzeitig gerät ein gut Teil der strategischen Planungstheorien ins Kreuzfeuer. Methoden, die sich einst großer Wertschätzung erfreuten, werden in Frage gestellt, teilweise sogar lächerlich gemacht. Vieles deutet darauf hin, daß es sich hier nicht etwa um eine weitere Modeerscheinung handelt - als Teil des Feldzuges gegen zu rational und analytisch orientierte Konzepte -, sondern um Elemente einer grundlegend weiterentwickelten Führungskonzeption.

Allerdings: Viele der neueren Überlegungen zur erfolgreichen strategischen Führung sind noch weitgehend Theorie. Man spricht über die Notwendigkeit von Anpassung, Unternehmensvision und Führungsstärke. Die wirklichen Handlungen im Unternehmen bleiben jedoch viel zu oft hinter diesem Anspruch zurück. Zu stark sind die häufig unterbewußten Vorurteile darüber, was wichtig ist und wie man handeln sollte. Man ist Gefangener seiner früheren Erfolge: Verhaltensweisen und Entscheidungsmuster, die jahrelang goldrichtig waren, können doch nicht plötzlich wertlos sein. Und in der Tat kann es nicht darum gehen, allem Bewährten den Rücken zu kehren und das Heil in neuen Rezepten zu suchen. Die Wirklichkeit ist viel weniger dramatisch. Warum schließlich sollte für Unternehmen nicht gelten, was für den einzelnen in Wirtschaft und Gesellschaft längst unwidersprochen zum kategorischen Imperativ erhoben ist - lebenslanges Lernen? Das heißt, die Einsicht in die Notwendigkeit, erworbene Fähigkeiten und Erfahrungen laufend weiterzuentwickeln und zu nutzen, um aus veränderten Situationen das beste zu machen.

In der Unternehmenspraxis war genau dies für eine Reihe von

Führungsgenerationen weit weniger wichtig als im letzten Jahrzehnt. Instabilität und stetiger Wandel gehören in der Weltwirtschaft inzwischen zum Alltag. Das Ergebnis ist eine weit größere Fülle an strategischen Möglichkeiten; die Flut neuer Technologien steigt ebenso wie die neuer Herstellverfahren und Vermarktungsformen. Die überschaubaren Reservate von Monopolen und Oligopolen verschwinden nach und nach von der Bildfläche. Eintrittsbarrieren sind schwieriger aufrechtzuerhalten; neue Wettbewerber kommen aus unerwarteten Richtungen. Produktgeschäfte werden zu Software- oder Systemgeschäften. Der Wettbewerb wird insgesamt nicht nur intensiver, sondern auch unberechenbarer. In vielen Industrien gerieten Unternehmen, die noch in den 60er Jahren dominierten, in den 70er Jahren in Schwierigkeiten; Mitte der 80er Jahre kämpfen sie bereits ums Überleben.

Situationsanalysen und Mittelzuteilung allein reichen nicht aus, wenn sich das Umfeld rasch verändert. Zur Vermeidung der "Erfahrungsfalle" hilft das Verständnis der Wirkungsweise traditioneller strategischer Planung und der Kernelemente weiterentwickelter Lösungsansätze:

- Die traditionellen Techniken der strategischen Planung waren zum Großteil rückblickend - in stabilen Zeiten kann Erfahrung eine gute Grundlage für Entscheidungen und Handlungen sein. Zur "Falle" wird sie erst, wenn man sich in einer Zeit dramatischer Veränderungen weiterhin auf die Vergangenheit als Wegweiser in die Zukunft verläßt.

- Kernelemente weiterentwickelter Lösungsansätze sind sehr viel stärker in die Zukunft gerichtete Strategie und Führung. Wo die Veränderung zum Normalzustand wird, muß der Wettbewerbsvorteil immer wieder neu errungen werden. Das gelingt nur über die in stetiger Erneuerung gewonnene Marktführerschaft - die nachhaltige Fähigkeit, Produkte besser als der Wettbewerb zu entwickeln, zu fertigen und zu verkaufen. Hauptziel des strategischen Denkens ist es deshalb, Lernfähigkeit zur Unternehmenseigenschaft zu machen und durch das zum jeweiligen Zeitpunkt geeignete Instrumentarium zu unterstützen.

B. Strategische Planung im Blick zurück

In den ersten Nachkriegsjahrzehnten verbrachte die typische Unternehmensleitung den Löwenanteil ihrer Zeit mit der operativen Führung des Geschäfts und mit Expansionsplanung. Unerwartete Umfeldveränderungen bildeten die Ausnahme. Fehlentscheidungen wurden durch Wachstum überdeckt. Strategische Planung konzentrierte sich auf Mittelzuteilung. Stimmte die Analyse, ergab sich die richtige Strategie fast automatisch.

Warum die Techniken der 70er Jahre zunehmend zu Fehlschlägen führen, verdeutlicht ein genauerer Blick auf die Konzepte, die als Schlüssel zur strategischen Planung dieser Zeit angesehen werden können: Erfahrungskurve, strategische Geschäftseinheiten und Portfolioplanung.

1. Erfahrungskurve

Die Erfahrungskurve wurde als erweiterte Anwendung der Lernkurve entwickelt und in Beziehung zu Marktanteil und Wettbewerbsdynamik gesetzt. Vereinfacht ausgedrückt, beruht die Theorie der Erfahrungskurve bekanntlich auf der These, daß die relativen Kosten zweier Wettbewerber vom Verhältnis ihrer akkumulierten Produktionsvolumen bestimmt werden. Daraus wird gefolgert, daß der Marktführer einen Kostenvorteil besitzt, der es ihm erlaubt, die Preise so zu setzen, daß den Wettbewerbern mit höheren Kosten keine ausreichende Rendite bleibt. Vor die Wahl gestellt, unzureichende Erträge zu erzielen oder Marktanteil zu verlieren, werden sich die schwächeren Wettbewerber letztlich vom Markt zurückziehen (vgl. ergänzend Strüven/Herp, in diesem Band).

Für die Strategieentwicklung wurde daraus die Konsequenz gezogen, durch Marktanteilsgewinn zu Beginn des Lebenszyklus Marktführer zu werden und diesen Marktanteil dann zu halten. In der Praxis führte dies häufig dazu, daß Unternehmen die Preise senkten in der Hoffnung, weitere Marktanteile und Kostenvorteile zu gewinnen. Ergebnis war nicht selten ein Preiskrieg, der letztlich keinen Sieger kannte.

Die aus der Erfahrungskurve abgeleiteten marktanteilsorientierten Strategien ließen auch einige Grundtatsachen außer acht - zum

Beispiel, daß in reifen Industrien hoher Marktanteil und angesammelte Erfahrung keine wesentlichen Voraussetzungen für Kostenführerschaft sind. Empirische Untersuchungen zeigen, daß viele Unternehmen mit niedrigsten Kosten ihre Position ohne hohen relativen Marktanteil erreicht haben. Auch stellt sich die Erfahrungskurve nicht von selbst ein, Kostensenkungspotentiale müssen gezielt aufgespürt und verwirklicht werden (vgl. ergänzend Meffert, in diesem Band).

Zweifellos ist es dem Konzept der Erfahrungskurve zuzuschreiben, daß die Aufmerksamkeit der Unternehmensführung verstärkt auf Kosten und Marktanteile gelenkt wurde, und das war sicherlich von Nutzen. Dennoch blieben die Anwendungsmöglichkeiten begrenzt. Die besten Ergebnisse wurden in Bereichen erzielt, in denen im wesentlichen über den Preis verkauft wird - ein relativ kleiner Teil der Gesamtindustrie. Naturgemäß ist der Effekt der Erfahrungskurve besonders ausgeprägt in Wachstumszeiten, wenn Größenvorteile einen nachhaltigen Kostenvorteil versprechen. Beim Übergang von Wachstum in Stagnation und zyklische Schwankungen gerät der Glaube an den praktischen Nutzen der Erfahrungskurve zusehends ins Wanken. Im heutigen Unternehmensumfeld sind Wettbewerbsvorteile, die sich auf Mengendegression in der Fertigung oder Distribution abstützen, nicht unbedingt sehr nachhaltig, und auch die statische Verteidigung einer Technologieposition hat kaum dauerhaften Erfolg (zu technologieorientierten Wettbewerbsstrategien vgl. Specht/Zörgiebel, in diesem Band).

II. Strategische Geschäftseinheiten

Ein weiteres Schlüsselkonzept in den 70er Jahren war die strategische Geschäftseinheit (SGE). Das Konzept, Ende der 60er Jahre von MacKinsey in der Arbeit mit General Electric entwickelt, ging davon aus, daß die Geschäftsaktivitäten eines Unternehmens im Markt strategisch verstanden und segmentiert werden sollten. Um als SGE definiert zu werden, mußten Geschäfte eine Reihe strategisch relevanter Gemeinsamkeiten aufweisen, die hier nicht noch einmal im einzelnen ausgeführt werden sollen. Grob vereinfacht, mußte jedoch eine SGE wie ein unabhängiges Geschäft strukturiert und geführt werden können.

Die Bildung der SGE sollte ein Unternehmen in die Lage versetzen, sich über drei Fragen klar zu werden: In welchem Geschäft sind wir tätig? Wer sind unsere Wettbewerber? Wie stehen wir relativ zum Wettbewerb? Die "richtige" Antwort auf die erste Frage war der schwierigste Teil. War das eigene Geschäft einmal unvoreingenommen definiert, war es vergleichsweise einfach, die entscheidenden Wettbewerber und die eigene Position auszumachen. Aber obwohl die Kriterien relativ klar waren, machte die SGE-Definition in der Praxis große Schwierigkeiten, insbesondere in komplexen Organisationen, in denen mehrere SGE kritische Ressourcen in Entwicklung, Fertigung oder Vertrieb miteinander teilten.

Es gab - und gibt auch heute noch - keine einfache, narrensichere Methode, strategische Geschäftseinheiten zu bilden. Die Auswahl erfordert klare Zielvorstellungen und erhebliche Urteilskraft. So ergeben sich in manchen Situationen echte Vorteile aus gemeinsamem Ressourceneinsatz; sie können leicht übersehen oder unnötig geopfert werden, wenn Autonomie und Eigenverantwortlichkeit der SGE als Selbstzweck verfolgt werden. Ein weiteres Problem ist die Führbarkeit: Organisiert man nach Produkt-/Marktsegmenten, für die jeweils eine gezielte Strategie verfolgt werden kann, so entsteht leicht eine Vielzahl von SGE, die aus Unternehmensgesamtsicht kaum noch zu führen ist. Beschränkt man sich andererseits auf eine überschaubare Zahl von Einheiten, so wird es schwierig, ein strategisches Ziel zu formulieren, das allen Geschäften innerhalb einer strategischen Geschäftseinheit angemessen ist.

Die große Stärke des SGE-Konzeptes lag in der Förderung eines Führungskonzeptes, das die strategische Position der Geschäfte betonte und die entsprechend differenzierte Zuteilung von Schlüsselressourcen in den Vordergrund stellte, um einen Wettbewerbsvorteil zu erlangen.

III. Portfolioplanung

Die logische Weiterführung des beschriebenen SGE-Verständnisses war ein unternehmensweiter Planungsprozeß unter dem Begriff "Portfolioplanung", dem dritten wichtigen Planungskonzept, das in den 70er Jahren zu Blüte kam.

Ende der 60er und Anfang der 70er Jahre wurde eine Vielfalt von Portfoliomatrizen entwickelt, die dazu dienen sollten, die strategische Position der Einzelgeschäfte eines Unternehmens zu bewerten. Sie beruhten alle auf der Vorstellung, daß die Unternehmensleitung eine gesunde Basis für die Mittelzuteilung hat, wenn sie die unterschiedliche Attraktivität der Märkte, in denen das Unternehmen tätig ist, und dessen Wettbewerbsstärke in jedem dieser Märkte versteht.

Unabhängig davon, welche Portfoliomatrix benutzt wurde, der Prozeß der Portfolioplanung war der gleiche: Die strategischen Geschäftseinheiten eines Unternehmens wurden in einem Raster eingeordnet, das ihre Stärke und Attraktivität maß. Aus dieser Bewertung wurde ein entsprechendes strategisches Ziel abgeleitet, und es wurden Strategien entwickelt, dieses Ziel zu erreichen. Die strategischen Pläne wurden wiederum von der Unternehmensleitung überprüft um sicherzustellen, daß sie der vorgegebenen strategischen Stoßrichtung entsprachen und ein Gleichgewicht im Mittelfluß brachten (vgl. ergänzend auch Wiedmann/Löffler, in diesem Band).

Der Hauptunterschied zwischen den Portfoliomatrizen lag im Vorgehen zur Beurteilung von Marktattraktivität und Wettbewerbsstärke. McKinsey ging davon aus, daß die Faktoren, die Attraktivität und Wettbewerbsstärke bestimmen, von Markt zu Markt unterschiedlich sind und deshalb für jeden Markt ermittelt und in ihrer Bedeutung gewichtet werden müssen. Das daraus entstandene Multifaktor-Portfolio wurde deshalb von manchen Theoretikern als zu kompliziert kritisiert, von vielen - insbesondere großen, diversifizierten Unternehmen - wiederum als besonders realistisch und praxisnah begrüßt.

Andere Versionen der Portfoliomatrix waren die Wachstum/Marktanteil-Matrix sowie die Industrielebenszyklus/Marktposition-Matrix. Beide gingen davon aus, daß die gewählten Achsen die besten Indikatoren für die Leistungsfähigkeit eines Geschäftes darstellen. Insbesondere die Wachstum/Marktanteil-Matrix behandelte ursprünglich Wachstum und relativen Marktanteil als dominierend und ging von der Annahme aus, daß der Erfolg eines Unternehmens von einem Geschäftsportfolio abhängt, das unterschiedliche Wachstumsraten und Marktanteile kombiniert. Basis für dieses Konzept war die aus der Erfahrungskurve abgeleitete These, daß die Ertragsspanne vom Marktanteil abhängt, d.h. daß hohe Marktanteile hohe Erträge bewirken.

Ein weiterer empirischer Versuch, die Ertragskraft mit unterschiedlichen Geschäftsvariablen abzuleiten, war das PIMS-Projekt (profit impact of market strategy), ein Regressionsmodell, das 37 Einflußfaktoren in Beziehung zum Ertrag setzte.

Für das Umfeld hohen Wirtschaftswachstums in den späten 60er und frühen 70er Jahren stellten die verschiedenen Portfoliokonzepte in mehrfacher Hinsicht eine echte Weiterentwicklung des strategischen Denkens dar. Der Portfolio-Gedanke veranlaßte die Unternehmensführung, die Zukunftsaussichten jedes einzelnen Geschäftes zu bewerten, und brachte mit der Frage nach dem Gleichgewicht im Mittelfluß gleichzeitig die Unternehmensgesamtsicht zur Geltung. Er förderte die Nutzung extern orientierter empirischer Daten, um die eigene Einschätzung des Potentials einzelner Geschäfte zu ergänzen. Und nicht zuletzt erleichterte die verbale und graphische Darstellung der Portfolioplanung die Kommunikation über mehrere Organisationsebenen.

Dennoch hatten die Portfolioverfahren klare Begrenzungen, die durch die wirtschaftlichen Strukturveränderungen des letzten Jahrzehnts besonders spürbar wurden.

Wie bereits angesprochen, ist es nicht einfach, zu Beginn einer Analyse die Geschäfte angemessen zu definieren. Darüber hinaus sind die meisten Portfolioansätze rückblickend und zu sehr abhängig von eingefahrenen Vorstellungen zu Marktattraktivität und Wettbewerbsposition. Sie münden in Standardstrategien, die sich aus der Portfolioposition herleiten; aber diese Art der Vorbestimmung führt oft dazu, daß Möglichkeiten nicht wahrgenommen werden, oder legt völlig unrealistische Konsequenzen nahe - z.B. wenn die Mehrzahl der Geschäfte als "arme Hunde" klassifiziert werden muß. Letztlich kann das Portfolio - wie alle komplexen Modelle - bei unkritischer Anwendung die Illusion von Systematik und Wissenschaftlichkeit vermitteln, obwohl auch hier das Ergebnis ausschließlich von der Qualität der Eingaben abhängt.

Dennoch steht der Beitrag der Portfolioplanung zur Weiterentwicklung des strategischen Instrumentariums außer Zweifel. Allerdings wirkt auch der Portfolioansatz am besten, wenn die Umfeldbedingungen stabil, die Alternativen bekannt und relativ begrenzt sind und die Zukunft im wesentlichen eine Bestätigung der Vergangenheit ist. Wenn es dagegen gilt, neue Möglichkeiten aufzuspüren oder völlig neue Richtungen einzuschlagen, ist dieser Ansatz wenig hilfreich. In manchen Fällen der praktischen Anwendung erweist sich die Portfolioplanung dabei sogar als Hindernis - besonders wenn im Unternehmen der Irrglaube herrscht, Portfolioplanung sei Strategie.

Somit ist auch die Portfolioanalyse ein nützlicher, aber längst nicht ausreichender Schritt im Prozeß der Strategieentwicklung. Wird sie überstrapaziert oder als ausschließlicher strategischer Planungsrahmen angewandt, verstellt sie der Führung leicht den Blick für die tatsächliche Marktentwicklung. In Zeiten dramatischer Veränderungen kann dies teuer sein.

Unternehmen, die eine Anpassungsfähigkeit erreichen wollen, wie sie im Wettbewerb der nächsten zehn Jahre erforderlich sein wird, müssen gründlich umdenken. Planung muß von einer Fortschreibungsübung zu einem Akt der Kreativität werden. Planungsprozesse und Instrumente, die eine Zukunft nach dem Bild der Vergangenheit zeichnen, müssen ersetzt werden durch eine Geisteshaltung, die darauf ausgerichtet ist, möglichst früh Veränderungen zu erkennen und in einen Wettbewerbsvorteil umzumünzen (vgl. hierzu auch die verschiedenen Ansätze der Früherkennung im Kapitel C. dieses Bandes). Gleichzeitig muß das Entwickeln und Durchsetzen der Strategien wieder als Herzstück der Linienverantwortung begriffen werden. Ein verantwortungsbewußter Planer kann sich heute nicht mehr darauf beschränken zu sagen, was zu tun ist, und das "Wie" der Linienführung überlassen. Er muß eng mit der Linienführung zusammenarbeiten, um durch volle Nutzung ihres Sachverstandes neue Wege des Wettbewerbs zu finden sowie Bereitschaft und Fähigkeit für die Durchsetzung aufzubauen.

Diese Verhaltensformen haben Unternehmen, die sich die Verwerfungen der 70er Jahre zunutze machten, zum Teil bereits entwickelt. Sie sahen Strukturveränderungen und instabile Wettbewerbssituationen als Chance, nicht als Bedrohung. Neue Ideen, neue Technologien, neue Wege zum Kundennutzen, neue Absatz- und Beschaffungsstrategien waren Bestandteile ihres Erfolges. Sie beschleunigten die Veränderungen in ihren Industrien viel stärker, als dies die konservativeren Unternehmen je getan hätten. Mit verändertem Umfeld wurde ihre Planung viel stärker umsetzungsorientiert; sie waren insgesamt wesentlich experimentierfreudiger.

Wo liegt vor diesem Hintergrund der heutige Stand der Management-Technik? In welchen Konzepten schlägt sich das strategische Denken nieder, das sich stärker auf Ideen als auf Prozeduren konzentriert, um die unerläßliche neue Qualität im Verständnis der Markt-/Wettbewerbsdynamik zu erzielen?

C. Strategie und Führung für die Anforderungen der Zukunft

Auch heute nimmt die Portfolio-Technik im strategischen Instrumentarium immer noch einen erheblichen Raum ein. Mehr als die Hälfte aller US-Großunternehmen setzen sie in irgendeiner Form ein. Eine zweite Generation von Portfolio-Planungsmatrizen ist entstanden. In ihnen sind Kunden, Wettbewerb und Industriedynamik stärker berücksichtigt. Aber auch diese neuen Matrizen wecken wie ihre Vorgänger die Illusion von strategischen Patentlösungen in Form von Standardstrategien und Verhaltensvorschriften.

Nun bestreitet niemand die Notwendigkeit, aus der Vergangenheit für die Zukunft zu lernen, und ebenso unbestreitbar hängt das langfristige Überleben eines Unternehmens von der Fähigkeit ab, ertragreich zu wachsen. Besorgnis erregen muß aber jede einseitige Verwendung irgendeiner Analysetechnik oder eines formalen Planungsprozesses als Ersatz für die fortwährende Suche nach neuen und guten Ideen - kurz, für strategisches Denken (vgl. auch Strüven/Herp, in diesem Band).

In der Begleitung von Klienten beim Übergang von stabilen zu instabilen Umweltbedingungen und bei der Bewältigung des Wandels hat sich bei McKinsey die Überzeugung herausgebildet, daß erfolgreiches strategisches Denken zukünftig verstärkt in zwei komplementäre Richtungen weiterentwickelt werden muß:

- Die <u>Strategie</u> zielt auf weltweite Vorteile in Marktabdeckung und Produktführerschaft unter verstärkter Einbeziehung strategischer Partnerschaften (vgl. ergänzend Kreutzer, in diesem Band).

- Sensible und wandlungsfähige <u>Führung</u> sichert die ständige Selbsterneuerung über alle Elemente der Organisation.

In Strategie wie Führung sind dabei die Grundfragen heute dieselben wie eh und je, allerdings müssen die Lösungen veränderten - und meist anspruchsvolleren - Anforderungen gerecht werden.

I. Strategie des weltweiten Wettbewerbsvorteils

Die Grundfrage der Unternehmensstrategie, heute wie gestern und vorgestern, lautet: "Welche Maßnahmen führen zu einem nachhaltigen Wettbewerbsvorteil?" Die veränderten Anforderungen, die eine Lösung gegenwärtig besonders schwierig machen, ergeben sich aus der Markt- und Wettbewerbsdynamik: Kundenbedürfnisse, Ressourcenverfügbarkeit und Konkurrenzsituation erfordern eine globale Sicht selbst in Industrien, die traditionell ihren Schwerpunkt im Inland hatten. Nur eine Handvoll multinationaler Unternehmen besitzt jedoch heute die Fähigkeit, Schlüsselmärkte gleichzeitig mit neuen Produkten anzugehen und auch die geforderte Produktbreite abzudecken. Entsprechend heißt die neue Dimension für Lösungsansätze Kooperation - über alle Funktionen des Geschäftssystems und über Ländergrenzen hinweg.

1. Gleichbleibende Grundfrage: Ausrichtung auf Wettbewerbsvorteil

Nur mit einem nachhaltigen Wettbewerbsvorteil gelingt es Unternehmen auch in insgesamt unattraktiven Industrien oder schwierigen Zeiten, längerfristig überdurchschnittliche Ergebnisse zu erzielen. In einer Marktwirtschaft, in der alle Unternehmen auf hohe Erträge hinarbeiten, liegt der Schlüssel dazu in einer überlegenen Leistungsfähigkeit relativ zum Wettbewerb. Diese Überlegenheit besteht in einem Kosten- oder Nutzenvorteil der Produkte und Leistungen, das heißt, in der richtigen Entscheidung darüber, wo und wie man konkurrieren will, auf welche Zielsegmente und Funktionen im Geschäftssystem man sich konzentriert. Einen anderen Weg zur Erreichung eines Wettbewerbsvorteils gibt es nicht.

a) Wo konkurrieren?

Bei der Wahl der Arena für die Auseinandersetzung mit dem Wettbewerb reichen die Möglichkeiten von der Konzentration auf eine Marktnische bis zum Wettbewerb über alle Marktsegmente hinweg. Für Marktführer, die guten Grund haben zu glauben, daß ihr gegenwärtiger Vorteil sich aufrechterhalten läßt, ist ein Vorgehen, vom Gleichen noch mehr besser zu machen, häufig die beste Strategie. Wenn sie nicht aus übermäßiger Selbstzufriedenheit nachlässig oder durch äußere Einflüsse geschwächt werden, wird es anderen Unternehmen nur schwerlich gelingen, sie von der Spitze zu verdrängen.

Unternehmen einer anderen Kategorie versuchen, Wettbewerbsvorteile in Marktnischen zu erringen, in denen sie besondere Stärken zum Tragen bringen können. Konzentrationsstrategien dieser Art enthalten eine Resegmentierung des Marktes. Sie bedienen Segmente, die zuvor häufig noch nicht als eine zusammenhängende Kundengruppe identifiziert wurden und die sie mit den begrenzten verfügbaren Ressourcen erschließen können. Da direkter Wettbewerb vermieden wird, ist ein solches Vorgehen normalerweise kostengünstiger als eine Strategie der direkten Konfrontation mit dem Marktführer. Eine Zeitlang kann es sehr erfolgreich sein. Da jedoch Technologie, Fertigung oder Marketing nicht grundsätzlich verändert werden, ist der Erfolg relativ leicht kopierbar. Die Gefahr besteht, daß der Marktführer aufmerksam wird und den Spezialisten wieder aus seiner Nische verdrängt.

In einzelnen Fällen wird ein Marktführer einem kleineren Wettbewerber erlauben, über Jahre hinweg eine Nische zu besetzen, zum Teil weil er für sich attraktivere Möglichkeiten in anderen Märkten sieht, möglicherweise aber auch, weil er aufgrund gesetzlicher und regulatorischer Überlegungen vor einem direkten Angriff zurückschreckt. Dennoch bewegt sich ein kleineres Unternehmen, das sich auf die Zurückhaltung eines Giganten verläßt, auf dünnem Eis.

b) Wie konkurrieren?

Ebenso wichtig wie die Entscheidung Gesamtmarkt oder Nische ist die Beantwortung der zweiten Frage: Soll man den etablierten

Regeln des Marktes folgen oder versuchen, sie zu verändern, um die Voraussetzungen des Wettbewerbs für das eigene Unternehmen günstiger zu gestalten? Ein Unternehmen, das die vorhandenen Umweltbedingungen sowie die eingespielte Art, das Geschäft zu betreiben, als gegeben hinnimmt, wird versuchen, innerhalb dieser Randbedingungen zu optimieren. Im Gegensatz dazu suchen andere Unternehmen nach Wegen, alle beeinflußbaren internen und externen Faktoren so zu ändern, daß ihre Stärken besser zum Tragen kommen und ihnen Vorteile entstehen, die Wettbewerber nicht leicht kopieren können.

Ein inzwischen schon klassisches Beispiel für die erfolgreiche Änderung von Wettbewerbsbedingungen bietet der Kopierermarkt. Rank Xerox hatte eine deutliche technologische Stärke in der Trockenxerographie. Außerdem bot das Unternehmen eine unschlagbare Produktausstattung für anspruchsvolle Anwender - Hochleistungsfunktionen wie eine hohe Anzahl von Kopien, sehr viele Arbeitsvorgänge, gutes Dokumenten-Handling, Sorterfunktionen und so weiter. Darüber hinaus band es die Kunden an sich durch Leasing und exzellenten Service. Auf dem Kopierermarkt gegen Xerox anzutreten, schien lange Zeit ein hoffnungsloses Unterfangen. Trotzdem gelang genau das den japanischen Herstellern. Sie machten alles anders und traten mit ganz anderen Stärken an - unter anderem mit Naßkopierern, die hohe Kostendegression ermöglichten und die Geräte sehr billig machten. Außerdem waren die Geräte einfach zu warten und wenig störanfällig, so daß der Service über Händler gewährleistet werden konnte. Xerox konnte zunächst nicht zurückschlagen, weil es in seinen eigenen Stärken und den Erfolgen der Vergangenheit gefangen war.

2. Veränderte Anforderungen: Globale Markt- und Wettbewerbsdynamik

Die Anforderungen an eine erfolgreiche Unternehmensstrategie haben sich in den letzten Jahren für viele Industrien im wesentlichen durch drei Entwicklungen verändert: a) eine verstärkte Konzentration der weltweiten Nachfrage und Innovation, b) Zwang zu Internationalisierung durch hohe Entwicklungskosten und kapitalintensive Fertigung und c) kurze Lebenszyklen für Innovationen durch hohen Wettbewerbsdruck und schnellen technologischen Wandel.

a) Konzentration der Nachfrage und Innovation.

Weit mehr als die Hälfte des Bruttosozialproduktes der freien Welt wird in den USA, Japan und der Europäischen Gemeinschaft erwirtschaftet; hier liegen über 80 % des Marktes für Computer, NC-Maschinen und Unterhaltungselektronik. Und hier bilden 600 Mio. kaufkräftige Verbraucher einen riesigen Nachfragepool, denn "grenzenlose" Kommunikation, ähnliche Ausbildungssysteme und vergleichbare technologische Infrastrukturen in diesen Regionen lassen den Konsumgüterbedarf immer ähnlicher werden. Selbst Investitionsgüter sind in weiten Bereichen längst "Weltprodukte" - man denke an Werkzeugmaschinen, Halbleiter oder Fahrzeugreifen.

Auch Produktinnovation und technologische Durchbrüche haben ihr Ballungszentrum in diesen Schlüsselregionen. Wer mithalten will, muß hier den Finger am Puls haben - sei es für Büroautomaten in Japan oder im Großraum Boston, für Halbleitertechnologie im Silicon Valley oder auf Kyushu.

b) Zwang zur Internationalisierung.

Für die Auslastung einer hochmodernen, kapitalintensiven Fertigung, wie sie der Wettbewerb in Technologie-intensiven Branchen heute verlangt, ist selbst ein Inlandsmarkt von der Größe der USA zu klein.

Deshalb ist es wichtiger als je zuvor, sich durch die Nähe zum Kunden, wo immer er sitzt, eine breite Akzeptanz in der Zielgruppe und ein Gespür für die Erfordernisse des Wettbewerbs zu sichern. Neue Produkte, die Konsumentenbedürfnisse in den Hauptmärkten der Welt befriedigen, und gut etablierte Vertriebskanäle können Schlüsselfaktoren für den Unternehmenserfolg sein, insbesondere dann, wenn das eigene Produkt zum "Massengut" geworden ist, das zahlreiche Konkurrenten ebenfalls herstellen können. In diesem Stadium sind in einer automatisierten Industrie Wettbewerbsvorteile durch Kostensenkung für alle Marktteilnehmer zu erreichen. Wenn auch Technologie und Design kaum noch Differenzierungsmöglichkeiten bieten, muß sich ein Unternehmen zwangsläufig auf Stärken in der Distribution stützen, wenn es den Kampf um Marktanteile gewinnen will (vgl. Ohmae, "Macht der Triade", Gabler Verlag 1985).

c) Kurze Lebenszyklen für Innovationen.

Schließlich stellt auch die Veränderungsgeschwindigkeit im globalen Wettbewerb traditionelle Vorstellungen auf den Kopf. Wer heute seine neuen Produkte wie gewohnt zunächst im Heimatmarkt etablieren will, um von seiner stabilen Position aus in Auslandsmärkte vorzudringen, hat in vielen Fällen schon verloren. Wo selbst Technologie-intensive Produkte in kürzester Zeit zum Massenartikel werden, sind Wettbewerbsvorteile in Form von Produktmerkmalen äußerst kurzlebig. Ein rascher Rückfluß der oft enormen Entwicklungskosten verlangt einen Markteintritt auf breiter Front, der alle relevanten Regionen gleichzeitig mit Vertriebsaktivitäten, Lizenzabkommen oder Kooperationen überzieht (vgl. ergänzend Specht/Zörgiebel, in diesem Band).

3. Neue Lösungsansätze: Vielfältige Kooperation

Um das riesige Nachfrage- und Technologiepotential zu nutzen, braucht ein global agierendes Unternehmen die besten Informationen und Zugangswege. Die aber gewinnt es nicht in erster Linie über vielfältige Auslandsaktivitäten einer starken nationalen Muttergesellschaft; entscheidend ist vielmehr die Präsenz vor Ort als echter "Insider", der in die lokale Wirtschaftsgemeinde weit enger integriert ist, als es auch die stärkste ausländische Vertriebstochter in der Regel sein kann.

Nur aus einer solchen Insider-Position heraus kann auch die Produktgestaltung treffsicher den Welterfolg vorbereiten: Bei aller Ähnlichkeit der Verbraucherwünsche ist das Weltprodukt, das völlig unverändert über Landes- und Kontinentalgrenzen hinweg Anklang findet, eher die Ausnahme (vgl. auch Kreutzer, in diesem Band). So wurde Mattels Barbie Doll in Japan erst dann zum Verkaufsschlager, als der Hersteller auf japanischen Rat die allzulangen Beine und üppigen Kurven des amerikanischen Traum-Girls mehr an die Schönheitsvorstellungen japanischer Schulmädchen und ihrer Mütter angeglichen hatte.

Die Frage, ob man überhaupt zusammenarbeiten soll, ist also

längst durch die Realitäten von Markt und Wettbewerb entschieden. Unternehmen verbünden sich in F&E, weil die Kosten explosionsartig gestiegen sind - über 1 Mrd. DM für eine Telefonvermittlung oder einen Großrechner. Oder sie treffen Marktvereinbarungen, um ausreichende Umsätze zur Amortisierung ihrer Investitionen zu erzielen. In der jüngeren Vergangenheit haben sie sich auch in der Produktion zusammengeschlossen, um Größenvorteile zu gewinnen, ohne im eigenen Unternehmen auf die - inzwischen ebenfalls unbestrittenen - Vorzüge kleiner, überschaubarer Einheiten zu verzichten. Aber auch andere Faktoren sind am Werk. In dem Maße, wie die Technologie verschiedene Produkte und Märkte in einigen Segmenten der Elektronik zusammenfließen läßt, haben Kunden begonnen, Hardware/Software-Systeme anstelle von Einzelprodukten zu kaufen. Um wettbewerbsfähig zu bleiben, müssen die Unternehmen ein Gesamtpaket anbieten. Deshalb schließen sich die Anbieter überlegener Technologien mit den Wettbewerbern zusammen, die in Vermarktung und Vertriebserfahrung führend sind. Kooperation in den Funktionen des Geschäftssystems, in denen sich die Stärken der Partner ergänzen, sind heute vermutlich als der Schlüssel zur erfolgreichen Unternehmensstrategie anzusehen.

Die europäischen Regierungen ermutigen ihre heimischen Unternehmen über Investitionsdarlehen und andere Mechanismen verstärkt zur Zusammenarbeit miteinander. Dabei wird häufig übersehen, daß auch ein Zusammengehen mit starken Partnern in Überseemärkten ein wichtiger Teil der Geschäftsstrategie sein kann, und zwar bevor diese potentiellen Verbündeten sich in der Erschließung globaler Märkte mit anderen Unternehmen zusammenfinden.

Vorprogrammiert werden Erfolg oder Mißerfolg einer Zusammenarbeit allerdings schon mit der Wahl der Kooperationsform. Einige europäische Kooperationen erwiesen sich deshalb als ineffizient, weil die einzelnen Funktionen nicht wirklich zusammengelegt wurden. Die beteiligten Unternehmen blieben im Gegenteil relativ unabhängig und konkurrierten oft sogar miteinander, so daß die angestrebten volumenbedingten Kostenvorteile der verbliebenen funktionalen Eigenständigkeit zum Opfer fielen.

Die vorherrschende Variante, Ressourcen zusammenzubringen, sind heute noch Joint Ventures, allerdings nicht notwendigerweise die effektivste. Unterschiede in der Unternehmenskultur der Partner belasten das Gemeinschaftsunternehmen häufig von Anfang an. Auch schlagen Joint Ventures oft fehl, weil sie rechtliche Einheiten darstellen und eine Kapitalverflechtung bedingen. Die Verträge, die meist genau spezifizieren, was die beteiligten Unternehmen zu tun und zu lassen haben, sind im zunehmend schnelllebigen Umfeld unserer Tage oft schon kurz nach Abschluß veraltet.

Der Spielraum für Initiative oder Anpassung an Veränderungen ist gering. Die Partner müssen häufig für längere Zeit festlegen, wie Gewinne und Verluste verteilt werden und wo und wie für die Zukunft investiert werden soll. Angesichts schneller Markt- und Wettbewerbsveränderungen steigen Anzahl und Heftigkeit von Auseinandersetzungen über Investitionen und Mittelzuteilung. Die Probleme sind spätestens dann offenkundig, wenn die Partner nicht mehr in offener Diskussion um den Tisch sitzen, sondern beginnen, sich in die ursprünglichen Verträge zu vertiefen.

Während die Mehrheit der gegenwärtigen Vereinbarungen zur gemeinsamen Technologie- und Ressourcennutzung dem vertrauten Schema folgen, sind einige führende Unternehmen neuartige strategische Partnerschaften eingegangen, die das Wettbewerbsumfeld in der jeweiligen Industrie bereits erheblich verändert haben.

Den meisten Unternehmensleitungen sind diese neuen Kooperationsformen durchaus bekannt, sie haben sie aber noch nicht in ihre strategischen Überlegungen über neue Geschäftsmöglichkeiten und Risiken einbezogen. Es ist jedoch völlig klar, daß zum Beispiel in der Elektronik-Industrie, wo IBM durch Übernahme von Anteilen eine enge Beziehung mit einem Schlüssellieferanten wie Intel aufgebaut hat oder wo Philips sich mit einem vermeintlichen Wettbewerber wie AT&T zusammentut, mittelfristig eine grundsätzlich andersartige globale Industriestruktur zu erwarten ist.

Strategische Partnerschaften unterscheiden sich grundsätzlich von traditionellen Joint Ventures, wenig verbindlichen Lieferantenbeziehungen oder genau definiertem Technologieaustausch. Strategische Partnerschaften sind ein Herzstück der Unternehmensstrategie und entscheidend für zukünftige Wettbewerbsvorteile. Ihr Ziel ist ein Quantensprung in der strategischen Positionierung eines Unternehmens. Kritische Fähigkeiten sollen besser genutzt werden, die Fähigkeit zur Reaktion auf Markt- und Technologieveränderungen soll sich erhöhen.

Strategische Partnerschaften sind häufig Verbindungen zwischen bestehenden oder potentiellen Wettbewerbern. Sie setzen voraus, daß die natürliche Abneigung, sich mit seinen "Feinden" zu verbünden, überwunden wird. Geringere Kontrolle über Teile des eigenen Geschicks und verstärkter Umgang mit Außenstehenden müssen in Kauf genommen werden. Weil soviel auf dem Spiel steht, sind diese Beziehungen häufig voller Spannung. Mehr als bei einer Lizenz- oder Vertriebsvereinbarung teilen sich die Unternehmen einen lebenswichtigen Teil ihres Geschäftssystems. Konflikte, wie sie auch innerhalb eines Unternehmens zwischen einzelnen Gruppen auftreten, etwa zwischen Entwicklungsingenieuren und Marketingspezialisten, werden hier potenziert. Auch im eigenen Unternehmen kann die Partnerschaft leicht mit Teilen der Organisation in Konflikt geraten. Wird zum Beispiel die Vermarktung einem strategischen Partner überlassen, kann die eigene Marketingabteilung dies leicht als eigenes Versagen interpretieren und versucht sein, das Abkommen zu unterlaufen.

Trotz der Risiken und internen Hindernisse bei der Durchführung werden immer mehr Unternehmen von sich aus strategische Partnerschaften suchen oder dazu gezwungen sein. In der dynamischen Elektronikindustrie wird dies besonders deutlich. Mit breiterer Verfügbarkeit der Grundtechnologien hat sich der entscheidende Faktor im Wettbewerb von der Hardware zu Marketing und Distribution verlagert. Die Unternehmen sind gezwungen, die Grundlagen ihres Wettbewerbsvorteils klarer auszumachen. Das alte Ideal der vertikalen Integration, in dem ein führendes Unternehmen alle Teile des Geschäftssystems beherrschte, trifft heute vielfach nicht mehr zu. Der Erfolg hängt vielmehr von Auswahl, Konzentration und Spezialisierung auf die dominante Funktion ab. Allerdings sollte man nicht erwarten, daß die Partnerschaft grundlegende Schwächen ausgleicht. Im Gegenteil: Interne Schwächen werden in der gegenseitigen Abhängigkeit häufig überdeutlich. Wenn sich die Unternehmensführung jedoch auf den tatsächlichen Wettbewerbsvorteil konzentriert, kann die strategische Partnerschaft Bereiche geringerer Stärke abdecken.

Die Häufigkeit derartiger Vereinbarungen hat bereits begonnen, die Topographie des Wettbewerbs spürbar zu verändern. Unternehmen, die in bestimmten Regionen, Produkttechnologien oder Absatzkanälen schwach waren, finden plötzlich den Partner, der sie stark macht und den Wettbewerb zwingt, seine Strategien und Marktpositionen neu zu bewerten. Diese schnellen Neuausrichtungen der Marktteilnehmer sind ein Hauptgrund für die Instabilität in der Wettbewerbsszene mancher Industrien.

Partnerschaften aus der jüngsten Vergangenheit, in so unterschiedlichen Branchen wie Automobil-, Halbleiter- und Stahlindustrie, zeigen die Vielfalt möglicher Ziele: Zum Beispiel gleichen die Partner funktionale Unzulänglichkeiten in ausländischen Kernregionen aus und ermöglichen eine Expansion. Oder sie teilen oder tauschen kritische Grundfunktionen wie Forschung und Entwicklung, Produktion und Technologie, um Führungspositionen zu verteidigen. Manchmal kommt es auch zum Austausch einzelner Produktgruppen, hingegen gibt ein Partner selten eine gesamte Funktion auf, etwa Fertigungs- oder Vertriebsaktivitäten.

Die Bereitschaft der Führung globaler Unternehmen, mit Wettbewerbern aus Übersee zu kooperieren, spiegelt eine grundsätzlich veränderte Einstellung zu Wettbewerb und Globalgeschäft wider. Wir stehen am Beginn einer Ära des globalen Wettbewerbs zwischen den mächtigsten Überlebenden, unabhängig von ihrem Ursprung.

Die Notwendigkeit, in allen wichtigen Weltmarktregionen heimisch zu sein, bedeutet allerdings nicht, daß Unternehmen in allen Schlüsselmärkten Partner finden müssen, die ihr Produkt fertigen oder vertreiben. Die Partner muß jedes Unternehmen sehr sorgfältig auswählen. Zwei Entscheidungsgrundlagen sind natürlich geographische Lage und Branchenzugehörigkeit, allerdings nicht im vielleicht naheliegenden Sinne: Konsortialpartner sollten nicht in der eigenen Heimat angesiedelt sein - entfernte Feinde können echte Freunde sein, während nahe Verwandte oft Feinde sind. Dies wird überdeutlich in vielen europäischen transnationalen Zusammenschlüssen. Die meisten von ihnen erlitten Schiffbruch, weil die beteiligten Unternehmen nicht partnerschaftlich zusammenarbeiten konnten, denn sie waren einander zu nahe, ihre Geschäfte zu ähnlich.

Für die schwierige praktische Durchführung bieten sich drei Ratschläge an, besonders wenn Unternehmen zum ersten Mal strategische Partnerschaft versuchen:

- Partnerschaften müssen zum Standardinstrument im strategischen Werkzeugkasten des Unternehmens werden. In einigen Industrien werden die Möglichkeiten für Partnerschaften schnell aufgegriffen; da aber die Zahl möglicher Partner und Kombinationen begrenzt ist, kann es ein Unternehmen teuer zu stehen kommen, nicht früh genug mit von der Partie zu sein. Ein Unternehmen kann möglicherweise eine gesamte Produktgeneration ohne Partner durchstehen müssen, während die Wettbewerber bereits gemeinsam nach vorn marschieren. Auch hat natürlich die Unternehmensführung, die bei der Konzeptgestaltung die Initiative ergreift, weit bessere Voraussetzungen, die Dinge in ihrem Sinne zu beeinflussen.
- Die Unternehmensleitung muß direkt am Zustandekommen mitwirken. Nur sie kann die unerläßliche Energie und Entschlossenheit einbringen. Persönliches Engagement und Einsatz sind die Qualitäten, die Partnerschaften aufblühen lassen. Sie können nicht durch Stabsarbeit, Analyse oder Verträge ersetzt werden. Es ist wie im Tennisdoppel: Um zu gewinnen, müssen beide Partner ihr Bestes geben.
- Das Unternehmen muß sich sorgfältig auf die Partnerschaft hin organisieren. Die Verantwortung für die laufende Pflege der Beziehung darf nicht funktionalen Experten überlassen bleiben. Da sich die Beziehungen dynamisch entwickeln, müssen Strategie und Ausführung nahe am Machtzentrum angesiedelt sein. Partnerschaften sind nur so lange lebensfähig und sinnvoll, wie sie auf Veränderungen in Technologie und Markt schnell und direkt eingehen können.

Nützlichste Grundregel für Konsortien ist die Erzielung des größtmöglichen Deckungsbeitrags zu Fixkostenblöcken. Ist F&E teuer, sollte sichergestellt werden, daß das Produkt in der ganzen Welt verkauft wird, unabhängig von bestehenden und vielleicht sehr unterentwickelten Vertriebsfähigkeiten der eigenen Organisation in einzelnen Regionen. Gegenseitige Lizenzvergaben im forschungs- und marketingabhängigen Pharmageschäft sind hierfür ein gutes Beispiel. Wenn die Vertriebsmannschaft stark und teuer ist, aber das Labor nicht genug Produkte herausbringt, lohnt sich in jedem Fall die Überlegung, Produkte anderer Unternehmen zu importieren, um die Fixkosten für Vertrieb und Service zu decken.

Macht eine Partnerschaft grundsätzlich Sinn, sollte die Frage nicht sein, ob sie eingegangen wird, sondern wie lange sie Bestand haben soll. Es gibt gute Gründe, flexibel zu sein, auch wenn eine Partnerschaft gut funktioniert. Neue Produkte, Technologien und Kanäle können einen Partner weniger wertvoll machen. Ein klassisches Beispiel ist das Aufkommen von Ketten, das vielen Importeuren einen Direktvertrieb ermöglicht.

Nicht alle Partnerschaften müssen kurzfristig angelegt sein, aber auch das Geheimnis des langfristigen Erfolges scheint darin zu liegen, daß jeder Partner in Schlüsselbereiche investiert und sich nicht völlig auf den anderen verläßt. Weil ein Partner eines Tages (wieder) zum Wettbewerber werden kann, sollte man ihn sorgfältig im Auge behalten.

II. Führung zur Selbsterneuerung

Die Frage nach Rezepten für erfolgreiches Führen wird gestellt, seit es Unternehmen und Wettbewerb zwischen ihnen gibt. Heute lautet sie: Wie kann ein Unternehmen durch ständigen organisatorischen Wandel mit veränderten Umweltbedingungen Schritt halten, ohne daß diese Selbsterneuerung von internen Zerreißproben begleitet ist? Auch die beschriebenen Strategien internationaler Kooperation stellen natürlich besondere Anforderungen an die Führung. Damit sind bereits die Anforderungen angesprochen, denen erfolgreiche Lösungsansätze gerecht werden müssen: Sich verändernde gesellschaftliche Normen, als "Wertewandel" schon fast zum Schlagwort verkommen, verlangen Partizipation, Eigenständigkeit und Dezentralisierung. Strategie- oder Strukturanpassungen allein bringen hier wenig dauerhaften Erfolg. Lösungsansätze für die notwendige organisatorische Weiterentwicklung kann es nach unserem Verständnis nur im Zusammenspiel und in Wechselwirkung zwischen allen Organisationselementen geben, dargestellt in "McKinsey-7S-Modell".

1. Gleichbleibende Grundfrage: Charakteristika erfolgreicher Unternehmen

Die Attribute erfolgreich geführter Unternehmen haben Tom Peters und Robert Waterman in ihrem Bestseller "In Search of Excellence" ausführlich beschrieben: Primat des Handelns ("Probieren geht über Studieren" oder auch "Do it, try it, fix it"), Nähe zum Kunden ("Der Kunde ist König" und "Wir lernen von unseren Kunden"), Freiraum für Unternehmertum ("Wir wollen lauter Unternehmer"), Produktivität durch Menschen ("Auf jeden einzelnen Mitarbeiter kommt es an"), sichtbar gelebtes Wertsystem ("Wir meinen, was wir sagen - und tun es auch"), Bindung an das angestammte Geschäft ("Schuster bleib bei deinem Leisten"), einfacher flexibler Aufbau ("Kampf der Bürokratie"), und schließlich straff-lockere Führung ("Soviel Führung wie nötig, so wenig Kontrolle wie möglich") (vgl. Peters/Watermann, 1984).

In einer anderen internen Studie ist McKinsey der Frage auch einmal aus der entgegengesetzten Richtung nachgegangen: Welche Verhaltensmuster sind Vorboten des Niedergangs führender Unternehmen? Obwohl jeder Einzelfall irgendwie auch einzigartig ist, gibt es genug Gemeinsamkeiten, um typisches Fehlverhalten zu erkennen. Was machen Unternehmen falsch, die aus einer Position der Stärke in den Mißerfolg abgleiten?

- Sie verwenden unrealistische oder veraltete Maßstäbe, um Stärken und Schwächen des Unternehmens zu beurteilen; zum Beispiel verlassen sie sich auf Wettbewerbsvorteile, die keine mehr sind.
- Die Führungsmannschaft wird selbstgefällig; Inflexibilität und konventionelles Denken sind die Folge.
- Sie bemerken Veränderungen in ihrer Branche nicht oder versäumen, diese Veränderungen zu ihrem Vorteil zu nutzen.

Bei Durchsprache derartiger Analyseergebnisse in den untersuchten Unternehmen stellt man häufig fest, daß keine der Führungskräfte den Rückgang in der Leistungsfähigkeit ihrer Firma zufriedenstellend erklären kann. Es ist die klassische Situation einer Führung aus der Distanz und einer Führung über Zahlen. Jeder schaut sich innerhalb des Unternehmens um, niemand schaut nach draußen. Niemand denkt an morgen, alle an heute. Und niemand denkt daran zu fragen, ob die Grundannahmen und Denkweisen, die das Unternehmen in seine Führungsposition gebracht hatten, noch immer plausibel und angemessen sind.

Der Mangel an Selbsterneuerung läßt die Wettbewerbskraft dahinsiechen und macht die Vorreiter zu Verlierern.

2. Veränderte Anforderungen: Persönlicher und gesellschaftlicher Wertewandel

Selbstverwirklichung zum Lebenszweck zu ernennen, sagt Professor Hermann Lübbe, hätte vor 50 Jahren als vermessen gegolten. Inzwischen hat die Selbstverwirklichung, zusammen etwa mit der Kreativität und Sensibilität, traditionellere Tugenden in der kulturellen Geltung weit hinter sich gelassen - so zum Beispiel "Fleiß, Disziplin, aber auch die Geneigtheit, aus dem Berufs- und Arbeitsleben Freude zu ziehen" (vgl. Lübbe, 1984; Raffée/ Wiedmann "Wertewandel", in diesem Band).

Motivationsstrukturen und Erwartungshaltungen der Arbeitnehmer, darüber besteht verbreitete Einigkeit, haben sich grundlegend verändert. Führung, die es nicht versteht, die anders geartete Motivation im Interesse des Unternehmensziels zu mobilisieren, ist zum Scheitern verurteilt. Aber auch außerhalb des Unternehmens stellen veränderte gesellschaftliche Normen und Strukturen neue Anforderungen - ihr sinnfälligster Ausdruck ist vielleicht die wachsende Vielfalt der Einflüsse, die auf unternehmerische Entscheidungsprozesse einwirken.

a) Individuelle Motivation

Mit abnehmenden Möglichkeiten der Produktdifferenzierung und zunehmendem Preiswettbewerb in weiten Bereichen, nicht zuletzt auch mit dem wachsenden Zwang zur engen internationalen Zusammenarbeit, wird die Leistung des einzelnen Mitarbeiters mehr denn je zum Erfolgsfaktor; in den meisten Branchen kann nur aus dem Rahmen fallende Qualität in Kundenbetreuung und Service dem Unternehmen zur positiven Profilierung verhelfen und unproduktive Reibungsflächen abbauen. Und diese Qualität gedeiht nur bei überdurchschnittlichem Engagement auf allen Ebenen. Gerade solches

Engagement ist aber, glaubt man Meinungs- und Sozialforschern, heute weniger selbstverständlich als je zuvor. Die Führung, die den mündigen und engagierten Mitarbeiter will, muß hohe Erwartungen erfüllen: mehr Mitsprache am Arbeitsplatz, weniger Hierarchie, mehr Überzeugungsarbeit, weniger Anordnung und Kontrolle, viel Raum für Eigeninitiative.

Hinzu kommt, daß wegen der Wachstumsschwäche zum Beispiel die Zahl der Führungspositionen nicht mehr "automatisch" zunimmt. Attraktive Entwicklungsmöglichkeiten für Nachwuchskräfte zu schaffen, wird zur anspruchsvollen Führungsaufgabe.

Lübbe (1984) nennt neben materiellen Anreizen insbesondere vier Bedingungen, die ein Unternehmen schaffen muß, um die "Arbeitsmoral der Zukunft" zu sichern: Die Arbeit muß ein hohes Maß an Selbstbestimmungsfreiräumen bieten, man muß in ihr die Erfahrung machen, daß man an ihr reifer wird; sie muß anerkennungsträchtig sein, und sie muß kommunikationsträchtig sein.

b) Gesellschaftliche Anforderungen

Die Zahl der Beteiligten am Entscheidungsprozeß des Unternehmens wird weiter anwachsen. Neben den mittleren und unteren Führungsebenen und den übrigen Mitarbeitern eines Unternehmens werden zunehmend auch Gruppen außerhalb des Unternehmens stärker die Unternehmensentscheidungen beeinflussen. Man denke dabei nur an Arbeitsmarktpolitik oder Umweltschutz. Dieser Trend wird nicht nur die Entscheidungsabläufe in einem Unternehmen verändern, sonderen auch die Unternehmensziele beeinflussen. Solche Änderungen in den Zielen werden unter anderem in Art und Gewichtung der Aufgaben und Kompetenzen in einem Unternehmen Ausdruck finden müssen (vgl. Rall/Hagemann, 1984; ergänzend Fritz, Hansen/Raabe/Stauss sowie Raffée/Wiedmann "Wertewandel", in diesem Band).

3. Neue Lösungsansätze: Gleichgerichtete Weiterentwicklung der "7S"

Wandel ist unausweichlich und eine große Aufgabe. Die Notwendigkeit der Selbsterneuerung zu erkennen, reicht jedoch nicht aus. Anpassungsfähigkeit und Flexibilität müssen ordnungsgemäßen Wandel erst ermöglichen. Es gilt, die Art von Mitarbeitern heranzuziehen, die am meisten zur Selbsterneuerung beitragen. Wie kann die Unternehmensführung diese Voraussetzungen für die Selbsterneuerung eines Unternehmens schaffen? Wie kann sie Kreativität und Kontrolle in ein Gleichgewicht bringen? Wie kann sie Erneuerung ohne Verzettelung ermutigen und fördern? Wie kann die Unternehmensführung auf dem schmalen Grat zwischen Anpassungsfähigkeit und Effizienz der Durchführung wandeln? Eine größere Veränderung erfordert das volle Mitziehen der Linienführung. Aber sind alle Linienführungskräfte vorbereitet und in der Lage, diese Verantwortung auf sich zu nehmen? Häufig nicht. Führungskräfte sind wesentlich eher gewillt, neue Informationen in ihren Entscheidungsprozeß aufnehmen, als den Standpunkt, von dem sie ihre Entscheidungen angehen, zu ändern.

Das eine große Hindernis für die lebensnotwendige Selbsterneuerung des Unternehmens, auf einen einfachen Nenner gebracht, lautet: "Der Mensch mag im Grunde keine Veränderungen". Beim Abbau dieses Widerstandes stößt jede Unternehmensstrategie an die Grenzen ihrer Einflußmöglichkeiten. Hier ist Führung gefordert - nach unseren Forschungsergebnissen in besonders erfolgreichen Unternehmen die gleichgerichtete Weiterentwicklung der Strategie mit den übrigen sechs "S" der Organisation: Struktur, Systeme, Stil, Stammpersonal, Spezialkenntnisse und Selbstverständnis. Erst das Zusammenwirken dieser sieben Faktoren macht organisatorische Schlagkraft und Wandlungsfähigkeit aus. Der Einfluß jedes einzelnen Faktors allein ist kaum meßbar; nachhaltig erfolgreiche organisatorische Veränderungen lassen sich - außer in extremen Ausnahmefällen - nur im Verbund aller oder doch mehrerer dieser Faktoren herbeiführen:

"Struktur": Die formale Festlegung von Befugnissen und Verantwortlichkeiten, Hierarchien und Arbeitsbeziehungen beeinflußt Organisationen nur begrenzt, solange nicht alle anderen Elemente der Organisation synergistisch mit eingesetzt oder zumindest alle gegenläufig wirkenden Organisationsaspekte neutralisiert werden.

Für sich allein müssen nicht einmal die immer wieder beobachteten Zentrifugalkräfte der "Profit Centers" in divisional organisierten Unternehmen eine entscheidende Stärkung oder Schwächung eines Unternehmens darstellen. Bei Reorganisationen nach diesem

Prinzip in Deutschland hat sich herausgestellt, daß zum Beispiel die rationale Lenkung von Investitionsmitteln in die Sparten mit dem höchsten Ergebnispotential in der Praxis keineswegs automatisch stattfand. Andererseits konnte beispielsweise General Motors durch Einbeziehung der fähigsten Führungskräfte in eine "Projektorganisation" fast über Nacht die Wendung vom größten Produzenten Benzin-schluckender Straßenkreuzer zum größten Hersteller von Kleinwagen von übermorgen vollziehen. Das Chemieunternehmen DOW richtete - im Gegensatz zu seinen fest auf den heimischen Markt konzentrierten und weit weniger erfolgreichen Wettbewerbern - schon früh eine Overseas Division mit weitreichenden Befugnissen ein; daraus entwickelte sich ein bemerkenswert großes und profitables Geschäft, das die Ertragskurve des Gesamtkonzerns wie mathematisch berechnet verlaufen ließ. In all diesen Fällen bewegten Strukturmaßnahmen zusammen mit anderen "S" das Unternehmen in die gewünschte Richtung (vgl. ergänzend Kreikebaum, in diesem Band).

"Strategie": Trotz aller Lehrbuchmeinung braucht es schon annähernd geniale strategische Schachzüge, um ein Unternehmen allein aufgrund überlegener Strategie (aber ohne entsprechend hochkarätige andere "S") zu überragendem Erfolg zu führen. Ein Beispiel für solche Ausnahmen ist United Technologies, deren Diversifikationsstrategie sowohl Risikoausgleich als auch steigende Rentierlichkeit brachte. Bei BMW und Nixdorf mit ihren außergewöhnlich erfolgreichen Nischen-Strategien kann trotz der Dominanz der strategischen Komponente die erfolgreiche Kopplung mit den anderen Elementen der Organisation unterstellt werden.

"Systeme": Die Vorstellung der 60er Jahre, daß hochintegrierte, EDV-gestützte Management-Informationssysteme zwangsläufig einen entscheidenden Beitrag zum Unternehmenserfolg leisten, hat heute wohl niemand mehr. Aber es gibt Unternehmen, die ihre Überlegenheit mit Systemen anderer Art erreichten: einfache Systemhilfsmittel, die streng auf die Haupterfolgsfaktoren des jeweiligen Geschäfts und auf die Herausstellung von Handlungsalternativen abzielen. Sie führen oft zu ausgeprägten Erfolgen, auch wenn die Strukturorganisation unzulänglich ist und in anderen "7S"-Elementen Probleme bestehen. Ein Beispiel ist etwa das im Prinzip sehr dezentralisiert aufgebaute Konglomerat ITT, das mit einigen markanten Kenngrößen die weltweiten Aktivitäten erfolgreich kontrollieren und steuern konnte.

Umgekehrt gilt aber auch für hochgradig zentralisiert strukturierte Unternehmen, daß sie durch bewußten Einsatz dezentraler Systemteile erfolgreich sein können. So gibt es etwa bei Procter & Gamble kleinste Organisationsteile - wie den Produktmanager -, die eine Dezentralisierung bis hin zum internen Konkurrenzkampf um den gleichen Kunden bewußt fördern. Gleichzeitig sorgt jedoch ein zentrales System durch Quervergleiche zwischen allen Produktgruppenleitern für klare Steuerung. Andererseits gelingt es den großen Ölfirmen durch zentrale weltumspannende Optimierungs- und Logistiksysteme, das Öl entsprechend verfügbarem Tankerraum, Raffineriekapazitäten und Aufnahmebereitschaft der Märkte ertragsmaximierend zu kanalisieren.

"Stammpersonal": "Was nützt die beste Organisation, wenn unsere Leute nicht das nötige Kaliber haben?", ist ein nur bedingt wahres Wort. Immerhin müßten Stärken in allen anderen sechs "S" mindestens dazu führen, daß in einem Unternehmen mit wenigen Talenten deren Wirkung multipliziert wird. Dennoch geben beispielsweise selbst die Konkurrenten von IBM oder der Deutschen Bank zu, daß das anhaltend überdurchschnittliche Abschneiden dieser Unternehmen mit der Art zusammenhängt, wie sie Führungsnachwuchs aussuchen und systematisch vielseitig ausbilden.

"Stil": Über Führungsstil, wie über Geschmack, läßt sich mangels objektiver Maßstäbe trefflich streiten. Sicher ist aber, daß die Leistungsfähigkeit der Organisation entscheidend beeinflußt wird durch den meßbaren Zeiteinsatz. Besonders wirksam ist der meßbare Zeiteinsatz der "Stilmacher" im Unternehmen für bestimmte - möglichst erfolgsentscheidende - Teilbereiche in den Führungsaufgaben. Interessanterweise sind dies bei den Erfolgsunternehmen immer die Stilelemente Experimentierfreudigkeit auf allen Gebieten, Unternehmertum auf allen Ebenen und, als wichtigstes, eine uneingeschränkte Orientierung auf das Geschehen außerhalb des Unternehmens, vor allem auf den Kunden. 3M, das Unternehmen mit der seltenen Fähigkeit, marktgerechte und ertragreiche Innovationen hervorzubringen, ist ein Musterbeispiel für diesen

Stil. Zur Perfektion gebracht haben ihn auch Unternehmen wie IBM oder Johnson & Johnson, wo selbst die Buchhalter an Verkaufsgesprächen teilnehmen, um die Kundenorientierung nicht aus den Augen zu verlieren.

"Spezialkenntnisse": Daß Sachkenntnis in den für die eigene Branche oder das eigene Unternehmen kritischen Produkt-/Marktsegmenten erfolgsentscheidend ist, liegt auf der Hand. Ohne die Qualität seiner Chemiker und Ingenieure hätte es Deutschland beispielsweise nicht zur jahrzehntelangen Dominanz in Chemie und Maschinenbau bringen können. Und ohne die überlegenen Produktmanagement-Fähigkeiten wären Procter & Gamble ebensowenig zur Marktführerschaft aufgerückt wie der Schiffsmotorenhersteller Sulzer ohne seinen Stamm von Serviceingenieuren oder Quelle ohne den Instinkt der Grete Schickedanz und ihrer Einkaufsabteilungen für den Publikumsgeschmack.

"Selbstverständnis": Dieser Faktor ist in seinen Auswirkungen auf die Leistungsfähigkeit des Unternehmens unter den "7S"-Elementen wohl am wenigsten meßbar. Trotzdem ist er vermutlich der wichtigste der sieben, denn eine auf einen einfachen Nenner gebrachte, eingängige Aussage über den Unternehmenszweck kann gerade in großen, stets vom Zerfall bedrohten Organisationen Bedeutendes schaffen: Ein solches Leitbild kann bis zur untersten Hierarchiestufe das Tun und vor allem die Entscheidungen der Mitarbeiter so gleichrichten, daß sie aktiv das gemeinsame Ziel fördern. Dies ist mit anderen Mitteln kaum oder überhaupt nicht zu schaffen. Leitbilder wie zum Beispiel das von IBM: "IBM means Service", Avis: "We try harder" oder gar McDonald's: "Hamburger ist beautiful" - die in ihrer Simplizität für den Außenstehenden fast ärgerlich sind, haben für Angehörige dieser Organisationen durchaus richtungsweisende Bedeutung.

D. Zusammenfassung und Ausblick

Nur eine Handvoll Unternehmen kann heute wirklich als strategisch geführt bezeichnet werden. Was diese Spitzenunternehmen von anderen Unternehmen unterscheidet, was ihnen erlaubt, Veränderungen nicht nur zu bewältigen, sondern bewußt auszulösen, sind nicht hoch entwickelte Planungstechniken. Vielmehr ist es die Sorgfalt, mit der die Führung strategische Planung und operative Entscheidungen verknüpft und im Markt umsetzt. Diese Stärke entspringt aus einer Kultur, die kompromißlos auf Wettbewerbserfolg ausgerichtet ist, und aus einem Führungsstil und Führungssystemen, die dieses Ziel unterstützen.

Unternehmensplaner in strategisch geführten Unternehmen ermitteln Einsichten, nicht Beschreibungen. Sie erkennen geschäftsübergreifende Kernfragen und betrachten Einzelgeschäfte aus der unternehmerischen Gesamtsicht. Nur besser zu machen, was man heute bereits tut, reicht für Wettbewerbserfolg nicht aus. Den Status quo erhalten, schafft Probleme, denn nichts steht still. Jedes Unternehmen muß ständig nach neuen Geschäftsmöglichkeiten suchen. Unternehmensplaner müssen ihre Fähigkeiten in diese Richtung verfeinern. Techniken des "Brainstorming" und "Scanning" sind wichtig, vor allem aber auch Vorstellungskraft.

Die Rolle der Planer hat sich verändert, weil sich die Randbedingungen der Planung verändert haben. Marktvoraussagen waren einmal recht einfach. Planung alter Ausprägung war im wesentlichen Produkt-/Marktstrategie. Man hatte ein Produkt, und man entwickelte dafür eine Marktstrategie. Der neue Planungsansatz hingegen beschäftigt sich mit dem Auffinden neuer Produkte, neuer Nischen, neuer Geschäfte.

Die Verantwortung für den Wettbewerbserfolg liegt bei der Linienführung. Aber es gibt keinen strategischen Erfolg ohne Verständnis der Wirkmechanismen in einer Industrie, ohne grundlegende Durchsetzung. Aufgabe der Planer ist es, die Führung mit schnellem Feedback über neue Marktentwicklungen zu versorgen - schon die ersten schwachen Signale aufzunehmen, die wichtigen Trends vorausgehen.

Im vergangenen Jahrzehnt waren wir Augenzeugen einer beschleunigten Globalisierung der Wettbewerbsstrukturen; Märkte und Wettbewerber haben nationale und kontinentale Grenzen überschritten, und ein nachhaltiger Wettbewerbsvorteil erfordert Koordination von Geschäften über Ländergrenzen hinweg. Im nächsten Jahrzehnt werden viele weitere Industrien diese Globalisierung über Strategien und organisatorische Maßnahmen vorantreiben. Ein Effekt dieser Entwicklung ist die steigende Zahl von Unternehmen aus USA, Japan und Europa, die in vielfältige Kooperationen mit ihren Wettbewerbern eintreten, um Größenvorteile in Entwicklung und Fertigung zu nutzen, um sich auch bei protektionistischen Tendenzen den Marktzugang zu bewahren und um das beschleunigte Tempo bei der Einführung neuer Produkte durchstehen zu können.

Strategische Partner werden zunehmend zum Erfolgsfaktor bei der Erzielung nachhaltiger Wettbewerbsvorteile. Dabei kommt es besonders darauf an, den bestmöglichen Partner für sich zu gewinnen und ihn von einer Zusammenarbeit mit anderen Wettbewerbern abzuhalten. Vielen Unternehmen - gewohnt, alleine oder in formalen Joint Ventures vorzugehen - widerstrebt heute noch der Gedanke der Partnerschaft, weil der resultierende Wettbewerbsvorteil eher instabil als nachhaltig erscheint und es manchmal ja auch sein kann. Andererseits heißt diese Hinwendung zur Zusammenarbeit zwischen Wettbewerbern unter anderem, daß ein Unternehmen, das allein schwach erschien, sechs Monate später durch ein Partnerschaftsabkommen eine ernst zu nehmende Größe sein kann.

Strategische Führung ist nicht eine Sammlung von Methoden, Werkzeugen oder Systemen. Sie ist ein Denk- und Verhaltensmuster, das durch Methoden, Instrumente, Systeme und Prozeduren verstärkt und ausgebaut werden kann. Der Härtetest für ein strategisch geführtes Unternehmen liegt in der Fähigkeit, sich in Zeiten von Veränderungen und Diskontinuitäten zu erneuern und einen Wettbewerbsvorteil zu erlangen. Zustande kommt der organisatorische Wandel im allgemeinen durch die Wechselbeziehungen und das Zusammenspiel aller Faktoren, die eine Organisation ausmachen: Strategie, Struktur, Systeme, Spezialkenntnisse, Stil, Stammpersonal und Selbstverständnis.

Führung über Finanzzahlen, Führung aus der Distanz, reicht nicht mehr aus. Geschäftserfolg verlangt zukünftig ein verändertes Denken und Verhalten in Planung und Führung. Persönliches Engagement und Begeisterung, die ansteckt, müssen der Motor für die notwendige Beweglichkeit im Wettbewerb sein - sowohl an der Spitze wie an der Basis.

Literaturverzeichnis

Lübbe, M., (1984): Wertwandel in unserer Zeit, in: "Zusammenhänge" (McKinsey) 1984.

Peters, Th.J., Watermann, R.H., (1984): Auf der Suche nach Spitzenleistungen, München 1984.

Rall, L.-M., Hagemann, H.F., (1984): Organisation, in: Management Enzyklopädie, München 1984.

Alois Gälweiler † *

Strategische Unternehmensplanung in der Praxis - unter besonderer Berücksichtigung der Verwertbarkeit strategischer Analyseinstrumente

*Prof. Dr. Alois Gälweiler war Generalbevollmächtigter der BBC Mannheim.

A. Einführung

Anstelle von strategischer Unternehmensplanung spricht man heute treffender von strategischer Führung. Darin kommt zum Ausdruck, daß

- die Unternehmungsstrategie zu den obersten Führungsaufgaben gehört und nicht delegierbar ist;
- der strategischen Planung, d.h. der Festlegung der strategischen Stoßrichtungen und Schwerpunkte stets ein intensiver Prozeß der Strategie-Erarbeitung und der Entscheidung auf oberster Ebene vorangehen muß;
- das Denken, Entscheiden und Handeln nach strategischen Kategorien und Zusammenhängen in einer sich rascher verändernden Umwelt immer mehr zu einer Daueraufgabe geworden ist.

Erst die Erkenntnisse der zunehmenden Notwendigkeit dieser Daueraufgabe führte nach und nach auch zu einem eigenständigen Wissensgebiet der Unternehmungsstrategie in Wissenschaft und Praxis. Daraus entstand in den letzten zwanzig Jahren ein sehr umfangreicher Instrumentenkasten für die Bewältigung der auch immer schwieriger gewordenen und wahrscheinlich auch weiterhin noch schwieriger werdenden strategischen Führungsaufgaben.

Aber auch folgendes ist zur Kenntnis zu nehmen: Ebenso wie in der Militärstrategie gab es auch auf dem Gebiet der Unternehmungsstrategie schon gute Strategen, bevor die jeweilige Strategie-Lehre sich zu einem lehr- und lernbaren Wissensstoff entwickelte und bevor es explizite strategische Analyse-Instrumente gab.

B. Strategische Unternehmensplanung mit Hilfe strategischer Analyseinstrumente

I. Was sind Analyseinstrumente?

Im Bereich geistiger Arbeitsprozesse werden Instrumente und Methoden häufig leicht miteinander verwechselt.

Unter Analyseinstrumenten sollen hier alle visuell, d.h. mit den Augen wahrnehmbaren Darstellungen verstanden werden. Ihr spezifischer Zweck besteht darin, mit Hilfe der ihnen jeweils eigenen Ordnungsraster, komplexe Sachverhalte so zu ordnen und zu strukturieren, daß daraus Erkenntnisse und Schlüsse gezogen werden oder Einsichten vermittelt werden können, die ohne diese Strukturierung nicht mit der gleichen Aussagekraft und Zuverlässigkeit möglich wären. Damit ist gleichzeitig etwas über die Beurteilungskriterien für die Verwertbarkeit solcher Instrumente und damit auch für ihre praktisch nützliche Anwendbarkeit gesagt.

II. Abgrenzung zu operativen Analyseinstrumenten

Nicht in die Betrachtung sollen hier einbezogen werden, operative Analyseinstrumente, obgleich auch sie in fast jedem strategischen Planungsprozeß mit eine Rolle spielen. Die strategischen Gegebenheiten bilden stets den Rahmen für das operative Geschehen.

Die rechtzeitige Orientierung und Ausrichtung der Unternehmung an den externen Gegebenheiten soll nichts anderes als die bestmöglichen unternehmungsspezifischen Voraussetzungen für die spätere Erfolgsrealisierung schaffen. Erarbeitung und Realisierung von Strategien sind daher notwendigerweise ihrer Realisierung, d.h. dem ausführenden Tätigwerden stets vorgelagert.

Strategische Instrumente brauchen zur Sicherung des stets notwendigen Realitätsbezuges eine relativ präzise Schnittstelle zu den realen Gegebenheiten. Diese Schnittstelle muß eine vollständige Kompatibilität mit den operativen Analyseinstrumenten aufweisen. Das ist in zweierlei Hinsicht notwendig. Einerseits bedürfen Strategien einer festen Basis in Form der Informationen strategischer und operativer Art über die Vergangenheit. Andererseits bedarf jede erarbeitete und verabschiedete Strategie, wenn sie wirksam werden soll, einer Aufspaltung in die verschiedenen Teilziele und einer sach- und zeitgerechten Umsetzung in die einzelnen Funktionsziele und Aktionen.

III. Der Planungsprozeß als Anwendungsbereich strategischer Analyseinstrumente

Die wirksame und zuverlässige Ausgestaltung und Anwendung solcher Analyseinstrumente bei der Erarbeitung von Unternehmensstrategien setzt ein um so fundierteres Wissen um tiefgreifende Zusammenhänge voraus, je tiefere Einblicke und Rückschlüsse die mit dem Instrument erreichbare Aufgliederung erlaubt. Das gilt zwar generell, ist aber in der strategischen Planung von besonderer Bedeutung.

Notwendigerweise bedarf dieser geistige Arbeitsprozeß einer arbeitsteiligen Organisation, um das insgesamt verfügbare und für die bestmöglichen Strategieentscheidungen notwendige Spezialisten-Wissen dort einzubringen, wo es die gegebene Problemlage erfordert.

IV. Zur Vielfalt praktischer Planungssysteme

Die strategische Unternehmungsplanung in der Praxis zeigt in ihren vielfältigen und unterschiedlichen methodischen Ansätzen, wie auch in den dabei benutzten Analyseinstrumenten ein sehr heterogenes, wenn nicht sogar verwirrendes Bild. Das liegt nicht nur an den in jeder Branche und in jeder Unternehmung anderen strategischen Gegebenheiten. Es liegt zur Zeit vor allem in der noch in den Anfängen stehenden Entwicklung auf diesem Gebiet selbst. Das Wissen um strategische Gegebenheiten und um die daraus resultierenden spezifischen Führungsaufgaben übergeordneter Art entstand erst in den letzten zwanzig Jahren.

Es entstand nach und nach, zuerst in Form von Postulaten, dann immer stärker in Form partieller Wissenselemente. Sie betrafen

- bestimmte Teilaspekte strategischer Gegebenheiten;
- spezifische, strategisch relevante Ablaufmuster;
- Strukturierungsmuster, die entweder die Gesamtheit aller Unternehmungen betrafen oder das gesamte, für eine Unternehmung strategisch relevante Wirkungsgefüge oder auch nur einen Teil davon, z.B. allgemeine Entscheidungsräume der Unternehmung nach Produkten und Märkten.

Entstehung und Ausbreitung dieser Wissenselemente erfolgten in einer zufälligen, d.h. nicht dem Aufbau eines funktionsfähigen Systems entsprechenden Reihenfolge. Mit einem Vergleich aus der natürlichen Evolution läßt sich der heutige Zustand kurz wie folgt kennzeichnen:

Eine für zahlreiche Mutationen günstige Konstellation hat in einer relativ kurzen Zeit zu vielen Mutanten geführt. Eine wirksame Selektion der "überlebensfähigen" Methoden und Instrumente hat bestenfalls gerade erst begonnen. Voraussichtlich wird sie auch noch lange dauern. Die Herausbildung überlebensfähiger, d.h. langfristig ausstabilisierter Systeme, vor allem auf höheren Integrationsstufen, braucht zwangsläufig stets eine längere Zeit.

Aber auch nach einer längeren "Selektionszeit" wird es unterschiedliche Systeme und unternehmungsspezifische Analyseinstrumente geben. Relativ einfache Gründe sprechen dafür.

Die nach Art und Größe unterschiedlichen Unternehmungen brauchen diejenigen System- und Analyseinstrumente, die sie befähigen, die für die längerfristige Sicherung ihrer Überlebensfähigkeit wichtigen Chancen und Gefahren in ihrem jeweiligen Umfeld so früh wie möglich zu erkennen.

Weit ist die Entwicklung aber noch nicht. Zunächst geht es noch um das hinreichende Erkennen der spezifischen Charakteristik der strategischen Führungsaufgabe, ihrer Abgrenzung und ihrer vielfältigen Wechselbeziehungen mit den operativen Führungsaufgaben. Es geht noch um das Erkennen der Grundstrukturen des strategisch relevanten Wirkungsgefüges, zunächst in seinen allgemeinen Ablaufphasen, den dabei wirksamen Ablaufmustern und den Wirkungen, die aus ihren Verknüpfungen resultieren können. Erst danach können die hohe Kunst der zutreffenden strategischen Analyse konkreter Unternehmungssituationen und das Wissen um die für strategisch gute Lösungsfindungen nützlichen Analyseinstrumente sich voll entwickeln und zum Tragen kommen.

In bezug auf solche strategischen Analyseinstrumente sind nicht wenige Sackgassen und Irrwege entstanden, aber auch noch lange nicht ausgestanden. Ihre tiefere Ursache liegt größtenteils darin, daß im Zuge dieses starken Wissenszuwachses in den letzten zwanzig Jahren vielfältige Ansatzpunkte methodischer und instrumenteller Art entstanden sind. Der anfängliche und ursprüngliche Zweck dieser Instrumente lag aber häufig stärker in der schnelleren Wissensvermittlung und Wissensverbreitung um strategische Sachverhalte allgemeiner und fundamentaler Bedeutung. Diesem Zweck wurden sie äußerst wirksam gerecht. Sie waren aber weniger geeignet und vor allem oftmals äußerst unzuverlässig für die erfolgreiche Lösung konkreter strategischer Problemsituationen.

Zwei typische Beispiele aus der Frühzeit strategischen Wissens zeigen das sehr anschaulich.

Erstes Beispiel: Die Chancen/Risiken-Stärken/Schwächen - Analyse
Ihr vorausgehend und mit ihr eng verbunden war die relativ präzise Unterscheidung zwischen externen und internen Gegebenheiten, die dann eine weitere Untergliederung nach den o.g. jeweils positiven und negativen Kategorien erhielten. Es war auch eine gute erste Übung, ganze Listen von Stärken und Schwächen, Chancen und Risiken zu erarbeiten. Heute weiß man, daß eine solche im Brainstorming erarbeitete Liste nur wenig hilft, um daraus eine fundierte Strategie zu erarbeiten. Im Grenzfall kann eine vergangene und derzeitige Stärke für die Zukunft eine Schwäche sein und umgekehrt.
Viel wichtiger ist es, solche spezifischen Geschäftsvoraussetzungen positiver und negativer Art an denjenigen Stellen und bei denjenigen Problemfeldern zu identifizieren, die für das künftige Geschäft und für die dort maßgebende Strategie von Bedeutung sind. Das heißt, dieses Instrument bedarf der geschäftsspezifischen Integration in den Ablauf des Planungsprozesses. Mehr oder weniger trifft das für nahezu alle bisher entstandenen Analyseinstrumente zu.

Zweites Beispiel: Die Portfolio-Matrix
Sie degenerierte vom hervorragend geeigneten didaktischen Instrument, zum Aufzeigen grundlegender Zusammenhänge zwischen marktanteilsorientierten Strategien und ihrem Finanzbedarf in Abhängigkeit vom Marktwachstum zu einem wenig zuverlässigen Instrument zur Strategienfindung. Erst die unmittelbaren praktischen Anwendungserfahrungen wie auch das gleichzeitig - mehr oder weniger unabhängig davon - weiter fortschreitende Wissen um strategisch relevante Sachverhalte und um die für ihre effiziente Behandlung zweckmäßigen Methoden hat das in den letzten Jahren immer deutlicher erkennen lassen.

Die hohe Eignung oder Verwertbarkeit eines Instrumentes für didaktische Zwecke bedeutet nicht ohne weiteres eine ebenso hohe Eignung für das frühestmögliche Erkennen geschäftsspezifischer strategischer Probleme, wie auch für ihre Lösungen. Das schließt prinzipiell nicht aus, daß in Einzelfällen mit solchen Instrumenten auch richtige Lösungen gefunden worden sind. Wenn aber mit der gleichen Wahrscheinlichkeit auch stets falsche gefunden werden können, dann besitzt das Instrument keine hinreichende Zuverlässigkeit für die Lösung solcher für die Überlebenssicherung fundamentalen Fragen.

V. Wissensgrundlagen für die Anwendung der Analyseinstrumente

Die grundlegende Bedeutung strategisch relevanter Sachverhalte für die Erarbeitung tragfähiger Strategien und für die Anwendung der für ihre Herausfindung nützlichen Analyseinstrumente beruht darin, daß solche strategisch relevanten Sachverhalte

(1) auch dann wirksam sind, wenn man nichts von ihnen weiß oder wissen will,

(2) häufig durch ihnen entgegenstehende operative Daten und Sachverhalte verdeckt und verschleiert werden.

Ein fundiertes Wissen um solche strategisch grundlegenden Sachverhalte und Ablaufmuster - auch um die jeweils gegebenen Wechselbeziehungen und Wechselwirkungen mit den geschäftsspezifischen operativen Sachverhalten - ist daher eine elementare Voraussetzung für die erfolgreiche Anwendung von strategischen Analyseinstrumenten.

Zu diesen grundlegenden Sachverhalten gehören:

Allgemein

- Das Kundenproblem und seine Analyse in bezug auf dort zu erwartende Veränderungen. Das erfordert eine vorangehende Strukturierung nach allen wesentlichen qualitativen und quantitativen Komponenten.
- Die Analyse der bereits am Markt befindlichen konkurrierenden Lösungstechniken. Daraus sind Hinweise auf totale oder nur partielle Substitutionen (Marktaufspaltungen) erkennbar.
- Die grundlegende Bedeutung der Marktanteile. Das letztlich dahinter stehende Wirkungsgefüge erscheint zwar sehr einfach, ist aber praktisch nicht ganz einfach zu erkennen und wird deshalb analytisch noch äußerst selten beherrscht.

Im besonderen

Spezielle Sachverhalte wie etwa die in der Marktwachstums- und Reifephase bei bestimmten technisch-ökonomischen Produkteeigenschaften zu erwartende Anbieterkonzentration.

Die fundierte Kenntnis solcher Sachverhalte, die stets nur aus der empirischen Forschung kommen können, und deshalb auch fortgesetzt der weiteren Verfeinerung und Ausdifferenzierung unterliegen, ist deshalb eine unabdingbare Voraussetzung, weil strategische Entscheidungen und Planungen mit hoher Wahrscheinlichkeit von vornherein zum Mißerfolg verurteilt sind, wenn sie gegen solche Ablaufmuster verstoßen oder sie nicht hinreichend berücksichtigen.

Man könnte vielmehr sagen, daß die eigentliche strategische

Führungskunst in nichts anderem besteht, als solche jeweils wirksamen Ablaufmuster zum eigenen Vorteil in sein Entscheiden und Handeln einzubeziehen und nicht unbewußt oder bewußt dagegen zu handeln, weil das nur hohe Mißerfolgswahrscheinlichkeiten begründet. Deshalb ist eine intensive Kenntnis dieser Ablaufmuster eine wichtige Voraussetzung für das erfolgreiche strategische Denken, Entscheiden und Handeln.

VI. Die Singularität jeder strategischen Situation

Jede strategische Situation ist zuallererst eine branchentypische und unternehmungs-singuläre historisch gewachsene Situation.

Man muß sie nach ihren strategischen Gegebenheiten strukturieren und ordnen können, d.h. ihren Standort vor dem Hintergrund dieser Ablaufmuster bestimmen können. Nur dann kann man diejenigen Ablaufmuster mit Priorität behandeln, die im derzeitigen und künftigen geschäftsspezifischen Wirkungsgefüge die strategisch wichtigen Rahmenbedingungen sind.

Die für eine zutreffende Analyse notwendigen Instrumente bedürfen dabei stets der geschäftsspezifischen Anpassung. Das zeigt am deutlichsten dasjenige Instrument, das in jeder Strategie-Erarbeitung die schließliche Schlüsselrolle spielt, nämlich die Produkt/Markt-Matrix für ein strategisches Geschäftsgebiet (siehe Abb. 1).

Es zeigt sich immer wieder, wie mühsam es ist, dasjenige Layout für ein Geschäftsgebiet zu finden, das zu den zuverlässigsten strategischen Erkenntnissen führt. Die Frage des Lay-out, d.h. der Einteilung der Horizontalen nach Abnehmergruppen, Vertriebskanälen und der vertikalen nach Produktgruppen, Lösungstechniken und Lösungsumfängen oder -paketen hat bei den enger gewordenen strategischen Spielräumen und den gleichzeitig knapper gewordenen Ressourcen eine noch weit stärkere Bedeutung erhalten als man sie vorher schon sah. Nicht selten sieht diese Einteilung vor dem Hintergrund strategisch relevanter Sachverhalte völlig anders aus als diejenige Einteilung, nach der das Geschäft in den vielfältigen laufenden Statistiken geführt wird.

Das bedeutet für die strategische Unternehmensplanung, daß man

BBC BROWN BOVERI	KG: GB:	PRODUKT/MARKT-MATRIX (PMM)	Währung:	Name: Tel.: Datum: Visum:	Seite:
Planung	KGT/KGG-Nr.	KGG-Bezeichnung			

Marktregion/Land

Märkte (Kundenprobl.) / Produkte (Lösung)	Nr.	Markt- und Konkurrenzdaten je Produkt/Marktsegment											
	1												
	2				19 .. Ist	19 .. Ist	19 .. Ist	19 .. Ist	19 .. Ist	19 .. Ist	19 .. Ist	19 .. Ist	19 .. Ist
	3	Marktpotential real in Mio DM											
	4	Marktvolumen real in Mio DM											
	5	Marktwachstum in % p.a.											
	6	Marktanteile	Eigener	in %									
	7			relativ (rMA)									
	8		Konkurrenten	%									
	9			Name									
	10			%									
	11			Name									
	12			%									
	13			Name									
	14	Eigener Umsatz real in Mio DM											
	15	Eigenes Realwachstum in % p.a.											

Märkte (Kundenprobl.) / Produkte (Lösung)	Nr.	Markt- und Konkurrenzdaten je Produkt/Marktsegment											
	16												
	17				19 .. Ist	19 .. Ist	19 .. Ist	19 .. Ist	19 .. Ist	19 .. Ist	19 .. Ist	19 .. Ist	19 .. Ist
	18	Marktpotential real in Mio DM											
	19	Marktvolumen real in Mio DM											
	20	Marktwachstum in % p.a.											
	21		Eigener	in %									
	22			relativ (rMA)									
	23		Konkurrenten	%									
	24			Name									
	25			%									
	26			Name									
	27			%									
	28			Name									
	29	Eigener Umsatz real in Mio DM											
	30	Eigenes Realwachstum in % p.a.											

Märkte (Kundenprobl.) / Produkte (Lösung)	Nr.	Markt- und Konkurrenzdaten je Produkt/Marktsegment											
	31												
	32				19 .. Ist	19 .. Ist	19 .. Ist	19 .. Ist	19 .. Ist	19 .. Ist	19 .. Ist	19 .. Ist	19 .. Ist
	33	Marktpotential real in Mio DM											
	34	Marktvolumen real in Mio DM											
	35	Marktwachstum in % p.a.											
	36	Marktanteile	Eigener	in %									
	37			relativ (rMA)									
	38		Konkurrenten	%									
	39			Name									
	40			%									
	41			Name									
	42			%									
	43			Name									
	44	Eigener Umsatz real in Mio DM											
	45	Eigenes Realwachstum in % p.a.											

Abb. 1: Produkt/Markt-Matrix

die mehr oder weniger als Rohlinge angebotenen Instrumente prinzipiell auf die eigenen geschäftsspezifischen Gegebenheiten hin auslegen muß.

Das setzt wiederum voraus die Kenntnis

- strategischer Ablaufmuster und ihrer stets möglichen Verknüpfungen;
- des Ausmaßes ihrer Wirkungsintensität in der jeweiligen Situation;
- der unmittelbaren Wechselbeziehungen zwischen strategischen Zieldaten, den zu ihrer Realisierung notwendigen Aktionen und den damit insgesamt verbundenen finanzwirtschaftlichen Wirkungen.

Nicht wenig überflüssiger Aufwand bei gleichzeitig oft wenig erfolgreichen Ergebnissen entsteht dadurch, daß der Ausgangspunkt und die Reihenfolge der Analyse und des Einsatzes der Instrumente nicht dem tatsächlichen in der Realität existenten Wirkungsgefüge in seinen zeitlichen und sachlogischen Ablauffolgen entsprechen. In dieser notwendigen Kongruenz mit dem realen Wirkungsgefüge beruht letztlich die Qualität eines Planungssystems.

C. Schluß: Die zunehmende Integration von Planungsprozeßabläufen und Analyseinstrumenten

Wenn man bei der strategischen Planung einen ähnlichen Grad der Zuverlässigkeit und der Effizienz beim Planungsaufwand erreichen will wie in Teilgebieten der operativen Planung, dann bedarf es dazu eines Systemansatzes, der den realen Gegebenheiten in bezug auf Ablauffolgen bei Veränderungsursachen und Veränderungswirkungen so gut wie möglich Rechnung trägt.

Das Layout eines solchen Systems ist gegeben durch die Reihenfolge von Voraussetzungen, die notwendig sind, um den Zweck der strategischen Unternehmensplanung - die langfristige Sicherung von Erfolgspotentialen, d.h. von geschäftsspezifischen Erfolgsvoraussetzungen - zu erfüllen.

Diese Reihenfolge ist vorgegeben durch das gesamte Wirkungsgefüge, wie es in Abb. 2 zum Ausdruck kommt.

Die darin niedergelegte Aufeinanderfolge von Problemfeldern,

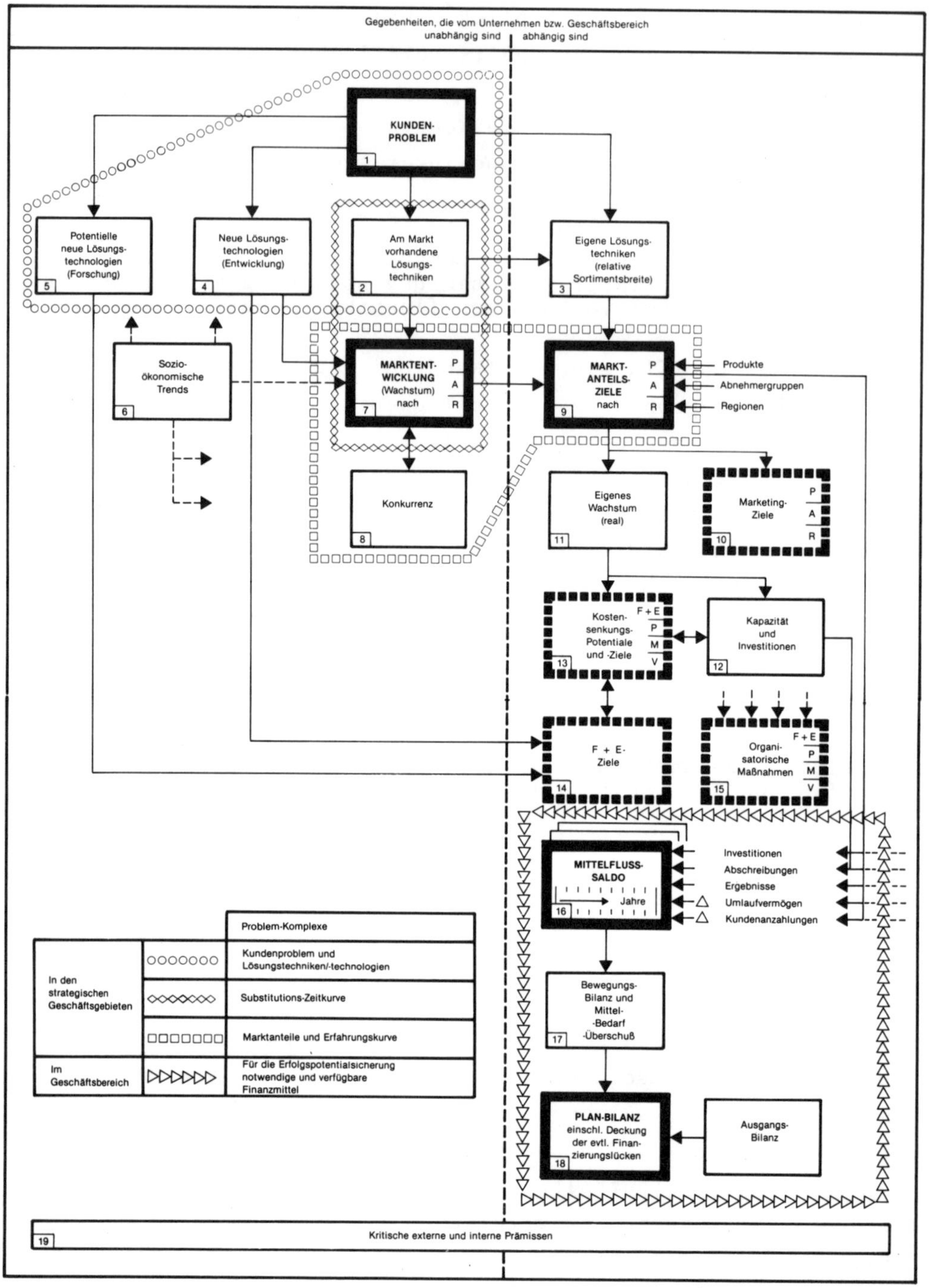

Abb. 2: Allgemeine Grundsystematik der für strategische Planungen relevanten Problemfelder und ihrer Verknüpfungen

wie sie den tatsächlichen Gegebenheiten entsprechen, und ihre Nützlichkeit für die Effizienz des strategischen Planungsprozesses beruht im folgenden:

An allererster Stelle steht stets das Kundenproblem, weil dort erkennbare strukturelle Veränderungen, die bis zum völligen Wegfallen gehen können, die entsprechenden Folgewirkungen bei den Produkten, in den Märkten und bei den Konkurrenzverhältnissen am frühesten erkennen lassen. Die schrittweise Behandlung der darauf folgenden Problemfelder führt dann sukzessiv zu einem Hervorbringen derjenigen Lösung, die in der jeweiligen Situation die strategisch bestmögliche erscheint.

Zu der umfassenden Charakteristik, dieser an dem tatsächlichen strategischen Wirkungsgefüge orientierten Vorgehensweise im folgenden zwei Hinweise, die für die praktische Organisation von allgemeiner Bedeutung sind:

(1) Der Ablauf der Strategie-Erarbeitung, an deren Ende die strategische Planung steht, erstreckt sich über drei Phasen:

erste Phase	Informationsphase (Betrifft die Analyse der Vergangenheitsdaten und der derzeitigen Situation.)
zweite Phase	Zielbildungsphase (Betrifft die Herausarbeitung künftiger Produkt/Markt-Schwerpunkte.)
dritte Phase	"Logistik-Phase" (Betrifft die sachliche und zeitliche Festlegung des Aktionen-Katalogs für alle Funktionsbereiche.)

Die Analyseinstrumente werden in allen drei Phasen eingesetzt.

(2) Die Vorgehensweise in der Zielphase läßt sich wie folgt kennzeichnen:

- Identifizierung qualitativer Veränderungen, (d.h. was, aus welcher Richtung, mit welcher Wirkungsrichtung).	was
- Die voraussichtlichen Mengenwirkungen im Zeitablauf.	wieviel/wann/ Mengen
- Die im gegebenen und erwarteten Konkurrenzgefüge damit verbundenen monetären Wirkungen nach bilanz- und finanzwirksamen Gruppierungen.	wieviel Geld/wann für was

Das Umfassende und damit im ureigensten Sinne "Strategische" dieses allgemein gültigen System-Ansatzes ergibt sich daraus, daß damit systematisch und mehr oder weniger zwangsläufig verbunden sind:

- ein geschäftsspezifisch strukturiertes Szenario in den einzelnen externen Problemfeldern und als Ganzes;
- eine systematische geschäftspezifische und zukunftsbezogene Erfassung aller Chancen und Risiken/Stärken und Schwächen (nicht eine zufällige und nur aufzählende Darstellung);
- eine geschäftsspezifische strategische Früherkennungs- und Frühwarnfunktion;
- eine relativ präzise Herausarbeitung der günstigsten strategischen Stoßrichtungen und Schwerpunkte (Produkte und Märkte) nach Marktpositionen;
- ein geschäftsspezifischer modularer Einbezug der von der jeweiligen Strategie her weitgehend determinierten finanziellen Portfolio-Wirkungen;
- die direkte Herausarbeitung der für die Realisierung der jeweiligen geschäftsspezifischen Strategie notwendigen Aktionen in allen Funktionsbereichen
  F u. E
  Marketing
  Produktion
  Finanzen
  Personal
  Organisation usw.

Die in diesem Ablauf des Planungsprozesses zum Ausdruck kommende Reihenfolge ist von allgemeiner Bedeutung. Sie geht aus von den externen Determinanten, in einer Ablauffolge wie sie in jedem Markt gegeben ist, unter Einbezug aller eventuellen Quellen von Veränderungsursachen, die dabei infrage kommen können. Insofern hat sie auch inhärent den Charakter einer Checkliste.

Entstanden ist auch dieser Ablauf durch eine fortlaufende Integration aller strategisch relevanten Wissenszuwächse in den letzten zwanzig Jahren und ihre ebenso fortlaufende Erprobung in praktischen Problemsituationen. Ihre fortgesetzte Integration führte zu einer fortlaufenden Anpassung der für die einzelnen Problemfelder wichtigen Analyseinstrumente an die jeweiligen geschäftsspezifischen strategischen Gegebenheiten.

Eine zwar nicht vollständige aber zum Verständnis hinreichende Übersicht über diese einzelnen Wissenselemente, die nach und nach, dort wo man sich darum bemühte, in einem funktionsfähigen Planungssystem Berücksichtigung fanden, zeigt die folgende Liste:

- Die Lebenszykluskurve
- "Strategic Center" (anstelle von "Profit Center") als ein Begriff, der sich an den Lebenszyklusphasen eines Produktes oder Marktes orientiert und daraus unterschiedliche Konsequenzen für das Führungsverhalten ableitet.
- Das Kundenproblem als grundlegende Voraussetzung für jeden Markt.
- Die Unterscheidung nach externen (nicht beeinflußbaren) und internen Gegebenheiten.
- Umfeld-Analyse (Chancen/Risiken)
- Stärken/Schwächen-Analyse
- Allgemeine Produkt/Markt-Matrix (vorhandene und neue Produkte und Märkte) als grobe Strukturierung strategisch möglicher Wachstumsrichtungen in der großen Nachkriegs-Wachstumszeit.
- Herausarbeitung präziser Unterschiede zwischen strategischen, organisatorischen und operativen Entscheidungen.
- Begriff des Erfolgspotentials und seine Vorsteuerungsfunktion.
- Methoden des Technological Forecasting und der technologischen Analyse.
- Die Erfahrungskurve und ihre Wirkung im Marktanteil und seinen Veränderungen.
- Portfolio-Matrix und ihre zahlreichen Mutanten
- Portfolio-Management und seine zahlreichen Mutanten
- Die PIMS-Untersuchungen und ihre Resultate
- Die Substitutionszeitkurve bei neuen Produkten
- Der Begriff der Strategischen Geschäftseinheit
- Die Szenario-Technik
- Frühwarn- und Früherkennungs-"Systeme"
- Ressourcen-Management
- Competitive Strategy (wettbewerbsorientierte Strategie)
- Wettbewerbs-Vorteilsmatrix
- Die geschäftsspezifische Produkt/Markt-Matrix als Instrument für die Nischenortung

Ich darf hierzu auf meine früheren Veröffentlichungen in den Jahren 1960 - 1980 verweisen.

Das daraus schließlich hervorgegangene Steuerungssystem für die Gesamtunternehmung zeigt Abb. 3. Deutlich ist daran die stets prioritäre und grundlegende Marktorientierung jeder Geschäfts- und Unternehmungs-Strategie zu erkennen.

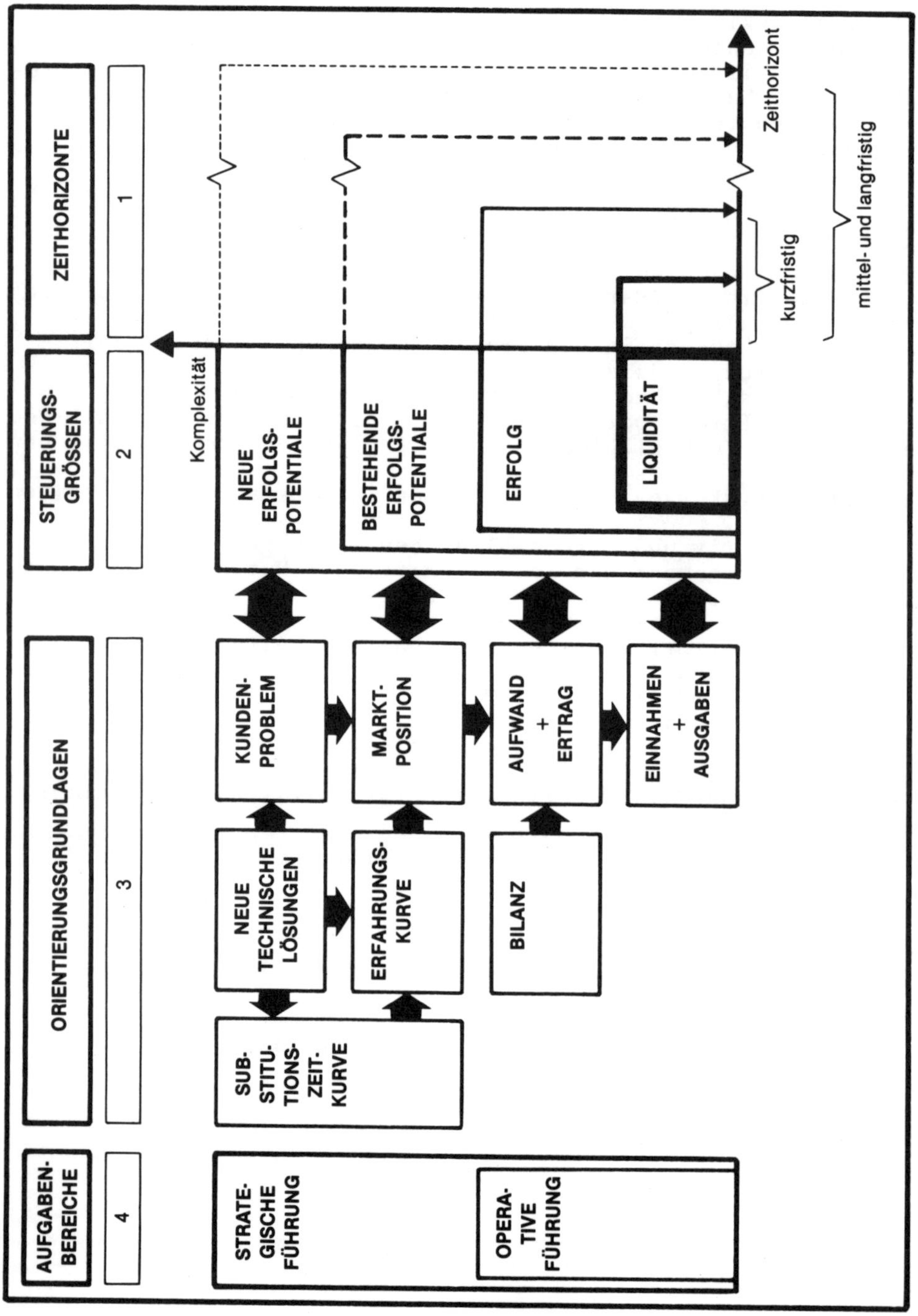

Abb. 3: Das von der zeitlichen Wirkungshierarchie her gegebene mehrstufige Steuerungssystem

Thomas Laukamm *

Strategisches Management von Human-Ressourcen

A. Einführung

B. Die Einbeziehung der Human-Ressourcen in das Strategische Management

I. Die Einsatzgebiete des Instrumentariums

II. Die Ableitung der Human-Ressourcen-Strategien aus den Geschäftsstrategien

III. Die Strategische Geschäftseinheit als Basis für Human-Ressourcen-Strategien

IV. Die Human-Ressourcen als Bestimmungsfaktor für die Wettbewerbsposition

V. Die Umfeldanalyse

VI. Die Entwicklung von Human-Ressourcen-Strategien

VII. Die Kompatibilität der Strategien

VIII. Das Unternehmensportfolio und die strategische Positionierung von Führungskräften

IX. Die Personalpolitik im Wandel der Lebenszyklusphase der Branche

X. Die Segmentierung des Arbeitsmarktes

XI. Die Rolle der Unternehmensleitung

C. Ausblick

*Dr. Thomas Laukamm ist Geschäftsbereichsleiter Strategisches Management bei Arthur D. Little, Wiesbaden.

A. Einführung

Viele gut formulierte Strategien von Unternehmen scheitern trotz sorgfältigster Analysen, die der Strategieentwicklung zugrunde lagen, und trotz Berücksichtigung aller relevanter Umfeldfaktoren, Einbeziehung aller technologischen Aspekte, Bereitstellung der finanziellen und technischen Ressourcen, sowie bestem Willen des Managements. Der Grund liegt meistens darin, daß man bei der Entwicklung von Unternehmensstrategien folgende Fragen übersehen hatte:

- Wer setzt die Strategie in die Praxis um?
- Haben wir überhaupt das richtige Mitarbeiterpotential für die geplanten Strategien?
- Wie sieht es mit der eigenen Wettbewerbsposition hinsichtlich der Human-Ressourcen im Vergleich zu den Hauptkonkurrenten aus?

Oft sind wertvolle Jahre vergangen, ehe ein Unternehmen bemerkt, daß die gewählten Strategien sich nicht realisieren ließen, weil man die Human-Ressourcen nicht rechtzeitig bei der Strategieentwicklung mit einbezogen hatte. Oder man erkennt bei der Umsetzung von Unternehmensstrategien, daß Wettbewerber trotz vergleichbarer Ausgangslage einfach erfolgreicher im Konkurrenzkampf abschneiden als das eigene Unternehmen.

Bei näherer Analyse läßt sich dann oft feststellen, daß dieser Konkurrent über eine bessere Führungsmannschaft, ein qualitativ höherwertiges Mitarbeiterpotential oder einen erfolgreicheren Führungsstil verfügt. In beiden Fällen liegt der Fehler in der Unterschätzung der strategischen Bedeutung des Mitarbeiterpotentials.

Hinzu kommt, daß die Human-Ressourcen in Zukunft strategisch ohne Zweifel erheblich an Bedeutung gewinnen werden. Zum einen werden sie durch die Sozialgesetzgebung zum langfristigen Betriebskapital, zum anderen wird zunehmend deutlich, welchen Wert sie in der erfolgreichen Differenzierung gegenüber Wettbewerbern haben.

B. Die Einbeziehung der Human-Ressourcen in das Strategische Management

Im folgenden soll ein Konzept vorgestellt werden, wie das Humankapital eines Unternehmens in die Strategieentwicklung einbezogen und im Wettbewerb strategisch optimal eingesetzt werden kann. Dabei soll unter dem Begriff Human-Ressourcen das gesamte geistige und körperliche Potential der Mitarbeiter eines Unternehmens verstanden werden, und zwar sowohl das latent vorhandene als auch das bereits genutzte Potential. Insofern geht dieser Ansatz über die klassischen Funktionen des Personalwesens hinaus. Dabei steht weniger das Problem eines optimalen Personalmanagements im Vordergrund als vielmehr die Frage, welches menschliche Potential ein Unternehmen in der Zukunft braucht, und zwar unter Berücksichtigung von Markt, Wettbewerb, Umwelt, Unternehmenskultur und Geschäftsstrategien. Während die klassischen Ansätze zum Personalmanagement sich eher mit den operativen Problemstellungen von Personalauswahl, -entwicklung, -führung und -verwaltung beschäftigen, soll hier die strategische Bedeutung der Mitarbeiter als eine, in vielen Branchen sogar die wichtigste Ressource im Wettbewerb um internationale Märkte und zukunftsweisende Technologien im Vordergrund stehen. Es soll gezeigt werden, daß es trotz der zugegebenermaßen unvergleichbaren Komplexität des Faktors Mensch durchaus möglich ist, mit erprobten Methoden der strategischen Planung auch - und gerade - diesen Bereich in eine systematische Strategieentwicklung einzubeziehen, der in der Vergangenheit oft sträflich von den Unternehmensstrategen vernachlässigt wurde.

Die Methodik dieses Konzeptes soll ebenfalls mittels praktischer Beispiele und vor allem anhand eines Fallbeispiels, nämlich der "Großdata GmbH", demonstriert werden. Die Großdata GmbH ist die Tochtergesellschaft eines großen, diversifizierten Konzerns. Dieser wiederum umfaßt drei Geschäftsbereiche: Außer dem Softwarehaus Großdata GmbH bestehen die Bereiche Hardware für Bürogeräte und Prozeßrechner sowie der Bereich Industrieroboter. Innerhalb der Großdata lassen sich drei strategische Geschäftsbereiche identifizieren: Rechenzentrum, Systemsoftware und Anwendungssoftware.

Das Geschäft mit Rechenzentrumsleistungen befindet sich in der Altersphase, allerdings mit Möglichkeiten einer Verjüngung mittels neuer Kommunikationstechnologien. Großdata besitzt hierbei eine günstige Wettbewerbsposition. Das Geschäft mit Systemsoftware zeigt deutliche Zeichen einer Reife, insbesondere im Bereich der klassischen Systemsoftware, die zunehmend von den Computerherstellern selbst und weniger von Softwarehäusern geliefert wird. Hierbei hält Großdata allerdings eine starke Wettbewerbsposition. Im Bereich der Anwendungssoftware befindet man sich in einer Wachstumsphase, jedoch ist Großdata hier nur in einer haltbaren bis günstigen Wettbewerbsposition.

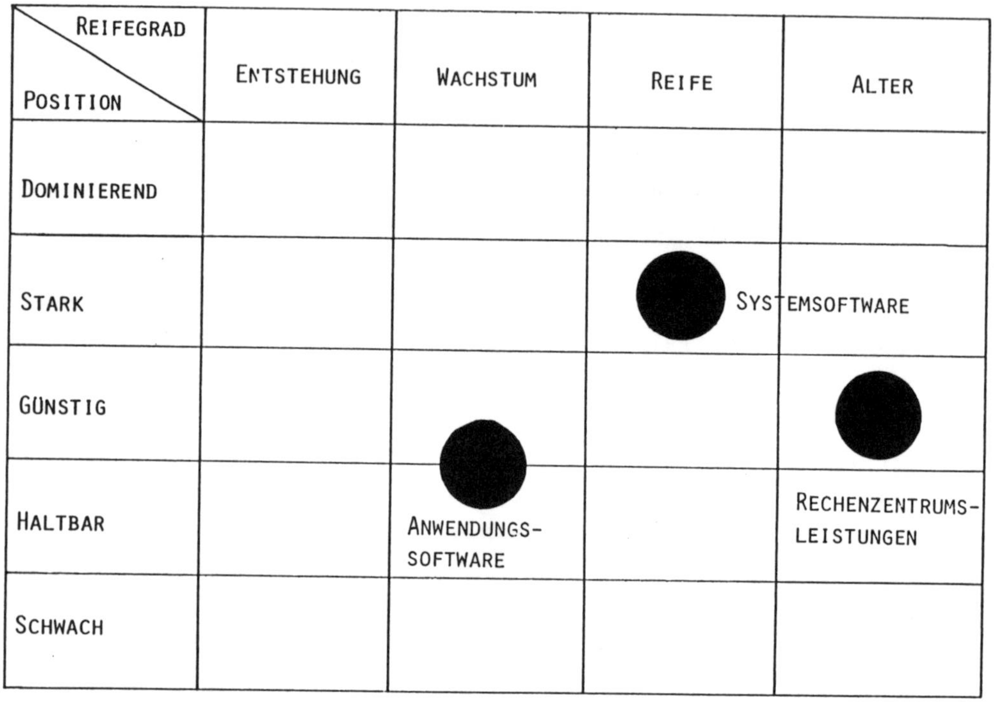

Abb. 1: Wettbewerbsposition der "Großdata GmbH"

Das Unternehmensziel ist es, in den nächsten fünf Jahren in der stark fragmentierten Software-Branche eine Position unter den drei größten Wettbewerbern des Inlandsmarktes zu erreichen, und zwar möglichst mittels technologischer Führerschaft. Die Strategien für die einzelnen Strategischen Geschäftseinheiten lauten wie folgt: Regenerierung und technologische Führerschaft in der SGE "Rechenzentrum", und zwar durch Satelliten-Rechenzentren mit neuen Kommunikationstechniken, insbesondere für die mittelständische Industrie, und Wachstum in der Anwendungssoftware, hier vor allem im Dienstleistungsbereich wie Banken und Versicherungen.

Diese unter Markt- und Wettbewerbsgesichtspunkten durchaus erfolgversprechenden Geschäftsstrategien sollen nun um entsprechende Strategien für die Human-Ressourcen ergänzt werden, und zwar mit einer ähnlichen Systematik, die den Markt- und Wettbewerbsstrategien zugrunde gelegt worden war.

I. Die Einsatzgebiete des Instrumentariums

Das im folgenden beschriebene Instrumentarium des strategischen Managements der Human-Ressourcen kann grundsätzlich vor allem in drei Gebieten Anwendung finden:

- In der strategischen Planung
- Bei Diversifizierungen
- Bei der Personalentwicklung

	Einsatzgebiet	Ziel
1	Strategische Planung	
	• Entwicklung von Unternehmensstrategien	• Einbeziehung von Personalportfolios in die Strategieentwicklung
	• Umsetzung von Unternehmensstrategien	• Optimales Personalportfolio für gegebene Unternehmensstrategien
2	Diversifizierung	
	• Neue Geschäfte / bestehende Mitarbeiter	• Neue Geschäfte für bestehendes Know-how-Profil
	• Neue Geschäfte / neue Mitarbeiter	• Erarbeitung von Personalportfolios für neue Geschäfte
3	Personalentwicklungsprogramme	
	• Personalreduzierung	• Einsparung ohne Reduzierung der Wettbewerbsfähigkeit des Unternehmens
	• Personalaufbau	• Personalaufstockung gemäß den kritischen Erfolgsfaktoren des Marktes
	• Qualitative Personalentwicklung	• Personalschulung und -förderung gemäß den kritischen Erfolgsfaktoren

Abb. 2: Strategisches Management von Human-Ressourcen

Allerdings sollte die oberste Priorität in der strategischen Planung liegen, da das Konzept hier eindeutig den größten Nutzen erbringt. Vor allem bei der Entwicklung von Geschäftsstrategien ist die Einbeziehung von Personalportfolios von größter Bedeutung, weil ein solches Portfolio durchaus zu einer anderen Bewertung der eigenen Wettbewerbsposition und alternativer Geschäftsstrategien führen kann. Eine Strategieentwicklung ohne Einbeziehung der Human-Ressourcen kann zu falschen Schlüssen oder zu Strategien führen, die von vornherein zum Scheitern verurteilt sind. Spätestens jedoch in der Umsetzungsphase der Markt- und Wettbewerbsstrategien ist, wenn man es bei der Strategieentwicklung versäumt hat, für die beschlossenen Strategien das geeignete Personalportfolio zu erstellen und eine Human-Ressourcen-Strategie der Unternehmensstrategie hinzuzufügen.

Ein weiteres wichtiges Einsatzgebiet des strategischen Managements der Human-Ressourcen ergibt sich bei geplanten Diversifizierungen. Hierbei ist zu unterscheiden, ob die Diversifizierung auf der Basis des bestehenden Mitarbeiterpotentials erfolgen soll oder aber losgelöst von vorhandendem Know-how. Im ersten Fall wird zunächst das Know-how-Profil des Unternehmens sowohl qualitativ als auch quantitativ erstellt, um auf den Stärken des Profils aufbauend nach neuen Geschäftsmöglichkeiten zu suchen. Im Falle neuer Geschäfte außerhalb des vorhandenen Know-how-Profils ist für die geplante neue Geschäftstätigkeit das erforderliche Mitarbeiterportfolio zu erarbeiten, um sicherzustellen, daß die Diversifizierungsstrategie durch eine entsprechende Human-Ressourcen-Strategie unterstützt wird. Im ersten Fall steht das existierende Mitarbeiterpotential im Vordergrund der Entscheidungen, im zweiten die neue Geschäftstätigkeit.

Letztlich müssen auch alle Personalentwicklungsprogramme im Unternehmen zunehmend nach strategischen Gesichtspunkten ausgerichtet werden. So führen zum Beispiel drastische Personalkürzungen häufig kurzfristig zum erwarteten Erfolg in der Ertragslage, langfristig kann dadurch jedoch die Wettbewerbsposition des Unternehmens nachhaltig geschwächt sein. Hier gilt es, eine Reduzierung nur unter strategischen Aspekten zuzulassen, wobei eine solche Einsparung das Unternehmen langfristig in der Wettbewerbsposition deutlich stärkt, indem Markt und Wettbewerb sowie die darin liegende Dynamik bestimmen, wo im Unternehmen welches Einsparungspotential liegt.

Ähnliches gilt für Personalaufstockungen. Auch hier sind es die kritischen Erfolgsfaktoren in Markt und Wettbewerb, die über quantitative und qualitative Expansion entscheiden sollen. Und schließlich sollte sich die gesamte Personalschulung und -förderung nicht nur an operativen Anforderungen ausrichten, sondern auch und sogar vorrangig an strategischen Notwendigkeiten. Dabei spielen auch wieder die kritischen Erfolgsfaktoren der Branche und ihre in der Zukunft zu erwartenden Tendenzen eine zentrale Rolle, da es gilt, sich rechtzeitig auf solche Veränderungen einzustellen, und zwar möglichst, bevor die Konkurrenz es tut.

Alle Anwendungsbereiche des Instrumentariums für Strategisches Management von Human-Ressourcen haben gemein, daß einerseits die Personalabteilung des Unternehmens sich stärker strategisch orientieren muß als in der Vergangenheit üblich, und daß andererseits die Planungsabteilung sowie das Linienmanagement bei der Entwicklung und Durchführung von Markt- und Wettbewerbsstrategien stärker die Human-Ressourcen in ihre Planungen einbeziehen müssen. Ein erster Schritt in diese Richtung ist die Teilnahme des Personalressortleiters an den strategischen Planungssitzungen. Eine solche Interaktion begünstigt den Transfer von strategischem Denken und Methodenwissen an die Personalfachleute - eine unabdingbare Voraussetzung für fruchtbare Kommunikation und Kooperation zwischen Linienmanagement und Personalabteilung.

II. Die Ableitung der Human-Ressourcen-Strategien aus den Geschäftsstrategien

In der Regel folgt die Personalstrategie der Geschäftsstrategie. Daher gilt es, aus den definierten Markt- und Wettbewerbsstrategien die entsprechenden Strategien für die Human-Ressourcen abzuleiten (vgl. Abb. 3).

Dabei gibt es zwei Vorgehensweisen. Entweder wird bereits bei der Bestimmung der Wettbewerbsposition bzw. bei der Bewertung alternativer Strategien der Aspekt des Mitarbeiterpotentials einbezogen oder aber nach der unabhängig von diesem Aspekt entwickelten optimalen Geschäftsstrategie wird die adäquate Human-Ressourcen-Strategie entworfen. Im ersten Fall wird das bestehende Mitarbeiterpotential - vor allem auf den höheren Ebenen - ei-

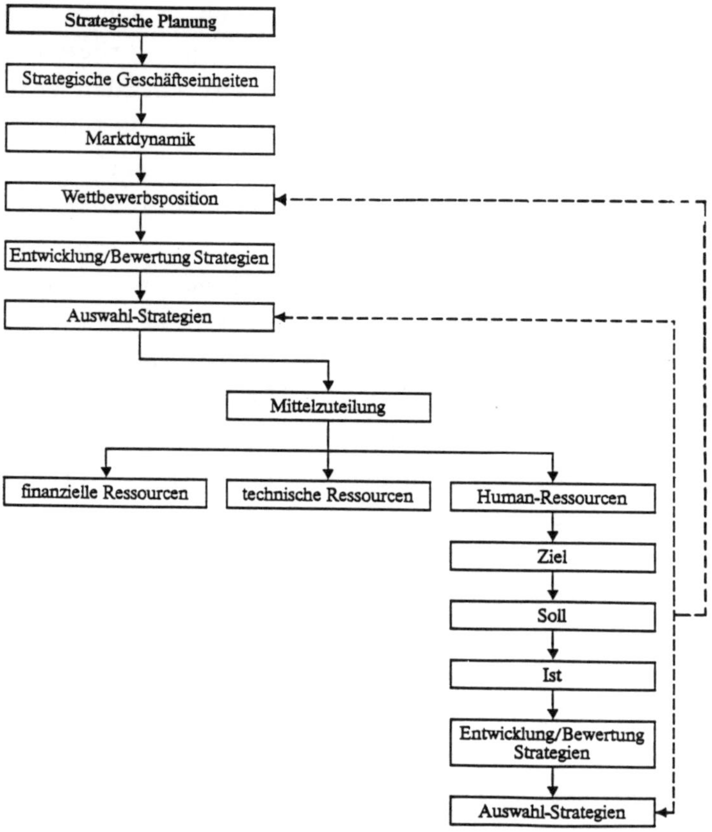

Abb. 3: Ableitung der Strategien für die Human-Ressourcen

ner ebensolchen Stärken- und Schwächenanalyse unterzogen wie die Technologien, Produktionskapazitäten usw. des Unternehmens. Insofern bestimmen die Ergebnisse dieser Analyse, d.h. die Stärken und Schwächen im Mitarbeiterbereich, die strategische Ausgangsposition des Unternehmens mit oder aber dienen als Kriterium bei der Bewertung alternativer Geschäftsstrategien, insbesondere, wenn es darum geht, die Durchführbarkeit bestimmter Strategien kritisch zu überprüfen.

Im zweiten Fall gehen die Stärken und Schwächen im Personalbereich nur indirekt und implizit über die Bewertung der Position des eigenen Unternehmens, gemessen an der Erfüllung der von Markt und Wettbewerb vorgegebenen kritischen Erfolgsfaktoren, ein. Im Anschluß an die Entwicklung optimaler Geschäftsstrategien wird die Frage geprüft, inwieweit diese Strategien mit dem vorhandenen Mitarbeiterpotential erfolgreich umzusetzen sind und inwieweit dieses Potential gegebenenfalls verändert bzw. ergänzt werden muß. Die jeweilige Vorgehensweise hängt weitgehend davon ab, welchen Stellenwert das Humankapital im Unternehmen hat, d.h. wie lohnintensiv das betriebene Geschäft ist und inwieweit der Mitarbeiterstamm als unabänderlich anzusehen ist.

Da jeder Strategieplanung die Mittelzuteilung folgen muß, um Strategien in die Praxis umzusetzen, und das Humankapital in aller Regel das wertvollste Betriebsmittel für jedes Unternehmen und für jede Strategie ist, wird in beiden vorgenannten Fällen aus den Geschäftsstrategien eine Zielsetzung für die Human-Ressourcen abgeleitet. Dabei sind diese Ziele so hoch anzusetzen, daß eine geringfügige Nichterreichung nicht gleichzeitig das endgültige Scheitern der gewählten Geschäftsstrategie zur Folge hat.

So ist zum Beispiel für die Großdata GmbH mit ihren Geschäftsstrategien des Wachstums und der technologischen Führerschaft ein eindeutig daraus abgeleitetes Ziel für den Bereich der Human-Ressourcen, qualitatives und quantitatives Wachstum signifikant über dem Branchendurchschnitt zu erreichen. Gleichzeitig soll durch Ausschöpfen von Synergien im geistigen Potential der verschiedenen Strategischen Geschäftseinheiten eine Produktivitätssteigerung auch über Branchendurchschnitt erreicht werden. Beides sind ehrgeizige Ziele, die aber notwendig sind, um das hochgesteckte Ziel zu erreichen, in fünf Jahren zu den führenden Softwarehäusern zu gehören. Dabei ist zu bedenken, daß in dieser Branche die Mitarbeiter mit ihrem geistigen Potential das entscheidende und oft sogar einzige Betriebsvermögen darstellen. Insofern kann kein Wettbewerber ohne entsprechende Human-Ressourcen-Strategien auskommen, wenn er nicht langfristig ins Hintertreffen geraten möchte.

Aus den explizit dargestellten Zielvorstellungen für die Human-Ressourcen wird ein Soll-Profil erarbeitet, in dem die kritischen Erfolgsfaktoren des Marktes für die Zukunft festgestellt und daraus die Anforderungsprofile hinsichtlich der Mitarbeiter abgeleitet werden. Anschließend wird das Ist-Profil erarbeitet und dem Soll-Profil gegenübergestellt. Diese Reihenfolge ist wichtig, weil im anderen Fall die Gefahr besteht, daß man ausgehend vom Ist-Profil nur eine Fortschreibung in die Zukunft vornehmen würde. Je unabhängiger die Entwicklung des zukünftigen Soll-Profils vom gegenwärtigen Ist-Profil erfolgt, desto objektiver und qualitativ besser wird das Ergebnis. Aus der Gegenüberstellung von Ist- und Soll-Profil ergibt sich dann die strategische Stoßrichtung bezüglich des Mitarbeiterpotentials. Zur langfristigen und erfolgreichen Überbrückung der Lücke zwischen Soll und Ist stehen in der Regel mehrere alternative Strategien zur Verfügung, die es zu bewerten gilt, und zwar nach ähnlichen Kriterien wie bei der Bewertung alternativer Geschäftsstrategien.

Nach der Auswahl einer geeigneten Strategie muß unbedingt überprüft werden, ob diese noch in Einklang mit der gewählten Geschäftsstrategie steht. Denn es ist nicht ungewöhnlich, daß ein Unternehmen zu diesem Zeitpunkt zu der bitteren Erkenntnis gelangt, daß die Geschäftsstrategie korrigiert werden muß, weil die vorhandenen Human-Ressourcen qualitativ und/oder quantitativ nicht ausreichen und eine realistische Human-Ressourcen-Strategie zur Erreichung des Soll-Profils mehr Zeit oder Finanzmittel beansprucht als geplant. Geschäfts- und Human-Ressourcen-Strategien müssen solange aufeinander abgestimmt werden, bis beide miteinander harmonieren. Wird dieser Schritt vergessen oder vernachlässigt, läuft das Unternehmen Gefahr, wertvolle Ressourcen für eine nicht realisierbare Geschäftsstrategie zu verschwenden.

Die Erfahrung zeigt, daß, wenn die Analyse zur Entwicklung von Human-Ressourcen-Strategien möglichst neutral, objektiv und sachlich durchgeführt wird, das Unternehmen dabei, sozusagen als Abfallprodukt, bereits wertvolle Hinweise auf Möglichkeiten und Ansatzpunkte für eine Aktivierung des Mitarbeiterpotentials gewinnen kann. Insofern ergibt sich eine ideale Kombination von strategischen Aspekten zur Erreichung einer stärkeren Markt- und Wettbewerbsposition einerseits und eher operativen Aspekten zur Erhöhung der Produktivität im Unternehmen andererseits. Der Unterschied zu herkömmlichen Aktivierungsprogrammen ist jedoch, daß die Mobilisierung des Mitarbeiterpotentials zielgerichtet auf die strategischen Erfordernisse erfolgt (vgl. Abb. 4).

III. Die Strategische Geschäftseinheit als Basis für Human-Ressourcen-Strategien

Eine wesentliche Voraussetzung für wirklich erfolgreiche Human-Ressourcen-Strategien ist es, daß sie nicht nur auf Unternehmensebene formuliert werden, sondern auch - und gerade - auf der Ebene von Strategischen Geschäftseinheiten. Ebenso wie Geschäftsstrategien auf der Basis von Strategischen Geschäftseinheiten ent-

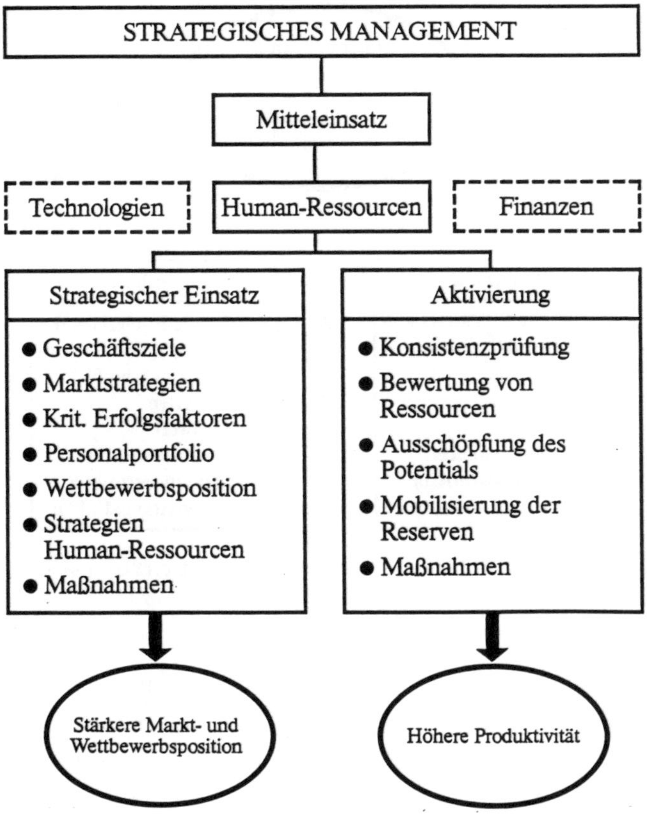

Abb. 4: Ausweitung des Strategischen Managements auf das geistige Potential im Unternehmen

wickelt werden müssen, muß eine Strategie für die Human-Ressourcen zunächst auch auf dieser Basis formuliert werden. Denn nicht Unternehmen konkurrieren miteinander, sondern ihre Strategischen Geschäftseinheiten (vgl. Abb. 5).

Somit befinden sich größere Unternehmen, die sich aus mehreren Strategischen Geschäftseinheiten zusammensetzen, im strategischen Sinne in mehreren Branchen. Insofern ist es wichtig zu beachten, daß die häufig in Statistiken gebrauchte Brancheneinteilung für strategische Analysen meist nicht brauchbar ist.

So befindet sich die Großdata GmbH zwar in der Software-Branche, aber ihre drei Strategischen Geschäftseinheiten Rechenzentrum, Systemsoftware und Anwendungssoftware befinden sich in vollkommen unterschiedlichen Märkten, mit unterschiedlichen Wettbewerbern, Kundenbedürfnissen, kritischen Erfolgsfaktoren usw.

Die sorgfältige Abgrenzung solcher Branchen im engeren, strategischen Sinne ist eine notwendige Voraussetzung für alle wei-

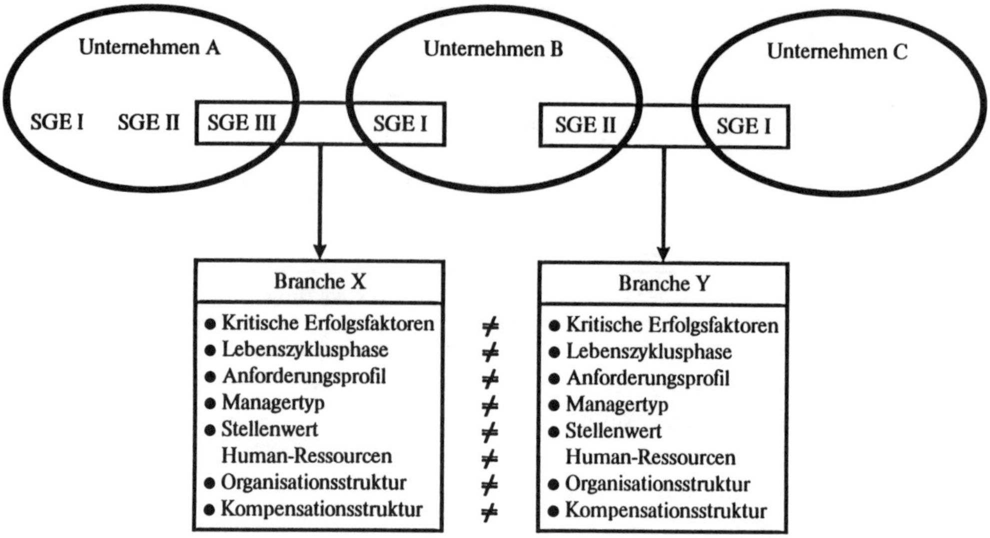

Abb. 5: Industrie-Branchenbildung durch Strategische Geschäftseinheiten

teren strategischen Überlegungen, und zwar auch für den Bereich der Human-Ressourcen. Denn in jeder Branche konkurrieren Strategische Geschäftseinheiten unterschiedlichster Wettbewerber miteinander: Die Strategische Geschäftseinheit macht entweder einen verschwindend geringen Anteil am Gesamtunternehmen aus oder bildet einen Schwerpunkt unter wenigen Strategischen Geschäftseinheiten, oder aber das gesamte Unternehmen besteht nur aus dieser Geschäftseinheit. Entsprechend konzentriert wird die Aufmerksamkeit der Unternehmensleitung sein, mit der sie sich den einzelnen Geschäftstätigkeiten im Unternehmen widmet.

Im einen Fall hat sich die Geschäftsleitung um viele Branchen zu kümmern, im anderen kann sie sich voll auf die Gegebenheiten und Besonderheiten einer Branche konzentrieren. Im Gegensatz zu allen anderen Ressourcen eines Unternehmens, wie zum Beispiel Finanzmittel, Technologien, Produktionskapazitäten usw., ergibt sich für die Human-Ressourcen ein besonderes Problem: Sie können in Unternehmen mit mehreren Geschäftseinheiten, insbesondere bei Großunternehmen, in aller Regel nicht in gleichem Maße branchenspezifisch eingesetzt, behandelt und entlohnt werden; denn die übergeordnete Personalpolitik des Unternehmens einschließlich der Vergütungssysteme läßt meist eine stark differenzierte Vorgehensweise in den einzelnen Strategischen Geschäftseinheiten nicht zu.

Ähnlich wie bei anderen Unternehmen ist auch bei der Großdata GmbH die einzelne Strategische Geschäftseinheit, insbesondere in Fragen der Gehaltsstruktur und Beförderungsrichtlinien, nicht autonom, sondern eingebunden in die speziellen Regelungen des Unternehmens sowie der Muttergesellschaft. So sehr solche einheitlichen Regelungen hinsichtlich der Sicherheit der einzelnen Mitarbeiter und der Flexibilität bei Versetzungen innerhalb des Konzerns Vorteile bieten, so nachteilig können sie sich eventuell auswirken auf die Wettbewerbsposition einzelner Geschäftseinheiten. Gerade überdurchschnittlich erfolgreiche Mitarbeiter können sich durch konzernweite Gehalts- und Beförderungsrichtlinien eingeengt fühlen und wandern dann zu kleineren Unternehmen ab, die sich diesbezüglich ganz den im Markt und Wettbewerb herrschenden Bedingungen anpassen. Insofern können gerade in sehr dynamischen Branchen kleinere Unternehmen den Großunternehmen erhebliche Konkurrenz machen, weil sie dank attraktiverer Konditionen oft über die besseren Mitarbeiter verfügen.

Da die kritischen Erfolgsfaktoren auch im Bereich der Human-Ressourcen den Maßstab aller strategischen Überlegungen bilden müssen, ist bei der Entwicklung von Human-Ressourcen-Strategien zunächst - ungeachtet der übergeordneten Personalpolitik - eine Untergliederung des Unternehmens in Strategische Geschäftseinheiten vorzunehmen. Denn die branchenspezifischen Unterschiede zwischen strategischen Geschäftseinheiten hinsichtlich

- kritischer Erfolgsfaktoren,
- Lebenszyklusphase,
- Anforderungsprofil,
- Stellenwert der Human-Ressourcen
- usw.

stellen unterschiedliche Anforderungen an

- Managertypen,
- Organisationsstruktur,
- Kompensationsstruktur
- usw.

Daher sind alle nachfolgend beschriebenen Analysen und Bewertungen analog der Entwicklung von Geschäftsstrategien zunächst rein auf der Basis von Strategischen Geschäftseinheiten durchzuführen, bevor sie mit übergeordneten Unternehmensrichtlinien und Strategien in Zusammenhang gebracht werden.

IV. Die Human-Ressourcen als Bestimmungsfaktor für die Wettbewerbsposition

Die Bedeutung der Human-Ressourcen für die Wettbewerbsposition eines jeden Konkurrenten einer Branche hängt davon ab, inwieweit ein Zusammenhang zwischen der Erfüllung der einzelnen kritischen Erfolgsfaktoren und dem jeweiligen Mitarbeiterpotential besteht. So steht für den Fall, daß zum Beispiel der Firmenstandort oder der Zugang zu bestimmten Rohstoffquellen kritische Erfolgsfaktoren sind, das Mitarbeiterpotential nur indirekt im Zusammenhang mit diesen Faktoren, während im Falle von Innovation, Serviceleistungen, Produktqualität u.ä. sehr wohl ein direkter Bezug besteht.

Daher gilt es, für jede Strategische Geschäftseinheit die kritischen Erfolgsfaktoren zu erarbeiten bzw. aus den strategischen Plänen zu entnehmen, und zwar sowohl die heute gültigen als auch die zukünftig zu erwartenden. Sodann wird die relative Wettbewerbsposition der eigenen Strategischen Geschäftseinheit im Vergleich zum Wettbewerb bezüglich jedes einzelnen Faktors ermittelt. Daraus ergibt sich ein Stärken- und Schwächen-Profil wie in Abb. 6 dargestellt. Anschließend wird untersucht, welche betriebliche Funktion im Unternehmen wie entscheidend für eine starke oder schwache Position in den einzelnen Faktoren ist, d.h., wo im Unternehmen diejenigen Human-Ressourcen sich befinden, die einen starken Einfluß auf die jeweilige Wettbewerbsposition haben. Obiges Beispiel zeigt, daß hinsichtlich des Faktors A insbesondere Forschung und Entwicklung eine entscheidende Rolle spielen, bezüglich des Faktors C hingegen die Verkaufsabteilung.

Während die Abhängigkeit der Wettbewerbsposition von der Qualifikation der entsprechenden Funktionen bzw. Abteilungen eines Unternehmens im allgemeinen für alle Konkurrenten einer Branche gleichermaßen gilt, ist der entscheidende Faktor für die eigene Position im Markt das Stärken-Schwächen-Profil der eigenen Human-Ressourcen.

Kritische Erfolgsfaktoren - heute -	F & E	Einkauf	Produktion	Qual. Kontr.	Disposition	Controlling	Verkauf	Marketing	Außendienst	Anw. Techn.	Finanzen	Recht	allg. Verw.	usw.
A	xxx		xx	x										
B	xx		xxx											
C	x	xx	x				xxx							
D					xxx				xxx		x			
E									xx	xxx			x	

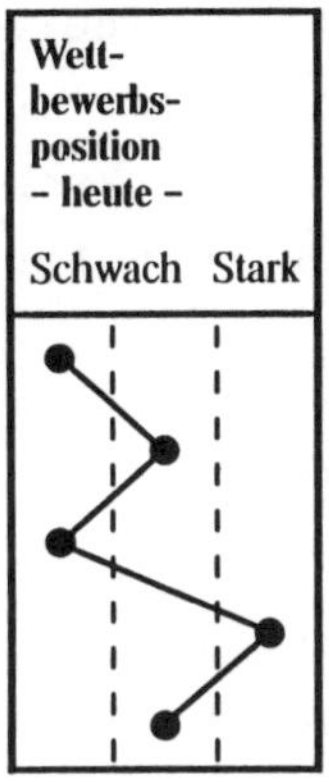

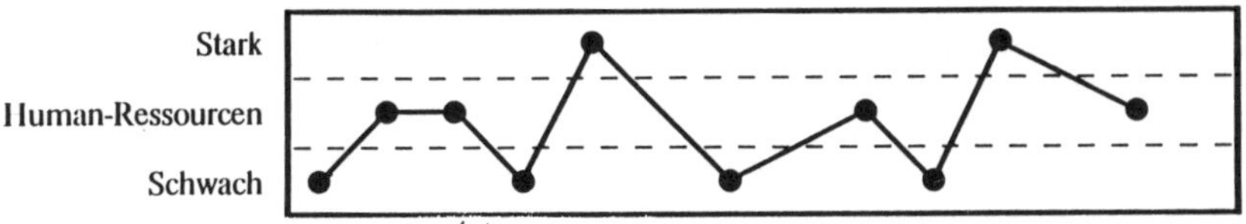

Abb. 6: Bedeutung der Human-Ressourcen für die aktuelle Wettbewerbsposition

Die Bewertung der Human-Ressourcen kann sich durchaus auf eine summarische Beurteilung einer Funktionseinheit bzw. Abteilung eines Unternehmens beschränken, um zu strategisch relevanten Ergebnissen zu gelangen. Nur in Sonderfällen oder besonders kritischen Situationen, in denen einzelne Mitarbeiter von besonderer Bedeutung sind, sollte die Stärken-Schwächen-Analyse auf Einzelpersonen ausgedehnt werden. Die summarische Bewertung ist sowohl qualitativ als auch quantitativ vorzunehmen, d.h., sowohl die relative Qualifikation als auch die relative quantitative Personalausstattung sind zu berücksichtigen, und zwar möglichst jeweils im Vergleich zu den Hauptwettbewerbern.

Das in Abb. 6 dargestellte Stärken-Schwächen-Profil der Human-Ressourcen zeigt zum Beispiel, daß die Schwäche in der F&E-Abteilung des Unternehmens eine Erklärung für dessen relativ schwache Position im Markt, vor allem hinsichtlich des kritischen Erfolgsfaktors A, aber in gewissem Maße auch hinsichtlich B und C ist.

Die Stärke der Dispositionsabteilung führt zu einer starken Position im Erfolgsfaktor D. Hingegen hat die relative Stärke der Finanzabteilung keine wesentliche wettbewerbswirksame Relevanz, da sie nur bei einem Faktor, nämlich D, von Bedeutung ist, hier aber auch nur unterstützend.

Diese Vorgehensweise hat den Vorteil, daß sie nicht nur die Analyse in überschaubare und objektiv prüfbare Einzelschritte zerlegt, sondern auch sehr effizient ist: statt einer umfassenden Untersuchung aller Funktionen im Unternehmen ist lediglich eine gezielte Analyse derjenigen Abteilungen notwendig, deren Mitarbeiterpotential eine Schlüsselrolle bei der Erfüllung der jeweiligen kritischen Erfolgsfaktoren in den einzelnen Strategischen Geschäftseinheiten zukommt. Eine tiefergehende Analyse ist sogar nur für die Funktionen nötig, deren Qualifikation in mehreren Geschäftseinheiten zu einer schlechten Wettbewerbsposition führt (Abb. 7) bzw. bei einer Geschäftseinheit hinsichtlich mehrerer kritischer Erfolgsfaktoren für eine schwache Position im Markt verantwortlich ist.

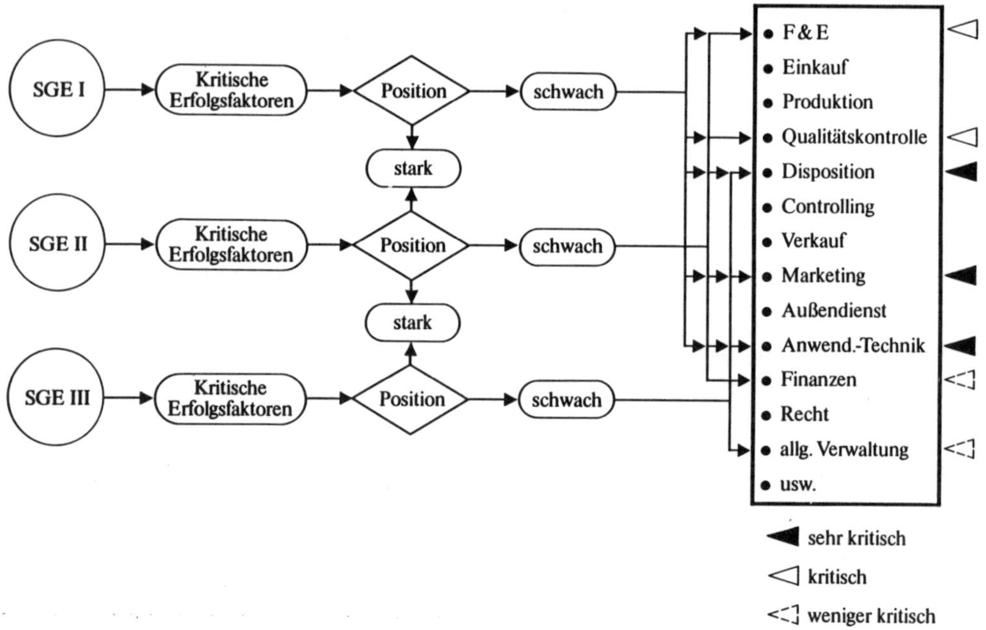

Abb. 7: Die kritischen Schwachstellen im Unternehmen

Eine derartige Analyse darf sich nicht nur auf die heute im Markt gültigen kritischen Erfolgsfaktoren beziehen, sondern muß auch die zukünftigen Faktoren berücksichtigen, um strategisch aussagefähig zu werden. So zeigt das in Abb. 8 dargestellte Beispiel, daß sich die kritischen Erfolgsfaktoren in Zukunft dergestalt verändern werden, daß der Erfolgsfaktor C an Bedeutung verliert, was zu einer Stärkung der eigenen Wettbewerbsposition führt, und daß die Faktoren B und D nicht mehr relevant sein werden, dafür aber zwei Faktoren, F und G, neu hinzutreten werden. Diese Veränderung wird zu einer schwächeren Wettbewerbsposition führen, wenn das Unternehmen nicht rechtzeitig Vorsorge trifft, vor allem im Bereich des Marketing, das eine Schlüsselrolle bezüglich der Position in neu hinzukommenden Erfolgsfaktoren spielen wird. Ein solcher Fall ist typisch für viele Branchen: Die Industrie tritt in eine reifere Lebenszyklusphase ein, die kritischen Erfolgsfaktoren verlagern sich von F&E bzw. Produktion zu den Marketing- sowie Controllingfunktionen, und das Unternehmen muß sich mit seinen Human-Ressourcen rechtzeitig auf diesen Wandel einstellen, um nicht an Wettbewerbskraft zu verlieren.

Kritische Erfolgsfaktoren - zukünftig -	F & E	Einkauf	Produktion	Qual. Kontr.	Disposition	Controlling	Verkauf	Marketing	Außendienst	Anw. Techn.	Finanzen	Recht	allg. Verw.	usw.
A	xxx		xx	x										
F						xxx		xxx				x	xx	
C	x	xx	x				xxx							
G					x			xxx			xxx			
E									xx	xxx			x	

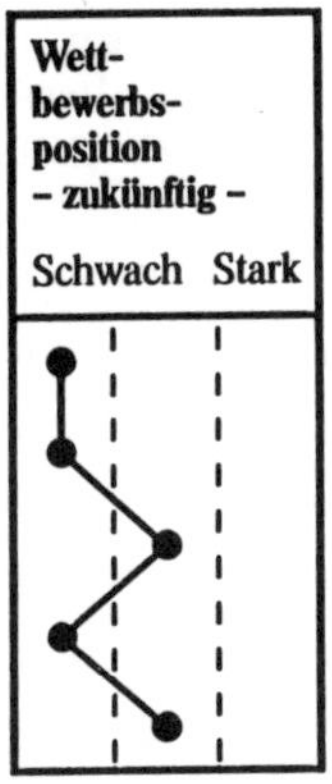

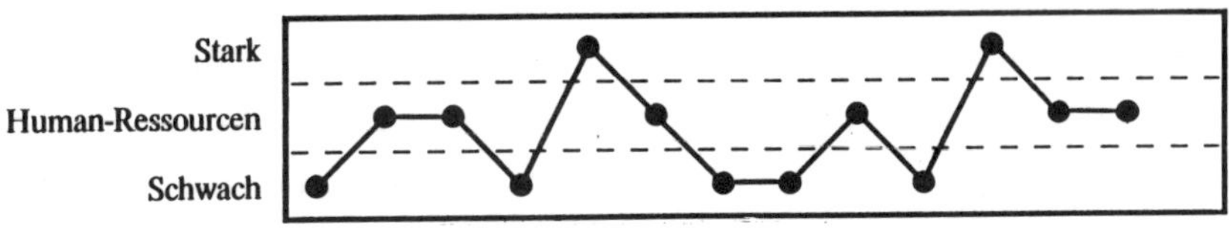

Abb. 8: Bedeutung der Human-Ressourcen für die zukünftige Wettbewerbsposition

Die Trägheit vieler Unternehmen, die mangelnde Bereitschaft zu einer objektiven Zukunftseinschätzung, sowie die menschliche Natur, sich nur ungern auf Neues umzustellen, führen häufig dazu, daß einst blühende Unternehmen plötzlich ohne sofort erkennbaren Grund zu Verlierern im Wettbewerb werden. Hier wird die objektive Bewertung der kritischen Erfolgsfaktoren und deren Wandel zu einem Schlüsselelement erfolgreichen Managements, da es sich um unternehmensneutrale Faktoren handelt, die unabhängig von menschlichen Stärken, Schwächen und Wunschvorstellungen die zukünftigen Marktbedingungen aufzeigen.

Die kritischen Erfolgsfaktoren des Marktes lassen sich in spezifische kritische Erfolgsfaktoren für die Human-Ressourcen umformulieren. Während bei der Großdata GmbH in der Vergangenheit akquisitorisch begabte Einzelkämpfertypen mit Eigeninitiative und fundierten Programmierkenntnissen die Erfolgsleute der Branche waren, muß man in Zukunft stärker teamorientiert und interdisziplinär arbeiten und dem Kunden umfassende Beratung bieten sowie die gesamten Dienstleistungen mit professionellem Marketing auf den Markt bringen. Daraus ergibt sich für die Großdata die in Abb. 9 kurzgefaßte Liste der kritischen Erfolgsfaktoren bezüglich der Human-Ressourcen. Die Tabelle enthält auch die Bewertung der eigenen Wettbewerbsposition hinsichtlich jedes einzelnen Erfolgsfaktors im Vergleich zu den wichtigsten Wettbewerbern. Diese Bewertung erfolgt mit den gleichen Methoden wie zur Bestimmung der allgemeinen Wettbewerbsposition im Markt. Allerdings ist man hier wesentlich stärker auf Insider-Kenntnisse angewiesen, die jedoch meist in hohem Maße im eigenen Unternehmen bereits vorhanden sind und nur bei Wissenslücken durch Interviews im Markt, vor allem bei Kunden, Lieferanten, Branchenkennern und Wettbewerbern ergänzt werden müssen.

Die Bewertung des eigenen Unternehmens hinsichtlich der relativen Position in den Human-Ressourcen führt zu einem Bild über die strategische Ausgangslage sowie über die eventuell zu erwartende Veränderung der eigenen Wettbewerbsposition aufgrund geänderter kritischer Erfolgsfaktoren und/oder zu erwartender Veränderungen in den eigenen Human-Ressourcen.

Das Soll-Profil der Human-Ressourcen einer Strategischen Geschäftseinheit wird zunächst ausschließlich aus den derzeitig herrschenden bzw. zukünftig sich ändernden kritischen Erfolgsfaktoren im Markt und Wettbewerb abgeleitet und nicht - wie oft zu beobachten - aus dem im Unternehmen gegebenen Ist-Profil. Dadurch erhält man das ideale Profil, unabhängig von der Realisierbarkeit. Der umgekehrte Weg, sich am bestehenden Profil zu orientieren, schränkt oft die Sichtweise sein und führt zu früh im

Kritische Erfolgsfaktoren	Bewertung	
- Heute -	Großdata GmbH	∅ Hauptwettbewerber
● Kreativität	5	4
● Eigeninitiative	4	3
● Akquisitionsfähigkeit	2	4
● Kundenkontakte	1	4
● Programmierkenntnisse	3	3
	∅ 3,0	∅ 3,6

- Zukünftig -		
● Kreativität	5	4
● Integrationsmanagement	1	4
● Wachstumsmanagement	1	3
● Marketing-Know-how	2	5
● Beratung	1	4
Bewertung: 5 = stark 1 = schwach	∅ 2,0	∅ 4,0

Abb. 9: Die Wettbewerbsposition der "Großdata" bezüglich ihrer Human-Ressourcen: Heute und zukünftig

Planungsprozeß zu unnötigen Kompromissen mit der Realisierbarkeit von optimalen Personalportfolios. Wie ein derartiges Profil bzw. Portfolio für die Human-Ressourcen der Zukunft aussehen kann, zeigt Abb. 10. Die Gegenüberstellung von zukünftig Notwendigem und heute Vorhandenem läßt die nötigen Veränderungen im geistigen Potential eines Unternehmens erkennen, um die Wettbewerbsfähigkeit zu erhalten oder wiederzuerlangen.

Im Falle der Großdata GmbH ist es vor allem der Mangel an Marketing- und Beratungs-Know-How, der die Wettbewerbsposition gefährdet. Hingegen wird der individuelle "Einzelkämpfer" mit reinen Programmierkenntnissen in Zukunft weit weniger gefragt sein als in der Vergangenheit.

Um voreiligen Schlüssen vorzubeugen, muß an dieser Stelle hervorgehoben werden, daß man zwischen Personen und Fähigkeiten klar unterscheiden muß. Denn in der Regel verfügt jeder Mitarbeiter über ein Bündel von Fähigkeiten, das es nunmehr in den Schwerpunkten eventuell zu korrigieren gilt.

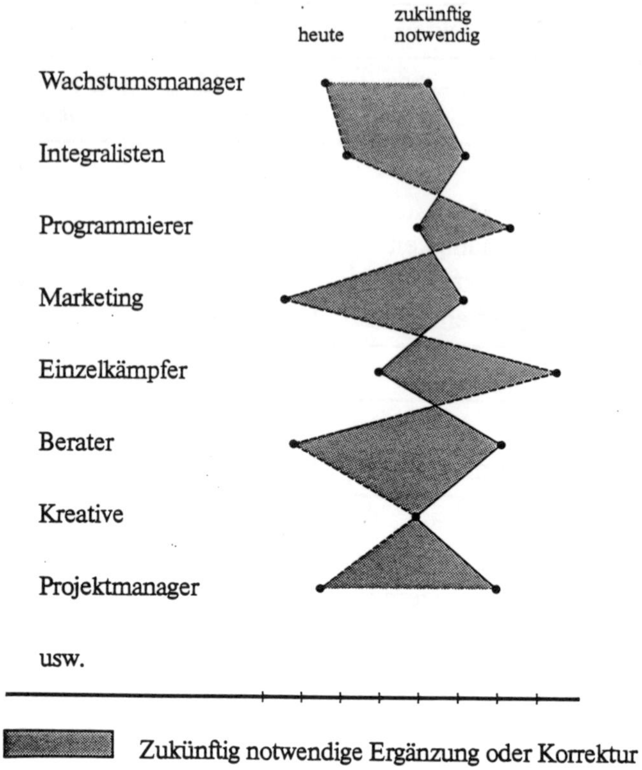

Abb. 10: Das Personalportfolio der "Großdata GmbH"

So darf im Falle der Großdata GmbH zum Beispiel nicht der Schluß gezogen werden, daß man in Zukunft auf Programmierer verzichtet und sie durch Kundenberater ersetzt. Lediglich die Fähigkeit des Programmierens, inzwischen zur Basistechnologie gereift, wird in den Hintergrund treten und durch Beratungsfähigkeit ergänzt werden müssen. Insofern kommt es bei der zukünftigen Verwendung einzelner Mitarbeiter weitgehend auf deren Lern- und Anpassungsfähigkeit an.

Dabei sind sorgfältig die Fähigkeiten zu unterscheiden,

- die gegenwärtig notwendig sind, und die für die Zukunft
  - o zu erhalten oder
  - o zu modifizieren oder aber
  - o nicht mehr notwendig sind und
- die Fähigkeiten, die zukünftig zusätzlich erforderlich sind (vgl. Abb. 11).

Nunmehr sind die Auswirkungen des Mitarbeiterpotentials auf die Wettbewerbsposition in den einzelnen kritischen Erfolgsfaktoren analysiert, das Soll-Profil erarbeitet und dem Ist-Profil gegenübergestellt sowie die zukünftig notwendigen Veränderungen

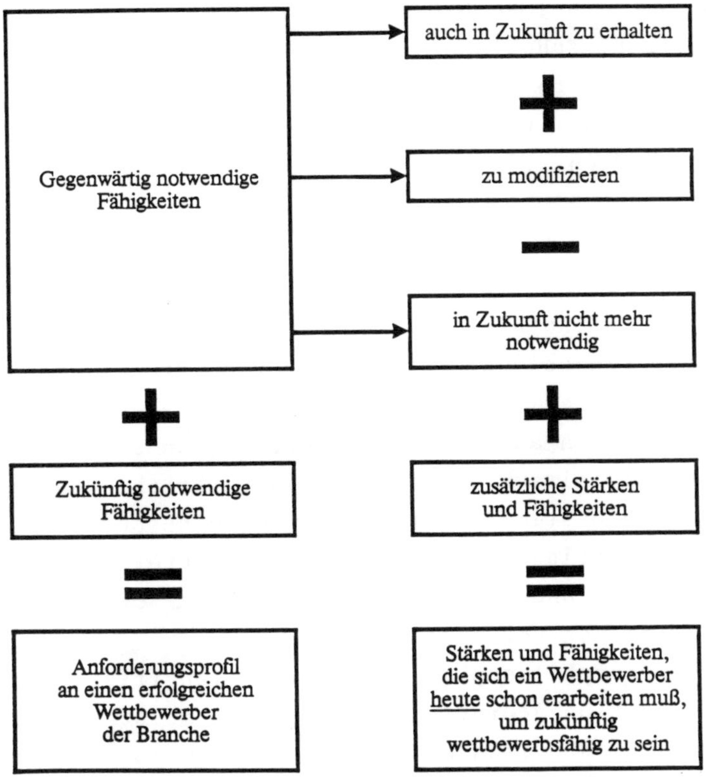

Abb. 11: Die zukünftigen Anforderungen an das geistige Potential des Unternehmens

im Personalportfolio herausgearbeitet.

Bevor mit der Entwicklung mittel- und langfristiger Strategien begonnen wird, muß noch eine sorgfältige Umfeldanalyse vorgenommen werden.

V. Die Umfeldanalyse

Eine umfassende Beleuchtung des relevanten Umfelds (vgl. dazu auch die Beiträge von Wiedmann/Kreutzer und Wiedmann, in diesem Band) ist deshalb so wichtig, weil das Mitarbeiterpotential wie kein anderes Betriebsvermögen außerbetrieblichen Einflüssen unterliegt und sich in wesentlichen Aspekten dem direkten Einfluß der Unternehmensleitung entzieht. Eine solche Analyse sollte mindestens folgende Bereiche berücksichtigen:

- Unternehmensphilosophie und -kultur,
- nationale Eigenheiten,
- soziologische Entwicklungen,
- Eigenheiten der Branche,
- Gewerkschaften,
- Arbeitsmarkt,
- technologische Entwicklungen,
- Gesetzgebung.

Kultur und Philosophie eines Unternehmens setzen wesentliche Rahmenbedingungen bei der Entwicklung von Strategien für die Human-Ressourcen. Tradition, unternehmensweit akzeptierte Wertvorstellungen und nach außen hin vertretene Grundsätze können den strategischen Spielraum einerseits einschränken, können andererseits aber auch bestimmten Strategien eine besondere Kraft geben. Häufig sind derartige Eigenschaften eines Unternehmens nicht explizit formuliert und müssen für diesen Zweck erst zusammengetragen und schriftlich dokumentiert werden.

Da Unternehmensphilosophie und -kultur langfristig angelegt und oft durch Tradition geprägt sind, sind sie meist - zumindest kurzfristig - als nicht veränderbarer Tatbestand in die Strategieentwicklung einzubeziehen. Jedoch lassen sich diese beiden Faktoren - im Gegensatz zu den anderen der Umfeldanalyse - vom Unternehmen beeinflussen und sollten in gewissen Zeitintervallen auf ihre Gültigkeit hinsichtlich veränderter Umweltbedingungen überprüft werden; insbesondere dann, wenn diese Faktoren ökonomisch sinnvolle Strategien mehrerer Strategischer Geschäftseinheiten wiederholt einengen oder gar unmöglich machen.

Die Unternehmensphilosophie der Großdata GmbH zum Beispiel könnte wie folgt beschrieben werden: "Freiheit des Individuums zur persönlichen Entfaltung zum Nutzen des Unternehmens". Mit dieser Philosophie hatte das Unternehmen in der Vergangenheit beachtliche Erfolge erreicht. Es hatte sich daraus eine in der Branche weitgehend einmalige Firmenkultur entwickelt: ungebremste Eigeninitiative, nicht durch bürokratische Zwänge eingeengt, führte zur schnellen Ausnutzung sich bietender Marktchancen, wodurch es zu einem - allerdings unkontrollierten - Wachstum des Unternehmens gekommen war. Eine derart unkonventionelle und für viele Außenstehende nur schwer verständliche Unternehmenskultur ist bei der Entwicklung von Human-Ressourcen-Strategien von großem Gewicht, da die Mitarbeiter eine solche Kultur verinnerlicht haben und somit gewisse Strategien nicht realisierbar wären, andere hingegen an Bedeutung gewinnen.

Eine Analyse nationaler Eigenheiten empfiehlt sich vor allem für multinational tätige Unternehmen. Hier müssen die Eigenheiten des jeweiligen Landes hinsichtlich Gewohnheiten, Sitten und Kultur berücksichtigt werden, weil man sonst Gefahr läuft, daß die Strategien an diesen Barrieren scheitern. Viele Unternehmen tun sich schwer, diese nationalen Unterschiede zu erkennen und in strategische Vorteile umzusetzen. Statt dessen wird immer wieder versucht, unternehmensweite Einheitlichkeit zu praktizieren (vgl. zu diesem Problembereich Kreutzer, in diesem Band). So sehr dieses Vorgehen den zentralen Überblick erleichtert, so sehr geht es oft an den landesspezifischen Eigenheiten von Markt und Wettbewerb vorbei. In diesem Zusammenhang muß auch auf eine Gefahr aufmerksam gemacht werden, der vor allem Großunternehmen oft unterliegen: Wenn die höheren Managementebenen in den jeweiligen Landesniederlassungen grundsätzlich mit Nationalitäten der Muttergesellschaft besetzt werden, dann kann dieser Umstand dazu führen, daß diese Niederlassungen es schwer haben, qualifizierten Nachwuchs aus dem jeweiligen Land zu bekommen.

Die Analyse der relevanten soziologischen Trends ist insbesondere dann von großer Bedeutung, wenn mit derartigen Entwicklungen Gefahren oder Chancen für das Mitarbeiterpotential des Unternehmens verbunden sind. So sind zum Beispiel Trends zu Teilzeitarbeit, verringerter Mobilität, höheren Anforderungen an die Lebensqualität, verändertem Technologiebewußtsein oder das Vordringen von Frauen in bestimmten Berufen sehr sorgfältig daraufhin zu untersuchen, ob sich daraus für das eigene Unternehmen Konsequenzen bezüglich alternativer Human-Ressourcen-Strategien ergeben.

Die Eigenheiten der Branche, in der eine Strategische Geschäftseinheit sich befindet, können ebenfalls eine Limitierung in den strategischen Optionen mit sich bringen oder aber bestimmte Strategien attraktiver erscheinen lassen. Hierbei sind insbesondere Traditionen, ungeschriebene Regeln, Tabus und Barrieren zu beachten, die vor der Auswahl einer Human-Ressourcen-Strategie berücksichtigt werden müssen, um diese nicht daran scheitern zu lassen.

Macht und Politik der jeweiligen Gewerkschaften dürfen ebenfalls nicht unberücksichtigt gelassen werden. Deren langfristige Ziele und eventuell zu erwartender Widerstand gegen Strategien des Unternehmens sind rechtzeitig in die Überlegungen einzubeziehen.

Der Arbeitsmarkt selbst ist ebenso sorgfältig zu beobachten wie der Absatzmarkt für die eigenen Produkte. Engpässe, Umschichtungen oder Überangebot - und zwar in langfristiger Hinsicht - haben sehr wohl großen Einfluß auf den Erfolg einer Strategie, insbesondere, wenn Standortnachteile die eigene Wettbewerbsposition verschlechtern.

Technologische Entwicklungen sollten rechtzeitig auf ihre Auswirkungen hin untersucht werden. Neue Technologien können neue Qualifikationen erfordern oder vollkommen andere Arbeitsweisen ermöglichen. So sind zum Beispiel das Fortschreiten der Mikroelektronik und die damit verbundene Dezentralisierung - bis hin zur Heimarbeit - daraufhin zu überprüfen, ob und wie sie für das Mitarbeiterpotential zu nutzen sind. Auch können moderne Substitutionstechnologien, von Wettbewerbern zuerst eingesetzt, dazu führen, daß qualifiziertes Personal abwandert bzw. nur schwer zu bekommen ist.

Schließlich ist zu prüfen, welche Einschränkungen oder Unterstützungen seitens der Gesetzgebung zu erwarten sind, die einen Einfluß auf die eigenen Human-Ressourcen-Strategien haben könnten.

VI. Die Entwicklung von Human-Ressourcen-Strategien

Die Erarbeitung von Strategien für die Human-Ressourcen des Unternehmens erfolgt analog dem Vorgehen bei der Entwicklung von Geschäftsstrategien. Zunächst wird aus der vorangegangenen Analyse der strategische Spielraum für jede Strategische Geschäftseinheit abgegrenzt. Auch hier gilt: Je stärker die eigene Wettbewerbsposition und je jünger die Branchenlebenszyklusphase, desto größer ist der Spielraum für strategische Optionen. Eine schwache Position in einem alternden Geschäft engt die Zahl der Optionen in aller Regel stark ein. Auch Standortnachteile, Gesetzgebung oder nationale Eigenheiten, die zu berücksichtigen sind, können den Spielraum begrenzen.

Ein starkes Unternehmen in einer Wachstumsbranche kann zum Beispiel wählen, ob es durch attraktive Angebote Branchenführer im Bereich der Human-Ressourcen werden möchte, indem es gezielt qualifiziertes Personal von Wettbewerbern abwirbt oder durch Personalentwicklung im eigenen Haus für entsprechendes Nachwuchspotential sorgt. Schwache Wettbewerber verfügen über weniger Wahlmöglichkeiten und müssen ihren eigenen Weg suchen, dennoch wettbewerbsfähige Human-Ressourcen zu bekommen.

Ähnlich wie jedes Unternehmen über ein Ist- und ein Zielportfolio seiner Strategischen Geschäftseinheiten verfügen sollte und die Strategien dazu dienen, das Zielportfolio zu verwirklichen, werden die Human-Ressourcen-Strategien aus dem Soll- und Ist-Profil abgeleitet. Zur Erreichung des Soll-Portfolios gibt es in aller Regel mehrere alternative Strategien, die es zu bewerten gilt.

Einige grundsätzliche Human-Ressourcen-Strategien seien hier beispielhaft aufgeführt und erläutert:

- Externe Rekrutierung,
- interne Rekrutierung und Schulung,
- Akquisition von Know-how,
- Kooperation,
- Inanspruchnahme externer Dienstleistungen,
- Branchenführerschaft,
- Spezialistentum,
- Generalistentum,
- Konsolidierung,
- Nischenpolitik,
- Diversifizierung.

Bei der Wahl der geeigneten Strategie spielen notwendigerweise die individuelle Ausgangslage der Strategischen Geschäftseinheit bzw. des Unternehmens und die in der Analyse festgestellten Rahmenbedingungen eine entscheidende Rolle.

So ist die externe Rekrutierung des benötigten Mitarbeiterpotentials vor allem immer dann angezeigt, wenn für eine interne Rekrutierung nicht die nötigen Ressourcen zur Verfügung stehen und/oder die Zeit dafür nicht ausreichend ist. Umgekehrtes gilt für die Strategie der internen Rekrutierung, wobei hier auch die Schulungskapazität eine Rolle spielt.

Die komplette Akquisition von Know-how kann entweder firmenintern, d.h. zum Beispiel durch Angliederung einer entsprechenden Abteilung oder extern durch den Kauf einer Firma erfolgen, die über das benötigte Mitarbeiterpotential bzw. Know-how verfügt.

Eine Kooperation auf dem Gebiet von Human-Ressourcen bzw. Know-how bietet sich dann an, wenn aufgrund der Größe des Unternehmens oder anderer Restriktionen der Aufbau von eigenem Know-how nicht sinnvoll oder möglich ist. So kann zum Beispiel ein mittleres Bauunternehmen mit einem Kreditinstitut auf dem Sektor Finanzierungsberatung kooperieren, wenn der Kunde einen umfassenden Service von der Bauindustrie erwartet und größere Konkurrenten diesen auch bereits anbieten.

Die Inanspruchnahme externer Dienstleistungen ist immer dann zu prüfen, wenn der Aufbau eigenen Mitarbeiterpotentials im speziellen Aufgabengebiet sich langfristig nicht lohnt oder die Leistung extern qualitativ besser zu erhalten ist. Das könnte bei mittelständischen Unternehmen der Fall sein, wenn beispielsweise zukünftig die Werbung eine kritische Bedeutung erlangt oder aber Patentrecherchen (vgl. dazu Merkle, in diesem Band), Marktforschung, Produktentwicklung oder ähnliches in den Vordergrund treten. In vielen Fällen ist dann die Inanspruchnahme externer Unterstützung kostengünstiger und fachlich erfolgreicher als der Aufbau eines eigenen Mitarbeiterstabs.

Die Branchenführerschaft auf dem Gebiet der Human-Ressourcen kann sich langfristig dadurch auszahlen, daß das Unternehmen auf dem Arbeitsmarkt durch ein entsprechendes Image als so attraktiv gilt, daß es einen permanenten Zustrom an Bewerbungen von qualifizierten Mitarbeitern erhält und daraus stets die besten Bewerber auswählen kann. Eine solche Strategie ist oft nur dann durchzuhalten, wenn das Unternehmen auch im Markt und Wettbewerb eine führende Stellung einnimmt. Allerdings muß das nicht notwendigerweise so sein, weil viele Marktführer auch den Ruf haben, für den Mitarbeiter und dessen Weiterentwicklung nicht gerade die besten Voraussetzungen zu bieten.

Die Strategie, im Unternehmen bzw. in der Strategischen Geschäftseinheit ein Spezialistentum zu bilden, kann meist nur von Großunternehmen verfolgt werden, wohingegen kleinere Firmen oft auf Generalisten angewiesen sind, die mehrere Spezialgebiete gleichzeitig betreuen.

Eine Konsolidierung im Bereich der Human-Ressourcen ist insbesondere dann angezeigt, wenn aufgrund vergangener Expansion Mitarbeiterpotential aufgebaut wurde, das im Zuge einer Marktsättigung reduziert werden muß und dessen Know-how neu organisiert und gebündelt werden soll.

Die Nischenpolitik kann dann von Vorteil sein, wenn besondere Rahmenbedingungen für das eigene Unternehmen gelten, zum Beispiel Standortnachteile, die nicht zu überwinden sind und mittels einer Konzentration auf besondere Stärken, zum Beispiel Know-how oder Lohnniveau, eine eigene Marktnische aufgebaut werden soll.

Die Diversifizierung auf der Basis des vorhandenen Mitarbeiterpotentials wird meist dann gewählt, wenn im Unternehmen bestimmtes Know-how für die Zukunft erhalten bleiben soll oder aber das Unternehmen Mitarbeiterpotential, das für das Kerngeschäft nicht mehr benötigt wird, nicht abbauen kann oder will.

Für das Fallbeispiel ergeben sich drei mögliche Strategien:
- Externe Rekrutierung der zukünftig benötigten Human-Ressourcen,
- interne Rekrutierung und Schulung,
- Änderung der Firmenphilosophie.

Die dritte Strategie ist keine wirkliche Alternative zu den zwei erstgenannten, sondern kann als mögliche Unterstützung zur Durchführung der Rekrutierungsstrategien angesehen werden. Dabei liegt die Überlegung zugrunde, daß die Großdata GmbH ihre großzügige Philosophie der freien Entfaltungsmöglichkeit für das Individuum in die der Hauptwettbewerber ändern könnte, die bekanntermaßen die Unternehmensinteressen klar vor die persönlichen Interessen der Mitarbeiter stellt und somit eine wesentlich effizientere Führung des gesamten Unternehmens ermöglicht.

Jede Human-Ressourcen-Strategie muß wie eine Geschäftsstrategie nach bestimmten Kriterien bewertet werden. Dazu empfehlen sich unter anderen vor allem folgende Kriterien:

- Kosten,
- Risiken,
- Durchführbarkeit,
- Nebenwirkungen,
- Widerstand.

In Abb. 12 ist die Bewertung der Alternativen im Falle der Großdata GmbH schematisch und vereinfacht dargestellt. Eine externe Rekrutierung der zukünftig benötigten Ressourcen kann in diesem Fallbeispiel als zu risikoreich angesehen werden, insbesondere bei Beibehaltung der genannten Firmenphilosophie. Denn man hätte mit dem Weggang vieler qualifizierter Mitarbeiter rechnen müssen, zumal in der Softwarebranche qualifiziertes Personal schnell eine Anstellung bei Wettbewerbern findet. Wegen der Knappheit der gesuchten Ressourcen auf dem Arbeitsmarkt wird eine Strategie der externen Rekrutierung nicht nur intern bei der Großdata GmbH auf Widerstand stoßen, sondern wäre auch mit hohen Kosten und einer eingeschränkten Machbarkeit verbunden. Die Änderung der Firmenphilosophie kann in diesem Fall auch als zu risikoreich angesehen werden, weil viele qualifizierte Mitarbeiter gerade wegen dieser ausgeprägten Philosophie dem Unternehmen angehören. Insofern verbleibt als einzig positiv zu bewertende Strategie die der internen Rekrutierung, d.h., ohne eine wesentliche Änderung der Personalpolitik die Ausbildung und Schulung von Personal gemäß den zukünftigen Anforderungen. Mitarbeiter mit entsprechenden Vorkenntnissen oder Fähigkeiten werden besonders gefördert, die Projektteams gemäß den veränderten Anforderungen neu zusammengestellt und neue Mitarbeiter nur dann eingestellt, wenn im Unternehmen selbst keine adäquaten Qualifikationen zu finden oder heranzubilden sind.

Alternative	Kosten	Risiko	Durchführbarkeit	negative Nebenwirkungen	Widerstand	Gesamt
I Externe Rekrutierung	hoch	mittel	mittel	hoch	hoch	negativ
II Interne Rekrutierung	gering	gering	hoch	gering	gering	positiv
III Änderung Firmenphilosophie	hoch	hoch	gering	hoch	hoch	negativ

Ausgewählte Alternative: (II) Entwicklung adäquater Human-Ressourcen aus eigenen Kräften

Abb. 12: Die Bewertung von Strategie-Alternativen für die Human-Ressourcen der "Großdata GmbH"

Nach der Entscheidung für eine grundsätzliche Strategie müssen die Durchführungsdetails in einzelne Maßnahmenpläne umgesetzt werden, die folgenden Inhalt haben:

- Strategie,
- Maßnahmen,
- Kosten,
- Beginn der Maßnahmen,
- geplantes Ende der Maßnahmen,
- erwartetes Ergebnis,
- verantwortliche Personen,
- gegebenenfalls Unterstützung durch andere Personen bzw. Abteilungen.

Diese Maßnahmenpläne dienen nicht nur der zügigen Umsetzung der Strategie, sondern auch zur Kontrolle der damit beauftragten Manager - und zwar in allen Positionen. Soll-Ist-Abweichungen sind zu begründen, vor allem, wenn es sich um zeitliche Verzögerungen handelt. Nur mittels derart detaillierter Maßnahmenkataloge ist eine Strategie in die Praxis umzusetzen, weil sonst weder überschaubare Einzelschritte noch dafür verantwortliche Personen ersichtlich werden und die Strategie ein Stück Planungspapier bleibt.

VII. Die Kompatibilität der Strategien

Bevor Human-Ressourcen-Strategien in die Praxis umgesetzt werden, muß ihre Verträglichkeit mit den Geschäftsstrategien nochmals abschließend geprüft werden und darüber hinaus auch die Kompatibilität mit übergeordneten Human-Ressourcen-Strategien auf Unternehmens- bzw. Konzernebene. Der in Abb. 13 dargestellte Kompatibilitätskreis zeigt, welche Strategien aufeinander abgestimmt werden müssen:

- Human-Ressourcen-Strategien der Strategischen Geschäftseinheit,
- Geschäftsstrategien der Strategischen Geschäftseinheit,
- Human-Ressourcen-Strategien des Unternehmens,
- Geschäftsstrategien des Unternehmens.

Wird das Strategische Management der Human-Ressourcen in einem Unternehmen neu eingeführt und existiert noch keine explizit formulierte Human-Ressourcen-Strategie auf Unternehmensebene, dann können zum Zwecke der Kompatibilitätsprüfung ersatzweise die unternehmensweite Personalpolitik oder anderweitige Richtlinien herangezogen werden, sofern es sich bei der Strategischen Ge-

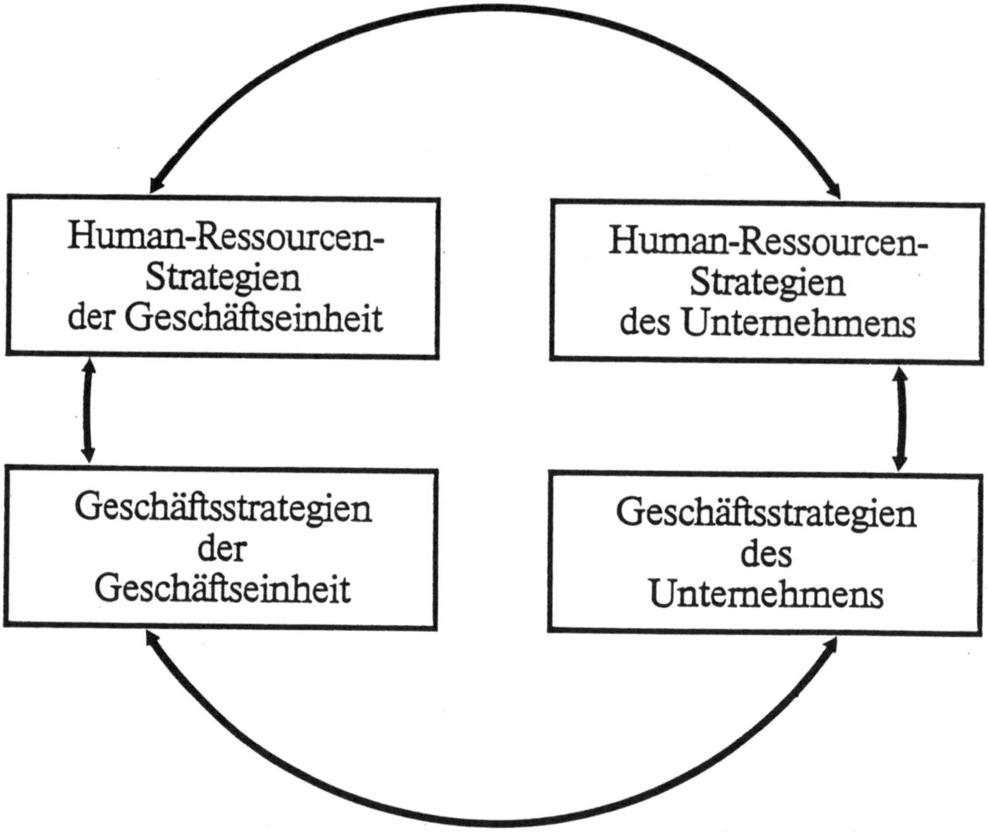

Abb. 13: Kompatibilitätsprüfung der Strategien

schäftseinheit zunächst nur um ein Pilotprojekt handelt. Soll die Strategische Planung der Human-Ressourcen unternehmensweit eingeführt werden, was mittelfristig in jedem Fall ratsam ist, dann muß mit der Abstimmung der Human-Ressourcen-Strategien der Strategischen Geschäftseinheiten mit denen des Gesamtunternehmens solange gewartet werden, bis letztere explizit formuliert worden sind. Denn auch hier gilt analog zur Entwicklung von Geschäftsstrategien: Die Human-Ressourcen-Strategien werden zuerst auf der Ebene der Geschäftseinheiten entwickelt und danach auf Unternehmensebene, wobei die Unternehmensstrategie auch hierbei nicht einfach nur die Summe der Strategien der einzelnen Geschäftseinheiten ist, sondern eigenständig aus Unternehmenssicht formuliert werden muß.

Die Kompatibilitätsprüfung kann durchaus zu dem Ergebnis führen, daß zum Beispiel eine gewählte Geschäftsstrategie nicht wie geplant durchführbar ist, weil die dafür notwendige Human-Ressourcen-Strategie nicht realisierbar ist oder weder intern noch extern das benötigte Mitarbeiterpotential zur Verfügung gestellt werden kann. In einem solchen Fall muß die Geschäftsstrategie neu überdacht und den Gegebenheiten im Bereich der Human-Ressourcen angepaßt werden. Wird die Geschäftsstrategie unverändert verfolgt, so ist sie zum Scheitern verurteilt, was oft erst nach längerer Zeit bemerkt wird. Daher ist der strengen Prüfung der Verträglichkeit zwischen den einzelnen Strategien höchste Aufmerksamkeit zu widmen, will man nicht das Risiko eingehen, überhaupt nicht realisierbare Strategien auf dem Markt und im Wettbewerb zu verfolgen.

VIII. Das Unternehmensportfolio und die strategische Positionierung von Führungskräften

Von besonderer Bedeutung bei der Umsetzung von Unternehmensstrategien ist die richtige, d.h. strategische Positionierung der Führungskräfte. Im Prinzip verlangt jede Lebenszyklusphase einer Branche einen speziellen Managertyp, und jede auf der eigenen Wettbewerbsposition basierende unternehmensspezifische Strategie fordert einen besonderen Schwerpunkt im Profil des Managements, das für die Durchführung der Strategie verantwortlich ist.

So ist in der Entstehungsphase einer Branche die Fähigkeit gefragt, einen Markt aufzubauen, Produkte zu entwickeln, Barrieren abzubauen, neue Technologien und Produkte gegen Widerstände durchzusetzen und gewisse technologische und finanzielle Risiken zu tragen. In der Wachstumsphase ist der Durchbruch bereits gelungen, und es gilt jetzt, das Wachstum im Markt, aber auch und gerade im Unternehmen in den Griff zu bekommen und zu bewältigen, Motivationen zu erzeugen, gute Ausgangspositionen zu verteidigen oder einen Rückstand gegenüber Wettbewerbern aufzuholen. Die Reifephase eines Geschäftes verlangt oft eine Stabilisierung und Konsolidierung, Rationalisierung, Kostenbewußtsein, eine Straffung der Produktpalette sowie die Verteidigung von Marktpositionen im Verdrängungswettbewerb oder aber auch schon einen Rückzug aus gewissen Teilsegmenten. In der Altersphase einer Branche nimmt der administrative Charakter der Managementfunktion noch deutlich zu. Organisatorische Fähigkeiten, Kosteneffizienz, die Durchführung von Personalkürzungsprogrammen, die Sanierung von notleidenden Geschäften oder der geordnete Rückzug aus schrumpfenden Märkten prägen diese Phase.

Analog verlangt eine schwache Wettbewerbsposition in einem wachsenden Geschäft den eher aggressiven Unternehmertyp, in einem alternden Geschäft den Sanierer. In einer starken Wettbewerbsposition ist vorzugsweise die Führungskraft gefragt, die diese Position verteidigen kann, und zwar bis in die Altersphase hinein.

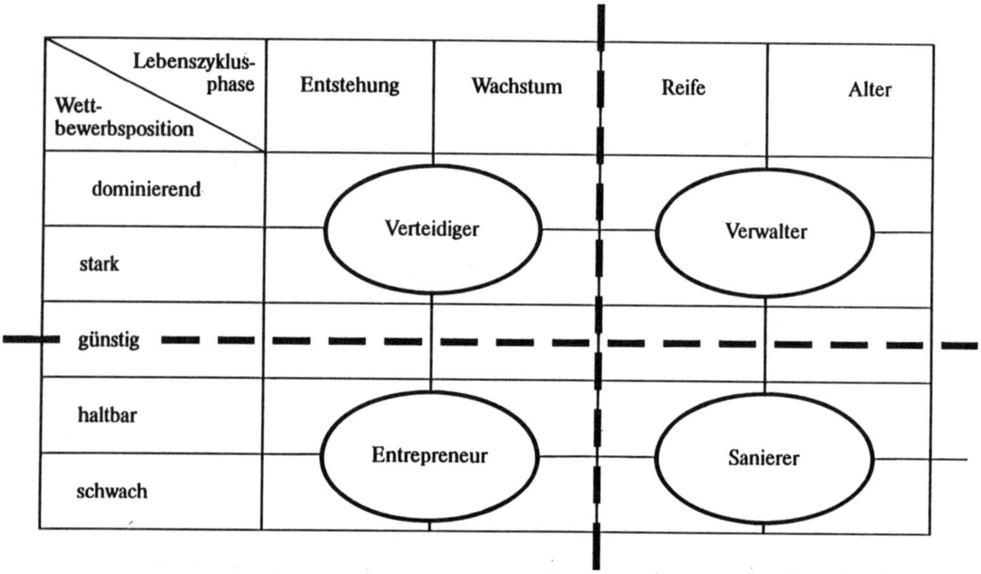

Abb. 14: Die strategische Positionierung von Managertypen

Abb. 14 zeigt die Schwerpunkte der Managementfähigkeiten in Abhängigkeit von der Lebenszyklusphase der Branche einerseits und der eigenen Wettbewerbsposition andererseits. Natürlich ist dieses nur ein sehr grobes Schema, das im Einzelfall unbedingt eine Differenzierung verlangt. Außerdem muß beachtet werden, daß das Management heute zunehmend kollektiv gestaltet wird, so daß die Schwerpunkte sich dann nicht auf einzelne Personen, sondern auf Führungsteams beziehen.

Das Schema darf keinesfalls als schubladenartige Klassifizierung verstanden werden, sondern soll zeigen, daß sich mit dem Wandel von Lebenszyklusphasen und Wettbewerbspositionen zwangsläufig die Anforderungen an das Management verändern. Daher sind die Führungsmannschaften der einzelnen Geschäftseinheiten den veränderten Schwerpunkten entsprechend zu besetzen bzw. umzugruppieren. Im Einzelfall kann das bedeuten, daß ein erfolgreicher Entrepreneur, der ein Geschäft aufgebaut hat, in der Reifephase dieses Geschäft an einen eher administrativ orientierten Manager abgibt, um sich erneut dem Aufbau eines anderen Geschäftes zu widmen. Denn nur im Idealfall ist dieselbe Führungskraft über alle Lebenszyklusphasen hinweg jeweils der optimale Managertyp. Diese Tatsache wird häufig vergessen, und eine in der Vergangenheit erfolgreiche Führungskraft wird, quasi aus Dankbarkeit und Anerkennung, trotz veränderter Anforderungen in fortgeschrittener Lebenszyklusphase an der Spitze des Geschäftes belassen. Man sollte sich zumindest fragen, ob man damit sowohl dem Unternehmen als auch dem betreffenden Manager wirklich einen Gefallen tut. Manche Enttäuschung auf beiden Seiten könnte verhindert werden, wenn rechtzeitig die Zusammenhänge zwischen Markt- und Wettbewerbsdynamik einerseits und Managertyp andererseits erkannt würden.

Insbesondere größere Unternehmen, die aus mehreren Strategischen Geschäftseinheiten bestehen, verfügen dabei über die Möglichkeit, gegebenenfalls einen entsprechenden Transfer von Führungskräften zwischen den Geschäftseinheiten vorzunehmen. Je breiter ein Unternehmensportfolio gefächert ist, desto eher bietet sich ein solcher Führungskräfteaustausch innerhalb des Unternehmens oder des Konzerns an. Ziel muß es dabei sein, den strategisch richtigen Managertyp bzw. die richtig zusammengesetzte Führungsmannschaft für die zu realisierenden Strategien zu finden und einzusetzen.

IX. Die Personalpolitik im Wandel der Lebenszyklusphase der Branche

So wie jede Lebenszyklusphase der Branche einen bestimmten Managertyp fordert, so sind auch die Anforderungen an die Personalpolitik je nach Reifephase unterschiedlich. Dabei unterliegen vor allem folgende Bestandteile des Personalwesens einem Wandel:

- Managertyp bzw. Zusammensetzung der Führungsmannschaft,
- Personalplanung,
- Einarbeitung,
- Arbeitsplatzbeschreibung,
- Entlohnungssystem,
- Leistungsbeurteilungskriterien.

Die sich wandelnden Anforderungen an den Managertyp bzw. an die Führungsmannschaft wurden bereits im vorausgehenden Kapitel ausführlich beschrieben. Die Personalplanung hat zwar in der Entstehungsphase eines Geschäftes eine hohe Priorität, ist aber noch nicht stark systematisiert und strukturiert. Sie gleicht einer Investitionsplanung. In der Wachstumsphase nimmt die Unsicherheit über den Geschäftsverlauf ab und die Personalplanung nimmt stärkere Strukturen an und orientiert sich zunehmend an anderen Geschäftseinheiten des Unternehmens. In der Reifephase geht die Personalplanung mit der Konsolidierung des Geschäftes einher, in der Altersphase muß sich die Planung auch mit gezielten Personalkürzungen befassen.

Die Einarbeitung erfolgt in der Entstehungsphase noch sehr unstrukturiert und experimentierfreudig, wird dann zunehmend systematisiert und erreicht in der Reifephase ihren Höhepunkt bezüglich der Investitionen in die Nachwuchsschulung und hinsichtlich der Spezialisierung des Mitarbeitereinsatzes. In der Altersphase werden gewöhnlich keine größeren Investitionen im Mitarbeiterbereich durchgeführt, und Umschulungsmaßnahmen sind Bestandteil der Personalpolitik.

Die Arbeitsplatzbeschreibung ist in der Entstehungsphase eines Geschäftes noch relativ formlos, und es wird eine hohe Mobilität vom Mitarbeiter gefordert. Mit der Wachstumsphase wird die Beschreibung zunehmend formeller und präziser und verlangt Spezialistentum vom Stelleninhaber. In der Reifephase nimmt die Bedeutung des externen Arbeitsmarktes ab; es wird häufiger innerhalb des Unternehmens rekrutiert.

Das Entlohnungssystem sollte ebenfalls den Lebenszyklusphasen des jeweiligen Geschäftes angepaßt werden, weil sonst - vor allem in den Anfangsphasen - nicht die nötige Motivation bei den Mitarbeitern erzeugt wird. So sollten in der Entstehungsphase Risikofreude, Kreativität und Flexibilität belohnt werden, mit zunehmenden Reifegrad des Geschäftes eher Leistungsstabilität, Effizienz und Rationalisierungsideen. In Entstehungs- und Wachstumsphasen kann eine gewisse erfolgsabhängige Entlohnung zusätzliche Motivationsimpulse geben. Mit dem Reifungsprozeß des Geschäftes ist eine Perfektionierung und Formalisierung des Entlohnungssystems verbunden.

Die Leistungsbeurteilungskriterien sind anfangs meist nur grob formuliert und gewinnen mit dem reifenden Geschäft an Konturen, Präzisierung und Standardisierung. Inhaltlich sind sie zunächst eher kreativitätsorientiert und später eher stabilitäts- und rentabilitätsorientiert. Wichtig dabei ist es, daß die Kriterien zur Leistungsbeurteilung der Mitarbeiter rechtzeitig dem Wandel des Geschäftes angepaßt werden, weil sonst eine falsche Orientierung der Human-Ressourcen erfolgt, die zu erheblichen Schwächen in der Wettbewerbsfähigkeit auf dem Markt führen kann.

Die differenzierten Anforderungen an die Personalpolitik zeigen deutlich, daß eine starre, unternehmensweite Politik schädlich sein kann; insbesondere dann, wenn entstehende neue Geschäftsmöglichkeiten dadurch behindert werden oder wenn man in starker Konkurrenz zu flexiblen Mittelstandsunternehmen steht, die ihre Personalpolitik den Gegebenheiten von Markt und Wettbewerb exakt anpassen. In Großunternehmen muß daher ein geeigneter Kompromiß gefunden werden zwischen geschäfts- und wettbewerbsorientierter Personalpolitik einerseits und einer gewissen Vereinheitlichung andererseits, die notwendig ist, um einen reibungslosen Transfer von Mitarbeitern zu gewährleisten. Allerdings neigen Großunternehmen häufig dazu, zum Zwecke von Transparenz, Standardisierung und Transfermöglichkeiten der Vereinheitlichung eine zu große Bedeutung beizumessen und finden sich dann über eine Bürokratisierung in einer Starrheit, die bis zur Wettbewerbsunfähigkeit führen kann; vor allem dann, wenn damit bei den Mitarbeitern eine gewisse Besitzstandswahrungsmentalität erzeugt worden ist. Dabei erhebt sich die Frage, ob es einem Mitarbeiter im Großunternehmen wirklich nicht zuzumuten ist, bei einem Transfer innerhalb des Unternehmens gemäß den unterschiedlichsten Wettbewerbsbedingungen der jeweiligen Strategischen Geschäftseinheiten und Unterschiede in der Personalpolitik hinzunehmen. Bei einem Wechsel zwischen mittelgroßen Firmen, die sich nicht im Konzernverbund befinden, ist es selbstverständlich, vollkommen unterschiedliche Personalsysteme vorzufinden.

X. Die Segmentierung des Arbeitsmarktes

Die meisten Unternehmen haben bis heute deutliche Fortschritte in der Segmentierung ihres Abnehmermarktes gemacht. Man kennt die einzelnen Teilsegmente, ihre Besonderheiten und ihre Grenzen und hat sich in Produkten sowie Marketing darauf eingestellt. Viel Geld wird zu diesem Zweck für die Marktforschung ausgegeben, und die Methoden zur Erforschung der Kundensegmente sind ständig verfeinert worden.

Die Segmentierung des Anbietermarktes, nämlich der der Human-Ressourcen, wurde dagegen bis heute noch sehr vernachlässigt. Die Stellenanzeigen für gleiche Positionen bei im Wettbewerb stehenden Unternehmen weisen kaum nennenswerte Unterschiede auf: geforderte Ausbildung und Berufserfahrung, Aufgabenbeschreibung und eventuell noch eine Darstellung des Unternehmens. Wenn man berücksichtigt, wie unterschiedlich Konkurrenzunternehmen in ihrer Kultur, ihren Strategien sowie Stärken und Schwächen sind, dann sollten die entsprechenden Stellenanzeigen wesentlich differenzierter gestaltet sein.

Denn, ist sich ein Unternehmen darüber klar geworden, welcher Philosophie es folgt, welche Kultur sich herausgebildet hat, welche Strategien es verfolgt und welche Stärken es besitzt, dann läßt sich der ideale Mitarbeitertyp wesentlich deutlicher definieren, in Stellenanzeigen präzise beschreiben und bei der Auswahl sicherer finden. Somit grenzt sich der anvisierte Teil des Arbeitsmarktes klar ein auf das wirklich relevante Segment. Wenn man weiß, daß ein bestimmter Typ von Mitarbeiter nicht zur Kultur oder zur Strategie eines Unternehmens oder einer Geschäftseinheit paßt, dann sollte er von vornherein bei der Stellenausschreibung ausgeschlossen werden.

So ist im Falle der Großdata zum Beispiel das gesuchte Persönlichkeitsprofil wesentlich präziser dadurch zu beschreiben, daß man Firmenphilosophie und Strategien mit einbezieht. Die Philosophie "größtmögliche individuelle Freiheit zum Nutzen des Unternehmens" erfordert einen speziellen Typus von Mitarbeiter; er muß mit der ihm gewährten Freiheit zum Nutzen des Unternehmens umgehen können, er muß Eigeninitiative und Eigenverantwortung mitbringen, und er darf in seiner Leistungsfähigkeit nicht von einer ausgeprägten Führungsstruktur im Unternehmen abhängig sein. So wären zum Beispiel Mitarbeiter, die nur unter strenger Anleitung Höchstleistungen erbringen, für die Firma denkbar ungeeignet und würden andererseits auch nicht mit der Unternehmenskultur zurechtkommen.

Ebenso verlangt jede Strategie ein bestimmtes Persönlichkeitsprofil - wie ausführlich beschrieben - vor allem bei den für die Durchführung der Strategie verantwortlichen Führungskräften. Daher ist auch dieser Aspekt bei der Personalsuche und -auswahl zu berücksichtigen, um gezielt ein Segment im internen oder externen Arbeitsmarkt anzusprechen.

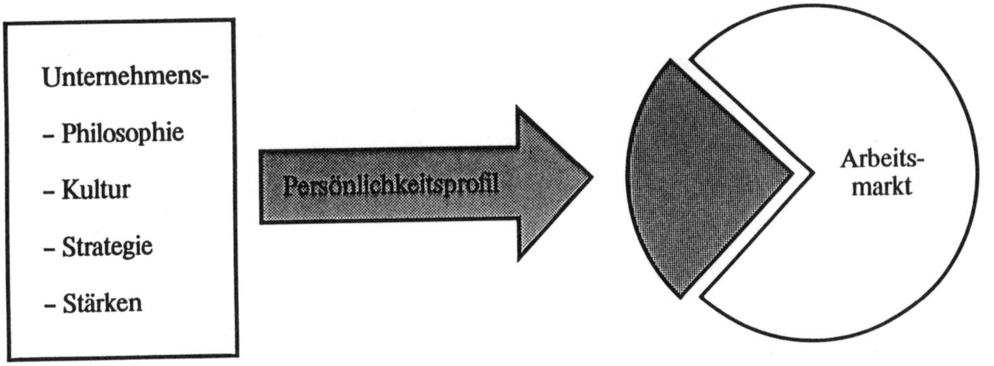

Abb. 15: Die Segmentierung des Arbeitsmarktes

XI. Die Rolle der Unternehmensleitung

Strategisches Management der Human-Ressourcen muß die vordringlichste Aufgabe des Top-Managements sein und darf nicht an eine Stabsabteilung delegiert werden. Denn in zunehmendem Maße wird in allen Branchen der Faktor Mensch zum kritischen Erfolgsfaktor, der über Erfolg oder Mißerfolg im internationalen Wettbewerbskampf entscheidet. In letzter Konsequenz bedeutet das, daß ein Management, das sich auf den strategisch optimalen Einsatz von Human-Ressourcen konzentriert und beschränkt, seiner Aufgabe allein dadurch vollkommen gerecht werden kann. Denn neue Produkte, niedrige Kosten oder hohe Marktanteile sind allein das Ergebnis der Leistung der dafür verantwortlichen Human-Ressourcen.

Allerdings muß das Top-Management zunächst einmal zu dieser Einsicht gelangen. Die Erkenntnis, daß das geistige Potential das wertvollste Betriebsvermögen darstellt, fehlt in vielen Unternehmen oder bleibt ein reines Lippenbekenntnis. Der erste Schritt zur strategischen Bewertung des Mitarbeiterpotentials ist die Integration des Humankapitals in den strategischen Planungsprozeß im Unternehmen. Linienmanager und Personalfachleute zusammen sollten die Strategien entwickeln, und zwar sowohl für Geschäfte als auch für Technologien als auch für die Human-Ressourcen. Somit verringert sich zumindest die Gefahr, daß Strategien entworfen und verabschiedet werden, die dann am Mitarbeiterpotential scheitern.

Die Geschäftsführung muß sich eindeutig mit dem Strategischen Management auch der Human-Ressourcen identifizieren und voll hinter den damit verbundenen Methoden stehen. Solange dieser Bereich eine Domäne der Personalabteilung oder einzelner Linienmanager bleibt, ist der gesamte Ansatz zum Scheitern verurteilt.

Ebenso wie Geschäftsstrategien müssen Strategien für das Humankapital losgelöst vom Tagesgeschäft entwickelt, bewertet und beschlossen werden. Je stärker die Strategische Planung mit dem operativen Tagesgeschäft verquickt ist, desto größer ist die Gefahr, daß Strategien entworfen werden, die diesen Namen nicht verdienen, sondern lediglich eine Fortschreibung der Vergangenheit oder das Ergebnis von Wunschgedanken sind. Daher sind eigene Planungsrunden notwendig, in denen unabhängig von kurzfristigen

Notwendigkeiten und Einflüssen wirklich strategische Entscheidungen vorbereitet werden können.

Strategisches Management ist idealerweise nur mit einem entsprechenden Führungsstil praktizierbar. Vorzugsweise sollte dieser Stil durch Kooperation geprägt sein. Denn langfristig kann nur ein kooperativer Führungsstil dazu führen, daß Strategien entworfen werden, die alle relevanten Aspekte des Unternehmens berücksichtigen und von einer breiten Mehrheit der Mitarbeiter anschließend auch getragen werden. Ein derartiger Führungsstil ist zwar keine notwendige Voraussetzung für die Praktizierung Strategischen Managements, wohl aber eine wertvolle Unterstützung, um die Qualität von Strategien und deren Durchsetzbarkeit zu erhöhen.

Die Differenzierung des Human-Ressourcen-Managements nach Strategischen Geschäftseinheiten ist eine logische Konsequenz der strategischen Planungsprinzipien. Die Nichtbeachtung dieses Grundsatzes kann zu erheblichen Planungs- und Managementfehlern führen. Andererseits läßt sich häufig diese differenzierte Behandlung der Human-Ressourcen in Reinkultur in der Praxis nicht durchführen. Hier muß ein ökonomisch und menschlich tragbarer Kompromiß zwischen geschäfts- und marktspezifischen Anforderungen einerseits und geschäftsübergreifenden Notwendigkeiten auf Unternehmens- bzw. Konzernebene andererseits gefunden werden.

C. Ausblick

Auch wenn das Strategische Management der Human-Ressourcen in der hier beschriebenen Weise eventuell zunächst nur probeweise über Pilotprojekte eingeführt wird, so darf nicht übersehen werden, daß dieses Instrumentarium in seiner ganzen Tragweite und Durchschlagskraft nur dann voll genutzt werden kann, wenn es unternehmensweit praktiziert wird. Vor allem Insellösungen sind zu vermeiden, weil dadurch die vielfältigen Möglichkeiten des Instrumentariums nicht voll ausgeschöpft werden können und es außerdem zu unnötigen Spannungen zwischen den Mitarbeitern verschiedener Strategischer Geschäftseinheiten kommen kann.

Von höchster Bedeutung ist die Fristigkeit, mit der im Bereich der Human-Ressourcen gerechnet werden muß. Produkte, Märkte und Technologien verändern sich bzw. lassen sich wesentlich schneller verändern als der Faktor Mensch oder eine Unternehmenskultur. Zur nachhaltigen und tiefgreifenden Veränderung einer Unternehmenskultur ist, wenn überhaupt möglich, ein Zeitraum von fünf bis zehn Jahren notwendig, und zwar je nach Größe des Unternehmens und Ausmaß der Veränderung. Daher ist es zwingend notwendig, das Strategische Management der Human-Ressourcen entsprechend frühzeitig und dem Planungshorizont entsprechend langfristig anzusetzen.

Schließlich ist zu bedenken, daß jede Geschäftsstrategie in Markt und Wettbewerb zwangsläufig nur so gut sein kann wie die Qualität der dahinterstehenden Mitarbeiter. Somit ist jedes Strategische Management, das diesen Zusammenhang ignoriert und die Planung ohne Berücksichtigung der Human-Ressourcen vornimmt, mittel- und langfristig zum Scheitern verurteilt.

Erst wenn das Management eines Unternehmens diese Zusammenhänge erkennt und die angeführten Grundsätze beachtet, dann kann das Strategische Management der Human-Ressourcen zu dem Erfolg führen, für den allein es konzipiert ist: Die Stärkung der unternehmerischen Wettbewerbsfähigkeit.

Hartmut Kreikebaum *

Ansätze der strategischen Marketingplanung und Probleme ihrer organisatorischen Umsetzung

---

*Prof. Dr. Hartmut Kreikebaum ist Direktor des Seminars für Industriewirtschaft an der Johann Wolfgang Goethe-Universität Frankfurt am Main.

A. Einführung

Die ganze Breite des Kontinuums der Marketingtheoretiker im Hinblick auf die strategische Marketingplanung wird sichtbar, wenn man es eingrenzt durch Kotler einerseits und Abell/Hammond andererseits. Die Unterschiede zwischen diesen beiden Extrempositionen liegen darin, daß Kotler stärker zwischen der strategischen Marketingplanung und dem strategischen Management unterscheidet. Letzteres liefert die Grundentscheidungen (Unternehmenszweck, Ziele, Gesamtstrategien) für die strategische Marketingplanung. Aus den Vorgaben des strategischen Managements, die u.a. aus dem Portfolio-Ansatz gewonnen werden, ergeben sich die Anhaltspunkte für eine mehr marketingorientierte funktionale Planung auf Produkt-/Marktebene im traditionellen Sinne (siehe dazu Kotler, 1982, S. 67 und S. 84).

Im Unterschied zu Kotler beziehen Abell/Hammond einige dieser Grundentscheidungen mit in die strategische Marketingplanung ein.

B. Strategische Marketingplanung

I. Defining the Business

Der Ansatz von Abell/Hammond umfaßt die folgenden Stufen (vgl. dazu Abell/Hammond, 1979, S. 9 - 10):
Beim ersten Schritt der strategischen Marketingplanung geht es um die Festlegung von Umfang und Segmentierung des Produkt-/Marktbereichs. Märkte lassen sich beschreiben durch die Koordinaten "potentielle Nachfragesektoren" und "bedarfskonstituierende Probleme". Produkte sind über die Kundenprobleme hinaus gekennzeichnet durch die eingesetzten Technologien. Abell/Hammond ersetzen also die Zweidimensionalität des "Business" aus der älteren Literatur (als Produkt-/Marktkombination) durch eine dreidimensionale Beschreibung. Sie ermöglichen dadurch eine viel differenziertere Behandlung der Probleme auf den jeweils unterschiedlich möglichen Abstraktionsniveaus und damit eine genauere

Analyse des zentralen Marketingaspekts. Dieser weite Ansatz soll auch den folgenden Ausführungen zugrundegelegt werden, zumal sich auch eine Reihe anderer Marketingtheoretiker inzwischen damit identifiziert hat (siehe dazu insbesondere Köhler 1981).

II. Bestimmung der Zwecksetzung der geschäftlichen Tätigkeit ("Mission", "Role")

Nach Abell/Hammond handelt es sich bei dieser Phase um die Bestimmung von Leistungserwartungen in Form von Umsatzwachstum, Marktanteilen, Return on Investment usw. Diese Leistungserwartungen sind für jeden Produkt-/Marktbereich zu formulieren.

III. Formulierung funktionaler Strategien

Es handelt sich dabei um die Festlegung von Marketingstrategien im Sinne eines optimalen Marketing-Mix, um die Bestimmung von Produktionsstrategien, Forschungs- und Entwicklungsstrategien usw.

Hier ist darauf hinzuweisen, daß der Prozeß der Strategieformulierung ein iterativer Vorgang ist, da die Festlegung von unternehmerischen Strategien z.B. auch von finanziellen Möglichkeiten abhängt. Zur Abgrenzung von strategischer Marketingplanung und Marketingstrategien sagen Abell/Hammond: "A strategic market plan is not the same as a marketing plan." (Abell/Hammond, 1979, S. 10). Nach Auffassung dieser Autoren sind im strategischen Marktplan alle absatzbezogenen Aspekte des Unternehmens enthalten, während der Marketingplan nur die Elemente des Marketing-Mix umfaßt.

IV. Budgetierung (= Festlegung der Maßnahmen)

Es handelt sich hierbei um die Mittelzuteilung auf die organisatorischen Einheiten zur Erfüllung des Plans. Die Budgetierung findet ihre Fortsetzung in der Erstellung von Planbilanzen oder Cash Flow-Aufstellungen.

Bei einem kritischen Vergleich dieses Ansatzes mit meiner Konzeption der strategischen Unternehmensplanung zeigen sich sowohl Gemeinsamkeiten wie auch bestimmte Unterschiede in der Auffassung. Beiden Konzeptionen gemeinsam ist die Auffassung, daß die Produkt-/Marktkombinationen als Kernpunkt einer strategischen Marketingplanung bzw. einer strategischen Unternehmensplanung anzusehen sind. Am Anfang des Planungsprozesses steht ebenfalls bei beiden Konzeptionen die Festlegung des geschäftspolitischen Zweckes bzw. der unternehmerischen Absichten. Allerdings bezieht sich meine Konzeption nicht nur auf den Absatzmarkt, sondern auf alle Bestandteile der Unternehmenswelt (Siehe Abb. 1; vgl. zur Systematisierung der Umweltbedingungen Kreikebaum, 1981, S. 29).

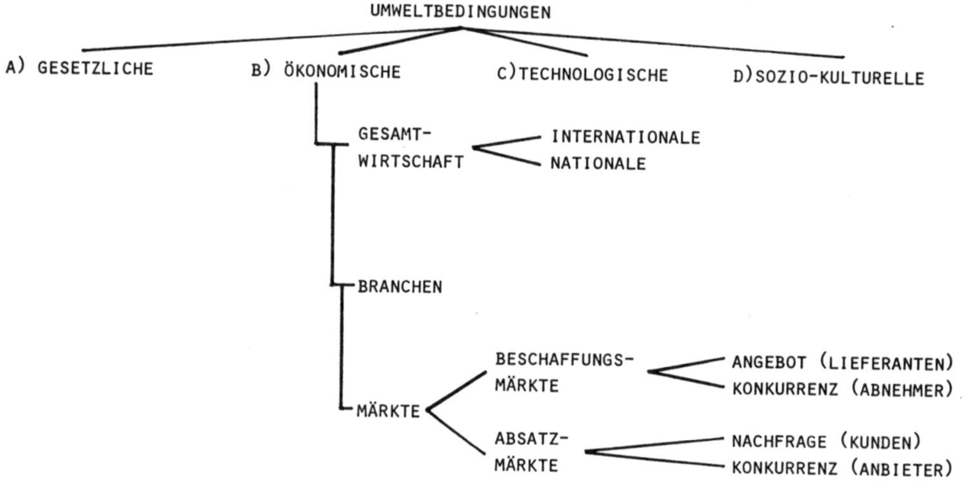

Abb. 1: Klassifizierung von Umweltbedingungen

Unterschiede bestehen außerdem in der Reihenfolge der einzelnen Planungsschritte. Dies geht aus folgender schematischer Übersicht hervor (Siehe Abb. 2; vgl. dazu Kreikebaum, 1981, S. 128).

Unterschiedliche Auffassungen hinsichtlich der Reihenfolge der einzelnen Schritte kommen insbesondere bei der Festlegung der Ziele zum Ausdruck. Entsprechend der konventionellen Vorgehensweise beginnen Abell/Hammond mit dem Zielsetzungsprozeß und lassen diesem die Formulierung von unternehmerischen Strategien und einzelnen Maßnahmen folgen. Bei meinem Ansatz beginnt die strategische Unternehmensplanung dagegen mit der Formulierung der unternehmerischen Absichten, die Entscheidungen

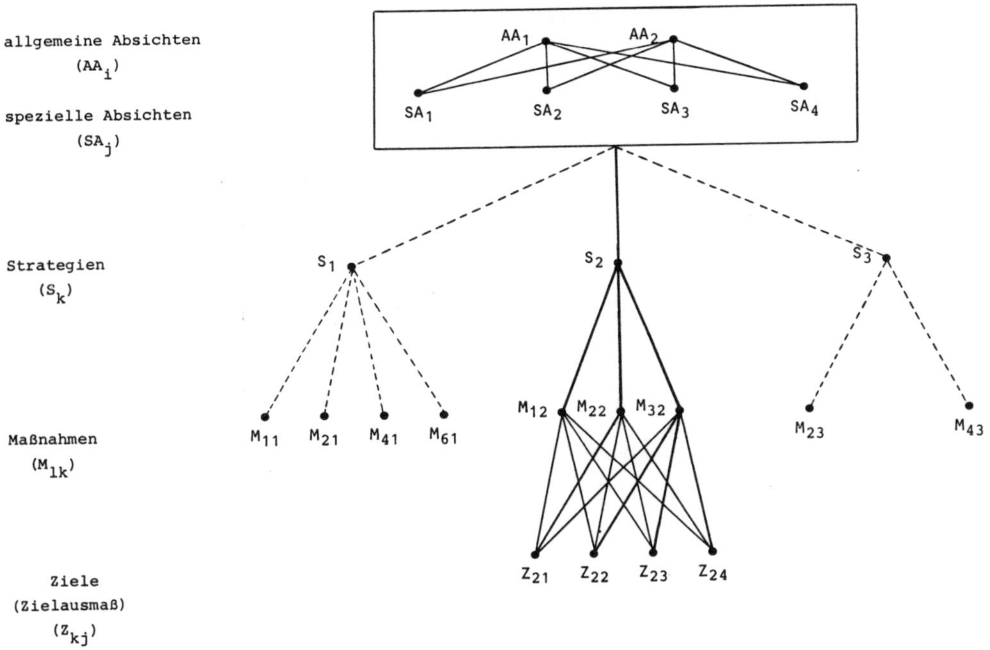

Abb. 2: Mögliche Aufeinanderfolge von Absichten, Strategien, Maßnahmen und Ziele

lediglich über Art und Richtung der Ziele beinhalten. Aussagen über den quantifizierten Erfüllungsgrad der Ziele (= Ziele im engeren Sinne) können dagegen erst dann getroffen werden, wenn Klarheit über die gewählten Strategien und die sie begleitenden Maßnahmen besteht.

C. Probleme der organisatorischen Durchsetzung

Wie immer man auch die strategische Marketingplanung begrifflich und inhaltlich bestimmen mag, bei ihrer Durchsetzung zeigt sich erfahrungsgemäß eine Reihe von Schwierigkeiten. Nach Abell/ Hammond kommen diese unter anderem wie folgt zum Ausdruck (vgl. Abell/Hammond, S. 431):

- Planung wird ein gedankenloses Ritual; die "Herbstriten" treten anstelle eines strategischen Denkprozesses.
- Zukünftige Strategien sind einfallslose Projektionen von Gegenwartsstrategien.
- Die Führungskräfte auf den oberen Hierarchieebenen sind verwickelt in "Wir-Sie"-Kämpfe mit den unteren Ebenen der Organisation.
- Informationen, die irgendwo in der Organisation vorhanden sind, werden zurückgehalten oder nur sehr unwillig an diejenigen Stellen weitergegeben, die sie für ihre Entscheidungen benötigen.
- Anderen Informationen wird eine "schiefe Richtung" gegeben, um eine bestimmte Position zu verteidigen, so daß die Informationen nicht mehr als Grundlage für rationale Entscheidungen dienen können.
- Die Ergebnisse des Planungsprozesses werden ignoriert, wenn aktuelle Entscheidungen mit langfristigen Konsequenzen zu treffen sind (z.B. Akquisitionsentscheidungen).

Wie diese Auflistung erkennen läßt, sind es weniger die technischen Probleme der Planung, die Kopfzerbrechen bereiten, als vielmehr die menschlichen und administrativen Probleme. Weil dies so ist, gewinnen die organisatorischen Probleme der Durchsetzung einer strategischen Planung an Bedeutung.

Im folgenden wird auf die empirischen Befunde von Untersuchungen zurückgegriffen, in denen wir die Voraussetzungen und den Prozeßverlauf der Einführung und Weiterentwicklung strategischer Planungssysteme untersucht haben (siehe dazu insbesondere Kreikebaum/Grimm, 1978 und Kreikebaum/Suffel, 1981). Da die Strategie gegenüber dem Kunden und damit das Festlegen von Produkt-/Markt-Kombinationen als zentraler Inhalt der strategischen (Marketing-)Planung ist, können die Erkenntnisse aus dem Bereich der strategischen Unternehmensplanung auch cum grano salis auf die strategische Marketingplanung übertragen werden (vgl. auch Kreikebaum, 1983, S. 103).

Ähnlich wie Abell/Hammond in bezug auf die strategische Marketingplanung haben auch wir die Frage gestellt: "Wo liegen die Ursachen des Widerstands gegen die Einführung einer strategischen Planung, und wie können sie überwunden werden?" Im folgenden soll nicht näher eingegangen werden auf die Widerstandsursachen, sondern alleine das Problem behandelt werden, wie Widerstände erfolgreich überwunden werden können. Zu unterscheiden ist dabei zwischen den institutionellen und den prozeßbezogenen Aspekten der organisatorischen Umsetzung von strategischer Planung.

I. Institutionelle Aspekte der organisatorischen Umsetzung

1. Die Rolle des Top-Managements

Unsere Untersuchungen zeigten, daß insbesondere personelle und organisatorische Änderungen in der Führungsspitze eines Unternehmens als auslösende Faktoren für die Weiterentwicklung der strategischen Planung anzusehen sind. Die Konzernleitung in deutschen Unternehmen und der Board of Directors in amerikanischen Unternehmen spielen bei den untersuchten Unternehmen eine zentrale Rolle hinsichtlich der Akzeptanz und der Effizienz der strategischen Planung. Eine ideale Situation war gegeben bei der Kombination von Fach- und Machtpromotor, also beim Zusammenwirken von Stab und Unternehmensleitung. Diese Kombination wurde jedoch nicht häufig erreicht, wegen der Überbetonung der Fachkomponente und der mangelnden Unterstützung durch das Top-Management. Symptomatisch dafür ist die Klage eines Geschäftsbereichsleiters aus einem Unternehmen mit einem sehr gut ausgebauten Planungssystem: "Die Organisation der strategischen Planung klappt in unserem Unternehmen nicht. Keiner ist verantwortlich. Die zentrale Planungsabteilung kann die strategische Planung nicht allein durchführen, da sie nicht mächtig genug ist."

Die Kritik an dem zu passiven Verhalten der Konzernleitung wurde sogar von dieser selbst geäußert. Als Begründung wurde der große Zeitdruck genannt, der eine Vernachlässigung strategischer Führungsaufgaben mit sich brächte. Ein Vorsitzender des Vorstands sagte dazu: "Die Unternehmensführungen nehmen sich teilweise zu wenig Zeit zu untersuchen, inwieweit man die Position der einzelnen Geschäftsgebiete verbessern kann. Damit legen sie den Grundstein für schwer aufzuholende Fehlentscheidungen." Ein anderer Vorstandsvorsitzender bemerkte: "Je höher der Management-Level ist, desto länger sollten die Zeiträume sein, die man überdenkt, und desto größer müßte der Zeitanteil sein, den man für die strategische Planung aufwendet. Der Ist-Zustand weicht von der eben angeführten Soll-Vorstellung um einiges ab: Junge Leute sind es, die längerfristig planen; Leute, die 'oben' sitzen, sind so in ihrem täglichen 'Gewühl', daß sie für Planung keine Zeit haben. Das ältere Top-Management 'schwelgt' in der Regel nur noch in der Vergangenheit." Von unseren Gesprächspartnern, insbesondere in den deutschen Unternehmen, wurde auch bezweifelt, daß der Vorstand dazu bereit ist, neue Methoden der strategischen Planung zu erlernen (vgl. dazu auch das Untersuchungsergebnis von Thanheiser/Patel, 1977, S. 34).

Als schwerwiegendes Problem erwies sich in diesem Zusammenhang auch das Kommunikationsverhalten der Konzernleitungen gegenüber den nachgeordneten Führungsebenen in den befragten deutschen Unternehmen. Vermißt wurden von den mittleren und unteren Führungsebenen entsprechende Informationen von oben. Diese Schwierigkeit war allerdings in den amerikanischen Unternehmen nicht festzustellen, da dort eine sehr viel dichtere und intensivere informelle Kommunikationsstruktur besteht.

2. Die Einbeziehung der Linienmanager

Damit ein strategisches Planungssystem auch funktioniert, muß die Geschäftsleitung es zu ihrem persönlichen Entscheidungsinstrument machen. Das Engagement des Top-Managements darf jedoch nicht dazu führen, daß in die geschäftlichen Belange der Unternehmensbereiche hineinregiert wird. Vielmehr muß die Unternehmensleitung darauf hinwirken, im Verhältnis zu den Geschäftsbereichsleitern einen "vertikalen Teamgeist" zu schaffen. Dies erfordert den Einsatz von bedeutend mehr Zeit als bisher für die Diskussion von Planungsproblemen mit der zweiten Führungsebene (vgl. dazu auch Guth, 1980, S. 19 - 21). Durch das Aufkommen von Analysetechniken wie z.B. der Portfolio-Methode und durch ein verbessertes Informationssystem mit starken Zentralisierungstendenzen fühlen sich die Geschäftsbereichsleiter häufig in ihrer Autonomie bedroht. Dazu sagte uns ein Konzernleitungsmitglied in einem deutschen Unternehmen: "Die strategische Planung steht und fällt damit, daß die Geschäftsbereichsleiter sie nicht als eine Einengung empfinden. Ansonsten wird dagegen gemauert. Wenn sie die strategische Planung hingegen als hilfreich für ihre eigene Managementtätigkeit empfinden, ist die Sache schon halb gewonnen." Das für die Geschäftsbereichsleiter Gesagte gilt tendenziell auch für die übrigen Linienmanager, das heißt für die Funktionsbereichsleiter und die Zentralressortleiter. Nach dem Ergebnis unserer Untersuchungen ist allerdings festzustellen, daß funktionale Einzelstrategien gegenüber den Produkt-/Marktstrategien als nachrangig angesehen wurden. Es muß jedoch bezweifelt werden, ob diese Einstellung auch in Zukunft anhalten wird. Hier scheint vielmehr eine Entwicklung im Gange zu sein, nach der funktionale Aspekte zukünftig ein stärkeres Gewicht bei den strategischen Überlegungen erhalten werden (insbesondere die Qualitäts-, die Standort-, die Rohstoff- und die Personalstrategie sowie die Forschungs- und Entwicklungsstrategie des Unternehmens).

3. Die Position des Stabsplaners

Die Planungsstäbe haben die Aufgabe, Teilplanungen zu koordinieren und das Planungs-Know-How im Unternehmen zu verbessern. Außerdem sollen sie für ein die strategische Planung begünstigendes Planungsklima sorgen. Wir stellten bei unseren Untersuchungen fest, daß die Planungsstäbe in der Mehrzahl der befragten Unternehmen hart um ihre Anerkennung kämpfen mußten, und zwar um Anerkennung durch die Konzernleitung und insbesondere auch durch die Linienmanager. Die Anforderungen an die zentrale Planungsabteilung waren dabei teilweise frustrierend hoch. Die zentrale Frage ist, ob es der für die strategische Planung zuständigen Abteilung gelingen wird, eine vertrauensvolle Kooperation zum Top-Management und zu den Linienmanagern aufzubauen. Vorhandene Widerstände müssen mit zäher Geduld überwunden werden. Eine wichtige Voraussetzung dafür ist ein gewandeltes Bewußtsein von den Aufgaben der strategischen Planung. Werden diese mehr im traditionellen Sinne des Marketing gesehen, so wird es dem Vorstand leicht gemacht, Aufgaben und Bedeutung der Planungsstelle als mehr technischer, untergeordneter Art einzuschätzen. Die strategische Planungsabteilung wird deshalb Wert darauf legen müssen, in den Entscheidungsprozeß selbst einbezogen zu werden. Eine wichtige personelle Voraussetzung dafür kann die Veränderung des Status bzw. des Titels des Leiters dieser Abteilung sein. Diesen Schluß lassen jedenfalls unsere Untersuchungsergebnisse aus den amerikanischen Unternehmen zu (z.B.

die Beförderung des Stabsplaners zum Assistenten des Vorstandsvorsitzers oder zum Vizepräsidenten, vgl. Kreikebaum, 1982, S. 244).

4. Der Einsatz von Gruppen

Die Einführung und Weiterentwicklung einer strategischen Planung stellt eine komplexe Aufgabe dar, die zweckmäßigerweise einem Projektteam oder einer anderen Planungsgruppe übertragen wird. In diesen Gruppen sollten alle Beteiligten und Betroffenen vertreten sein (Unternehmensleitung, Geschäftsbereiche, Vertreter der Zentralbereiche und Stabsstellen). Nach den Erkenntnissen der Psychologie können Widerstände dadurch am effizientesten abgebaut werden, daß die Widerständler selbst in den organisatorischen Prozeß der Implementierung eines Planungssystems einbezogen werden. Unsere Untersuchungen haben ergeben, daß es den reinen projektgesteuerten Typ der Einführung einer strategischen Planung nur im Ausnahmefall gab. Auf der anderen Seite lassen sie jedoch erkennen, daß auch bei dem mehr evolutorischen Prozeß der Weiterentwicklung eines Planungssystems vielfach Gruppenentscheidungen getroffen wurden.

5. Die Zusammenarbeit mit externen Beratern

Insbesondere in den amerikanischen Unternehmen war der Einsatz von externen Beratern bei der Einführung und Implementierung der strategischen Planung die Regel. Häufig wurden sogar Beratungsunternehmen eingesetzt, die sich bestimmter Spezialfragen annahmen. In den deutschen Unternehmen wurde dagegen ein externer Berater tendenziell stärker nur in Großbetrieben herangezogen, vielfach in Verbindung mit der Durchführung anderer organisatorischer Änderungen (z.B. mit dem Übergang zu einer Divisionalstruktur oder einer Matrixorganisation). Zur Begründung wiesen die amerikanischen Unternehmen darauf hin, daß durch den Einsatz des großen Erfahrungswissens der Beratungsunternehmen Fehler im Entwicklungsprozeß vermieden und Betriebsblindheit ausgeschaltet werden könnte.

II. Prozeßbezogene Aspekte der organisatorischen Umsetzung

1. Schrittweises Vorgehen bei der Einführung und Weiterentwicklung des Planungssystems

Bis auf einen Fall waren alle befragten Unternehmen (40 Unternehmen in der Bundesrepublik Deutschland, 13 Unternehmen in den USA) bei der Einführung ihres strategischen Planungssystems evolutionär-schrittweise vorgegangen. Nur in einem Falle war ein Einführungsprozeß nach den Grundsätzen des Projektmanagements vorgenommen worden. Ausgangspunkt war dabei in der überwiegenden Zahl der Fälle eine auf Kurzfristziele ausgerichtete operative Planung. Erst im Laufe des Planungszyklus bzw. der einzelnen Planungsrunden entwickelte sich ein verbessertes Planungssystem. Planungssysteme werden offensichtlich nicht, wie wir das ursprünglich vermutet hatten, wie andere organisatorische Änderungen auch zu einem bestimmten Zeitpunkt als "Gesamtpaket" eingeführt, sondern schrittweise entwickelt.

2. Verbesserung des strategischen Bewußtseins der Planungsträger

Beobachtungen aus der betrieblichen Praxis lassen vermuten, daß Manager häufig einen aktionsorientierten Führungsstil praktizieren. Bei einer empirischen Untersuchung von 250 Managern aus 12 amerikanischen Großbetrieben identifizierte Maccoby folgende Manager-Typen: den "Fachmann", den "Dschungelkämpfer", den "Firmenmensch" und den "Spielmacher". Diese Typeneinteilung läßt tendenziell erkennen, daß der Handlungsaspekt eindeutig vor dem Planungsaspekt rangiert (siehe Maccoby, 1979, S. 38 - 102). Damit wird eine Tendenz bestätigt, die auch in Grasham's Law of Planning zum Ausdruck kommt. Offensichtlich gibt es so etwas wie eine Aktivitätsfalle, in die sich Manager nur allzu leicht verstricken lassen (vgl. Bologna, 1980, S. 24). Eine am unmittelbaren Handeln orientierte Grundeinstellung ist verständlicherweise jedem Planen total entgegengesetzt, denn Planen erfordert harte, intellektuelle Disziplin, die Distanzierung vom Tagesgeschäft und die Bereitschaft zu geistiger Schwerstarbeit.

Im Rahmen unserer Untersuchungen stellten wir zwei verschiedene Strategien zur Verbesserung des strategischen Bewußtseins der Planungsträger fest. Man versuchte entweder, das strategische Bewußtsein der für die Planung verantwortlichen Personen über die inhaltliche Diskussion strategischer Problemstellungen zu verbessern oder aber über eine Verbesserung des organisatorisch-technologischen Reifegrades des strategischen Planungssystems. Der ersten Alternative wurde vielfach der Vorzug gegeben, da sie offenbar geeigneter war, ein strategisches Bewußtsein bei den Planungsträgern zu erzeugen.

Da die Einführung einer strategischen Planung mit einer Innovation zu vergleichen ist, muß auch mit den Argumenten gerechnet werden, die Innovationen generell zu verhindern suchen ("die strategische Planung spielt hier keine Rolle"; "wir haben keine Experten dafür"; "wir wollen unsere strategische Planung nur etwas verbessern"; "wir sind eine reife Industrie und brauchen keine strategische Planung"; "die Kosten für die strategische Planung sind zu hoch"). Hinter diesen Argumenten steht häufig die Illusion der Unverwundbarkeit oder die Vorstellung des Jederzeit-die-Lage-Beherrschens. Zu fordern ist dagegen eine gewisse "schöpferische Kühnheit" oder gar "kreative Verwegenheit". Ein unkonventionelles Denken, das an neuen Problemlösungen interessiert ist, erscheint notwendig. Die Innovationsbereitschaft ist bei Geschäftsbereichsleitern ausgeprägter als bei den Zentralbereichsleitern, da erstere unmittelbar "an der Front stehen" und deshalb in einem permanenten Überlebenskampf sind. Dies macht sie tendenziell eher dazu bereit, Veränderungen als notwendig zu akzeptieren und flexibler zu reagieren. Voraussetzung für die Bildung eines strategischen Bewußtseins bei den Entscheidungsträgern ist folglich eine gewisse "konstruktive Non-Konformität", die zur Auflockerung der durch bisherige Einstellungen verfestigten Denkstrukturen führen kann. Diese Haltung muß selbstverständlich gekoppelt sein mit Problemsensitivität und mit der Bereitschaft, sich durch Widersprüche und Widerstände zu einer intellektuellen Auseinandersetzung mit dem Problem anregen zu lassen.

3. Erstellungsrichtung von Produkt-/Marktstrategien

Wie die Ergebnisse insbesondere aus der Untersuchung der amerikanischen Unternehmen erkennen lassen, hat sich eine Kombination von Top-Down-Elementen und Bottom-Up-Elementen zur Überwindung von Widerständen gegenüber der Planung als zweckmäßig erwiesen. Vor allem zu Beginn des Einführungsprozesses erließ die Geschäftsleitung gewisse Anweisungen inhaltlicher und technicher Art, die von den unteren Führungsebenen aufgegriffen und - unter Umständen nach einem bestimmten Verhandlungsprozeß und der Vorlage eigener Änderungsvorschläge - konkretisiert wurden.

In den deutschen Unternehmen wurde insbesondere von den unteren Führungsebenen das Fehlen einer systematisch erarbeiteten Gesamtkonzeption durch die Unternehmensleitung beklagt. Es zeigte sich ebenfalls, daß man sich nicht auf das automatische Wirksamwerden allgemeiner Unternehmensgrundsätze verlassen kann. Auch deren schriftliche Formulierung und Weitergabe an die untergeordneten Linieneinheiten reicht nicht aus, um ihnen als Bestandteil eines strategischen Planungssystems Anerkennung zu verschaffen. Entscheidend war vielmehr die Identifikationsmöglichkeit der einzelnen Manager mit den Top-Down-Vorgaben. Eine solche Kombination von Top-Down-Ansätzen und Bottom-Up-Elementen erwies sich auch im Hinblick auf die inhaltliche Gestaltung der Planung als vorteilhaft. Es zeigte sich, daß die oben vorgegebenen Planungsprämissen und unternehmerischen Absichten dann in die Tat umgesetzt werden konnten, wenn ihnen Vorschläge für geeignete Strategien und Maßnahmen aus den unteren Führungsebenen nachfolgten. Über Änderungsvorschläge wurde dann wiederum auf der Ebene der Unternehmensleitung entschieden, die schließlich auch die vorgeschlagenen Produkt-/Marktstrategien genehmigte.

D. Ausblick

I. Zusammenfassung der Ergebnisse

Zur Verbesserung der Akzeptanz einer strategischen Marketingplanung lassen sich folgende Ergebnisse in Form von Gestaltungsempfehlungen zusammenfassend und vereinfacht formulieren (siehe dazu auch Abell/Hammond, 1979, S. 434 - 439):

- Ausschlaggebend für den Implementierungserfolg ist die Unterstützung des Top-Managements.
- Während des Einführungs- und Entwicklungsprozesses sind alle an der Planung Beteiligten und von ihr Betroffenen laufend und umfassend zu informieren.
- Insbesondere die verantwortlichen Linienmanager müssen aktiv in den Planungsprozeß einbezogen werden. Die Effizienz der Planungsstäbe ist dadurch zu verbessern, daß sie bei der Aufgabe der Planungskoordinierung von allen Entscheidungsträgern unterstützt werden und daß ihnen insbesondere eine ungehinderte Kommunikation mit der Unternehmensleitung ermöglicht wird.
- Das Planungssystem selbst ist einfach und praktikabel zu halten; Erweiterungen sollten erst dann vorgenommen werden, wenn die Organisation dafür reif ist.
- Einführung und Weiterentwicklung eines strategischen Planungssystems sollten schrittweise erfolgen, in enger Abstimmung mit allen Verantwortlichen.
- Der Planungsprozeß und die täglichen Entscheidungen sind möglichst eng miteinander zu verknüpfen.

II. Mögliche Entwicklungstendenzen

Die Ergebnisse unserer empirischen Untersuchung legen folgende Entwicklungstendenzen nahe:

- Die aperiodische Planung wird an Bedeutung zunehmen. Schwerpunktfestsetzungen bei den jährlichen Planungsrunden sorgen in Zukunft stärker als bisher für die Behandlung von strategischen Ereignissen.

- Generell wird man in Zukunft der Verbindung von strategischer und operativer Planung größere Aufmerksamkeit widmen. Dabei wird auch die Kontrolle der strategischen Pläne (der Absichten, Strategien, Maßnahmen und Ziele) in Form von Abweichungsanalysen zunehmen.
- In Zukunft werden Alternativplanungen stärkere Beachtung finden; ebenso wird die computerunterstützte Planung im Bereich der strategischen Überlegungen an Bedeutung gewinnen.
- Zu erwarten sind ferner ein stärkerer Einfluß des Top-Managements auf die strategische Planung, ein zunehmender Einsatz der zentralen Planungsabteilung in diesem Bereich und möglicherweise auch die verstärkte Hinzuziehung von Beratern für spezielle Problemstellungen.

Literaturverzeichnis

Abell, D.F., Hammond, J.S., (1979): Strategic Market Planning, Englewood Cliffs, N.J., 1979.

Bologna, J., (1980): Why Managers Resist Planning, in: Managerial Planning, 28 (1980), Januar-Februar, S. 23 - 25.

Guth, W., (1980): Unternehmensführung in den 80er Jahren, Manuskript eines Vortrags, gehalten anläßlich des 75-jährigen Firmenjubiläums der Knorr-Bremse AG am 3. Juli 1980 in München.

Köhler, R., (1981): Grundprobleme der strategischen Marketingplanung, in: Geist, M.N., Köhler, R., (Hrsg.), Die Führung des Betriebes, Stuttgart 1981, S. 261 - 291.

Kotler, Ph., (1982): Marketing-Management, 4. Aufl., Stuttgart 1982.

Kreikebaum, H., (1981): Strategische Unternehmensplanung, Stuttgart u.a. 1981.

Kreikebaum, H., (1982): Die Einführung und Weiterentwicklung strategischer Planungssysteme in deutschen und amerikanischen Industrieunternehmen, in: Lück, W., Trommsdorff, V., (Hrsg.), Internationalisierung der Unternehmung als Problem der Betriebswirtschaftslehre, Berlin 1982, S. 231 - 245.

Kreikebaum, H., (1983): Zur Akzeptanz strategischer Planungssysteme, in: Marketing, 5. Jg. (1983), Heft 2, S. 103 - 1o7.

Kreikebaum, H., Grimm, U., (1978): Strategische Unternehmensplanung - Ergebnisse einer empirischen Untersuchung, Seminar für Industriewirtschaft, Johann Wolfgang Goethe-Universität Frankfurt 1978.

Kreikebaum, H., Suffel, W., (1981): Der Entwicklungsprozeß der strategischen Planung, Thun - Frankfurt a.M. 1981.
Maccoby, M., (1979): Die neuen Chefs - Die erste sozialpsychologische Untersuchung in Großunternehmen, Reinbek bei Hamburg 1979.
Suffel, W., (1981): Widerstand von Geschäftsbereichsleitern im Entwicklungsprozeß der strategischen Planung, Thun - Frankfurt a.M. 1981.
Thanheiser, H., Patel, P., (1977): Strategische Planung in diversifizierten deutschen Unternehmen, Fontainebleau - Wiesbaden 1977.

C. Früherkennung als Baustein des Strategischen Marketing

Klaus-Peter Wiedmann *

Konzeptionelle und methodische Grundlagen der Früherkennung

---

*Dipl.-Kfm. Klaus-Peter Wiedmann ist wissenschaftlicher Mitarbeiter am Lehrstuhl für Allgemeine Betriebswirtschaftslehre und Absatzwirtschaft II (Prof. Dr. Hans Raffée), Universität Mannheim.

A. Grundlegung

I. Früherkennung als Leitidee strategischer Unternehmensführung

Der Terminus "Früherkennung" - seit langem üblich in der Medizin, im Militärwesen oder in der Wettervorhersage - ist inzwischen zu einem festen Bestandteil der Terminologie moderner Management-Technologien geworden. Obwohl das Phänomen der Früherkennung (FE) in der wirtschaftswissenschaftlichen Forschung durchaus einen Platz hat, seit man sich mit Bilanzanalysen, Marktprognosen, Konjunkturbarometern u.ä.m. beschäftigt, rückte dieses Problemfeld erst seit Ende der 60er/Anfang der 70er Jahre zunehmend in den Mittelpunkt des Interesses. /1/ Auf besondere Aufmerksamkeit stößt die Entwicklung betrieblicher Früherkennungssysteme (FES) jedoch vor allem, seit man begann, im Zeichen einer komplexen und dynamischen Umwelt neue Konzeptionen strategischer Unternehmensführung zu entwickeln.

Zwei gegenläufige Tendenzen werden dabei jeweils als Begründung für die Notwendigkeit strategischer Unternehmensführung im allgemeinen und der Früherkennung im besonderen angeführt:

- Zum einen wird die Zuspitzung der Umweltdynamik in Gestalt sog. Diskontinuitäten oder Strukturbrüche herausgestellt, die bisherige Entwicklungsverläufe abrupt beenden und/oder völlig unerwartet neue Situationen entstehen lassen. Zu denken ist hier etwa an Erscheinungen wie den Ölschock von 1973, die Konsumerismus- sowie Öko-Bewegung oder an die Revolution in der Mikroelektronik, die zahlreiche Unternehmen vor "strategische Überraschungen" stellten und z.T. an den Rand des Ruins drängten.
- Zum anderen wird die abnehmende Flexibilität von Unternehmen hervorgehoben, die u.a. durch zunehmend komplexer werdende Organisations- und Entscheidungsprozesse, aufwendige Produktionstechnologien und nicht zuletzt durch rechtliche Restriktionen bedingt ist.

Angesichts dieser Konstellation stellt das frühzeitige Erkennen unternehmensrelevanter Entwicklungen bzw. Veränderungen eine notwendige Existenzgrundlage dar: Um die Erfolgspotentiale des Unternehmens erkennen, voll ausschöpfen und langfristig sichern zu können, muß das Management durch geeignete FES "Planungszeit" und damit Flexibilität gewinnen.

Die zur Ausgestaltung betrieblicher FES propagierten Ansätze lassen sich im Kern durch drei Entwicklungsstufen charakterisieren:

(1) Frühwarnsysteme (FWS)
FWS stellen die Vorläufer heutiger Systemkonzeptionen dar und wurden als eine spezielle Art von Informationssystemen definiert, "die für ihren jeweiligen Benutzer mögliche Gefährdungen mit zeitlichem Vorlauf signalisieren und diesen damit in die Lage versetzen sollen, noch rechtzeitig geeignete Gegenmaßnahmen zur Abwehr oder Minderung der signalisierten Gefährdungen ergreifen zu können" (Hahn, 1979, S. 25). Im Zentrum stand hier zunächst die Überlegung, "im Rahmen der Planungs- und Ursachenanalysen nicht bis zur Realisierung von Maßnahmen und der Meldung der daraus resultierenden Ist-Werte zu warten, sondern einen permanenten Vergleich zwischen Plan und hochgerechnetem bzw. voraussichtlichem Ist vorzuschalten" (Hahn, 1983, S. 7). Im Anschluß daran konzentrierte man sich auf die Suche nach umfassenden, alle internen und externen Gefahrenherde abdeckenden Katalogen von Frühwarnindikatoren. Es wurde gefordert, die einzelnen Indikatoren (z.B. Auftragseingang) jeweils kontinuierlich zu beobachten und bei einer Überschreitung zuvor festgelegter Toleranzgrenzen oder Sollwerte "Warnsignale" zu geben.

(2) Früherkennungssysteme (FES)
FES bauen unmittelbar auf dem Grundgedanken des FWS auf; sie unterscheiden sich jedoch von FWS in mehreren Punkten. Im Gegensatz zu FWS finden bspw. nicht allein mögliche Risiken oder Bedrohungen Beachtung; es wird vielmehr auch aktiv nach potentiellen Chancen und Gelegenheiten gesucht. Damit geht eine erheblich erweiterte Umwelt- bzw. Informationsperspektive einher, indem relevante Beobachtungsfelder nicht allein in Abhängigkeit momentaner Unternehmensziele festgelegt werden. FES gehen im Vergleich zu FWS auch dadurch einen entscheidenden Schritt weiter, daß gleichzeitig versucht wird, strategische Antworten auf die registrierten Herausforderungen zu geben und somit keine Beschränkung auf eine reine Informationsvermittlung besteht.

(3) Frühaufklärungssysteme (FAS)
Bei der neueren Diskussion um die Weiterentwicklung von FES findet der Aspekt einer Entwicklung von Strategien als Antwort auf registrierte Herausforderungen noch stärker Aufmerksamkeit. Überdies werden FES nicht mehr als weitere, isolierte Management-Informationssysteme betrachtet. Alle Teilsysteme bzw. Instrumente des Managements sollen demgegenüber unter dem Gesichtspunkt der Früherkennung diskutiert und gestaltet werden (Kirsch/Trux, 1981, S. 351). Parallel dazu finden auch Probleme der organisationsinternen Kommunikation und Umsetzung von Früherkennungsinformationen in Handlungsprogramme sowie Probleme der Personalentwicklung, der Führung und Organisation Beachtung. Dies schlägt sich in erweiterten konzeptionellen Vorschlägen nieder, die teilweise mit dem Begriff Frühaufklärung belegt werden. /2/

Insgesamt läßt sich über die Entwicklungsstufen der FES hinweg ein Wandel im Verständnis der Früherkennung von einer Art spezieller Management-Informationssysteme hin zur grundlegenden Leitidee strategischer Unternehmensführung konstatieren. Letzteres findet seinen Ausdruck vor allem in der von Ansoff propagierten Konzeption des Strategischen Management: bei ihr sind einerseits strategische Antworten auf sog. schwache Signale gefordert; andererseits soll ein funktionsfähiges Krisenmanagement installiert werden, um im Ernstfall - bei nicht rechtzeitigem Erkennen strategischer Herausforderungen - schnell reagieren zu können. /3/ Die Grundgedanken der Ansoff'schen Konzeption sind in Abb. 1 wiedergegeben.

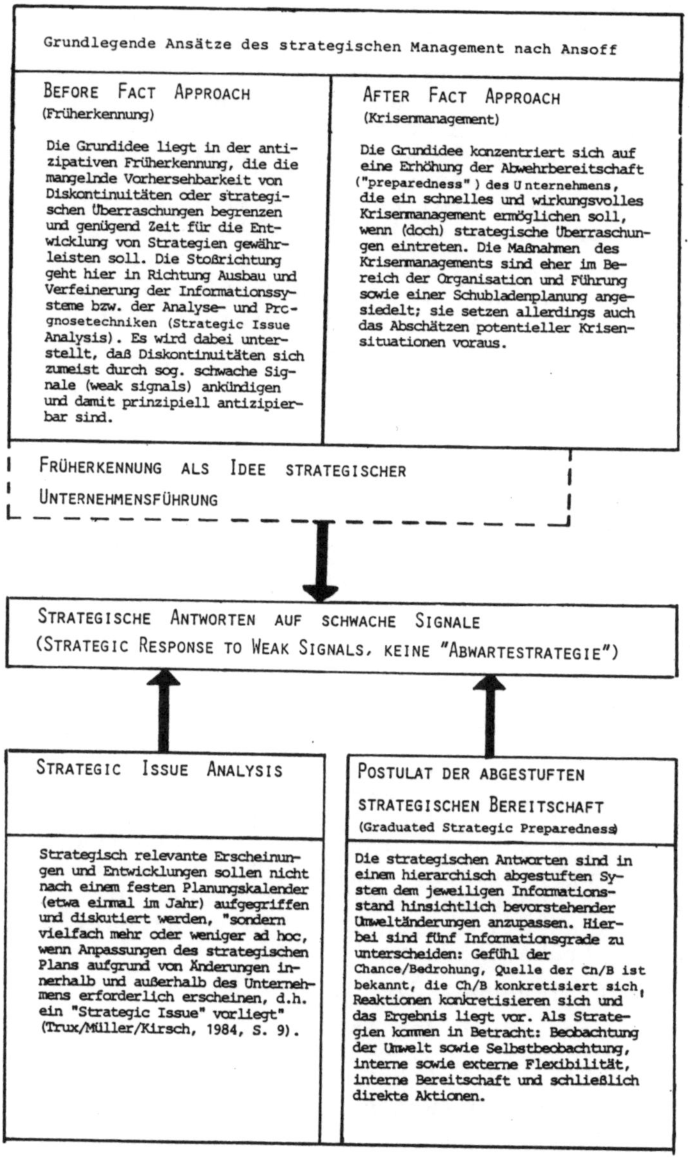

Abb. 1: Die Konzeption des strategischen Management nach Ansoff (1976, 1979 und 1980)

Betrachtet man Früherkennung als eine Leitidee strategischer Unternehmensführung, so überrascht es nicht, daß die allgemeine Aufbau- und Ablaufstruktur betrieblicher FES (vgl. Abb. 2) jenen Phasenschemata gleicht, wie wir sie generell zur Strukturierung von Prozessen der Unternehmensführung bzw. -planung kennen. Früherkennung ist dabei im Kern als ein Maximenbündel zu betrachten, an dem sich die konkrete Ausgestaltung der Aktivitäten innerhalb einzelner Phasen orientieren muß. So sollen z.B. im Rahmen der Unternehmens-Umweltüberwachung Veränderungen in der Umwelt und/ oder der Unternehmung bereits zum Zeitpunkt ihres inhaltlich noch unstrukturierten Entstehens erfasst werden. Die in einem breit angelegten "Unternehmensradar" aufgezeichneten Informationen sind dann konsequent im Hinblick auf vermeintliche Chancen und Risiken auszuwerten und der Generierung von Handlungsalternativen zugrundezulegen, die nach einer entsprechenden Bewertung und Auswahl entweder direkt umgesetzt werden oder als Schubladenpläne für die schnelle Beantwortung künftiger Herausforderungen dienen.

Die heute zur Bewältigung einzelner FE-Teilaufgaben oder zur Installation von FES vorgeschlagenen Ansätze sowie Instrumente greifen dabei zumeist auf bekannte Planungstechniken zurück. Der Unterschied besteht teilweise nur darin, daß man insbesondere einen systematisch kombinierten Einsatz mehrerer Planungstechniken - und zwar unter dem Aspekt Früherkennung - noch nachdrücklicher fordert. Teilweise werden allerdings auch neue Ansatzpunkte aufgezeigt, die sich auf die Gestaltung umfassender FES oder einen veränderten Einsatz bekannter Planungstechniken sowie die Entwicklung neuer FE-Methoden beziehen. In den nachfolgenden Beiträgen dieses Bandes werden nun einige neuere methodische Ansätze der Früherkennung vorgestellt, die sich jeweils auf bestimmte Teilaspekte beziehen. Der vorliegende Beitrag soll demgegenüber in erster Linie einen Überblick über die momentane Diskussion hinsichtlich der Entwicklung betrieblicher FES geben. Zwar werden auch hier einige ausgewählte methodische FE-Ansätze skizziert, im Zentrum steht indessen der Versuch, konzeptionelle Grundlagen der Installation betrieblicher FES aufzuzeigen.

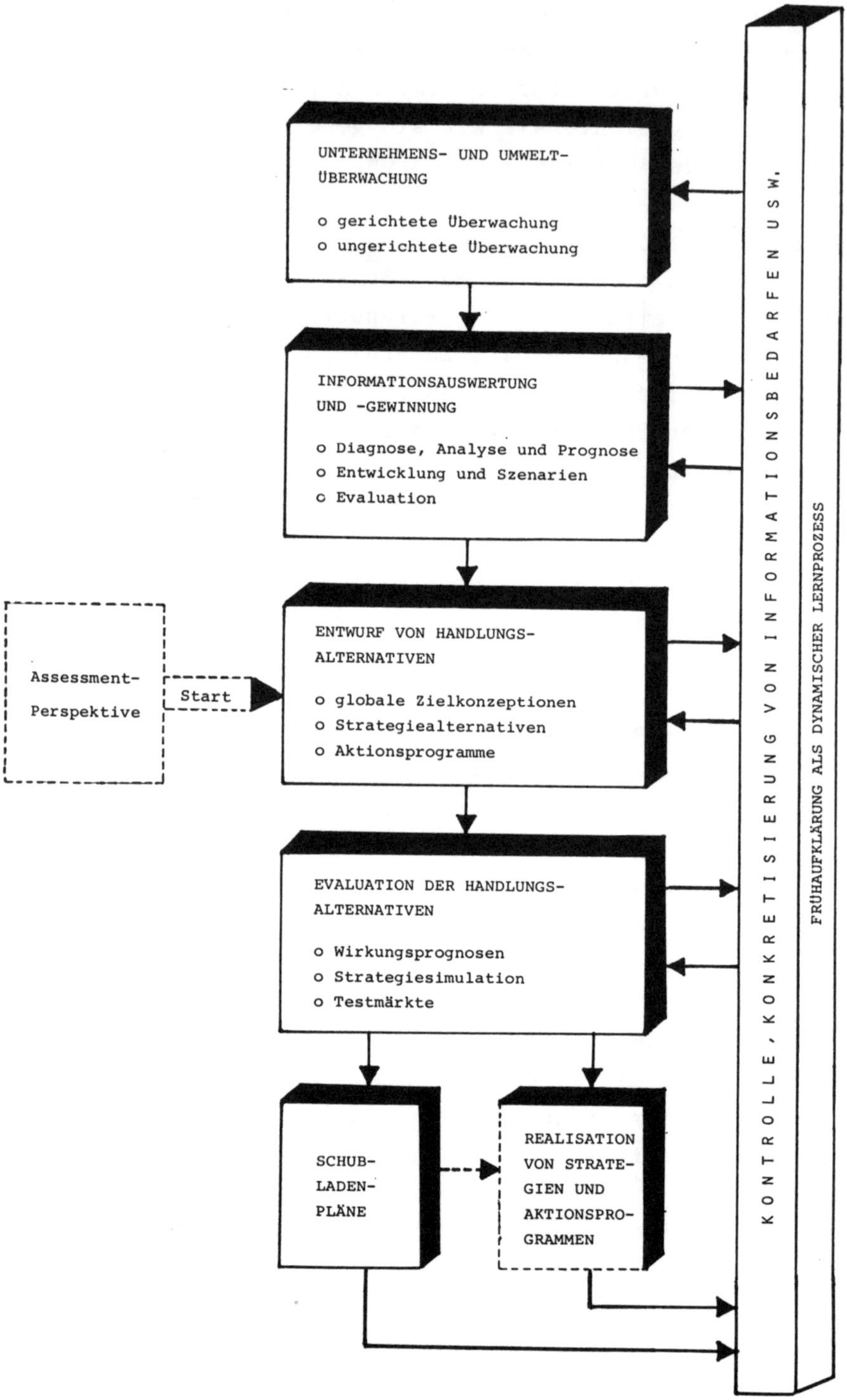

Abb. 2: Vereinfachte Darstellung der Ablaufstruktur eines Früherkennungssystems

II. Die Komponenten eines betrieblichen Früherkennungssystems

Trotz aller Unterschiede lassen sich die vorhandenen Vorschläge zur Gestaltung von FES durch verschiedene, grundlegende Komponenten charakterisieren. In Anlehnung an Kühn/Walliser (1978) können hierbei vier Systemkomponenten angeführt werden, und zwar das Metaprogramm, die methodischen Ansätze, die Ressourcen sowie Potentiale und schließlich die FE-Programme. Abb. 3 gibt einen Überblick über diese Komponenten und die zwischen ihnen bestehenden Beziehungen.

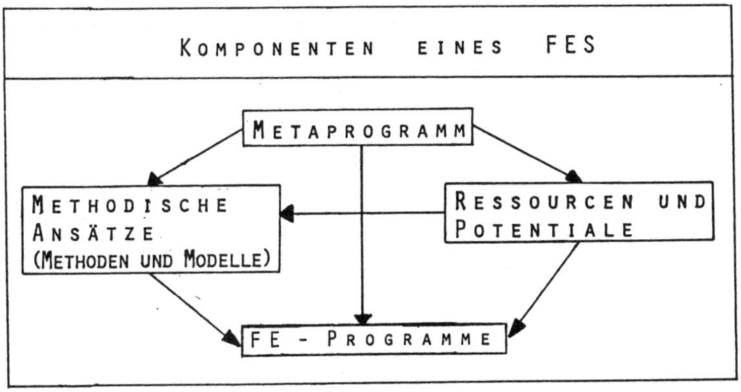

Abb. 3: Komponenten eines Früherkennungssystems (in Anlehnung an Kühn & Walliser, 1978, S. 228)

1. Früherkennungs-Programme

Im Zentrum der Darstellung unterschiedlicher FES steht zumeist die Programmkomponente: Sie enthält Aussagen über die spezifischen Aufgabenstellungen sowie Aufbau- und Ablaufstruktur eines FES. Abb. 4 gibt einen ersten Einblick in die spezifischen Aufgabenstellungen einzelner FES, und zwar einmal inhaltlich (vgl. Abb. 4a) und zum anderen durch eine Klassifikation anhand allgemeiner Kriterien (vgl. Abb. 4b).

Der Trend bei den in der Literatur vorgeschlagenen FE-Programmen geht heute eindeutig in die Richtung einer strategischen Früherkennung, die sich in erster Linie sowohl durch eine langfristige als auch eine ganzheitliche Perspektive auszeichnet. Die Unternehmung wird also immer als Ganzes betrachtet, und die

(1) Früherkennungssysteme sollen frühzeitig Informationen über die Erfolgs- und Ertragslage eines Unternehmens liefern (vgl. Reichmann/Lachnit, 1979, die hierzu ein System zur Absatz- und Umsatzprognose auf der Basis von Korrelations- und Regressionsanalysen vorschlagen).
(2) Früherkennungssysteme sollen die Überlebensfähigkeit einer Unternehmung sichern. Dabei wird diese Überlebensfähigkeit in Abhängigkeit von den wichtigsten Produkten einer Unternehmung gesehen (vgl. Mertens/Rackelmann, 1979, die hierzu ein Instrumentarium der Produktlebenszyklus-Prognose aufzeigen).
(3) Früherkennungssysteme sollen auf mögliche Änderungen im Konsumverhalten aufmerksam machen (etwa auf der Grundlage von Bedürfnis- und Wertanalysen oder einer systematischen Auswertung von Beschwerden, Veröffentlichungen verbraucherpolitischer Vereinigungen, vgl. z.B. Hansen/Raabe/Stauss, in diesem Band).
(4) Früherkennungssysteme sollen einer Unternehmung rechtzeitig technologische Neuerungstendenzen anzeigen, so daß sie ihre Forschungs- und Entwicklungstätigkeit entsprechend ausrichten kann (vgl. Julius et al, 1977; sowie Merkle, in diesem Band).
(5) Früherkennungssysteme sollen frühzeitig auf die Bedrohung unternehmerischer Freiheiten durch reglementierende Maßnahmen aufmerksam machen (vgl. Krampe, in diesem Band).
(6) Früherkennungssysteme sollen den Auslandsinvestor auf Änderungen im Investitionsklima aufmerksam machen, so daß er sich rechtzeitig absichern kann (vgl. Hake, 1979).
(7) Mit Früherkennungssystemen sollen Verschuldungsprobleme von Ländern der dritten Welt erkannt werden, bevor es zu spät ist, d.h. bevor der Schuldenberg zu hoch ist, so daß rechtzeitig strukturelle Maßnahmen zur Eindämmung des weiteren Schuldenwachstums ergriffen werden können (vgl. Leisinger, 1977).
(8) Früherkennungssysteme sollen dem Kapitalanleger ein besseres "timing" seiner Anlageentscheidungen an der Börse ermöglichen. Sie sollen ihm helfen, den richtigen Zeitpunkt für seine Dispositionen zu finden (vgl. Cohen/Zinbarg, 1967, S. 455 f.).
(9) Früherkennungssysteme für die Konjunkturpolitik sollen Änderungen der Konjunkturlage rechtzeitig anzeigen, so daß mit Erfolg wirtschaftspolitische Maßnahmen ergriffen werden können (vgl. Bombach et al, 1977, S. 127).
(10) Ein Früherkennungssystem für die Wechselkursentwicklung soll der Zentralbank gestatten, rechtzeitig ihre währungspolitischen Dispositionen zu treffen (vgl. Languetin, 1977).

Abb. 4a: Beispiele zur Aufgabenstellung von Früherkennungssystemen (in Anlehnung an Müller, 1981, S. 72 und Rieser, 1980, S. 32 - 33)

KLASSIFIKATION HINSICHTLICH...	KLASSIFIKATIONSKRITERIEN	BEISPIELE AUS DER LITERATUR	
...der zeitlichen Lage der Kontrolle	Früherkennung als laufende Kontrolle der Planannahmen	Kovats (1977)	
	Früherkennung als ex-ante-Kontrolle der Planannahmen	Ansoff (1976), Hahn und Krystek (1979), Kirsch et al (1979), Kühn und Walliser (1979), Rieser (1980)	
...dem zugrundeliegenden Planungshorizont	operative Früherkennung	Müller-Merbach (1979)	Berg (1979), Hahn und Krystek (1979), Hansen (1979), Schmid (1979), Uhlir (1979), Hahn (1983), Gomez (1983), Böhler (1983), Drexel (1984)
	strategische Früherkennung	Gernert (1979), Mertens und Rakkelmann (1979), Müller (1981), Kirsch und Roventa (1983), Trux et al (1984)	
...der abgedeckten Unternehmensbereiche	bereichsbezogene Früherkennung (Absatz, F&E etc.)	Berg (1979), Hanhart (1976), Julius (1977), Reichmann und Lachnit (1979)	
	gesamtunternehmensbezogene Früherkennung	Hahn und Krystek (1979), Kirsch und Trux (1979), Kühn und Walliser (1978), Rieser (1980)	
...der Benutzersichtweise bzw. -position	unternehmensinterne Sichtweise	dominante Perspektive in der Literatur	
	unternehmensexterne Sichtweise (z.B. Anteilseigner)	Uhlir (1979)	
...der Signalherkunft	unternehmensinterne Signale	Müller-Merbach (1979)	Ahorner (1979), Rieser (1980)
	unternehmensexterne Signale		
...der Durchführungseinheit	betriebliche Früherkennung	Hahn und Krystek (1979), Hahn (1979) und (1983)	
	überbetriebliche Früherkennung		

Abb. 4b: Klassifikation der Aufgabenstellung einzelner Früherkennungsprogramme anhand allgemeiner Kriterien (in Anlehnung an Müller, 1981, S. 70)

Unternehmensumwelt ist in einem umfassenden Sinne zu durchleuchten, um möglichst frühzeitig Herausforderungen aufzudecken. Hierbei dominieren dann gesamtunternehmensbezogene Programmskizzen, in denen - eher global und weniger konkret hinsichtlich einzelner Problemstellungen (vgl. Abb. 4a) - unterschiedliche Ansätze zur Identifikation relevanter Änderungen der internen sowie insbesondere der externen Situation und der sich daraus ergebenden Herausforderungen aufgezeigt werden. Die jeweiligen Vorschläge sind häufig durch die Hervorhebung spezieller methodischer Ansätze und/oder Ressourcen geprägt, die zur Durchführung einzelner FE-Programme herangezogen werden sollen.

Hinzuweisen ist hier bspw. auf FE-Programme, die hauptsächlich

- auf einem mehr oder weniger umfassenden System von "Frühindikatoren" (=indikatorenzentrierte FE-Programme; vgl. Hahn/Hrystek, 1979; Hahn, 1983; Drexel, 1984),
- auf bestimmten Informationsquellen bzw. Sensorsystemen (=informationsmanagementzentrierte FE-Programme; vgl. z.B. Hansen, 1979; Hansen/Stauss, 1982; Hansen/Raabe/Stauss, in diesem Band),
- auf (strategischen) Analyseinstrumenten (=analysezentrierte FE-Programme; vgl. etwa Kirsch/Roventa, 1983) oder
- auf Unternehmens- und/oder Umweltmodellen (=modellzentrierte FE-Programme; vgl. Gernert, 1979; Hanssmann, 1978; Müller-Merbach, 1977 a und 1977 b; Gomez, 1983; Wiedmann/Löffler, in diesem Band)

basieren. Es handelt sich hierbei allerdings nur um Teilsysteme, die in ein umfassendes FES zu integrieren sind.

2. Methodische Ansätze (Methoden und Modelle)

Als methodische Ansätze werden hier all jene Instrumente und Techniken bezeichnet, die in einem FES zur Bestimmung und Durchführung der FE-Programme Verwendung finden (können). In Betracht kommen letztlich - wie zuvor bereits angedeutet - alle Planungsinstrumente und -techniken, die in den vorangegangenen Beiträgen erwähnt wurden.

Bei den bislang vorliegenden FES lassen sich im Rahmen der Durchführung von FE-Programmen insbesondere zwei methodische Schwerpunkte erkennen: Während die Früherkennung in einer ersten Phase vorwiegend als Kontrollproblem interpretiert wurde und folglich in erster Linie unterschiedliche Kontroll- und Analyseinstrumente zum Einsatz kamen, dominiert in letzter Zeit die Interpretation als Prognoseproblem und damit der Einsatz von Prognoseinstrumenten (vgl. Kühn/Walliser, 1978, S. 224). Diese Entwicklung ging unmittelbar mit dem Versuch einher, verstärkt Programme für strategisch ausgerichtete FES zu entwerfen. Nur langsam setzt sich die Erkenntnis durch, daß in einem FES immer eine systematische Kombination methodischer Ansätze anzustreben ist und neben Prognoseinformationen auch Diagnose- und Analyseinformationen wichtig sind: Erst sie ermöglichen es, die Ursachen und Konsequenzen eines wahrgenommenen Problems zu erforschen und mithin Anhaltspunkte für Prognosen sowie eine daran anknüpfende Suche nach neuen Problemlösungen bzw. strategischen Antworten zu geben (Kühn/Walliser, 1978, S. 224).

3. Ressourcen und Potentiale

Die Ressourcen und Potentiale bilden die notwendige Voraussetzung für die Durchführung von FE-Programmen und damit auch die Grundlage für die Anwendung einzelner methodischer Ansätze. Sie umfassen u.a. finanzielle Mittel, organisationale Voraussetzungen, personelle Kapazitäten, Informationspotentiale und -quellen, Datenverarbeitungskapazitäten sowie Hilfsinstrumente. Abgesehen von Hinweisen auf die Notwendigkeit der Installation computergestützter FES, wird der Schaffung entsprechender Voraussetzungen in Gestalt von Ressourcen und Potentialen erst in jüngster Zeit Aufmerksamkeit geschenkt. Trux/ Müller/Kirsch (1984, S. 339 ff.) heben hier etwa die Bedeutung flankierender Systeme wie Management Development, Organisationsentwicklung, Anreiz- und Sanktionssysteme sowie Dokumentations- und Retrievalsysteme hervor. Damit wird der Tatsache Rechnung getragen, daß die z.T. unzureichende Bewältigung von FE-Aufgaben in der Praxis in aller Regel nicht in einem Mangel an leistungsfähigen Methoden begründet liegt, sondern in den fehlenden Voraussetzungen zur effizienten Nutzung vorhandener FE-Methoden (vgl. insbesondere auch Rieser, 1980). Seinen Ursprung hat dies bereits in der Überbetonung des Tagesgeschäfts im Vergleich zum strategischen Vorausdenken, in Ressortegoismen, kurzsichtigen Gewinninteressen oder schlicht in unzweckmäßigen Informationsgewohnheiten, die den Blick für relevante Zukunftskonstellationen verstellen, um nur einige wenige Aspekte anzuführen. Von daher spielen gerade organisatorische Maßnahmen, Schulungsprogramme, Motivationsprogramme usw. eine ganz entscheidende Rolle, wenn es um den Aufbau und die Pflege effizienter FES geht.

Ebenfalls von zentraler Bedeutung ist natürlich die Installation eines geeigneten Informationssystems. Hierzu zählt einerseits der Aufbau entsprechender Daten-, Methoden- und Modellbanken, ohne die sich die vielfältigen Informationsaufnahme-, -verarbeitungs- und -speicherungsaktivitäten im Zuge von FE-Prozessen kaum bewältigen lassen. /4/ Auf der anderen Seite sind Informationssysteme im strategischen Bereich in erster Linie als gut funktionierende Kommunikationsnetze auszugestalten, die den Informationsgewohnheiten der Manager Rechnung tragen (Kirsch/Trux, 1979, S. 67; ausführlicher dazu vgl. Rieser, 1980). Innerhalb eines solchen Kommunikationsnetzes gilt es, u.a. auch ein effektives Sensor- sowie Informationssystem mittels Kontakten zu anderen Unternehmen, Unternehmensverbänden, Behörden sowie externen Planungsexperten herzustellen bzw. im Dienste der Früherkennung auszubauen. Als ein wichtiges Sensorsystem ist bspw. die Außendienstorganisation des Unternehmens anzusehen, deren "direkter Draht zum Abnehmer" etwa durch die Nutzung moderner Informationstechnologien (mobile Außendienst-Terminals, Btx) bis hin zum Management zu verlängern ist (vgl. z.B. Raffée/Niedetzky, 1982; Hildenbrand, 1983).

4. Das Metaprogramm

Das Metaprogramm beinhaltet gewissermaßen die Philosophie eines FES, also allgemeine Leitlinien, heuristische Prinzipien oder Vorschriften hinsichtlich der Ausgestaltung der Methoden-. Ressourcen- und Programmkomponente des FES. Hierzu zählt bspw. die Forderung nach Abkehr von einem reinen Extrapolationsdenken, bei dem von einer Zeitstabilitäts- bzw. Strukturstabilitätshypothese ausgegangen wird. Dies erfordert einerseits etwa den Verzicht auf Einfachst-Trendextrapolationen als Prognoseinstrumente; andererseits müssen die Manager lernen, in der Vorstellung einer dynamischen, nicht technokratisch gestaltbaren Umwelt zu denken und sich auf Diskontinuitäten einzustellen.

Bei den vorliegenden Ansätzen mangelt es zumeist an einer ausgearbeiteten Philosophie oder Logik der Früherkennung. Man beschränkt sich noch häufig allein auf ein "Denken in Indikatorgesetzen" in der Form: Wenn heute x, y und z, dann übermorgen a, b, c. Die Logik beschränkt sich somit auf die Vorstellung, laufend x, y und z als Frühindikatoren zu beobachten, um rechtzeitig Hinweise zu haben, ob sich in der Zukunft a, b und c verändern werden (Kirsch/Trux, 1983, S. 226). Explizite Metaprogramme liegen vor diesem Hintergrund hauptsächlich in Gestalt von Anforderungskatalogen an FES vor (z.B. Ökonomie des Mitteleinsatzes, Sensibilität, Flexibilität, Durchschaubarkeit). /5/ Lediglich neuere Forschungsansätze enthalten dagegen eine vertiefende und differenziertere Auseinandersetzung mit einem geeigneten Metaprogramm bzw. einer Philosophie der Früherkennung. Hierauf wird weiter unten noch näher einzugehen sein.

B. Ausgewählte konzeptionelle und methodische Ansätze der Früherkennung

I. Indikatorzentrierte Früherkennungs-Programme als Kernbestandteil betrieblicher Früherkennungssysteme

Im Zentrum der Versuche, FES für die Unternehmenspraxis zu entwickeln, stehen nach wie vor Ansätze, die auf mehr oder weniger umfangreichen Katalogen von (Früh-)Indikatoren beruhen. Der Einsatz von Indikatoren bezog sich dabei zunächst vor allem auf globale Zielindikatoren (Umsatz, Gewinn, ROI, Liquidität etc.) und einfache Soll-Ist-Vergleiche sowie Abweichungsanalysen, die systematisch im Rahmen von Entwicklungsanalysen durchgeführt wurden. Ein zentrales Instrument der Früherkennung bildeten hier vor allem GAP-Analysen (vgl. Wiedmann/Kreutzer, in diesem Band).

Zwar läßt sich dieser Ansatz durch eine systematische Disaggregation der Zielgrößen (z.B. Umsatz des Produktes X in der Region Z bei der Kundengruppe A) wesentlich verfeinern und zu einem wichtigen Informationsinstrument mit FE-Eigenschaften ausbauen: Stellt bspw. ein Unternehmen fest, daß der Umsatz eines Produktes bei einer Kundengruppe sinkt, die sich aus "Trend-Settern" rekrutiert, so ist dies ein wichtiges Signal für eine sich abzeichnende Wende, die bei einer Globalbetrachtung aufgrund von Kompensationseffekten u.U. nicht hätte erkannt werden können. /6/

Aufs Ganze gesehen nehmen heute jedoch insbesondere Indikatoren einen hohen Stellenwert ein, die dem Verlauf relevanter Zielgrößen bestimmen bzw. die zu einer oder mehreren Zielgrößen in kausaler oder sonstiger sachlogischer Beziehung stehen und in ihrer Entwicklung einen zeitlichen Vorlauf aufweisen. Diese Indikatoren werden zumeist als Frühindikatoren oder Anzeigegrößen bezeichnet. /7/ Das Auftreten und/oder die Veränderung solcher Frühindikatoren ist dann systematisch zu beobachten und zu analysieren, um - ggf. unter Berücksichtigung zuvor festgelegter Sollgrößen oder Toleranzgrenzen - frühzeitig Hinweise auf die Entwicklung einzelner Zielgrößen oder generell auf vermeintliche Chancen und Risiken zu bekommen. Zur Früherkennung möglicher Umsatztrends könnte ein Unternehmen bspw. auf Indikatoren wie Auftragseingänge, Gesetzesauflagen, Imageveränderungen, Bedürfnisverschiebungen bei Kunden, Trends im Freizeitverhalten, Bevölkerungsentwicklung, neue Modewellen in Frankreich, Italien oder den USA u.ä.m. zurückgreifen. Die Auswahl geeigneter Frühindikatoren stützt sich in der Praxis auf Vermutungen, Erfahrungen und - wenigstens teilweise - auf wissenschaftliche Erkenntnisse, die auf die Relevanz einzelner Indikatoren bzw. Kennzahlen hinweisen. /8/

Ähnlich breit wie die Palette geeigneter Indikatoren ist auch das Spektrum methodischer Ansätze für ihren Einsatz im Dienste der Informationsgewinnung; es erstreckt sich auf die unterschiedlichsten Analyseverfahren (z.B. Bilanzanalysen) und im Grunde auf den gesamten Bereich bekannter Prognoseverfahren wie z.B.:

- mehr oder weniger intuitive (Ein-)Schätzungen, die entweder von einzelnen Personen oder Gruppen (Delphi-Prognosen, Befragungen, Brainstorming-Technik) vorgenommen werden können (z.B. zur Abschätzung des Einflusses von Gesetzesänderungen, Wertwandeltrends usw. auf den Umsatz, die Akzeptanz des Angebotesprogramms etc.);
- einfache und komplexere Ansätze des "Zeitreihen-Verfahrens", die z.T. auch als Indikatorprognosen im engeren Sinn aufgefaßt werden (Zeitreihenanalysen zur Bestimmung von Vorlaufindikatoren wie z.B. dem Geschäftsklimaindex des Ifo-Instituts, spektralanalytische Ansätze, Diffusionsindizes und z.T. Analogieschlüsse sowie die Analyse mittelbarer Abnehmergruppen);
- einfache und komplexere Regressionsansätze zur Ermittlung des Einflusses verschiedener Indikatoren auf einzelne Zielgrößen und für daran anknüpfende Prognose;
- komplexe Prognosesysteme, die auf formalen Modellen basieren (einen Überblick über verschiedene Prognoseverfahren geben z.B. Raffée, in diesem Band; Bircher, 1976; Brockhoff, 1977; Bruch, 1979; Hüttner, 1982; Green/Tull, 1982).

Wenn auch einzelne Unternehmen schon seit langem mit Indikatoren arbeiten und z.T. interessante Verfahren zu ihrer Verarbeitung einsetzen (vgl. Hahn/Klausmann, 1979; Bürgel, 1980; Müller, 1981), so vermögen die in der Literatur vorgestellten FES dennoch einen nicht zu unterschätzenden Gestaltungsbeitrag zu lei-

sten, indem sie
- mögliche Gestaltungsalternativen aufzeigen,
- Erfahrungen anderer Unternehmen wiedergeben und kritisch Stellung nehmen,
- die Notwendigkeit einer Integration vorhandener Ansätze in ein umfassendes Früherkennungs-"System" verdeutlichen und zugleich entsprechende Strukturierungsanregungen anbieten.

Letzteres findet seinen Niederschlag etwa in Systemskizzen, deren Grundmuster in Abb. 5 exemplarisch verdeutlicht wird.

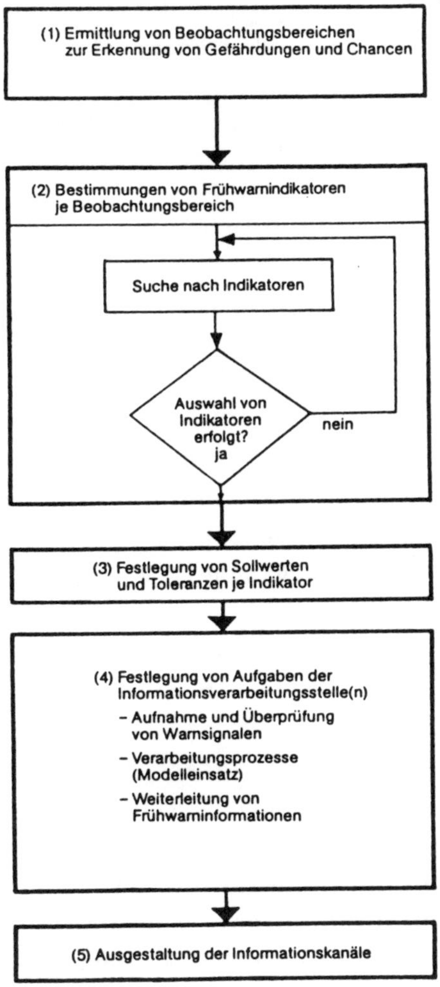

Abb. 5: Grundstruktur eines indikatorzentrierten Früherkennungssystems (entnommen aus: Hahn, 1983, S. 9)

II. Ansatzpunkte zur Verfeinerung und Erweiterung indikatorzentrierter Früherkennungs-Programme

Indikatorzentrierte FE-Programme bilden zweifellos den Kern, von dem aus sich betriebliche FES entwickeln lassen; letztlich wird immer auf bestimmte Anzeigegrößen bzw. Frühindikatoren zurückzugreifen sein, will man vermeintliche Herausforderungen an das Unternehmen erkennen. Für die Praxis bedeutet dies, daß jeweils auf den im Unternehmen vorhandenen Ansätzen aufgebaut werden kann. /9/ Hierbei sind allerdings einige neuere Vorschläge zur Verfeinerung und Erweiterung indikatorzentrierter FE-Programme zu beachten, die im folgenden knapp skizziert werden sollen.

1. Abgrenzung relevanter Beobachtungsfelder und Identifikation geeigneter Frühindikatoren

Im Bereich der Bestimmung interner und externer Beobachtungsfelder wird zunächst in erster Linie auf Umweltsektoren oder -komponenten hingewiesen, die bislang unzureichend durchleuchtet wurden. Hierzu zählen die technologische Umwelt (vgl. Merkle, in diesem Band), politische, sozio-kulturelle und ökologische Komponenten (vgl. dazu Fritz sowie Hansen/Raabe/Stauss und Raffée/Wiedmann "Wertewandel", in diesem Band). Darüber hinaus werden zahlreiche Methoden und Modelle zur Strukturierung sowie Abgrenzung strategisch relevanter Unternehmens- und Umweltbereiche diskutiert (z.B. Bildung strategischer Geschäftseinheiten, Marktsegmentierung, Bestimmung des wettbewerbsrelevanten Umfeldes und speziell etwa die Abgrenzung strategischer Gruppen) (vgl. Wiedmann/Kreutzer, in diesem Band; einen umfassenden Überblick bietet vor allem Böhler, 1983).

Greifen wir exemplarisch den Ansatz der Marktsegmentierung heraus, so läßt sich dessen Bedeutung allein schon anhand des zuvor erwähnten Einsatzes niedrig aggregierter Zielindikatoren im Rahmen der Früherkennung nachvollziehen. Um hier die "Trend-Setter" oder relevante Diffusionsagenten, Innovatoren sowie Meinungsführer zu identifizieren, deren Verhaltensänderungen systematisch registriert werden sollen, bedarf es - gestützt auf theoretische Erkenntnisse im Feld der Meinungsführung, Diffusion etc. - eines konsequenten Einsatzes von Marktsegmentierungstechniken (vgl. ergänzend dazu auch die Beispiele bei Raffée/Wiedmann "Wertewandel" sowie "Corporate Communications", in diesem Band). Erst die systematische Strukturierung der Umwelt ermöglicht hier das frühzeitige Erkennen von Herausforderungen.

Die Bestimmung relevanter Beobachtungsfelder geht unmittelbar mit der Suche nach geeigneten Frühindikatoren einher. Zum Teil handelt es sich bei Frühindikatoren lediglich um Größen, die einzelne Zustände, Verhaltensweisen etc. in einem abgegrenzten Beobachtungsfeld beschreiben (z.B. Bedrohung durch Anbieter von Substitutionsprodukten oder Kaufverhalten der Trend-Setter). Gerade im Zuge strategischer Früherkennung hat es jedoch Sinn, darüber ein Stück hinauszugehen und jeweils nach den Ursachen einzelner Zustände, Verhaltensweisen etc. zu fragen. Vor diesem Hintergrund sind heute u.a. Bestrebungen zu einer "theoriegeleiteten Identifikation von Frühindikatoren" zu beobachten. /10/ Abgesehen von den inzwischen bekannten "theoretischen" Grundlagen in Form des Erfahrungskurven-Konzepts, des Produkt-Lebenszykluskonzepts, des PIMS-Konzepts usw. /11/ sind dabei vor allem die auf Porter (1980, 1983) zurückgehenden Ansätze der strategischen Wettbewerbsanalyse hervorzuheben. Ausgehend von den Erkenntnissen volkswirtschaftlicher Grundlagenforschung, wettbewerbstheoretischer Ansätze sowie speziell der Industrieökonomik /12/ werden hier beobachtungsrelevante Größen in einzelnen Determinantenfeldern des Wettbewerbs aufgezeigt. Mit Blick auf eine potentielle Bedrohung durch neue Wettbewerber werden so z.B. verschiedene Markteintrittsbarrieren diskutiert (Betriebsgrößendegression, Produktdifferenzierung, Kapitalbedarf usw.). Die Kenntnis solcher Faktoren ermöglicht es, ein dichtes Netz von Frühindikatoren aufzubauen bzw. bei einer Veränderung einzelner Größen unmittelbar vermeintliche Konsequenzen abzuschätzen.

Die theoriengeleitete Identifikation geeigneter Frühindikatoren kann sicherlich nur einen Teilbereich abdecken. Darüber hinaus sollte man immer auch die Erfahrungen des Management - ggf. unterstützt durch den Einsatz kreativer Techniken - zu nutzen versuchen. Gute Erfahrungen konnten wir bspw. mit einem morphologischen Ansatz sammeln, bei dem unter Einbeziehung von Komponenten, Sektoren und Aktoren der Umwelt zahlreiche Beobachtungsfelder konstruiert und im Anschluß daran Indikatorideen gesucht wurden. Allein schon die Gegenüberstellung unterschiedlicher Aktoren in einer Matrix kann z.B. dafür sensibilisieren, Aktivitäten von Konkurrenzunternehmen zur Beschaffung eines speziell ausgebildeten Personals (Techniker, Chemiker, Biologen) oder Kooperationen zwischen Unternehmen unterschiedlicher Industriezweige als mögliche Indikatoren für bevorstehende Innovationsstrategien zu beachten. /13/

2. Indikatorverkettungen und -netzwerke

Im Zusammenhang mit dem Hinweis auf eine "theoriengeleitete Identifikation geeigneter Frühindikatoren" klang eine Idee an, die insbesondere für die Entwicklung strategisch ausgerichteter FES wichtig ist. Gemeint ist die Suche nach Ursache- Wirkungsbeziehungen. Ausgehend davon läßt sich grundsätzlich fordern, daß einzelne Indikatoren nicht jeweils isoliert gesehen werden. Vielmehr sollten über mehrere Beobachtungsebenen hinweg Indikatorverkettungen vorgenommen werden, die Ursache-Wirkungsbeziehungen widerspiegeln (vgl. Abb. 6). /14/ Der Zweck solcher Indikatorverkettungen bzw. Kausalketten besteht darin, an immer entfernter liegende Ursachenindikatoren heranzukommen, um so die FE-Vorlaufzeit zu erhöhen und Bezüge zwischen allgemeinen Umfeldentwicklungen und möglichen Konsequenzen für das Unternehmen herzustellen.

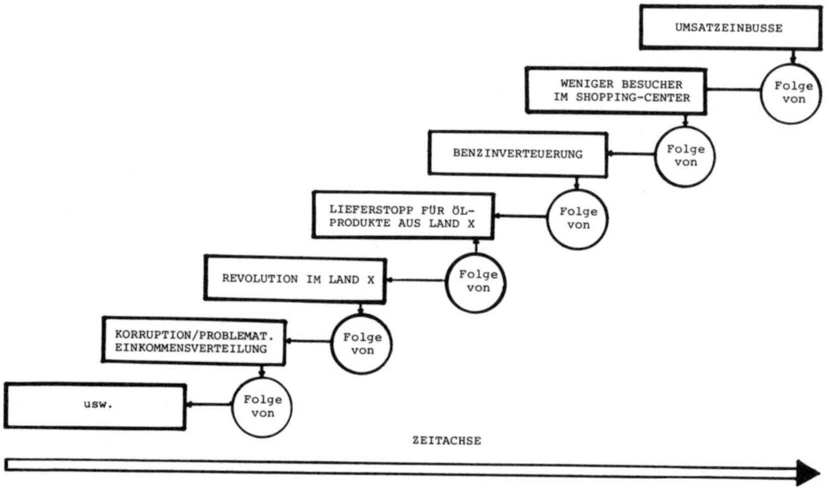

Abb. 6: Beispiel einer Kausalkette (entnommen aus: Pümpin, 1980, S. 67)

Als Grundlage für die Erstellung einzelner Indikatorketten oder komplexer Indikatornetzwerke eignet sich u.a. der sog. "netzwerktheoretische Ansatz"; er vermag ein Denken in mehrstufigen Austauschbeziehungen zu fördern und den Blick für strategisch bedeutsame Prozesse innerhalb des Umfeldes zu schärfen (vgl. insbesondere Kutschker, 1980; speziell mit Bezug zur Früherkennung auch Müller, 1981, S. 39 ff. sowie S. 163 ff.). Ausgangspunkt bildet hier zunächst die Vorstellung, daß ein Unternehmen durch ein komplexes Beziehungsmuster (Netzwerk) mit seiner Umwelt verflochten ist (vgl. Abb. 7): "Jedes externe Ereignis, welches das Unternehmensgeschehen beeinflußt, muß - vorausgesetzt, das Netzwerk ist realistisch konstruiert - durch diese Beziehungsmuster zum Unternehmen diffundieren. Dies gilt auch umgekehrt, wenn die mikroskopische Einheit (Unternehmung) die makroskopische Gesamtheit (Umwelt) beeinflußt" (Müller, 1981, S. 39).

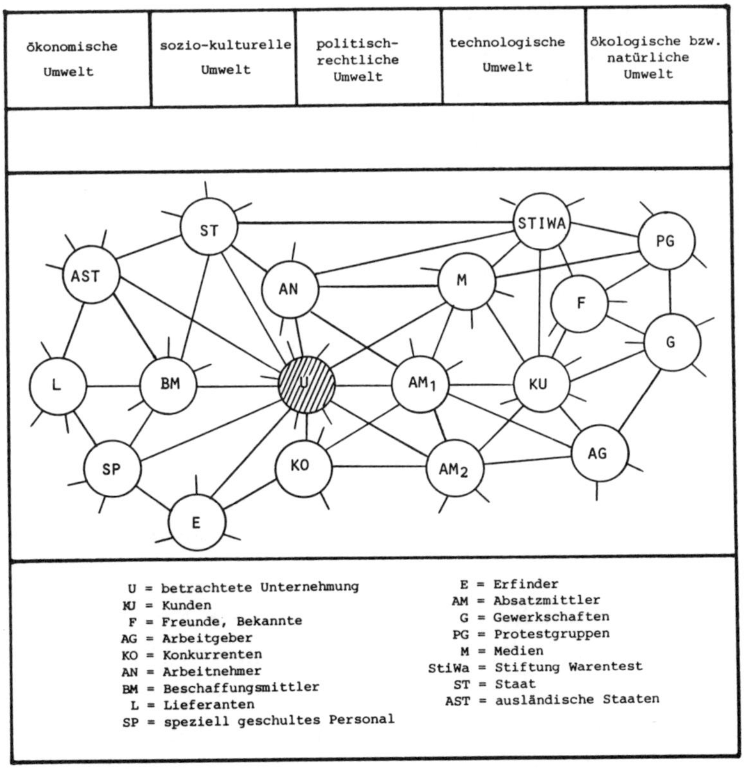

Abb. 7: Vereinfachtes Beispiel eines Netzwerkes zur Identifikation relevanter Beobachtungsfelder und Indikatoren

Ohne an dieser Stelle auf theoretische Grundlagen, Methoden zur Konstruktion von Netzwerken oder einzelne Verfeinerungsmöglichkeiten näher einzugehen (vgl. dazu Kutschker, 1980), zeigen Gespräche mit Praktikern, daß allein schon die Orientierung an der Grundidee eines netzwerktheoretischen Ansatzes zur Identifikation interessanter Indikatorverkettungen führen kann. /15/

3. Verbesserung methodischer Ansätze

In den vorangegangenen Abschnitten wurden bereits einige Möglichkeiten zur Verbesserung der methodischen Ansätze angedeutet, die zur Bewältigung einzelner Teilaufgaben im Zuge der Durchführung von FE-Programmen heranzuziehen sind. Erwähnenswert sind darüber hinaus u.a.:

- Neuere Methoden zur Diskontinuitätenentdeckung im Rahmen einer systematischen Unternehmens-Umweltüberwachung; z.B. statistische Verfahren wie "adaptive" Leitindikatoren, Diffusionsindices etc. (vgl. Böhler, 1983; Müller, 1981; Krampe, in diesem Band) Patentanalysen (vgl. Merkle, in diesem Band) oder der von Backhaus und Simon (1981) vorgelegte Ansatz einer auf einem Methodenverbund beruhenden Indikatorprognose, bei der einfache Leitreihen-Verfahren mit Kaufverhaltensmodellen sowie unterschiedlichen Verfahren der multivariaten Statistik (z.B. Faktoren- und Clusteranalysen zur Strukturierung des Beobachtungsfeldes) kombiniert werden;
- Methoden zur Diagnose und Prognose der Ursachen sowie der Auswirkungen diskontinuierlicher Entwicklungen (z.B. "Soft-Modelling", Input-Output-Analysen, Unternehmens- bzw. Simulationsmodelle, Weltmodelle, katastrophentheoretische Ansätze usw. (vgl. Böhler, 1983; Buchinger, 1983; Müller, 1981; Lieberknecht/Wiedmann, 1984; Wiedmann/Löffler, in diesem Band).

Besondere Aufmerksamkeit finden heute ferner die verschiedenen Varianten der Portfolio-Analyse. Ihre Einsatzmöglichkeiten werden im Rahmen von FES sowohl bei der Identifikation als auch bei der Diagnose der Auswirkungen diskontinuierlicher Entwicklungen gesehen (vgl. Ansoff/Kirsch/Roventa, 1983; Böhler, 1983; Wiedmann/Löffler, in diesem Band).

Last not least sind Methodenentwicklungen anzuführen, die zwar nicht direkt unter dem Thema "Früherkennung" diskutiert werden, innerhalb betrieblicher FES jedoch wichtige Dienste leisten können. Mit Blick auf die Datenerfassung sei hier etwa auf moderne Marktforschungsmethoden hingewiesen, die neue Medien bzw. Informationstechnologien (Btx, Video, Scanning etc.) einbeziehen. /16/

Nicht zu vernachlässigen sind schließlich neuere Entwicklungen im Feld der Kausalanalyse, die einen wertvollen Beitrag zur Erstellung und Überprüfung von Analyse- sowie Prognosemodellen zu leisten vermögen. /17/

4. Weiterentwicklung des Informationsmanagement und Einbeziehung des Entwurfs strategischer Handlungsalternativen

Eine grundlegende Erweiterung indikatorzentrierter FE-Programme stellen einerseits Vorschläge zur Ausgestaltung der Informationskanäle oder generell zur Verbesserung des Informationsmanagement dar, die unter dem Terminus "informationsmanagementzentrierte FE-Programme" zusammengefaßt werden können. /18/ Einen wichtigen Ansatz bilden hier etwa Verbraucherabteilungen, wie sie im Beitrag von Hansen, Raabe und Stauss (in diesem Band) vorgestellt werden. Anzuführen sind ferner Programme, die das systematische Ausschöpfen der Informationspotentiale des Außendienst-Systems, der Mitarbeiter der F&E-Abteilung oder z.B. die Einrichtung von FE-Gremien vorschlagen (vgl. Wiedmann, 1984).

Auf der anderen Seite ist vor allem die konsequente Einbeziehung der Entwicklung strategischer Handlungsalternativen als Antwort auf registrierte Herausforderungen hervorzuheben. Dadurch erweitert sich die Aufbau- und Ablaufstruktur betrieblicher FES zu dem in Abb. 2 skizzierten Grundmuster. Die zur Bewältigung dieses erweiterten Aufgabenspektrums vorgelegten Ansätze korrespondieren mitunter sehr eng mit informationsmanagementzentrierten FE-Programmen. Dies insofern, als hier über die reine Gewinnung und Verarbeitung von Informationen hinaus jeweils auch Ansatzpunkte der Strategieentwicklung bis hin zur Realisation einzelner Aktionsprogramme aufgezeigt werden (vgl. z.B. Hansen/Raabe/Stauss, in diesem Band). Bezüglich der Methoden zur Generierung und Bewertung strategischer Handlungsalternativen sei auf den Beitrag von Wiedmann und Kreutzer (in diesem Band) verwiesen; Hinweise hinsichtlich strategischer Antworten auf neue Herausforderungen finden sich im Kapitel D des vorliegenden Bandes.

Bei der Entwicklung von Strategien im Rahmen eines FES ist grundsätzlich festzuhalten, daß es hierbei oft nicht um konkrete Strategien oder Maßnahmenprogramme gehen kann, die sich in direkte Aktionen umsetzen lassen. Vielmehr sind hierarchisch abgestufte Reaktionen in Abhängigkeit des vorliegenden Informationsstandes vorzusehen. Liegt bspw. aufgrund eines schwachen Signals lediglich das "Gefühl" einer Chance oder eines Risikos vor, so beschränkt sich die strategische Reaktion in dieser Phase auf eine intensivere Überwachung des betreffenden Unternehmens - und/oder Umweltsektores und auf den Versuch, geeignete Informationsquellen und -instrumente festzulegen (z.B. Einrichtung von Gremien) sowie ggf. noch auf den groben Entwurf verschiedener Schubladenpläne. Erst dann, wenn sich bspw. im Zuge einer Cross-Impact-Analyse einzelne Trends deutlicher abzeichnen, sind weitere interne und externe Maßnahmen in Angriff zu nehmen (vgl. dazu auch Abb. 1).

III. Der Entwurf einer neuen Logik bzw. Philosophie der Früherkennung

1. Facetten einer neuen Philosophie der Früherkennung

In den verschiedenen Vorschlägen zur Verfeinerung und Ergänzung indikatorzentrierter FE-Programme findet teilweise bereits eine neue FE-Philosophie ihren Ausdruck. Sie wird heute im Anschluß an Ansoff vor allem in den Forschungsarbeiten um Kirsch /19/ propagiert und durch die Verbreitung des Evolutionsansatzes innerhalb der Betriebswirtschaftslehre unterstützt. /20/ Einhergehend damit gibt es durchaus Zweifel an der Zweckmäßigkeit der Logik traditioneller indikatorzentrierter FE-Programme - zumindest mit Blick auf die Installation <u>strategisch</u> ausgerichteter FES. Ausgangspunkt für derartige Zweifel bildet u.a. die im Kontext des Evolutionsansatzes aufgestellte Maxime, daß unsere - noch immer wesentlich durch das "Kartesianisch-Newtonsche Denken" der Physik geprägten - Erkenntnismuster und Weltbilder überwunden werden müssen, um die Probleme unserer Zeit bewältigen zu können. /21/ Die hier geforderte "neue Denkweise" bzw. das "neue Weltbild (Paradigma)" läßt sich stark vereinfachend durch folgende Elemente charakterisieren (Raffée, 1984, S. 35; Wiedmann, 1984, S. 21 - 22):

(1) <u>Ganzheitliches</u> bzw. <u>"systemisches" Denken</u> statt einer isolierend-abstrahierenden, <u>zusammenhangslosen</u> und reduktionisti-

schen Sichtweise. Die Wirtschaft ist bspw. lediglich als ein Aspekt eines umfassenden ökologischen und gesellschaftlichen Gewebes zu betrachten (Capra, 1983, S. 203). Dabei muß von einer Koevolution zwischen dem mikroskopischen Element "Unternehmung" und der makroskopischen Gesamtheit "Unternehmensumwelt" ausgegangen werden (Müller, 1981, S. 30).

(2) Im Gegensatz zu einer mechanistischen und deterministischen ist eine eher organische Sichtweise anzustreben. Die Institutionen, Zusammenhänge und Entwicklungen in einer Gesellschaft lassen sich nicht allein auf analytischem, "objektivem" Wege begreifen und mathematisch erfassen. Vielmehr handelt es sich um Prozesse der Selbstorganisation, die nur zu einem äußerst geringen Grade durch den Menschen zweckorientiert und zielbestimmt gesteuert werden können: Die Illusion der mehr oder weniger totalen Machbarkeit und Beherrschbarkeit ("Macher-Ideologie") ist von daher aufzugeben. /22/

(3) Aufgabe der Forschung ist vor diesem Hintergrund das Erkennen der Mechanismen und Spielregeln der Evolution von Gesamtsystemen, um daraus Schlüsse für Maßnahmen in koevolvierenden Systemen wie z.B. Unternehmen ziehen zu können. Statt eines Strukturdenkens ist dabei in erster Linie ein Prozeßdenken zu fordern (vgl. z.B. Sprüngli, 1981, S. 73 - 85). Als Orientierungsrahmen für das Prozeßdenken dient das Grundmuster der Evolution "Variation - Selektion - Stabilisierung". /23/

Aus diesen Leitlinien ergeben sich Konsequenzen für die Ausgestaltung aller Komponenten eines FES. So stellt die Forderung nach einer ganzheitlichen Denkweise z.B. die vorherrschende Konzentration auf jeweils isolierte Unternehmens- oder Umweltaspekte in Frage, bei der der erforderliche Blick für Zusammenhänge verlorengeht. Im Gegensatz dazu sind einzelne Aspekte (z.B. Verhalten der Abnehmer, Lieferanten, Konkurrenten etc.) immer vor dem Hintergrund des sie umgebenden sozialen Gefüges zu sehen. Hierbei kann auf die Erstellung von Indikatorketten bzw. -netzwerken und speziell etwa auf den erwähnten netzwerktheoretischen Ansatz zurückgegriffen werden (vgl. Abb. 6 sowie 7).

Von weitreichender Bedeutung ist jedoch insbesondere, daß heute gerade auch das Denken in Indikatorgesetzen bzw. die traditionelle, "kausallogische" FE-Philosophie im Schußfeld der Kritik steht. Man kritisiert die Annahme, "daß die Welt gewisse Prozeßstrukturen bzw. invariante Systemzusammenhänge aufweist, die man aufgrund von Erfahrung oder stringenter, empirischer Forschung zu erkennen glaubt" (Trux/Müller/Kirsch, 1984, S. 320). Zwar bildet diese Philosophie sicherlich eine geeignete Orientierungsgrundlage für die operative Früherkennung und teilweise auch für die strategische Früherkennung, zumindest soweit es sich um Unternehmen mit relativ stabilen Unternehmens-Umweltbeziehungen handelt. Zentrale strategische Herausforderungen bzw. Überraschungen resultieren heute jedoch zunehmend aus den verschiedentlich erwähnten Diskontinuitäten, die sich nicht oder nur sehr bedingt mit Hilfe einmal festgelegter Problemindikatoren, Kausalketten etc. oder bestehender Erfahrungen sowie Theorien erkennen lassen (Trux/Müller/Kirsch, 1984, S. 320). Von daher ist die "Vision totaler Vorhersehbarkeit und Gestaltbarkeit" aufzugeben:

> Im Gegensatz zur Beobachtung zuvor festgelegter Indikatorbündel rückt hier eine umfassende Unternehmens-Umweltexploration ins Zentrum strategisch ausgerichteter FES. In einem breit angelegten "Unternehmensradar" sind dabei alle Unternehmens- sowie Umweltbereiche im Hinblick auf schwache Signale abzutasten. Die Auswertung der aufgezeichneten Erscheinungen sowie Entwicklungen im Hinblick auf vermeintliche Chancen und Risiken erfolgt innerhalb einer "strategic issue analyses" (Ansoff, 1980) und eigens dafür eingerichteten Gremien. Die Aufgabe solcher Gremien, die jeweils ad hoc und nicht nach einem festen Planungskalender einzuberufen sind (vgl. Trux/Müller/Kirsch, 1984, S. 9), besteht darin, Prioritäten für weitere Informationsaktivitäten zu ermitteln und ggf. schon grob mögliche strategische Handlungsalternativen vorzustrukturieren. Das methodische Rüstzeug bildet hier u.a. die (Cross-)Impact-Analyse (vgl. Köhler/Böhler, 1984; Wiedmann/Kreutzer, in diesem Band).

Soweit man im Rahmen der modernen FE-Philosophie dafür plädiert, auf feststehende Indikatorbündel bzw. den Indikatoransatz gänzlich zu verzichten, begibt man sich in Gefahr, das Kind mit dem Bade auszuschütten (vgl. z.T. auch Hahn, 1983, S. 16). Die vorhandenen Ansätze und Programme verlieren auch für den Sektor strategischer Früherkennung keinesfalls völlig ihre Bedeutung. Nicht selten weisen z.B. verschiedene Umfeldentwicklungen für einzelne Unternehmen nur deshalb den Charakter schwacher Signale auf, weil es versäumt wurde, die Suche nach Problem- bzw. Frühindikatoren über das eigene Unternehmen und die unmittelbare Marktumwelt hinaus auszudehnen. Entsprechend weitreichende Kausalketten oder Netzwerke, in denen Beziehungen zwischen unmittelbar unternehmensrelevanten Faktoren und bspw. politischen sowie sozio-kulturellen Entwicklungen durchleuchtet werden, sind sicherlich nach wie vor geeignet, das Spektrum möglicher strategischer Überraschungen einzuengen. Überdies bilden derartige Kausalketten und Netzwerke eine wesentliche Voraussetzung, um völlig neuartige Erscheinungen einzuordnen und hinsichtlich ihrer Relevanz einschätzen zu können.

Grundsätzlich zu fordern ist allerdings, daß einseitige Denkschienen aufgebrochen und die Scheuklappen bestehender Erfahrungen, Theorien sowie Methoden in Frage gestellt werden. Daraus resultiert einerseits die Notwendigkeit zur systematischen Kombination einer ständig gerichteten Überwachung mit einer ständig ungerichteten Überwachung (zweckfreie Exploration). Die Funktion ungerichteter Überwachung besteht insbesondere darin, in einem breit angelegten Radarsystem Informationen aus bislang in den vorliegenden Indikatorbündeln, Netzwerken oder generell FE-Programmen nicht berücksichtigten Sektoren aufzufangen, um dadurch ggf. Lücken und Schwachstellen der gerichteten Überwachung zu schließen. Bei den zu erfassenden Informationen kann es sich sowohl um Daten handeln, für deren Interpretation Theorien oder Erfahrungen fehlen, als auch um Theorien bzw. Methoden, für deren Anwendung Daten fehlen (Trux/Müller/Kirsch, 1984, S. 344).

Andererseits sollte jedoch auch schon im Rahmen der ständig gerichteten Überwachung nicht dogmatisch mit bestimmten Indikatorbündeln, Netzwerken, Methoden und Informationskanälen gearbeitet werden. Vielmehr ist demgegenüber zu gewährleisten,

- daß Informationen bzw. strategisch relevante Signale von möglichst vielen Stellen empfangen und beurteilt werden (Früherkennung ist demnach nicht allein das Problem des Planungsstabs, sondern alle Mitarbeiter sind einzuschalten),
- daß einzelne Entwicklungen und Erscheinungen von mehreren Seiten beleuchtet werden, also jeweils verschiedene Theorien und Erfahrungskontexte Beachtung finden (dies ist z.T. durch die Berücksichtigung unterschiedlicher Informationsquellen sowie methodischer Ansätze zur Informationsverarbeitung zu erreichen),
- daß Theorien (einschließlich Erfahrungen bzw. sog. "Laien-Theorien") im Sinne von Informationen zur "Einengung möglicher Spielräume der Evolution" und nicht als endgültige Wahrheiten begriffen werden (die Starrheit, mit der an überkommenen Vorstellungen festgehalten wird, ist vielfach der Hauptgrund für die Kurzsichtigkeit gegenüber neuen Entwicklungen),
- daß Methoden Verwendung finden, die sich nicht mehr nur allein auf ein exaktes Zahlendenken beziehen, sondern auch die menschliche Intuition zu nutzen versuchen (kreative Techniken, Delphi-Prognosen, Szenario-Technik etc.) und einem dynamischen Prozeßdenken Rechnung tragen (kritische Relativierung von Trendextrapolationen),
- daß versucht wird, mit Hilfe einer theoretischen Durchdringung der Unternehmens-Umweltbeziehungen die Spielregeln der Evolution zu erfassen und in geeigneten Planungstechniken zu repräsentieren (Spielregeln der Evolution berücksichtigt bspw. das von Krampe (in diesem Band) vorgestellte FE-Programm, welches

auf diffusionstheoretischen Überlegungen basiert und letztlich das Verbreitungsmuster "Variation-Selektion-Stabilisierung" mittels struktureller Trendlinien nachvollzieht),

- daß generell eher spielerisch experimentierend alternative Zukünfte generiert und hinsichtlich ihrer Bedeutung ausgetestet werden.

In Anbetracht dieser Forderungen werden - neben den üblichen indikatorzentrierten FE-Programmen - andere FE-Programme relevant, die neue Akzente setzen.

2. Ausgewählte Programme moderner Früherkennung

Vor dem Hintergrund einer neuen FE-Philosophie gewinnen insbesondere informationsmanagement-, analyse- sowie modellzentrierte FE-Programme an Gewicht.

o Informationsmanagementzentrierte FE-Programme

Einen wichtigen Baustein moderner FES stellen zunächst jene Programme dar, in deren Mittelpunkt eine Verbesserung des Informationsmanagement steht. Neben dem Ausschöpfen des Informationspotentials aller Mitarbeiter (im Sinne eines erweiterten "betrieblichen Vorschlagswesens"), der systematischen Einbeziehung des Außendienstes, der Einrichtung spezieller Sensornetze /24/, neuen Techniken der Diskontinuitäten-Befragung /25/, der Bildung von Gremien zur "strategic issue analysis" u.ä.m. sei hier exemplarisch vor allem noch einmal auf die Installation von Verbraucherabteilungen hingewiesen. Verbraucherabteilungen (bzw. allgemein: Kundenabteilungen) sind für die Früherkennung deshalb so wichtig, weil es mit ihrer Hilfe gelingen kann, die einseitigen Denkschienen des Linien- oder Produkt-Management aufzubrechen. Dies u.a. insofern, als hier gezielt eine Abteilung eingerichtet wird bzw. werden sollte, die in erster Linie in den Kategorien der Abnehmer sowie vor allem des Konsumerismus denkt und gegenüber dem Management eine Aufklärungs- bzw. "Wachrüttelfunktion" hat. /26/ Die sich hier niederschlagende Idee einer FE-Spezialabteilung mit einer bewußt vom übrigen Management abweichenden Denkweise läßt sich in Abhängigkeit der jeweiligen Unternehmenssituation mutatis mutandis auch auf andere Bereiche übertragen:

Zu denken ist bspw. an eine Öko-Abteilung, Technologie-Abteilung, Lobby-Abteilung usw.

Eine prüfenswerte Idee stellt etwa auch die Einrichtung einer "Spinner-Abteilung" dar, deren Aufgabe teilweise jener von Hofnarren im Mittelalter ähnelt, die ihren Herrschern den Narrenspiegel vorhalten sollten, um ihnen so ein gewisses Maß an (Selbst-)Kontrolle zu ermöglichen. Weniger metaphorisch ausgedrückt handelt es sich hierbei um einen Spezialisten oder ein Team von Spezialisten, die innerhalb eines Unternehmens die Funktion der ungerichteten Überwachung übernehmen. Das Aufgabenspektrum dieser "Spinner-Abteilung" bzw. FE-Spezialeinheit umschließt u.a.:

- die kritische Analyse der bestehenden Planungs- und Managementpraxis,
- die Suche nach neuen Erscheinungen, Entwicklungen, Ideen, Erkenntnissen (Theorien, Methoden) usw., die vordergründig betrachtet keine Bedeutung für das Unternehmen haben bzw. deren Relevanz bislang nicht erkannt oder falsch beurteilt wurde,
- den Versuch, Beziehungen zwischen diesen Informationen und dem Unternehmensgeschehen herzustellen und entsprechende Gestaltungsvorschläge zu unterbreiten,
- ein Einflußmanagement, mit dem neue Ideen, Perspektiven, Methoden etc. innerhalb des Unternehmens durchzusetzen versucht werden.

Besonders hervorzuheben ist schließlich noch die Bedeutung einer konsequenten Medienanalyse für die Früherkennung. Der amerikanische Nachrichtendienstexperte Eric L. Cutter stellte hierzu einmal fest: "Als Geheimdienstler macht man immer wieder die verblüffende Entdeckung, daß die interessantesten Informationen in den Zeitungen stehen" (zit. nach Müller, 1981, S. 170).

Zeitungen, Zeitschriften, TV- und Radiosendungen, Kongreßprotokolle, Forschungsberichte usw. sollten insofern grundsätzlich als wichtige Informationsquelle für schwache Signale bzw. FE-Informationen und nicht nur für Neuproduktideen betrachtet werden.

Zur ("strategischen") Medienanalyse liegen inzwischen zahlreiche Ansätze vor. So etwa zur Durchführung computergestützter Inhaltsanalysen (vgl. Schmidt, 1983) oder zur Errichtung computergestützter Dokumentationssysteme und Informationsbanken (vgl. Mertens/Schrammel, 1983). Die Auswertung einzelner Medien kann dabei von unterschiedlichen Stellen vorgenommen werden. Zum einen fällt sie unmittelbar in den Aufgabenbereich der zuvor erwähnten Unternehmensorgane (z.B. Auswertung unterschiedlicher verbraucherpolitischer Publikationen wie die Testhefte der Stiftung Warentest, wissenschaftliche Veröffentlichungen zu verbraucherpolitischen Themen usw. durch Verbraucherabteilungen, Aufteilung von Tageszeitungen auf die Mitarbeiter u.ä.m.). Zum anderen werden heute Medienanalysen durch zahlreiche Dienstleistungsunternehmen angeboten. Zu erwähnen sind etwa das "Williams Inference System", die Trendletter-Redaktion des Manager-Magazins, das Trend-Radar und Datenbank-Systeme, wie sie z.B. von IBM oder

Lockhead implementiert wurden (vgl. Müller, 1981, S. 170; Merkle, 1984; Mertens/Schrammel, 1983).

Obwohl die von einzelnen (Dienstleistungs-)Unternehmen offerierten Programme z.T. außerordentlich leistungsfähig sind, so können sie unternehmenseigene Analysen nicht völlig ersetzen: "Unterschiedliche Sichtweisen der Problemrelativität und die damit auch oft fehlende Einsicht in die Unternehmensgeschehnisse verhindert eine vollständige Sensibilisierung externer Signalrechercheure gegenüber unternehmensrelevanten schwachen Signalen" (Müller, 1981, S. 170). Um die Vorteile externer Informationsdienste und Datenbanken voll ausschöpfen, gleichzeitig aber auch einen FE-Maßanzug sicherstellen zu können, erscheint insbesondere die Kooperation zwischen Unternehmen und FE-Consultants zweckmäßig. Ein interessantes, partizipatives FE-Programm wurde hier etwa vom Institut für Strategie- und Zukunftsstudien (ISZ) entwickelt und mit dem Akronym "STAR" (Strategischer Trend-Analyse-Report) belegt (ausführlicher zur Funktionsweise vgl. Müller, in diesem Band).

o Analysezentrierte FE-Programme

Stehen bei den informationsmanagementzentrierten FE-Programmen unterschiedliche Ansätze der Informationsgewinnung, des Informationsaustausches im Mittelpunkt, so geht es bei den analysezentrierten FE-Programmen um den Versuch, durch die systematische Auswertung von Informationen Aufschluß hinsichtlich potentieller und/oder faktischer Chancen und Risiken zu erhalten. Beide Programmvarianten bauen unmittelbar aufeinander auf.

Eine geeignete Basis analysezentrierter FE-Programme bilden im Grunde alle Verfahren der strategischen Analyse (vgl. z.B. Buchinger, 1983; Kirsch/Roventa, 1983; Kreikebaum, 1981; Wiedmann/Kreutzer, in diesem Band). Allein schon die Beurteilung wichtiger Potentiale (Produktqualität, Serviceniveau, Management-Know-How) im Vergleich zur Konkurrenz im Zuge einer einfachen Stärken-/Schwächen-Analyse oder z.B. Produktpositionierungsstudien, Marktsegmentanalysen, differenzierte Konkurenz- bzw. Wettbewerbsanalysen, Cross-Impact-Analysen u.ä.m., vermögen frühzeitig Hinweise auf potentielle Probleme zu geben.

Vor dem Hintergrund einer modernen FE-Philosophie ist allerdings ein von der üblichen Praxis leicht abweichender Einsatz dieser Instrumente zu fordern. Wegweisend ist hier etwa der Vorschlag von Kirsch et al. zum Einsatz der Portfolio-Analyse (vgl. z.B. Kirsch/Trux, 1979; Wiedmann/Löffler, in diesem Band). Der Grundgedanke besteht zunächst in einer bewußt unscharfen Positionierung strategischer Geschäftseinheiten in der Portfolio-Matrix auf der Basis unternehmensinterner Expertenbefragungen. Damit soll u.a. vermieden werden, daß dem (Top-)Management durch die Konsensbildung im Vorfeld zentrale Informationen entgehen. Gerade aus der Unsicherheit und/oder dem Dissens hinsichtlich einer Beurteilung der strategischen Position einzelner Geschäftseinheiten können sich wichtige Hinweise auf neue Entwicklungen ergeben. Diesen, zunächst u.U. nur schwachen Signalen gilt es dann, durch differenzierte Analysen (Tiefenanalysen, Diskontinuitätsbefragungen) nachzugehen (ausführlicher dazu: Ansoff/Kirsch/Roventa, 1983).

Dieser Gedanke, "Unschärfebereiche" in der Portfolio-Analyse zu erfassen, läßt sich auch bei anderen Portfolio-Varianten und generell bei allen Positionierungsinstrumenten der strategischen Analyse anwenden: Technologie-Portfolio, Human-Portfolio, Wettbewerber-Positionierungen in der Darstellung strategischer Gruppen, Branchenpositionierungen in der Vorteilsmatrix oder im strategischen Spielbrett usw. (Trux/Müller/Kirsch, 1984, S. 357; zu den einzelnen Instrumenten vgl. die Beiträge im Kapitel B dieses Bandes). Darüber hinaus sollte die Grundidee der gezielten Erfassung und Auswertung von unterschiedlichen Einschätzungen, Dissensen, Bewertungsunsicherheiten etc. generell beim Einsatz strategischer Analyseinstrumente im Dienste der Früherkennung Beachtung finden. Dies läßt sich etwa durch die zuvor skizzierten Programmvorschläge im Kontext des Informationsmanagement systematisch fördern - und zwar indem man ganz bewußt Sensorsysteme, FE-Spezialabteilungen etc. mit unterschiedlichen Orientierungen, Erfahrungshintergründen und Wertvorstellungen heranzieht und damit "kreative Konflikte" vorzuprogrammieren versucht.

o Modellzentrierte FE-Programme

Die verschiedenen Methoden der strategischen Analyse basieren in der aller Regel auf Beschreibungs-, Erklärung- oder Entscheidungsmodellen, in denen relevante Beziehungen zwischen einzelnen Größen bzw. Indikatoren erfaßt sind. Hierdurch eignen sie sich zumeist gleichzeitig als Grundlage für die Erstellung interessanter Prognosesysteme. Anstelle der gegenwärtigen Ausprägung unterschiedlicher Erfolgsfaktoren können so z.B. im Rahmen der Portfolio-Analyse Prognosewerte herangezogen und - anstatt der üblichen Ist-Portfolios - Wird-Portfolios bzw. Entwicklungs-Portfolios aufgestellt werden. Ähnliches gilt für alle anderen Konzepte der strategischen Analyse. Mit der anvisierten Verknüpfung von Analysekonzepten und Prognosen ist zugleich ein Übergang zu jenen Programmvarianten verbunden, die hier als "modellzentrierte FE-Programme" bezeichnet werden sollen.

Im Kern besteht der Ansatz modellzentrierter FE-Programme darin, interessierende Unternehmens-Umweltbeziehungen in Beschreibungs- oder insbesondere theoretisch fundierten Erklärungsmodellen zu repräsentieren und im Anschluß daran Prognosen vorzunehmen. Nimmt man "im Zeichen der Diskontinuitäten" von der Illusion prinzipieller Vorhersehbarkeit der Umwelt Abschied, so kann es hier allerdings nicht um den Versuch gehen, ein möglichst exaktes ("Zahlen"-)Bild der Zukunft zu zeichnen oder wenigstens genaue Entwicklungskorridore sowie Streubereiche angeben zu wollen. Im Zentrum sollte demgegenüber das Bemühen stehen:

- mehrere Zukunftsmöglichkeiten zu explorieren,
- diese im Hinblick auf vermeintliche Konsequenzen für das Unternehmen sowie sich anbietende Reaktionsalternativen zu durchleuchten,
- und ggf. bereits von entsprechenden Eventualstrategien bzw. Schubladenplänen ausgehend, das Unternehmensradar auf das Eintreffen potentieller Zukunftsalternativen auszurichten.

Als gedankliches Grundgerüst hierfür kann etwa die <u>Szenario-Technik</u> dienen /27/ (vgl. Abb. 8), bei der jeweils sehr unterschiedliche Instrumente Verwendung finden: so z.B. sowohl qualitative als auch quantitative Prognoseverfahren. Die jeweils zugrundeliegenden Modelle können ferner als verbale bzw. graphische, mathematische oder kybernetische Modelle konzipiert sein. Soweit quantitative bzw. mathematische oder kybernetische Modelle herangezogen werden, findet im vorliegenden Zusammenhang häufig der Begriff "<u>Simulations-Technik</u>" Verwendung. In gewisser Weise kann die Simulations-Technik hier als ein quantitatives, zumeist computergestütztes Pendant zur Szenario-Technik verstanden werden.

Als Modellvarianten, die im Rahmen modellzentrierter FE-Programme zum Einsatz gelangen können, sind beispielhaft anzuführen:

- Modelle, wie sie den unterschiedlichen Ansätzen der Portfolio-Analyse zugrunde liegen (vgl. dazu auch die Skizze einer Portfolio-Simulation bei Wiedmann/Löffler, in diesem Band);
- Modelle, die mögliche Entwicklungsverläufe abbilden (z.B. Produktlebenszyklus, Technologiezyklus, Nachfrage-Technologie-Zyklus, Diffusionsmodell, Innovationsentwicklungsmodelle usw.); /28/
- Unternehmensmodelle zum Austesten neuer Absatz- und Beschaffungsstrategien oder von Verhaltensänderungen bei Kunden, Lieferanten etc.; /29/
- Weltmodelle wie z.B. "Grenzen des Wachstums" (Medows-Studie), "Menschheit am Wendepunkt", SARUM, FUGI oder GLOBAL 2000 (vgl. Bruckmann, 1983).

Die Einführung modellzentrierter FE-Programme setzt grundsätzlich einen intensiven Dialog zwischen Modellverwendern und -konstrukteuren voraus. Sie sollte sukzessive erfolgen - und zwar u.U. beginnend mit einfachen Modellen, die vom Management in Kooperation mit Planungsexperten in verbaler oder graphischer Form erstellt werden. In Abhängigkeit von den gewonnenen Erfahrungen besteht dann die Möglichkeit, diese Modelle inhaltlich zu erweitern und ggf. mathematisch zu formulieren sowie in Computersimulations-Modellen niederzulegen.

Als erster Einstieg in die modellzentrierte Früherkennung vermögen bereits einfache Erfassungsmodelle gute Dienste zu leisten. Sie sind in Planungsdiskussionen gewissermaßen als Anschauungsmaterial einzubringen, um etwa Delphi-Prognosen oder generell die intuitive Kapazität der Beteiligten zu fördern. In diesem Zusammenhang bietet sich unmittelbar ein Vergleich zu jenen "Sandkastenspielen" an, die den Feldherren früherer Zeiten zum Austesten strategischer Situationen dienten. Analog dazu könnten bspw. Netzwerk-Graphiken Verwendung finden, in denen die unmittelbaren und mittelbaren Austauschpartner eines Unternehmens abgebildet sind (vgl. Abb. 7). In Szenario-Sitzungen sind dann bspw. mögliche Diffusionsprozesse einzelner Umwelttrends (etwa Ausstrahlung neuer Wertvorstellungen) systematisch durchzuspielen. Als Informationsinput ist hier u.a. auf Berichte einzelner Sensorsysteme, Medienanalysen usw. zurückzugreifen; als methodische Basis sind zunächst nur systematisch ausgearbeitete Fragenkataloge erforderlich. /30/

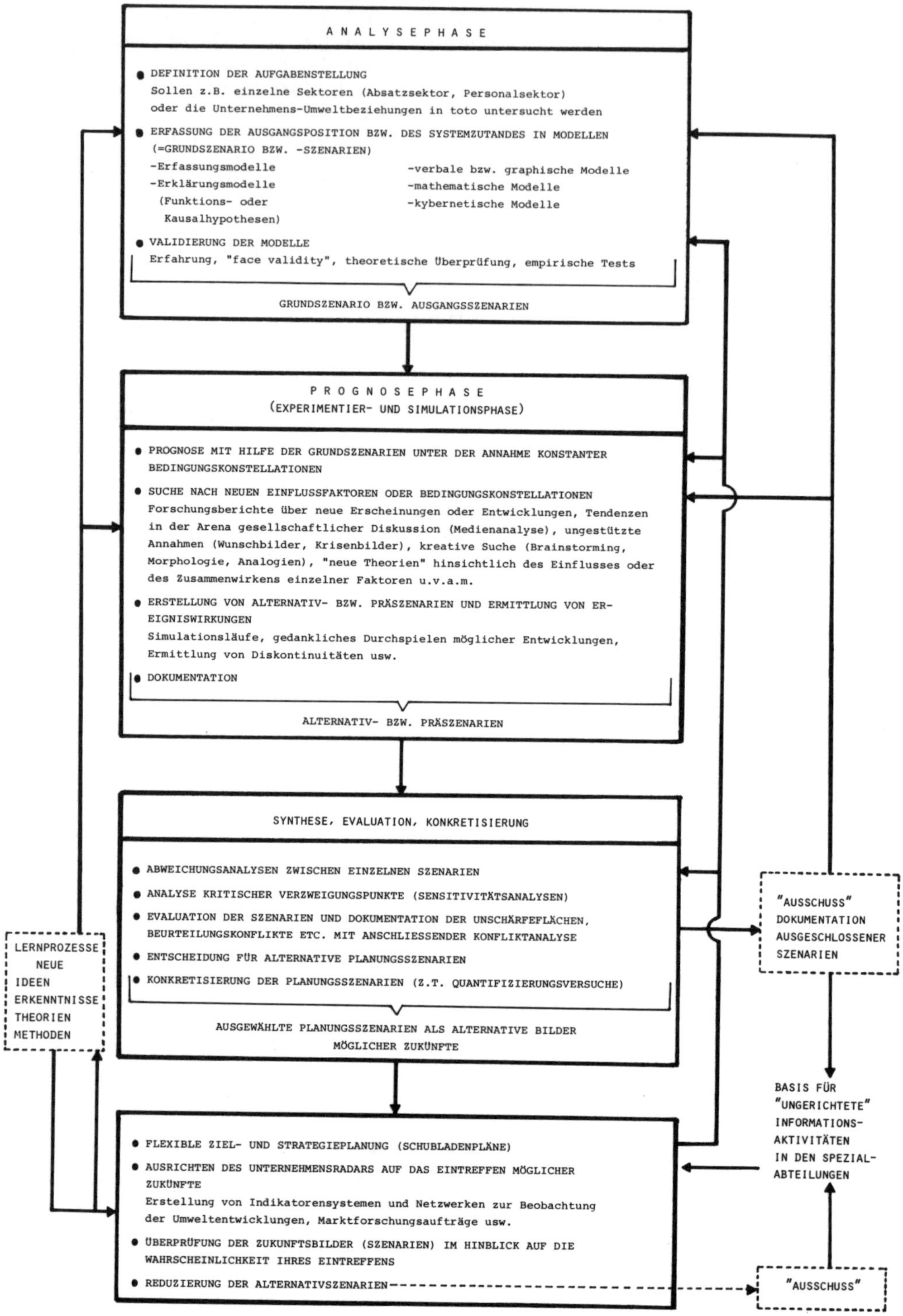

Abb. 8: Die Szenario-Technik als gedankliches Grundgerüst modellzentrierter Früherkennungs-Programme

IV. Marketing-Assessment als Konzept strategischer Früherkennung

1. Das Abschätzen der Folgewirkungen des eigenen Verhaltens als Informationsperspektive der Früherkennung

Bei den vorliegenden FE-Programmen wird in erster Linie gefordert, Unternehmens- und Umweltentwicklungen zu analysieren oder zu prognostizieren, um Aufschluß über vermeintliche Chancen und Risiken zu erhalten. Nicht ausreichend betont wird demgegenüber die Notwendigkeit, die Konsequenzen des eigenen Verhaltens umfassend zu analysieren bzw. zu prognostizieren und zu beurteilen. Damit wird die Rolle des Unternehmens als Auslöser marktlicher und vor allem gesellschaftlicher Änderungsprozesse potentiell unterbewertet.

Unter diesem Blickwinkel werden zum einen natürlich jene Instrumente relevant, wie sie in der Marketingpraxis zur Analyse und Prognose von Marketingwirkungen beim Kunden und Wettbewerber zum Einsatz gelangen (Testmarktsimulationen, Werbewirkungsprognosen u.a.m.). /31/ Zum anderen ist jedoch vor allem ein Planungsinstrument zu beachten, das heute unter der Bezeichnung "Marketing-Assessment" (= Marketing-Folgenabschätzung) diskutiert wird (vgl. Utz, 1978). Zentrales Ziel des Marketing-Assessment ist zunächst die systematische Erfassung und Beurteilung sog. externer Effekte bzw. der Marketingwirkungen auf einzelne Austauschpartner sowie auf die Gesellschaft insgesamt - und zwar unter Einbeziehung eines umfassenden Sozialindikatorensystems wie etwa dem Konzept der Lebensqualität. Konkret sollen etwa mögliche Wirkungen einer bestimmten Produktpolitik, Kommunikationspolitik oder des gesamten Marketingprogramms in den Bereichen natürliche Umwelt, Gesundheit, Beschäftigung und Qualität des Arbeitslebens, Rechtsstaatlichkeit u.a.m. erfaßt werden (vgl. etwa Raffée, 1979, S. 11 - 27).

Im Anschluß daran sind dann unternehmensgerichtete Reaktionen der marktlichen und gesellschaftlichen Umwelt schon vor der Realisation von Strategien und Maßnahmen abzuschätzen (Abwanderung und Widerspruch seitens der Kunden; gesetzliche Restriktionen, Machtzuwachs einzelner Gruppen oder Institutionen wie z.B. Bürgerinitiativen, verbraucherpolitischer Organisationen usw.).

Ein einfaches Beispiel soll die Bedeutung der "Assessment-Perspektive" für die Früherkennung verdeutlichen:
Die Produzenten von "Horror-Videos" hätten ihr FES z.B. in der Weise gestalten können, daß sie sorgfältig Zeitungsmeldungen über Gewaltverbrechen und die dort angegebenen Hintergründe (z.B. Hinweise auf das regelmäßige Abspielen von "Horror-Videos") registrieren. Bereits nach ersten Meldungen dieser Art wären dann Überlegungen hinsichtlich alternativer Betätigungsmöglichkeiten einzuleiten gewesen.

Diese Alternativpläne hätten dann konkretisiert werden müssen, als "Horror-Videos" in die Arena gesellschaftlicher Diskussion kamen (Angriffe von Jugendschutzverbänden und Politikern, negative Presseberichte etc.). Die Realisation einzelner Alternativen wäre schließlich dann einzuleiten, wenn entsprechende Gesetzesvorlagen zum Verbot von "Horror-Videos" ernsthaft diskutiert werden.

Noch besser - und dies nicht nur im Sinne betrieblicher Früherkennung - wäre es indessen gewesen, schon vor der Produktion mögliche Konsequenzen abzuschätzen und auf das Angebot dieser Sorte außerordentlich fragwürdiger "Filme" zu verzichten.

2. Zur Vorgehensweise im Rahmen des Marketing-Assessment

Die Konzeption des Marketing-Assessment baut im wesentlichen auf dem Ansatz des Technology-Assessment /32/ sowie unterschiedlichen Ansätzen der sozialen Berichterstattung (Social Accounting, Sozialbilanzen, Sozialindikatorenansatz) /33/ auf. Im Gegensatz zu der ursprünglichen Konzentration auf die Analyse, Prognose und Bewertung unbeabsichtigter, indirekter und mit zeitlicher Verzögerung auftretender Auswirkungen eines Marketingprogramms im Sinne externer Effekte, wird Marketing-Assessment heute als umfassende Konzeption der Abschätzung von Marketing-Folgewirkungen ausgelegt (vgl. Utz, 1978). Damit sind sowohl direkte als auch indirekte, beabsichtigte wie unbeabsichtigte, positive wie negative und schließlich unmittelbare als auch mittelbare bzw. mit zeitlicher Verzögerung auftretende Folgewirkungen zu berücksichtigen. Die Vorgehensweise läßt sich stark vereinfachend in ihren Einzelschritten wie folgt verdeutlichen:

o Bestimmung der untersuchungsrelevanten Elemente des Marketingprogramms und Prognose seiner voraussichtlichen Entwicklungen

Bei der Bestimmung jener Elemente des Marketingprogramms, deren Folgewirkungen abgeschätzt werden sollten, ist grundsätzlich von einer ganzheitlichen Perspektive auszugehen. Konkret bedeutet dies, daß nicht etwa nur die Produktpolitik, sondern das gesamte Marketing-Mix Beachtung finden muß. Um mögliche Problemkomponenten identifizieren zu können, ist jedoch gleichzeitig eine sehr differenzierte Vorgehensweise zu wählen. Im Blick auf die Produktpolitik sind bspw. die jeweiligen Produkte in ihre Input-/Output-Bestandteile zu zerlegen oder sollten einzelne Produktlebensphasen aufgeschlüsselt werden (Produktentwicklung, Produkterstellung, Nachfragebeeinflussung, Produktverzehr/-verwendung sowie Produktbeseitigung). Als Grundlage für diese differenzierte Beschreibung des Marketingprogramms eignen sich etwa der morphologische Ansatz oder einfache Checklisten.

Die Erfassung des Marketingprogramms sollte ferner nicht allein zeitpunktbezogen erfolgen; vielmehr sind auch voraussichtliche Entwicklungen einzubeziehen, die sich aufgrund einer langfristigen Strategieplanung absehen oder vor dem Hintergrund möglicher Entwicklungspfade in den Sektoren Markt, Wettbewerb sowie Technologie prognostizieren lassen. Einhergehend damit ist zu fordern, daß die Marketingprogramme des Unternehmens nicht isoliert von jenen der Wettbewerber gesehen werden: Zum einen deshalb, weil oftmals nicht die Marketingmaßnahmen einzelner Unternehmen ins Schußfeld der Kritik geraten, sondern die Gesamtsituation hierbei im Zentrum steht. Zum anderen werden u.U. durch das Unternehmensverhalten erst Konkurrenzreaktionen ausgelöst, die letztlich dann diese Gesamtsituation bestimmen.

Zur Bestimmung relevanter Indikatoren in einzelnen Wirkungs- bzw. Beziehungsfeldern kann auf zahlreiche Indikatorensysteme rekurriert werden, die z.T. sowohl auf objektive als auch subjektive Indikatoren in Bereichen wie z.B. Gesundheit, Lebensstandard, ökologische Umwelt oder speziell der Produktbeurteilung, Konsumentenzufriedenheit etc. hinweisen. /34/

o Ermittlung bzw. Prognose von Marketingwirkungen

Ausgehend von einem geeigneten Indikatorensystem sind dann mögliche Marketingwirkungen zu ermitteln bzw. - da das Marketing-Assessment möglichst schon vor der Realisation von Maßnahmen durchgeführt werden sollte - zu prognostizieren. Hierbei bietet sich ein mehrstufiges Vorgehen an, bei dem mehrere Wirkungspfade beleuchtet werden müssen. Im einzelnen sind etwa zu erwähnen (vgl. Utz, 1978, S. 208):

- Auswahl relevanter Wirkungsindikatoren,
- Analyse der naturwissenschaftlich meßbaren bzw. objektiven, vom Bewußtsein der Betroffenen unabhängig feststellbaren Konsequenzen, wie z.B. Emissions- sowie Imissionsmengen, Ressourcenverzehr, Zahl der Arbeitslosen, spezifische Konsequenzen für die Gesundheit, Versorgungssituation u.ä.m.,
- Ermittlung der subjektiven Wirkungen dieser externen Effekte auf die Zufriedenheit, Präferenzen, Einstellungen und Forderungen der jeweils direkt Betroffenen (Kunden, Mitarbeiter, Anwohner usw.),
- Analyse von Ursache-Wirkungsbeziehungen sowie subjektiven Kausalitätsvermutungen ("Schuldzurechnungen"),
- Abschätzung der Reaktionen in der allgemeinen Öffentlichkeit sowie bei den Institutionen der regulativen Umwelt (staatliche Organe, gesellschaftspolitische Eliten, Medien),
- Ermittlung wechselseitiger Beeinflussungsbeziehungen (z.B. sozialer Druck auf staatliche Organe durch Medien, Bürgerinitiativen usw. im Hinblick auf die Verabschiedung von Gesetzen, die Einrichtung oder Unterstützung verbraucherpolitischer Institutionen etc.),
- Ermittlung langfristiger Folgewirkungen im ökonomischen, politisch-rechtlichen, sozio-kulturellen sowie ökologischen Bereich

(z.B. Eigendynamik und Machtposition verbraucherpolitischer Institutionen, gesellschaftliche Krisen, Gefährdung der liberalen Wirtschaftsordnung).

Als methodische Basis zur Bewältigung dieser Aufgabenstellung eignen sich in erster Linie Expertenbefragungen, Delphi-Prognosen und insbesondere die Szenario-Technik (etwa in Verbindung mit dem netzwerktheoretischen Ansatz). Eindringlich zu warnen ist hier vor einem engen "Quantifizierungs- bzw. Zahlendenken" oder der Konzentration auf jene Aspekte, die sich eindeutig erfassen lassen. Hiermit wäre eo ipso eine Kurzsichtigkeit gegenüber relevanten Umweltentwicklungen verbunden. Eine weitere Variante der Kurzsichtigkeit besteht darin, daß lediglich objektive Ursache-Wirkungsbeziehungen und nicht die letztlich handlungsbestimmenden Kausalitätsvermutungen der Umweltpartner in Betracht gezogen werden.

o Ermittlung bzw. Prognose unternehmensbezogener Folgewirkungen

Mit der Abschätzung allgemeiner Marketingwirkungen innerhalb der Umwelt geht die Ermittlung bzw. Prognose unternehmensbezogener Folgewirkungen ("Bumerang-Effekte") unmittelbar Hand in Hand. Dies insofern, als Ressourcenverknappungen, Einstellungen der Austauschpartner, gesetzliche Auflagen, öffentliche Kritik usw. jeweils wichtige Rahmenbedingungen für unternehmenspolitische oder speziell absatz- und beschaffungspolitische Entscheidungen darstellen. Darüber hinaus gilt es jedoch, die Konsequenzen dieser Entwicklungen für einzelne Entscheidungstatbestände etwas detaillierter zu erfassen (z.B. Attraktivität von Märkten, Akzeptanz des Angebotsprogramms, Effizienz von Werbekonzeptionen). Die methodische Basis bilden z.B. Chancen-/Risiken-Analysen, Cross-Impact-Analysen etc.. Auch hier ist davor zu warnen, nur jene Entwicklungen ernst zu nehmen, die sich exakt in Umsatz- oder Gewinngrößen messen lassen.

o Die Bewertung allgemeiner Marketingwirkungen und unternehmensbezogener Folgewirkungen

Die Bewertung allgemeiner Marketingwirkungen und unternehmensbezogener Folgewirkungen verkörpert eines der Kernprobleme des Marketing-Assessment. Zu klären ist hier insbesondere, welche Wertmaßstäbe zugrundegelegt und welche Interessen dabei berücksichtigt werden sollen (zu einzelnen Bewertungsverfahren vgl. Wiedmann/Kreutzer, in diesem Band). Das in der Praxis vorherrschende Gewinndenken und die Orientierung an ökonomischen Kosten-/Nutzen-Maßstäben ist zwar im vorliegenden Zusammenhang geeignet, die Bewertungsprobleme erheblich zu vereinfachen; angesichts der gestiegenen Erwartungen an Unternehmen wird damit jedoch strategischen Herausforderungen oft nicht ausreichend Rechnung getragen. Vor diesem Hintergrund gilt es, das unternehmerische Zielsystem zu erweitern und das Interessenberücksichtigungspotential zu erhöhen.

Sobald allerdings das einseitige Gewinndenken aufgegeben wird, begibt man sich auf ein Terrain, welches durch schwer lösbare Bewertungsprobleme charakterisiert ist: Welchen Interessen ist in Konfliktsituationen Vorrang einzuräumen? Was ist wichtiger: die Erhaltung der natürlichen Umwelt oder wirtschaftliche Prosperität und die Sicherung von Arbeitsplätzen? Bei den hier zu fällenden Werturteilen handelt es sich um politische Entscheidungen, für die es bislang keine adäquate Entscheidungshilfen gibt. /35/

o Entwurf strategischer Handlungsalternativen

Den Abschluß eines Marketing-Assessment bildet der Entwurf strategischer Handlungsalternativen. Im Einzelfall kann es sich hierbei bspw. um Produktinnovationen, die Entwicklung verbesserter Produkte, den Rückzug aus bestimmten Märkten, Kommunikationsstrategien usw. handeln (ausführlicher hierzu vgl. z.B. Fritz, Hansen/Raabe/Stauss und Raffée/Wiedmann "Wertewandel" sowie "Corporate Communications", in diesem Band). Last not least ist ggf. auch die Entwicklung sog. Sozio-Programme in Angriff zu nehmen. /36/

Abgesehen davon, daß hier lediglich rudimentär einige wenige Ansatzpunkte grob angedeutet wurden, gehört das Marketing-Assessment sicherlich zu jenen Konzeption der strategischen Planung, die noch in hohem Maße entwicklungsbedürftig sind. Es wurde bislang noch weitgehend versäumt, konsequent in Marketing-Folgewirkungen zu denken und das hierfür geeignete Instrumentarium zu verfeinern sowie in der betrieblichen Planungspraxis systematisch einzusetzen. Demgegenüber sollten die im vorliegenden Zusammenhang dringend erforderlichen Lernprozesse unmittelbar eingeleitet werden, da es sich beim Marketing-Assessment mehr und mehr um eine zentrale Leitidee strategischer Unternehmensführung handelt. Ohne die Ausrichtung an der "Assessment-Idee" wird es kaum möglich sein, in einer immer anspruchsvolleren Gesellschaft erfolgreich zu bestehen.

C. Ausblick

Der momentane Stand der Diskussion um die Entwicklung betrieblicher FES ist noch weit davon entfernt, ausgefeilte Systemkonzeptionen und Patentrezepte vorlegen zu können. Im Kern befinden sich die Arbeiten zur Früherkennung noch im Stadium des "Propagierens, Sammelns und Sortierens". Hierbei wird versucht, vorhandene und z.T. altbekannte Ansätze nutzbar zu machen. Darüber hinaus werden allerdings auch einige neue Wege vorgezeichnet. Seinen Ursprung hat dies etwa in einer neuen FE-Philosophie: Aufgeschlossenheit gegenüber schwachen Signalen, eine andere Sicht der Unternehmens-Umweltbeziehungen, die Abkehr von Extrapolations- und Zahlendenken u.ä. sind Leitideen, die den Entwurf neuartiger Konzeptions- und Methodenvorschläge zu befruchten vermögen. Nicht weniger gilt dies für die "Assessment-Idee".

Für die Praxis resultiert aus dem FE-Konzept oftmals nur, in einem ersten Schritt die bislang schon eingesetzten Instrumente noch systematischer zu nutzen. Teilweise sind dann allerdings auch neue Instrumente oder vorhandene Instrumente einem neuen Verständnis entsprechend zu verwenden und hierfür adäquate technische, personelle sowie organisatorische Voraussetzungen zu schaffen. Probleme bestehen hier jedoch nicht selten darin, daß der Nutzen einzelner Veränderungen und Ergänzungen von Praktikern zu gering veranschlagt wird. Dies zum Teil deshalb, weil ihr Unternehmen bereits über ein gut funktionierendes Informationssystem verfügt und deshalb die Einrichtung eines FES lediglich als geringfügige Abänderung perzipiert wird, der zudem das Stigma einer "Spielerei" anhaftet. Häufiger ist allerdings eine solche Geringschätzung darin begründet, daß es sich bei der Implementierung von FES um eine Zukunftsinvestition handelt, die nicht sofort, sondern erst nach einigen Durststrecken Erträge abwirft. Gleichgültig, in welchen Motiven eine ablehnende Haltung gegenüber der Implementierung von FES begründet liegt: es werden Chancen verpaßt, die heute zu nutzen sind, um den Erfolg von morgen zu gewährleisten.

Anmerkungen

1 Erste Hinweise auf die Entwicklung betrieblichen FES finden sich bspw. bei Aquilar (1967), Cohen und Zinbarg (1967, S. 455 ff.), Hamilton und Moses (1974) und speziell im deutschsprachigen Raum bei Müntz (1973, S. 39), Szyperski (1973, S. 27), Wild (1974, S. 67) sowie Hahn (1974, S. 120).

2 Vgl. z.B. die Beiträge von Kirsch/Roventa, 1983; Trux/Müller/Kirsch, 1984.

3 Allerdings sollte auch ein solches Krisenmanagement "antizipativ" angelegt sein, d.h.: um ein funktionsfähiges Krisenmanagement installieren bzw. hierfür geeignete Voraussetzungen schaffen zu können, sind ebenfalls Früherkennungsinformationen nötig (vgl. Wiedmann, 1984, S. 16). Beide Ansätze bauen also z.T. unmittelbar aufeinander auf (vgl. z.T. auch Krystek, 1980).

4 Allgemein zum Aufbau von Management-Informationssystemen vgl. z.B. Heinzelbecker, 1977 und 1978; Kirsch/Klein, 1977a und 1977b; Köhler/Heinzelbecker, 1977; Meffert, 1975; Mertens, 1981; Alpar, 1983; Scheer, 1980.

5 Vgl. z.B. Hahn/Krystek, 1979, S. 81; Kühn/Walliser, 1978, S. 230; Müller, 1981, S. 93 - 94; Wiedmann, 1981 und 1984, S. 110 - 112.

6 Vgl. ergänzend auch Müller-Merbach, 1979; Kühn/Walliser, 1978, S. 232 ff.: in niedrig aggregierten Zielindikatoren wird hier ein zentraler Ansatz operativer Früherkennung gesehen. Im vorliegenden Zusammenhang ist gleichzeitig auf die Bedeutung des Instrumentariums der selektiven Absatzsegmentrechnung hinzuweisen; vgl. dazu Geist, 1974.

7 Vgl. den Überblick über unterschiedliche Indikatorvarianten bei Wiedmann, 1984, S. 27.

8 Von wissenschaftlicher Seite wurde insbesondere versucht, finanzwirtschaftliche Kennzahlen, volkswirtschaftliche und z.T. auch absatzwirtschaftliche Indikatoren im Hinblick auf ihre Prognosekraft zu überprüfen. Vgl. dazu Perlitz, 1980; Lindlbauer, 1979; Henschel, 1979; Backhaus/Simon, 1981; Greipl, 1974; Mitchell/Burns, 1961; Leyland, 1979; Nerb/Ruppert/Stock, 1979. Listen möglicher Frühindikatoren legen z.B. Hahn/Krystek, 1979; Wiedmann, 1984 vor.

9 Solche Ansätze sollten allerdings vor dem Hintergrund neuerer Erkenntnisse im Feld der Früherkennung evaluiert und ggf. korrigiert oder ergänzt werden. Dies nicht zuletzt deshalb, um ein FE-System entwickeln zu können.

10 Vgl. dazu den Überblick bei Böhler, 1983; ergänzend Bamberger, 1981.

11 Vgl. dazu die Erläuterungen bei Wiedmann/Kreutzer, in diesem Band.

12 Vgl. speziell dazu Kaufer, 1980; Fritz, 1984, S. 194 ff.

13 Vgl. dazu auch Wiedmann, 1984, S. 39 - 41.

14 Vgl. z.T. auch Hahn, 1983, S. 21, der hierbei auf erste Versuche eines solchen Vorgehens in einem Ausschuß des Bundesverbandes der Deutschen Industrie sowie im Verband Deutscher Papierfabriken hinweist.

15 Damit sind nicht nur jene Pfade innerhalb eines Netzwerkes gemeint, die in der Praxis - wenigstens teilweise - auch ohne diese methodische Unterstützung Beachtung finden und die etwa bei einem Investitionsgüterhersteller über mehrere Wirtschaftsstufen zu bestimmten Endverbrauchersegmenten hinführen. So ergaben sich bei der Anwendung dieses Ansatzes bei einigen Unternehmen etwa interessante Verknüpfungen zu unterschiedlichen Aktoren der regulativen Umwelt (Medien, Verbände, Bürgerinitiativen usw.). In einem Fall wurden bspw. Pfade entwickelt, die eine Verbindung zwischen dem Verhalten von Protestgruppen in verschiedenen Ländern und dem Absatz des Unternehmens verdeutlichen.

16 Vgl. dazu vor allem die Beiträge von Kroeber-Riel et al., 1983.

17 Hinzuweisen ist hier etwa auf den LISREL-Ansatz; vgl. dazu Fritz, 1984; Förster/Fritz/Silberer/Raffée, 1984; Hildebrandt/Trommsdorff, 1983; Trommsdorff, 1982.

18 Ausführlicher dazu vgl. Wiedmann, 1984. Der dort noch zugrundegelegte Begriff "informationsquellenzentrierte FE-Programme" erscheint dabei allerdings zu eng.

19 Vgl. z.B. Kirsch, 1981 und 1984; Kirsch/Trux, 1979; Kirsch/Esser/Gabele, 1979; Kirsch/Roventa, 1983; Trux/Müller/Kirsch, 1984; vor allem auch Müller, 1981.

20 Vgl. z.B. Malik, 1979 und 1981; Malik/Probst, 1981; Sprüngli, 1981; sowie den Überblick bei Raffée, 1984; Wiedmann, 1984, S. 20 - 24.

21 Vgl. hierzu den populärwissenschaftlichen Überblick bei Capra, 1983.

22 Vgl. insbesondere Jantsch, 1979; Malik, 1979, S. 308; sowie den Überblick bei Sprüngli, 1981, S. 14 - 29.

23 Dazu sowie zur Abgrenzung von der sozialdarwinistischen Interpretation dieses Grundmusters vgl. etwa Markel, 1980; Kieser, 1982, S. 54 ff.

24 Müller, 1981, S. 148, weist hier z.B. auf das "Sensor-Network" der Fa. Hitachi hin; die Fa. Hitachi hat weltweit ein "Sensor-Network" mit speziell geschulten Repräsentanten eingerichtet, welches die Zentrale frühzeitig über notwendige Produktionsumrüstungen unterrichten soll.

25 Vgl. Ansoff/Kirsch/Roventa, 1983; Müller/Zeiser, 1983.

26 Ausführlich zu den unterschiedlichen Funktionen von Verbraucherabteilungen vgl. Hansen/Raabe/Stauss, in diesem Band.

27 Zur Szenario-Technik vgl. z.B. Oberkampf, 1976; Lehnen, 1979; Mandel, 1982 und 1983; Zentner, 1982; Kneschaurek, 1983.

28 Zur Darstellung des Nachfrage-Technologie-Zyklus vgl. etwa Meffert, 1983, S. 197; zum Technologie-Zyklus sowie Innovationsentwicklungsmodellen vor allem Zörgiebel, 1983.

29 Vgl. z.B. das von Laukin/Merten, 1983, implementierte System-Dynamics-Modell zur Unterstützung der Personalplanung, in dem das Modellverhalten bei der Einführung der 35-Stunden-Woche durchgespielt wurde; ergänzend auch Lieberknecht/Wiedmann, 1984.

30 Vgl. dazu z.B. die Kepner-Tregoe-Technik u.ä. (Pfohl, 1977).

31 Vgl. Beeskow/Dichtl/Finck/Müller, 1983; Steffenhagen, 1978.

32 Vgl. z.B. Esser, 1981; Paschen/Gresser/Conrad, 1978.

33 Vgl. Dierkes, 1974; Dierkes/Hoff, 1981; Eichhorn, 1974; Picot, 1977; Wysocki, 1981.

34 Ausführlicher dazu vgl. Specht, 1974; Werner, 1974; Raffée, 1979; Utz, 1978, Zapf, 1974; Zapf/Flora, 1971.

35 Vgl. in diesem Zusammenhang auch Raffée/Wiedmann, 1981, S. 359 - 362.

36 Vgl. z.B. Raffée/Wiedmann/Abel, 1983; Raffée/Wiedmann, in diesem Band; Wiedmann, 1982 und 1984a.

Literaturverzeichnis

Ahorner, K., (1979): Kennziffern für den Chef - Führungssicherheit durch ein umfassendes Frühwarnsystem, Oberammergau 1979.

Ansoff, H.-I., (1975): Corporate Strategy, New York 1975.

Ansoff, H.-I., (1976): Die Bewältigung von Überraschungen - Strategische Reaktionen auf Schwache Signale, in: ZfB, 1976, S. 129 - 152.

Ansoff, H.-I., (1979): Strategic Management, London 1979.

Ansoff, H.-I., (1980): Strategic Issue Management, in: Strategic Management Journal, 1980, S. 131 - 148.

Ansoff, H.-I., Kirsch, W., und Roventa, P., (1983): Unschärfepositionierung in der strategischen Portfolio-Analyse, in: Kirsch, W. und Roventa, P. (1983), S. 237 - 264.
Albach, H., Hahn D., und Mertens, P., (1979) (Hrsg.): Frühwarnsysteme, Sonderheft 2 der Zeitschrift für Betriebswirtschaft, Wiesbaden 1979.
Alpar, P., (1983): Methodenbanksysteme im Marketing, in: Marketing ZFP, 5. Jg., 1983, Heft 1, S. 29 - 36.
Aquilar, F.J., (1967): Scanning the Business Environment, New York 1967.
Arnold, U., (1981): Strategische Unternehmensführung und das Konzept der "Schwachen Signale", in: WiSt, Heft 6, 1981, S. 290 - 293.
Backhaus, G., und Simon, W., (1981): Indikatorprognosen im Investitionsgüter-Marketing, in: Die Betriebswirtschaft, Heft 3/1981, S. 419 - 431.
Bamberger, I., (1981): Theoretische Grundlagen strategischer Entscheidungen, in: WiSt, Nr. 3/1981, S. 97 - 110.
Beeskow, W., Dichtl, E., Finck, G., und Müller, St., (1983): Die Bewertung von Marketing-Aktivitäten, in: Irle, M. (Hrsg.); Handbuch der Psychologie, Bd. 12, 2. Halbband: Methoden und Anwendung in der Marktpsychologie, Göttingen/Toronto/Zürich 1983, S. 483 - 673.
Berg, C.C., (1979): Theoretische Grundlagen und praktische Ansatzpunkte zum Aufbau von Frühwarnsystemen im Bereich der Materialwirtschaft, in: Albach, Hahn und Mertens (1979), S. 135 - 145.
Bircher, B., (1976): Langfristige Unternehmensplanung, Bern/Stuttgart 1976.
Böhler, H., (1983): Strategische Marketing-Früherkennung, Habilitationsschrift an der Universität zu Köln, Köln 1983.
Bombach, G., Kleinwerfers, H., und Weber, L., (1977): Lage und Probleme der Schweizerischen Wirtschaft, Bern 1977.
Bratschitsch, R., und Schnellinger, W., (1981) (Hrsg.): Unternehmenskrisen, -ursachen, Frühwarnung, Bewältigung, Stuttgart 1981.
Brockhoff, K., (1977): Prognoseverfahren für die Unternehmensplanung, Wiesbaden 1977.
Bruch, K., (1979): Ursachen statt Signale, in: Harvard Manager, Nr. 2/1979, S. 112 - 115.
Bruckmann, G., (1978) (Hrsg.): Langfristige Prognosen, Möglichkeiten und Methoden der Langfristprognostik komplexer Systeme, Würzburg/Wien 1978.
Bruckmann, G., (1983): Weltmodelle, in: Buchinger (1983a), S. 327 - 336.
Buchinger, G., (1983): Computergestützte Unternehmensmodelle als Instrumente der Integration von Umwelt- und Unternehmensinformationen im strategischen Entscheidungsprozeß, in: Buchinger (1983a), S. 371 - 386.
Buchinger, G., (1983a) (Hrsg.): Umfeldanalysen für das strategische Management, Wien 1983.
Bunn, D.W., und Mustafaoglu, M.M., (1978): Forecasting Political Risk, in: Management Science, 1978, S. 1557 - 1567.
Bürgel, O., (1980): Frühwarnsystem der SEL AG, in: zfbf, Heft 3/1980, S. 270 - 275.
Capra, F., (1983): Wendezeit - Bausteine für ein neues Weltbild, München/Wien 1983.

Cohen, J.B., und Zinbarg, E.D., (1967): Investment Analysis and Portfolio Management, Homewood, Ill. 1967.
Cornish, E., (1977): The study of the future, Washington 1977.
Danert, G., und Solaro, D., (1974): Das integrierte Planungs- und Kontrollsystem der Standard Elektrik Lorenz AG (SEL) im Rahmen der International Telephone & Telegraph Corporation (ITT), in: Hahn (1974), S. 757 - 821.
Dichtl, E., und Schobert, R., (1979): Mehrdimensionale Skalierung, München 1979.
Dierkes, M., (1974): Die Sozialbilanz - Ein gesellschaftsbezogenes Informations- und Rechnungssystem, Frankfurt/New York 1974.
Dierkes, M., und Hoff, A., (1981): Sozialbilanzen und gesellschaftsbezogene Rechnungslegung in der Bundesrepublik Deutschland, in: Hoffmann-Nowotny, H.J. (Hrsg.); Sozialbilanzierung. Soziale Indikatoren, Bd. VIII, Frankfurt 1981, S. 9 - 67.
Diller, H., (1980): Marketingplanung, München 1980.
Drexel, G., (1984): Ein Frühwarnsystem für die Praxis, in: ZfB, 54. Jg., Heft 1/1984, S. 89 - 105.
Esser, W.-M., (1981): Technologiefolgen - Abschätzung und Unternehmensplanung, in: Bratschitsch und Schnellinger (1981), S. 85 - 121.
Förster, F., Fritz, W., Silberer, G., und Raffée, H., (1984): Der LISREL-Ansatz der Kausalanalyse und seine Bedeutung für die Marketing-Forschung, in: ZfB, 54. Jg., Heft 4/1984, S. 346 - 367.
Fontela, E., (1976): Industrial Applications of Cross-Impact-Analysis, in: Long Range Planning, No. 4/1976, S. 29 - 33.
Fritz, W., (1984): Warentest und Konsumgüter-Marketing, Forschungskonzeption und Ergebnisse einer empirischen Untersuchung, Wiesbaden 1984.
Fritz, W., Förster, F., Raffée, H., und Silberer, G., (1984): Unternehmensziele in Industrie und Handel. Eine empirische Untersuchung zu Inhalten, Bedingungen und Wirkungen von Unternehmenszielen, Arbeitspapier der Forschungsgruppe Konsumenteninformation, Universität Mannheim, Mannheim 1984.
Geist, M., (1974): Selektive Absatzpolitik, 2. Aufl., Stuttgart 1974.
Geist, M., und Köhler, R., (1981) (Hrsg.): Die Führung des Betriebes, Festschrift für Curt Sandig, Stuttgart 1981.
Gerberich, C.W., (1981): Ansatzpunkte zur Erweiterung der Controlling-Instrumente durch ein Frühwarnsystem, in: KRP (Zeitschrift für Betriebsabrechnung, Kostenrechnung und Kostenplanung), Nr. 4, Fachgruppe 3, August 1981, S. 151 - 159.
Gernert, D., (1979): Frühwarnung und Krisenbewältigung - vom passiven zum aktiven Informationssystem, in: Albach, Hahn und Mertens (1979), S. 147 - 150.
Gomez, P., (1983): Frühwarnung in der Unternehmung, Berlin 1983.
Green, P.E., und Tull, D.S., (1982): Methoden und Techniken der Marketingforschung, 4. Aufl., Stuttgart 1982.
Greipl, E., (1974): Absatzwirtschaftliche Indikatoren, in: Tietz, B. (Hrsg.): Handwörterbuch der Absatzwirtschaft, Stuttgart 1974, Sp. 830 - 835.
Hahn, D., (1974): PUK - Planungs- und Kontrollrechnung, Wiesbaden 1974.

Hahn, D., (1979): Frühwarnsysteme, Krisenmanagement und Unternehmensplanung, in: Albach, Hahn und Mertens (1979), S. 25 - 46.
Hahn, D., (1983): Frühwarnsysteme, in: Buchinger (1983a), S. 3 - 26.
Hahn, D., und Klausmann, W., (1979): Aufbau und Funktionsweise von betrieblichen Frühwarnsystemen in der Industrie, Arbeitsbericht des Instituts für Unternehmensplanung an der Justus-Liebig-Universität Gießen, Gießen 1979 (DBW-Depot 80-2-2).
Hahn, D., und Krystek, U., (1979): Betriebliche und überbetriebliche Frühwarnsysteme für die Industrie, in: zfbf, Jg. 31, Heft 1/1979, S. 76 - 88.
Hake, B., (1979): Der BERI-Index - ein Frühwarnsystem für Auslandsinvestoren, in: Industrielle Organisation, 1979, S. 281 - 283.
Hamilton, W.F., und Moses, M.H., (1974): A Computer-Based Planning System, in: Management Science Series B Application 1974, S. 148 - 159.
Hanhart, E.W., (1976): Early Warning Systeme für den Marketing-Leiter, in: IHA-News, Nr. 3/1976, S. 11 - 25.
Hansen, H.R., (1974) (Hrsg.): Computergestützte Marketing-Planung, München 1974.
Hansen, U., (1979): Verbraucherabteilungen als Frühwarnsysteme, in: Albach, Hahn und Mertens (1979), S. 120 - 134.
Hansen, U., Stauss, B., und Riemer, M., (Hrsg.): Marketing und Verbraucherpolitik, Stuttgart 1982, S. 488 - 493.
Hanssmann, F., (1978): Die Rolle von Entscheidungsmodellen in der strategischen Planung, in: Müller-Merbach (1978), S. 31 - 44.
Heinzelbecker, K., (1977): Partielle Marketing-Informationssysteme, Frankfurt 1977.
Heinzelbecker, K., (1978): Ausbaustufen eines EDV-Informationssystems, in: Management-Zeitschrift io, 47. Jg., 1978, S. 403 - 408.
Henschel, H., (1979): Wirtschaftsprognosen, München 1979.
Hildenbrandt, L., und Trommsdorff, V., (1983): Konfirmatorische Analysen der empirischen Forschung, in: Kroeber-Riel et al. (1983).
Hildenbrand, W., (1983): Informationsmarketing in der Kommunikation zwischen Hersteller und Handelsvertretern, Frankfurt 1983.
Höhn, S., (1983): Szenario-Analyse als Instrument der strategischen Planung, in: Buchinger (1983a), S. 27 - 38.
Hüttner, M., (1982): Markt- und Absatzprognosen, Stuttgart et al. 1982.
Jantsch, E., (1979): Die Selbstorganisation des Universums, München/Wien 1979.
Julius, M. et al., (1977): A Very Early Warning System for the Rapid Identification and Transfer of New Technology, in: Journal of the American Society for Information Sience, Heft 3/1977, S. 170 - 174.
Kane, J., und Vertinsky, I., (1978): Arithmetik und Geometrik der Zukunft, in: Bruckmann (1978), S. 227 - 244.
Kaufer, E., (1980): Industrieökonomik. Eine Einführung in die Wettbewerbstheorie, München 1980.
Kieser, A., (1982): Organisation und Umwelt. Versuche zur Erklärung der Anpassung von Organisationsstrukturen, Arbeitspapier Lehrstuhl für Allgemeine Betriebswirtschaftslehre und Orga-

nisation der Universität Mannheim (Prof. Dr. A. Kieser), Mannheim 1982.
Kieser, A., (1984): Wie rational kann man strategische Planung betreiben?, in: Gaugler, E., Jacobs, O.H., und Kieser, A., (Hrsg.): Strategische Unternehmensführung und Rechnungslegung, Stuttgart 1984, S. 31 - 44.
Kirsch, W., (1980): Marketing und die Idee des Strategischen Managements, in: Meffert, H., (Hrsg.), Marketing im Wandel, Wiesbaden 1980, S. 63 - 76.
Kirsch, W., (1981) (Hrsg.): Unternehmenspolitik: Von der Zielforschung zum Strategischen Management, München 1981.
Kirsch, W., Esser, W.M., und Gabele, F., (1979): Das Management des geplanten Wandels von Organisationen, Stuttgart 1979.
Kirsch, W., und Klein, H.K., (1977a): Management-Informationssysteme I - Wege zur Realisierung der Führung, Stuttgart et al. 1977.
Kirsch, W., und Klein, H.K., (1977b): Management-Informationssysteme II: Auf dem Weg zu einem neuen Taylorismus?, Stuttgart et al. 1977.
Kirsch, W., und Trux, W., (1979): Frühaufklärung und Portfolio-Analyse, in: Albach, Hahn und Mertens (1979), S. 47 - 69.
Kirsch, W., und Trux, W., (1981): Perspektiven eines Strategischen Managements, in: Kirsch (1981), S. 290 - 396.
Kirsch, W., und Trux, W., (1983): Strategische Frühaufklärung, in: Kirsch und Roventa (1983), S. 225 - 235.
Kirsch, W., und Roventa, P., (1983; Hrsg.): Bausteine eines Strategischen Managements, Berlin/New York 1983.
Kneschaurek, F., (1983): Szenarienanalysen, in: Buchinger (1983a), S. 311 - 326.
Köhler, R., (1981): Grundprobleme der strategischen Marketingplanung, in: Geist, M., und Köhler, R., (1981), S. 265 - 278.
Köhler, R., und Böhler, H., (1984): Kursbestimmung bei ungewisser Zukunft, in: Absatzwirtschaft, Heft 3/1984, S. 93 - 101.
Köhler, R., und Heinzelbecker, K., (1977): Informationssysteme für die Unternehmensführung, in: Die Betriebswirtschaft, 37. Jg., 1977, S. 237 - 282.
Kovats, P.-J., (1977): Unternehmen in der Problemzone: Frühgewarnt. Gefahrgebannt, in: Absatzwirtschaft, Heft 2/1977, S. 13 - 14.
Kreikebaum, H., (1981): Strategische Unternehmensplanung, Stuttgart et al. 1981.
Kroeber-Riel, W., Behrens, G., Kaas, K.-P., Trommsdorff, V., und Weinberg, P., (1983): Innovative Marktforschung, Würzburg 1983.
Krystek, U., (1980): Krisenbewältigungs-Management und Unternehmensplanung, Wiesbaden 1980.
Kühn, R., (1980): Frühwarnung im strategischen Bereich, in: Industrielle Organisation, 49. Jg., Heft 3/1980, S. 497 - 499 und 551 - 555.
Kühn, R., und Walliser, M., (1978): Problementdeckungssystem mit Frühwarneigenschaften, in: Die Unternehmung, 32. Jg., Heft 2/1978, S. 223 - 246.
Kutschker, M., (1980): Feldtheoretische Perspektiven für den Interaktionsansatz des Investitionsgütermarketing, unveröffentl. Habilitationsschrift
Languetin, P., (1977): Frühwarnsystem für die Wechselkurspolitik, in: Schweizerische Handelszeitung, 30. September 1977.

Laukin, H.-P., und Merten, P., (1983): Ein System-Dynamics-Modell zur Unterstützung der Personalplanung in einem innovativen Unternehmen des Maschinenbaus, in: Angewandte Systemanalyse, Band 4, Heft 2 (1983), S. 78 - 91.
Lehnen, F., (1979): Die Szenariotechnik in der Unternehmensplanung, ZfB (Kontaktstudium) 1979, S. 71 - 75.
Leisinger, K.M., (1977): Bilanz des Versagens, in: Manager-Magazin, Nr. 3/1977, S. 26 - 33.
Leyland, J., (1979): Konjunkturelle Frühindikatoren in OPEC-Ländern, in: Ifo-Schnelldienst, 32. Jg., (35-36/1979), S. 51 - 55.
Lieberknecht, J., und Wiedmann, K.P., (1984): Die Berücksichtigung des Einflusses alternativer Wettbewerbsstrategien auf den Unternehmenserfolg im Rahmen eines System Dynamics Modells, Arbeitspapier Nr. 26, Institut für Marketing, Universität Mannheim, Mannheim 1984.
Lindlbauer, J.D., (1979): Was leisten Konjunkturindikatoren?, in: Ifo-Schnelldienst, 32. Jg., (35-36/1979), S. 5 - 13.
Malik, F., (1979): Die Managementlehre im Lichte der modernen Evolutionstheorie, in: Die Unternehmung, Heft 3/1979, S. 303-316.
Malik, F., (1981): Kybernetische und methodische Grundlagen des strategischen Managements, Bern 1981.
Malik, F., und Probst, G., (1981): Evolutionres Management, in: Die Unternehmung, Heft 2, 1981, S. 121 - 140.
Mandel, T.F., (1982): Szenarios and corporate strategy: planning in uncertain times, in: Business Intellegence Program, SRJ International, Research Report 669, November 1982.
Mandel, T.F., (1983): Futures scenarios and their uses in corprate strategy, in: Albert, K.J., (Hrsg.): The strategic management handbook, New York et al. 1983, S. 10/1 - 10/21.
Marettek, A., und Aschfalk, B., (1977) (Hrsg.): Unternehmensanalyse, -prüfung und -beratung, Freiburg 1977.
Markl, H., (1980): Ökologische Grenzen und Evolutionsstrategische Forschung, Forschungs-Mitteilungen der DFG, Heft 3, 1980.
Matschke, M.J., (1979): Insolvenzprognosen aus vergangenheitsorientierten Jahresabschlüssen als Basis für Kreditentscheidungen, in: BFuP, 31. Jg., Heft 3/1979, S. 485 - 504.
Meffert, H., (1975): Computergestützte Marketing-Informationssysteme, Wiesbaden 1975.
Meffert, H., (1983): Strategische Planungskonzeption in stagnierenden Märkten, in: Die Betriebswirtschaft, Heft 2/1983, S. 193 - 209.
Merkle, E., (1984a): Technologieparks, in: WiSt, 13. Jg., Heft 1/1984, S. 31 - 33.
Merkle, E., (1984b): Technologiemarketing, in: Marketing-ZFP, 6. Jg., Heft 1/1984, S. 5 - 14.
Merkle, E., (1984c): Marktorientierte Ansätze der Technologiepolitik, in: Der Betriebsberater, 39. Jg., Heft 3/1984, S. 20 - 26.
Mertens, P., (1981): Planung, Kontrolle und Management-Informationssysteme, in: Steinmann, H., (Hrsg.): Planung und Kontrolle, München 1981, S. 348 - 369.
Mertens, P., und Rackelmann, G., (1979): Konzept eines Frühwarnsystems auf der Basis von Produktlebenszyklen, in: Albach, Hahn und Mertens (1979), S. 70 - 88.
Mertens, P., und Schrammel, D., (1983): Dokumentationssysteme und Informationsbanken, in: Buchinger (1983a), S. 337 - 354.

Mitchell, W.C., und Burns, A.F., (1961): Statistical Indicators of Cyclical Revivals, in: Moore, G.H., (Hrsg.), Business Cycle Indicators Vol. 1, Princton 1961, S. 162 - 183.
Müller, G., (1981): Strategische Frühaufklärung, München 1981.
Müller, G., und Zeiser, B., (1983): Zufallsbereiche zur Beurteilung frühaufklärender Signale, in: Kirsch und Roventa (1983), S. 265 - 282.
Müller-Merbach, H., (1977a): Frühwarnsysteme zur betrieblichen Krisenerkennung und Modelle zur Beurteilung von Krisenabwehrmaßnahmen, in: Plötzeneder (1977), S. 419 - 438.
Müller-Merbach, H., (1977b): Frühwarnsysteme zur Voraussage und Bewältigung von Unternehmenskrisen, in: Marettek und Aschfalk (1977).
Müller-Merbach, H., (1978) (Hrsg.): Quantitative Ansätze in der Betriebswirtschaftslehre, München 1978.
Müller-Merbach, H., (1979): Datenursprungsbezogene Alarmsysteme, in: Albach, Hahn und Mertens (1979), S. 151 - 163.
Müller-Merbach, H., (1980): Modelldenken und der Entwurf von Unternehmensplanungsmodellen für die Unternehmensführung, in: Hahn, D., (Hrsg.): Führungsprobleme industrieller Unternehmen, Berlin/New York 1980, S. 471 - 491.
Müntz, G., (1973): Management-Informationssysteme - Stand der Entwicklung, in: IE, 3. Jg., Heft 1/1973, S. 87 - 91.
Nerb, G., Ruppert, W., und Stock, K., (1979): Indikatoren für die betriebliche Marktbeobachtung, in: Ifo-Schnelldienst, 32. Jg., (35-36), 1979, S. 71 - 76.
Oberkampf, V., (1976): Szenario-Technik, Darstellung der Methodik, Frankfurt 1976.
Paschen, H., Gresser, K., und Conrad, F., (1978): Technology Assessment - Technologieabschätzung, Frankfurt/New York 1978.
Perlitz, M., (1980): Möglichkeiten der Prognose von Wachstumskrisen von Unternehmen mit Hilfe finanzanalytischer Kennzahlen, in: zfbf, 32. Jg., Heft 4/1980, S. 370 - 378.
Pfohl, H.-G., (1977): Problemorientierte Entscheidungsfindung in Organisationen, Berlin und New York 1977.
Pfohl, H.-G., (1981): Planung und Kontrolle, Stuttgart et al., 1981.
Picot, A., (1977): Betriebswirtschaftliche Umweltbeziehungen und Umweltinformationen, Berlin 1977.
Porter, M.E., (1980): Competitive strategy: techniques for analyzing industries and competitors, New York 1980.
Porter, M.E., (1981): The contributions of industrial organisation to strategic management, in: Academy of Management Review 1981, S. 609 - 620.
Porter, M.E., (1983): Wettbewerbsstrategie, Frankfurt 1983.
Pümpin, C., (1980): Strategische Führung in der Unternehmenspraxis, in: Die Orientierung (Schweizerische Volksbank), Nr. 76/1980.
Pümpin, C., (1982): Management strategischer Erfolgspotentiale, Bern und Stuttgart 1982.
Raffée, H., (1979): Marketing und Umwelt, Stuttgart 1979.
Raffée, H., (1984): Gegenstand, Methoden und Konzepte der Betriebswirtschaftslehre, in: Vahlens Kompendium der Betriebswirtschaftslehre, München 1984, S. 1 - 46.
Raffée, H., und Niedetzky, H.-M., (1982): Kommunikation der kurzen Wege, in: Absatzwirtschaft, Heft 1/1982, S. 66 - 70.
Raffée, H., Wiedmann, K.P., und Abel, B., (1983): Sozio-Marketing, in: Irle, M., (Hrsg.) Handbuch der Psychologie,

Band 12, 2. Halbband: Methoden und Anwendungen in der Marktpsychologie, Göttingen/Toronto/Zürich 1983, S. 675 - 768.
Raffée, H., und Wiedmann, K.P., (1981): Obsoleszenz - eine "deklaratorische Kategorie"?, in: Zeitschrift für Verbraucherpolitik, Heft 4/1981, S. 357 - 365.
Reichmann, Th., und Lachnit, L., (1979): Unternehmensführung mit Hilfe eines absatzorientierten Frühwarnsystems, in: Albach, Hahn und Mertens (1979), S. 107 - 119.
Rieser, I., (1980): Frühwarnsysteme für die Unternehmenspraxis, München 1980.
Rieser, I., (1978): Frühwarnsysteme, in: Die Unternehmung, 1978, S. 51 - 68.
Scheer, A.-W., (1980): Datenbanksysteme im Marketing, in: Marketing-ZFP, 2. Jg., 1980, S. 33 - 41 und S. 103 - 111.
Schmidt, R., (1981): Diagnose von Unternehmensentwicklungen auf der Basis computergestützter Inhaltsanalyse, in: Bratschitsch und Schnellinger (1981), S. 353 - 379.
Schmidt, R., (1983): Computergestützte Inhaltsanalyse von Umweltinformationen für die strategische Planung, in: Buchinger (1983a), S. 355 - 370.
Specht, G., (1974): Marketing-Management und Qualität des Lebens, Stuttgart 1974.
Sprüngli, R., (1981): Evolution und Management. Ansätze zu einer evolutionistischen Betrachtung sozialer Systeme, Bern und Stuttgart 1981.
Steffenhagen, H., (1978): Wirkungen absatzpolitischer Instrumente, Stuttgart 1978.
Szyperski, N., (1973): Gegenwärtiger Stand und Tendenzen der Entwicklung betrieblicher Informationssysteme, in: Hansen, H.R. und Wahl, M.P. (Hrsg.): Probleme beim Aufbau betrieblicher Informationssysteme, München 1973, S. 25 - 48.
Trommsdorff, V., (1982): Kausalmodelle: Gegen Irrtum in der Marktforschung, in: Marktforschung, Heft 4/1982, S. 111 - 116.
Trux, W., Müller, G., und Kirsch, W., (1984) (Hrsg.): Das Management strategischer Programme (1. Halbband), München 1984.
Uhlir, H., (1979): Bedeutung von Kennzahlenanalysen zur Früherkennung negativer Unternehmensentwicklungen (Insolvenzen) aus der Sicht der Anteilseigner, in: Albach, Hahn und Mertens (1979), S. 89 - 105.
Utz, H.W., (1978): Umweltwandel und Unternehmenspolitik, München 1978.
Welter, J., (1979): Betriebliches Frühwarnsystem am Beispiel der Ruhrkohle AG, in: zfbf, 31. Jg., Heft 6/1979, S. 117 - 124.
Werner, R., (1975): Soziale Indikatoren und politische Planung, Reinbek bei Hamburg 1975.
Wiedmann, K.P., (1982): Ansatzpunkte einer theoretischen und empirischen Erforschung des Problemfeldes Sozio-Marketing, Arbeitspapier Nr. 18, Institut für Marketing, Universität Mannheim, Mannheim 1982.
Wiedmann, K.P., (1984): Frühwarnung/Früherkennung/Frühaufklärung: Zum Stand der Verwirklichung eines alten Wunsches im Sektor der Unternehmensführung, Arbeitspapier Nr. 25, Institut für Marketing, Universität Mannheim, Mannheim 1984.
Wiedmann, K.P., (1984a): Herausforderungen an eine marktorientierte Unternehmensführung im Zeichen des Wertewandels, Arbeitspapier Nr. 31, Institut für Marketing, Universität Mannheim, Mannheim 1984.

Wild, J., (1974): Grundlagen der Unternehmensplanung, Reinbek bei Hamburg 1974.
Wysocki, K.v., (1981): Sozialbilanzen, Stuttgart/New York 1981.
Zapf, W., (1974) (Hrsg.): Soziale Indikatoren, Konzepte und Forschungsansätze, Frankfurt/New York 1974.
Zapf, W., und Flora, P., (1971): Zeitreihen als Indikatoren der Modernisierung, in: Politische Vierteljahresschrift, 12, 1971.
Zentner, R.B.v., (1982): Szenarios, past, present and future, in: Long Range Planning, Heft 3/1982, S. 12 - 20.
Zörgiebel, W.W., (1983): Technologie in der Wettbewerbsstrategie, Berlin 1983.

Gerd Krampe *

Ein Früherkennungssystem auf der Basis von Diffusionsfunktionen als Element des strategischen Marketing **

---

*Dr. Gerd Krampe ist Leiter der Abteilung Unternehmensplanung, Projektleiter Frühwarnsysteme, Battelle-Institut e.V., Frankfurt.

**Der vorliegende Beitrag stellt eine überarbeitete und erweiterte Fassung des Aufsatzes von Krampe und Müller (1981) dar.

A. Einführung

Noch vor einigen Jahren konnten das Management der Unternehmen und deren strategische Planer von relativ stabilen sozialen und politischen Verhältnissen in westlichen Industrieländern ausgehen. Inzwischen wird das Management mit rapiden Veränderungen und einem wachsenden Einfluß der außerökonomischen Faktoren konfrontiert. Der staatliche Einfluß auf die Wirtschaft hat zugenommen. Neue Machtzentren sind entstanden. Neue Technologien beschleunigen den wirtschaftlichen und sozialen Wandel. Tiefgreifende Veränderungen in der Bevölkerungsstruktur und im Bildungsniveau wirken sich ebenso auf Absatzchancen oder innerbetriebliche Führungsstile aus wie ein Wandel der Wertvorstellungen und der Lebensstile.

Die folgenden, schlagwortartig aufgeführten Trends zeigen, daß es keinesfalls mehr ausreicht, nur die ökonomischen - leicht quantifizierbaren - Umfeldentwicklungen in die Unternehmensplanung einzubeziehen. Die eigentlichen Chancen und Risiken der Unternehmen werden von qualitativen Veränderungen der sozialen, politischen und technologischen Rahmenbedingungen bestimmt, die der homo oeconomicus in der Regel mit der ceteris-paribus-Klausel zu verdrängen sucht; zu nennen sind hier z.B.:

- Wachsender Einfluß des Staates auf die Unternehmen
  - Reglementierung des Geschäftsverhaltens (Werbung, Fusionen, Kartelle)
  - Steuerung der Forschungs- und Innovationstätigkeit
  - Subventionswettläufe nationaler Regierungen
- Neue Machtzentren
  - Internationale ökonomische Kräfteverschiebungen (Japan, China, Korea, Südamerika ...)
  - Rohstoffkartelle (OPEC, IPEC ...)
  - Konsumentengruppen
- Verschiebungen der Bevölkerungsstruktur
  - Anstieg der Erwerbspersonen bis Ende der 80er Jahre
  - Steigendes Bildungs- und Ausbildungsniveau der Schulabgänger
- Veränderte Arbeitsmotivation
  - Generell sinkende Freude an der Arbeit
  - Zweifel an der Legitimation des Managements
  - Gewinn als Unternehmensziel tritt im Bewußtsein des Arbeitnehmers hinter gesellschaftliche Verantwortung zurück

- Veränderte Wertvorstellungen, neue Lebensstile
  - o Qualitatives anstelle quantitativem Wachstum
  - o Skepsis gegenüber neuen Technologien
  - o Alternative Lebensformen
- Neue Technologien
  - o Neue Kommunikationssysteme
  - o Energie- und rohstoffsparende Produktionsverfahren
  - o Biochemische Verfahren

Um diese Rahmenbedingungen der Unternehmenspolitik besser als bisher in den Griff zu bekommen, hat das Battelle-Institut das vorliegende Frühwarnsystem entwickelt, das als Informationssystem für das Management relativ leicht in die bestehende Organisation der Unternehmen eingepaßt werden kann.

B. Die Diffusion neuer Erkenntnisse

Eine Möglichkeit, um zu neuen Erkenntnissen hinsichtlich einer zukünftigen Faktorentwicklung zu gelangen, bietet die Diffusionstheorie. In diesem Beitrag wird versucht, die Theorie des Paradigmenwechsels mit der Diffusionstheorie in Verbindung zu bringen, um daraus eine statistische Methode zur Konstruktion von Verbreitungsmustern oder Diffusionsfunktionen zu generieren.

Praktische Anwendung findet dieses Konzept bereits in dem vom Battelle-Institut angebotenen Frühwarnsystem (vgl. Battelle-Institut e.V., 1978), dessen Funktionsweise hier ebenfalls dargestellt wird.

I. Der Paradigmenwechsel

In Perioden, in denen es sich herauskristallisiert, daß bestimmte Probleme innerhalb des herrschenden Paradigmas auch langfristig nicht lösbar sind, wächst die Forderung nach neuen Denkansätzen /1/.

Ein aktuelles Beispiel ist die Haltung der Industrienationen gegenüber dem Abbau der noch vorhandenen Energieressourcen und dem Einsatz von Alternativenergien.

Da von einem Paradigmenwechsel i.a. tiefgreifende Auswirkungen auf die gegenwärtige Gesellschaftsstruktur ausgehen, ist es notwendig, derartige Ereignisse rechtzeitig zu antizipieren, um sich auf diese einzustellen.

Abb. 1 zeigt die wahrscheinliche Ablaufstruktur eines solchen Prozesses.

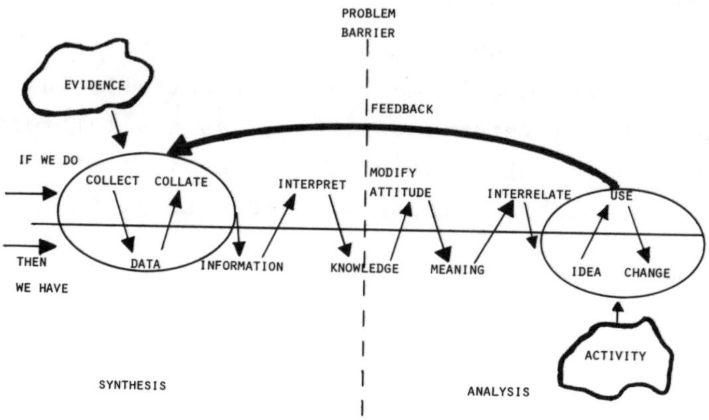

Abb. 1: The growth of knowledge (vgl. Holroyd, 1978, S. 37)

Zuerst, bevor der Prozeß der Erkenntnisgewinnung überhaupt zu einer Erkenntnis führt, befindet er sich in einer Phase der Konkretisierung ursprünglich vager Vermutungen. Das Ergebnis einer solchen Aufbauphase kann dann eine neue Erkenntnis ("Knowledge" in Abb. 1) sein, die einen Paradigmenwechsel darstellt.

Nach dem Paradigmenwechsel erfolgt in einer Analyse und Durchsetzung der Erkenntnisse die Auseinandersetzung mit den Vertretern herkömmlicher Paradigmen. Aus der Umsetzung der daraus abgeleiteten und nun in die Gesellschaft diffundierenden Ideen ergibt sich der Wandel auf der Basis neustrukturierter Grundsätze, Ansichten und Werte.

Aus Einfachheitsgründen wurde bislang "Wandel" mit der Überwindung von Paradigmen gleichgesetzt. Ein "Wandel" findet allerdings auch statt, wenn es zur Überwindung von Invarianzen innerhalb eines gegebenen Paradigmas kommt (vgl. Galtung, 1978, S. 122). Obgleich es sich dabei um etwas Grundverschiedenes handelt, erscheint hier eine gesonderte Bearbeitung nicht erforderlich. Vielmehr wird angenommen, daß über einen Analogieschluß die Thesen des Diffusionsprozesses auch auf diese Form des Wandels übertragen werden können.

II. Die Innovationseinstellung

Nachdem nun der Ablauf des Wandels dargestellt wurde und eine Formalisierung der Ausbreitung von Ideen oder Ereignissen in Form der Diffusionstheorie folgt, fehlt noch das alles entscheidende Bindeglied zwischen beiden: die Innovationseinstellung des Diffusionsträgers /2/. Was bewirkt bei einem "infizierbaren" Subjekt die Bereitschaft zum Wechsel?

Der Weg für einen Wandel wird dadurch gebahnt, daß hinsichtlich der Gültigkeit bestehender Paradigmen bzw. Invarianzen eine Unsicherheit aufkommt. Diese Unsicherheit macht deren Träger gegenüber neuen Ideen empfänglich.

Bei Unternehmern kann es z.B. durch eine bewußte Übernahme von Motiven anderer geschehen. Dabei spielt das Bestreben, Konkurrenten zuvorzukommen, eine besondere Rolle. Es kann sich aber auch unterhalb der Bewußtseinsschwelle durch die Erweckung von Gefühlen und Stimmungen und durch den Nachahmungstrieb vollziehen (vgl. Jöhr, 1972, S. 159). Der Unternehmer denkt und handelt dann abweichend von geltenden Denk- und Verhaltensmustern. In diesem Zusammenhang wird vom Einwirken des psychologischen Faktors gesprochen /3/.

III. Die Diffusionstheorie

Gegenstand der Diffusionsforschung ist die Erkundung des Weges der Ausbreitung neuer Verhaltensformen /4/. Dabei geht es weniger um die Prognose der Zeitpunkte, zu denen die Funktion einen bestimmten Wert erreicht, als um die empirische Erforschung der Abfolge der Etappenereignisse /5/. Sie basiert auf der Hypothese, daß von einem bestimmten Subjekt, welches der Träger einer neuen Erkenntnis ist, eine Ansteckungswirkung ausgeht, wodurch diese Erkenntnis auf eine immer größer werdende Anzahl von Subjekten übergreift. Dadurch wird nun deutlich, daß der durch das Einwirken des psychologischen Faktors initiierte

Prozeß durchaus als Diffusionsprozeß aufgefaßt werden kann. Eine neue Erkenntnis diffundiert durch die Infektion von Subjekten, die den bislang geltenden Paradigmen bereits skeptisch gegenüberstehen und dann einzeln den beschriebenen Paradigmenwechsel nachvollziehen.

Wenn nun ein Infektionsprozeß in Gang gekommen ist, so kann man in den einzelnen Phasen sechs Kategorien von Subjekten unterscheiden /6/, wobei der Adaptionszeitpunkt der diffundierenden Erkenntnis das Unterscheidungskriterium darstellt:

1. Der erste Träger des Paradigmenwechsels.
2. Die Gruppe der Innovatoren.
3. Die Gruppe der frühen Adaptoren.
4. Die Gruppe der späten Adaptoren.
5. Die Gruppe der Schwerfälligen.
6. Die Gruppe der Nicht-Adaptoren.

Rogers (1962, S. 311) gibt noch 52 verschiedene Eigentümlichkeiten an, mit denen sich der Diffusionsprozeß und die in ihn miteinbezogenen Subjekte charakterisieren lassen /7/. Sie stellen eine wesentliche Hilfe bei der Formulierung der aus empirischen Untersuchungen abzuleitenden allgemeingültigen Aussagen zu dem den Diffusionsprozeß charakterisierenden Verbreitungsmuster dar.

Verbreitungsmuster sind Funktionen, die für jeden Zeitpunkt den Stand des Diffusionsprozesses, z.B. in der Dimension "Anzahl der angesteckten Personen", angeben. Sie sollen hier Diffusionsfunktionen genannt werden.

Im folgenden wird nun versucht, eine Theorie zur Generierung von sich "optimal" den empirischen Beobachtungen anpassenden Funktionen zu formulieren.

C. Theoretische Konzeption von Diffusionsfunktionen

I. Bestimmung des Funktionsverlaufs

Zur funktionalen Erfassung von Diffusionsmustern sollen drei Infektionsarten unterschieden werden /8/:

1. Die Infektion erfolgt durch Übertragung der Erkenntnis auf einen pro Zeiteinheit konstanten Prozentsatz der noch nicht angesteckten Personen.
2. Die Infektion erfolgt ausschließlich von Subjekt zu Subjekt. Jedes infizierte Subjekt hat pro Zeiteinheit eine bestimmte Anzahl von Begegnungen mit infizierten oder nicht infizierten Subjekten, wobei die Begegnung mit einem bestimmten Prozentsatz der nicht infizierten Personen zur Infektion führe.
3. Die Infektion kann sowohl auf der unter 1. als auch auf der unter 2. beschriebenen Art erfolgen.

Diffusionsfunktion 1:

Diese Diffusionsart erfolgt durch eine ständige Zuführung infektuöser Elemente zur Gesamtheit G* aller Subjekte. Als Zuführungsinstrument sind hier z.B. die Massenmedien denkbar.

Dabei gelangt zu jeder Zeiteinheit t zu dem Kreis der bereits infizierten Personen G_t ein konstanter Prozentsatz p bzw. u der noch nicht infizierten Personen $(G^* - G_t)$ neu hinzu:

$$\frac{dG}{dt} = p(G^* - G_t) \text{ wobei } p > 0 \text{ und } p = \text{konstant} \; /9/$$

Löst man diese Differentialgleichung, so erhält man die Diffusionsfunktion 1 /1o/

$$G_t = G^* - e^{a-pt}$$

Abbildung 2-1 zeigt den Verlauf der Diffusionsfunktion 1. Sie wächst von einem Anfangsbestand G_o aus degressiv an und nähert sich asymptotisch dem Niveau der Gesamtheit G*.

Diffusionsfunktion 2:

Diese Diffusionsart entspricht der epidemischen Ausbreitung von Subjekt zu Subjekt. Die Zunahme der Infizierten ist dabei proportional abhängig von dem Bestand der bereits Angesteckten und von dem Bestand der noch ansteckbaren Subjekte:

$$\frac{dG}{dt} = u\,G_t(G^* - G_t) \text{ wobei } u > 0$$

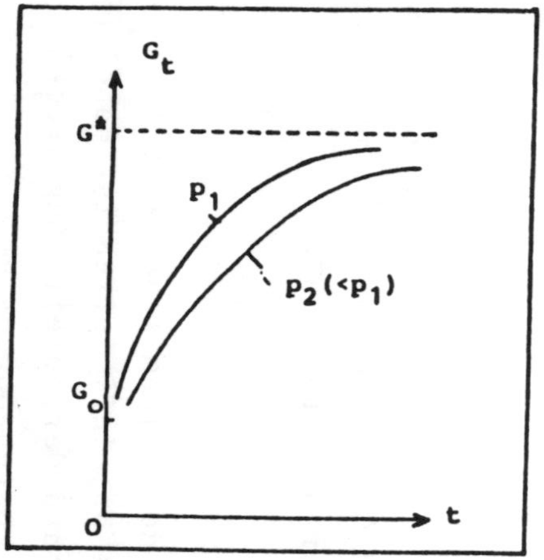

Abb. 2-1

Das exponentielle Modell:

$$\frac{dG}{dt} = p\,(G^* - G_t)$$

$$G_t = G^* - e^{a-pt}$$

wobei $p>0$

und, $a = \ln(G^* - G^o)$

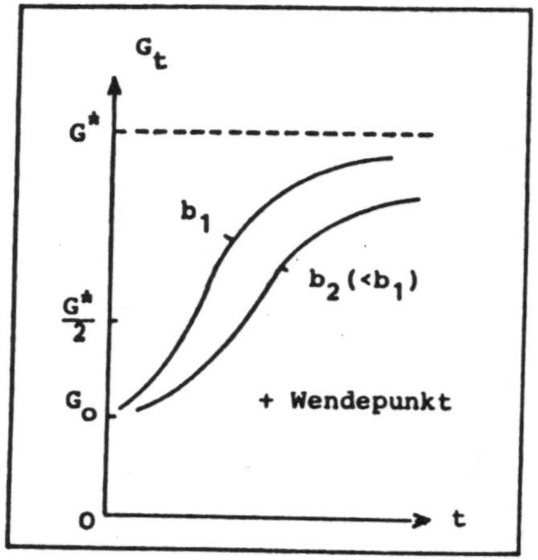

Abb. 2-2

Das logistische Modell:

$$\frac{dG}{dt} = u\,G_t \cdot (G^* - G_t)$$

$$G_t = \frac{G^*}{1+e^{a-bt}}$$

wobei $b=uG^*>0$

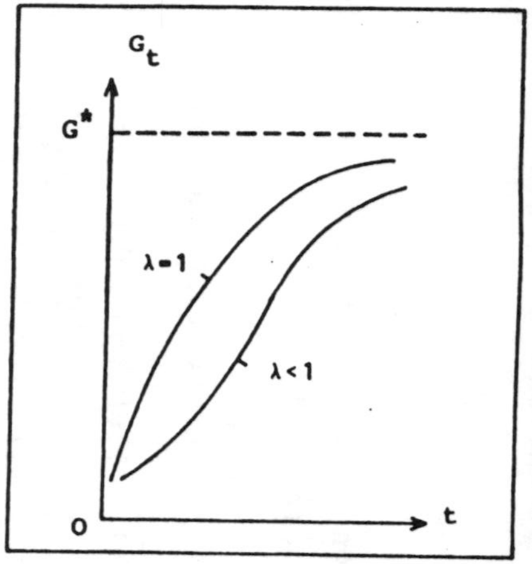

Abb. 2-3

Das Modell von Pyatt:

$$\frac{dG}{dt} = u\lambda \cdot (G^* - G_t) + uG_t(G^* - G_t)$$

$$G_t = \frac{1-e^{-u(1+\lambda)t}}{1+\frac{1}{\lambda}e^{-u(1+\lambda)t}} \cdot G^*$$

wobei $p=u\lambda$=konstant

Legende:

G^*... Menge der infizierbaren Subjekte (Sättigungsniveau); G_t... die zu einem bestimmten Zeitpunkt bereits infizierten Subjekte; p und u... konst. Zuwachskoeffizienten; G_o...Anfangsbestand

Abb. 2: Diffusionsfunktionen

Durch Lösung dieser Differentialgleichung erhält man die Diffusionsfunktion 2:

$$G_t = \frac{G^*}{1+e^{2-bt}} \text{ wobei } b = uG^* \text{ /11/}$$

Dies ist die Gleichung der logistischen Kurve und wird in Abbildung 2-2 dargestellt.

Diffusionsfunktion 3:

Die Diffusionsfunktion 3 ist das Ergebnis des additiven Zusammenwirkens der exponentiellen und der logistischen Wachstumsfunktion:

$$\frac{dG}{dt} = u\lambda(G^* - G_t) + uG_t(G^* - G_t) \text{ wobei } p = u\lambda = \text{konstant}$$

$$Gt = \frac{1-e^{-u(1+\lambda)t}}{1+\frac{1}{\lambda}e^{-u(1+\lambda)t}} G^*$$

Die Diffusionsfunktion 3 findet ihre graphische Darstellung in Abbildung 2-3 /12/. Neben der größeren explikativen Fähigkeit als entscheidendem Vorteil dieser Funktion gegenüber den beiden anderen Funktionen bringt ihre Anwendung das schwerwiegende Problem der numerischen Bestimmung der Parameter mit sich.

Zur Erhöhung der Wirklichkeitsnähe könnte der für die Geschwindigkeit der Ausbreitung maßgebliche Faktor u in Abhängigkeit von der Zeit variieren /13/.

II. Zur Allgemeingültigkeit von Diffusionsfunktionen

Die Herleitung der Diffusionsfunktionen erfolgte bislang auf der Basis der Infektion von Subjekten, die durch ihre Unsicherheit bezüglich der herkömmlichen Paradigmen ermöglicht wurde. Diese Gesetzmäßigkeiten lassen sich aber auch auf die Diffusion von Ereignissen - wie z.B. den Einsatz von Atomenergie - übertragen. Dort wird aus der Unsicherheit des Subjekts gegenüber einem geltenden Paradigma - daß z.B. technologischer Fortschritt immer sozialen Fortschritt mit sich bringt - der Zweifel an dem Nutzen einer technologischen Innovation.

Damit besitzen derartige Verbreitungsmuster nicht nur eine Erklärungsfähigkeit für den sozialen Wandel, sondern z.B. auch für technologischen, politischen und ökonomischen Wandel.

Diese Verallgemeinerung machte sich das Battelle-Institut e.V. bei der Entwicklung seines Frühwarnsystems zur frühzeitigen Erkennung von Veränderungen im strategischen Umfeld der Unternehmung zunutze (vgl. Battelle-Institut e.V., 1978).

D. Praktische Konzeption von Diffusionsfunktionen

Als Beispiel für die praktische Anwendung von Diffusionsfunktionen wird hier das Frühwarnsystem des Battelle-Instituts e.V. (1978) dargestellt /14/.

Bei der Entwicklung eines in Unternehmen praktikablen Frühwarnkonzepts - besser Frühaufklärungskonzepts - ging man im Battelle-Institut e.V. von folgender Zielsetzung für die Unternehmensleitung aus:

- Das Unternehmen soll Zeit gewinnen, um sich auf verändernde soziale, politische und technologische Umfeld- und Marktbedingungen besser einstellen zu können - nicht zuletzt, um einen Wettbewerbsvorsprung zu erzielen bzw. weiter auszubauen.
- Das Risiko - insbesondere für langfristige Investitionsentscheidungen - soll stärker als bisher eingegrenzt werden.
- Der gesellschaftspolitische Einfluß des Unternehmens soll wachsen. Das Management soll früher und sicherer entscheiden, wie es auf verschiedene soziale und politische Forderungen reagieren soll, wann es einen "Trend" führen, wann nur mitlaufen und wann es Widerstand leisten soll.

I. Die Ermittlung struktureller Trendlinien

Das Battelle-Frühwarnsystem basiert im wesentlichen auf den zuvor geschilderten diffusionstheoretischen Grundlagen, die allerdings der Unternehmenspraxis angepaßt und daher an theoretischer "Lupenreinheit" verloren haben - was im übrigen nicht unbedingt negativ zu bewerten sein muß.

Für die Konstruktion der strukturellen Trendlinie, wie die Diffusionsfunktionen in der praktischen Konzeption nun genannt werden, heißt dies, daß nicht unbedingt gleich zu Anfang mathematische und EDV-gestützte Verfahren zur "optimalen" Anpassung der Trendlinie an die Punktewolke eingesetzt werden; vielmehr kann es - z.B. bei Datenkonstellationen mit einer nur geringen Beobachtungsmenge - angebrachter erscheinen, die Trendlinie rein visuell und "hemdsärmelig" festzulegen. Erst in späteren Stadien, mit einem größeren Erfahrungsschatz und einem umfassenderen Datenmaterial, lohnt sich ggf. der Einsatz aufwandsreicherer Technologien.

Das Konzept orientiert sich grundsätzlich an den folgenden - hier vereinfachten - Thesen über die Art und den Ablauf des sozialen und politischen Wandels:

- Die technologischen, sozialen und politischen Veränderungen laufen nicht zufällig ab; sie werden von Menschen "gemacht" und von deren Interessen gelenkt.
- Dem Wandel liegen bestimmte Entwicklungsmechanismen und relativ stabile Verbreitungsmuster zugrunde.
- Veränderungen im Unternehmensumfeld werden durch Ereignisse ausgelöst bzw. von sogenannten Vorreitern getragen.

Kennt man die Entwicklungsmechanismen und typischen Verbreitungsmuster und kann man die auslösenden Ereignisse bzw. die Vorreiter identifizieren und laufend beobachten, so kann man technologische, soziale und politische Entwicklungstendenzen frühzeitiger als bisher erkennen. Über Analogieschlüsse aus bereits bekannten Diffusionsprozessen ähnlicher Strukturierung können zukünftige Neuentwicklungen prognostiziert werden.

Der Wandel im Unternehmensumfeld wirft häufig seine Schatten voraus. Das Radar für die strategische Unternehmensplanung ist genau auf diese Schatten ausgerichtet.

Bei diesen "Schatten" oder "schwachen Signalen" handelt es sich überwiegend natürlich nicht um Daten, die in quantitativer Form (z.B. in Statistiken) vorliegen, sondern um Nachrichten oder Beobachtungen über Ereignisse, Personen oder Organisationen usw. in qualitativer Form. Wenn dies erst einmal in Statistiken vorliegt, ist in der Regel für die Unternehmen viel (wertvolle) Zeit verstrichen. Auf einer gezielten Erfassung schwacher Signale und der systematischen Verfolgung solcher Entwicklungen liegt das Schwergewicht des Battelle-Frühwarnsystems.

Basierend auf den Ergebnissen einer unternehmensspezifischen Verwundbarkeitsanalyse (vgl. Bircher, 1976; Müller und Zeiser, 1980), die das gegenwärtige Geschäftsspektrum umfaßt oder auf "Szenarien", wenn zukünftige Unternehmensaktivitäten/Neuentwicklungen usw. miteinbezogen werden sollen, können die für ein Unternehmen relevanten Themen und Indikatoren ermittelt werden. Diese Indikatoren werden mit Hilfe des Frühaufklärungssystems systematisch und kontinuierlich beobachtet, und zwar in folgenden für ein Unternehmen bedeutenden Bereichen:

- unternehmensrelevante Ereignisse bzw. Ereignishäufungen,
- Meinungen und Stellungnahmen von Schlüsselpersonen,
- Verlautbarungen wichtiger Institutionen und Organisationen,
- die Verbreitung von Meinungen, Ideen usw. in den Medien sowie
- die Gesetzgebung und Rechtssprechung im In- und Ausland.

Durch die Beobachtungen werden sogenannte strukturelle Trendlinien aufgebaut, die zum einen das Unternehmen früher als bisher vor technologischen, sozialen und politischen Entwicklungstendenzen warnen und zum anderen auch Prognosen über deren Eintrittszeitraum ermöglichen. Die Darstellung solcher Trendlinien in Abbildung 3 wurde aus Gründen der Übersichtlichkeit vereinfacht; sie charakterisieren typische Ausbreitungen von Ideen, Verfahren und Rechtsnormen, die sich nach Branche und Unternehmen unterscheiden können. Deshalb ist eine unternehmensspezifische Ausrichtung des Radars außerordentlich wichtig.

Dieses Zeichen ↯ definiert in etwa den Beobachtungsbeginn des Unternehmensradars. Auf den Ordinaten der Diagramme stehen die kumulierten absoluten Häufigkeiten. Sie symbolisieren damit den Wert G_t der jeweiligen Diffusionsfunktion zum Zeitpunkt t. Steht z.B. in Abbildung 3 im Diagramm "Sozialpolitische Rechtssprechung" an der Stelle t die Bundesrepublik, so heißt dies, daß beim Eintritt der Bundesrepublik in diese Form der sozialpolitischen Rechtssprechung bereits n Länder inklusive der Bundesrepublik mit eingetreten sind.

Zu einem relativ frühen Zeitpunkt ↯ werden schwache Signale von dem Unternehmensradar aufgefangen und von da an systematisch und kontinuierlich beobachtet. Strategische Überlegungen zu Auswirkungen solcher schwachen Signale (Chancen/Risiken) werden begonnen. Stellt sich im Laufe der Zeit heraus, daß die Signale stärker werden, d.h. daß sie sich weiter verbreiten, so können erste Maßnahmen geplant werden (z.B. Neuentwicklung von Produkten oder ähnlichem). Bei im Zeitablauf anhaltendem Bedeutungsanstieg werden konkrete Maßnahmen vorbereitet (z.B. Investitionsprogramme für neue Produkte), die dann mit entsprechend

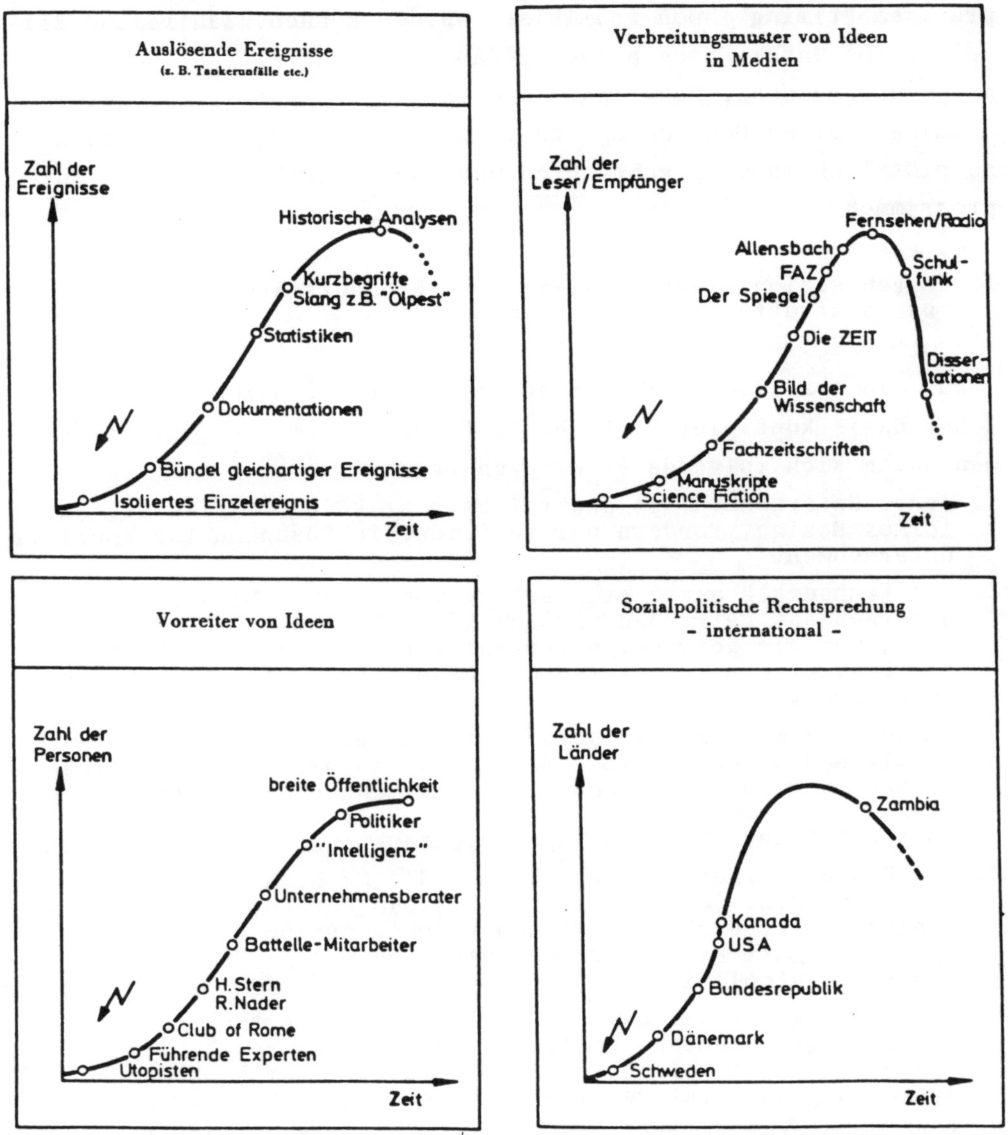

Abb. 3: Praktische Beispiele zu strukturellen Trendlinien

präzisem "timing" auch realisiert werden können. Zahlreiche Beispiele aus Unternehmen belegen, daß bei rechtzeitiger Vorwarnung, angemessener Reaktions- und Vorbereitungszeit und gutem "timing" selten Fehlschläge zu verzeichnen sind, im Gegensatz zu plötzlich in Gang gebrachten und überhastet ergriffenen Notprogrammen.

II. Organisation einer strategischen Frühaufklärung auf der Basis struktureller Trendlinien

Für die praktische Einführung eines auf diffusionstheoretischer Basis konzipierten Frühaufklärungssystems in ein Unternehmen haben sich folgende Prinzipien bewährt:

1. Jedes Unternehmen ist anders! Es gibt kein effizientes, uniformes Design, sondern nur individuelle Lösungen für spezielle Unternehmen.
2. Das Frühaufklärungssystem sollte von eigenen Mitarbeitern des Unternehmens betrieben werden; hier liegt die größere Kompetenz, und die notwendige Vertraulichkeit läßt sich leichter sichern. Externe Berater etc. können für Spezialaufgaben herangezogen werden.
3. Im Unternehmen ist ein sorgfältig ausgewähltes und gut geschultes Beobachternetz aufzubauen, das die kontinuierliche Beobachtung übernimmt und die Signale an eine zentrale "Radarbesatzung" weitermeldet. Die Arbeitsbelastung der Beobachter sollte 5 % der üblichen Tagesaufgaben nicht überschreiten.
4. Das Beobachternetz ist strikt auf die Marktnähe hin zu organisieren; d.h. je diversifizierter ein Unternehmen, um so dezentraler ist auch sein Frühaufklärungssystem zu organisieren. Dies gilt nicht für zentrale Fragen z.B. der Finanz- und Personalpolitik.
5. Langfristig ist der Einsatz der Datenverarbeitung für Frühaufklärungssysteme zu empfehlen; der Anfang sollte jedoch manuell gemacht werden, um das "Handwerk" der Beobachtung und Auswertung qualitativer Trends zu erlernen.
6. Die Beobachter sollten über eine breite und solide Allgemeinbildung verfügen, möglichst große Erfahrung im Unternehmen haben, mit einer "Nase" für neue Trends "ausgestattet", d.h. auf keinen Fall phantasielos sein; sie sollten prägnant formulieren können und sehr kooperativ sein, denn über frühe Informationen zu verfügen bedeutet auch "Macht" zu haben - und wer gibt schon freiwillig Macht ab? Hier sind neue Anreizsysteme sehr wichtig.
7. Die Einführung sollte schrittweise - über einen Zeitraum von ein bis drei Jahren - erfolgen und die Erfahrungen für Modifikationen und Trainingsmaßnahmen genutzt werden.

Das Battelle-Institut e.V. hat in den letzten zwei Jahren eine Analyse über den Einsatz vergleichbarer Verfahren in Unternehmen der westlichen Industrieländer durchgeführt /15/. Dabei wurde deutlich, daß insbesondere große amerikanische Unternehmen derartige Frühaufklärungssysteme einsetzen, weil sie unter einen zunehmenden Druck von staatlichen Verordnungen und Gesetzen geraten, deren Einhaltung nicht zuletzt durch eine kritische Öffentlichkeit kontrolliert wird /16/. In japanischen Großunternehmen werden ebenfalls Frühaufklärungssysteme und Alternativpläne eingesetzt, weil Rohstoff- und starke Exportabhängigkeit die Unternehmen in politische Abhängigkeiten gebracht haben, die große Risiken in sich bergen.

Die praktischen Erfolge solcher Ansätze sind außerordentlich ermutigend; allerdings handelt es sich auch hier nur um ein Planungs- und Entscheidungsinstrument, das so gut ist wie die Mitarbeiter, die es betreiben.

E. Gegenwärtige Umfeldbeobachtung: Hohe Kosten - Geringer Nutzen /17/

Wieviel Zeit und Geld Mitarbeiter in die Beobachtung des technologischen, wirtschaftlichen, sozialen und politischen Umfeldes investieren, ist den meisten Unternehmern und Topmanagern unbekannt. Wenn sie es erführen, wären sie vermutlich entsetzt, wie wenig nützliche Informationen sie bei dem geleisteten Aufwand zu strategisch relevanten Themen tatsächlich erhalten. Aus mehrjährigen Erfahrungen beim Aufbau von strategischen Frühwarn- bzw. Früherkennungssystemen lassen sich einige immer wieder zu beobachtende Mißstände in betrieblichen Informationssystemen feststellen - vor allen Dingen beim Umgang mit Informationen, z.B. über neue Technologien, Strategien der Wettbewerber, Veränderungen sozialer und politischer Rahmenbedingungen, deren strategische Bedeutung für den langfristigen Unternehmenserfolg unbestritten ist.

Selbst wenn in einem Unternehmen mehrere hundert - teilweise über 600 - Fachzeitschriften, Zeitungen und andere Medien regelmäßig ausgewertet werden und dabei mehrere hundert Mitarbeiter zusammengenommen mehr als 50 Mann-Jahre, ja zum Teil 80 bis 100 Mann-Jahre, pro Jahr aufwenden, ist es erstaunlich, wie wenig als Resultat dieses gewaltigen Informationsverarbeitungsaufwandes auch tatsächlich zur Unternehmensspitze gelangt und dort genutzt, d.h. in strategische Entscheidungen umgesetzt werden kann.

Nachfolgend werden nur einige der wichtigen Ursachen aufgeführt: Allzuoft fehlen konkrete Vorgaben durch die Unternehmensleitung, welche Themen und Probleme strategisch bedeutsam sind bzw. werden können. Hier macht sich das Fehlen einer strategischen Planung besonders unangenehm bemerkbar. Ein weitgehend individuelles und ich-bezogenes Interesse steuert dann die Umfeldbeobachtung der jeweiligen Mitarbeiter, die somit selten ziel- bzw. strategieorientiert ist und so gut wie nie Auswahlprioritäten aufweist. Mit anderen Worten, jeder liest das, was ihm Spaß macht oder was gerade aktuell ist. Dadurch werden kostspielige "Hobbys" gepflegt bzw. unproduktive Vielfachbeobachtungen in Gang gesetzt. Mangelnde Zielvorgaben erschweren darüber hinaus eine sorgfältige Interpretation und Bewertung von Umfeldveränderungen sowie deren Weiterleitung an die zuständigen Stellen im Unternehmen.

Obwohl zum Beispiel in großen Unternehmen häufig Hunderte von verschiedenen Umfeldveränderungen beobachtet werden, fehlt allzuoft der Blick für strategisch bedeutsame Trends, die sich erst aus der Gesamtperspektive dieses Unternehmens als wichtig herausstellen. Meistens dominieren bei dem Interesse der Mitarbeiter aktuelle Entwicklungen, die nur für den eigenen begrenzten Bereich von Bedeutung sind. Die systematische Beobachtung unternehmenspolitisch wichtiger Themen und Trends wird dabei zwangsläufig vernachlässigt.

Nur selten fühlen sich bestimmte Mitarbeiter für die Beobachtung bestimmter Themen im Umfeld des jeweiligen Unternehmens auch wirklich verantwortlich. Dies ist auch in sehr wenigen Unternehmen Teil der Aufgabenbeschreibung. Aber jeder Mitarbeiter, der "halbwegs lesen und schreiben kann" (Zitat aus der Praxis), glaubt, ein Recht auf den Bezug z.B. von Zeitungen und Zeitschriften zu haben. In den allermeisten Unternehmen gibt es also eine mehr als ausreichende Zahl potentiell geeigneter Umfeldbeobachter; die Verfügbarkeit von genügend qualifizierten Mitarbeitern ist nicht das Problem, jedoch ihre wirksame Organisation und Steuerung. Weitere Probleme entstehen bei der Bearbeitung von Daten und Fakten über Umfeldveränderungen, so beispielsweise durch unsystematische, mitarbeiterspezifische Ablagesysteme. Bei Urlaub, Krankheit, Versetzung oder Ausscheiden des Mitarbeiters wird das Unternehmen dann im wahrsten Sinne des Wortes für eine Zeitlang blind - bis sich ein Nachfolger wieder eingearbeitet hat, in extremen Fällen kann dies Jahre dauern.

Bei der vertikalen Weiterleitung von Informationen von unten nach oben taucht darüber hinaus oft noch das "Sackgassen-Phänomen" bzw. der "Versickerungs-Effekt" auf. Hier versickern wichtige Informationen, weil sie z.B. nicht in das Konzept des jeweiligen Vorgesetzten passen oder weil bestimmte Nachrichten dem Egoismus bestimmter Abteilungen, Hauptabteilungen, Bereiche usw. entgegenstehen - ein allseits bekanntes Problem. Neu war allerdings die Erfahrung, daß dies in besonders ausgeprägter Form auf der zweiten Ebene der Unternehmen auftritt, also unterhalb des Vorstands bzw. der Geschäftsleitung. Hier hat man bereits einen relativ guten Überblick über das Gesamtunternehmen und seine "innen-politischen" Konstellationen und zugleich häufig noch Hoffnungen und Erwartungen auf den letzten großen Karrieresprung in die oberste Führungsebene. Die Gefahr der interessenbedingten Manipulation von Informationen ist darum relativ groß, und die Verfügbarkeit strategisch relevanter Informationen für die Unternehmensspitze wird zusätzlich begrenzt.

Die Hersteller neuer Kommunikationstechnologien versprechen nun eine zum Teil revolutionierende Verbesserung der betriebsinternen Informationssysteme. Nach den bislang bei Battelle vorliegenden Erfahrungen muß jedoch befürchtet werden, daß derartige Systeme nur eine zusätzliche Überflutung mit Daten auslösen werden und nicht eine Verbesserung des tatsächlichen Informationsstandes der oberen Führungsebenen. Neue Technologien, wie integrierte Inhouse-Netzwerke und Datenbanksysteme, können erst dann eine zusätzliche Verbesserung des Kosten-Nutzen-Verhältnisses bei der Umfeldbeobachtung bewirken, wenn die genannten Hindernisse - und eine Reihe weiterer - aus dem Wege geräumt sind.

Der Aufbau einer entsprechenden organisatorischen Infrastruktur im Unternehmen - etwa im Stile des Strategischen Frühwarnsystems von Battelle - ist eine notwendige Voraussetzung für die sinnvolle Nutzung der neuen Informationstechnologien.

F. Zusammenfassung

Zur Prognose von diskontinuierlichen Wechseln wird in dieser Arbeit versucht, die Theorie des Paradigmenwechsels und die des Brechens empirischer Invarianzen mit der Diffusionstheorie in Verbindung zu setzen. Über die Untersuchung der Ausbreitungsmuster von Ideen und Ereignissen werden strukturelle Trendlinien für bestimmte Diffusionsformen empirisch ermittelt. Treten in Zukunft ähnliche Ideen oder Ereignisse auf, so kann über einen Analogieschluß deren Diffusionsweg mit Hilfe der strukturellen Trendlinien prognostiziert werden. Die Konzeption findet als "Radar" zur strategischen Frühaufklärung bereits erfolgversprechende Anwendung in der Unternehmenspraxis.

Anmerkungen

1 Zur Theorie des Paradigmawechsels vgl. vor allem Kuhn, 1970.

2 Vgl. Lutschewitz und Kutschker, 1977, S. 37 ff. und die dort angegebene Literatur. Von besonderer Bedeutung ist in diesem Zusammenhang die Persönlichkeitspsychologie (vgl. Roth, 1967).

3 Zum Begriff des "psychologischen Faktors" vgl. Haberler, 1937. Da derartige Vorgänge durch infinitesimale Impulse ausgelöst werden können, werden sie als "sozialpsychologische Prozesse" bezeichnet.

4 Die Diffusionsforschung ist ein Zweig der Kommunikationsforschung (vgl. Schramm (Hrsg.), 1963). Eine Darstellung der Diffusionstheorie findet sich bei Rogers, 1962. Kirsch et al., 1979, Abschnitt 2.2., vermitteln einen Überblick über die relevante Literatur und eine Einordnung in das Forschungsobjekt des geplanten Wandels. Eine Anreicherung der theoretischen Konzeption mit empirischen Befunden findet man bei Lutschewitz, 1974, und bei Lutschewitz und Kutschker, 1977.

5 Im Gegensatz zur Theorie der sozialpsychologischen Kernprozesse spricht man hier vom Ablauf einer sozialpsychologischen Infektion.

6 Diese Kategorisierung lehnt sich an Jöhr, 1972, S. 177, Rogers, 1962, S. 162 und 303 f., Heuss, 1965, an.

7 Z.B. Regel 3: Subjekte, die eine neue Erkenntnis relativ spät adaptieren, geben sie mit großer Wahrscheinlichkeit auch wieder früher auf, als die, die sie früh adaptieren.

8 Diese Darstellung knüpft an Jöhr, 1972, S. 176 ff. und Baumberger, Gmür und Käser, 1973, an.

9 Die prognostischen Hilfsmittel findet man z.B. bei Lewandowski, 1974, S. 260 ff. Die Zuwachsrate in der Periode t sei definiert durch die Differentialgleichung 1. Ordnung von G , d.h.: G = dG /dt. Die Mehrzahl der auf diesem Wachstumsgesetz erstellten Hypothesen gehen von der Reihenentwicklung der Funktion aus. Für die im Diffusionsprozeß 1 vorliegende exponentielle Wachstumsfunktion gilt dann: $G'_t = a_0 + a_1 G_t + a_2 G_t^2$
$G'_t = a_0 + a_1 G_t = p(G^* - G_t)$, wobei $a_0 = pG^*$ und $a_1 = -p$ ist.

1o Lösung der Differentialgleichung:
$$G_t = G^* e^{2-pt} \rightarrow e^{2-pt} = G^* - G_t$$
$$\frac{dG}{dt} = pe^{2-pt}$$
wobei: $G_0 = G^* - e^2$ und $a = \ln(G^* - G_0)$.

11 Wobei gilt: $a = \ln[(G^* - G_0)/G_0]$.

12 Diese Wachstumsfunktion geht auf das Modell von Pyatt zurück. Vgl. dazu Lewandowski, 1974, S. 305.

13 Vgl. Jöhr, 1972, S. 182. Dort sind auch noch weitere Modifikationen aus der Literatur zur Konjunkturtheorie angegeben.

14 Zur Diskussion der Bedeutung von Frühaufklärungssystemen vgl. Albach et al. (Hrsg.), 1979, Ansoff, 1976, Ansoff et al., 1980, Hahn und Krystek, 1979, Kirsch und Trux, 1979, Kühn und Walliser, 1978, Müller, 1981, Rieser, 1978.

15 Besonders intensiv ausgewertet wurden Erfahrungen aus folgenden Unternehmen: Whiripool Corp., General Electric, General Mills, Pilkington Brothers Ltd. und Northern Natural Gas.

16 Zu ähnlichen Ergebnissen kam Ziegler, 1980.
17 Vgl. Battelle-Aktuell, 3/1983, S. 18 f.

Literaturverzeichnis

Albach, H., Hahn, D., und Mertens, P., (Hrsg., 1979): Frühwarnsysteme, in: Zeitschrift für Betriebswirtschaft, Ergänzungsheft 2, 1979.

Ansoff, H. I., (1976): Managing Surprise and Discontinuity-Strategic Response to Weak Signals, in: Zeitschrift für betriebswirtschaftliche Forschung 1976, S. 129 - 152.

Ansoff, H. I., Kirsch, W., Roventa, P., (1980): Dispersed Positioning in Strategic Portfolio-Analysis, in: EIASM-Working-Paper Nr. 80-12, März 1980.

Battelle-Institut e.V. (1978): Soziales und politisches Frühwarnsystem zur Erkennung von Veränderungen im Umfeld der Unternehmen, 1978.

Battelle-Institut e.V. (1979): BASICS, Proposal for an ongoing Program of Scenarios for Corporate Planning, 1979.

Battelle-Institut e.V. (1983): Gegenwärtige Umfeldbeobachtung: Hohe Kosten - geringer Nutzen; in: Battelle-Aktuell, 3/1983, S. 18 f.

Baumberger, J., Gmür, U., und Käser, H., (1973): Ausbreitung und Übernahme von Neuerungen - Ein Beitrag zur Diffusionsforschung, 2 Bände, 1973.

Bircher, B., (1976): Langfristige Unternehmensplanung, 1976.

Galtung, J., (1978): Methodologie und Ideologie, Band I, 1978.

Haberler, G., (1937): Prospérité et dépression, Etude théorique des cycles economiques, 1937.

Hahn, D., und Krystek, U., (1979): Betriebliche und überbetriebliche Frühwarnsysteme für die Industrie, in: Zeitschrift für betriebswirtschaftliche Forschung, 1979, S. 76 - 88.

Heuss, E., (1965): Allgemeine Markttheorie, 1965.

Holroyd, P., (1978): Change and Discontinuity - Forecasting for the 1980s, in Futures, 1978/1, S. 31 - 43.

Jöhr, A., (1972): Zur Rolle des psychologischen Faktors in der Konjunkturtheorie, in: Ifo-Studien, 1972, S. 157 - 214.

Kirsch, W., Esser, W.-M., und Gabele, E., (1979): Das Management des geplanten Wandels von Organisationen, 1979.

Kirsch, W., und Trux, W., (1979): Portfolio-Analyse und strategische Frühaufklärung, in: Albach et al. (Hrsg., 1979), S. 47 - 69.

Krampe, G., und Müller, G., (1981): Diffusionsfunktionen als theoretisches und praktisches Konzept zur strategischen Frühaufklärung, in: Zeitschrift für betriebswirtschaftliche Forschung, 1981, S. 384 - 401.

Kühn, R., und Walliser, M., (1978): Problementdeckungssysteme mit Frühwarneigenschaften, in: Die Unternehmung, 1978, S. 223 - 246.

Kuhn, T. A., (1970): The Structure of Scientific Revolutions, 1970.

Lakatos, I., und Musgrave, A., (Hrsg., 1974): Kritik und Erkenntnisfortschritt, 1974.

Lewandowski, R., (1974): Prognose- und Informationssysteme und ihre Anwendungen, 1974.
Lutschewitz, H., und Kutschker, M., (1977): Die Diffusion von innovativen Investitionsgütern, Theoretische Konzeption und empirische Befunde, 1977.
Lutschewitz, H., (1974): Die Diffusion innovativer Investitionsgüter. Ein Beitrag zu einer Theorie des Investitionsgütermarketing, Diss. 1974.
Müller, G., und Zeiser, B., (1980): Zufallsbereiche zur Beurteilung frühaufklärender Signale, in: Zeitschrift für Betriebswirtschaft, 1980, S. 587 - 601.
Müller, G., (1981): Strategische Frühaufklärungssysteme, Planungs- und Organisationswissenschaftliche Schriften, Hrsg. Prof. Dr. W. Kirsch, 1981.
Rieser, I., (1978): Frühwarnsysteme, in: Die Unternehmung, 1978, S. 51 - 68.
Rogers, E. M., (1962): Diffusion of Innovations, 1962.
Roth, E., (1967): Einstellung als Determination individuellen Verhaltens, 1967.
Schramm, W., (Hrsg., 1963): The Science of Human Communications, 1963.
Wilson, F. H., (1973): Futures Forecasting for Strategic Planning at General Electric, in: Long Range Planning, 1973, Juni, S. 39 - 42.
Ziegler, A., (1980): Externe Strömungen orten, in: Manager Magazin, 1980, Nr. 12, S. 58 - 65.

Günter Müller *

STAR: Ein Ansatz zur Verwirklichung einer Strategischen Frühaufklärung

*Dr. Günter Müller ist Akademischer Rat an der Universität München, Institut für Organisation (Prof. Dr. Werner Kirsch), Ludwigstraße 28/RG, 8000 München 22.

85 % der Vertreter von 166 befragten europäischen Großbetrieben sind der Auffassung, daß "Brüche und turbulente Veränderungen" bevorstehen, die neuartige Planungsverfahren erfordern (vgl. Malaska, 1983, S. 211). 45 % der "Top Foreign 500 Industrials" der FORTUNE-Liste verzeichneten von einem Planungszyklus zum nächsten bedeutende externe Herausforderungen und Veränderungen (vgl. Klein und Linnemann, 1984, S. 68). Auch wenn noch etwa zwei Drittel von 214 befragten deutschen Unternehmen glauben, daß sie genügend flexibel seien, um sich auf plötzliche Überraschungen einstellen zu können (vgl. Esser et al., 1984, S. 529), so ist doch eine deutlich wachsende Bereitschaft festzustellen, sich intensiver und systematischer mit dem möglichst frühzeitigen Aufspüren derartiger externer Herausforderungen auseinanderzusetzen. Etwa die Hälfte der oben genannten "Top Foreign 500 Industrials" verfügen bereits über die formale Verankerung einer Umfeldanalyse ihres Unternehmens. Sears Roebuck oder Generel Electric sind zwei auf diesem Gebiet bekannt gewordene Pionierunternehmen (vgl. z.B. Cravens et al., 1980, Teil 2).

Die Qualität einer solchen Analyse sozio-ökonomischer Umfeldentwicklungen wird allerdings entscheidend von den Fähigkeiten des Managements (und nicht nur der Stäbe) im Umfang mit Strategischen Informationen bestimmt. Hier klafft eine große Lücke an Erfahrung, Methoden, Systemen, Prozeduren und auch an Experten auf diesem Gebiet des Strategischen Managements und der Zukunftsforschung. Zulange wurde durch Investitionen in (zumeist nur inkrementale) Verbesserungen der statistischen und ökonometrischen Modelle einer zu großen hard-fact-Gläubigkeit nachgehangen. Viele aktuelle Mißerfolge solcher mathematischen Modelle haben zu einer erstaunlich schnellen Verbreitung von mehr qualitativen Techniken der Zukunftsforschung geführt, wobei die Szenario-Technik mit weitem Abstand die mit dem größten Anwendungsstand ist (vgl. z.B. Klein und Linnemann, 1984, S. 72). An was es allerdings noch fehlt, ist an geeigneten Ansätzen zur frühzeitigen Beschaffung und Handhabung Strategischer Informationen. Der Strategische-Trend-Analyse-Report "STAR" ist ein solcher Ansatz. Er soll hier vorgestellt werden.

A. Die Suche nach zukünftigen Gefahren und Gelegenheiten als Aufgabe eines Strategischen Informationssystems

Mit zunehmenden Schwierigkeiten bei der Handhabung von Problemen aus dem Umfeld der Unternehmen (Turbulenz, Komplexität und Dynamik sind hier die Schlagworte) veränderten sich auch die Führungsphilosophien von Unternehmen. Für eine größere outside-inside-Orientierung (vgl. Bircher, 1976, S. 285f.), damit ist die Betonung von Gefahren und Gelegenheiten (bzw. Chancen und Risiken) bei der Strategischen Analyse gemeint, sprechen die aktuellen Formen und Managementsystemen: "strategic management", "issue management" oder "surprise management" sind Beispiele dafür. Sie alle erfordern besondere Fähigkeiten des Managements im Umgang mit Strategischen Informationen - d.h. hier im frühzeitigen "Aufspüren" relevanter Herausforderungen, die aus dem zukünftigen Umfeld des Unternehmens zu erwarten sind.

I. Die Strategische Frühaufklärung als Funktion eines umfassenden Managementmodells

Spricht man heute von Managementmodellen, so werden damit meist ausschließlich die Planungs- und Kontrollsysteme verbunden. Vernachlässigt werden dabei die flankierenden Systeme, wie z.B. die Anreiz- und Sanktionssysteme oder die Dokumentations- und Retrievalsysteme. Dies gilt insbesondere auch für die weit verbreitete Führungsphilosophie eines Strategischen Managements.

Innerhalb dieses Strategischen Managements fällt auch die "flankierende Aufgabe" des Managements Strategischer Informationen an (vgl. Mauthe et al., 1984). Damit ist nicht nur die Dokumentation und das Retrieval Strategischer Informationen gemeint, sondern auch die Erfüllung bestimmter weiterer Funktionen wie z.B. die uns hier interessierende Strategische Frühaufklärung (vgl. Böhler, 1983; Fahey et al., 1981; Müller, 1981; Trux et al., 1984 und Wiedmann, 1984). Mit diesem Begriff wird die Daueraufgabe des möglichst frühzeitigen Erkennens zukünftiger Gefahren und Gelegenheiten angesprochen, um für das Unternehmen die Reaktionszeit zu maximieren. Eine Aufgabe, die noch viele ungelöste, konzeptionelle Probleme aufzuweisen hat.

II. Strategische Informationen: auf dem Weg zum Commodity?

Der weltweite Ausbau computerunterstützter Informations- und Kommunikationssysteme lassen Informationen dieser Art immer mehr zum Commodity werden: die Information, die man erhält, ist exakt identisch zu der eines Konkurrenten um diese Information. Wird nun durch diesen Zuwachs an Informationen die Qualität einer Strategischen Frühaufklärung verbessert?

Wie auf vielen anderen sich globalisierenden Märkten, so ist es auch am Markt für Informationen: zum einen wird es sicherlich mehr und mehr durchaus sehr wichtige Informationen "weltweit" und immer billiger quasi für jeden Interessenten geben; auf der anderen Seite wird aber eine immer größere Nachfrage entstehen nach neuen Informationen, die sich aus den Mustern, Zusammenhängen oder Implikationen der allgemein erhältlichen Informationen ergeben. Der Frühaufklärer hat in dieser Transformation der ursprünglichen Information auf den Benutzer hin seine eigentliche Aufgabe zu sehen; er versieht die neue Information mit einem gewissen Maß an Exklusivität.

III. Das Konzept der schwachen Signale als theoretische Grundlage

Die genannte Exklusivität reicht aber für das Ziel einer Strategischen Frühaufklärung nicht aus. Die Informationen müssen dazu auch noch möglichst frühzeitig "aufgewirbelt" werden. Der Diskussion, wie dies zu bewerkstelligen ist, hat Ansoff (1976) mit seinem Konzept der schwachen Signale wesentliche Impulse verliehen.

Mit dem Begriff des "schwachen Signals" soll auf schlecht-strukturierte Informationen aufmerksam gemacht werden, die den Empfänger in einem Stadium hoher Ignoranz belassen. Meist wählt er dann die Unterlassensalternative, mit der er sich einer Interpretation des Signals entziehen möchte. Er bevorzugt es, solange zu warten, bis eine wohl-strukturierte Information (ein starkes Signal) vorliegt.

Damit verschenkt der Empfänger aber wertvolle Zeit. Denn nach Ansoff (1976) lohnt es sich, nach solchen schwachen Signalen Ausschau zu halten und ihnen nachzugehen, da die meisten neuen Trends oder Trendbrüche sich durch solche noch schwer interpretierbaren Signale frühzeitig ankündigen. Dem Unternehmen bleibt dann mehr Zeit, sich auf eventuelle Reaktionsstrategien vorzubereiten.

IV. Scanning und Monitoring als Daueraufgabe eines Managements

Es sollte hier von zwei grundsätzlichen Verhaltensformen innerhalb einer Strategischen Frühaufklärung ausgegangen werden: dem Scanning und dem Monitoring (vgl. Wilson, 1983).

Von einem Scanning spricht man dann, wenn quasi mit einem 360-Grad-Radar das volle sozio-ökonomische Feld nach schwachen Signalen zu zukünftigen Gefahren und Gelegenheiten abgetastet wird. Dabei wird demnach auch in solchen Bereichen gesucht, aus denen bislang keine relevanten Entwicklungen zum Unternehmen aufkamen.

Beim Monitoring liegt dagegen bereits ein schwaches Signal vor. Man hält es für beobachtenswert und versucht nun, durch Hinzugewinnung neuer Informationen das bestehende Stadium der Ignoranz zu vermindern.

Mit STAR wird nun ein Ansatz für eine Strategische Frühaufklärung vorgestellt, mit welchem versucht wird, aufbauend auf dem Konzept der schwachen Signale, die Scanning- und Monitoring-Aufgabe in einer Organisation wahrzunehmen.

B. STAR: Ein partizipativer Ansatz zur Verwirklichung einer organisationsspezifischen Strategischen Frühaufklärung

STAR steht als Abkürzung für "Strategischer-Trend-Analyse-Report". Es handelt sich dabei um einen an Problemen der Führungspraxis orientierten Ansatz zur Verwirklichung einer Strategischen Frühaufklärung. Er wurde für das Institut für Strategie- und Zukunftsstudien (ISZ) konzipiert und wird bereits in mehreren Unternehmen getestet und angewandt. Die Grundgedanken, auf denen der STAR-Ansatz aufbaut, wurden bereits im vorangegangenen Abschnitt kurz erörtert; dieser Abschnitt soll nun einen ersten

Eindruck von der Arbeitsweise des Ansatzes vermitteln.

I. Grundsätzliches

STAR ist kein System (z.B. im Sinne eines Planungs- und Kontrollsystems). Vielmehr wird damit eine seitens des Managements zu erfüllende Funktion, und zwar die der Sensibilisierung gegenüber schwachen Signalen, sowie der damit verbundene Prozeß umschrieben.

STAR ist als ein ausschließlich organisationsspezifischer Ansatz zu verstehen (wobei die Organisation ein Unternehmen aber z.B. auch ein Verband sein kann). Er ist deshalb organisationsspezifisch, weil mit ihm die Transformation von "Commodity-Informationen" in "Exklusiv-Informationen" bewerkstelligt werden soll.

Dies wird um so mehr gelingen, je umfassender das beim einzelnen Mitarbeiter gewinnbare Interesse an dem System ist und er damit auch selbst in die Verantwortung um eine "sachgerechte" Informationsverarbeitung miteinbezogen wird. Deshalb wurde mit STAR ein partizipativer Ansatz gewählt.

STAR darf sich nicht in dem Sammeln und Verbreiten Strategischer Informationen erschöpfen; es muß (über den Einsatz entsprechender Methoden) entscheidend auch zur Kommunikation der Strategischen Informationen und zur Bildung interessensbezogener Netzwerke beitragen.

Diese Kommunikation muß innerhalb von STAR auch derart ausgestaltet werden, daß eine fundamentalkritische Aufklärung gefördert wird; d.h. daß bei Interpretation der gewonnenen Informationen auch aus der Sicht von Kontexten heranzugehen ist, die von den jeweils herrschenden Kontexten abweichen und diese infragestellen (vgl. Etzioni, 1975, S. 167ff. sowie Kirsch et al., 1979, S. 358ff.).

II. Der Strategische-Trend-Analyse-Report STAR: Aufbau und Ablauf

Primär werden durch STAR die Interaktionen im Netzwerk der Frühaufklärung betreibenden Organisationen und deren Mitarbeiter gesteuert und methodisch strukturiert. STAR kann dabei auf drei unterschiedlichen Ebenen angesiedelt werden:

1. auf der Ebene eines einzelnen Unternehmens;
2. auf der Ebene von durch STAR verbundenen Unternehmen;
3. auf der Ebene einer überbetrieblichen Organisation.

Jede Ebene stellt ein Informationsnetzwerk dar, welches sich natürlich mit anderen Netzwerken überlappen kann.

Abb. 1 zeigt die Hauptinteraktionen und -aktoren im STAR-Prozeß. Auf der ersten der genannten Ebenen interagieren in diesem Ansatz das Unternehmen und das ISZ. Die dabei aufgewirbelten Informationen stammen dabei aus zwei Quellen. Zum einen wird ein unternehmensinternes Scanningteam gebildet. Dabei handelt es sich um freiwillige Scanner, deren Aufgabe das Aufwirbeln unternehmensrelevanter schwacher Signale ist. Diese werden in dem im Beispiel aus Abb. 2 wiedergegebenen Formular erfaßt und ausgetauscht.

Dem steht die seitens des ISZ permanent betriebene Strategische Frühaufklärung gegenüber. Das ISZ kann sich dazu einen Kreis von Experten verschiedener Fachbereiche aufbauen, um Tiefe und Fokus der eigenen Sichtung Strategischer Informationen zu erweitern.

Die Ergebnisse einer derartigen Tätigkeit sollten in regelmäßigen Abständen in einer Art Strategischem Informationsbrief zusammengefaßt werden. Er sollte unternehmens-spezifisch gegliedert sein, wofür folgendes Beispiel gegeben werden kann:

"STAR-exklusiv" der Unternehmung XY:

1. Konjunkturelle Erwartungen und mögliche Überraschungen
2. Zu erwartende Konkurrenzmanöver
3. Unregelmäßigkeiten in der Branchenentwicklung
4. Schwache Signale
5. Monitoring ausgewählter Strategischer Problemfelder
6. Suchfelder für neue Geschäfte

STAR kann aber auch im Verbund mit mehreren Unternehmen betrieben werden. Damit erweitert sich ohne Mehraufwand für das einzelne Unternehmen das Spektrum der beobachteten Informationsquellen. Es bietet sich dann an, den gemeinsamen Frühaufklärungsprozeß über ein "Steuerungs-Komitee" zu koordinieren und zu lenken. Dort werden strategische Probleme von übergeordneter Relevanz ausgefiltert, diskutiert und für Tiefenuntersuchungen vorstrukturiert.

Ergebnis kann auch hier ein Strategischer Informationsbrief - wie der obige - sein. Er sollte jedoch in einen an alle Unternehmen gehenden und in einen unternehmensspezifischen Teil untergliedert sein.

Die Funktion einer Strategischen Frühaufklärung kann auch durch eine überbetriebliche Organisation wahrgenommen werden. Inzwischen berühmt gewordenes Beispiel ist das "Trend Analysis Program" (TAP) des American Council of Life Insurance. Diesem Verband der Lebensversicherer sind 572 Unternehmen angeschlossen. Jedes Unternehmen rekrutiert eine Gruppe freiwilliger Scanner. Diese geben ihre Trend-Meldungen an den Verband, wo sie gesammelt, sortiert und ausgefiltert werden. Mitglieder des Top-Managements der beteiligten Unternehmen wählen dann aus der Menge aller Trend-Meldungen die fünf bis sieben wichtigsten aus; diese werden dann von externen Experten Tiefenanalysen unterzogen. Deren Ergebnisse gehen dann, neben anderen Serviceleistungen aus dem Programm, an die einzelnen Unternehmen zurück.

Flankiert werden diese Tätigkeiten, durch Seminare zur Strategischen Frühaufklärung: dies sind zum einen Schulungen für die Scanner zur Methodenanwendung bei der Handhabung schwacher Signale (vgl. Trux et al., 1984, Kap. 4); zum anderen aber auch Top-Managementseminare, bei denen es um Expertenvorträge und Diskussionen zu herausragenden externen Herausforderungen aus dem Umfeld der meisten Unternehmen geht.

Hilfreich für die einzelnen Scanner könnte eine Mitgliedschaft im Verein für Strategie- und Zukunftsforschung e.V. (VSZ e.V.) sein. Dort werden die neuesten Entwicklungen auf dem Gebiet der Strategischen Frühaufklärung verfolgt, diskutiert und über die Vereinszeitschrift "VSZ" den Vereinsmitgliedern zugänglich gemacht. Der VSZ e.V. ist auch Herausgeber einer Schriftenreihe zu diesem Themenkreis.

III. Sichtung und Verwendung relevanter Informationsquellen

Ein Projekt zur Implementierung von STAR beginnt i.a. auch mit einer Sichtung der vom "Scanning-Team" herangezogenen Informa-

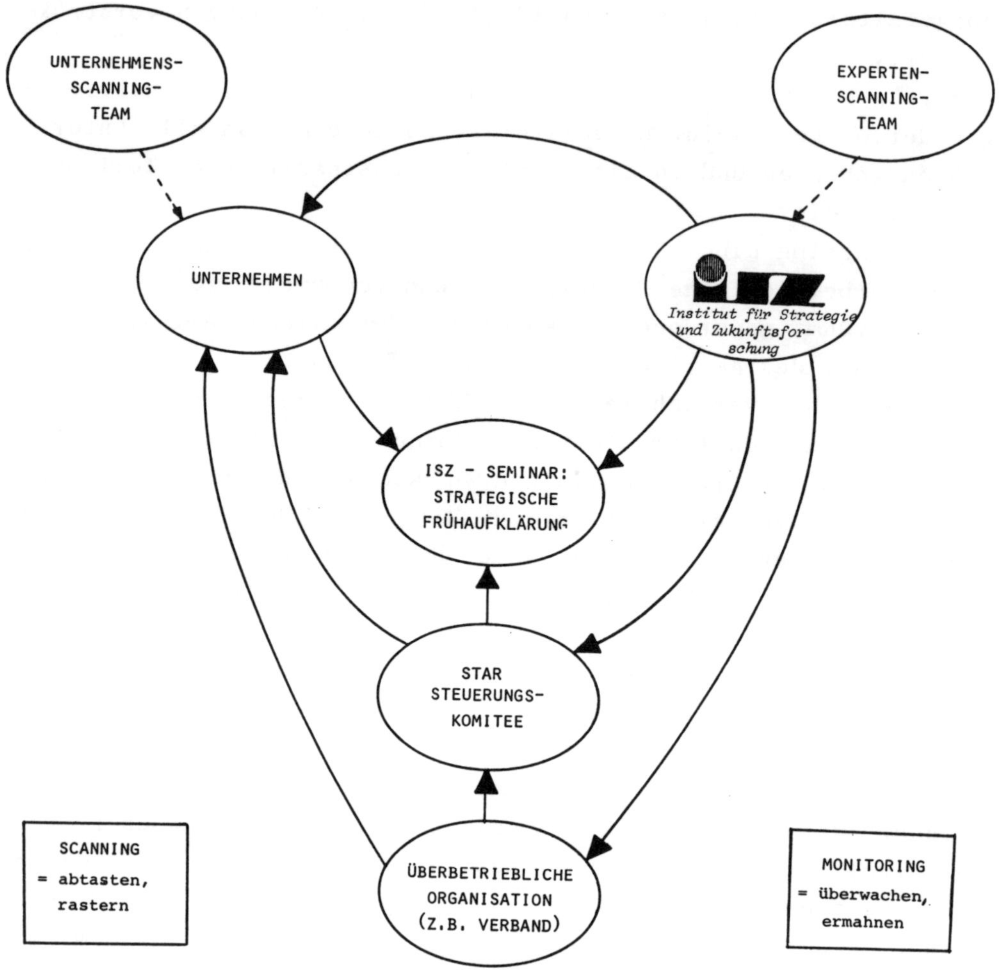

Abb. 1: Interaktionen und Aktoren im STAR-Ansatz

STAR -

TREND - MELDUNG

DATUM : 18.5.84
SCANNER: Müller, G.

TITEL : Handelsmanagement: Umbruch durch Scanning	JAHR : 1984 BAND : MONAT: TAG : NR. : 4 SEITE: 74 - 78	Institut für Strategie und Zukunftsforschung
QUELLE: Absatzwirtschaft		
AUTOR : Treis, B. und Schminke, L.		

ZUSAMMENFASSUNG:

Scannerdaten führen zu einer Neu-Verteilung der Macht zwischen den Herstellern und dem Handel. Es werden mehr und genauere Daten über Verbrauchergewohnheiten einerseits und über Vorgänge im Handelsunternehmen andererseits vorliegen. Es ist denkbar, daß eine interorganisationale Marktkommunikation institutionalisiert wird.

Dabei ist zu erwarten, daß ein nachweisbar erfolgreiches Marketing eher erkannt und kooperativ optimaler ausgeschöpft wird.

Anmerkung: Als Scanner bezeichnet man ein im Kassenterminal eingebautes Gerät, das im Handel zur optisch-elektronischen Erfassung der Abverkäufe eingesetzt wird. Beim Scanning wird die als Strichcode auf der Packung angebrachte Artikelnummer gelesen, anhand dieser werden Produktionsbezeichnung sowie der Preis vom Computer abgerufen und gleichzeitig der Abverkauf der Einheit des Artikels registriert.

KOMMENTAR:

- Aufgrund der umfangreichen Kontrollmöglichkeiten durch Scanner wird die Entscheidungskompetenz der Zentrale im Bereich "Filialen" wachsen und die Versuche, einheitliche Marketingkonzepte auch gegen lokale Marktwiderstände durchzusetzen, werden zunehmen (betr. B1.1)
- Unsere Großhändler können - in erster Linie determiniert durch die Beeinflussungsmöglichkeiten seines Absatzmarktes auf der Einzelhandelsebene - die aggregierten Scannerdaten bei Verhandlungen mit uns nutzen. Ihre Einkäufer sind nicht mehr auf unsere "Absatzversprechungen"angewiesen (betr. B2 und B3).
- Wir müssen uns ebenfalls einen Zugang zu den Scannerdaten sichern, gegebenenfalls über Marktforschungsinstitute (betrifft B2 und B3).

BEDEUTUNG DER TRENDMELDUNG:

bestätigend — starker Wandel

① — ② — ③ X — ④

gemäßigter Wandel — revolutionär

Eintrittswahrscheinlichkeit	Einfluß auf das Unternehmen
0% — X 100%	äußerst gering — X sehr stark

Umwelt bereiche:	A6.8	Unternehmens-bereiche:	B1.1, B2, B3

Abb. 2: Beispiel einer Trendmeldung

tionsquellen. Die dabei gewonnene Liste ist hinsichtlich zweier Fragestellungen zu überprüfen:

1. Wurde keine spezielle Kategorie von Informationsquellen außer Acht gelassen?
2. Wurden innerhalb der einzelnen Kategorien von Informationsquellen keine speziellen Quellen außer Acht gelassen?

Frage 1 spricht das Problem an, daß hinsichtlich einiger Kategorien von Informationsquellen Anwendungsbarrieren bestehen. Ein Beispiel dafür ist die Nutzung von Datenbanken.

Sicherlich gibt es keine allgemeingültige Liste solcher Quellenkategorien. Mit der Abb. 3 soll jedoch eine erste Hilfestellung für diese Überprüfung gegeben werden.

Frage 2 spricht das Problem an, daß es in Unternehmen eine Tendenz gibt, Informationsquellen heranzuziehen, die die eigene "Marschrichtung" bestätigen. Verfolgt z.B. ein Mitarbeiter eines Automobilherstellers Zeitschriften wie "Auto, Motor und Sport", so findet er darin fast ausschließlich Nachrichten, die ihn bestätigen. Dies ist natürlich, da die Redakteure i.a. ihre Informationslieferanten in den Automobilkonzernen sitzen haben. Der Mitarbeiter reduziert dadurch - allerdings nur scheinbar - die Komplexität von Entscheidungsproblemen.

Weiter ist darauf zu achten, daß die beschränkten Lesekapazitäten möglichst effizient eingesetzt werden; d.h. daß etwa bei den Zeitschriften diejenigen bevorzugt gelesen werden, von denen ein möglichst großer Vorlauf hinsichtlich der zukünftigen Ereignisse zu erwarten ist. Beispiele hierfür sind die Zeitschriften "Daedalus" oder "Sphinx".

Ein organisatorisches Problem für eine Strategische Frühaufklärung stellen die Dokumentation und das Retrieval der gesichteten schwachen Signale dar. Ohne nun im speziellen diesen Problemkreis diskutieren zu wollen (vgl. Renner, 1982), soll hier der Hinweis auf die in Abb. 4 dargestellten "Mikro/Makro-Matrix" gegeben werden (vgl. Wilson, 1983). Sie scheint ein erster machbarer Schritt in Richtung auf eine geeignete Problemhandhabung zu sein. Wird z.B. die Trendmeldung aus Abb. 2 über ein (PC-)Terminal erhoben, so kann bereits dort die Nachricht elektronisch in der Matrix abgelegt werden. Die Zuordnung zu einem (oder mehreren) Matrixfeld(ern) wird ja bereits bei Erstellung der Trendmeldung abge-

Quellenkategorie / Bezugsebene	Zeitschriften und Zeitungen	Bücher und Abstract-Dienste	Scanning-Dienste	Informationen-Broker und (Auftrags-) Forschungsinstitute	Netzwerke	Persönliche Informations-Quellen
Fachbereich	z.B. "die Metalloberfläche" für den Bereich Oberflächentechnik	z.B. "International Political Science Abstracts"	z.B. "High Tech Materials Alert" für den Bereich Oberflächentechnik	z.B. Patentrecherchen über IMPADOC oder den "Profildienst"	z.B. die "World Future Society" als Netzwerk für Zukunftsforscher	z.B. Besuchsberichte
Funktionsbereich	z.B. "Technology Review" für den Funktionsbereich Technik	z.B. "Technology Abstracts" für den Funktionsbereich Technik	z.B. "Technology Forecast" für den Funktionsbereich Technik	z.B. das elektronische Marketing-Informationssystem (über BTX) an der Universität Essen (WHS)	z.B. der "Marketing-Club"	z.B persönliche informale Kontakte
Betrieb	z.B. "IBM-Nachrichten"	z.B. "BMW-Pressespiegel"	z.B. "Future Scan" der Security Pacific National Bank	z.B. die Shell-Studien oder das betriebseigene Informationssystem Daimler Benz	z.B. eine innerbetriebliche "strategic issues group"	z.B. Versuchsberichte
Überbetrieblich	z.B. die "VDI-nachrichten" des Deutschen Verbands technisch-wissenschaftlicher Vereine	z.B. "Global 2000" des Council of Environmental Quality und des US-Außenministeriums	z.B. das "Trend Analysis Program" des American Council of Life Insurance	z.B. der MID (Marktinformationsdienst) oder die Studie "Handel 2000" des Battelle-Instituts	z.B. der Rotary-Club	z.B. Messebesuche
allgemein	z.B. "Sphinx" oder "Handelsblatt"	z.B. "Megatrends" von John Naisbitt	z.B. "Trendletter" oder "Trend-Radar"	z.B. gezielte Medienbeobachtung bei "ARGUS" oder Datenbankrecherchen über den "Online-Information Service" von Radio Suisse	z.B. die "European Issues Group" des Stanford Research Instituts	z.B. Expertengespräche

Abb. 3: Kategorisierung strategischer Informationsquellen (mit Beispielen)

MIKRO-UMFELD: *) / MAKRO-UMFELD:	UNTERNEHMENS-UMWELT	BRANCHEN	MÄRKTE	STRATEGISCHE GESCHÄFTS-FELDER
DEMOGRAPHISCHE ENTWICKLUNGEN				
GESELLSCHAFTLICHE ENTWICKLUNGEN				
EINSTELLUNGEN DER ÖFFENTLICHKEIT				
ENTWICKLUNGEN IN DER GESETZGEBUNG				
TECHNOLOGISCHE ENTWICKLUNGEN				
ÖKONOMISCHE ENTWICKLUNGEN				
RESSOURCEN UND UMWELT				

*) Analyse und Planungsfelder

Abb. 4: Mikro/Makro-Matrix

fragt. Die Ablage innerhalb der Matrix hat dabei u.a. zwei Funktionen: Zum einen natürlich die Erleichterung des Retrievals; zum anderen jedoch vor allem die Visualisierung aufkommender Probleme durch die Verdichtung mehrerer Trendmeldungen und/oder Quellen innerhalb einzelner Felder der Matrix.

IV. Einsatzmöglichkeiten und die dabei bereits gewonnenen Erfahrungen aus der Unternehmenspraxis

Die Einsatzmöglichkeiten von STAR sind praktisch unbegrenzt. Einige charakteristische Beispiele sollen jedoch im folgenden gegeben werden:

1. Suchfeldanalysen und New Ventures: Die systematische Suche nach neuen Geschäften auf der Basis aktueller Trends.
2. Entwicklung eines Leitbildes: Trends bilden u.a. den Input für die Formulierung der langfristigen Stoßrichtung eines Unternehmens.
3. Prämissenbildung für Strategische Programme: Jede Strategie basiert auf Annahmen. Trends über zukünftige Entwicklungen machen einen Teil dieser Annahmen aus. In ihrer Gesamtheit sollten sie ein Szenario bilden.
4. Länderanalysen: Internationalisierungsstrategien erfordern eine sorgfältige Analyse der Ausgangssituation und der Entwicklungen in den betreffenden Ländern.
5. Technologiebeobachtung: Auch einzelne Ausschnitte aus der Mikro/Makro-Matrix, wie z.B. der der technologischen Entwicklungen, können zum Gegenstand einer Strategischen Frühaufklärung werden.

STAR ist derzeit in Unternehmen verschiedenster Größenklassen im Einsatz (von 25 Mio. DM Umsatz bis zum Automobilkonzern). Dabei kam es in dieser Vorlaufphase jedoch noch nicht zu einer Frühaufklärung im Verbund mit mehreren Unternehmen. Einige der dabei aufgetretenen Probleme sollen nun kurz angeschnitten werden:

1. In vielen Unternehmen besteht ein hoher direkter Handlungszwang. Man sieht es nicht gerne, wenn sich Mitarbeiter zu lange "im Konferenzzimmer" aufhalten. Es bietet sich deshalb an, Ergebnissitzungen von Trendanalysen mit umsetzungsbezogenen Aufgabenstellungen zu verbinden. So kann z.B. bei einer Sitzung zur Entwicklung eines Leitbildes gleich dessen Themenbereich "Produktpolitik" anhand eines Arbeitskreises zur Generierung neuer Suchfeldideen (auf Basis der neu formulierten Leitlinien) konkretisiert werden. In einem anderen Fall wurde

die Suche nach neuen Trends an die Vorgabe der Unternehmensleitung an die einzelnen Fachabteilungen zur Entwicklung von Fachbereichsstrategien gekoppelt.

2. Es wird ab und zu die Auffassung vertreten, daß es ausreiche, die Trends extern oder durch eine Stabsabteilung ermitteln zu lassen. Hier wird ganz klar der Wert der Partizipation unterschätzt. In einem der Projekte zur Entwicklung eines Unternehmensleitbildes hat es sich ganz klar gezeigt, daß fast nur die Mitarbeiter konkret Trends als Prämissen in die Formulierung von Leitbildsätzen einbezogen haben, die auch Mitglieder des Scanning-Teams waren. Damit wird speziell bei solchen Projekten die Gefahr vermindert, daß zuviele "Worthülsen" ohne Aussagewert in das Leitbild Eingang finden.
3. Bei einem der Projektpartner bestand teilweise die Auffassung, daß man in der Branche Trendsetter sei. Damit wird dann gerechtfertigt, daß es sich garnicht lohne, Zeitschriften zu lesen, da diese Informationen meist nur aus dem eigenen Unternehmen kommen oder über die Konkurrenz berichten; diese kenne man aber selbst besser. Hier ist folgenden Informationspathologien nachzugehen: Zur Verminderung von Komplexität und Unsicherheit werden oft gerade nur die Informationsquellen herangezogen, die diese Auffassung bestätigen. Schwer zu lesende englische Fachzeitschriften werden oft nicht akzeptiert. Oder aber es besteht nur eine verminderte Kenntnis über den "Vorlaufwert" von Zeitschriften.
4. Der Punkt 3 kann auch auf einer allgemeineren Basis formuliert werden: Trendmeldungen bieten selten was Neues. Sicherlich werden es nicht Dutzende relevanter Trends sein, die in einem Quartal das Unternehmensumfeld verändern. Neu sind sie aber oft deshalb nicht, weil der Scanner anfangs nicht bereit ist, um die Ecke zu denken. Er filtert oft nur Meldungen aus, die direkte Auswirkungen auf sein Arbeitsfeld signalisieren und ihm deshalb auch oft vertrauter sind. Selten wird aber ein Artikel ausgefiltert, der nur Hinweise auf indirekte Auswirkungen gibt. Beispiel ist hier ein Artikel aus der Zeitschrift "Daedalus" über "die Veränderung der Bedeutung des gedruckten Wortes" aus dem Jahr 1981. Hieraus sind nicht nur Informationen für die Druckindustrie zu erkennen, sondern z.B. auch

Frühwarnsignale für Werbeabteilungen. Gelingt es, die Bereitschaft zum unkonventionellen Denken im Unternehmen zu fördern, so ist zu erwarten, daß der Neuigkeitsgrad der entdeckten schwachen Signale - und allerdings auch ihr Stadium der Ignoranz - zunehmen werden.
Ein Randproblem kann sich daraus ergeben, wenn mit STAR in einer Fachabteilung und nicht auf Unternehmensebene gestartet wird. Dann nämlich fehlt es zum einen wiederum an der Sensibilität gegenüber Entwicklungen außerhalb des eigenen Bereichs, die diesen aber berühren werden. So ist es z.B. sehr schwierig, das Interesse eines Technikers für mögliche Entwicklungen in der Gesetzgebung zu seinem Bereich zu gewinnen. Zum anderen verhindert aber oft auch das Ressort-Denken eine bereichsübergreifende Frühaufklärung. Man hält Informationen bewußt zurück oder aber z.B. ein Techniker legt keinen Wert auf die Diskussion technischer Entwicklungen und deren Implikationen mit Nicht-Technikern.

5. Doch auch die Aufnahme von Signalen geringerer Ignoranz hat oft noch Sinn. Damit ist die Verkennung des Werts der Kommunikation angesprochen. STAR ist mehr als nur ein Strategisches Informations- und Dokumentationssystem. Es ist ein Netzwerk: ein Netzwerk der am Scanning-Prozeß Beteiligten und ihrer Informationsquellen. Methoden wie die Delphi-Technik oder die Diskontinuitätenbefragung vermögen die Kommunikation im Netzwerk zu fördern und zu strukturieren. Denn oft ist es so, daß zwar manche sich ankündigenden Trendänderungen im Unternehmen in irgendeiner möglichen Grundtendenz bekannt und bewußt sind, aber in den seltensten Fällen wurde auch versucht, das Stadium der Ignoranz (Komplexität, Unsicherheit, ...) durch eine konzeptionell gestützte Vorgehensweise gemeinsam im Kreis der Beteiligten und Betroffenen zu vermindern.
Sicher werden in jedem neuen Anwendungsfall neue Probleme auftauchen, da diese doch meist sehr situationsspezifisch sind. Deshalb ist es auch wichtig, STAR nicht als ein System zu betrachten, sondern als einen Prozeß, dessen Kernelemente durchaus abstrahierbar und damit auf andere Organisationen übertragbar sind.

C. Ratschläge für eine organisationsspezifische Implementierung von STAR

Der Erfolg einer Einführung von STAR hängt wesentlich davon ab, wie gut es gelingt, die organisationsspezifischen Komponenten in die Projektkonzeption miteinfließen zu lassen. Deshalb kann es kein allgemeingültiges Konzept geben, wie eine Strategische Frühaufklärung mit STAR zu implementieren ist. Hier sollen nur einige "Eckpfeiler" genannt werden.

I. Rollen und Funktionen der Beteiligten

Es kann beim Betreiben von STAR zweckmäßig sein, in folgende fünf Beteiligtenebenen zu unterscheiden:

1. der STAR-Manager ("Scan Man"): Diese Person ist für die innerbetriebliche Abwicklung und Pflege von STAR verantwortlich.
2. der STAR-Pate: Diese Person stammt aus der obersten Führungsebene. Er hat einerseits dem STAR-Manager den notwendigen Rückhalt bei der Waltung seines Amtes zu geben; er muß ihn aber auch andererseits ständig fordern, d.h. eine gewisse Nachfrage nach den Dienstleistungen von STAR geltend machen. Im Gegensatz zum STAR-Manager muß der STAR-Pate nicht Experte hinsichtlich der Methodik einer Strategischen Frühaufklärung sein; er muß jedoch ihre Intention überzeugend zu vertreten wissen.
3. der OE-Berater: Mit der Einführung von STAR ist eine ganze Reihe von Aspekten einer Organisationsentwicklung verbunden: Schulung der Erkenntnisfähigkeit und Sensibilität gegenüber schwachen Signalen, Aufbau von Erfahrungspotentialen hinsichtlich eines Managements Strategischer Informationen, Weiterentwicklung der Kommunikationsfähigkeiten in Netzwerken, Methodenschulung, Schulungen im Systemdenken und nicht zuletzt auch die Betreuung und Pflege des STAR-Prozesses. Ist der OE-Berater - wie das ISZ - auch auf Inhalte der Zukunftsforschung spezialisiert, so kann er auch Teilaspekte einer externen Informationsversorgung übernehmen.
4. die Unternehmensscanner: Wichtig bei der Auswahl der Scanner ist, daß ihre Teilnahme am Scanning-Prozeß auf einer freiwilligen Basis erfolgt. Es sollte sich dabei um Mitarbeiter handeln, die ein reges Interesse an der Zukunft des Unternehmens und dem Umfeld, in welchem es tätig ist, besitzen. Sie müssen sowohl die Bereitschaft als auch die Fähigkeit mitbringen, fachbereichsübergreifend und "um die Ecke" zu denken. Wichtige Nebenaspekte für den Erfolg ihrer Tätigkeit sind hier zu setzende Anreize (hoher Stellenwert der Tätigkeit im Unternehmen; spätere Teilnahme an internationalen "strategic issues groups" usw.) sowie die Rückkopplung der Ergebnisse.

5. das Top-Management: Allein das Commitment des Top-Managements für eine Strategische Frühaufklärung reicht i.a. nicht aus. Neben dem, daß es den STAR-Paten stellt, wird von ihm noch eine aktive und nach außen erkennbare Auseinandersetzung mit den wichtigsten strategischen Problemen erwartet. Auch ist es dem Prozeß förderlich, wenn möglichst viele Mitarbeiter, also auch die des Top-Managements, einen erweiterten Kreis der Unternehmensscanner bilden.

II. Mögliche Schritte einer Implementierung

Der Projektaufbau einer Implementierung richtet sich nach der Form der Initiierung. Mögliche Initiierungsformen sind die Ereignis-, die Aufgaben- sowie die Funktionsinitiierung. Ereignisinitiiert ist ein Projekt dann, wenn z.B. das überraschende Auftreten einer externen Herausforderung dazu führt, diesen Bereich in Zukunft nun systematischer zu beobachten. Aufgabeninitiiert ist z.B. ein Projekt zur Entwicklung eines Unternehmensleitbildes, wobei zur Sichtung der dort niederzulegenden Annahmen eine Strategische Frühaufklärung initiiert wird. Funktionsinitiierte Projekte basieren auf der Einsicht, daß eine permanente und systematische Strategische Frühaufklärung für das Unternehmen von Nutzen sei.

Im Vorfeld des Projektes sind die - unter C.I. besprochenen - Rollen und Funktionen zu verteilen und genauer zu definieren. In jeder Phase des Projektes müssen die Idee einer Strategischen Frühaufklärung und die Möglichkeiten der Anwendung ihrer Ergebnisse (oft immer wieder neu) vermittelt werden.

Konnte dann eine erste Scannergruppe konfiguriert werden, so sollten zuerst ihre Lesegewohnheiten erfaßt, überprüft und eventuell schrittweise neu gestaltet werden. Dabei müssen auch Aspekte der Arbeitsteilung Beachtung finden, d.h. daß die Lesezeit der Gruppe, so gering wie möglich zu halten ist. Auch der gerichtete Informationsbedarf kann bereits in dieser Phase in einer ersten Fassung definiert werden. Parallel dazu werden das Formular aus Abb. 2 sowie die Mikro/Makro-Matrix unternehmensspezifisch überarbeitet und ständig weiterentwickelt. Auch erste Aktivitäten eines Informationsmarketings zur Bewerbung einer Nutzung von gewonnenen Informationen und Erkenntnissen in Unternehmen sollten ergriffen werden.

Sind bereits eine Reihe verwertbarer Trendmeldungen eingegangen, so muß der Kommunikationsprozeß im Netzwerk organisiert und in Gang gebracht werden. Dabei ist darauf zu achten, daß beim Einsatz unterstützender Methoden (z.B. der Delphi-Technik) behutsam vorgegangen wird; ansonsten besteht die Gefahr, daß das methodische und nicht das inhaltliche Element die Diskussion dominiert.

Um dieser Kommunikation einen etwas offizielleren Charakter zu verleihen, erscheint oftmals die Institutionalisierung einer sogenannten "Strategic Issues Group" zweckmäßig.

In einer späteren Phase ist dann auch daran zu denken, herausragende Scanner in überbetriebliche und internationale Netzwerke (z.B. die "European Issues Group" des Stanford Research Instituts) zu integrieren (vgl. Müller, 1984).

D. Ausblick: zu überwindende Barrieren

Jeder, der sich die Einführung einer Strategischen Frühaufklärung zum Ziel setzt, wird auf eine Reihe von Barrieren stoßen, die nichts mit der Idee einer Frühaufklärung selbst zu tun haben, aber ihren Erfolg und ihre Qualität beeinträchtigen. Oft sind diese Barrieren auch nur langfristig zu überwinden.

Ein Beispiel dafür ist, daß es äußerst schwierig sein kann, qualifizierte Scanner in Unternehmen zu finden. Dies rührt allerdings wiederum daher, daß es bislang keine Ausbildung für sie gibt. So wäre es längst an der Zeit, die - in früheren Jahren in Verruf gekommene - Zukunftsforschung auf einer "seriöseren" Basis als Teildisziplin in eine angewandte Führungslehre aufzunehmen. Sie ist komplementäres Element zur Führungsphilosophie eines Strategischen Managements.

Neben diesem fehlenden Interesse und den mangelnden Möglichkeiten zur inhaltlichen und methodischen Beschäftigung mit der Zukunft kommt noch eine geringe Bereitschaft des traditionellen Managements zum Umgang mit schwachen Signalen hinzu. Gefordert werden "hard facts" und vor allem Zahlen. Auch hier kann nur über einen langfristigen Überzeugungsprozeß eine veränderte Mentalität geschaffen werden.

Dieser Überzeugungsprozeß ist deshalb besonders schwierig zu führen, weil es nahezu keine Möglichkeiten der Erfolgszurechnung zu Aktivitäten einer Strategischen Frühaufklärung gibt. Man kann also meist nur jemanden von der Idee überzeugen, aber kaum Beweise für ihren Nutzen führen (sieht man einmal von empirischen Untersuchungen z.B. zum Zusammenhang von "Ausmaß an Frühaufklärungsaktivitäten" und "Return on Investment" einer Organisation ab).

Wie wichtig die Überwindung dieser Barrieren bei den Beteiligten und Betroffenen ist, soll abschließend folgende Aussage des Vice President of Manufacturing and Employee Relations von Procter & Gamble unterstreichen (vgl. Cravens et al., 1980, S. 48):

"... we know we will succeed only to the extent that our organization is properly geared to handle the difficult problems associated with either situation.
And this essential need brings us back full circle to people. It is only with an organization filled with people who see change as desirable and necessary - a way of life - that constructive change can be brought about in an orderly and gradual fashion through self-initiative. And it is only with an organization of people already change-oriented - people who even welcome the challenge of unanticipated demand for change - ..."

Literaturverzeichnis

Albert, K.J., (Hrsg., 1983): The strategic management handbook, New York usw. 1983.

Ansoff, H.I., (1976): Managing surprise and discontinuity - strategic response to weak signals. Die Bewältigung von Überraschungen - Strategische Reaktionen auf schwache Signale, in: Zeitschrift für betriebswirtschaftliche Forschung 1976, S. 129-152.

Bircher, B., (1976): Langfristige Unternehmensplanung, Bern und Stuttgart 1976.

Böhler, H., (1983): Strategische Marketing-Früherkennung, Habilitationsschrift, Universität zu Köln, Köln 1983.

Club of Rome (Hrsg., 1983): Der Weg ins 21. Jahrhundert, München 1983.

Cravens, D.W., Hills, E., und Woodruff, B., (1980): Marketing decision making, concepts and strategy, Homewood 1980.

Esser, M., Höfner, K., Kirsch, W., und Wieselhuber, N., (1984): Zum Stand der strategischen Unternehmensführung in der Bundesrepublik Deutschland und West-Berlin, in: Trux et al., (1984), Kapitel 12.

Etzioni, A., (1975): Die aktive Gesellschaft, Opladen 1975.

Fahey, L., King, W.R., und Narayanan, V.K., (1981): Environmental scanning and forecasting in strategic planning, in: Long Range Planning, 1981, Jan./Feb., S. 32-39.

Kirsch, W., Esser, W.M., und Gabele, E., (1979): Das Management des geplanten Wandels von Organisationen, Stuttgart 1979.

Klein, H.E.,und Linnemann, R.E., (1984): Environmental assessment: an international study of corporate practice, in: Journal of Business Strategy, 1984, Summer, S. 66-75.

Malaska, P., (1983): Die Unvorhersehbarkeit zukünftiger Entwicklungen, in: Club of Rome (Hrsg., 1983), S. 203-213.

Mauthe, K.D., Trux, W., Müller, G., und Kirsch, W., (1984): Strategische Exploration und Analysen als Basis der Planung Strategischer Programme, in: Trux/Müller/Kirsch (Hrsg., 1984), S. 37-212.

Müller, G., (1981): Strategische Frühaufklärung, München 1981.

Müller, G., (1984): "Strategic Issues Groups": Eine Möglichkeit zur Identifikation und Handhabung schwacher Signale, unveröffentlichtes Arbeitspapier, München 1984.

Trux, W., Müller, G., und Kirsch, W., (Hrsg., 1984): Das Management Strategischer Programme, 2 Bände, München 1984.

Wiedmann, K.P., (1984): Frühwarnung, Früherkennung, Frühaufklärung: Zum Stand der Verwirklichung eines alten Wunsches im Sektor der Unternehmensführung, Arbeitspapier Nr. 25, Institut für Marketing, Universität Mannheim, 1984.

Wilson, I.H., (1983): The benefits of environmental analysis, in: Albert (Hrsg., 1983), S. 9/1-9/19.

Erich Merkle *

Die Analyse technologischer Entwicklungen auf der Grundlage von Patentinformationen

*Dr. Erich Merkle ist Gastprofessor für Allgemeine Betriebswirtschaftslehre an der Universität (GHS) Kassel.
Anschrift des Autors: Am Friedhof 16, D-6902 Sandhausen.

A. Der technische Fortschritt im Rahmen der Betriebswirtschaftslehre

1. "Technologie" und Betriebswirtschaftslehre

Der technische Fortschritt kann sicher als eines der Phänomene bezeichnet werden, die das materielle und geistige Leben unserer Zeit am stärksten beherrschen. Man braucht in diesem Zusammenhang nur auf die anhaltend hohe Arbeitslosigkeit in fast allen Ländern der Welt zu verweisen. Durch die günstige konjunkturelle Entwicklung in den wesentlichen Industrieländern wurden die durch den technischen Fortschritt ausgelösten Strukturprobleme lange verdrängt. Dabei hat Solow bereits in den fünfziger Jahren den Zusammenhang zwischen dem technischen Fortschritt und der Steigerung der Arbeitsproduktivität mit rund 90 % ermittelt (vgl. Solow, 1957, S. 312 ff.). Betrachtet man andere Kennzahlen, wie z.B. den beträchtlichen Umfang von Ausgaben für Forschung und Entwicklung in Großunternehmen oder den Anteil, den neue Produkte am Unternehmenswachstum und -erfolg haben, so verwundert es, in welch geringem Umfang die Betriebswirtschaftslehre sich um die Integration technologischer Sachverhalte bemüht. Dies ist um so erstaunlicher, als die "Lehre von der Technologie" bereits etwa 1772 als Bestandteil der kameralistischen Studien im Ausbildungsangebot von Universitäten enthalten war. Diese Tradition wird in der DDR - wie auch in allen anderen sozialistischen Ländern - im Gegensatz zur universitären Ausbildung in der Bundesrepublik Deutschland fortgesetzt (vgl. v. Kortzfleisch, 1969, S. 327 f.).

Die Grundlagen der deutschen betriebswirtschaftlichen Forschung zum Problembereich von Technologie, Innovation und Wirtschaft wurden bereits Anfang dieses Jahrhunderts gelegt. Veröffentlichungen aus der damaligen Zeit weisen auch heute noch eine erstaunliche Aktualität auf. Und noch erstaunlicher ist, daß diese Werke im Ausland (z.B. in Japan, Südafrika und Israel) bekannter sind und mehr zitiert werden als bei uns.

In der Bundesrepublik Deutschland wird allenfalls Schumpeter häufiger im Zusammenhang mit der Förderung von Innovationen genannt. Dabei hat gerade mit dessen Veröffentlichung der "Theorie der wirtschaftlichen Entwicklung" (1911) die Abwendung der Betriebswirtschaftslehre von der Technik begonnen. Schumpeter setzt als erster Vertreter dieser Richtung einseitig auf den Durchsetzungsprozeß von Innovationen und vernachlässigt deren Entstehungszusammenhang. Gottl-Ottlilienfeld hat in seinem breit angelegten Werk "Wirtschaft und Technik" bereits 1914 diese einseitige Sicht kritisiert und einer Korrektur unterzogen.

2. Die Beherrschung der technologischen Entwicklung als Herausforderung an die Unternehmensführung

Das fehlende Problembewußtsein der Betriebswirtschaftslehre für die technologische Entwicklung führt zu einer gefährlichen "Kurzsichtigkeit" und einer Fehlallokation von Mitteln auf Produkte und Märkte, die mittel- und langfristig keine oder nur geringe Wachstumschancen aufweisen. Wie die Beispiele von Unternehmen verschiedener Branchen zeigen, wird der Unternehmenserfolg in zunehmendem Maße davon beeinflußt, inwieweit es gelingt, die technologische Entwicklung frühzeitig zu erkennen und hinsichtlich ihrer Chancen und Risiken zu bewerten.

Die Früherkennung technologischer Entwicklungen hinsichtlich deren

- Inhalt und Dynamik,
- Entwicklungsrichtung,
- Verzweigung zu anderen Entwicklungen und Anwendungsbereichen

wird u.E. immer mehr zur zentralen Aufgabe der Unternehmensführung. Zur Lösung dieser Aufgabe bedarf es zunächst einer Reduzierung der Trennung der Bereiche Technik und Marketing innerhalb der Unternehmen. Die in den meisten deutschen Unternehmen fehlende Kooperation zwischen Technikern und Kaufleuten führt nämlich dazu, daß sich der betriebswirtschaftliche Planungsprozeß und insbesondere derjenige des Marketing fast ausschließlich auf den "Marktzyklus" von Angeboten beschränkt und damit den strategisch bedeutsamen Bereich von Forschung und Entwicklung vernachlässigt. Die "Kaufleute" erwarten, daß den "Technikern" rechtzeitig immer wieder etwas Neues einfällt. Eine solche Trennung von Technik und Marketing ist in anderen Industrieländern längst durch interdisziplinär zusammengesetzte Projektteams aufgehoben worden mit dem Ergebnis, daß in diesen Ländern sowohl Innovationsprozesse systematisch geplant und koordiniert werden als auch vor allem die Umsetzung von modernen Technologien in marktkonforme Produkt- und Systemangebote besser funktioniert. Es kommt nämlich weniger darauf an, bei allen neuen Technologien führend zu sein, als vielmehr darauf, rechtzeitig die wirtschaftlichen Anwendungsmöglichkeiten zu erkennen und zu nutzen.

Dadurch, daß man sich bei uns nicht ausreichend an den Marktbedürfnissen orientiert, werden leider häufig Entwicklungen verfolgt, die keinen Markterfolg versprechen. So bleiben nach Schätzungen 98 % aller Erfindungen und Entwicklungen in der Bundesrepublik Deutschland ungenutzt. Und dann, wenn bei uns tatsächlich etwas Interessantes entwickelt wird, erfolgt eine Verwertung von solchen Innovationen oft in anderen Ländern. So wurden zwar die ersten Quarzuhren, Videogeräte, Solarzellen und Glasfaserlichtleiter in Deutschland entwickelt, doch waren es Unternehmen in anderen Ländern, die mit Hilfe dieser Techniken produzierte Produkte in großen Stückzahlen auf den Markt brachten. Dies trifft auch für viele Entwicklungen der Gentechnologie zu, deren Grundlagen von deutschen Wissenschaftlern erarbeitet wurden, deren wirtschaftliche Verwertung aber derzeit noch fast ausschließlich im Ausland erfolgt. Durch die Verbindung des Bereichs der Forschung und Entwicklung mit dem Marketingbereich könnte die Position deutscher Unternehmen auf den Märkten für Hochtechnologieprodukte zumindest verbessert werden.

B. Patente als Instrumente des Technologiemarketing

1. Die strategische Bedeutung von Patenten

Die technische und in den meisten Fällen auch die wirtschaftliche Bedeutung neuer Technologien läßt sich sehr frühzeitig aus der Entwicklung von Patentanmeldungen erkennen. Dies gilt z.B. für alle oben zitierten Schlüsseltechnologien. Diese Aussage ist nicht überraschend, da ja den wichtigsten Anreiz zur Durchführung von stark risikobehafteten Entwicklungsprojekten die Chance darstellt, durch eine Patentierung eine Umsetzung des neuen technischen Wissens während des Schutzzeitraums von max. 20 Jahren weitgehend nach eigenen marketingpolitischen Zielsetzungen vornehmen zu können. Dies gilt in besonderem Maße für die internationale Vermarktung neuer Technologien, ohne die sich die hohen Aufwendungen für Forschung und Entwicklung heute meist nicht mehr amortisieren.

Die Bedeutung der Patentpolitik für die internationale Wettbewerbsfähigkeit von Unternehmen läßt sich u.a. belegen durch den großen Anteil, den durch Patente geschützte Produkte im internationalen Handel erzielen. So entfielen z.B. über 66 % (!) der gesamten Exporte der USA im Jahr 1978 auf Güter, die durch Patente geschützt waren (vgl. Lightman, 1981, S. 45). Der Anteil weist überdies steigende Tendenz auf.

Aus diesem Grund hat die Bedeutung der Patentpolitik im internationalen Rahmen u.E. in den letzten Jahren stark zugenommen. So vermutet auch das Deutsche Patentamt, daß vor allem japanische Großunternehmen Technologiebereiche in bestimmten Ländern schachbrettartig zunächst durch Patente absichern, um erst danach mit Exportoffensiven zu beginnen.

Die Neubewertung der Patentpolitik schließt auch die Lizenzvergabe ein. Waren Unternehmen in der Vergangenheit meist sehr großzügig in der Gewährung von Lizenzen auch für neueste Technologien, so hat in dieser Frage inzwischen offenbar ein Umdenkprozeß eingesetzt, als dessen Ergebnis in jüngster Zeit eine spürbare Zurückhaltung von Großunternehmen bei der Gewährung neuer Lizenzen festzustellen ist. Unternehmen aus Korea klagten z.B. die "geizigen" Japaner an, für neues technologisches Know-how gezielt keine Lizenzen mehr zu vergeben, um auf diese Weise weitere Exporterfolge Koreas abzublocken (vgl. Frobenius, 1983). Ähnliche Vorwürfe mehrerer Länder richten sich an Unternehmen aus den USA.

In einer anderen Variante der strategischen Patentpolitik werden Konkurrenten aus anderen Ländern, insbesondere aus Japan, von US-Unternehmen wegen Patentverletzungen angeklagt. Artikel 337 des US-Zollgesetzes gibt nämlich amerikanischen Unternehmen die Möglichkeit, bereits bei vermuteten Patentverletzungen Beschwerde vor der International Trade Comission (ITC) einzulegen. Ergibt die Untersuchung, daß die Importe amerikanische Unternehmen gefährden könnten, liegt die Beweislast beim ausländischen

Hersteller, daß seine Produkte US-Patente nicht berühren. Da die Zahl der gemeldeten "Vergehen" sich von 1982 bis 1984 verdreifacht hat, wird bereits von einem "Patentkrieg" gesprochen. /1/

Die von nahezu allen Fachleuten anerkannte große Bedeutung des Patentwesens als Aktionsparameter betrieblicher und staatlicher Innovationspolitik steht im krassen Widerspruch zu dessen Behandlung im Rahmen der deutschen wirtschaftswissenschaftlichen Literatur. Nur wenige Veröffentlichungen widmen sich diesem Thema, wobei meist wettbewerbsrechtliche Aspekte im Vordergrund stehen (vgl. z.B. Brockhoff, 1973; Schmalen, 1980). Ein besonderes Defizit weist mit wenigen Einschränkungen die betriebswirtschaftliche Literatur auf. Selbst Lehrbücher, die sich schwerpunktmäßig der Prognose strategischer Zukunftsgeschäftsfelder widmen und sich im Zusammenhang mit der Behandlung von Technologieportfolios mit Methoden zur Bestimmung der technologischen Position von Unternehmen beschäftigen, erwähnen Patente als Informationsquelle nicht einmal (vgl. hierzu Pfeiffer u.a., 1982, aber auch andere Werke zur strategischen Planung und Prognose).

2. Die Anpassung des Patentinformationswesens an neue Kommunikationstechniken

Angesichts der aus den erwähnten Beispielen bereits erkennbaren strategischen Bedeutung der Patentpolitik überrascht es nicht, daß in den führenden Industrienationen beträchtliche Anstrengungen unternommen werden, um auch das Patentwesen an die veränderten Bedingungen der modernen Informations- und Kommunikationstechniken anzupassen und es damit in die Lage zu versetzen, als Träger von hochwertigem technischem Wissen seine große Bedeutung im Rahmen des Technologietransfer zu erfüllen.

In den USA bietet z.B. das "Office of Technology Assessment and Forecast" einen direkten Zugriff zu über 25 Millionen Patentdokumenten. Auf der Grundlage dieser Datenbasis, die jährlich um ca. 250.000 Dokumente erweitert wird, werden im Rahmen eines Frühwarnsystems technologische Entwicklungen laufend beobachtet. Darüber hinaus erstellt das Amt eine große Anzahl von Studien und Auswertungen im Auftrag einer Vielzahl von Behörden und privaten Unternehmen (vgl. USDC, 1981). Einen ähnlichen Service, auf den überdies online auf jeden Punkt des Landes zurückgegriffen werden kann, bieten in Japan die vom Staat getragenen Transfereinrichtungen JITA (Japan Industrial Technology Ass.), JAPATIC (Japan Patent Information Center) und JIST (Japan Information Center of Science and Technology) (vgl. BMWI, 1983).

Aber auch in den europäischen Staaten wächst die Einsicht in die Notwendigkeit einer Anpassung des Patentinformationswesens an die veränderten Bedingungen. Aus den in der jüngsten Zeit veröffentlichten Maßnahmen sind insbesondere ein in Frankreich vorgelegter, 20 Punkte umfassender "Entwicklungsplan für das Patent- und Lizenzwesen" (vgl. Ullich, 1984) sowie ein in England erstelltes "Green paper Intellectual Property Rights and Innovation" durch den wissenschaftlichen Hauptberater der Regierung (HMSO, 1983), zu erwähnen.

International über das Telefonnetz online erreichbare Datenbanken haben in den letzten Jahren stark an Bedeutung gewonnen. Weltweit sind z.Zt. ca. 600 Datenbanken durch sog. Hosts miteinander verbunden.

Am bekanntesten sind derzeit die DIALOG-Information Services in Palo Alto und die System Development Corporation (SDC) in Santa Monica (beide Orte im Bundesstaat Kalifornien der USA). Über solche Universaldatenbankbetreiber (DIALOG bezeichnet sich z.B. als Informationssupermarkt), die erst vor einigen Jahren gegründet wurden, aber auch über spezialisierte Hosts, wie z.B. den Chemical Abstracts Service (CAS), ist ein direkter (online) Zugriff auf bedeutende Teile des gesamten weltweit verfügbaren Datenbestand sämtlicher Fachgebiete möglich. Die dadurch erzielbare Schnelligkeit und Vollständigkeit der Datengewinnung hat den zusätzlichen Vorteil, daß die Informationen branchenübergreifend sind und damit in vielen Fällen neue Erkenntnisse vermitteln.

Die oben erwähnten Hosts DIALOG und SDC sind Marktführer auch in bezug auf Patentinformationen. SDC arbeitet mit dem auf Patentinformationen spezialisierten englischen Unternehmen Derwent zusammen und ermöglicht dadurch den Zugriff auch auf diese Datenbank. Der europäische Host Pergamon-Infoline ermöglicht auch beschränkten Zugriff auf die Datenbanken von INPADOC (Internationales Patent Informationszentrum, Wien) und INKA (Karlsruhe). In diesen letztgenannten Datenbanken sind auch deutsche Patentschriften z.T. enthalten.

Der Zugriff ist allerdings wegen der wenig benutzerfreundlichen Aufbereitung sehr mühsam, so daß Informationen selbst über deutsche Patente einfacher über ausländische Hosts bezogen werden können. Diese Situation wird sich erst 1985 ändern, wenn in Karlsruhe von einem Konsortium (u.a. des Deutschen Patentamtes, des Fachinformationszentrums Technik in Karlsruhe und der Gesellschaft für Mathematik und Datenbearbeitung) eine Pilotpatentdatenbank zur online-Nutzung angeboten wird.

C. Patente als Indikator innovativer Aktivitäten

1. Die Informationsfunktion von Patenten

Einen wesentlichen Gesichtspunkt für die wirtschaftliche Rechtfertigung des Patentwesens stellt die mit diesem verbundene Informationswirkung dar. Die Chance, für eine Erfindung ein Patent zu erhalten, stellt für den Anmelder einen Anreiz dar, der ihn motiviert, sein ansonsten geheimes Wissen zum Nutzen der Gesellschaft offenzulegen. Diese Offenbarung führt zu einer relativ schnellen und umfassenden Verbreitung technischen Wissens.

Die Informationsfunktion des Patentwesens, die bereits das deutsche Patentgesetz von 1877 wesentlich geprägt hat, wurde durch die Änderung des Patentrechts im Jahre 1968 noch verstärkt. Danach werden (wie auch in vielen anderen Ländern) alle Patentanmeldungen nach 18 Monaten offengelegt. Früher wurden nur die Schriften der erteilten Patente veröffentlicht, nicht jedoch diejenigen der abgelehnten Anträge. Da die Prüfung oft 4 bis 5 Jahre in Anspruch nimmt und 2/3 aller Anträge abgelehnt werden, ist die Information heute umfassender und aktueller.

Die Patentschriften werden vom Deutschen Patentamt herausgegeben und können von jedermann eingesehen werden. Sie enthalten eine ausführliche Beschreibung sowie eine Darstellung der Erfindung anhand von Zeichnungen, Modellen und Probestücken sowie unter Heranziehung der relevanten wissenschaftlichen und technischen Literatur. Mit dem Instrument der Offenlegung von Patentanmeldungen wird primär das Ziel verfolgt, den Diffusionsprozeß von neuen technischen Informationen zu beschleunigen. Auf diese Weise können die konkurrierenden Unternehmen von der "offengelegten" technischen Erfindung Notiz nehmen und mit dem anmeldenden Unternehmen Lizenzverhandlungen aufnehmen.

Im Zusammenhang mit der Nutzung von Patentdaten als Frühindikator technologischer Entwicklungen ist jedoch weniger der Inhalt bestimmter Patentdokumente als vielmehr deren Klassifikation anhand international inzwischen weitgehend vereinheitlichter Kriterien von Bedeutung. Diese klassifizierte Erfassung und Auswertung von Patentanmeldungen und -erteilungen wird als Patentstatistik bezeichnet. Welche Informationen dabei von Bedeutung sind, zeigt die folgende Abb. 1.

UNITED STATES PATENT (19) (11) 4,309,502
LAUDERDALE (45) JAN. 5, 1982

(54) ENZYMATIC ASSAY FOR GLYCEROL AND TRIGLYCERIDES AND A REAGENT FOR USE THEREIN

(75) Inventor: Vivian R. Lauderale, Encinitas, Calif.

(73) Assignee: Beckman Instruments, Inc., Fullerton, Calif.

(21) Appl.No.: 164,720

(22) Filed: Jun. 30, 1980

(51) Int. Cl. C12Q 1/48;C12Q 1/44
(52) U.S. Cl. 435/15;435/19 435/26;435/198;435/810;435/884
(58) Field of Search 435/4, 11, 15, 19, 26, 435/198, 810, 884

(56) References Cited

U.S. PATENT DOCUMENTS

3,513,073	5/1970	Mauvernay et al. 435/198
3,703,591	11/1972	Bucolo et al. 435/15
3,759,793	9/1973	Stork et al. 435/15
3,862,009	1/1975	Wahlefeld et al. 435/15
3,898,130	8/1975	Komatsu 435/19
4,001,089	1/1977	Stavropoulos et al 23/230B
4,011,045	3/1977	Bonderman 23/230B
4,038,146	7/1977	Nonaka et al. 435/15
4,045,297	8/1977	Weeks et al. 435/15
4,056,442	11/1977	Huang et al. 435/198
4,066,508	1/1978	Rauschee et al. 435/15

FOREIGN PATENT DOCUMENTS

2065556	4/1974	Fed. Rep. of Germany
2000127	12/1974	Fed. Rep. of Germany
1441642	7/1976	United Kingdom 435/15

OTHER PUBLICATIONS

Frederickson et al., New Eng. J. Med., 276:34, 1967.
Eggstein et al., Kln. Wschr., 44:262,267, 1966.
Bucolo et al., Clin. Chem., 19:476,1963.
Wahlefeld, Methods of Enzymatic Analysis, H.U. Bergmeyer, ed. p. 1831, Academic Press, N.Y., 1974.
Pinter et al., Arch. Biochem. Biophys., 121:404 1966.

Primary Examiner-Peter A. Hruskoci
Attorney, Agent, or Firm-R.J. Steinmeyer;J.E. Vanderburgh; Robert S. Frieman

(57) ABSTRACT

An assay which is capable of determining the endogenous glycerol and endogenous triglycerides content of a sample without the necessity of performing a separate glycerol assay. The assay of the instant invention can be performed in a single cuvette and is made possible by the use of a novel reagent kit.

The reagent kit is of the type comprising lipase; glycerol kinase; adenosine triphosphate; and at least one reagent capable of being used to assay glycerol-1phosphate or adenosine diphosphate. This reagent kit is characterized in that the lipase employed therein is from Staphylococcus epidermidis NRRL B-12072. In the absence of an auxiliary agent, this lipase does not cleave triglycerides to glycerol. Accordingly, the reagent kit further comprises, as the auxiliary agent, a surfactant which is capable of activating the lipase. Because these surfactants do not absorb at either 340 or 520 mm, one can determine a sample's endogenous glycerol content and endogenous triglycerides content in a single cuvette.

19 Claims, 4 Drawing Figures

Abb. 1: Seite 1 eines US-Patents aus dem Bereich der Biotechnology

Wie die in Abb. 1 dargestellte Seite 1 (front page) eines zufällig aus dem Bereich der Biotechnologie herausgegriffenen US-Patents zeigt, erhalten alle Patente eine Reihe von Informationen, deren Bedeutung nachfolgend kurz charakterisiert werden soll (die Zahlen in Klammern korrespondieren mit den entsprechenden Angaben des abgebildeten Patentdokuments).

(11)	Nummer des Patents (fortlaufende Numerierung)
(22), (45)	Datum von Anmeldung und Erteilung
(54)	Titel
(75)	Erfinder und Inhaber
(51), (52)	Internationale und US-Patentklassifikation; die fett gedruckten Klassen geben die Einordnung an, die anderen Angaben verweisen ebenso wie (58) auf verwandte Klassen. Die Auswertung dieser Querverbindungen ermöglicht die Einordnung des Patents in ein

technologisches Umfeld.

(56) Zitierte Patentdokumente und sonstige Literatur.

Diese Angaben ermöglichen eine technologische, wirtschaftliche und zeitliche Bewertung der Innovation. Aus technologischer Sicht ist - wie bereits oben erwähnt - die Einordnung der Innovation in einen technologischen Verbund von Interesse. Die zitierten Referenzen erlauben weiter Rückschlüsse auf die technologische Position und wirtschaftliche Verflechtung des Anmelders mit anderen Unternehmen (Patentinhabern). Normalerweise wird hier der Anmelder zunächst eigene Referenzen bzw. solche von verbundenen Unternehmen nennen. Die Auswertung der Zitierhinweise einer größeren Zahl von Anmeldern erlaubt daher die Bestimmung von Ziel und Richtung der strategischen Planung der Wettbewerber.

Die Bestimmung des zeitlichen Abstandes zwischen den zitierten Patentschriften und sonstigen Quellen ergibt eine Kennziffer für die Aktualität der entsprechenden Technologie. Aus der Verknüpfung von Zeit- und Klassenangaben ergeben sich Hinweise auf ähnliche Entwicklungen in anderen Technologiebereichen.

Das Angebot an Patentinformationen ist umfangreicher und umfassender als jede andere Quelle technischer Informationen. Von den Patentämtern werden jährlich etwa 1 Million Patentdokumente veröffentlicht, die auf etwa 300.000 Erfindungen zurückgehen. Allein das Deutsche Patentamt verfügt über einen Bestand von mehr als 23 Millionen Patentdokumenten aus aller Welt. Diese immense, öffentlich zugängliche Sammlung umfaßt ca. 95 % aller jemals auf der Welt veröffentlichten Patentschriften. Diese enthalten mit hoher Wahrscheinlichkeit das gesamte bereits vorhandene technisch-praktische Wissen der Menschheit nach dem jeweils neuesten Stand.

Die Bedeutung der Informationsfunktion von Patenten für den technisch-wissenschaftlichen Fortschritt wird durch die in mehreren Untersuchungen belegte Tatsache verstärkt, daß die in den Patentdokumenten enthaltenen technischen Informationen nur zu einem sehr geringen Prozentsatz, nämlich zu 3 bis 16 %, auch in der sonstigen Fachliteratur enthalten sind, daß also auch dem aufmerksamen Leser von Fachzeitschriften allenfalls ein Bruchteil der für ihn wichtigen technischen Informationen zugänglich ist (vgl. Häusser, 1982, S. 295 f.).

Eine Untersuchung britischer Patente der Technologiebereiche Chemie, Elektrotechnik und Mechanik ergab Überschneidungskoeffizienten von 8,6 für die Chemie, 7,5 für die Elektrotechnik und 3,3 % für die Mechanik (vgl. Liebensy u.a., 1973, zitiert nach Allen/Oppenheim, 1979), eine vergleichbare Untersuchung amerikanischer und kanadischer Patente führte zu entsprechenden Werten von 6,1, 11,3 und 6,0 % (vgl. Allen/Oppenheim, 1979). Mehrere Analysen des US Office of Technology and Forecast (Washington) führten zu der Schätzung, daß mehr als 80 % der in den über 1 Mio. Patentdokumenten der Jahre 1963 - 1968 enthaltenen Informationen nicht anderweitig veröffentlicht wurden (vgl. Marmor u.a., 1979).

Patentdaten ermöglichen im Vergleich zu anderen Informationsquellen eine relativ frühe Aufdeckung technologischer Entwicklungen. Die innovierenden Unternehmen versuchen nämlich, angesichts des schnellen Fortschreitens der technischen Entwicklung Erfindungen möglichst bald anzumelden, um sich dadurch die entsprechende Priorität zu sichern. Nach Grefermann u.a. (vgl. Grefermann/Röthlingshöfer, 1974, Bd. 1, S. 35) werden 67 % der Erfindungen innerhalb des ersten Jahres und 96 % innerhalb der ersten zwei Jahre zum Patent angemeldet.

Vergleicht man die Position von Patenten im zeitlichen Rahmen des Innovationsprozesses mit anderen Informationsquellen, so ergibt sich der in Abb. 2 wiedergegebene Zusammenhang.

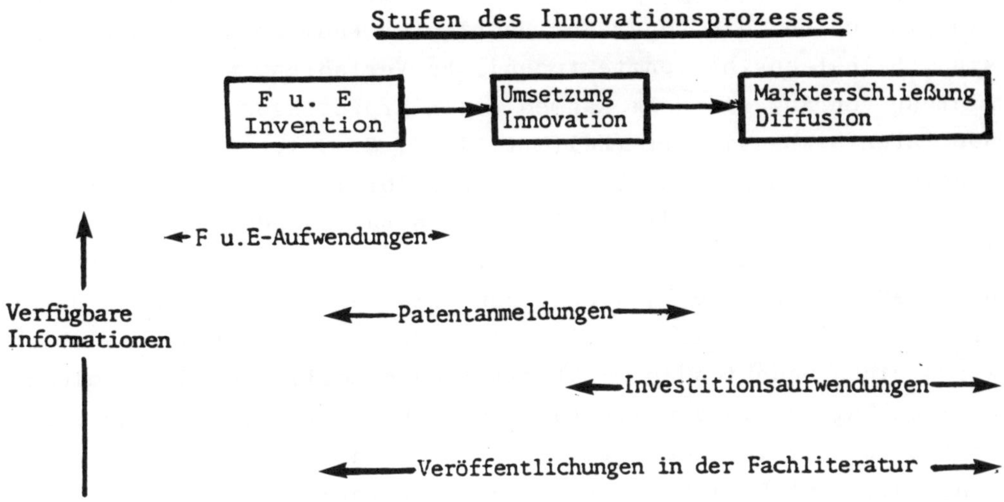

Abb. 2: Informationsquellen im zeitlichen Ablauf des Innovationsprozesses

Die Informationsfunktion von Patenten wird allerdings dadurch eingeschränkt, daß nur ein Teil der Erfindungen patentfähig ist. Obwohl Schätzungen zu dem Umfang der patentfähigen technischen Neuerungen mit vielen Unsicherheiten behaftet sind, lassen sich aus ihnen doch einige Schlußfolgerungen ziehen.

Unabhängig von Branche und Unternehmensgröße waren in einer Untersuchung des Ifo-Instituts die befragten Unternehmen der Meinung, daß der Anteil der patentfähigen Erfindungen unter 5o %

liegt, teilweise werden Prozentsätze von 10 - 20 % genannt. Höhere Anteile nennen lediglich einige Firmen der Großchemie (Grefermann/Röthlingshöfer, 1974, Bd. 2, S. 27). Diese Angaben sind allerdings auch ein Ergebnis des hohen Qualitätsanspruchs, der an die Patenterteilung gestellt wird.

Ein weiterer Aspekt betrifft die Tatsache, daß sich patentiertes und nicht patentiertes technisches Wissen nicht voneinander trennen lassen. Beide Formen bilden einen einheitlichen Technologiekomplex. Nur noch in Ausnahmefällen läßt sich ein marktfähiges Produkt allein mit einem Patent absichern. In den meisten Fällen erstreckt sich der Patentschutz auf Einzelteile oder Vorprodukte von technologisch hochkomplexen Geräten oder auf Teilabschnitte von Herstellungsverfahren. Durch die Kombination dieser Teilaggregate entstehen Patentkomplexe mit oft mehreren Tausend Einzelpatenten, die sogar von Fachleuten kaum noch zu durchschauen sind. Selbst eng begrenzte technische Verfahren, wie z.B. die Ozonierung von Abwässern im Rahmen des Klärprozesses, sind durch rund 500 Patente abgesichert (Welfert, 1980, S. 26).

Solche "Patentpakete" bilden sich allerdings erst im Laufe der Zeit heraus. Die Grundlage einer neuen Basis- oder Schlüsseltechnologie bilden auch heute noch relativ wenige, oft auch als "Sperrpatente" bezeichnete Entwicklungen, die dem entsprechenden Besitzer durch die Blockierung eines besonders effizienten Entwicklungsweges einen bedeutenden Marktvorsprung ermöglichen. Eine solche Entwicklung war in den letzten Jahren vor allem im Bereich der Biotechnologie (Gentechnologie) zu beobachten.

Aus der ausführlichen Darstellung der Vor- und Nachteile von Patentinformationen läßt sich das Fazit ziehen, daß sich diese hervorragend eignen als Instrument der Früherkennung zur

- Analyse technologischer Entwicklungen
- Aufdeckung von Forschungs- und Entwicklungsaktivitäten sowie möglicher Exportstrategien anderer Länder
- Identifikation der auf einem technologischen Gebiet führenden Unternehmen.

Einige Beispiele zu diesen Bereichen werden nachfolgend dargestellt. /2/

2. Patentstatistiken zur Früherkennung technologischer Entwicklungen

2.1 Kennzahlen zur Entwicklung verschiedener Technologiebereiche

Die Auswertung der Zahl der Patentanmeldungen bzw. -erteilungen ermöglicht bereits einen ersten Überblick über die sich am schnellsten entwickelnden Technologiebereiche. So veröffentlicht z.B. das amerikanische Patentamt in zweijährigen Abständen eine Zusammenstellung der jeweils 50 Patentklassen mit den höchsten Zuwachsraten an Patenterteilungen, getrennt nach den Bereichen Chemie, Elektrotechnik und Mechanik. Einen Ausschnitt aus dieser Zusammenstellung zeigt Abb. 3.

CHEMICAL SUBCLASSES

Cl/Sub	Description	1978-80 Patents	% Growth	%Foreign Share	Total Patents
424/274	Drugs and bioaffecting compositions wherein the active ingredient contains a 5-membered ring having 1 nitrogen atom	838	46.5	46.6	3380
424/267	Drugs and bioaffecting compositions wherein the active ingredient is piperidine or a derivative thereof	562	38.8	51.6	3452
424/260	Drugs and bioaffecting compositions wherein the active ingredient is a compound having six-membered heterocycling ring composed of four carbons and two nitrogens	525	38.1	55.8	3075
23/2308	Analytical processes for use in biological systems involving combination of tests or measurements with methods of regulating a reaction	596	53.0	28.7	1593
424/263	Drugs and bioaffecting compositions wherein the active ingredient contains a pyridine not fused to another heterocycling ring	458	40.4	46.6	2724
424/246	Drugs and bioaffecting compositions wherein the active ingredient contains a 6-membered ring having at least 1 nitrogen and 1 sulfur atom (e.g. cephalosporins)	464	37.4	58.1	2034
424/177	Drugs and bioaffecting compositions containing a proteinaceous material as the active ingredient	441	59.1	41.5	1445
424/180	Drugs and bioaffecting compositions containing carbohydrate as the active ingredient	367	49.4	48.9	1621
424/273R	Drugs and bioaffecting compositions containing diazole or a derivative thereof as the active ingredient	388	41.4	52.7	2190

Abb. 3: Patentklassen der USA mit der höchsten Zunahme bei der Zahl der erteilten Patente in den Jahren 1978-80 nach technischen Bereichen (Zusammengestellt nach USDC, 1981, S. 13 - 15).

MECHANICAL SUBCLASSES

Cl/Sub	Description	1978-80 Patents	% Growth	%Foreign Share	Total Patents
123/568	Internal combustion engine charge-forming device where exhaust gas is mixed with combustible mixture	211	58.9	75.8	731
237/1R	Miscellaneous heating systems	181	63.5	18.2	698
126/450	Solar heat collectors for heating fluids circulated therethrough with specific housing structure	174	77.3	178	258
126/438	Solar heat collectors for heating fluids circulated therethrough having a concentrating reflector	178	68.8	19.4	343
60/641	Power plants utilizing natural heat	155	53.3	11.6	409
126/400	Stoves and furnaces with heat accumulator structures	140	68.8	24.8	368
80/276	Internal combustion engine having means to analyze exhaust gas composition	136	·67.1	82.0	266
165/106	Condensing and evaporating systems using an intermediate fluent material recorving and discharging heat	138	43.5	31.9	985
414/786	Processes of material or article handling	137	42.4	32.1	1381
165/1045	Heat exchange and storage apparatus using an intermediate fluent material recorving and discharging heat	118	69.0	34.7	244
126/121	Hot air fireplaces	113	67.7	7.1	472
131/17R	Tobacco product compositions	112	43.8	26.0	673
73/23	Gas analyzis	183	55.1	36.9	632

ELECTRICAL SUBCLASSES

Cl/Sub	Description	1978-80 Patents	% Growth	%Foreign Share	Total Patents
364/200	General purpose programmable digital computersystems	662	51.1	23.8	3022
364/900	Miscellaneous digital data processing systems	548	53.8	243	2438
357/59	Polycrystalline solid device	246	59.7	40.4	637
367/91	Ion implant solid state device	232	54.8	26.7	621
357/55	Discrete solid state device with particular external geometry	298	53.3	37.5	1380
307/238	Nonlinear solid state device signal storage circuits	294	48.7	38.8	1034
307/221D	Nonlinear solid state device analog shift registors	158	53.9	31.7	427
84/1.01	Musical instruments having electrical tone generators or translating devices	174	56.5	51.1	585
84/1.24	Electrical musical instruments with device to give expression to music	173	68.8	47.4	516
367/41	Integrated chip containing field effect transistor	173	52.1	38.7	713
357/08	Active solid state device with ohmic contacts of particular geometry	158	47.3	37.3	1282
357/15	Active solid state device with metal semiconductor junction (e.g. Schottky barrier)	134	48.9	29.1	658
357/16	Heterojunction transistor	134	47.5	41.0	573
348/140R	Recorders with ink supply to marker	126	58.1	55.0	730

(Fortsetzung der Abbildung 3)

Aus solchen, schnell zu gewinnenden Daten lassen sich Kennziffern bilden, die Aufschluß geben über Patentbereiche mit den absolut (bezogen auf alle Patentklassen) oder relativ (innerhalb einer Klasse) höchsten Zuwachsraten. Während z.B. Arzneimittel die höchsten absoluten Zuwachsraten aufweisen, haben chemische Verfahren zur Synthese und Produktion von Kohlenwasserstoffverbindungen hinsichtlich der relativen Zuwachsraten (d.h. innerhalb der jeweiligen Patentklasse) die größten Steigerungen zu verzeichnen.

Eine Differenzierung der Auswertung nach verschiedenen Anmeldergruppen (z.B. nach Ländern oder Unternehmen) erschließt ebenso wie eine Disaggregation der Datenbasis eine Vielzahl weiterer aufschlußreicher Informationen. Da Patente immer nur eine nationale Rechtskraft haben, müssen Erfindungen, die international verwertet werden sollen, zumindest in den wichtigsten Ländern geschützt werden, wobei die relativ hohen Anmeldekosten eine Beschränkung der Zahl der Anmeldungen auf die bedeutsamsten Erfindungen erforderlich machen. Patente, die in mehr als 15 Ländern angemeldet werden, gelten als Schlüsselpatente.

Die Auswertung der Anmeldung nach Ländern ermöglicht die frühzeitige Erkennung möglicher Exportoffensiven der Anmelder. Umfaßt die Statistik sowohl die eigenen Patentanmeldungen (oder -erteilungen) in verschiedenen Ländern als auch die entsprechenden Anmeldungen der Ausländer im eigenen Land, so ergibt sich eine Patentbilanz, die interessante Rückschlüsse auf die internationalen Technologieströme ermöglicht (vgl. Abb. 4).

2.2 Patentstatistiken als Mittel zur Bestimmung von Technologiezyklen und -strukturen

Betrachten wir technologische Entwicklungen anhand von Patentdaten im Zeitablauf, so lassen sich meist deutlich ausgeprägte Wachstumsfunktionen erkennen. Nach einer Initialphase mit nur sporadischen Anmeldungen weniger Anmelder folgt eine Wachstumsphase mit einer stark ansteigenden Zahl von Anmeldungen und Anmeldern. Schließlich wird die Technologie nach einem meist längeren Zeitraum geringerer Patentaktivität von Folgetechnologien abgelöst. Eine solche Entwicklung vollzieht sich zunächst im Be-

SIC CATEGORY	PRODUCT FIELD	BELGIUM		CANADA		SWITZERLAND		
		To U.S.	From U.S.	To U.S.	From U.S.	To U.S.	From U.S.	T
20	Food and Kindred Products	2	95	-	86	19	27	
22	Textile Mill Products	-	47	3	50	18	26	
28	Chemicals and Allied Products	45	1257	41	832	552	484	
281,282,284-289	.Chemicals,Except Drugs & Medicines	45	1244	41	824	552	477	
281,286	..Basic Industrial Inorganic & Organic Chemistry	36	768	26	518	432	380	
281	...Industrial Inorganic Chemistry	10	124	17	113	11	15	
286	...Industrial Organic Chemistry	28	686	13	429	427	375	
282	..Plastics Materials & Synthetic Resins	9	262	13	130	51	25	
287	..Agricultural Chemicals	5	188	2	127	92	88	
284,285,289	..All Other Chemicals	1	83	1	96	14	19	
284	...Soap,Detergents and Cleaning Preperations, Perfumes, Cosmetics & Other Toilet Preperations	-	35	-	44	15	12	
285	...Paints,Varnishes,Lacquers,Enamels and Allied Products	1	11	-	8	2	-	
289	...Miscellaneous Chemical Products	-	51	1	61	3	11	
283	.Drugs and Medicines	7	193	1	113	82	96	
13,29	Petroleum & Natural Gas Extraction & Petroleum Refining	1	41	5	51	1	5	
30	Rubber & Miscellaneous Plastic Products	10	187	20	308	35	63	
32	Stone,Clay,Glass and Concrete Products	6	120	10	166	13	22	
33,3462,3463	Primary Metals	14	85	15	93	6	7	
331,332,3399,3462	.Primary Ferrous Products	11	70	9	80	4	6	
333-336,339 (except 3399),3463	.Primary&Secondary Non-Ferrous Metals	5	41	10	40	6	2	
34(except 3462, 3463,348)	Fabricated Metal Products	20	297	44	704	98	128	
35	Machinery, Except Electrical	53	714	104	1596	334	263	
351	.Engines & Turbines	2	52	7	134	25	19	
352	.Farm & Garden Machinery & Equipment	1	56	14	165	13	15	
353	.Construction,Mining & Material Handling Machinery & Equipment	3	101	26	305	30	22	
354	.Metal Working Machinery & Equipment	14	56	7	144	30	18	
357	.Office Computing & Accounting Machines	5	87	1	150	34	47	
355,356,358,359	.Other Machinery, except Electrical	33	471	70	968	242	178	5
355	..Special Industry Machinery, Except Metal Working Machinery	21	243	32	383	140	97	2
356	..General Industrial Machinery & Equipment	11	191	34	511	89	63	2
358	..Refrigeration & Service Industry Machinery	1	50	6	120	28	16	
359	..Miscellaneous Machinery,Except Electrical	3	42	10	74	9	16	
36,3825	Electrical and Electronic Machinery,Equipment and Supplies	21	425	34	765	132	182	4
361-364,369,3825	.Electrical Equipment,Except Communication Equipment	10	202	22	401	86	90	2
361,3825	..Electrical Transmission & Distribution Equipment	1	37	5	109	21	19	
362	..Electrical Industrial Apparatus	2	61	8	117	30	19	
363,364,369	..Other Electrical Machinery,Equipment &Supplies	8	126	12	215	49	57	14
363	...Household Appliances	4	33	5	87	16	23	2
364	...Electrical Lighting & Wiring Equipment	1	30	4	41	9	4	5
369	...Miscellaneous Electrical Machinery,Equipment & Supplies	3	63	3	86	24	29	6
365-367	.Communication Equipment & Electronic Components	12	270	14	421	58	105	32

Abb. 4: Patentbilanz der USA des Jahres 1975 nach Industrieklassen (SIC) (Ausschnitt)

SOUTH AFRICA		NETHERLANDS		GERMAN DEMOCRATIC REPUBLIC		GERMANY, FEDERAL REPUBLIC		FRANCE		U.S.S.R.		ALL OTHERS	
To U.S.	From U.S.	To U.S.	From U.S.	To U.S.	From U.S.	To U.S.	From U.S.	To U.S.	From U.S.	To U.S.	From U.S.	To U.S.	From U.S.
1	48	15	108	2	17	47	163	22	149	2	3	36	145
-	17	5	54	-	4	90	111	16	91	-	-	18	63
9	768	84	1430	15	236	1433	2287	419	2167	17	51	417	1789
8	758	84	1413	14	233	1422	2259	413	2143	17	51	413	1764
7	478	54	904	11	154	942	1368	241	1319	8	35	228	1126
7	61	12	134	3	16	162	265	57	232	1	1	52	149
-	424	48	810	10	145	839	1171	203	1142	7	35	192	1014
-	111	23	300	4	30	288	521	88	489	4	2	93	304
-	170	9	187	2	50	181	273	81	268	3	14	67	318
1	39	3	91	-	5	70	177	25	151	2	1	46	106
-	16	1	41	-	4	30	77	8	64	1	-	32	42
-	7	-	19	-	1	6	21	1	19	-	-	-	20
1	20	4	49	-	-	42	110	20	92	1	1	20	47
1	163	9	189	4	34	194	291	90	288	6	11	79	331
-	49	3	65	-	11	24	146	16	113	1	-	10	84
2	127	15	200	1	11	243	518	110	448	-	4	111	299
1	59	13	110	2	8	104	253	46	228	1	-	57	167
4	51	10	61	1	9	85	178	29	158	4	-	70	154
4	45	8	53	-	7	64	141	23	124	2	-	59	127
3	23	4	29	1	4	46	103	14	89	4	-	39	74
8	210	51	326	7	22	558	1040	205	829	2	1	282	671
30	468	135	773	31	68	1827	2753	663	2224	41	9	888	1742
-	20	8	34	-	8	192	227	68	174	2	-	46	152
6	62	23	67	1	6	93	211	57	176	3	-	87	226
8	101	27	97	-	8	203	328	122	303	10	-	166	335
9	41	6	57	7	10	218	255	59	193	6	2	77	153
1	24	20	127	-	12	138	447	63	372	2	2	63	214
18	325	74	519	23	41	1216	1727	406	1368	26	7	609	1102
5	139	30	271	20	22	616	791	192	624	10	4	297	423
11	163	29	214	2	19	522	822	190	652	15	4	268	605
4	39	16	55	-	8	116	187	44	140	2	-	65	138
3	27	6	43	1	1	79	146	30	118	5	-	49	120
6	152	203	625	17	42	893	1757	379	1458	11	5	280	930
3	96	82	254	13	14	552	826	184	675	9	2	171	454
-	18	21	63	6	3	161	228	63	187	1	-	43	116
1	25	19	69	5	2	221	225	48	190	7	-	42	123
2	64	53	145	3	10	251	448	98	362	2	2	99	260
2	32	14	37	2	7	65	144	18	108	1	-	48	77
-	9	29	41	-	-	85	100	26	83	-	1	15	44
-	23	10	67	1	3	101	203	53	170	1	1	36	139
3	65	157	431	5	30	442	1114	245	922	6	3	128	548

(Fortsetzung der Abbildung 4)

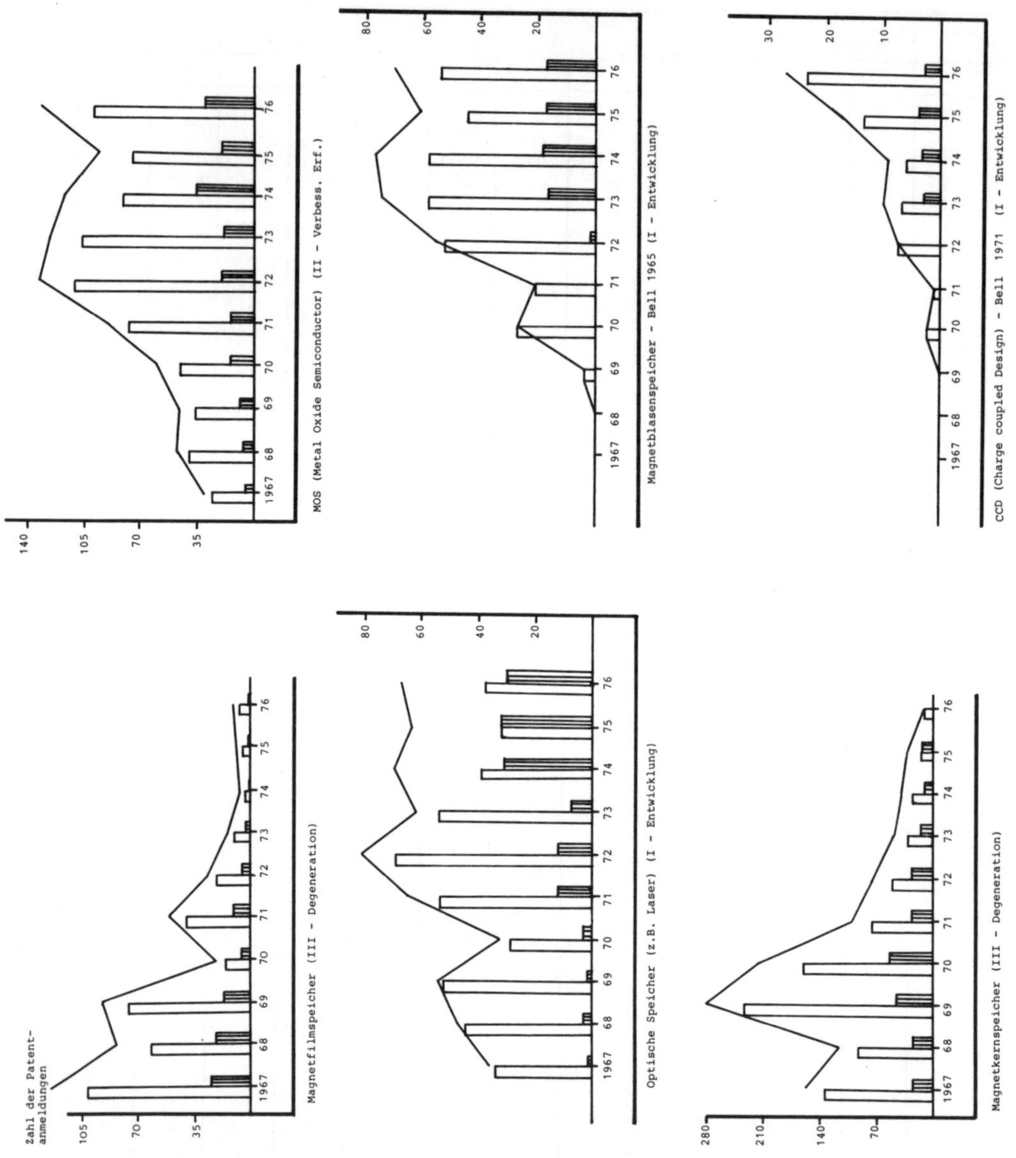

Abb. 5: Lebenszyklen von Einzeltechnologien des Bereichs Computertechnologien, dargestellt anhand von Patentanmeldungen in den USA. Die weißen Säulen zeigen die Zahl der Anmelder aus den USA, die schraffierten diejenigen von ausländischen Anmeldern an.

reich von Einzeltechnologien. Dies läßt sich deutlich in den in Abb. 5 dargestellten Entwicklungskurven der Patentanmeldungen verschiedener Technologien des Bereichs Computerspeicher erkennen. Während sich die Gesamtentwicklung im Betrachtungszeitraum noch in der Wachstumsphase befindet, sind Einzeltechnologien wie z.B. der Magnetfilm- oder Magnetkernspeicher hinsichtlich der Patentanmeldungen bereits in der Degenerationsphase.

Günstige wirtschaftliche und gesellschaftliche Rahmenbedingungen sind neben den technischen Voraussetzungen eine weitere Bedingung für die Entwicklung neuer Technologien. In vielen Fällen eilt zunächst die technische Entwicklung voraus und kommt erst Jahre, ja oft erst Jahrzehnte später zur Anwendung. Dies läßt sich z.B. anhand der Entwicklung der Patentanmeldungen für Abgaskatalysatoren verdeutlichen. Wie in Abb. 6 dargestellt, erreichte die Zahl der Patentanmeldungen bereits um das Jahr 1960 einen ersten Höhepunkt. Aufgrund der damals noch fehlenden Nachfrage nach mit dieser Technologie versehenen Produkten verzögerte sich die weitere Entwicklung dann bis in die siebziger Jahre. Wäre diese Tatsache bereits damals richtig erkannt worden, hätte sich dies auf den Einsatz dieser Technologie im Automobilbau - zum Nutzen der Umwelt - sicher stimulierend ausgewirkt.

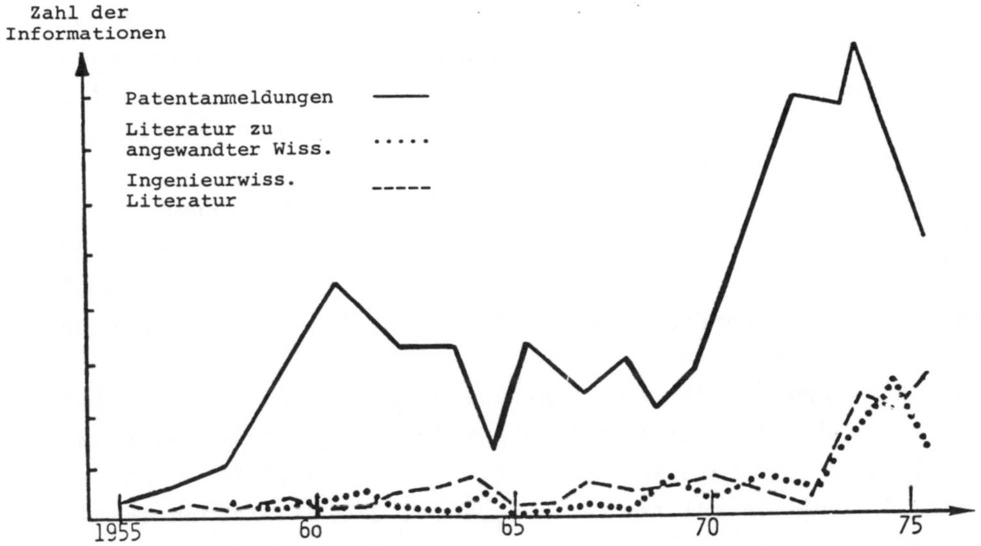

Abb. 6: Die Verbreitung von Informationen über neue Technologien, dargestellt am Beispiel des Technologiebereichs "Abgaskatalysatoren"

Aus Abb. 6 läßt sich auch die erst späte Beschäftigung der wissenschaftlichen Literatur mit dem Problembereich Abgaskatalysatoren erkennen. Patentinformationen stellen einen Indikator dar, dessen Entwicklung bereits 10 - 15 Jahre vor entsprechenden Veröffentlichungen in der Literatur Hinweise auf die mögliche Relevanz der Technologie gab.

3. Die Bestimmung unternehmensspezifischer Technologiepositionen

Die Offenlegung der Patentinformationen erfordert die Bekanntgabe von Erfinder und Anmelder und erlaubt damit die Identifikation von Schwerpunkten der Forschung und Entwicklung (FuE) von Unternehmen. Man muß zwar annehmen, daß bei den Anmeldeentscheidungen der Unternehmen dieser Umstand berücksichtigt wird und aus Geheimhaltungsgründen somit manche Innovation, vor allem im Verfahrensbereich, nicht angemeldet sind. Die Gefahr, dann jedoch gegebenenfalls später Entwicklungen von Produkten auf der Basis eigener Erfindungen wegen entgegenstehender fremder Patente nicht vermarkten zu können, setzt dieser Strategie enge Grenzen.

Ein Überblick über FuE-Schwerpunkte einzelner Unternehmen läßt sich bereits aus der Zahl der Anmeldungen in einzelnen Klassen gewinnen. Kennzahlen zur Bewertung der Aktivitäten erhält man durch den Vergleich der Anmeldungen mehrerer Jahre hintereinander und in bezug auf die Gesamtentwicklung in einzelnen Patentklassen. Rückschlüsse auf strategisch bedeutsame Erfindungen sowie eine geplante Verwertung im Ausland lassen sich durch eine Analyse der Auslandsanmeldungen von Unternehmen ziehen. Die Abb. 7 zeigt z.B. die Entwicklung von in den USA an die Hoechst AG und Siemens AG gewährten Patenten nach Hauptklassen. Daraus lassen sich die Schwerpunkte der Patentaktivitäten der beiden Unternehmen ableiten.

Die Schwerpunkte der Patentaktivitäten der Hoechst AG (2561 Patente in den 12 Jahren von 1969 - 1980) liegen in den Klassen 008 (Bleich- und Färbeverfahren für Textilien), 260 (Organische Chemie I) und 424 (Arzneimittel), wobei die letztgenannte Klasse erst ab Mitte der siebziger Jahre eine größere Bedeutung erlangte. Ein deutlicher Rückgang in der Zahl der erlangten Patente

Hoechst AG

US-Pat. Klasse	1969	1970	1971	1972	1973	1974	1975	1976	1977	1978	1979	1980	Gesamt
008	8	9	12	15	13	21	24	35	18	30	9	25	219
029	0	0	0	1	1	0	0	0	0	0	2	0	4
148	1	1	1	3	1	0	0	3	0	0	0	0	10
156	1	0	2	2	1	1	3	1	1	2	1	1	16
204	11	7	3	10	6	5	5	9	7	7	4	11	85
219	3	3	3	3	4	4	0	0	5	0	3	3	31
242	0	1	0	0	0	0	0	0	3	1	1	0	6
250	1	3	1	1	0	0	3	1	0	1	3	2	16
252	4	6	8	11	11	12	9	12	11	15	12	11	122
260	67	48	68	91	62	67	91	100	90	85	65	64	898
307	0	0	0	0	0	0	1	0	0	0	0	0	1
318	0	0	0	0	0	2	0	0	1	0	0	1	4
340	0	0	0	0	0	1	0	0	0	0	0	0	1
350	0	0	1	0	0	0	0	1	1	2	0	0	5
354	0	0	0	0	0	1	0	3	3	7	3	4	21
358	0	0	0	0	0	0	0	0	0	1	0	2	3
361	0	0	0	0	0	0	0	1	1	0	0	0	2
364	0	1	0	0	0	1	0	1	0	0	2	0	5
424	15	6	4	17	18	21	26	52	69	69	44	67	408
427	1	2	4	5	2	2	3	2	1	8	2	3	35
428	2	8	7	9	3	2	10	4	4	8	5	10	72
430	0	0	0	0	0	1	9	16	7	5	10	12	60
455	0	0	0	0	0	0	0	0	0	0	0	1	1
525	6	6	25	16	9	12	15	18	10	10	5	9	141
528	14	6	6	10	6	8	6	8	13	9	9	3	98
544	3	8	4	10	14	16	28	20	7	0	4	5	119
546	13	6	3	9	8	8	20	20	6	7	3	9	112
548	0	1	2	9	3	6	16	15	6	5	1	2	66
Gesamt	150	172	154	222	162	191	269	322	264	272	188	245	2561

Siemens AG

US-Pat. Klasse	1969	1970	1971	1972	1973	1974	1975	1976	1977	1978	1979	1980	Gesamt
029	12	7	8	10	18	11	26	9	17	12	9	8	147
148	7	12	5	9	5	5	11	6	12	6	7	2	87
156	14	6	15	17	11	8	3	8	4	9	3	4	102
179	12	17	6	7	12	6	6	6	15	12	5	3	113
204	3	5	4	8	8	7	3	6	11	10	9	6	80
219	7	4	7	8	7	6	5	2	5	1	4	8	64
242	0	0	1	1	2	0	2	1	0	1	1	0	9
250	9	6	11	15	18	28	28	41	38	45	33	40	312
252	3	4	3	7	3	4	6	2	5	3	0	2	42
260	1	0	0	1	0	1	0	0	0	0	1	1	5
307	6	3	11	13	11	10	11	20	17	11	10	12	135
310	13	7	8	5	15	6	16	18	13	14	9	10	134
313	6	11	8	10	12	19	14	8	7	5	4	5	109
315	11	5	2	5	4	5	4	7	7	4	5	0	59
318	4	6	5	6	10	20	16	3	7	6	5	8	96
330	6	3	2	1	2	2	3	3	2	5	1	2	32
331	1	4	6	5	9	7	6	1	5	5	4	4	57
340	3	2	3	8	8	8	11	10	16	10	5	13	97
350	2	0	0	0	11	10	3	19	16	19	19	10	109
354	1	0	1	1	1	0	1	1	0	0	0	1	7
357	18	10	8	9	12	7	8	8	16	20	9	19	144
358	0	0	1	0	1	3	4	1	7	4	1	6	28
360	3	0	2	0	1	1	2	1	2	2	3	0	17
361	3	7	10	16	13	11	13	16	13	14	3	7	126
364	0	2	1	8	6	6	11	9	10	9	9	12	83
365	5	6	7	7	11	4	5	7	14	8	13	4	91
427	6	4	10	7	5	7	5	6	3	6	6	4	69
428	4	3	3	4	1	2	4	6	10	3	1	1	42
430	0	0	1	2	4	4	2	3	3	4	0	0	23
455	3	0	0	1	3	1	3	3	2	4	3	2	25
528	1	0	0	0	0	0	0	0	0	2	0	0	3
548	0	0	0	0	0	0	0	0	0	1	0	0	1
Gesamt	164	134	149	191	224	209	232	231	277	255	182	200	2448

Abb. 7: Entwicklung der in den USA an die Unternehmen Hoechst AG und Siemens AG gewährten Patente nach Hauptklassen (Zusammenstellung nach USDC, 1981, S. 120, 123)

ist in den Klassen 528 (Synthetische Fasern) sowie 544 - 548 (Organische Chemie II) festzustellen.

Die insgesamt 2448 Patente der Siemens AG verteilen sich relativ gleichmäßig auf über 20 Klassen mit mehr als 60 Patenten. Die meisten Patente wurden dem Unternehmen in der Klasse 250 (Wärmeenergie) erteilt. Während in dieser Klasse auch in jüngster Zeit noch relativ viele Patente gewonnen wurden, ist deren Zahl in der Klasse 029 (Metallarbeiten) mit der zweithöchsten Zahl an Patenterteilungen in den letzten Jahren offenbar zurückgegangen. Dies gilt teilweise auch für die Klassen 310 (Elektrogeneratoren oder -motoren), 313 (Elektr. Lampen oder Entladungsvorrichtungen) und 361 (Elektrische Systeme). Ein Hinweis auf eine geringere Forschungs- und Entwicklungsaktivität auf diesen Gebieten? Zunehmende Aktivitäten sind dagegen z.B. in den Klassen 340 (Elektr. Kommunikationssysteme) und 350 (Optische Systeme und Elemente) zu verzeichnen.

Eine solche Analyse kann erste Hinweise für eine detaillierte Untersuchung einzelner Entwicklungen unter Einbeziehung von Kennzahlen der entsprechenden technischen Sachgebiete und Branchen geben.

Die Bedeutung und das Entwicklungsstadium eines Technologiebereichs lassen sich auch aus der Zu- oder Abnahme der Zahl der Anmelder ableiten. Analysiert man diese Werte und setzt sie zu der Zu- oder Abnahme der Zahl der Patentanmeldungen in Beziehung, so erhält man zweidimensional definierte Vektoren, die sich zur Analyse des Entwicklungsstandes von Technologiefeldern eignen. Anhand der in Abb. 8 dargestellten Entwicklung einer Technologie aus dem Bereich der Biotechnologie läßt sich die Vorgehensweise verdeutlichen.

Die Entwicklungsphase einer Technologie (Feld I) ist gekennzeichnet durch zunehmende Patentaktivitäten sowohl in Bezug auf die Zahl der Anmelder als auch die Zahl der Patentanmeldungen. Nach 4 Jahren ist in unserem Beispiel die Entwicklungsphase beendet und die Zahl der Anmeldungen geht stark zurück (Vektor 5). Die Zahl der Anmelder steigt jedoch weiter an, da weitere Unternehmen versuchen, durch Umgehungs- oder Verbesserungserfindungen von der Entwicklung in diesem Technologiebereich ebenfalls zu profitieren (Feld II). Sinkt auch die Zahl der Anmelder (Vektor 7),

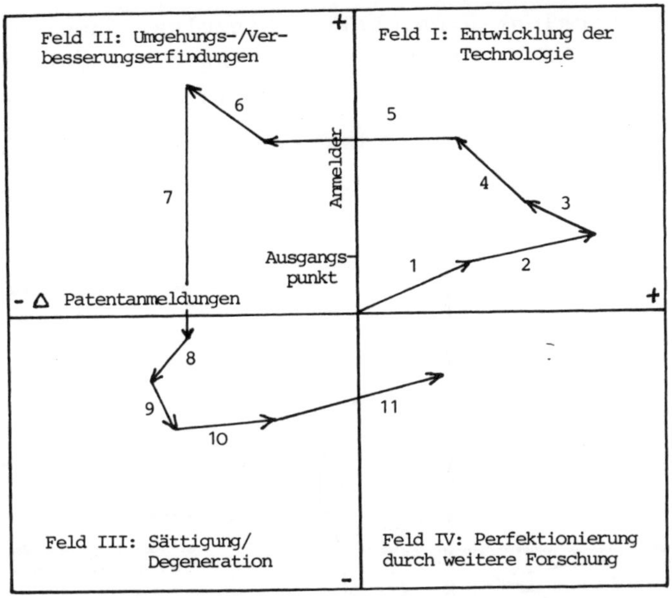

Abb. 8: Vektorenanalyse auf der Basis von Patentanmeldungen zur Untersuchung der Entwicklung von Technologiebereichen. Die Vektoren wurden auf der Basis jährlicher Erhebungen ermittelt.

so wird die Degenerationsphase erreicht (Feld III). Interessanterweise läßt sich in vielen Fällen feststellen, daß nach einer gewissen Zeit in vielen Technologiebereichen die Zahl der Patentanmeldungen wieder zunimmt (Feld IV). Dies führt dann meist auch zu einem neuen Innovationsschub und dem Entstehen einer Folgetechnologie.

Die 4 Felder der Vektormatrix lassen sich wie folgt charakterisieren:

Feld Nr.	Zahl der Patentanm.	Zahl der Anmelder	Charakterisierung
I	steigend	steigend	Entwicklungsstadium der Technologie
II	gleichbleibend bzw. sinkend	gleichbleibend bzw. sinkend	Umgehungs-/Verbesserungserfind.
III	unbestimmte Veränderungen	sinkend	Sättigung/Degeneration
IV	steigend	sinkend event. gleichbl.	Perfektionierung der Technologie durch weitere Forschung; Übergang zu einer Folgetechnologie

Wird die Entwicklung hinsichtlich einzelner Anmelder untersucht, so lassen sich noch deutlicher Strategien von Unternehmen erkennen. In Abb. 9 sind z.B. die Patentanmeldungen von 4 Unternehmen im Technologiebereich "Magnetblasenspeicher" dargestellt.

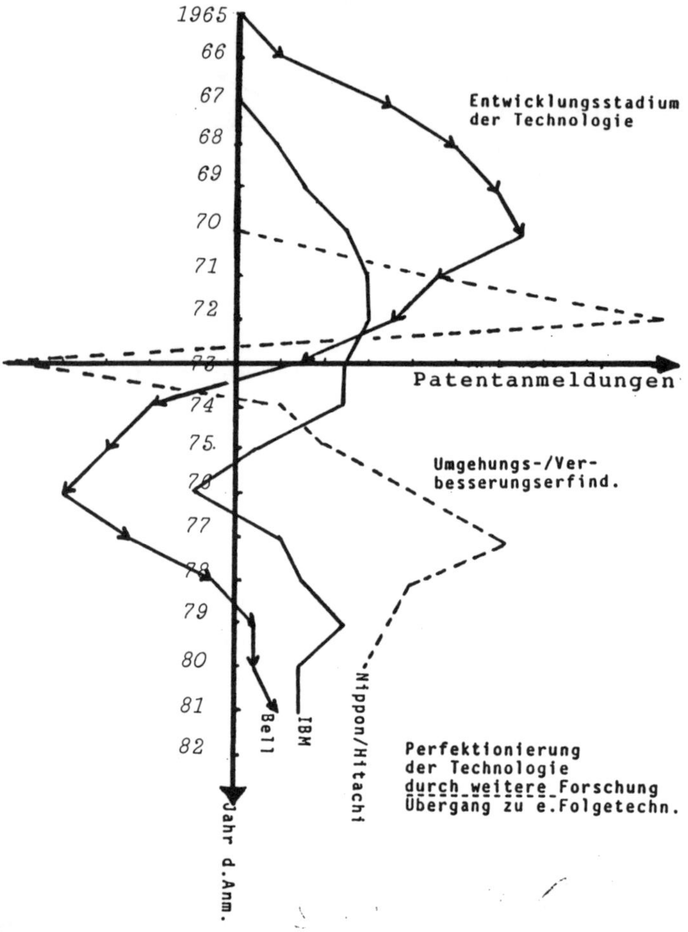

Abb. 9: Patentanmeldungen in den USA im Technologiebereich MAGNETBLASENSPEICHER nach Unternehmen und Jahr der Anmeldung

Die ersten Patente wurden von der Bell Corp. in den USA im Jahre 1965 angemeldet. Zwei Jahre später folgten IBM, und fünf Jahre später versuchten die japanischen Unternehmen Nippon und Hitachi in einem "Crash"-Programm den beträchtlichen Vorsprung der beiden amerikanischen Unternehmen einzuholen.

D. Probleme der Nutzung von Patentstatistiken in der Bundesrepublik Deutschland

Im Rahmen unserer Darstellung mußten wir fast ausschließlich auf Datenmaterial aus den USA zurückgreifen. Zwar wird das deutsche Patentwesen auch heute noch als eines der besten der Welt anerkannt. Es bildete die Grundlage für den Aufbau von Patentämtern in vielen Ländern, so z.B. erst in jüngster Zeit in der Volksrepublik China. Auf dem Gebiet der Datenstatistik gibt es aber wenig Positives zu berichten. Der seit Jahren geplante online-Zugriff auf die Datenbank des Deutschen Patentamtes wird im Probebetrieb (wie bereits erwähnt) erst 1985 möglich sein.

Der mühsame und zeitaufwendige Besuch einer Patentauslegestelle /3/ ist für einen Informationssuchenden nur dann sinnvoll, wenn gezielt einzelne Patente analysiert werden sollen. Statistische Auswertungen, um überhaupt erst interessante Entwicklungen erkennen zu können, lassen sich dort weder gewinnen noch stehen solche zur Verfügung. Dem Informationssuchenden verbleibt daher nur die Möglichkeit der Inanspruchnahme privater Informationsdienste (z.B. des Marktführers Derwent Publications Ltd., London oder der Inpadoc, Wien) oder der Recherche in internationalen, vor allem US-amerikanischen Datenbanken (vgl. Marmor u.a., 1979). Lassen sich einzelne technische Informationen zwar noch beschaffen - wenngleich allerdings mit beträchtlichem Aufwand -, so versagt das System der individuellen Recherche weitgehend, wenn es um strategische Auswertungen geht. Bezeichnend für die Situation auf diesem Gebiet war die Ende 1981 gegebene Antwort der Bundesregierung auf eine Kleine Anfrage der CDU/CSU. Auf die Frage: "In welchen Wirtschaftsbereichen übersteigen die Anteile der auf Japan und die USA entfallenden Patentanmeldungen die Fünf-Prozent-Marke?" antwortete der Staatssekretär des Justizministeriums (dem das Patentamt zugeordnet ist): "Der Bundesregierung liegen keine statistischen Angaben darüber vor, welchen Wirtschaftsbereichen im Sinne der Systematik der Wirtschaftszweige des Statistischen Bundesamtes Patentanmeldungen zuzurechnen sind und wie sie sich auf die Anmeldeländer verteilen (Deutscher Bundestag, 1981, S. 932).

Während in den USA oder Japan über einen für die Bestimmung der technologischen Position eines Landes so wichtigen Tatbestand ausführliche Statistiken veröffentlicht sind bzw. eine Datenbankabfrage die gewünschten Informationen in kurzer Zeit erbracht hätte, konnte das Deutsche Patentamt eine länderbezogene Auswertung lediglich auf der obersten Aggregationsebene von fünf technischen Sachgebieten zur Verfügung stellen. Eine so hoch verdichtete Information ist jedoch praktisch wertlos.

Angesichts solcher Ergebnisse ist die selbstkritische Äußerung des Präsidenten des Deutschen Patentamtes zu verstehen, der beklagt, daß "das Patentamt mit diesem Informationsangebot seiner Verantwortung nicht gerecht wird, die es im Zusammenhang mit der Förderung von Technologie und Innovationen zu tragen hat" (Häusser, 1980, S. 26).

E. Zusammenfassung

1. Patente stellen eine originäre Informationsquelle dar, deren Informationspotential derzeit nur ungenügend genutzt wird.
2. Patentinformationen sind ein Bindeglied zwischen der technischen und wirtschaftlichen Entwicklung. Angesichts der großen Bedeutung technologischer Innovationen für die exportorientierte Wirtschaft der Bundesrepublik Deutschland ist u.E. eine Einbeziehung von Patentinformationen in den betriebswirtschaftlichen Planungsprozeß geboten.
3. Patente eignen sich als Frühindikatoren zur Prognose technologischer und wirtschaftlicher Entwicklungen.
4. Die sich aus dem Patentrecht ergebende Offenlegungspflicht zwingt Unternehmen zu einer sehr weitgehenden Preisgabe von Informationen über Forschungsergebnisse, wirtschaftliche und technologische Verflechtungen sowie beabsichtigte Marktaktivitäten (z.B. Anmeldung von Patent ... in Land C, D, P). Vergleichbare Informationen sind durch andere legale Marktforschungsmethoden nicht zu gewinnen.
5. Die Integration von Patentinformationen in den betriebswirtschaftlichen Entscheidungsprozeß führt zu einer Erweiterung des Planungshorizonts von Unternehmen, der derzeit überwiegend zu kurzfristig angelegt ist.

6. Da nur ein Teil der Erfindungen patentfähig ist (10 - 60 %, je nach Branche) und marktnahe Verbesserungs- sowie durch Know-how geschützte Verfahrenserfindungen aus Geheimhaltungsgründen oft nicht patentiert werden, müssen Patentinformationen durch weitere Informationen (wie z.B. die Aufwendungen für Forschung und Entwicklung) ergänzt werden.
7. Die Nutzung des Potentials von Patentstatistiken wird in der Bundesrepublik Deutschland derzeit behindert durch
   - die mangelhafte Datenaufbereitung,
   - den schwierigen Zugang zu den entsprechenden Informationen,
   - die Unkenntnis über deren Nutzen sowie
   - das fehlende Instrumentarium zu deren Verarbeitung und Analyse.

Anmerkungen

1 Die ITC meldete für 1982 nur 14 Patentrecht-Vergehen, 1983 waren es schon 24 und bis Ende 1984 wird mit rund 50 Verfahren gegen japanische Unternehmen gerechnet.

2 Im vorliegenden Beitrag kann aus Platzgründen nur eine Auswahl einiger Auswertungsmöglichkeiten dargestellt werden. Eine ausführliche Darstellung bringt die in Vorbereitung befindliche Habilitationsschrift des Verfassers.

3 In der Bundesrepublik Deutschland existieren noch 10 vollwertige Patentauslegestellen, und zwar in München, Berlin, Aachen, Bochum, Darmstadt, Dortmund, Hamburg, Kaiserslautern, Nürnberg und Stuttgart.

Literaturverzeichnis

Allen, J., Oppenheim, Ch., (1979): The Overlap of U.S. and Canadian Patent Literature with Journal Literature, in: World Patent Information 1979, Nr. 2, S. 77 - 80.

BMWI (Der Bundesminister für Wirtschaft) (1983): Innovationsprozesse und Innovationspolitik in Japan, Bonn 1983.

Brockhoff, K., (1973): Forschungsprojekte und Forschungsprogramme: Ihre Bewertung und Auswahl, Wiesbaden 1973.

Deutscher Bundestag (1981) (Hrsg.): Patent- und Lizenzverkehr mit dem Ausland, Antwort auf eine Kleine Anfrage der CDU/CSU, in: Drucksache 9/932, v. 22.10.1981.

Frobenius, S., (1983): Die geizigen Japaner, in: Handelsblatt v. 2.9.1983, S. 2.

Grefermann, K., Röthlingshöfer, K.Chr., (1973): Patentwesen und technischer Fortschritt, Bd. 1 und Bd. 2, Göttingen 1974.

HMSO (1983): Intellectual Property Right and Innovation, Green Paper Nr. Cmnd 9117, London 1983.

Häusser, E., (1980): Die Dokumentation des Deutschen Patentamts - ein unentdeckter Innovationsschutz, in: Mitteilungen der deutschen Patentanwälte, 1980, Heft 2.

Häusser, E., (1982): Patentinformationen als Mittel zur Förderung des Technologietransfers, in: Kommission der Europäischen Gemeinschaften (Hrsg.), Transfer und Auswertung wissenschaftlicher und technischer Innovationen, Luxemburg, 1982.

Kortzfleisch, G.v., (1969): Zur mikroökonomischen Problematik des technischen Fortschritts, in: Die Betriebswirtschaftslehre in der zweiten Industriellen Evolution, hrsg. v. G.v. Kortzfleisch, Berlin 1969, S. 323 - 349.

Lightman, J.M., (1981): Foreign Patent Protection Treaties and National Laws, in: US Department of Commerce (Hrsg.) Foreign Business Practices, Washington, 1981.

Marmor, A.C., Lawson, W.S., Terapane, J.F., (1979): The Technology Assessment and Forecast Program of the United States Patent and Trademark Office, in: World Patent Information, 1. Jg. (1979), Nr. 1, S. 15 - 23.

Pfeiffer, W. u.a., (1982): Technologie-Portfolio zum Management strategischer Zukunftsgeschäftsfelder, Göttingen 1982.

Schmalen, H., (1980): Optimale Lizenz- und Patentpolitik, in: ZfB, 50. Jg. (1980), S. 1077 - 1103.

Schumpeter, J.A., (1911): Theorie der wirtschaftlichen Entwicklung, München und Leipzig 1911.

Solow, R.M., (1957): Technical Chance and the Aggregate Production Function, in: The Rev. of Economics and Statistics, Vol. 39 (1957), S. 312 ff.

Ullrich, H., (1984): Entwicklungsplan für das Patent- und Lizenzwesen in Frankreich, in: GRUR Int., 1984, S. 168 ff.

USDC (U.S. Department of Commerce) (1981): Technology Assessment and Forecast, Tenth Report, Washington 1981.

Welfert, H., (1980): Linde jetzt führend in der Ozonierung, in: VDI-Nachrichten 1980, Nr. 52, S. 26.

Klaus-Peter Wiedmann und Reiner Löffler *

Portfolio-Simulationen und Portfolio-Planspiele als Unterstützungssysteme der strategischen Früherkennung

*Dipl.-Kfm. Klaus-Peter Wiedmann ist wissenschaftlicher Mitarbeiter am Lehrstuhl für Allgemeine Betriebswirtschaftslehre und Absatzwirtschaft II (Prof. Dr. Hans Raffée); Dipl.-Kfm. Reiner Löffler ist bei der Firma Wang Deutschland GmbH, Frankfurt, als Financial Analyst im Controlling tätig.
Die Autoren möchten sich bei Frau Karin Diener für ihre Unterstützung bei der Erstellung des Manuskripts und beim Anfertigen der Schaubilder sehr herzlich bedanken.

A. Früherkennung - eine Herausforderung an das strategische Marketing

Turbulenzen und Diskontinuitäten in der Unternehmensumwelt - einhergehend mit Flexibilitätsverlusten und Steuerungsproblemen aufgrund zunehmender Größe und Komplexität der Unternehmen, gesetzlichen Auflagen etc. - stellen immer mehr Unternehmen vor strategische Überraschungen. Wie die Analyse von Firmenkrisen zeigt, lassen sich solche strategischen Überraschungen häufig nicht mehr oder nur unter Inkaufnahme erheblicher Kosten zielorientiert handhaben. Angesichts dieser Situation ist die Unternehmensführung an einem Konzept des strategischen Marketing auszurichten, mittels dessen die Erfolgspotentiale des Unternehmens systematisch aufgebaut, voll ausgeschöpft und vor allem langfristig gesichert werden.

Wesentlichen Bestandteil einer Konzeption des strategischen Marketing bilden Früherkennungssysteme. Ihre Aufgabe besteht insbesondere darin:

- Gefahren und Gelegenheiten in der strategischen Zukunft des sozio-ökonomischen Feldes bereits zum Zeitpunkt ihres - auch inhaltlich noch unstrukturierten - Entstehens aufzuspüren und weiter zu beobachten,
- ihre Ursachen und Zusammenhänge zu erforschen,
- ihre Relevanz für die Unternehmung - relativiert an deren Stärken und Schwächen - zu beurteilen,
- neu entstandene, zukünftige Chancen und Risiken zu signalisieren und
- mögliche Antworten auf die sich stellenden Herausforderungen, speziell z.B. Strategien zum Auf- und Ausbau dauerhafter Wettbewerbsvorteile, zu entwerfen und zu bewerten (Trux, Müller und Kirsch, 1984, S. 347 - 348).

Diese Vorstellung hinsichtlich moderner, strategischer Früherkennungssysteme wurde entscheidend durch die Arbeiten um Ansoff geprägt (vgl. z.B. Ansoff, 1976). Ansoff geht davon aus:

- daß sich Diskontinuitäten sowie damit verbundene strategische Überraschungen in sog. schwachen Signalen ankündigen und insofern prinzipiell vorhersehbar sind;
- daß Unternehmen nicht eine Strategie des Abwartens verfolgen dürfen, sondern bereits bei den ersten Anzeichen einer Veränderung in der Umwelt oder den Unternehmens-Umweltbeziehungen strategische Antwortalternativen generieren müssen (strategic response to weak signals);
- daß Unternehmen dabei eine Strategie der hierarchisch abgestuften Reaktionen in Abhängigkeit des jeweils vorliegenden Informationsstandes verfolgen sollen (z.B. schwache Signale als Basis für den Entwurf erster Schubladenpläne).

Vor dem Hintergrund dieser Überlegungen sind inzwischen einige Vorschläge zur Entwicklung strategischer Früherkennungssysteme entstanden (vgl. z.B. Kirsch und Roventa, 1983; sowie den Überblick bei Wiedmann, in diesem Band). Interessant erscheint dabei u.a. der Versuch, die Portfolio-Analyse in den Dienst der Früherkennung zu stellen, und zwar integriert in quantitative Unternehmensgesamtmodelle. Hierzu einige Anregungen zu vermitteln, ist Aufgabe des vorliegenden Beitrages. Dazu sollen zunächst die Portfolio-Analyse und ihre Einsatzmöglichkeiten im Sektor der Früherkennung kurz skizziert werden, um dann Ansatzpunkte der Entwicklung und Nutzung von "Portfolio-Modellen" zu diskutieren. Den Abschluß bildet die Darstellung eines Fallbeispiels zur Portfolio-Simulation auf der Basis eines System Dynamics-Modells.

B. Die Portfolio-Analyse und ihre Einsatzmöglichkeiten im Sektor der Früherkennung

I. Grundlegendes zur Portfolio-Analyse

Obwohl inzwischen nicht unumstritten, stellt die Portfolio-Analyse heute nach wie vor ein wichtiges Instrument der strategischen Analyse dar. Ihr Hauptanliegen besteht in der Visualisierung von Stärken/Schwächen sowie Chancen/Risiken eines Unternehmens auf einem hohen Aggregationsniveau als Grundlage strategischer Entscheidungen auf der Top-Managementebene und die Feststellung allgemeiner strategischer Stoßrichtungen. Neben dem Marktanteils-Marktwachstums- und Marktattraktivitäts-Wettbewerbsvorteils-Portfolio - die im folgenden als Diskussionsgrundlage dienen - liegen bereits zahlreiche weitere Portfolio-Varianten vor; zu erwähnen sind bspw. Human-Portfolio (vgl. Laukamm, in diesem Band), Forschungs- und Entwicklungsportfolios (vgl. Foster und Wood, 1978), Länder-Portfolios (vgl. Banham, 1978), Risiko-Portfolios (vgl. Hussey, 1978), Anfälligkeits-Portfolios (vgl. Ansoff und Leontiades, 1976), Branchen-Portfolios (vgl. Hinterhuber, 1982) sowie Betriebstypen-Portfolios für Handelsorganisationen (vgl. Drexel, 1981).

Den Ausgangspunkt der hier zu behandelnden Portfolio-Varianten bildet zunächst die Abgrenzung einzelner Produkt-Marktkombinationen bzw. strategischer Geschäftseinheiten (SGEs) eines diversifizierten Unternehmens, die untereinander bzgl. ihrer Marktbeziehungen, Potentiale, Risikofaktoren etc. weitgehend unabhängig sein sollen (strategische Segmentierung). Im zweiten Schritt werden diese SGEs dann in einer Portfolio-Matrix positioniert, deren Felder generalisierte Typen strategischer Positionen verkörpern (Positionierung im Ist-Portfolio). Die jeweilige strategische Position bestimmt sich dabei aus einer Gegenüberstellung der Ausprägung von Erfolgsfaktoren, die einmal interne Stärken/Schwächen und zum anderen externe Chancen/Risiken signalisieren. Als Grundlage für die Identifikation relevanter Erfolgsfaktoren dienen u.a. das Produktlebenszyklus-, das Erfahrungskurven- oder das PIMS-Konzept. Während z.B. das Erfahrungskurvenkonzept auf die Bedeutung der Faktoren "Marktanteil" und "Marktwachstum" hinweist, wurden bei der PIMS-Studie 37 unabhängige Variablen mittels einer Multi-Regressionsanalyse identifiziert, die die Varianz des Erfolges eines Unternehmens (operationalisiert in Gestalt des ROI) zu ca. 80 % erklären und unter den Faktorbündeln "Marktattraktivität" und "Wettbewerbsvorteil" rubriziert werden können (ausführlicher dazu vgl. z.B. Roventa, 1979; Dunst, 1979). Das Grundmuster eines Marktattraktivitäts-Wettbewerbsvorteils-Portfolios ist in Abb. 1 veranschaulicht.

Je nach Position der verschiedenen SGEs im Ist-Portfolio ergeben sich unterschiedliche Hinweise auf mögliche strategische Handlungskonsequenzen (Normstrategien), die allerdings nicht als konkrete Strategieempfehlungen, sondern vielmehr als Auslöser für differenziertere Informations- und Planungsaktivitäten zu betrachten sind. Die Stoßrichtung der einzelnen "Portfolio-Normstrategien" bezieht sich auf die Gewährleistung einer ausgewogenen Mischung aus risikoarmen vs. risikoreichen, neuen vs. alten sowie mittelfreisetzenden vs. mittelbindenden SGEs. Zur Abstimmung der Erfolgs- und Finanzierungspotentiale zwischen den SGEs und als Entwicklungsrichtlinie für einzelne SGEs kommen dabei u.a. die in Abb. 1 skizzierten und für die Marketingpolitik konkretisierten Strategien in Betracht (ausführlicher dazu vgl. z.B. Hinterhuber, 1980, S. 153 - 217).

(1) *Marktwachstum und Marktgröße*
(2) *Marktqualität*
- Rentabilität der Branche (Deckungsbeitrag, Umsatzrendite, Kapitalumschlag)
- Stellung im Markt-Lebenszyklus
- Spielraum für die Preispolitik
- Technologisches Niveau und Innovationspotential
- Schutzfähigkeit des technischen *Know-how*
- Investitionsintensität
- Wettbewerbsintensität und -struktur
- Anzahl und Struktur potentieller Abnehmer
- Verhaltensstabilität der Abnehmer
- Eintrittsbarrieren für neue Anbieter
- Anforderungen an Distribution und Service
- Variabilität der Wettbewerbsbedingungen
- Substitutionsmöglichkeiten
- u. a. m.

(3) *Energie- und Rohstoffversorgung*
- Störungsanfälligkeit in der Versorgung von Energie und Rohstoffen
- Beeinträchtigung der Wirtschaftlichkeit der Produktionsprozesse durch Erhöhungen der Energie- und Rohstoffpreise
- Existenz von alternativen Rohstoffen und Energieträgern
- u. a. m.

(4) *Umweltsituation*
- Konjunkturabhängigkeit
- Inflationsauswirkungen
- Abhängigkeit von der Gesetzgebung
- Abhängigkeit von der öffentlichen Einstellung
- Risiko staatlicher Eingriffe
- u. a. m.

Dimensionen der Marktattraktivität

(1) *Relative Marktposition*
- Marktanteil und seine Entwicklung
- Größe und Finanzkraft der Unternehmung
- Wachstumsrate der Unternehmung
- Rentabilität (Deckungsbeitrag, Umsatzrendite und Kapitalumschlag)
- Risiko (Grad der Etabliertheit im Markt)
- Marktingpotential (Image der Unternehmung und daraus resultierende Abnehmerbeziehungen, Preisvorteile aufgrund von Qualität, Lieferzeiten, Service, Technik, Sortimentsbreite usw.)
- u. a. m.

(2) *Relatives Produktionspotential*

A) Prozeßwirtschaftlichkeit
- Kostenvorteile aufgrund der Modernität der Produktionsprozesse, der Kapazitätsausnutzung, Produktionsbedingungen, Größe der Produktionseinheiten usw.
- Innovationsfähigkeit und technisches *Know-how* der Unternehmung
- Lizenzbeziehungen
- u. a. m.

B) Hardware
- Erhaltung der Marktanteile mit den gegenwärtigen oder in Bau befindlichen Kapazitäten
- Standortvorteile
- Steigerungspotential der Produktivität
- Umweltfreundlichkeit der Produktionsprozesse
- Lieferbedingungen, Kundendienst usw.
- u. a. m.

C) Energie- und Rohstoffversorgung
- Erhaltung der gegenwärtigen Marktanteile unter den voraussichtlichen Versorgungsbedingungen
- Kostensituation der Energie- und Rohstoffversorgung
- u. a. m.

(3) *Relatives Forschungs- und Entwicklungspotential*
- Stand der orientierten Grundlagenforschung, angewandten Forschung, experimentellen Entwicklung und anwendungstechnischen Entwicklung im Vergleich zur Marktposition der Unternehmung
- Innovationspotential und Innovationskontinuität
- u. a. m.

(4) *Relative Qualifikation der Führungskräfte und Mitarbeiter*
- Professionalität und Urteilsfähigkeit, Einsatz und Kultur der Kader
- Innovationsklima
- Qualität der Führungssysteme
- Gewinnkapazität der Unternehmung, Synergien usw.
- u. a. m.

Dimensionen der relativen Wettbewerbsvorteile

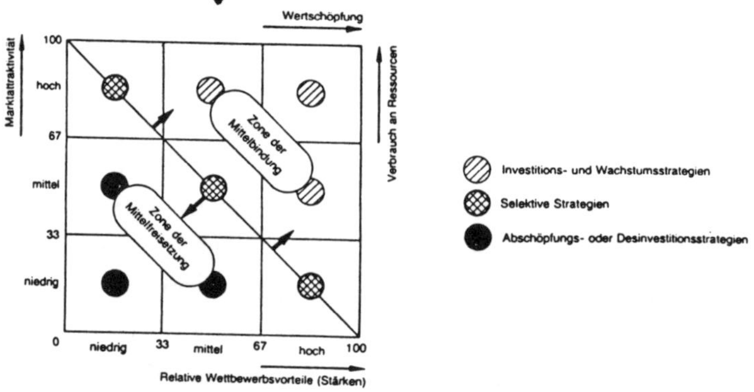

Elemente der Marketingpolitik	Norm-Strategien		
	Investitions- und Wachstumsstrategien	Selektive Strategien	Abschöpfungs- oder Desinvestitionsstrategien
1. Programmpolitik	Sortiment ausbauen; Diversifizieren; Innovation	Spezialisierung; Schwerpunktbildung (Randtypenbereinigung); Imitation	Programmbegrenzung (keine neuen Produkte; Aufgeben ganzer Linien)
2. Abnehmermärkte und Marktanteile	Gewinnen, Basis verbreitern – Neue Regionen – Neue Anwendungen	Gezielt wachsen, Position verteidigen	Aufgeben zugunsten von Erträgen – Kundenselektion – Regionaler Rückzug
3. Preispolitik	Preisführer (nach oben und unten)	Stabilisieren des Preisniveaus, tendenzielle Niedrigpreispolitik	Tendenzielle Hochpreispolitik (Preisabschläge nicht mitmachen)
4. Vertriebspolitik (Werbung und Absatzkanäle)	Aktiver Einsatz von – Werbemitteln – Zweitmarken – Markennamen	Gezielter Einsatz für Produktwerbung	Zurückgehender Einsatz des vertriebspolitischen Instrumentariums
5. Risiko	Akzeptieren	Begrenzen	Vermeiden
6. Investitionen	Vertretbares Maximum (Invest. > Abschr.)	Gezielt auf Cash-flow (Invest. ≈ Abschr.)	Minimum bzw. Stillegen (Invest. < Abschr.)

Abb. 1: Prozeß der Strategienformulierung anhand der Wettbewerbsvorteil - Marktattraktivitäts-Matrix (entnommen aus: Hinterhuber, 1980).

II. Die Portfolio-Analyse als Instrument der Früherkennung

Grundsätzlich erfüllt die Portfolio-Analyse insofern bereits wesentliche Anforderungen eines strategischen Früherkennungssystems, als sie

- ausgehend von der Analyse strategischer Erfolgsfaktoren Gefahren und Gelegenheiten auf der Unternehmensebene signalisiert und gleichzeitig als Impuls für weitere Planungsaktivitäten
- mögliche Antworten auf die sich stellenden Herausforderungen generiert (vgl. Abb. 2).

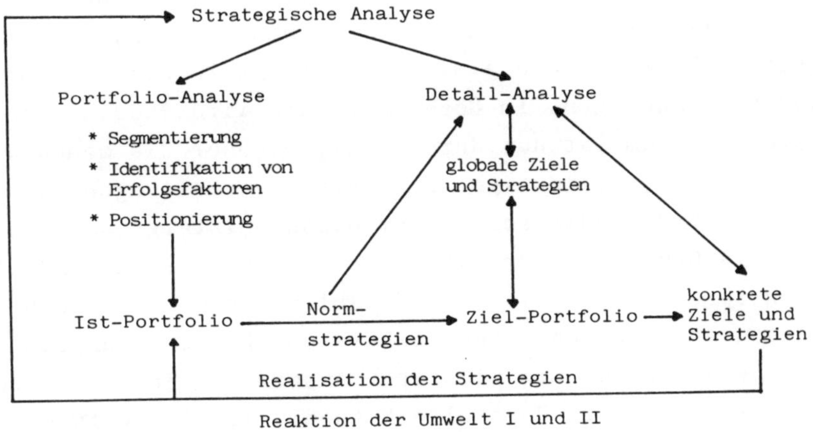

Abb. 2: Grundlagen der Portfolio-Methode und deren Einbeziehung in den Prozeß strategischer Analyse sowie Früherkennung

Trotz dieser Vorzüge eignet sich die Portfolio-Analyse in ihrer traditionellen Form nur bedingt für die strategische Früherkennung. Betrachtet man sich z.B. die Erfolgsfaktoren Marktwachstum und relativer Marktanteil, so handelt es sich dabei weniger um Frühindikatoren der Unternehmensentwicklung als vielmehr um Indikatoren, die Gefahren und Gelegenheiten relativ spät anzeigen. Für die verschiedenen Variablen, die in die Faktorenbündel Marktattraktivität und Wettbewerbsvorteil einfließen, gilt dies allerdings in sehr viel geringerem Maße, da hier in Gestalt von Variablen wie z.B. Risiko staatlicher Eingriffe, Konjunkturabhängigkeit, relatives F&E-Potential, relative Qualifikation der Führungskräfte etc. z.T. doch wichtige Frühindikatoren Berücksichtigung finden.

Soll die Portfolio-Analyse jedoch im Sinne strategischer Früherkennung weiterentwickelt werden, so ist es erforderlich, anstelle der gegenwärtigen Ausprägung verschiedener Erfolgsfaktoren, noch stärker von Prognosewerten auszugehen und - anstatt der üblichen Ist-Portfolios - "Wird-Portfolios" bzw. "Entwicklungsportfolios" aufzustellen. Zur Prognose der Ausprägung einzelner Erfolgsfaktoren kann grundsätzlich auf die unterschiedlichsten quantitativen und qualitativen Prognoseverfahren zurückgegriffen werden (vgl. Raffée, in diesem Band).

Zwar wird heute bereits verschiedentlich die zukünftig zu erwartende Marktattraktivität durch Extrapolationen, Szenarien, ökonometrische Modelle u.ä.m. bestimmt und in die Portfolio-Positionierung einbezogen. Im Gegensatz dazu wird jedoch die Wettbewerbsstellung zumeist nur durch Analysen über die momentane Wettbewerbsstruktur, derzeitige Marktanteilsverteilungen etc. erfaßt. Die Portfolio-Methodik sollte vor diesen Hintergrund also noch stärker als Grundlage für die Erstellung von Prognosemodellen und - entsprechend um die Zielvariablen des Unternehmens erweitert - von strategischen Bewertungs- und Entscheidungsmodellen herangezogen werden. Ein wichtiger Ansatz ist in diesem Zusammenhang der Versuch, die Portfolio-Methodik mit der Entwicklung quantitativer Unternehmensgesamtmodellen zu verknüpfen, um so etwa komfortable Portfolio-Simulationen oder Portfolio-Planspiele zu ermöglichen. Hierauf wird in den folgenden Abschnitten näher einzugehen sein.

Zuvor sei jedoch noch kurz auf einen außerordentlich interessanten Vorschlag von Kirsch et al. zur Weiterentwicklung der Portfolio-Analyse im Sinne der strategischen Früherkennung hingewiesen (vgl. Kirsch und Trux, 1979; Ansoff, Kirsch und Roventa, 1981).

Kirsch et al. setzen bei ihrem Vorschlag speziell an der Notwendigkeit an, die Portfolio-Analyse so auszugestalten, daß sie zur Verstärkung schwacher Signale beiträgt. Schwache Signale - so Kirsch et al. - finden ihren Ausdruck dabei vor allem in der Unsicherheit und/oder im Dissens hinsichtlich einer Beurteilung der strategischen Position einzelner SGEs, und zwar sowohl bei der Einschätzung künftiger Ausprägungen der Erfolgsfaktoren als auch bei der Gewichtung einzelner Erfolgsfaktoren. Im Gegensatz zu der sonst üblichen "Punktpositionierung" der SGEs innerhalb der Portfolio-Matrix sind von daher bewußt "Bereichspositionierungen" vorzunehmen bzw. sog. "Unschärfeflächen" aufzuzeigen (vgl. Abb. 3). Damit soll u.a. vermieden werden, daß dem (Top-)-Management durch die Konsensbildung im Vorfeld (=typische "Informationspathologie" des klassischen Stab-Linien-Prinzips) zentrale Informationen entgehen. Diesen, in Bewertungsdissensen oder -unsicherheiten sich niederschlagenden schwachen Signalen gilt es dann durch differenzierte Analysen (Tiefenanalysen, Diskontinuitätsbefragungen) gezielt nachzugehen (ausführlicher dazu: Ansoff, Kirsch und Roventa, 1983).

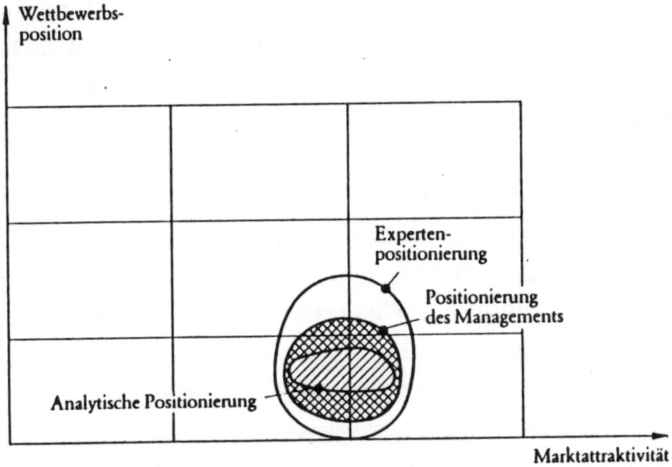

Abb. 3: Beispiel einer Bereichspositionierung im Rahmen der Portfolio-Analyse (entnommen aus: Ansoff, Kirsch und Roventa, 1983, S. 252).

C. Die Integration der Portfolio-Methodik in computergestützte Unternehmensmodelle als Ansatz der Früherkennung

I. Zur Methodenbasis computergestützter Portfolio-Modelle

Die Möglichkeiten, die Portfolio-Analyse in Prognose-, Bewertungs- und Entscheidungsmodelle des strategischen Marketing einzubringen, sind außerordentlich vielfältig. Zum einen sind z.B. Modelle denkbar, bei denen die künftige Entwicklung einzelner Erfolgsfaktoren verbal beschrieben und die vermeintliche Position der SGEs graphisch in Portfolio-Matrizen festgehalten wird (verbale und graphische Modelle). Auf der anderen Seite können die in der Portfolio-Methodik berücksichtigten Beziehungen jedoch auch quantifiziert, also in mathematischen Modellen repräsentiert und damit einhergehend als Computer-Modelle implementiert werden. Dies hat u.a. den Vorteil, daß einzelne Operationen mit dem Modell sehr viel komfortabler durchgeführt werden können. Ferner bietet die moderne Computer-Technologie interessante Ansatzpunkte für den Dialog zwischen den an der Portfolio-Erstellung und -Auswertung beteiligten Informationslieferanten, Planungsexperten und Managern. Zu erwähnen sind etwa leistungsfähige Personal Computer oder mobile Terminals, die z.B. bei der Informationsgewinnung und -auswertung im Zuge von Delphi-Prognosen zum Einsatz gelangen können.

Grundsätzlich mangelt es nicht an Vorschlägen zur stärkeren Quantifizierung strategischer Unternehmensplanung und speziell der Entwicklung von Unternehmensmodellen auf der Basis der Portfolio-Methodik (vgl. z.B. Felzmann, 1982, Hanssmann, 1982 und 1981; Jacob, 1980; Müller-Merbach, 1977; Schmidt, 1980). Die vorhandenen Modelle bzw. Ansätze kommen dabei vor allem aus dem Bereich des Operations Research; hiermit sind jedoch zumeist folgende Nachteile verbunden:

- Ausgangspunkt der Modellierung bilden in erster Linie Optimierungsziele mit einer Fixierung auf quantitative Variablenausprägungen; die Zielsetzung einer verbesserten Einsicht in das dynamische Systemverhalten der Unternehmens-Umweltbeziehungen als Grundlage für das Erkennen gezielter Eingriffsmöglichkeiten in das Realsystem bleibt mithin außer Betracht.

- Die Abbildung der Beziehungen zwischen verschiedenen Umweltbereichen erfolgt in linearen Gleichungssystemen (lineare Optimierung); damit werden nicht-lineare Beziehungen infolge von Wachstums- oder Schrumpfungsprozessen sowie positive oder negative Regelkreisstrukturen bzw. Rückkopplungsbeziehungen ausgeklammert.
- Aufgrund der verwendeten Optimierungsalgorithmen ist die Anzahl der Unternehmensvariablen begrenzt, die modellmäßig erfaßt werden können. Ebenso bleiben Verzögerungen in den Informations-, Material-, Geld- und Personalströmen des Systems unberücksichtigt.

Vor diesem Hintergrund erscheint es unter Würdigung der Aufgabenstellung strategischer Planung zweckmäßiger, nicht auf Unternehmensmodelle vom Typ der linearen Optimierung zurückzugreifen, sondern auf Modelle im Sinne der Regelkreismodelle von Forrester (vgl. Forrester, 1961 und 1972). Damit gewinnt gleichzeitig das System Dynamics-Konzept (SD) an Gewicht, welches u.a. folgende Vorteile aufweist:

- Erfassung dynamischer Phänomene und speziell Schulung eines Denkens in dynamischen, zeitabhängigen Systemzusammenhängen sowie methodische Ansatzpunkte zur Berücksichtigung der vielfältigen Interdependenzen (Rückkopplungsbeziehungen) zwischen Variablen;
- Nutzung des Systemanalyseprozesses als Heuristik für die Lösung konkreter Planungsprobleme durch ein verbessertes Verständnis des zu lösenden Problems sowie der relevanten Systembeziehungen;
- Zwang zur Konkretisierung des impliziten Modells des Entscheiders zu einem expliziten und somit der detaillierten Kritik sowie der interpersonellen Kommunikation zugänglichen Modell;
- Möglichkeiten der Abbildung nicht-linearer Systembeziehungen sowie vermeintlicher Systemverzögerungen und erweitertes Spektrum einer Identifikation sowie Spezifikation der für die Problemstellung relevanten Variablen des Analyseobjekts bzw. der Unternehmens-Umweltbeziehungen.

II. Das Grundmuster der System-Dynamics-Methodik

System Dynamics ist eine auf der Theorie der Informations-Feedbacksysteme, der formalen Entscheidungstheorie sowie auf der Simulationstechnik unter Einsatz von Computern basierende Methodik zur Analyse komplexer, dynamischer Systeme im sozioökonomischen Bereich (vgl. v.Kortzfleisch und Krallmann, 1980).

Der Begriff System kennzeichnet dabei "eine Anzahl von miteinander" in Beziehung stehenden Teilen, die zu einem gemeinsamen

Zweck miteinander operieren (vgl. Forrester, 1972, S. 1).

Die Zielsetzung dieser Methodik akzentuiert Forrester (1961, S. 13) als "the study of the information-feedback characteristics of industrial activity to show how organizational structure, amplification (in policies), and time delays (in decisions and actions) interact to influence the success of the enterprise". Der ausgehend davon entwickelte modelltheoretische Ansatz von System Dynamics wird in Abb. 4 verdeutlicht. Eine Schlüsselstellung kommt den beiden, in Abb. 4 skizzierten Axiomen zu; sie charakterisieren den modelltheoretischen Ansatz von System Dynamics und bestimmen die Art und Weise der Abbildung realer Phänomene in mathematischen Modellen als Grundlage für Simulationen, mittels derer künftige Systemzustände bzw. Entscheidungssituationen zu ermitteln versucht werden. Ihren spezifischen Charakter erhält die SD-Methodik allerdings vor allem durch das Axiom II, welches auf den Regelkreischarakter von Entscheidungsprozessen hindeutet und die Berücksichtigung sog. "Feedback-Loops" fordert. Ein Feedback-Loop ist dabei als ein "in sich geschlossener Prozeß kausaler Beziehungen zwischen Variablen" zu begreifen (Milling, 1974, S. 60). Der Begriff "kausal" ist hier allerdings in einem weiten Sinne zu interpretieren: Zwar kann bei der Entwicklung der jeweiligen Gleichungssysteme auf allgemeine Gesetzmäßigkeiten (nomologische Hypothesen) hinsichtlich der Beziehungen zwischen den betrachteten Variablen rekurriert werden; sehr viel häufiger greift man bei der Modellierung jedoch notgedrungen lediglich auf Erkenntnisse zurück, die im Wege empirischer Analysen gewonnen wurden. Die Validierung der Struktur, der Parameter und des Verhaltens des entwickelten Simulationsmodells erfolgt im Rahmen eines mehrphasigen und iterativen Prozesses; zur Validierung des Modellverhaltens werden beispielsweise aufeinander aufbauende Tests vorgeschlagen, deren erfolgreiches Absolvieren zu einem graduell wachsenden Zutrauen in das Modell führen (Plausibilitäts-, Konsistenz- und Vorhersagetests) (vgl. Milling, 1974, S. 214 - 222). Die Grobstruktur eines Feedback-Loops ist in Abb. 5 wiedergegeben.

Abschließend kann festgehalten werden, daß System Dynamics wesentlich mehr als ein bestimmtes Simulationsverfahren ist, es kann als "a philospophy of structure in systems" begriffen werden

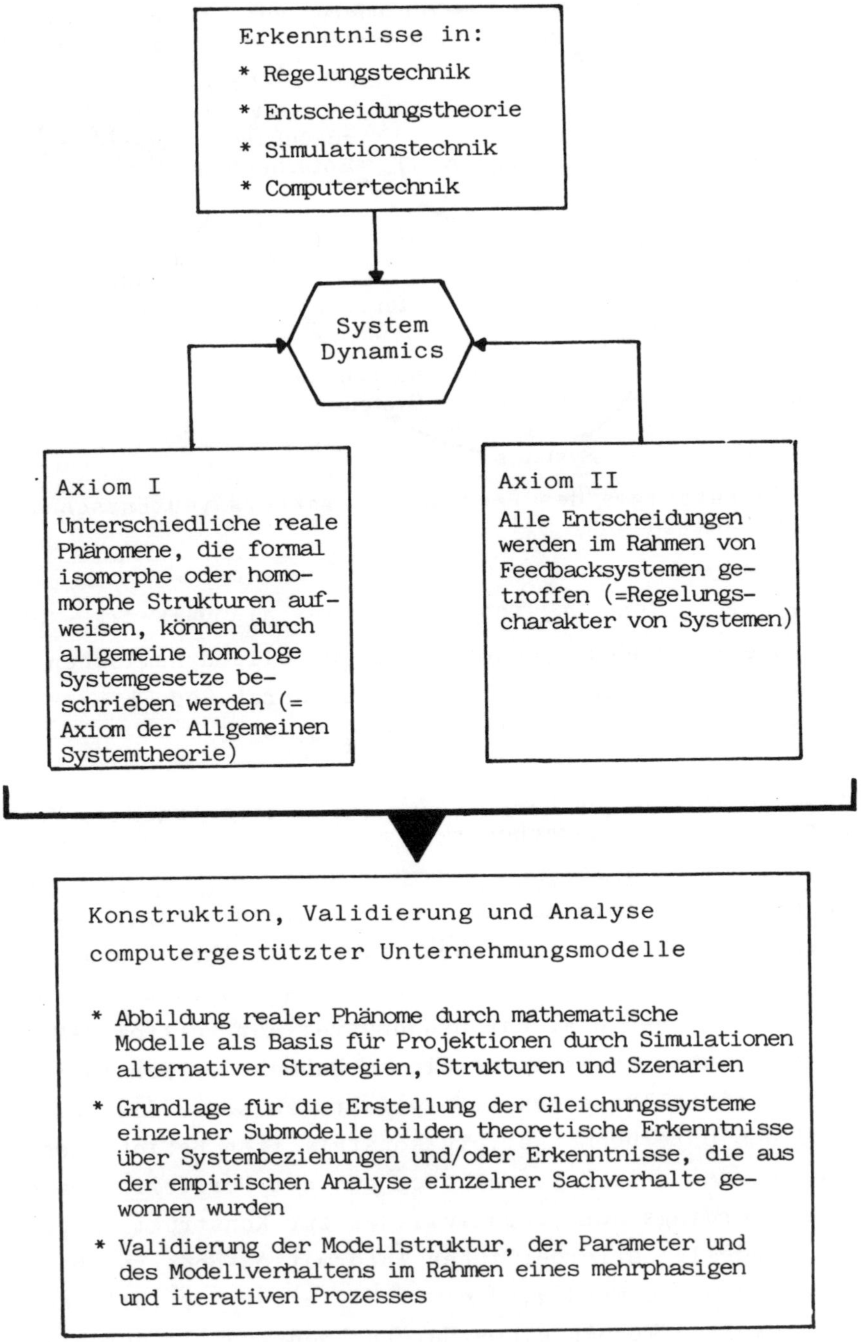

Abb. 4: Grundzüge der System-Dynamics-Methodik.

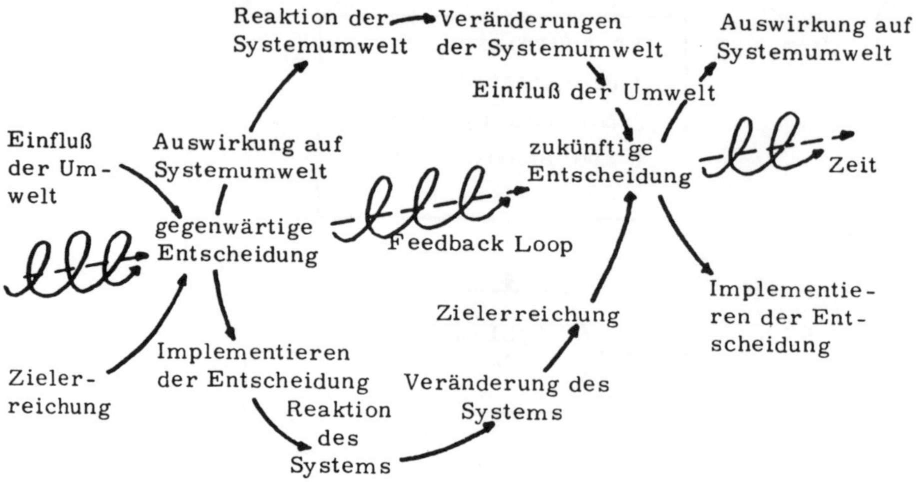

Abb. 5: Ein Paradigma des Feedback-Charakters von Entscheidungen (entnommen aus: Milling, 1974, S. 61).

(vgl. Forrester, 1968, S. 401). Damit ist die Methodik nicht erfahrungsobjektgebunden, sondern kann auf alle dynamischen Phänomene angewendet werden, deren Verhalten durch Regelkreise maßgeblich determiniert wird (Milling, 1974, S. 62).

III. Ansatzpunkte einer Verknüpfung der System-Dynamics-Methodik mit der Portfolio-Methodik

Die Entwicklung einzelner SGEs eines Unternehmens ist als kontinuierlicher Prozeß zu verstehen, wie er in Abb. 5 angedeutet wurde. Um nun diese noch sehr grobe Feedback-Struktur inhaltlich anzureichern, können u.a. das Grundmuster der Portfolio-Methodik (vgl. Abb. 2) und insbesondere die im Rahmen der Portfolio-Analyse herauskristallisierten Erfolgsfaktoren sowie die zwischen ihnen und dem Unternehmenserfolg konstatierten Beziehungen herangezogen werden. Die Informationen aus dem Portfolio-Konzept vermögen allerdings nur einen Teil des zur Konstruktion von Unternehmensmodellen erforderlichen Informationsbedarfs abzudecken. Insofern wird es notwendig, die mit Hilfe der Portfolio-Konzeption entwickelten Moduln eines Unternehmensmodells durch weitere zu ergänzen, die spezifische Unternehmens- und/oder Umweltsektoren abbilden.

Aufgabe der nachfolgenden Ausführungen ist es, einige wichtige

Aspekte der Konstruktion von Portfolio-Modellen mittels System Dynamics anzudeuten. Dabei werden mögliche Varianten von Portfolio-Modellen vorgestellt, die Struktur der Systemkomponenten verdeutlicht und schließlich ausgewählte, strategisch relevante Feedback-Loops aufgezeigt.

1. Portfolio-Simulationen und Portfolio-Planspiele als mögliche Ausprägungen von Unternehmensmodellen

Den Ausgangspunkt der Erstellung eines SD-Modells bildet zunächst die Frage nach den sog. "Systemgrenzen". Sie bezieht sich auf die Auswahl der im Modell bzw. in den einzelnen Feedback-Loops zu berücksichtigenden Variablen. Obschon letztlich eine Frage der Zweckmäßigkeit im konkreten Einzelfall, wird hier zumeist die Leitlinie proklamiert:

"Das einfachere, weniger Variable enthaltende Modell ist dem größeren, komplizierteren vorzuziehen, da so die Interaktionen und Interdependenzen der Modellelemente deutlicher werden und kritische Variablen klarer erkannt und analysiert werden können" (Milling, 1974, S. 65).

Diese Leitlinie eignet sich allerdings nur bedingt für jene Unternehmensmodelle, die in den Dienst der Früherkennung gestellt werden sollen. Durchaus vorstellbar ist, daß Variable, die heute unbedeutend erscheinen, in Zukunft an Bedeutung gewinnen (vgl. auch Milling, 1974, S. 65; Wiedmann, 1984, S. 37 - 38). Von daher ist eine möglichst vollständige Variablenerfassung zu fordern. Dies impliziert allerdings, daß SD-Modelle stufenweise - d.h. ausgehend von einfachen Modellen, die dann in Abhängigkeit der gewonnenen Erfahrung weiter auszubauen sind - und unter Einbeziehung der sie nutzenden Manager erstellt werden müssen.

Nachdem das Problem der zu beachtenden Variablen geklärt ist, stellt sich als nächstes die Frage, ob einzelne Variable endogen oder exogen im Modell zu berücksichtigen sind. Im Zusammenhang mit der Konstruktion von Portfolio-Modellen ist dabei vor allem zu entscheiden, ob das Auffinden und Formulieren der SGE-spezifischen Strategien exogen oder endogen in das Modell als ein zentraler Baustein einbezogen werden soll. Je nach Verknüpfung ergeben sich hierbei unterschiedliche Modellvarianten, die spezifische Vor- und Nachteile aufweisen:

- Variante 1: Exogene Verknüpfung der Modellbausteine und starres Planungsmodell

  Bei der exogenen Verknüpfung kann man zunächst die SGE-spezifischen Strategien vor dem Simulationslauf im Modell durch entsprechend formulierte Gleichungssysteme abbilden und diese während der Simulation beibehalten; so z.B. unveränderte Investitionsstrategien für SGEs, die sich während der Simulation von Question Marks zu Poor Dogs entwickeln (Marktwachstumsrückgang). Es handelt sich hierbei insofern um einen starren Lösungsansatz, als Rückkopplungen aus der Veränderung der Portfolio-Position einzelner SGEs sowie der Portfolio-Struktur des Unternehmens insgesamt während des Simulationslaufes in den strategischen Entscheidungen nicht berücksichtigt werden. Auf Knopfdruck erhält man gewissermaßen nur eine Zukunftsprojektion unter der Annahme konstanter strategischer Bedingungskonstellationen; deren Aussagegehalt allerdings weit über den einfacher Trendprojektionen hinausgeht. Der Einsatzbereich dieser Variante in der Realität liegt damit in erster Linie in der Analyse von SGE-spezifischen Strategien bei unveränderter Portfolio-Position der SGE und Portfolio-Struktur des Unternehmens.

- Variante 2: Planspiele in Gestalt modellexogener Eingriffe

  Eine zweite Möglichkeit exogener Verknüpfung der Modellbausteine besteht darin, daß während der Simulation modellexogen eingegriffen wird, indem man den Simulationslauf zur Situationsanalyse sowie zur Strategienformulierung unterbricht und an vorher bestimmten Entscheidungsvariablen Änderungen vornimmt. Solche Änderungen können sich insbesondere auf Zielgrößen der Funktionalpolitiken einzelner SGEs beziehen; zu nennen sind dabei bspw. das angestrebte Preisverhältnis zur Konkurrenz sowie der angestrebte produkttechnische Vorsprung gegenüber der Konkurrenz. Diese Variante modellexogener Eingriffe ist insbesondere als Planspiel relevant, wobei zwei sich gegenseitig ergänzende Formen denkbar sind:

  o Der Spieler (oder eine Gruppe von Spielern) repräsentiert das Top-Management eines Unternehmens und spielt gegen den Computer, der das Verhalten der Gegenspieler (z.B. Konkurrenten, Nachfrager, Gewerkschaften und Staat) jeweils als Antwort auf die getroffenen strategischen Entscheidungen generiert (= isoliertes Modell; Variante 2a).

- Zwei (oder mehrere) Spieler, als Repräsentanten zweier (oder mehrerer) interagierender Systeme (z.B. Konkurrenzunternehmen), spielen gegeneinander (= interaktives Modell; Variante 2b).

Die Einbeziehung von Rückkopplungsbeziehungen aus der Veränderung der Portfolio-Situation einzelner SGEs sowie der Portfolio-Struktur des Unternehmens durch exogene Eingriffe in Gestalt strategischer Entscheidungen seitens der "Spieler" ist nicht unumstritten. Als Einwand wird z.B. vorgebracht, daß die Beurteilung der Strategien aufgrund der die meist fallweise getroffenen, zufalls- oder intuitiv bedingten Entscheidungen der Spieler beeinträchtigt wird (vgl. Forrester, 1961, S. 96 - 97). Im Sektor der Früherkennung ist es jedoch häufig gerade von entscheidender Bedeutung, daß Einzelfallbeurteilungen und die Intuition der Manager oder anderer Planungsbeteiligter explizit Beachtung finden. Dies nicht zuletzt deshalb, weil sich im Zeichen diskontinuierlicher Umweltentwicklung nicht selten intuitive Prognosen als tragfähiger erweisen als exakte Prognosen, die auf starren Planleitgrößen basieren. Zweckmäßig erscheint hier etwa die Konzipierung eines "portfoliomodellgestützten Delphi-Systems", bei dem die Beteiligten ihre spezifischen Erfahrungen sowie ihre Intuition in ein Planspiel einbringen und dann - vor dem Hintergrund der so produzierten Ergebnisse - gezielt hinsichtlich künftiger Herausforderungen sowie möglicher Antworten befragt werden. Dieses System läßt sich ferner mit der bewußten Identifikation von Unschärfeflächen bzw. Bereichspositionierungen innerhalb der Portfolio-Analyse in Verbindung bringen, wie es im eingangs vorgestellten Ansatz von Kirsch et al. anklang. Überdies können durch die Offenheit des Planspiels Problembereiche - etwa Risiko- und Koalitionsverhalten - in die Analyse miteinbezogen werden, die bei der reinen Simulation modellmäßig schwer erfaßbar sind. Abgesehen von den genannten Vorzügen sind Planspiele in ihrer Rolle als Instrument des Management-Development zu würdigen. Der Erfolg eines Früherkennungssystems hängt wesentlich davon ab, ob und inwieweit das Management im Denken in komplexen, dynamischen Systemzusammenhängen geschult und gegenüber möglichen schwachen Signalen sensibilisiert ist.

- Variante 3: Endogene Verknüpfung der Modellbausteine im strategischen Simulationsmodell

Die letzte - und komfortabelste - Modellvariante ist in der endogenen Verknüpfung der Modellbausteine durch die Verwendung strategischer Entscheidungsregeln (Policies) zu sehen. Mit Hilfe dieser Policies werden Veränderungen in der SGE-spezifischen Portfolio-Position sowie der unternehmensbezogenen Portfolio-Struktur nach zuvor festgelegten strategischen Verhaltensmustern beantwortet. So ergibt sich beim Übergang einer SGE aus der Star- in die Cash-Cow-Position eine Veränderung der Strategie von "Wachsen" zu "Position halten", die Konkretisierung bspw. in der Produktpolitik erfolgt durch Reduktion des angestrebten produkttechnischen Vorsprungs auf einem Gleichstand gegenüber der Konkurrenz. Bei unausgeglichenen Portfolio-Strukturen, etwa Überalterung, werden implementierte Strategien (Schubladenpläne) zum Aufbau von neuen SGEs in schnell wachsenden Märkten (Question Marks) aktiviert und in konkrete Funktionsstrategien mittels Vorgabe von aufeinander abgestimmten Zielen (= Führungs- oder Stellgrößen) überführt. Auf diese Weise ist es möglich, durch dynamische Simulationsläufe Zukunftsszenarien zu ermitteln. Der Vorteil des höheren Komforts wird bei dieser Modellvariante allerdings durch eine im Vergleich zu Planspielen geringere Flexibilität der Strategiefestlegung erkauft, da die strategischen Entscheidungen jeweils unmittelbar durch das Modell generiert werden. Dieser Nachteil läßt sich allerdings insofern relativ leicht ausräumen, als beide Modellvarianten kombiniert zum Einsatz gelangen können. Im Zusammenhang mit den Bereichspositionierungen in der Portfolio-Analyse ist es bspw. zweckmäßig, einen Standard-Simulationslauf unter Rückgriff auf zuvor festgelegte und in das Modell endogen eingeführte Policies durchzuführen und die so ermittelten Szenarien dann mit jenen zu kontrastieren, die sich bei exogenen Eingriffen seitens einzelner "Spieler" herauskristallisiert haben. Die vorangehende Diskussion über die möglichen Varianten der Methodenverknüpfung kann in Abb. 6 graphisch zusammengefaßt werden.

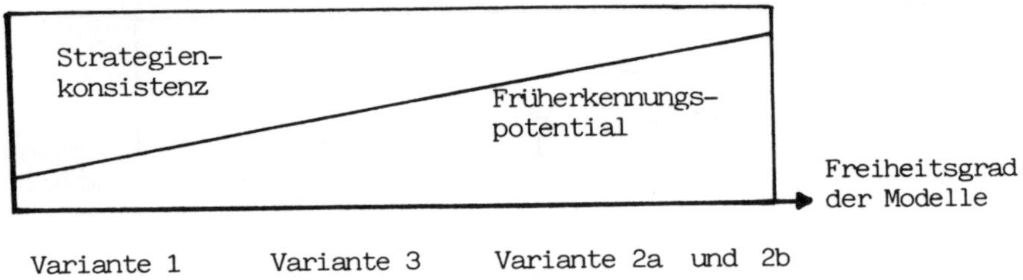

Abb. 6: Ansatzpunkte zur Methodenverknüpfung und deren Konsequenz auf die Analysepotentiale.

2. Die Grobstruktur der Systemkomponenten eines Portfolio-Modells auf der Basis von System Dynamics

Um der Komplexität der Unternehmens-Umweltbeziehungen Rechnung zu tragen, reichen einfache Rückkopplungs-Schleifen, wie sie in Abb. 5 angedeutet wurden, meist nicht aus. Im Rahmen der Konstruktion von SD-Modellen wird deshalb in aller Regel ein mehrstufiges Vorgehen eingeschlagen:
In einem ersten Schritt werden zunächst verschiedene Systemkomponenten bzw. Sektoren relevanter Unternehmens-Umweltbeziehungen herausgeschält. Hierzu zählen etwa der Absatz- oder Beschaffungssektor sowie Systemkomponenten, die sich auf bestimmte Planungssektoren wie z.B. Maßnahmenplanung, Realisationsplanung etc. beziehen. Für jeden dieser Sektoren - die je nach Komplexität ggf. in weitere Subsektoren zu zerlegen sind - werden dann Feedback-Loops konstruiert und in Gleichungssystemen niedergelegt. Im Anschluß daran sind die jeweiligen Feedback-Loops der verschiedenen Sektoren wiederum zu einem Gesamtmodell zu verknüpfen. Die Grobstruktur der verschiedenen Systemkomponenten eines Portfolio-Modells sowie die zwischen den Systemkomponenten bestehenden Beziehungen sind in Abb. 7 veranschaulicht.

Die Auswahl und Struktur der Systemkomponenten kann in Abhängigkeit von den Systemgrenzen, den zugrundeliegenden Modellprämissen und der Art der Methodenverknüpfung gesehen werden. Die Prämissen- und Variantenentscheidung ist wiederum determiniert von den Untersuchungszielen sowie den Charakteristika des Untersuchungsobjekts. Ausgehend von den zuvor skizzierten Varianten der Methodenverknüpfung sind nachfolgend der jeweilige Systemaufwand und die grundlegende Systemstruktur in groben Zügen zu verdeutlichen. Von grundlegender Bedeutung ist dabei die Einteilung des Pla-

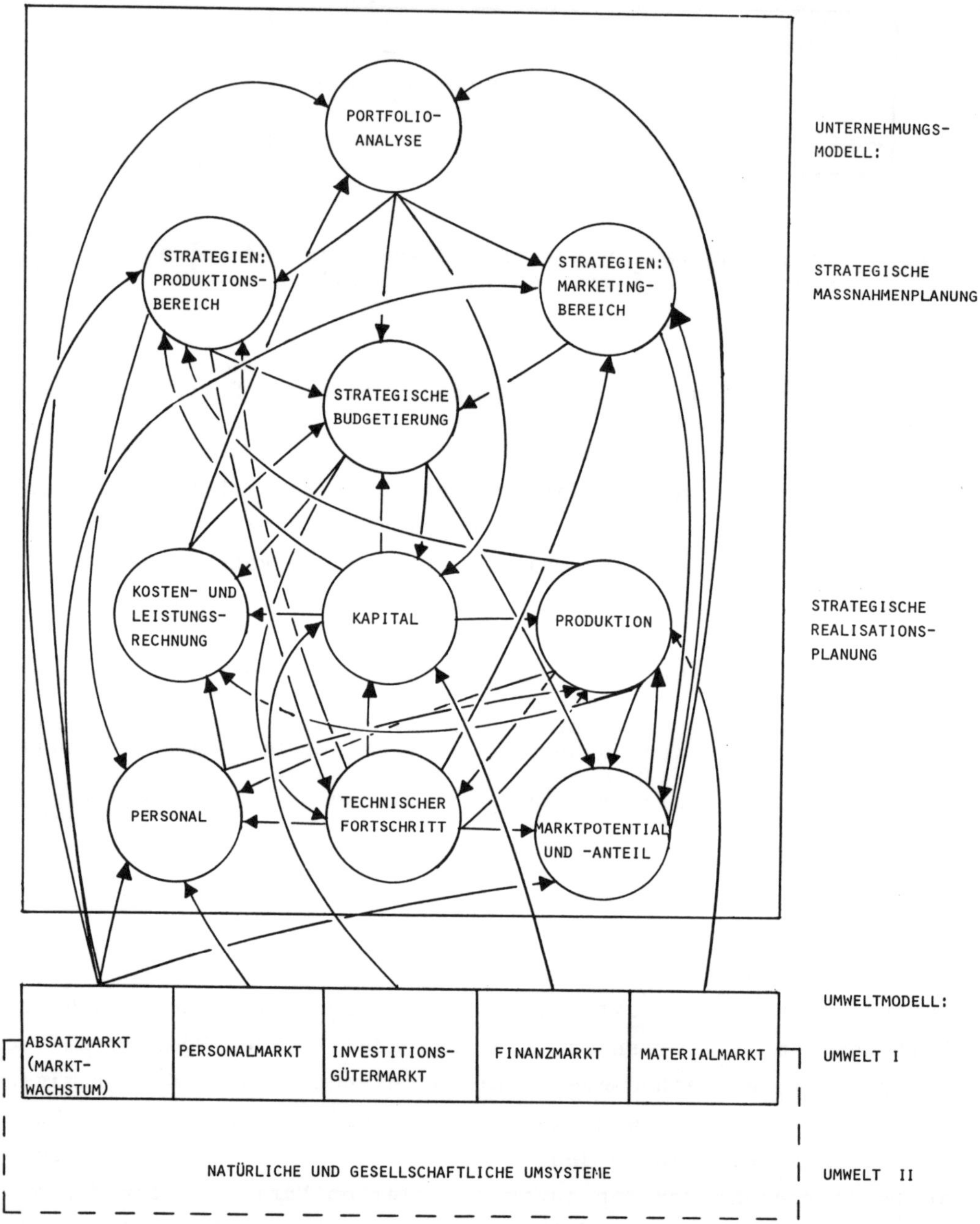

Abb. 7: Interaktion und Struktur der Systemkomponenten

nungsmodells in die Subsysteme der strategischen Maßnahmenplanung sowie der strategischen Realisationsplanung, wobei diese wiederum in verschiedene Sub-Subsysteme untergliedert werden. Die Veränderungen der Systemstruktur in Abhängigkeit von der Verknüpfungsvariante beziehen sich im wesentlichen auf die strategische Maßnahmenplanung, die Sektoren der Realisationsplanung bleiben davon weitgehend unberührt, da hier jeweils von derselben Struktur ausgegangen werden kann.

Die umfassendste Systemstruktur ergibt sich bei der dritten Variante, also der modellendogenen Methodenverknüpfung; folgende Systemkomponenten der strategischen Maßnahmenplanung sind dabei zu unterscheiden:

Im Sektor Portfolio-Analyse werden die SGEs unter Berücksichtigung von Finanzaspekten in der Marktanteil-Marktwachstum-Matrix positioniert sowie Folgerungen aus der Struktur des Geschäftsportfolios abgeleitet. Im Strategiensektor des Produktionsbereichs unterscheidet man die Subsektoren Rationalisierungs- und Investitionsplanung. Den Strategiensektor des Marketingsbereichs untergliedert man in die Subsektoren Preis-, Produkt- und Distributions-/Kommunikationsplanung; die Normstrategien der Konkurrenz werden dabei in jedem Subsektor generiert und berücksichtigt. Im Budgetierungssektor erfolgen die Zusammenfassung, Bereitstellung und Zuweisung der umsatzabhängigen Produkt-, Distributions-, Preis-, Kommunikations- und Rationalisierungsbudgets sowie der kapitalabhängigen Investitionsbudgets.

Bei der starren modellexogenen Methodenverknüpfung (<u>Variante 1</u>) entfällt der Subsektor Portfolio-Analyse, da in dieser Variante die veränderte Portfolio-Position der SGEs nicht berücksichtigt werden.

In der <u>Planspielvariante 2a</u> werden die Subsektoren der strategischen Maßnahmenplanung entweder ganz oder nur teilweise durch die Entscheidungen der Spieler ersetzt; bspw. könnte bei einer hochaggregierten Spielform nur die strategische Positionierung der SGEs durch die Spieler vorgenommen werden, die Umsetzung der jeweiligen Strategien in Budgets und Zielwerte könnte durch das Planungsmodell erfolgen.

Die <u>Planspielvariante 2b</u> unterscheidet sich zur vorherigen Variante dadurch, daß nunmehr auch die Entscheidungen der Konkurrenz durch Spieler erfolgen und somit die entsprechenden Planungssektoren je nach Aggregationsgrad des Spiels entfallen. Das Subsystem der strategischen Realisationsplanung kann in sämtlichen Verknüpfungsvarianten in folgende Sektoren unterteilt werden: Kosten- und Leistungsrechnung, Produktionsanlagenkapital und Finanzierung, Produktionsprozeß, Personal, Technischer Fortschritt in der Produkt- sowie Prozeßtechnik und Marktanteilsberechnung.

Die Entwicklungen auf den Absatz-, Personal-, Investitionsgüter-, Finanz- und Materialmärkten können bei der konkurrenzorientierten Untersuchung der Wettbewerbsprozesse als modellexogen angesehen werden. Die Einbeziehung der jeweiligen Daten erfolgt im Rahmen von entsprechenden Szenarien. In weiteren Modellen können diese Sektoren ebenfalls endogenisiert werden.

3. Strategisch relevante Feedback-Loops im Portfolio-Modell

Innerhalb eines SD-Modells bilden Feedback-Loops - wie schon erwähnt - die wichtigsten Strukturelemente. Es handelt sich dabei um "in sich geschlossene Ursache-Wirkung-Ursache Beziehungen", die bei komplexen Systemen untereinander vermascht sind (Milling, 1974, S. 66). Im vorliegenden Beitrag ist es nun freilich nicht möglich, die verschiedenen Feedback-Loops eines Portfolio-Modells, die jeweiligen Gleichungssysteme und untereinander vermaschte Regelkreise vorzustellen (vgl. ausführlicher dazu Löffler und Wiedmann, 1984). Zur Verdeutlichung sei im folgenden lediglich kurz auf einige grundlegende Aspekte der Konstruktion von Feedback-Loops im Absatzsektor und speziell des Einsatzes der Marketinginstrumente hingewiesen.

Von grundlegender Bedeutung bei der multikausalen Erklärung des Einsatzes der marketingpolitischen Instrumente (Preis-, Produkt- und Distributions-/Kommunikationspolitik) ist dabei die Integration dreier Gesichtspunkte in den nachfolgend skizzierten Rückkopplungsschleifen (vgl. Abb. 8 und 9):

(1) Zielaspekt, d.h. Ausrichtung der Marketingsinstrumente auf die Erreichung von Rentabilitäts- und Marktanteilszielen, wobei Zielausmaß und Zielprioritäten primär aus den Normstrategien abgeleitet werden;

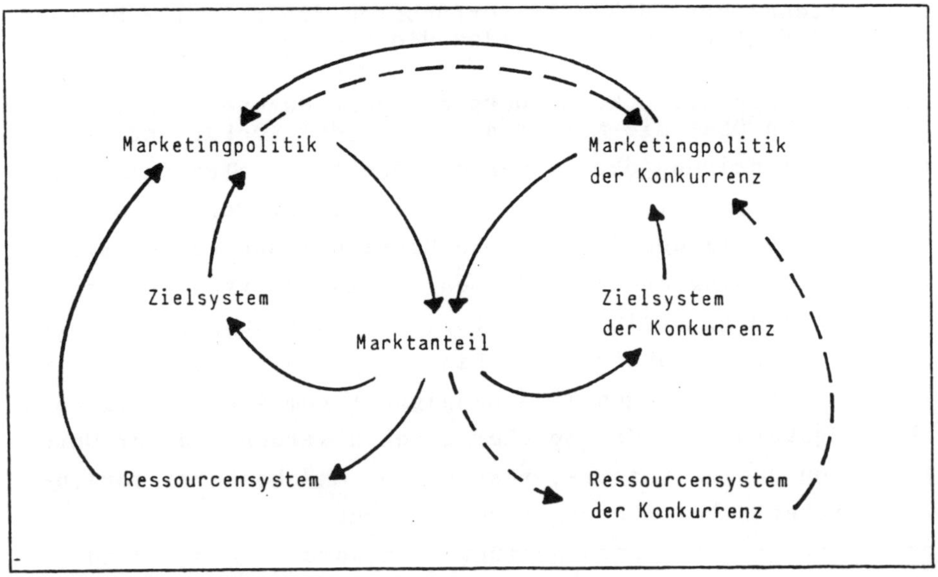

Abb. 8: Grundzüge eines vollständigen Wettbewerbssystems auf Basis von Portfolio-Planungen

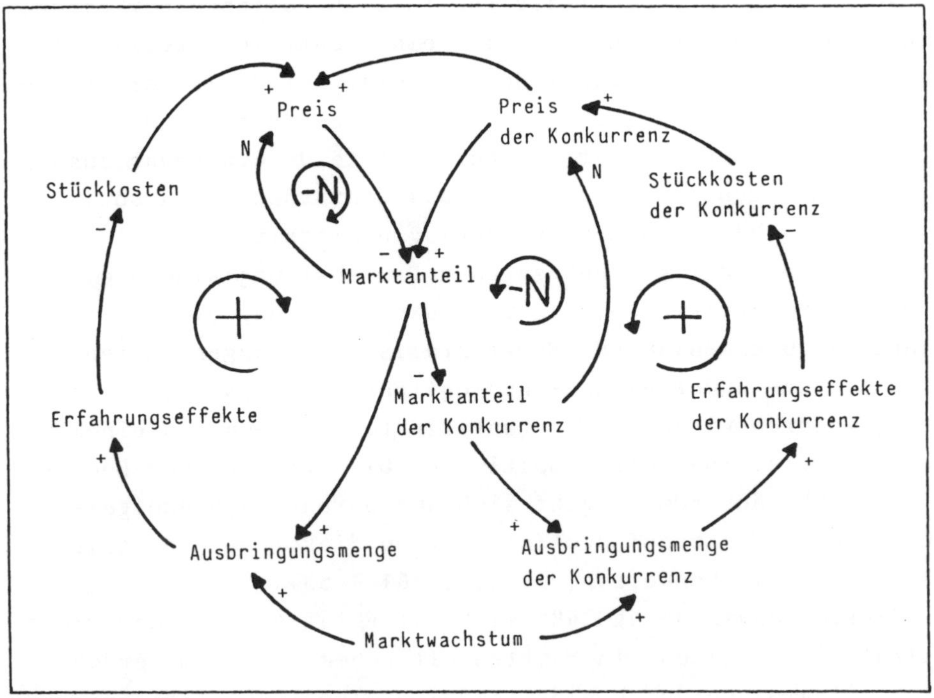

Abb. 9: Loopstruktur der Preisplanung aufgrund der Portfolio-Methode

(2) Ressourcenaspekt, d.h. die verfügbaren finanziellen Mittel bzw. die Kostensituation bilden die Grenzen des Mitteleinsatzes;

(3) Konkurrenzaspekt, d.h. Berücksichtigung der verfügbaren Informationen über die Marketingpolitik der Konkurrenz.

Die Berücksichtigung dieser Gesichtspunkte erfolgt in den Verknüpfungsvarianten 1 (bei Annahme unveränderter Portfolio-Position und -struktur) und 3 (unter Berücksichtigung veränderter strategischer Bedingungen) im Rahmen automatisierter strategischer Entscheidungsregeln (Policies); in den Planspielvarianten 2a und 2b kann die Bedeutung der Einzelaspekte in den marketingpolitischen Entscheidungen in Abhängigkeit vom individuellen Entscheidungsverhalten der Spieler gesehen werden und zur Unterscheidung von dominant ziel-, ressourcen- und konkurrenzorientierten strategischen Führungstypen führen.

Diese abstrakt gehaltenen Ausführungen werden nachfolgend am Beispiel der strategischen Preisplanung (vgl. Dunst, 1979, S. 75 - 79) konkretisiert und in Abb. 9 dargestellt.

Das konkurrenzbezogene Preisverhältnis (Relationen der eigenen Preise zu denen der Konkurrenz) ist eine zentrale Determinante des Marktanteils. Die Preisbildung erfolgt auf Basis der Stückkosten sowie der Preisstrategie aus der SGE-Position im Portfolio. Dabei berücksichtigt die betrachtete Unternehmung zusätzlich den Konkurrenzpreis, der sich aus den Stückkosten sowie einem positionsabhängigen Gewinnzuschlag ermittelt.

Grundlagen bei der kostenbezogenen Preisbildung sind die beiden positiven Regelkreise, die über die Erfahrungseffekte im Marktanteil zusammenlaufen. Marktanteilssteigerungen führen zu höheren Kosten- und Preissenkungsmöglichkeiten als bei der Konkurrenz, wodurch wiederum Marktanteilssteigerungen aus einem verbesserten Preisverhältnis resultieren. Die strategische Bedeutung des Marktwachstums ergibt sich aus deren Beschleuniger-(Akzelerator-)effekt auf die Interaktion dieser beiden positiven Regelkreise (vgl. Henderson, 1974, S. 61 - 63).

Aus diesem Zusammenhang läßt sich die Polarität (N) der Preis-Normstrategie ableiten. In Märkten mit hohem Wachstum werden Marktanteilsgewinne durch eine Niedrigpreispolitik (Offensivstrategie: N=+) angestrebt. Daraus ergibt sich zwischen Preis und Marktanteil ein negativer Regelkreis. In Märkten mit niedrigem

Wachstum werden Marktanteile mittels einer Hochpreispolitik (Abschöpfungsstrategie: N=-) aufgegeben. Damit ergibt sich ein Regelkreis mit positiver Rückkopplung.

Aufgrund der konkurrenzbezogenen Preisbildung wird bei steigendem Marktanteil das aus der Kostensituation resultierende Preissenkungspotential nicht vollständig ausgeschöpft, es werden vielmehr erhöhte Gewinnspannen realisiert.

IV. Einsatzmöglichkeiten eines Portfolio-Modells im Sektor der Früherkennung

Auf einige der Einsatzmöglichkeiten von Portfolio-Modellen im Rahmen der Früherkennung wurde in den vorangegangenen Abschnitten z.T. bereits mehr oder weniger explizit hingewiesen. Nicht zu unterschätzen ist so etwa allein schon die Schulung im Denken in komplexen und dynamischen Systemzusammenhängen. Die Konstruktion von Portfolio-Modellen zwingt dazu, die vielfach unverbindlichen Gedankenspielereien hinsichtlich faktisch und/oder potentiell relevanter Unternehmens-Umweltbeziehungen zu konkretisieren und vermeintliche Kausalzusammenhänge so exakt wie möglich zu identifizieren. Dieser Denk- und Problemlösungsprozeß darf dabei natürlich nicht auf einzelne Planungsexperten beschränkt bleiben. Vielmehr ist das Management in den Prozeß der Modellkonstruktion einzubeziehen, um - abgesehen von der Sicherstellung eines hohen Maßes an Modellakzeptanz - damit verbundene Lernchancen zu nutzen. Über ein für dynamische Unternehmens-Umweltbeziehungen sensibilisiertes Management zu verfügen, ist für eine effiziente Früherkennung häufig wichtiger als die Installation eines ausgefeilten, modell-gestützten Früherkennungssystems.

Als Ausbildungsinstrument ebenfalls hervorragend geeignet ist die Durchführung von Portfolio-Planspielen. Mit ihrer Hilfe kann das Management für das Zusammenspiel einzelner Unternehmens- und Umweltfaktoren sensibilisiert und entsprechend trainiert werden. Darüber hinaus eignen sich Portfolio-Planspiele - wie zuvor angedeutet - als Grundlage für intuitive Prognosen, bei denen Manager zunächst gewissermaßen indirekt nach ihren Zukunftserwartungen befragt werden, indem sie im Zuge des Planspiels Zukunftsszenarien erstellen ("portfoliomodellgestütztes Delphi-System").

Durch die Besprechung der Planspielergebnisse im Team und den ergänzenden Einsatz von Befragungs- sowie Analyseinstrumenten lassen sich dann u.U. wichtige Zukunftstrends erkennen.

Versucht man nun, die Einsatzmöglichkeiten von Portfolio-Modellen noch etwas stärker zu konkretisieren, so können in Abhängigkeit unterschiedlicher Phasen des Früherkennungsprozesses vor allem drei Bereiche angeführt werden (vgl. ähnlich auch Hanssmann, 1982; Felzmann, 1982, S. 29):

- Identifikation, Diagnose und Prognose unternehmensbezogener Stärken/Schwächen und umweltbezogener Chancen/Risiken.

  Simulationsmodelle im allgemeinen, Portfolio-Simulationsmodelle im besonderen ermöglichen im vorliegenden Zusammenhang das gezielte Durchspielen alternativer Zukunftsentwicklungen (scenario-writing). Ausgehend von einem "Grundlauf", bei dem eine Projektion unter der Annahme konstanter Bedingungskonstellationen vorgenommen wird, sind z.B. optimistische und pessimistische Szenarien zu erstellen, um auf diese Weise "Erfahrungen über die Zukunft" zu sammeln. Darüber hinaus können spezifische "What-if-Prognosen" erstellt werden, indem bspw. im Portfolio-Modell systematisch die Annahmen über das Verhalten der Konkurrenz variiert werden. Dies kann entweder vor dem Hintergrund registrierter schwacher Signale hinsichtlich möglicher Änderungen des Wettbewerbsverhaltens oder eher nur spielerisch erfolgen. Solche What-if-Prognosen sind natürlich auch im Hinblick auf vermeintliche Änderungen bei anderen Umweltvariablen oder Unternehmensvariablen möglich. Mit Blick auf Unternehmensvariablen ist es bspw. interessant, die Konsequenzen potentieller Veränderungen im Produktions-, Personal- oder F&E-Sektor auszutesten.

  Einhergehend mit derartigen What-if-Prognosen können auf der Basis einer sorgfältigen Analyse der Unternehmenspotentiale vermeintliche Stärken und Schwächen diagnostiziert bzw. entsprechende Anfälligkeits- oder Sensitivitätsanalysen durchgeführt werden. Ferner ist es möglich, die Konsequenzen falscher Planungsannahmen abzuschätzen (vgl. Zahn, 1979, S. 232 - 235; Müller-Merbach, 1977, S. 434). Und schließlich können durch Sensitivitätsanalysen kritische Schwellen sowie Bereiche für Veränderungen von Randbedingungen identifiziert und damit Analysefelder eingegrenzt werden, in denen im besonderen Maße nach schwachen Signalen zu suchen ist (vgl. Zahn, 1979, S. 263; Rieser, 1978, S. 54 - 66; Ansoff, 1981, S. 131 - 135).

Neben einfachen Modellexperimenten sind auch mehrstufige Sensitivitätsanalysen denkbar. Nachdem Sensitivitätsanalysen im bestehenden Portfolio-Modell durchgeführt wurden, ist dazu das Modell um Programm-Moduln zu erweitern, in denen neue, bislang im Modell nicht (endogen) erfaßte Sektoren abgebildet sind. Wurde bspw. der Sektor der Verbraucherpolitik nicht einbezogen, so lassen sich hierfür entsprechende Submodelle formulieren, in das Portfolio-Modell integrieren und darauf aufbauend dann unterschiedliche Annahmen durchspielen (z.B. unternehmerfeindliches vs. -freundliches Verhalten verbraucherpolitischer Institutionen). In einem weiteren Schritt sind schließlich noch Modelländerungen einzubringen, bei denen einzelne Problemsektoren durch völlig neuartige Annahmensysteme abzubilden versucht werden. Hierzu ist etwa auf neue und/oder bislang nicht beachtete Theorievarianten hinsichtlich des Zusammenwirkens einzelner Faktoren bei der Modellkonstruktion zurückzugreifen (neue Wettbewerbstheorien, Gesellschaftstheorien etc.). Derartige "Alternativmodelle" können dann wiederum für Zukunftsprojektionen und zur Prognose von Ereignisauswirkungen herangezogen werden.

- Entwurf alternativer Strategien zur zielorientierten Handhabung von Stärken/Schwächen und Chancen/Risiken

Die verschiedenen Modellexperimente und speziell Sensitivitätsanalysen zeigen in der Regel gleichzeitig Gründe für das vermeintliche Versagen gegenwärtiger Strategien auf und unterstützen damit die kreative Suche nach möglichen Alternativstrategien (vgl. auch Felzmann, 1982, S. 29): In Simulationsmodellen kann man die einer Problemsituation zugrundeliegenden Ursache-Wirkungs-Zusammenhänge formal erfassen und mithin - soweit die verwendeten Hypothesen hinreichend validiert sind - zu einem tieferen Verständnis der Problemsituation gelangen. Besteht über die Ursachen des Systemverhaltens zumindest in Grundzügen Klarheit, so können auf dieser Basis Vorstellungen über Maßnahmen zur Realisation eines geplanten Wandels von Unternehmen entwickelt und die grundsätzlichen Richtungen für Eingriffe in das System aufgezeigt werden (vgl. Zahn, 1979, S. 255; Milling, 1974, S. 107 - 109).

- Bewertung und Auswahl von Einzelstrategien bzw. Strategienbündel
  Mittels Simulation können konditionale Aussagen über zielbezogene Konsequenzen getroffen werden, die bei der Realisation alternativer Strategien und unter bestimmten Randbedingungen zu erwarten sind (vgl. Zahn, 1979, S. 258). Damit liegt eine wichtige Grundlage für die Strategienbewertung vor, mit deren Hilfe im Falle eines Portfolio-Modells bspw. abgeschätzt werden kann, in welcher Weise etwa die Wettbewerber auf beabsichtigte Strategien reagieren, welche Konsequenzen dies für die ROI- oder Cash Flow-Situation einzelner SGEs hat u.ä.m. Durch die Verwendung unterschiedlicher Szenarien im Rahmen von Risiko- und Sensitivitätsanalysen lassen sich hierbei möglichst robuste Strategien und Maßnahmenpakete herausarbeiten. Sind solche robusten Strategien nicht aufzufinden, so kann dem Entscheidungsträger die Existenz einer "harten Risikosituation" anhand der Modellergebnisse verdeutlicht werden (Hanssmann, 1978, S. 40).

  Im Zusammenhang mit der Strategienbewertung ist es von entscheidender Bedeutung, gleichzeitig nach jenen Umweltfaktoren zu suchen, die auf die zu erwartenden Ergebnisse der gewählten Strategie besonders empfindlich reagieren; solche Sensitivitätsanalysen liefern wichtige Hinweise auf Faktoren, die sowohl bei der Früherkennung als auch bei der strategischen Steuerung besonders aufmerksam beobachtet werden sollten (Kirsch und Trux, 1979, S. 64).

D. Die Verdeutlichung des Früherkennungspotentials von Modellstudien anhand eines Fallbeispiels

I. Vorbemerkungen zum zugrundeliegenden Simulationsmodell

Am Institut für Marketing, Universität Mannheim, wurde aus der Perspektive eines einfachen Marktanteil-Marktwachstum-Portfolios ein Portfolio-Simulationsmodell implementiert (vgl. ausführlicher dazu Löffler und Wiedmann, 1984) und es wurden verschiedene Modellstudien durchgeführt. Ausgangspunkt der strategischen Planungen für den Produktions- und Marketingbereich bildet dabei die Positionierung der einzelnen strategischen Geschäftseinheiten in der Marktanteil-Marktwachstum-Matrix. Die strategische Budgetierung bildet die Schnittstelle zur strategischen Realisationsplanung, die die Sektoren Kosten- und Leistungsrechnung, Finanzierung und Investitionen, Produktion, Personal und Technischer Fortschritt umfaßt (vgl. auch Abb. 7).

Zur Formulierung des Modells wurde die eigens für System Dynamics konzipierte Programmiersprache DYNAMO (Abkürzung für DYNamic MOdels) verwendet (vgl. Forrester, 1972, S. 147 - 179), wobei die endgültige Modellversion 140 komplexe Gleichungen mit Indizierung zur Unterscheidung der verschiedenen SGEs umfaßt und ca. 200 sec. Rechenzeit benötigt. Die nachfolgend verwendeten Portfolio-Ausdrucke wurden mittels FORTRAN-Unterprogrammen erstellt, die mit dem SD-Modell gekoppelt wurden. Auf der Basis dieses Simulationsmodells wurde mit Studenten ein zweitägiges Planspiel-Seminar durchgeführt, bei dem die Teilnehmer selbständig an Dialog-Terminals die gestellten strategischen Probleme lösen konnten.

Das anschließend zu diskutierende Fallbeispiel dient der Veranschaulichung der Einsatzmöglichkeiten von Portfolio-Simulationsmodellen im Rahmen der Früherkennung speziell für die Evaluation von Strategien bei portfolio-typischem sowie portfolio-atypischem Konkurrenzverhalten. Darüber hinaus sind Modellexperimente zur Lösung von Diversifikations-, Internationalisierungs- sowie Kooperationsstrategien denkbar.

II. Die Bewertung von Strategien unter Berücksichtigung unterschiedlicher strategischer Verhaltensmuster der Konkurrenz

Unter einem portfolio-typischen strategischen (Konkurrenz-) Verhaltenmuster wird hier das strategische Handeln gemäß den Normstrategien des Marktanteil-Marktwachstum-Portfolios verstanden, d.h. Defensivstrategien für Cash Cows, Investitionsstrategien für Stars, selektive Offensivstrategien für Question Marks und Desinvestitionsstrategien für Poor Dogs. Anhand der Auswirkungen auf die Portfolio-Position sowie der Portfolio-Struktur sind nun zwei mögliche strategische Konstellationen zu bewerten:

- Unternehmung und Konkurrenz handeln beide nach portfolio-typischen Mustern und
- Unternehmung handelt portfolio-typisch, aber die Konkurrenz verhält sich portfolio-atypisch, d.h. Investitionsstrategien für Cash-Cows, Defensivstrategien für Stars, Desinvestitionsstrategien für Question Marks und selektive Offensivstrategien für Poor Dogs.

Den Modellstudien liegt dabei das nachstehend abgebildete Absatzmarktszenario zugrunde; die Entwicklung der verschiedenen Marktpotentiale wird zu Beginn des Simulationslaufes vorgegeben und kann für alternative Simulationsläufe leicht variiert werden, wodurch die Strategienbewertung zusätzlich ergänzt werden kann. Die nachfolgende Abb. 10 zeigt die Entwicklung der Marktpotentiale für die Märkte, auf denen die Modellunternehmung sowie die Konkurrenz um Marktanteile konkurrieren. (Die Bezeichnung der verschiedenen Märkte mit Indizes stimmt mit der Indizierung der verschiedenen SGEs in den anschließenden Abbildungen überein.) Neben den spezifischen Marktpotentialen (MAPOTN) wird die aggregierte Größe (MAPOTG) abgebildet, die die Potentialentwicklung sämtlicher Märkte wiedergibt, auf denen die Unternehmung in Zukunft konkurrieren will (Abgrenzung in der strategischen Grundsatzplanung).

1. Portfolio-typisches Konkurrenzverhalten

Die Analyse der Entwicklung der Portfolio-Positionen der verschiedenen SGEs sowie der unternehmensbezogenen Portfolio-Struktur erfolgt einerseits in komparativ-statischer Form - bei einem Simulationszeitraum von 240 Perioden (20 Jahre) werden die Perioden 0 (= strategische Ausgangsposition, vgl. Abb. 11), 96 und 240 (= strategische Endsituation, vgl. Abb. 12 und 14) betrachtet - und andererseits in dynamischer Sichtweise, dabei werden die Entwicklungspfade der SGEs über den gesamten Simulationszeitraum in einer Graphik zusammengefaßt (vgl. Abb. 13 und 15).

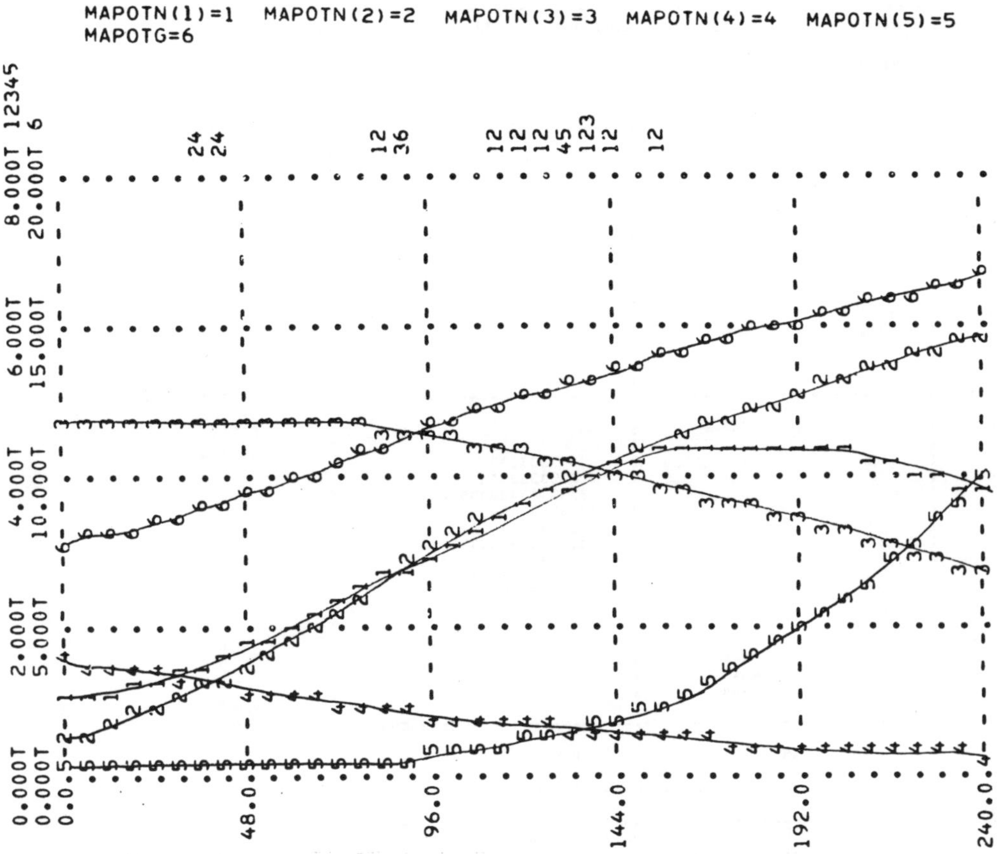

Abb. 10: Die Entwicklung der geschäftsspezifischen Marktpotentiale MAPOTN und der aggregierten Größe MAPOTG bei Analyse des Konkurrenzverhaltens

In der strategischen Ausgangsposition (vgl. Abb. 11) setzt sich die betrachtete Modellunternehmung aus vier strategischen Geschäftseinheiten zusammen: SGE 1 wird in der Question-Mark-, SGE 2 in der Star-, SGE 3 in der Cash-Cow- und SGE 4 in der Poor Dog-Position identifiziert. Aufgrund der Offensivstrategien für die Question Mark (SGE 1) verbessert sich deren relativer Marktanteil so weit, daß die Geschäftseinheit in Periode=96 als Star identifiziert wird. Durch Wachstumsstrategien für die SGE 2 verbessert sich deren Star-Position. Der relative Marktanteil für die Cash-Cow (SGE 3) kann durch die Defensivstrategien verteidigt werden. Die SGE 4 in der Poor Dog-Position wird durch Desinvestitionsstrategien bearbeitet.

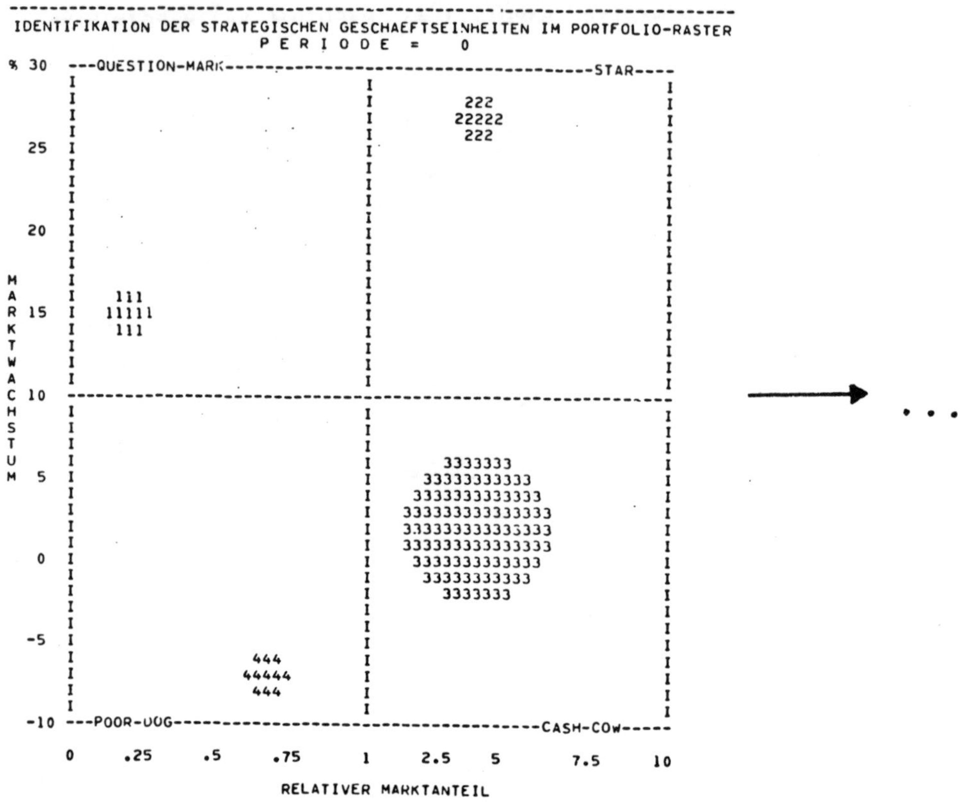

	SGE 1	SGE 2	SGE 3	SGE 4	SGE 5
ROI (%/MONAT)	0.000	1.566	9.475	0.504	0.000
GEWINN (DM/MONAT)	-3827741.	710466.	34498896.	355526.	0.
KAPITAL (DM)	23255984.	45378480.	364105210.	70502320.	0.
UMSATZ (DM/MONAT)	5654306.	15015023.	118424910.	18133120.	0.
INVESTITION(")	68628.	0.	9455318.	2954324.	0.
CASH FLOW (")	154336.	661320.	11641886.	862836.	0.

Abb. 11: Strategische Ausgangsposition (Periode 0)

Aufgrund der gezeigten Positionsverschiebungen der verschiedenen SGEs ergibt sich eine Veralterung der Portfolio-Struktur gegenüber der Ausgangssituation. Zur Erhaltung einer ausgeglichenen Portfolio-Struktur sowie zum Aufbau zukünftiger Erfolgspotentiale - zwei zentrale Aufgaben des strategischen Marketing - ist die Positionierung einer neuen Geschäftseinheit in dem schnell wachsenden fünften Markt (vgl. MAPOTN(5) in Abb. 10) als Question Mark erforderlich, die in Periode=96 erfolgt. Zwischen Periode 96 und 240 ergibt sich durch den Marktaustritt des Poor-Dogs (SGE 4) folgende strategische Situation: das Portfolio besteht nunmehr aus vier SGEs, dabei werden SGE 1 und 2 aufgrund verringertem Marktwachstum als Cash Cows positioniert, und SGE 3 verliert an Marktanteil.

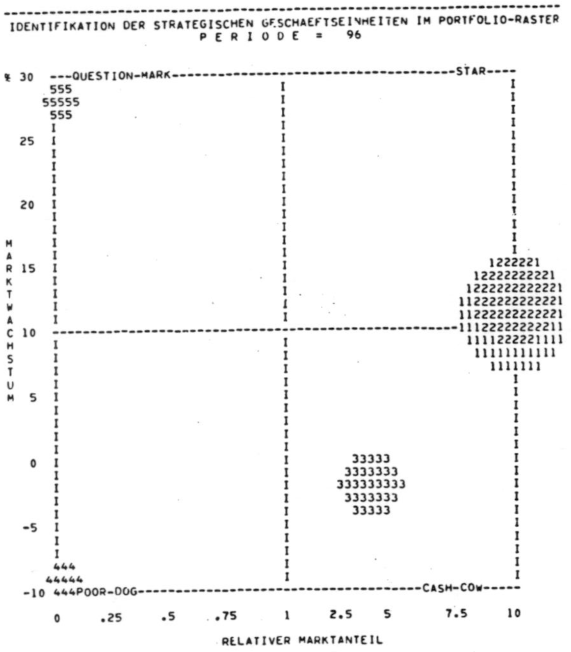

	SGE 1	SGE 2	SGE 3	SGE 4	SGE 5
ROI (%/MONAT)	4.882	3.302	1.211	0.000	0.000
GEWINN (DM/MONAT)	12068880.	7689168.	4184144.	-23989.	-692498.
KAPITAL (DM)	247210640.	232838650.	345422840.	318753.	3450714.
UMSATZ (DM/MONAT)	68734032.	64485840.	62961888.	89484.	307586.
INVESTITION(")	6215906.	6407182.	2586865.	0.	910178.
CASH FLOW (")	5950340.	4789450.	5586145.	4596.	12782.

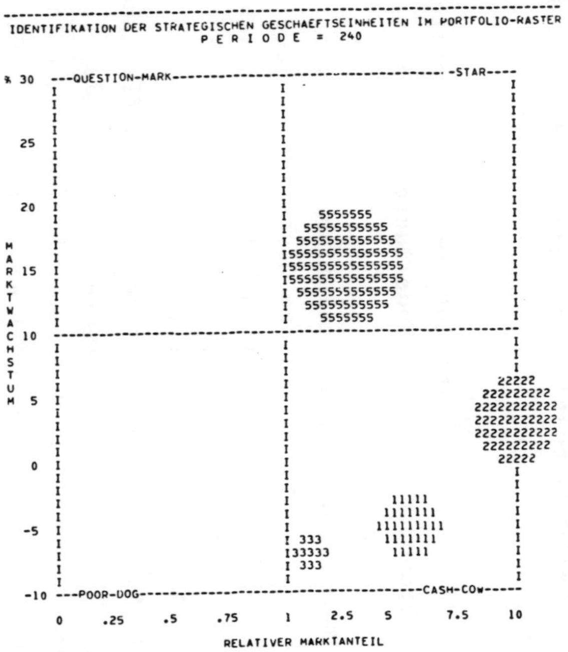

	SGE 1	SGE 2	SGE 3	SGE 4	SGE 5
ROI (%/MONAT)	1.098	1.815	0.919	0.000	4.066
GEWINN (DM/MONAT)	2928080.	6466656.	1206343.	-42.	13373200.
KAPITAL (DM)	266724190.	356205820.	131224560.	51.	328912120.
UMSATZ (DM/MONAT)	46238704.	74466624.	22720192.	0.	84704976.
INVESTITION(")	1036686.	0.	1579081.	0.	17424256.
CASH FLOW (")	4363966.	6354250.	2092186.	0.	7429892.

Abb. 12: Portfolio-Entwicklung bei portfolio-typischem Konkurrenzverhalten

In der strategischen Endsituation der Periode=240 sind die SGE 5 in der Star- und die übrigen Geschäftseinheiten in der Cash Cow-Position etabliert.

Neben der Positionierung der einzelnen Geschäftseinheiten verändert sich deren Bedeutung für die Modellunternehmung; Indikatoren finden sich in den geschäftsspezifischen Kennzahlen ROI (Return on Investment), Gewinn, Kapital (inbs. Produktionsanlagenbestände), Umsatz, Investitionen und Cash-flow sowie den Anteilen der Geschäftsgewinne am gesamten Unternehmensgewinn, die durch die Größe der Kreise in den Portfolio-Graphiken visualisiert werden (vgl. Abb. 11, 12 und 14).

Aus der geschäftsspezifischen Differenz von Cash-flow und Investitionen kann man auf die Stromrichtung und Höhe des resultierenden Netto-Cash-Flow schließen. Beispielsweise ist in Periode 96 der Mittelbedarf der in schnell wachsenden Märkten positionierten SGE 1 und 2 größer als deren Mittelerzeugung; der dadurch ungedeckte Investitionsmittelbedarf wird aus den Cash-flow-Überschüssen der SGE 3 und 4 zugeführt, wodurch die Bedeutung von Geschäftseinheiten in langsam wachsenden bzw. stagnierenden Märkten als finanzielle Basis für die langfristige Unternehmensentwicklung deutlich wird. Eine Finanzierung durch langfristiges Fremdkapital wird im dargelegten Fall nicht notwendig, da sämtliche Investitionen selbstfinanziert werden können; der Mittelüberschuß auf Unternehmensebene kann in die Finanzreserven eingebracht werden und in späteren Perioden zur Finanzierung von neu aufzubauenden Geschäftseinheiten Verwendung finden.

In der nachfolgenden Abb. 13 werden die Entwicklungspfade der einzelnen SGEs über den gesamten Simulationszeitraum zusammengefaßt dargestellt.

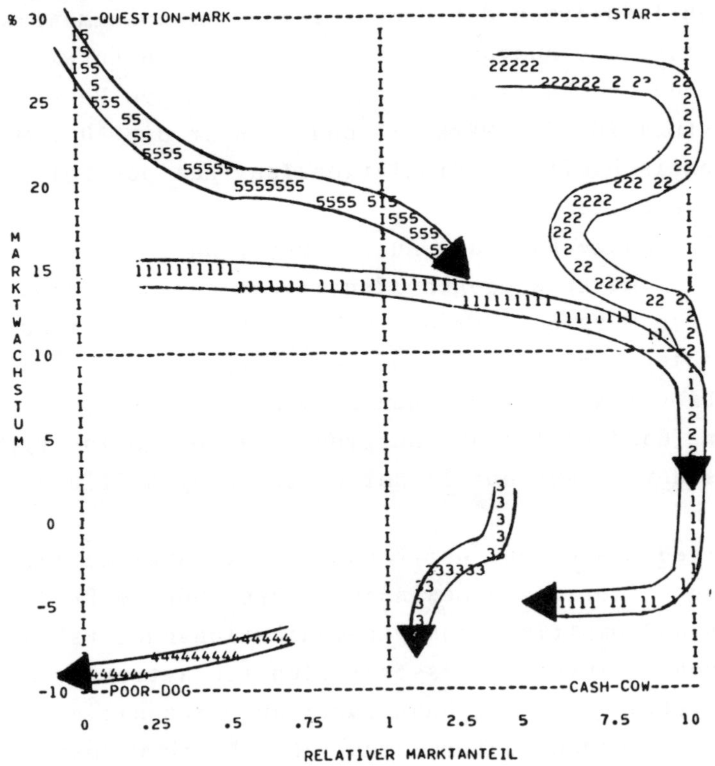

Abb. 13: Die Entwicklungspfade der strategischen Geschäftseinheiten in dynamischer Sicht bei portfolio-typischem Konkurrenzverhalten

2. Portfolio-atypisches Konkurrenzverhalten

Wird im Vergleich zum vorherigen Simulationslauf ein portfolio-atypisches Konkurrenzverhalten unterstellt, so ergibt sich daraus folgendes: Desinvestitionsstrategien für Question Marks, Offensivstrategien für Poor Dogs, Defensivstrategien für Stars und Wachstumsstrategien für Cash Cows. Als Grundlage eines solchen Verhaltensmuster können folgende strategischen Überlegungen dienen:

- gezielte Angriffe auf die finanzielle Basis der Konkurrenten, in dem deren Cash-Cows attackiert werden;
- Vermeidung überoptimaler bzw. überproportionaler Wettbewerbskosten durch verstärkte Werbung, Preiskämpfe, verkürzte Produklebenszyklen und erhöhte Innovationsraten in heftig umkämpften schnell wachsenden Märkten.

Modelltechnisch kann man die daraus resultierenden Änderungen in den Normstrategien der Konkurrenz in Variationen von Konstanten und Tabellenwerten des Computer-Modells zusammenfassen.

Die strategische Ausgangssituation sowie die Entwicklung der strategischen Geschäftseinheiten ist bis zu dem Rückgang des Marktwachstums für die Märkte 1 und 2 unter die 10 % Marke weitgehend identisch mit dem Simulationslauf bei portfolio-typischem Konkurrenzverhalten.

Diese 10 %-Marke kann als Anspruchsniveau interpretiert werden und dient der marktbezogenen Identifikation von attraktiven und unattraktiven Märkten. Für Geschäftseinheiten mit niedrigem Marktwachstum (hier: unter 10 %) und hohem relativem Marktanteil leitet man bei portfolio-typischen Unternehmensverhalten Defensivstrategien (Cash Cow's) ab. Aufgrund des portfolio-atypischen Verhaltens der Konkurrenz leitet diese dagegen Offensivstrategien ab.

Damit ergeben sich bei der Konkurrenz verstärkte Wettbewerbsanstrengungen (geringere Gewinnzuschläge, höhere Produktinnovationsraten und Distributions-/Kommunikationsbudgets) durch den Übergang von Desinvestitionsstrategien (in attraktiven Märkten) zu Offensivstrategien (in unattraktiven Märkten); gleichzeitig verringert die eigene Unternehmung ihre Wettbewerbsanstrengungen aufgrund ihres portfolio-typischen Verhaltens durch den Übergang von Wachstums- (in attraktiven Märkten) zu Defensiv- bzw. Desinvestitionsstrategien (in unattraktiven Märkten). Die eigene Unternehmung kann auf die erhöhte Produktinnovationsrate der Konkurrenz nicht sofort reagieren, da im Modell mit Hilfe von Verzögerungsfunktionen (DELAYs) eine Forschungs- und Entwicklungszeit von einem Jahr unterstellt ist; die Konkurrenz erhält einen produkttechnischen Vorsprung und kann damit Marktanteile gewinnen. Die Produktionskapazitäten der eigenen Unternehmung können an die verminderte Ausbringung aufgrund der Marktanteilsverluste nicht sofort angepaßt werden; damit steigen die Fixkosten je Stück und der auf Kostenbasis kalkulierte Absatzpreis. Infolgedessen verschlechtert sich das konkurrenzbezogene Preisverhältnis, und weitere Marktanteile gehen verloren (vgl. Abb. 14); wiederum ergeben sich Stückkostensteigerungen aufgrund von Überkapazitäten und dadurch induzierte Marktanteilsverluste (positiver Feedback der Marktanteilsschrumpfung).

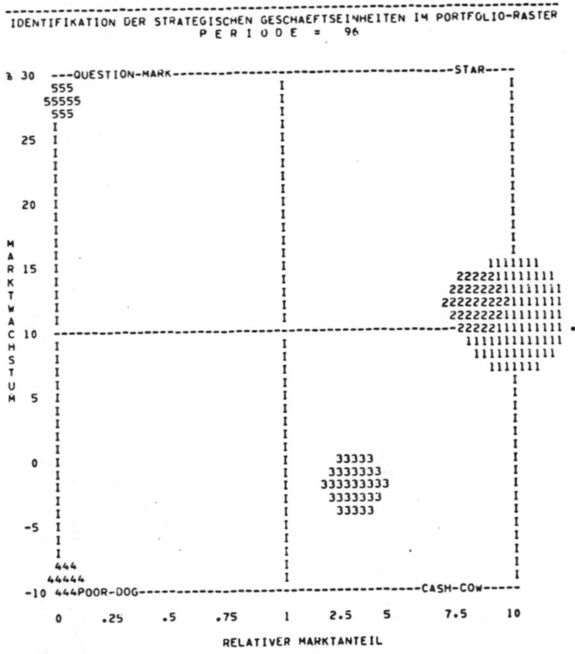

	SGE 1	SGE 2	SGE 3	SGE 4	SGE 5
ROI (%/MONAT)	4.850	1.038	1.199	0.000	0.000
GEWINN (DM/MONAT)	11889680.	2399072.	4123264.	-21348.	-494751.
KAPITAL (DM)	245169150.	231153000.	343824890.	281040.	3406497.
UMSATZ (DM/MONAT)	66850416.	54122112.	62937552.	78570.	309513.
INVESTITION(")	6135516.	6425603.	1510294.	0.	900579.
CASH FLOW (")	5883572.	3602709.	5553557.	4040.	15778.

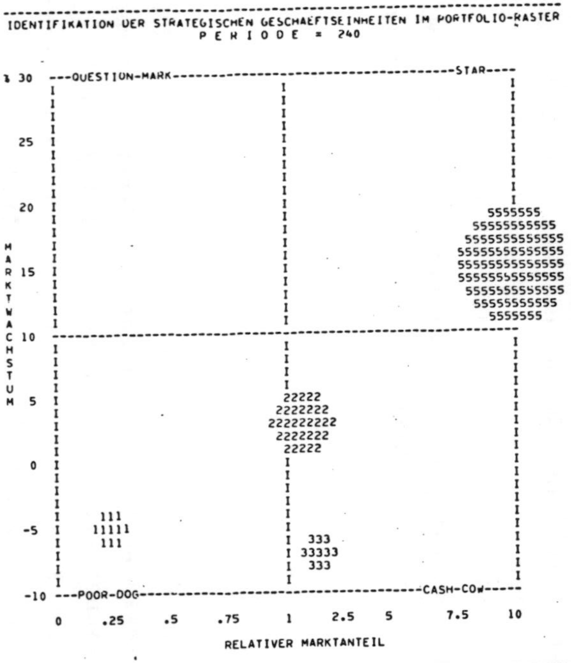

	SGE 1	SGE 2	SGE 3	SGE 4	SGE 5
ROI (%/MONAT)	0.000	1.264	0.817	0.000	4.556
GEWINN (DM/MONAT)	-2308442.	2906624.	1223584.	-38.	19091504.
KAPITAL (DM)	43134640.	230036810.	149744270.	45.	419058940.
UMSATZ (DM/MONAT)	14174162.	44836144.	24360000.	0.	93920576.
INVESTITION(")	0.	0.	1278563.	0.	16053354.
CASH FLOW (")	741532.	3856386.	2349617.	0.	9908498.

Abb. 14: Portfolio-Entwicklung bei portfolio-atypischem Konkurrenzverhalten

Die aufgezeigten Probleme führen bei SGE 1 und 2 zu erheblichen Marktanteilsverlusten (vgl. Abb. 14). Die SGE 1 wird in der strategischen Endsituation Periode 240 als Poor Dog identifiziert und mit Desinvestitionsstrategien bearbeitet; die SGE 2 entwickelt sich ebenfalls in Richtung Poor Dog. Bei der SGE 3 können die Marktanteile trotz Offensivstrategien der Konkurrenz weitgehend verteidigt werden, da hier die aus Strategieänderungen resultierenden Probleme nicht auftreten. Die Marktanteilsgewinne bei SGE 5 sind aufgrund der Desinvestitions- und Defensivstrategien der Konkurrenz höher als bei portfolio-typischem Konkurrenzverhalten; bei unverändertem Verhalten der eigenen Unternehmung und der Konkurrenz sowie weiterem Rückgang des Marktwachstums ergeben sich die gleichen Probleme wie bei den SGE 1 und 2. Durch das portfolio-atypische Konkurrenzverhalten ergibt sich für die Modellunternehmung eine existenzbedrohende Situation.

In Abb. 15 wird die vorangegangene Diskussion nochmals zusammenfassend dargestellt; besonders gut zu erkennen ist dabei das bedrohliche Abdriften der SGE 1 und 2, die damit als Finanzierungsquellen der zukünftigen Unternehmenstätigkeiten ausscheiden müssen und dadurch die langfristige Existenz der Unternehmung gefährden.

3. Zusammenfassender Vergleich der Konsequenzen alternativer strategischer Verhaltensmuster

Die nachfolgende Tabelle erlaubt einen Vergleich der Konsequenzen alternativer Konkurrenzstrategien für die Entwicklung der Modellunternehmung. Dabei ist zu beachten, daß der Aussagewert dieses Vergleichs weniger in den aufgeführten Absolutwerten liegt, sondern mehr in ihrer Relativierung zu den jeweiligen Größen der Alternativstrategie sowie den daraus erkennbaren strategischen Entwicklungstendenzen für die Geschäftseinheiten sowie für die Unternehmung in ihrer Gesamtheit.

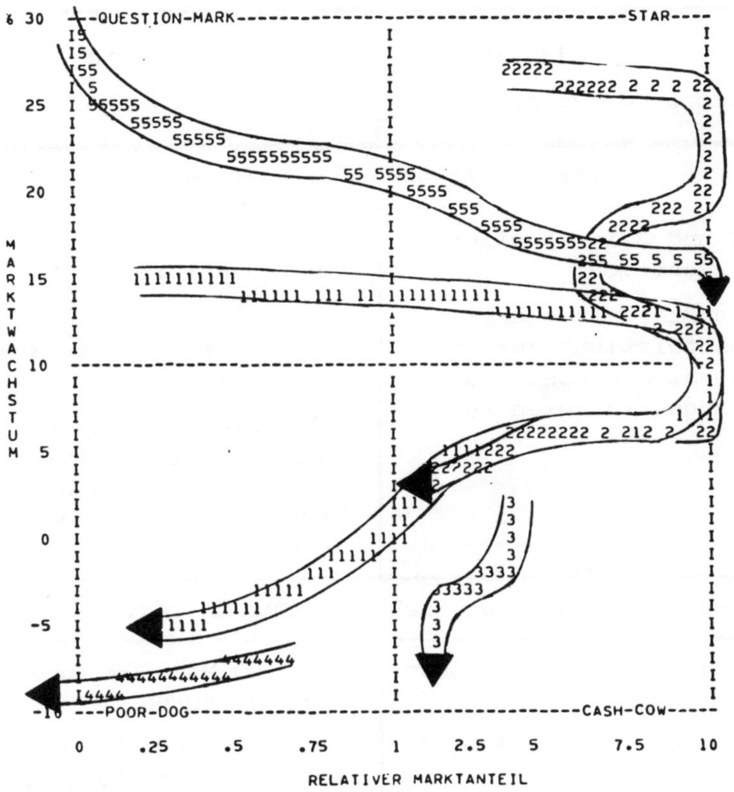

Abb. 15: Die Entwicklungspfade der SGE in dynamischer Sicht bei portfolio-atypischem Konkurrenzverhalten

E. Zu den Entwicklungsstufen modellzentrierter Früherkennungssysteme

Zweifellos lag unserem Fallbeispiel lediglich eine stark vereinfachte Variante eines Portfolio-Modells zugrunde. Der Aussagewert dieses Modells wird dabei - abgesehen von der im Einzelfall jeweils zu überprüfenden Realistik der Modellprämissen - allein schon durch die Konzentration auf die im Marktanteils-Marktwachstums-Portfolio herausgestellten Erfolgsfaktoren beeinträchtigt. Ein wichtiger Entwicklungspfad der Modellkonstruktion ist insofern darin zu sehen, daß stufenweise auf komplexe Ansätze der Portfolio-Analyse rekurriert wird, die entweder spezifische strategische Entscheidungsprobleme detailliert behandeln (Technologie-

Verhaltensmuster der Konkurrenz	
portfolio-typisch	portfolio-atypisch
Portfolio-Struktur in Periode=240	
SGE 1, 2 und 3 in stabiler Cash Cow-Position; SGE 5 als Star mit stabiler Zukunftsentwicklung zur Cash Cow, da die Konkurrenz mit Rückzugsstrategien reagiert.	SGE 1 wird als Poor Dog desinvestiert, und SGE 2 entwickelt sich zum Poor Dog; SGE 3 weiterhin in stabiler Cash Cow-Position; SGE 5 in Star-Position mit gefährdeter Entwicklung zur Cash Cow, da die Konkurrenz mit Offensivstrategien reagiert.
Kennzahlen auf Unternehmensebene in Periode=240	
Umsatz: ca. 230 Mio. DM/Monat	ca. 180 Mio. DM/Monat, d.h. Rückgang um ca. 25 %
Arbeiter: ca. 15 Tsd. Mann	ca. 11.5 Tsd. Mann, d.h. Rückgang um ca. 25 %
Gewinn: ca. 24 Mio. DM/Monat	ca. 22 Mio. DM/Monat, d.h. Rückgang um ca. 10 %
Kumulierter Gewinn: ca. 4.6 Mrd. DM	ca. 3.6 Mrd. DM, d.h. Rückgang um ca. 25 %
Risikoverteilung in Periode=240	
Weitgehende Streuung des Umsatz-, Beschäftigungs- und Gewinnrisikos auf die verschiedenen strategischen Geschäftseinheiten.	Konzentration der Risiken auf die gefährdete SGE 5: Umsatzanteil : ca. 55 % Arbeiteranteil: ca. 53 % Gewinnanteil : ca. 90 %

Abb. 16: Vergleich der Konsequenzen alternativer Konkurrenzstrategien

Portfolio, Human-Portfolio etc.) oder generell auf differenziertere Kataloge relevanter Erfolgsfaktoren zurückgreifen. Letzteres ist tendenziell etwa mit Hilfe des Marktattraktivitäts-Wettbewerbsvorteils-Portfolio zu realisieren, bei dem u.a. auch Erfolgsfaktoren aus dem Sektor der allgemeinen Umwelt und insgesamt im höheren Maße wichtige Frühindikatoren Beachtung finden.

Einhergehend mit der Weiterentwicklung von Portfolio-Modellen durch die Einbeziehung weiterer Erfolgsfaktoren oder speziell Frühindikatoren stellt sich das Problem verbesserter Grundlagen für die Identifikation kausaler Beziehungen zwischen den verschiedenen Einflußfaktoren und den interessierenden Zielgrößen. Auf diese Weise ist zu gewährleisten, daß die im Modell vorgesehenen Gleichungssysteme die Realität so realistisch wie möglich abbilden. Zum einen handelt es sich hierbei um eine Aufgabe der Wissenschaft, die - möglichst in Gestalt nomologischer Hypothesen - theoretische Grundlagen für strategische Entscheidungen anzubieten hat (vgl. dazu Bamberger, 1981). Die bislang vorliegenden "theoretischen" Grundlagen der Portfolio-Analyse werden diesem Anspruch nur sehr bedingt gerecht; lediglich im Sektor der Branchen- und Wettbewerbsanalyse sind hier - z.B. ausgehend von Porter (1983) - erste Ansätze zu verzeichnen.

Auf der anderen Seite ist im vorliegenden Zusammenhang die Praxis aufgerufen, die Konstruktion von Portfolio-Modellen durch sorgfältige Situationsanalysen zu fundieren. Selbst dann, wenn allgemeine theoretische Erkenntnisse vorliegen (würden), ist deren unternehmensspezifische Relevanz jeweils im Einzelfall zu überprüfen; die in theoretischen Arbeiten herausgeschälten Erfolgsfaktoren dürfen also keinesfalls schematisch übernommen werden. Vielmehr müssen stets auch weitere, unternehmensspezifische Erfolgsfaktoren und Beziehungsmuster Berücksichtigung finden.

Weiterentwicklungsmöglichkeiten ergeben sich ferner aus dem Bereich der Computertechnologie sowie im Feld methodischer Ansätze. Ein Ansatzpunkt für zukünftige Anwendungs- und Erweiterungspotentiale von Simulationsmodellen ist bspw. in der Konzipierung von interaktiven und benutzerorientierten strategischen Planungssystemen auf Computerbasis zu sehen. Dabei könnten in menügesteuerten Dialogen an Bildschirm-Terminals und mit Hilfe von Modellgeneratoren sowie Standard-Modulen problemspezifische Modelle von den Entscheidern entwickelt, modifiziert und analysiert werden (vgl. Preßmar, 1980; Schimmelbusch, 1977; Carter und Cohen, 1973). Daneben ergeben sich durch Einbeziehung stochastischer Momente, spieltheoretischer Überlegungen sowie erweiterter Methodenverbindungen weitere Ansatzpunkte für den Einsatz von Simulationen im Rahmen der strategischen Planung und Früherkennung.

Modellzentrierte Programme der Früherkennung sind für ihre Benutzer sicherlich mit einem nicht unbeträchtlichen Aufwand verbunden. Um diesen Aufwand zu reduzieren, erscheint die Verfolgung einer Kooperationsstrategie zweckmäßig, bei der einzelne Unternehmen bei der Konstruktion von Portfolio-Modellen entweder direkt oder auf Verbandsebene zusammenarbeiten; zumindest bei der Konstruktion einzelner Standardmoduln des Systems ist dies ein durchaus gangbarer Weg. Die Notwendigkeit zur Kooperation stellt sich natürlich auch innerhalb des Unternehmens: Nur dann, wenn Planungsexperten (Modellbauer) und Manager (Modellnutzer) auf's engste zusammenarbeiten, ist der Einsatz von Simulationsmodellen erfolgsversprechend. Planungsmodelle im allgemeinen und speziell Portfolio-Modelle im Dienste der Früherkennung dürfen nicht allein zum Steckenpferd einzelner Experten werden. Im Mittelpunkt muß die Unterstützung und Förderung des Management im Denken in komplexen Systemzusammenhängen stehen.

Literaturverzeichnis

Ansoff, H.J., (1976): Managing Surprise and Discontinuity-Strategic Response to Weak Signals, in: Zeitschrift für betriebswirtschaftliche Forschung, 28. Jg., 1981, S. 129 - 152.

Ansoff, H.J., Kirsch, W. und Roventa, P., (1981): Unschärfenpositionierung in der strategischen Analyse, in: Zeitschrift für Betriebswirtschaft 1981, Heft 10, S. 963 - 988.

Ansoff, H.J., Kirsch, W. und Roventa, P., (1983): Unschärfenpositionierung in der strategischen Portfolio-Analyse, in: Kirsch W. und Roventa P. (1983), Bausteine eines Strategischen Managements, Berlin/New York 1983.

Ansoff, H.J. und Leontiades, J.C., (1976): Strategic Portfolio-Management, European Institute for Advanced Studies in Management, Working Paper 76-16, Mai 1976.

Bamberger, I., (1981): Theoretische Grundlagen strategischer Entscheidungen, in: WIST 3/1981, S. 97 - 105.

Banham, M.M., (1978): Asking the Right Questions About Export Performance, in: McKinsey and Company (Hrsg.), 1978, S. 47 - 58.

Carter, E.E. und Cohen, K.H., (1973): Portfolio-Aspects of Strategic Planning, in: Brochla, E. und Szyperski, N. (Hrsg.), Modell- und computer-gestützte Unternehmensplanung, Wiesbaden 1973, S. 497 - 532.

Drexel, G., (1981): Strategische Unternehmeungsführung in der Distributionswirtschaft, Berlin/New York 1981.

Dunst, K.H., (1979): Portfolio-Management - Konzeption für die strategische Unternehmungsplanung, Berlin/New York 1979.

Felzmann, H., (1982): Quantitative Unterstützung der strategischen Unternehmensplanung, in: Zeitschrift für Betriebswirtschaft 1982, Heft 9, S. 834 - 845.

Forrester, J.W., (1961): Industrial Dynamics, Cambridge, Mass. 1961.

Forrester, J.W., (1968): Industrial Dynamics - After the First Decade, in: Management Science, Vol. 14 (1968), S. 389 - 415.

Forrester, J.W., (1972): Grundzüge einer Systemtheorie, Wiesbaden 1972.

Foster, R.N. und Wood, P.M., (1978): Linking R & D Strategy, in: McKinsey and Company (Hrsg.), 1978, S. 59 - 68.

Hanssmann, F., (1978): Die Rolle von Entscheidungsmodellen in der strategischen Planung, in: Müller-Merbach, H. (Hrsg.), Quantitative Ansätze in der Betriebswirtschaftslehre, München 1978.

Hanssmann, F., (1981): Zur Quantifizierung der Unternehmensstrategie auf der Ebene strategischer Geschäftseinheiten, in: Bratschitsch, R. und Schellinger, W. (Hrsg.): Unternehmenskrisen - Ursachen, Frühwarnung, Bewältigung, Stuttgart 1981, S. 341 - 351.

Hanssmann, F., (1982): Strategische Planung und quantitative Modellierung, in: OR Spektrum 1982, Heft 4, S. 27 - 33.

Henderson, B.D., (1974): Die Erfahrungskurve in der Unternehmensstrategie, Frankfurt und New York 1974.

Hinterhuber, H.-H., (1980): Strategische Unternehmungsführung, Berlin und New York 1980.

Hinterhuber, H.-H., (1982): Wettbewerbsstrategie, Berlin und New York 1982.

Hussey, D.E., (1978): Portfolio Analysis: Practical Experimence with the Directional Policy Matrix, in: Long Range Planning, August 1978, S. 2 - 8.
Jacob, H., (1980): Quantifizierungsprobleme im Rahmen der strategischen Unternehmensplanung, in: Hahn, D. (Hrsg.), Führungsprobleme industrieller Unternehmungen - Festschrift für Friedrich Thomée zum 60. Geburtstag, Berlin und New York 1980.
Kirsch, W. und Roventa, P., (1983) (Hrsg.): Bausteine eines strategischen Managements, Berlin/New York 1983.
Kirsch, W. und Trux W., (1979): Strategische Frühaufklärung und Portfolio-Analyse, in: Albach, H. et al.: Frühwarnsysteme, Zeitschrift für betriebswirtschaftliche Forschung, Ergänzungsheft 2, 1979, S. 47 - 69.
Kortzfleisch, G.v. und Krallmann, H., (1980): Industrial Dynamics, in: Kern, W. (Hrsg.): Handwörterbuch der Produktionswirtschaft, Stuttgart 1980, Sp. 725 - 733.
Laukamm, T. und Walsh, I., (1983): Humankapital aktivieren, in: Wirtschaftswoche 1983, Nr. 15, S. 50 - 59 und Nr. 16, S. 56 - 64.
Löffler, P. und Wiedmann, K.P., (1984): Portfolio-Simulation als Ansatzpunkt der strategischen Unternehmensplanung, Arbeitspapier des Instituts für Marketing, Universität Mannheim, Mannheim 1984 (i.V.).
Milling, P., (1974): Der technische Fortschritt im Produktionsprozeß - Ein dynamisches Modell für innovative Industrieunternehmen, Wiesbaden 1974.
Müller-Merbach, H., (1977): Frühwarnsysteme zur betrieblichen Krisenerkennung und Modelle zur Beurteilung von Krisenabwehrmaßnahmen, in: Plötzeneder, H.D. (Hrsg.): Computergestützte Unternehmensplanung, Stuttgart 1977, S. 419 - 438.
Porter, M.W., (1983): Wettbewerbsstrategie, Frankfurt 1983.
Preßmar, D.B., (1980): Methoden und Probleme der computergestützten Unternehmensplanung, in: Jacob, H. (Hrsg.): Schriften zur Unternehmensführung: Neue Aspekte der betrieblichen Planung, Wiesbaden 1980, S. 7 - 45.
Rieser, I., (1978): Frühwarnsysteme, in: die Unternehmung 1978, S. 51 - 68.
Rieser, I., (1980): Frühwarnsysteme für die Unternehmenspraxis, München 1980.
Roventa, P., (1979): Portfolio-Analyse und Strategisches Management, München 1979.
Schimmelbusch, H., (1977): Grenzen der Anwendung computergestützter Verfahren im Prozeß der strategischen Unternehmensplanung, in: Plötzeneder, H. (Hrsg.): Computergestützte Unternehmensplanung, Stuttgart 1977, S. 181 - 193.
Schmidt, R., (1980): Investitions- und Finanzplanung als Portefeuilleplanung, in: Hahn, D. und Taylor, B. (Hrsg.): Strategische Unternehmungsplanung, Würzburg-Wien 1980, S. 337 - 356.
Trux, W., Müller, G. und Kirsch, W., (1984) (Hrsg.): Das Management strategischer Programme (1. Halbband), München 1984.
Wiedmann, K.P., (1984): Frühwarnung, Früherkennung, Frühaufklärung. Zum Stand der Verwirklichung eines alten Wunsches im Sektor der Unternehmensführung, Arbeitspapier des Instituts für Marketing, Universität Mannheim, Mannheim 1984.
Zahn, E., (1979): Strategische Planung zur Steuerung der langfristigen Unternehmensentwicklung - Grundlagen zu einer Theorie der Unternehmensplanung, Berlin 1979.

D. Strategische Unternehmensführung und Marketing vor neuen Herausforderungen

Erwin Dichtl *

Marketing vor neuen Herausforderungen - Ein Problemaufriß

*Prof. Dr. Erwin Dichtl ist Inhaber des Lehrstuhls für Allgemeine Betriebswirtschaft und Absatzwirtschaft I an der Universität Mannheim.

A. Einführung

Die Bundesrepublik Deutschland sieht sich Mitte der achtziger Jahre einer nachhaltigen, teilweise dramatischen Änderung wichtiger faktischer und ordnungspolitischer Rahmenbedingungen ausgesetzt, die auch die Bedingungslage verändern, unter der Marketing getrieben wird. Einige Stichworte mögen genügen, die Situation zu kennzeichnen. Der Auflistung vorangestellt sei der Hinweis, daß unerwünschten Entwicklungen dann eher Einhalt geboten werden kann, wenn eine nüchterne Bestandsaufnahme durchgeführt und der Befund reflektiert, als wenn - in bester Politikertradition - allenthalben Zwecksoptimismus zu verbreiten versucht wird.

B. Die Kluft zwischen Angebot und Nachfrage

Der von vielen Wachstumstheoretikern an den Tag gelegte Optimismus könnte im Glauben an das Say'sche Theorem /1/ wurzeln, das in seinem Kern folgendes postuliert: Wenn in einer Volkswirtschaft neue Güter geschaffen werden, geschieht dies nur, damit diese auch verbraucht bzw. genutzt werden. Insofern ist mit dem Angebot immer auch die Nachfrage gegeben. Eine generelle Ungleichgewichtssituation auf den Gütermärkten kann es nicht geben. Ein Überschußangebot auf einem bestimmten Markt bedingt nämlich, daß auf der Gesamtheit der übrigen Gütermärkte eine Überschußnachfrage besteht. Temporäre Ungleichgewichte werden durch Preisanpassungen abgebaut.

Wie stellt sich uns demgegenüber die Realität dar? Die Umsatzzahlen deuten auf Stagnation, wobei diese sowohl in einem Nichtkaufen-können als auch in einer Kaufunlust bedingt ist. Eine gewisse Kurzsichtigkeit verleitet dazu, auf die angebliche Unbegrenztheit menschlicher Bedürfnisse zu vertrauen. Wenn nicht das eine werde eben das andere gekauft. Auch die Wirtschaftsgeschichte wird notfalls bemüht. Seit der industriellen Revolution sei doch unablässig Neues aufgekommen, was die Phantasie der Verbraucher und deren Kauflust beflügelt habe.

In der Tat ist nicht zu leugnen, daß es irgendwie immer weitergegangen ist. Aber aus der geschichtlichen Erfahrung eine Gesetzmäßigkeit der Art abzuleiten, daß sich stets alles zum Besten wendet, wäre wahnwitzig oder naiv. In der Gegenwart ist zu wenig neues in Sicht, was den Verbrauchern, die doch schon "alles" besitzen, begehrenswert erschiene. Zwar wird sich vor allem der Freizeitbedarf noch ausweiten und auch die neuen Kommunikationstechniken werden einige Kaufkraft binden, aber all dies ist kein Äquivalent für die auf anderen Sektoren nachlassende Konsumneigung (vergl. Dichtl, 1984).

Abgesehen davon ist die gängige Rede von der angeblichen Unermeßlichkeit menschlicher Bedürfnisse bestenfalls eine Leerformel. Irgendwelche Wünsche haben wir immer, aber nicht unbedingt solche, deren Erfüllung mit der Notwendigkeit, Geld auszugeben, verbunden ist. Letztere sind großteils befriedigt. Dies zeigt sich beispielsweise an folgenden Daten:

- Relativ zum Haushaltsbudget werden immer weniger Nahrungs- und Genußmittel gekauft (Engel'sches Gesetz). /2/ Der Getränkekonsum pro Bundesbürger mit ca. 650 l pro Person und Jahr erreicht das physiologisch bedingte Aufnahmevermögen. /3/ Selbst in der DDR liegt die Kalorienzufuhr pro Bürger und Tag weit über dem Maß, das als zuträglich empfunden wird. (Die Behörden versuchten dort bereits, den volkswirtschaftlichen Schaden zu erfassen, der dem Land daraus erwächst.)
- Bei Kleidersammlungen kommen immer größere Mengen zusammen, während gleichzeitig die Ausgaben für Neuanschaffungen gedrosselt werden (Gossen'sche Gesetze). /4/
- 24 Mio. Haushalte verfügen über 26 Mio. Wohnungen, von denen die meisten noch keine 30 Jahre alt sind.
- 80 % der Bundesbürger besitzen Zugang zu einem Kraftfahrzeug, wobei die durchschnittliche Jahresfahrleistung kontinuierlich abnimmt.
- Bei vielen Geräten der Haushaltstechnik und Unterhaltungselektronik sind Diffusionsquoten von 70 % - 100 % erreicht. Bei anderen sind solche Größenordnungen utopisch, weil sich viele Bürger dezidiert gegen den Kauf solcher Geräte ausgesprochen haben.
- Es werden weit mehr Bücher produziert, als gelesen werden können. Würden diese nicht zum ungelesenen Geschenkartikel umfunktioniert oder zum Wandschmuck degradiert, wäre das Produktionsvolumen nicht aufrechtzuerhalten.

Ein überzeugender Beleg dafür, daß es nicht wie gewohnt weitergehen kann, ist auch die Sparquote der privaten Haushalte, die 1983 bei rund 13 % vom verfügbaren Einkommen lag und pro Prozentpunkt eine kaufwirksame Nachfrage auf der Einzelhandelsebene von rund 10 Mrd. DM verkörpern könnte. Es gab Zeiten, in denen die Sparneigung nicht einmal halb so hoch wie heute war und im übrigen dennoch kräftig investiert wurde.

Der Verbraucher ist somit kein Konsummoloch, der alles verschlingt, dessen er mit seinen Einkünften habhaft werden kann, sondern jemand, der seine Mittel augenscheinlich sorgfältig einteilt. Nicht wenige Bürger sind heute auch schon in einer Position, in der sie sich überlegen können, wieviel sie überhaupt arbeiten wollen (vgl. dazu die sog. Laffer-Kurve /5/). Die leistungsfeindliche Steuerprogression auf der einen und die schrumpfende Liste anstehender Anschaffungen auf der anderen Seite verfehlen nicht ihre Wirkung.

Die Absatzzahlen können auch deswegen nicht ständig steigen, weil trotz Recycling die Ressourcen knapp und die Umweltbelastungen unerträglich werden. Hinzu kommt, daß sich eben immer mehr Menschen von einigen zweifelhaften Segnungen der Konsumwelt abwenden (vgl. dazu Raffée, 1982; Tietz, 1982). Es ist ganz einfach unrealistisch anzunehmen, daß unsere Ansprüche einer permanenten Inflation von einem Ausmaß erliegen, das mindestens den Zuwachsraten der Arbeitsproduktivität entspricht. Denn nur dann käme es, zumindest in einer geschlossenen Wirtschaft, nicht zu einer Diskrepanz zwischen dem Angebot an und der Nachfrage nach Konsumgütern. Abwegig wäre die Vorstellung, daß die für die Erzielung einer höheren Produktivität unabdingbaren Investitionen diese sich unablässig vergrößernde Kluft ständig überbrücken könnten, da auch ihre Herstellung und Vertrieb von Rationalisierungseffekten profitieren.

Wäre all dem nicht so, würde das apokalyptische Bild stimmen, das Riesman u.a. (1956) schon Mitte der fünfziger Jahre von unserem Gesellschaftssystem zeichneten: Danach trägt das Marketing zur Formung genau des Menschentyps bei, den das Industriesystem braucht, nämlich eines Menschen, der zuverlässig sein Einkommen ausgibt und fortwährend arbeitet, weil er nie genug bekommt. Dafür, daß sich daran nichts ändere, sorge die moderne Konsumgesellschaft; denn aus der ökonomischen Notwendigkeit einer immer größeren Produktion heraus würden von ihr Wertmaßstäbe entwickelt, die die Ängste, Hoffnungen und Antriebe der Konsumenten und Arbeitnehmer formten.

Die Situation stagnierender Nachfrage wird überdies dadurch verschlimmert, daß die einheimische Bevölkerung der Bundesrepublik Deutschland unaufhaltsam schrumpft. Noch dramatischer sind die Veränderungen in der Bevölkerungsstruktur, die bald nicht mehr eine links-, sondern eine rechtsschiefe Verteilung bei der Besetzung der verschiedenen Altersklassen aufweisen wird. Welche Konsequenzen sich daraus nicht nur für das Wirtschaftswachstum im allgemeinen und das der davon am meisten betroffenen Wirtschaftszweige, sondern auch in sozialpolitischer Hinsicht ergeben könnten, wird derzeit ausgiebig diskutiert.

Auf der anderen Seite lag die Kapazitätsauslastung im verarbeitenden Gewerbe 1982 bei 85 %, in einigen Wirtschaftszweigen wie etwa der Mineralölindustrie noch weit darunter. Aus all dem ergibt sich, daß wir von einem Ausgleich von Angebot und Nachfrage auf einem hohen Niveau weit entfernt sind und vermutlich immer sein werden. Was wir eigentlich bräuchten, wären einige Millionen zusätzlicher kaufkräftiger Konsumenten, wenn diese nicht die unerwünschte Eigenschaft hätten, auch Arbeitsplätze zu beanspruchen.

Einen naheliegenden Ausweg aus dieser Situation könnte eine weitere Intensivierung der bundesdeutschen Exporte darstellen (vgl. dazu Dichtl/Issing, 1984), doch steht dem insofern ein gravierendes Problem entgegen, als nicht nur die Konkurrenz auf dem Weltmarkt immer härter wird, sondern auch viele unserer traditionellen Abnehmerländer heute praktisch zahlungsunfähig sind. Kaum verwunderlich haben z.B. Mexiko und Nigeria im Jahre 1983 um mehr als 50 % weniger als im Vorjahr von deutschen Firmen abgenommen. Hinzu kommt eine weltweite Tendenz zum Protektionismus, der den Absatz von Gütern und Dienstleistungen namentlich in den Ländern außerhalb der Europäischen Wirtschaftsgemeinschaft zu einem immer schwierigeren Unterfangen werden läßt.

C. Die Gefährdung der Wettbewerbsfähigkeit deutscher Unternehmen bei erhöhter Konkurrenzintensität

Die Bundesrepublik Deutschland gehört zu einer Gruppe von rund einem halben Dutzend Ländern in der Welt, die die höchsten Löhne und Lohnnebenkosten, aber zugleich die kürzeste Arbeitszeit aufweisen. Wenn wir uns heute mit des höchsten Lebensstandards erfreuen, fordert dies zu verstärkten Anstrengungen heraus, um das Erreichte nicht aufs Spiel zu setzen. Aufträge für deutsche Werften hereinzuholen, wäre sicherlich entschieden einfacher, wenn wir wie manche Schwellenländer mit Kosten pro Arbeitsstunde in der Größenordnung von DM 5 anstatt DM 27 rechnen könnten. Sofern wir aber dennoch Schiffe bauen und verkaufen wollen, müssen wir andere Vorteile, vornehmlich hinsichtlich Innovation und Arbeitsproduktivität, in die Waagschale werfen können, um gemessen am Preis-/Leistungsverhältnis konkurrenzfähig zu bleiben.

Wohin ein Überdrehen der Lohnschraube führt, demonstrieren folgende Beispiele: Deutsche Hemdenanbieter produzieren überwiegend in Tunesien und skandinavische Möbelanbieter verlagern ihre Fertigung in Ostblockstaaten. Britische Bekleidungshäuser lassen in der Tschechoslowakei schneidern, in Holland erscheinende Zeitschriften werden in Hongkong gesetzt und deutsche Bücher in Jugoslawien gedruckt. Eine ähnlich deutliche Sprache spricht der Verlauf der Arbeitslosenquote seit etwa 1975, die freilich zum Teil auch wirtschaftsstrukturell bedingt ist.

Politische Reizworte wie Maschinensteuer und Rationalisierungsschutzabkommen, die die Diskussion um die Beschäftigungssicherung beleben, deuten in eine Richtung, die durch extreme Kurzsichtigkeit gekennzeichnet ist. Daß der technische Fortschritt zunächst Arbeitsplätze vernichtet, ist keine Frage, denn ein wesentliches Motiv für Mechanisierung und Automatisierung besteht gerade darin, die hohen Lohn- und Lohnnebenkosten zu vermindern. Gleichzeitig erhofft man sich davon eine Senkung der Stückkosten und eine entsprechende Stärkung der Wettbewerbsfähigkeit.

Hinzu kommt ein weiteres: Der technische Fortschritt führt in aller Regel nicht nur zu einer größeren Effizienz der Fertigung, sondern auch zu einem qualitativ höherwertigen Arbeitsergebnis.

Dies wirkt sich nicht nur auf die Neunachfrage aus, sondern schlägt sich auch im Ersatzbedarf nieder, und zwar im Inland wie im Ausland.

Auch ohne dies mit historischen Fehleinschätzungen zu untermauern, wie sie etwa der Schweizer Uhrenindustrie in bezug auf die Quartzuhr unterlaufen sind, besteht deshalb kaum ein Zweifel darüber, daß eine verzerrte Beurteilung von Rationalisierungsbemühungen und eine Vernachlässigung zukunftsträchtiger Technologien verheerende Folgen hätten und unsere Wettbewerbsfähigkeit nachhaltig beeinträchtigen würden.

Wettbewerbspolitische Nachteile könnten uns auch aus einem Mangel an Einsicht in einfache betriebswirtschaftliche Zusammenhänge erwachsen, die zwischen der Absatzmenge und dem Kostenniveau bestehen. Wären die aus einer höheren Produktion resultierenden Fixkostendegression und das damit verbundene Potential zur Nutzung der sog. Erfahrungskurve allenthalben bekannt, würden die betroffenen Unternehmen manche Expansionschance und manches Auslandsengagement mit anderen Augen betrachten (Näheres dazu bei Dichtl, 1983).

Nicht zu übersehen ist schließlich, daß, wenn die Schattenwirtschaft im Sinne von Schwarzarbeit noch weiter um sich greift, dies den bestehenden Betrieben übermäßige Steuer- und Soziallasten aufbürdet und auch so deren Wettbewerbsfähigkeit nachhaltig beeinträchtigt (vgl. dazu Weck/Pommerehne/Frey, 1984). Besonders betroffen davon sind das Handwerk, allen voran das Bau- und Bauausstattungshandwerk, in eingeschränktem Maße die Industrie, kaum dagegen der Handel, der von dem Trend, denkt man an Großverbraucher- und Baumärkte, sogar eher profitiert.

Beeinträchtigt wird aber nicht nur die Wettbewerbsfähigkeit, sondern auch die Konkurrenz selbst wird immer härter. Dies liegt zunächst an den bereits erwähnten, auf vielen Märkten zu beobachtenden Sättigungserscheinungen, die die Stoßrichtung der Marketingbemühungen unweigerlich hin in Richtung auf die Konkurrenten verändern.

Eine weitere Steigerung ergibt sich aus der unablässig zunehmenden Konzentration, vor allem im Handel. Die Hersteller sehen sich immer weniger und entsprechend noch mächtigeren

Kontrahenten gegenüber, die, wie sich an Hand objektiver Daten nachweisen läßt, auch nicht zögern, ihre Vorzugsstellung auszunutzen. Die Veröffentlichungen, die darlegen, über welch imposante Marktanteile etwa die 10 größten Anbieter von Nahrungs- und Genußmitteln im Handel verfügen, sind Legende. Auch wenn die Werte variieren, besteht doch kein Zweifel, daß diese den Markt beherrschen. Im übrigen findet auch innerhalb des Handels selbst ein Verdrängungswettbewerb statt, der den seit Jahrzehnten zu beobachtenden Abschmelzungsprozeß in Gang hält.

Einen weiteren Akzent setzt das Aufkommen neuer Kommunikationsmedien, vor allem des Bildschirmtextsystems. Unabhängig von allen Vorteilen und Annehmlichkeiten, die damit verbunden sein mögen, ist nicht daran vorüberzugehen, daß sich dadurch die Markttransparenz weiter Kreise erhöht und noch dazu sowohl die Beschaffungs- als auch Absatzradien aller Marktteilnehmer in ungeahntem Ausmaß ausweiten. Der Kreis der Konkurrenten wird dadurch zwangsläufig unübersehbar groß.

D. Ausblick - Die zunehmende Verzahnung des Marketing mit der Wirtschafts- und Gesellschaftspolitik

Die Wirtschaft der Bundesrepublik Deutschland befindet sich, rund 40 Jahre nach Beendigung des zweiten Weltkriegs, in einem Umbruch. Der Wiederaufbau und der Aufstieg zu einer der führenden Industrienationen der Welt sind geschafft. Andere Länder versuchen, uns diesen Rang streitig zu machen. Daraus resultieren Fragen, deren Lösung die Möglichkeiten eines Marketing Managers weit übersteigt. Einige Stichworte mögen genügen, um zu verdeutlichen, worum es geht: Schrumpfen der Bevölkerung, hohe Arbeitslosigkeit, nachlassende Leistungsbereitschaft, Saturierung weiter Kreise der Bevölkerung, Überlastung von Unternehmen und Individuen mit Steuern und Sozialabgaben, hohe Staatsverschuldung, Ausweitung der Schattenwirtschaft, Verlust technologischer Führungspositionen, Überhandnehmen der Bürokratie und zunehmende Sensibilisierung für den Umweltschutz.

Das Marketing muß sich deshalb in zunehmendem Maße übergeordneten Zielen unterwerfen und sich in wirtschaftspolitische Konzeptionen einordnen. Ganz im Gegensatz zu allen sonstigen Bemühungen um Deregulation ist auf einigen Gebieten, wie etwa beim Umweltschutz, mit dem Erlaß einer Fülle einschneidender Bestimmungen zu rechnen, die vor allem die Produktionsmöglichkeiten und die Produktpolitik tangieren. Beispiele dafür sind die Verschärfung des Emissionsschutzes, das beabsichtigte Verbot der Beimischung von Blei zu Benzin, die zumindest ins Auge gefaßte Einführung einer Verpackungssteuer und die Diskriminierung in der Bundesrepublik Deutschland startender und landender überlauter Flugzeuge.

Es versteht sich, daß das Marketing dadurch vom Sog der wirtschaftspolitischen Zielbildung erfaßt und auch von etwaigen dort hinzunehmenden Fehlschlägen getroffen wird. Unweigerlich werden die Marketing Manager dabei mit Fragen konfrontiert werden, die sich aus ihrer beruflichen, selbst aus der wirtschaftstheoretischen Perspektive nicht mehr beantworten lassen. Brauchen wir, um ein Beispiel zu nennen, permanentes Wachstum? Was wäre, wenn wir uns mit dem, was wir erreicht haben, zufrieden gäben?

Würde, wenn sich zeigen sollte, daß es ohne ständiges Wachstum nicht geht, das Marketing in die Pflicht genommen, Menschen Bedürfnisse nahezubringen und sie zum Erwerb irgendwelcher Dinge zu verleiten, nur um die Wirtschaft auf Trab zu halten? Dies ist angesichts der anhaltenden Nachfrageschwäche und konstant hohen Arbeitslosigkeit keine akademische Frage. Darauf und auf einige andere gilt es Antworten zu finden, und zwar bald.

Anmerkungen

1 Einen komprimierten Überblick über das Say'sche Theorem ebenso wie das Engel'sche Gesetz und die Gossen'schen Gesetze, auf die weiter unten verwiesen wird, vermitteln: Geigant, F., Sobotka, D., Westphal, H.M., Lexikon der Volkswirtschaft, 3., völlig überarbeitete und erweiterte Aufl., München 1979.

2 ebenda

3 Alle Angaben statistischer Natur basieren auf Berichten der Tages- und Fachpresse sowie auf dem vom Institut der Deutschen Wirtschaft, Köln, zusammengestellten und herausgegebenen Taschenbuch "Zahlen zur wirtschaftlichen Entwicklung der Bundesrepublik Deutschland - Ausgabe 1983".

4 Geigant, F., u.a., a.a.O.

5 Die Laffer-Kurve wird von O. Issing in dem gleichnamigen Beitrag behandelt, der in WiSt - Wirtschaftswissenschaftliches Studium, 10. Jg. (1981), S. 384 - 386, erschienen ist.

Literaturverzeichnis

Dichtl, E., (1983): Export und Beschäftigung, in: Wirtschaftswoche, 37. Jg., Nr. 42, S. 44.

Dichtl, E., (1984): Stagnierende Märkte: Die mangelnde Nachfrage, ebenda, 38. Jg., Nr. 4, S. 74 - 79.

Dichtl, E., Issing, O. (Hrsg.): Exporte als Herausforderung für die deutsche Wirtschaft, Köln 1984.

Raffée, H., (1982): Marketingperspektiven der 80er Jahre, in: Marketing. ZFP, 4. Jg., S. 81 - 90.

Riesmann, D., Denney, R., Glazer, N., (1956): Die einsame Masse, Darmstadt - Berlin - Neuwied.

Tietz, B., (1982): Die Wertedynamik der Konsumenten und Unternehmer in ihren Konsequenzen auf das Marketing, in: Marketing. ZFP, 4. Jg., S. 91 - 102.

Weck, H., Pommerehne, W.W., Frey, B.S., (1984): Schattenwirtschaft, München.

Heribert Meffert *

Wettbewerbsorientierte Marketingstrategien im Zeichen schrumpfender und stagnierender Märkte

*Prof. Dr. Heribert Meffert ist Inhaber des Lehrstuhls für Betriebswirtschaftslehre, insbesondere Marketing an der Universität Münster und Direktor des dortigen Instituts für Marketing.

A. Zum Stellenwert von Wettbewerbsstrategien

Das Marketing hochentwickelter Industrieländer befindet sich im Umbruch. Die wachsende Rohstoffverknappung, die Probleme des Umweltschutzes sowie ein kritischer werdendes Verbraucherbewußtsein haben in Verbindung mit einem spürbaren Wertewandel zu einer stärkeren strategischen Ausrichtung des Marketing im Sinne einer längerfristigen Akzentsetzung der Aktivitäten geführt (vgl. auch Raffée "Strategisches Marketing", Dichtl, Raffée/Wiedmann "Wertewandel" sowie Wiedmann/Kreutzer, in diesem Band). Dabei wird in zunehmendem Maße das Wettbewerbsverhalten in den Mittelpunkt der Strategieplanung gestellt (vgl. auch Strüven/Herp, in diesem Band).

In schrumpfenden und stagnierenden Märkten nimmt der Wettbewerb immer mehr die Formen eines sog. Konstant-Nullsummenspiels an, bei dem der Gewinn eines Anbieters auf Kosten der Wettbewerber erzielt wird. Kaum ein Unternehmen kann in dieser Marktsituation kunden- oder handelsorientierte Strategien verfolgen, ohne mit Gegenmaßnahmen seiner Konkurrenten rechnen zu müssen. Im Kampf um Marktanteile gewinnen deshalb erfolgreiche Wettbewerbsstrategien an Bedeutung. Dabei ist zu beachten, daß Konkurrenzvorteile letztlich nur über den Kundennutzen definiert werden können.

Auf der Basis einer Untersuchung der zentralen Wettbewerbsfaktoren entwickelt Porter unterschiedliche strategische Grundkonzeptionen, die den Rahmen für spezifische Marktbehauptungsstrategien und Marketingmaßnahmen abstecken. Zum einen besteht die Möglichkeit der Profilierung auf dem Gesamtmarkt durch Leistungs- oder Kostenvorteile. Es ist entweder eine Kosten- bzw. Preisführerschaft anzustreben oder durch Differenzierung die Qualitätsführerschaft zu erobern. Zum anderen vermag eine Konzentration auf tragfähige Marktnischen eine klare strategische Erfolgsposition zu begründen (vgl. Porter, 1983, S. 62ff.).

In Phasen schrumpfender und stagnierender Marktentwicklungen bildet eine bewußte Entscheidung für eine dieser Wettbewerbsstrategien eine notwendige Voraussetzung für die langfristige Rentabilitätssicherung. Dennoch verfügen Unternehmungen in schrumpfenden und stagnierenden Märkten vielfach nicht oder nicht mehr über die erforderlichen Fähigkeiten und Ressourcen, um in dem oftmals intensiven Konkurrenzkampf zu überleben. Hier kann häufig eine langfristig angelegte Marktaustrittsstrategie in Verbindung mit einer Neuorientierung der Unternehmens- (oder Geschäftsfeld-) aktivitäten dem Ziel der Rentabilitätssicherung Rechnung tragen. Darüberhinaus kommen Kooperations- bzw. Anlehnungsstrategien in Betracht. Dabei nehmen die relevanten Situationsvariablen in stagnierenden und schrumpfenden Märkten auf die Wahl von Unternehmensstrategien wesentlichen Einfluß (vgl. Meffert, 1983).

B. Kennzeichnung schrumpfender und stagnierender Märkte

I. Merkmale und Ursachen von Marktschrumpfung und Marktstagnation

Generell sind die Phänomene der Marktschrumpfung und Marktstagnation auf abgegrenzte Produktmärkte (z.B. PKW, Waschmaschinen) zu beziehen und entsprechend ihren zugrunde liegenden Ursachen zu differenzieren (vgl. Meffert, 1984 a,b). Als wesentliche Stagnations- und Schrumpfungsursachen des Marktvolumens eines Produktmarktes kommen Rezession, Marktsättigung, Einführung von Substitutionstechnologien sowie Veränderungen staatlicher Rahmenbedingungen (z.B. Kontingentierung, Protektionismus, Importrestriktionen) in Betracht. Diese Faktoren verstärken sich meist gegenseitig in ihrer problemerzeugenden Wirkung.

Als vielfach zentrale Ursache einer strukturellen Marktstagnation ist die Marktsättigung anzusehen. Die zunehmenden Marktsättigungstendenzen resultieren dabei aus einer abnehmenden Zahl der Bedürfnisträger, einem Rückgang der durchschnittlichen Verbrauchs- bzw. Verwendungsintensität und/oder einer schwindenden Kaufkraft der Bedürfnisträger.

Unabhängig davon, welche Stagnations- und Schrumpfungsursachen im Einzelfall vorliegen, läßt sich der Zustand stagnierender oder schrumpfender Märkte anhand vielfältiger Symptome im Konsumenten-, im Handels- sowie im Herstellerverhalten diagnostizieren. Zu solchen Symptomen bzw. Indikatoren zählen u.a. ein zunehmender Verdrängungswettbewerb, ein gedeckter Ersatzbedarf sowie die abnehmende Kooperationsbereitschaft des Handels (vgl. Meffert, 1984 b, S. 39). Hand in Hand mit diesen Merkmalen ist vielfach ein Verfall der Branchenrenditen zu beobachten.

II. Zentrale Problemfelder in schrumpfenden und stagnierenden Märkten

Empirischen Untersuchungen zufolge sind Unternehmungen trotz branchen- und betriebsgrößenbedingter Unterschiede durch aggressive Preiskonkurrenz, geringe Kapazitätsauslastung, schrumpfende Auftragsbestände und die zunehmende Kaufzurückhaltung sowie durch das steigende Preisbewußtsein der Konsumenten besonders betroffen (vgl. Meffert/Katz, 1983). Steigende Beschaffungspreise, ein rascher technologischer Wandel und Liquiditätsengpässe werden als weniger bedrohlich eingeschätzt. Hohe Lagerbestände, sinkende Eigenkapitalquoten, steigender Importdruck, schwierigere Exportbedingungen und die Marktsättigung nehmen in der Wahrnehmung der Betroffenen eine mittlere Ausprägung ein.

Es bedarf keiner Begründung, daß sich die erwähnten Problembereiche auf den Erfolg der schrumpfenden und stagnierenden Geschäftsfelder auswirken und damit auch unmittelbar die Erreichung der Unternehmensziele beeinflussen. Ein Wandel in den Zielsystemen ist daher unerläßlich.

III. Anpassung der Zielsysteme

Der erste wichtige und häufig schwierigste Schritt in Richtung eines strategischen Marketing ist das Erkennen und die Akzeptanz einer strukturellen Marktstagnation oder -schrumpfung. Dies erfordert zunächst eine sorgfältige Analyse der langfristigen Aussichten der Branche und die Bereitschaft, den Problemen ins Auge zu sehen, die ein harter Konkurrenzkampf mit sich bringt (vgl. auch Hamermesh/Silk, 1980, S. 75 und S. 79). Die Unternehmensphilosophie sowie das Wertsystem der Manager sollte sich in diesen Situationen deshalb weniger an "reiner Größe" (z.B. Umsatz, Marktanteil) orientieren, sondern vielmehr an guten Unternehmensergebnissen bei minimaler oder angemessener Größe. Gefragt ist nicht eine Intensivierung bisheriger Verhaltensweisen ("try harder the same"), sondern die Fähigkeit, kreative, neue, andere Wege zu gehen ("try something new"). Eine auf Rentabilität ausgerichtete Sicherungs- und Stabilisierungspolitik sowie das Streben der Unternehmungen auf Absicherung, Verteidigung und Konsolidierung der betroffenen Geschäftsbereiche muß deshalb die besondere Aufgabe des strategischen Marketing sein. Neue empirische Untersuchungen auf dem stagnierenden Haushaltsgroßgerätemarkt belegen diesen Sachverhalt. Demzufolge arbeiten Unternehmungen, die ihre Marketingstrategien konsequent an Sicherungs- und Konsolidierungszielen (Rendite, Liquidität) orientieren, wesentlich erfolgreicher als solche, die mit einer Wachstumsmentalität (Umsatz, Marktanteil) operieren (Ohlsen, 1985).

C. Grundtypen von Wettbewerbsstrategien in schrumpfenden und stagnierenden Märkten

Geht man davon aus, daß die Unternehmung zunächst nach der Erhaltung oder dem Ausbau ihrer Geschäftsfelder trachtet, wird sie nach einer eingehenden Situationsanalyse mit der Generierung der denkbaren und relevanten Marktbehauptungsstrategien beginnen. Dabei wird der Entscheidungsprozeß zum einen durch unternehmensinterne Faktoren wie die Situation der Gesamtunternehmung und des betreffenden Geschäftsfeldes eingegrenzt. Zusätzlich wird der Spielraum der möglichen Behauptungsstrategien durch unternehmensexterne (marktbezogene) Faktoren verengt. Findet sich keine erfolgversprechende Strategie der langfristigen Marktbehauptung, so ist zu prüfen, ob der Marktaustritt anzustreben ist. Kommt man zu dem Ergebnis, daß eine Aufgabe des Geschäftsbereichs nicht wünschenswert ist, wird man die relativ günstigste Marktbehauptungsstrategie wählen.

Im anderen Fall muß sich die Prüfung anschließen, ob bzw. welche Marktaustrittsstrategien realisierbar sind. Dabei ist insbesondere zu prüfen, welche Risiken und Kosten mit dem Austritt verbunden sind bzw. welche Möglichkeiten der Überwindung der Austrittsbarrieren offenstehen. Sind mit der Aufgabe des betreffenden Geschäftsfeldes unüberschaubare Risiken für die Gesamtunternehmung verbunden, wird die Auswahl der verlustminimalen Behauptungsstrategie erfolgen. Andernfalls wird man - unter ständigem Kosten- und Risikovergleich mit der besten Behauptungsstrategie - zu der geeignetsten Austrittsstrategie übergehen. Unter bestimmten Voraussetzungen kann es sich als sinnvoll erweisen, die Unterlassensalternative (Abwarten auf veränderte Bedingungen) zu wählen. Zusätzlich sind kooperative Lösungen als flankierende Maßnahmen zur Durchsetzung bzw. Absicherung der Strategien stets in das Kalkül miteinzubeziehen.

Diese Überlegungen machen deutlich, daß der Entscheidungsprozeß in stagnierenden und schrumpfenden Märkten unter Einbeziehung der spezifischen Situationsdeterminanten als mehrfach rückgekoppelter Ziel- und Mittelentscheidungsprozeß konzipiert werden muß.

I. Marktbehauptungsstrategien

Die für die Führung einer in Märkten ohne Wachstum operierenden Geschäftseinheit erfolgversprechenden strategischen Stoßrichtungen lassen sich anhand der Dimensionen "Leistungsprogramm" und "Marktposition" charakterisieren (vgl. Meffert, 1984 b, S. 56 ff.).

Eine mittlere Marktposition ("stuck in the middle position") ist nahezu ausnahmslos mit einer stark unterdurchschnittlichen Ertragssituation verbunden. Auf der einen Seite ist der Marktanteil zu niedrig, um sich im Preiswettbewerb gegenüber den Mengeneffekten realisierenden Marktführern behaupten zu können. Auf der anderen Seite fehlt die Spezialisierung auf profitable Nischen ("pockets of remaining demand"), die das langfristige Erfolgspotential eines Geschäftsfeldes absichern könnten (vgl. Porter, 1983).

Sollen für eine strategische Geschäftseinheit die langfristigen Ertragsperspektiven in ihrem Markt gesichert werden, so muß die Strategie darauf ausgerichtet sein, eine spezifische Kompetenz zu erreichen und damit Barrieren gegen Wettbewerber zu errichten, deren Überwindung für einen Angreifer signifikant teurer ist als für den Verteidiger, sie zu halten. Solche Barrieren können begründet sein in

1. einem größeren Maß an subjektivem Nutzen der Angebotsleistung für die Kunden (Beratung, Lieferservice, Prestigewert, etc.),
2. einer besonders starken Imageposition,
3. besonderen - eventuell geschützten - Technologien, die zu Kosten- und/oder Qualitätsvorteilen führen oder
4. einer besonders rationellen Großserienfertigung, die eine aggressive Preispolitik gestattet.

Daraus folgt, daß eine Geschäftseinheit, welche sich erfolgreich in einem schrumpfenden und stagnierenden Markt behaupten will, die Position des Spezialisten in der Nische oder die des Marktführers anstreben muß.

Auf der Ebene des Leistungsprogramms lassen sich ähnliche Aussagen ableiten. Auch hier erweist sich die Position des "stuck in the middle" als überlebensgefährdend. Analog kann begründet werden, daß eine klare Focussierung auf ausgewählte Kernbereiche oder eine stark segmentspezifische Differenzierung im Absatzprogramm kennzeichnend für strategische Geschäftsfelder ist, die erfolgreich in stagnierenden und schrumpfenden Märkten operieren. Während die Programmfocussierung mit der Verfolgung einer "Minimalkostenstrategie" (niedrigste Produktionskosten im Vergleich zur Konkurrenz) verbunden ist, konzentriert sich die Differenzierungsstrategie mehr auf die Marktseite. Durch konsequente Forschung und Entwicklung, Qualitätssicherung und segmentspezifische Programmdifferenzierung wird angestrebt, die Preisbereitschaft der Kunden so zu erhöhen, daß eine angemessene Rendite erzielt wird (vgl. auch Harrigan, 1980, S. 18 f.). Diese Überlegungen führen zu der in Abb. 1 wiedergegebenen Typologisierung von Behauptungsstrategien (vgl. ergänzend Strüven/Herp, in diesem Band).

Ziel der focussierten Marktführerschaftsstrategie ist es, durch konsequente Nutzung von Erfahrungskurven- und Kostendegressionseffekten (economies of scale) eine Position der Kostenführerschaft zu erreichen, wobei durch eine mit der Verdrängung von Wettbewerbern verbundene Marktanteilsausweitung die angestrebte Marktposition unangreifbar gemacht werden soll.

Die Verfolgung dieser Strategie beinhaltet folgende Maßnahmen:

1. Erhebliche Forschungs- und Entwicklungsanstrengungen sowie Investitionen zur Fertigungsrationalisierung.
2. Straffung des Leistungsprogramms, um die Fertigung großer Serien zu ermöglichen.

LEISTUNGSPROGRAMM-STRATEGIE / ANGESTREBTE MARKTPOSITION	FOCUSSIERUNG	DIFFERENZIERUNG
MARKTFÜHRER	FOCUSSIERTE MARKTFÜHRERSCHAFTS-STRATEGIE	DIFFERENZIERTE MARKTFÜHRERSCHAFTS-STRATEGIE
NISCHENANBIETER	FOCUSSIERTE NISCHENSTRATEGIE	DIFFERENZIERTE NISCHENSTRATEGIE

Abb. 1: Typologisierung von Marktbehauptungsstrategien

3. Aggressives Verdrängungsmarketing verbunden mit hoher Kommunikationsintensität, aggressiver Preispolitik und breiter Distribution (Ziel: Ubiquität).

Die differenzierte Marktführerschaftsstrategie zielt darauf ab, durch intensive Bearbeitung der einzelnen Marktsegmente eine führende Position im Gesamtmarkt zu erreichen. Voraussetzung für den Erfolg sind segmentspezifische Leistungsprogramme, welche an bestehende unterschiedliche Anforderungen in Bezug auf Technologie, Design, Qualität und Service angepaßt sind.

Die strategiebedingte Typenvielfalt und das heterogene Produktionsprogramm führen zur Fertigung relativ kleiner Serien. Eine aggressive Preispolitik wird wegen der darin begründeten vergleichsweise ungünstigen Kostenstruktur weitgehend ausgeschlossen. Sollen trotzdem dominierende Marktanteile erreicht werden, müssen die Endabnehmer erhebliche Produkt- und Nutzenvorteile wahrnehmen. Diese Erfolgsvoraussetzungen bedingen erhebliche Investitionen in die Technologie- und Qualitätsforschung und in ein kreatives Marketing. Insbesondere gilt es, die spezifischen Kompetenzvorsprünge deutlich zu kommunizieren und emotionale Markenbindungen zu erzeugen bzw. zu verstärken. Eine ausgeprägte Markenpolitik (u.U. in Form einer Multimarkenstrategie) soll zu einer erhöhten Preisbereitschaft und Kaufwilligkeit beim Verbraucher führen und so den Geschäftsfelderfolg langfristig sichern helfen. Die differenzierte Marktführerschaftsstrategie wird nicht selten durch vertragliche Vertriebssysteme und andere Maßnahmen der vertikalen Integration der Distributionskanäle unterstützt.

Die focussierte Nischenstrategie hat zum Ziel, eine starke Wettbewerbsposition in einem speziellen Marktsegment mit einem straffen Leistungsprogramm zu erreichen und gleichzeitig durch die Errichtung von Barrieren gegen den Wettbewerb abzusichern. Diese Strategie beinhaltet die Schaffung eines besonders spezialisierten - möglichst durch Patente abgesicherten - Knowhows und/ oder eine hoch spezialisierte Produktion, die eine Kostenführerschaft in der Nische ermöglicht. Sowohl in die Produktentwicklung als auch in die Fertigungstechnologie sind deshalb erhebliche Investitionen vorzunehmen. Der Produktentwicklung kommt dabei die Aufgabe zu, eine standardisiertes Leistungsprogramm zu schaffen, welches geeignet ist, den gesamten Segmentbedarf weitgehend abzudecken. Eine rationelle Fertigungstechnologie soll den Spielraum in der Preissetzung erhöhen.

Die differenzierte Nischenstrategie ist demgegenüber auf die Bearbeitung eines spezifischen Marktsegments mit einem breiteren Leistungsprogramm ausgerichtet. Die wesentlichen Elemente dieser Strategie sind eine hochflexible Fertigung und ein breitgefächertes Beratungs- und Serviceprogramm. Voraussetzung für ihren erfolgreichen Einsatz ist die Fähigkeit, eine optimale Befriedigung der Abnehmerbedürfnisse zu erreichen, damit die durch eine Kleinserienproduktion oder Individualanfertigung entstehenden hohen Kosten über die Hochpreispolitik kompensiert werden können. Wegen des im Vergleich zur focussierten Nischenstrategie geringeren Bedarfs an teuren, hochspezialisierten Produktionsanlagen sind bei der differenzierten Nischenstrategie in aller Regel geringere Investitionen erforderlich.

Die Entscheidung für eine erfolgreiche Behauptungsstrategie muß sich an der situativ bedingten Einschätzung des langfristigen Zielerreichungsgrades der einzelnen Alternativen ausrichten. Dabei erweist es sich als notwendig, die Vielzahl der Situationsfaktoren auf einige wenige besonders relevante Variablen (Situationscluster) zu verdichten. Die relevanten Situationsvariablen lassen sich zum einen in die Gruppe der Marktbedingungen und zum anderen in die Gruppe der die Wettbewerbsstärke kennzeichnenden Faktoren aufteilen. Die Marktbedingungen sind dabei insofern relevant, als sie die langfristige Entwicklung des Gewinnpotentials eines Marktes determinieren. Die Wettbewerbsstärke dagegen gibt an, in welchem Maße eine Unternehmung in der Lage ist, sich im Wettbewerb durchzusetzen und an dem Gewinnpotential zu partizipieren.

Die bereits erwähnte empirische Analyse über das Verhalten von Unternehmungen im stagnierenden Markt der Haushaltsgroßgerätebranche führte zu den in der Abb. 2 dargestellten Ergebnissen (vgl. Ohlsen, 1985). Dabei wurde die Marktsituation und die Wettbewerbsstärke je zwei Ausprägungen zugeordnet, so daß sich die vier in der Matrix skizzierten entscheidungsrelevanten Situationscluster ergeben.

MARKTSITUATION / GESCHÄFTSBEREICHE	RELATIV GÜNSTIGE MARKTBEDINGUNGEN	RELATIV UNGÜNSTIGE MARKTBEDINGUNGEN
RELATIV HOHE WETTBEWERBSSTÄRKE	QUALITÄTSFÜHRERSCHAFT BEI STARKER SEGMENTORIENTIERUNG	IMAGEFÜHRERSCHAFT BEI HOHER QUALITÄT UND SEGMENTORIENTIERUNG
RELATIV GERINGE WETTBEWERBSSTÄRKE	HERAUSRAGENDES PREIS-LEISTUNGS-VERHÄLTNIS BEI RELATIV HOHER QUALITÄT	KUNDENNÄHE DURCH STARKE SERVICEORIENTIERUNG BEI GÜNSTIGEM PREIS-LEISTUNGS-VERHÄLTNIS

Abb. 2: Normstrategien in den Situationsclustern

Besonders auffallend ist, daß die bisherigen Überlegungen wie etwa die der Portfolio-Analysen, welche auf der auf Erfahrungskurven aufbauenden Lebenszyklustheorie basieren, ebenso wie die Empfehlungen aus der PIMS-Datenbank abgeleiteter Theorien mit den für den speziellen Markt der Hausgeräte gefundenen Erfolgsstrategien kaum in Übereinstimmung zu bringen sind (vgl. Meffert, 1984 b, S. 59 ff.; Meffert/Walters, 1984, S. 157 ff.). Weder für eine Abschöpfungsstrategie noch für eine Strategie hoher Marktanteile und besonders niedriger Produktionskosten (wie die focussierte Marktführerschaftsstrategie) konnten besondere Erfolge nachgewiesen werden.

Vielmehr lagen die Stärken in den wettbewerbsstarken Clustern vor allem in einer konsequent segmentorientierten Marktbearbeitung und einem hohen, von den Verbrauchern wahrgenommenen Qualitätsstandard. Wegen der erhöhten Wettbewerbsintensität aufgrund der ungünstigen Marktbedingungen waren zugleich Stärken im Bereich des Markenimages kennzeichnend für erfolgreiche Unternehmen. Für den Erfolg der wettbewerbsschwächeren Geschäftsbereiche erwiesen sich dagegen besondere Servicestärken, eine starke Kundenorientierung und ein relativ günstiges Preis-Leistungs-Verhältnis als bedeutsam. Dies unterstreicht zugleich die eminente Bedeutung des Marketinggedankens in stagnierenden Märkten.

II. Ausweich- oder Rückzugsstrategie

Die Prüfung der Behauptungsstrategien kann ergeben, daß die Unternehmung nicht über die zur Realisierung einer erfolgreichen Marktposition notwendigen Stärken verfügt. In diesem Fall ist zu überprüfen, ob die Aktivitäten in dem schrumpfenden oder stagnierenden Markt langfristig einzustellen sind. Damit verbunden ist in der Regel die Auflösung oder grundlegende Neudefinition des Tätigkeitsbereichs der betreffenden strategischen Geschäftseinheit. Dies verdeutlicht, warum die sog. "Stay-or-Exit-Entscheidung", also die Frage, ob und gegebenenfalls wie die Unternehmung aus dem Markt austreten soll, ein strategisches Schlüsselproblem ist.

Findet sich keine erfolgversprechende Behauptungsstrategie und sind mit dem Austritt keine unübersehbaren Risiken und Kosten verbunden, wird man zu den am besten geeigneten Austrittsstrategien übergehen.

Die Alternative des Verkaufs der Geschäftseinheit setzt in der Regel voraus, daß der betreffende Unternehmensteil nicht zu stark mit anderen Bereichen der Unternehmung verbunden ist. Daher ist diese Möglichkeit vor allem für relativ autarke Geschäftsfelder bzw. Tochterunternehmen breit divisionalisierter Konzerne und für mittelständische Unternehmungen, deren Kerngeschäft betroffen ist, in Betracht zu ziehen.

Die Strategie der sofortigen Beendigung der Geschäftsfeldaktivitäten erscheint sinnvoll, wenn zum einen der Verkauf des Geschäftsbereiches nicht möglich ist und zum anderen die durch die Weiterführung des Geschäftes entstehenden Verluste höher sind als die Kosten des Marktaustritts. Dabei ist zu untersuchen, ob durch die Schließung eines Geschäftsbereiches moderne Anlagen zur Nutzung in anderen Unternehmensteilen freiwerden und inwieweit durch diese Anlagenmodernisierung deren Wettbewerbsfähigkeit und Ertragskraft gestärkt wird. Die Erträge aus einer solchen Modernisierung anderer Geschäftsbereiche müssen von den Austrittskosten abgesetzt und in das Kalkül einbezogen werden.

Die Strategie "Senkung von Marktaustrittsbarrieren" basiert auf der Zielsetzung, die Marktaustrittsschwierigkeiten und -kosten soweit zu senken, daß eine Aufgabe der Aktivitäten in dem stagnierenden oder schrumpfenden Bereich zu einem späteren Zeitpunkt reibungslos möglich wird. Die Aktivitäten werden also nicht auf eine Maximierung des Cash-Flows oder auf kurzfristige Gewinne ausgerichtet, sondern auf eine Erhöhung der strategischen Entscheidungsspielräume. Die Nachteile und Risiken dieser Austrittsstrategie liegen unter anderem in einer möglicherweise zu starken Vernachlässigung von Kosteneinsparungspotentialen und Gewinnchancen. Außerdem kann der fortlaufende Personalabbau- und Schrumpfungsprozeß negative Auswirkungen auf die Mitarbeitermotivation haben und zu einer Verringerung der Produktivität und Effizienz führen.

Die Abschöpfungsstrategie zielt darauf ab, den Cash-Flow in schrumpfenden und stagnierenden Geschäftsfeldern zu maximieren und in andere Geschäftsfelder, die in wachsenden Märkten operieren, zu investieren, um das langfristige Wachstum und Erfolgspotential der Gesamtunternehmung sicherzustellen. Als Cash-Flow maximierende Maßnahmen werden vor allem rigide Budgetkürzungen vorgeschlagen. Diese Strategie führt zu einer Schwächung der Marktposition und macht die Geschäftseinheit sehr anfällig für

Angriffe der Wettbewerber. Mit einer Entscheidung für eine Abschöpfungsstrategie wird daher in aller Regel der bewußte Marktaustritt langfristig vorprogrammiert.

III. Kooperationsstrategie

Die Planung einer der beschriebenen Behauptungs- oder Austrittsstrategien kann aus unterschiedlichen Gründen unterbleiben (vgl. Meffert, 1984 b, S. 67). Dies führt dazu, daß der Handlungsspielraum, über den eine Unternehmung bei der Festlegung einer Strategie verfügt, begrenzt wird. Dadurch geraten Unternehmungen oftmals in schwierige Lagen, in denen häufig nur Strategien des "flexiblen Reagierens" bleiben. Es ist dann Aufgabe interner und externer Flexibilitätsmaßnahmen, die Reaktionszeit der Unternehmungen zu reduzieren und damit die Voraussetzung für die Wahrnehmung erfolgreicher Marktbehauptungs- oder -rückzugsstrategien zu schaffen (vgl. Meffert, 1985 b). Darüber hinaus sind Unternehmungen in der Lage, von vornherein flexibilitätserhöhende Maßnahmen zur flankierenden Unterstützung bzw. Absicherung der Strategien in stagnierenden Märkten einzusetzen.

Dies trifft insbesondere auf Kooperationen zu. Dabei soll die freiwillige Zusammenarbeit selbständiger Unternehmungen zur Erreichung von Kooperationszielen und zur Reduzierung von Risiken beitragen. Letztlich zielen solche Maßnahmen auf eine Verminderung der Wettbewerbsintensität und die Ausnutzung von Synergiepotentialen ab. Meistens erstrecken sich solche Kooperationen auf Teilfunktionen der Produktion oder des Marketing. Kooperationsmodelle können dabei als vertikaler oder horizontaler Firmenverbund vielseitig ausgestaltet werden. Im Marketingbereich erweisen sich derartige Kooperationen auf dem Gebiet der Gemeinschaftswerbung, bestimmter Verkaufsfunktionen und der Informationsbeschaffung vor allem bei mittleren und kleineren Unternehmungen als relativ erfolgreich. Demgegenüber ist die Zusammenarbeit auf dem Gebiet der Produktpolitik und im Verkauf wegen der latenten Interessenkonflikte bei allen Firmengrößen meist problembehaftet.

Zweifellos sind kooperative Lösungen als flankierende Maßnahmen zur Durchsetzung von Behauptungs- oder Rückzugsstrategien unterschiedlich zu beurteilen. Sie können bei differenzierten Strategien den Markteintritt in bestimmte Segmente erleichtern und zum Abbau von Marktaustrittsbarrieren beitragen. Die Erfolgschancen von Kooperationen hängen in stagnierenden und schrumpfenden Märkten vor allem von der Konkurrenzintensität, der Größenstruktur der Wettbewerber und den vom Management subjektiv wahrgenommenen Möglichkeiten ab, sich allein am Markt durchzusetzen. Empirische Untersuchungen in der Bundesrepublik zeigen, daß Kooperationsstrategien zur Lösung der Probleme in stagnierenden Märkten kein sehr hoher Stellenwert eingeräumt wird (vgl. Meffert/Katz, 1983).

D. Implikationen für den Einsatz der Marketinginstrumente in schrumpfenden und stagnierenden Märkten

Ebenso wichtig wie die Auswahl der "richtigen" Wettbewerbsstrategie ist ihre Umsetzung in ein geschlossenes Konzept, in dem die funktionalen Teilstrategien (z.B. F+E, Marketing, Produktion) synergetisch zusammenwirken (vgl. Meffert/Walters, 1984). Bezogen auf den Absatzbereich stellt sich die Frage, welche konkreten Marketingaktivitäten geeignet sind, die unterschiedlichen strategischen Stoßrichtungen in stagnierenden oder schrumpfenden Märkten konsequent umzusetzen.

Letztlich kann die konkrete Ausgestaltung des Marketing-Mix nur dann fundiert erfolgen, wenn die jeweiligen Kontextbedingungen (z.B. Produkttyp, Technologiedynamik) in schrumpfenden und stagnierenden Märkten hinreichend konkretisiert sind. Daher kann in der konkreten Markt- und Unternehmenssituation der Einsatz des absatzpolitischen Instrumentariums unterschiedlich ausgeprägt sein. Wichtig für den Erfolg in schrumpfenden und stagnierenden Märkten ist vor allem, daß sich die Einzelmaßnahmen im Sinne der gewählten Marktbehauptungsstrategie synergetisch verstärken.

Sicher gibt es Anpassungsmaßnahmen, die sich für sämtliche Marktbehauptungsstrategien als zweckmäßig erweisen (z.B. Forcierung von Systemkonzepten, Stärkung des persönlichen Verkaufs, Schaffung eines starken Markenimages sowie einer ausgeprägten

Marketinginstrumente \ Strategienschwerpunkt		Kostenführerschaft (auf dem Gesamtmarkt oder in der Nische)	Differenzierung (Qualitätsführerschaft auf dem Gesamtmarkt oder in der Nische)
Produkt- und Sortimentspolitik	Sortiment	Produktrationalisierung durch Wertanalyse; Programmbereinigung durch Produkteliminierung	Produktdifferenzierung und Sortimentsabrundung
	Innovation	vorwiegend Prozessinnovationen	vorwiegend Produktinnovationen; Schaffung von Angebotsinnovationen
	Kundendienst	Minimierung von Kundendienstleistungen durch Entwicklung von Produkten mit geringem oder keinem Servicebedarf (z.B. Wegwerfprodukte)	Verstärkung der kundendienstpolitischen Aktivitäten
	Markierung	Konzentration auf eine oder wenige starke Einzelmarken	Verwendung von Dachmarkenstrategien
Preispolitik		Preisreduzierungen entsprechend den mengen- und rationalisierungsbedingten Kostensenkungen	Ausnutzung der Preisbereitschaft der Konsumenten durch eine Hochpreispolitik sowie durch Preisdifferenzierung
Kommunikationspolitik		Umsetzung des Strategieschwerpunkts "Preisgünstigkeit" durch standardisierte Zielgruppenansprache über Massenmedien (in Zukunft verstärkt über Satellitenfernsehen)	Umsetzung des Strategieschwerpunkts "Qualität" durch differenzierte Zielgruppenansprache über zielgruppenadäquate Medien sowie über Direktwerbung (in Zukunft verstärkt über Bildschirmtext)
Distributionspolitik	Distributionskonzept	intensive oder selektive Distribution (Selektionskriterium Abnahmemengen)	exklusive oder selektive Distribution (Selektionskriterium: Einkaufsstättenimage)
	Kooperation mit dem Handel	in erster Linie zur Reduzierung von Distributionskosten	enge, umfassende Kooperation auf der Basis vertraglicher Vertriebssysteme; insbesondere über Franchisesysteme
	Direktvertrieb	wegen der Notwendigkeit einer breiten Distribution durch eigene Verkaufsstellen der Hersteller kaum finanzierbar. Vertrieb über Versandaktivitäten (in Verbindung mit BTX) erwägenswert.	bei exklusiven und erklärungsbedürftigen Produkten durch eigene Verkaufs- und Beratungsstellen der Hersteller zweckmäßig

Abb. 3: Einsatz der Marketinginstrumente in stagnierenden und schrumpfenden Märkten bei unterschiedlichen Schwerpunkten der Wettbewerbsstrategie.

Corporate Identity). Andere Maßnahmen unterscheiden sich allerdings deutlich in Abhängigkeit vom jeweiligen Strategieschwerpunkt. Abb. 3 zeigt auf, welche Maßnahmen zur Umsetzung der zentralen Strategien der Kostenführerschaft sowie der Differenzierung (entweder auf dem Gesamtmarkt oder in der Nische) sinnvoll erscheinen. Insgesamt ist zu beachten, daß es sich hierbei lediglich um Tendenzaussagen handelt, die noch einer empirischen Absicherung bedürfen.

Literaturverzeichnis

Hamermesh, R.G., Silk, S.B., (1980): In der Stagnation erfolgreich konkurrieren, in: Harvard manager, Nr. 3, 1980, S. 74-82.

Harrigan, K.R., (1980): Strategies for Declining Businesses, Lexington, Toronto 1980.

Meffert, H., (1983): Strategische Planungskonzepte in stagnierenden und gesättigten Märkten, in: Die Betriebswirtschaft, 1983, S. 193-209.

Meffert, H., (1984 a): Thesen zur marktorientierten Führung in stagnierenden und gesättigten Märkten, in: Marketing, ZFP, 1984, S. 215-220.

Meffert, H., (1984 b): Marketingstrategien in stagnierenden und schrumpfenden Märkten, in: Betriebswirtschaftliche Entscheidungen bei Stagnation, Edmund Heinen zum 65. Geburtstag, Hrsg.: Pack, L., Börner, D., Wiesbaden 1984, S. 37-72.

Meffert, H., (1985 a): Zur Bedeutung von Konkurrenzstrategien im Marketing, in: Marketing, ZFP, Heft 1, 1985 (im Druck).

Meffert, H., (1985 b): Größere Flexibilität als Unternehmenskonzept, in: ZfbF, Heft 2, 1985, S. 121-137.

Meffert, H., Katz, R., (1983): Unternehmensverhalten in stagnierenden und schrumpfenden Märkten, Arbeitspapier Wissenschaftliche Gesellschaft für Marketing und Unternehmensführung e.V., Hrsg.: Meffert, H., Wagner, H., Nr. 12, Münster 1983.

Meffert, H., Walters, M., (1984): Anpassung des absatzpolitischen Instrumentariums in stagnierenden und schrumpfenden Märkten, in: Betriebswirtschaftliche Beiträge zur Bewältigung der ökonomischen Krise, Hrsg.: Staehle, W.H., Stoll, E., Wiesbaden 1984, S. 141-160.

Ohlsen, G., (1985): Marketing-Strategien in stagnierenden Märkten. Eine empirische Untersuchung des Verhaltens von Unternehmen im deutschen Markt für elektrische Haushaltsgroßgeräte, Diss. Münster 1985 (im Druck).

Porter, M.W., (1983): Wettbewerbsstrategie, Stuttgart 1983.

Günter Specht und Wilhelm W. Zörgiebel *

Technologieorientierte Wettbewerbsstrategien **

---

* Prof. Dr. Günter Specht ist Inhaber eines Lehrstuhls für Marketing am Institut für Betriebswirtschaftslehre der Technischen Hochschule Darmstadt. Dr. Wilhelm W. Zörgiebel ist Mitarbeiter der Fa. F. Deckel in München.

**Der vorliegende Beitrag ist unter gleichem Titel in einer etwas kürzeren Fassung in der Zeitschrift Marketing-ZFP erschienen (Heft 3/1985)

A. Technologie im Wettbewerb

Der sich beschleunigende Wandel von technischen, ökonomischen, sozialen, politischen und ökologischen Umweltbedingungen ist Merkmal moderner Industriegesellschaften. Vor diesem Hintergrund ist die zunehmende Beachtung strategischer Management-Konzepte in Wissenschaft und Praxis nicht erstaunlich (vgl. Ansoff, 1979; Wiedmann/Kreutzer, in diesem Band), obwohl diese Konzepte bisher vielfach eine wesentliche Lücke aufweisen, nämlich die Integration technologiebezogener Entscheidungen (vgl. dazu Bitondo/Frohman, 1981, S. 19 - 23). Die technische Dimension von Unternehmensstrategien wird zwar nicht übersehen (vgl. Pfeiffer u.a., 1982); nur selten wird jedoch aufgezeigt, welche technologieorientierten Entscheidungsparameter im strategischen Management eine wesentliche Rolle spielen. Nyström führt diese geringe Beachtung von technologischen Entscheidungsparametern auf den Umstand zurück, daß "... the language of business administration does not include R&D as a strategic variable" (Nyström, 1979, S. 417).

In immer mehr Industriezweigen sind F&E und Technologie-Management Basis des Erfolgs oder Mißerfolgs. Industriebetriebe einer Branche stehen i.d.R. untereinander in einem technologischen Wettbewerb. Kosten und Leistungen werden durch die eingesetzte Technik geprägt.

Der Einsatz spezifischer Techniken muß strategisch geplant werden. Ein schneller und reibungsloser Transfer von technischem Wissen und technischen Fähigkeiten in das Unternehmen und auch innerhalb des Unternehmens ist ohne strategische Planung nicht zu erwarten. Nur ein Technologie-Management, das Teil eines strategischen Management-Konzepts ist, kann den rechtzeitigen Aufbau von technischen Leistungspotentialen bewirken, die den Markterfordernissen entsprechen.

Wesentliche Grundlage für die Analyse technologieorientierter Wettbewerbsstrategien ist der generelle wettbewerbsstrategische Ansatz von Porter (1980). Daß dieses inzwischen weithin bekannte Wettbewerbskonzept sehr gut für eine Analyse der technologischen Dimension von Wettbewerbsstrategien geeignet ist, haben Zörgiebel in seiner Dissertation (1983) und auch Porter selbst (1983) aufgezeigt.

Zeitlich früher präsentieren vor allem Ansoff und Stewart (1967) und Maidique (1980) spezielle technologieorientierte Strategiekonzepte. In beiden Fällen werden primär Fragen der technologischen Führer- und Folgerschaft und sekundär sonstige strategische Möglichkeiten diskutiert. Unter Rückgriff auf Aussagen zu verschiedenen Entscheidungsfeldern des F&E-Managements unterscheiden z.B. Ansoff und Stewart (1967, S. 11 - 13) folgende vier "Marketing-Strategien":

1) "First-to-Market"-Strategie,
2) "Follow-the-Leader"-Strategie,
3) "Application Engineering"-Strategie,
4) "Mee-too"-Strategie.

Bei Maidique steht das Timing der Einführung neuer Produkte in den Markt und seine Wettbewerbswirkung im Vordergrund, wenn er wie folgt unterscheidet (1980, S. 7 - 9):

1) "First-to-Market"-Strategie,
2) "Second-to-Market"-Strategie,
3) "Late-to-Market"-Strategie,
4) "Market-Segmentation"-Strategie.

Der Ansatz von Ansoff/Stewart ist grundsätzlich auf die Intensität von Forschung und Entwicklung bezogen. Es interessieren die für die einzelnen Strategien notwendigen Investitionen und Risiken. Dagegen wird kein direkter Bezug zu Wettbewerbsstrategien hergestellt, obwohl die vier Strategietypen als Marketingstrategien bezeichnet werden. Anders ist dies bei Maidique. Von ihm werden vor allem die Wettbewerbswirkungen der vier Strategietypen untersucht. Dem Aspekt des Timings beim Einstieg in neue Technologien wird jedoch zu Lasten einer differenzierten Betrachtung der strategischen Zielorientierung zu viel Gewicht beigemessen. Auf der einen Seite ist eine Schnittstelle zwischen "Second-to-Market"-Strategie und "Late-to-Market"-Strategie schwierig zu definieren, da die Unterschiede in der Intension der beiden Strategien fraglich sind. Auf der anderen Seite werden Unternehmen, die eine Marktsegmentierungsstrategie verfolgen, nicht weiter unterschieden, obwohl gerade auf spezielle Segmente ausgerichtete Unternehmen gravierende Unterschiede in ihren technologischen Strategien aufweisen können. Zu denken ist z.B. an das vom Arbeitskreis "Marketing in der Investitionsgüter-Industrie" der

Schmalenbach-Gesellschaft diskutierte produktpolitische Entscheidungsproblem "Standardisierung und Individualisierung" (1977, S. 39 - 56).

B. Dimensionen technologieorientierter Wettbewerbsstrategien

Das folgende Konzept technologieorientierter wettbewerbsstrategischer Optionen orientiert sich an den Dimensionen der erwähnten Ansätze von Ansoff/Stewart, Maidique und des Arbeitskreises "Marketing in der Investitionsgüter-Industrie", und es stellt eine Verbindung zu dem Konzept genereller Wettbewerbsstrategien von Porter her.

Grundsätzlich werden folgende Dimensionen technologieorientierter Wettbewerbsstrategien unterschieden:

(1) der strategische Standardisierungs- bzw. Individualisierungsgrad,
(2) der strategische Grad der Markterfassung,
(3) das Timing des Markteintritts.

Unter <u>Standardisierung</u> und <u>Individualisierung</u> werden "Extrempositionen" der Leistungsgestaltung eines Unternehmens verstanden (vgl. Arbeitskreis, 1977, S. 40). Im Falle der Individualisierung versucht ein Anbieter, den Nachfrageranforderungen durch kundenindividuelle, einzigartige bzw. "maßgeschneiderte" Problemlösungen zu entsprechen. Demgegenüber wird unter Standardisierung die Vereinheitlichung von Produkten verstanden, so daß mit dem gleichen Produktangebot eine Mehrzahl von Nachfragern beliefert werden kann (vgl. ebenda). Während mit der Individualisierung primär über die Leistungsgestaltung Wettbewerbsvorteile erreicht werden sollen, steht bei der Standardisierung das Kostensenkungsstreben und damit die Vergrößerung des preispolitischen Spielraums im Vordergrund (vgl. Kreutzer, in diesem Band).

In der Realität gibt es zahlreiche Mischformen der Standardisierung und Individualisierung; dies darf bei der Interpretation der Wettbewerbsstrategien nicht übersehen werden (vgl. ebenda, S. 41 - 42; vgl. auch Mathur, 1984, S. 102 - 109).

Die Unterscheidung von Standardisierungs- und Individualisierungsstrategien ist nicht mit der Differenzierung der Wettbewerbsvorteile bei Porter in "Kostenführung" (niedrige Kostenposition) und "Einzigartigkeit der Leistung aus der Sicht der Kunden" identisch. Bei Porter wird nicht genügend deutlich, daß auch das Angebot kundenindividueller Problemlösungen mit einer Strategie der Kostenführung verknüpft werden kann. Andererseits wird bei Porter die Kostenführungsstrategie eng mit dem Standardisierungsprinzip gekoppelt. Auch dies ist in der Realität keineswegs zwangsläufig. Es gibt z.B. sehr erfolgreiche Unternehmen (im Werkzeugmaschinenbau, in der Automobilindustrie und in anderen Branchen), die standardisierte Produkte in einer relativ hohen Preislage anbieten, ohne zugleich ein Vertreter der Individualisierung oder der Nischenbearbeitung zu sein.

Hinsichtlich des strategischen Grads der Markterfassung sind wiederum zwei Extremfälle denkbar. Wie bei Porter wird von "industrieweiter" und "segmentspezifischer" Orientierung gesprochen. Bei industrieweiter Ausrichtung werden grundsätzlich alle oder viele Marktsegmente eines Industriezweigs erfaßt; ein segmentspezifischer Ansatz beschränkt sich auf die Bearbeitung eines speziellen Marktsegments oder weniger Marktsegmente. Kotler bezeichnet dies als eine "Konzentrationsstrategie" (Kotler, 1980, S. 252); Porter spricht von "Fokus-Strategie" (Porter, 1980, S. 38 - 40).

Die Dimension "Timing des Markteintritts" wird im Unterschied zu Maidique nur in die beiden Klassen "früher Einstieg" bzw. "technologischer Frühanbieter" und "später Einstieg" bzw. "technologischer Spätanbieter" unterteilt (vgl. ergänzend zum Problembereich der Früherkennung im Technologiesektor z.B. Merkle, in diesem Band). Dabei wird im einen Falle auch von technologischer Führerschaft und im anderen Falle auch von technologischer Folgerschaft gesprochen. Das Unterscheidungskriterium beider strategischer Möglichkeiten ist der Markteintritt in der Einführungsphase eines technisch neuen Produkts: Technologische Führer betreten einen Markt in der Einführungsphase; technologische Folger bieten ihre Produkte erst in der Wachstums- oder Reifephase eines Marktes an.

Anzumerken ist, daß sich ein in der Forschung führendes Unternehmen durchaus dazu entschließen kann, im Markt als technischer Folger aufzutreten. Umgekehrt kann es auch vorkommen, daß ein im

Markt auftretender Frühanbieter in der Forschung als technologischer Folger anzusehen ist. Beide Varianten können durchaus zweckmäßig sein.

Aus der Kombination der jeweiligen Extremtypen bei den drei Dimensionen technologieorientierter Wettbewerbsstrategien ergeben sich insgesamt acht technologieorientierte wettbewerbsstrategische Optionen (vgl. Abb. 1). Im einzelnen sind dies:

(1) segmentspezifische Technologieführungs- und Individualisierungsstrategie,

(2) segmentspezifische Technologiefolger- und Individualisierungsstrategie,

(3) generelle Technologieführungs- und Individualisierungsstrategie,

(4) generelle Technologiefolger- und Individualisierungsstrategie,

(5) segmentspezifische Technologieführungs- und Standardisierungsstrategie,

(6) segmentspezifische Technologiefolger- und Standardisierungsstrategie,

(7) generelle Technologieführungs- und Standardisierungsstrategie,

(8) generelle Technologiefolger- und Standardisierungsstrategie.

Diese technologieorientierten wettbewerbsstrategischen Optionen sind mit typischen Unternehmensmerkmalen verbunden, die in den folgenden Strategieprofilen beschrieben werden. Außerdem werden die strategietypischen Chancen und Risiken aufgezeigt.

C. Merkmale technologieorientierter Wettbewerbsstrategien

I. Segmentspezifische Technologieführungs- und Individualisierungsstrategie

Bei der segmentspezifischen Technologieführungs- und Individualisierungsstrategie werden nur ein Marktsegment oder wenige Marktsegmente bearbeitet.

Wettbewerbsvorteile sollen durch technische Innovationen in kundenindividuellen Problemlösungen erzielt werden. Dabei wird ein hohes Maß an Kundenorientierung bei der Sach- und Dienstlei-

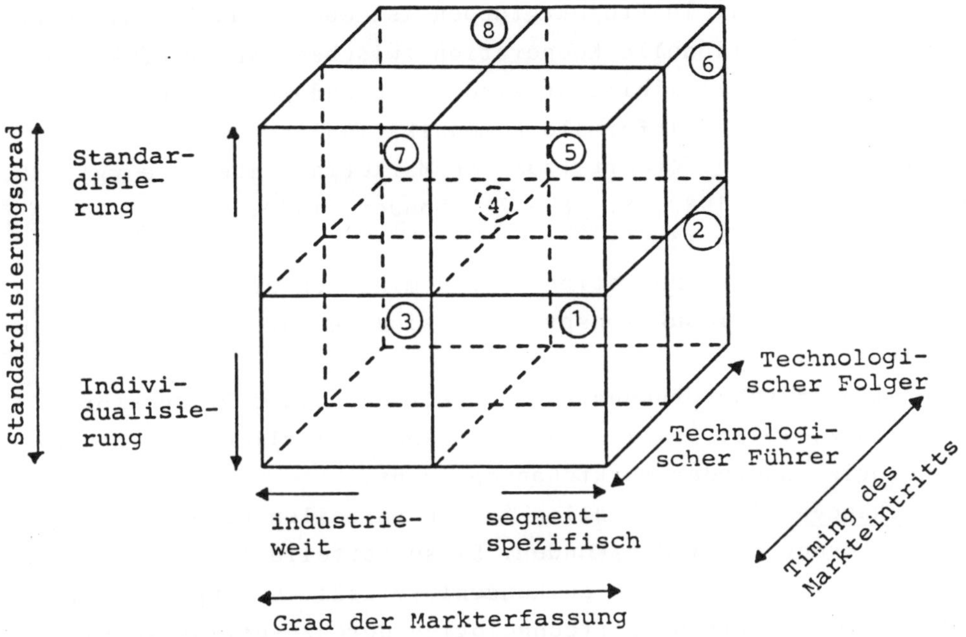

Abb. 1: Technologieorientierte wettbewerbsstrategische Optionen

stungskomponente der Gesamtleistung angestrebt. Wesentlich ist auch ein relativ hohes Qualitätsniveau. Damit soll das Image eines Problemlösers für hochkomplexe, individuelle Kundenprobleme aufgebaut werden, wobei die Schrittmacherfunktion in der Technologieentwicklung und -anwendung auch im Image zu verankern ist. Das strategische Marketing-Mix ist durch ein relativ enges Produktprogramm, relativ hohes Preisniveau, Direktabsatz und Dominanz der persönlichen Kommunikation gekennzeichnet.

Die Strategie erfordert hinsichtlich Forschung und Entwicklung eine starke Forschungs- und Entwicklungsorientierung und ein relativ hohes F&E-Investitionsniveau. Im Blick auf die Breite des Wissens sind jedoch relativ enge marktsegmentbezogene technische Kenntnisse ausreichend.

Die Kostenorientierung ist generell von sekundärer Bedeutung. Erfahrungseffekte ergeben sich vor allem durch die wiederholte Anwendung neuen technischen Wissens beim Anfahren der Produktion und der Einführung neuer Technologien im Markt. Wichtig ist eine flexible Organisationsstruktur mit kleinen oder mittelgroßen technisch und kundenorientiert determinierten Unternehmenseinheiten. Die Arbeit in Projektgruppen ist ebenso üblich wie eine starke interfunktionelle Kooperation zwischen F&E, Produktion und Verkauf. Die Flexibilität wird insbesondere auch durch intensive formale und informale Kommunikation in und außerhalb des Unternehmens gefördert (zum F&E/Marketing-Interface vgl.: Carroad/Carroad, 1982, S. 28 - 33; Souder, 1980, S. 10 - 15; Kiel, 1984, S. 7 - 14).

Hinsichtlich des Innovationstyps dominieren produktbezogene Neuerungen; die Produktionsprozesse sind in ihrer Grundstruktur relativ stabil.

Die strategische Grundhaltung ähnelt der eines Prospektors (Miles/Snow, 1978, S. 31 - 94), der kontinuierlich nach neuen Technologie- und/oder Marktchancen sucht.

Die Chancen liegen vor allem in den Vorteilen neuer technologischer Lösungen bei den Kunden. Diese Vorteile führen nicht selten zu einem hohen Maß an Kundenloyalität. Gelingt es, sich im Markt mit Schrittmachertechnologien durchzusetzen, so kann sich das Unternehmen darüber hinaus einem relativ riskanten Preiswettbewerb entziehen.

Die Risiken dieser Strategie sind primär in der relativ hohen Abhängigkeit von einem speziellen Marktsegment und in dem hohen F&E-Risiko zu sehen. Zusätzlich besteht ein Risiko hinsichtlich der Frage, ob die Abnehmer die vergleichsweise hohen Preise für neuartige technische Leistungen gegenüber den niedrigen Preisen bei konventionellen Problemlösungen akzeptieren.

II. Segmentspezifische Technologiefolger- und Individualisierungsstrategie

Wird eine segmentspezifische Individualisierungsstrategie mit einer Technologiefolgerstrategie gekoppelt, so ergeben sich gegenüber der entsprechenden Technologieführungsstrategie (vgl. Kapitel I) einige wesentliche Unterschiede.

Wettbewerbsvorteile werden bei der segmentspezifischen Technologiefolger- und Individualisierungsstrategie vor allem durch kostenbedingte Preisvorteile angestrebt. Diese ergeben sich dadurch, daß auf der Basis bekannten technischen Wissens exakt definierte Kundenprobleme individuell angepaßt gelöst werden. Auch in diesem Falle wird die Qualität als akquisitorisches Instrument genutzt, wobei der geringen Risikoneigung der Kunden gemäß ein hohes Maß an technischer Zuverlässigkeit im Vordergrund steht. Das Anbieterimage soll durch die Merkmale preisgünstig, bewährte Technik für moderat komplexe individuelle Kundenprobleme sowie Technologieanwendungsspezialisierung geprägt sein.

Wesentlich ist dementsprechend im strategischen Marketing-Mix ein niedriges bis mittleres Preisniveau. Der Direktabsatz ist zwar unabdinglich, der Vertriebsaufwand ist wegen der klaren Problemstellung und des Rückgriffs auf bewährte Technik jedoch weniger hoch als bei einer Strategie der Technologieführung. Persönliche Kommunikation mit dem Kunden kann aus den gleichen Gründen eingeschränkt werden.

Im Blick auf Forschung und Entwicklung tritt an die Stelle einer starken Forschungs- und Entwicklungsorientierung eine dominierende Konstruktionsorientierung. Eigenentwicklungen sind relativ selten. Infolgedessen ist auch das F&E-Investitionsniveau vergleichsweise gering. Ausschlaggebend ist das Anwendungsengineering.

Die Kostenpolitik ist durch das Streben nach Kostenführung im Bereich individualisierter Produkte gekennzeichnet. Die Basis dafür sind die geringen F&E-Kosten und die Beschränkung auf klar definierte Kundenprobleme. Auch die gezielte Nutzung von Baukastensystemen ermöglicht Kosteneinsparungen. Als Folge ergeben sich relativ niedrige Produktions- und Vertriebskosten.

Die Organisationsstruktur ist durch einfache, aber effektive Zusammenarbeit zwischen Vertrieb, Konstruktion und Produktion gekennzeichnet. Die Auftragsabwicklung läuft wegen der relativ häufigen Wiederholung gleichartiger Vorgänge in starkem Maße routinisiert ab. Daraus ergibt sich allerdings eine eingeschränkte technische und ökonomische Flexibilität.

Insgesamt ist das Unternehmen wenig innovativ, und zwar sowohl bei der Produkt- als auch bei der Produktionsprozeßgestaltung. Die Risikoneigung ist gering. Als strategische Grundhaltung dominiert die Verteidigung (vgl. Miles/Snow, 1978, S. 31 - 94). Es wird versucht, die erreichte Geschäftsposition innerhalb des eng definierten Produkt-/Markt-Bereichs ohne starke Veränderung der Marktbearbeitung, der eingesetzten Technologie und der Organisationsstruktur zu halten. Stabilität und Effizienz des Unternehmensprozesses sind somit wichtige Charakteristika. Auf Veränderungen in der Unternehmensumwelt und speziell im Wettbewerb wird nur zögernd reagiert.

Die Chancen einer solchen Strategie liegen vor allem in den Kostenvorteilen, die preisstrategisch genutzt werden. Technischen Fehlentwicklungen kann der technische Spätanbieter entgehen. Auch hinsichtlich der Marktbearbeitung kann der Folger auf positiven und negativen Erfahrungen des Frühanbieters aufbauen.

Dem stehen jedoch einige Risiken gegenüber. Die Strategie ist mit relativ starker Abhängigkeit von einem Marktsegment oder relativ wenigen Marktsegmenten verbunden. Die Know-how-Basis ist bei Umweltveränderungen eventuell zu schmal und nicht rechtzeitig verfügbar. Speziell in einer dynamischen Situation wird sich die eingeschränkte ökonomische und technische Flexibilität negativ bemerkbar machen.

III. Generelle Technologieführungs- und Individualisierungsstrategie

Bei der generellen Technologieführungs- und Individualisierungsstrategie werden viele oder alle Marktsegmente bearbeitet.

Hinsichtlich der angestrebten Wettbewerbsvorteile, der Imageziele, der Kostenpolitik, der Organisationsstruktur, des dominierenden Innovationstyps sowie der strategischen Grundhaltung ergeben sich keine wesentlichen Unterschiede gegenüber einer entsprechenden segmentspezifischen Strategie (vgl. Kapitel I).

Aus der Tatsache, daß in den verschiedensten Marktsegmenten gearbeitet wird, ergibt sich ein relativ breites Produktprogramm. Baukastensysteme sind eher möglich als im Falle der Konzentrationsstrategie mit dem Anspruch technischer Führung.

Entsprechend muß auch die Forschung und Entwicklung danach streben, eine breite technische Know-how-Basis aufzubauen und bei der Weiterentwicklung der Technik auf den verschiedensten Bereichen eine Schrittmacherfunktion zu übernehmen. Dies verlangt eine starke Forschungs- und Entwicklungsorientierung, gezieltes und selektives Technologie-Management und ein relativ hohes F&E-Investitionsniveau.

Obwohl die Kostenpolitik von sekundärer Bedeutung ist, können sich durch die Mehrfachnutzung von technischem Know-how in Produkten für verschiedene Marktsegmente Kostendegressionseffekte ergeben.

Die Chancen der generellen Technologieführungs- und Individualisierungsstrategie resultieren speziell aus dem relativ hohen Maß an technischer und ökonomischer Flexibilität, aus den positiven Verbund- bzw. Ausstrahlungseffekten in F&E, Produktion und Marketing, aus den Technologievorteilen für die Kunden, aus der relativ hohen Kundenloyalität sowie aus der Tatsache, daß einem intensiven Preiswettbewerb relativ leicht ausgewichen werden kann.

Als Risiken stehen dem die relativ große Gefahr des Scheiterns von F&E-Projekten sowie das Akzeptanzrisiko im Blick auf hohe Preise gegenüber. Die größten Gefahren ergeben sich allerdings aus der Tatsache, daß selbst große Unternehmen kaum in der Lage sind, ein Ressourcenpotentiel bereitzustellen, das eine technische Führungsposition in vielen oder allen Marktsegmenten erlaubt.

IV. Generelle Technologiefolger- und Individualisierungsstrategie

Gegenüber der segmentspezifischen Technologiefolger- und Individualisierungsstrategie unterscheidet sich die generelle Strategie dieser Art durch die konsequente Bearbeitung vieler oder aller Marktsegmente.

Die strategischen Wettbewerbsvorteile sollen durch niedrige Preise bei Problemlösungen für exakt definierte Kundenprobleme auf der Basis bekannten und bewährten technischen Wissens erreicht werden. Die Erfassung mehrerer Marktsegmente erfordert den Aufbau eines relativ dichten Kundendienstnetzes, das seinerseits wiederum ein wesentlicher Wettbewerbsvorteil und zugleich für die Erzielung hoher Marktanteile in der Wachstums- und Reifephase eines Marktes förderlich ist.

Das strategische Marketing-Mix wird vor allem durch die Kombination relativ niedriger Preise für individuelle Leistungen mit einem vergleichsweise breiten Produktprogramm und einem kundennahen Servicenetz geprägt. Wie bei jeder Individualisierungsstrategie ist auch hier Direktabsatz und persönliche Kommunikation notwendig; allerdings ergeben sich aufgrund geringerer Marktwiderstände und klarer Definitionen von Kundenproblemen Kostensenkungsmöglichkeiten.

In der Forschung und Entwicklung ist eine relativ breite technische Know-how-Basis erforderlich. Im übrigen ist die Situation mit der einer segmentspezifischen Folgerstrategie bei individualisierten Leistungen vergleichbar.

Die Kosten lassen sich speziell bei industrieweiter Marktbearbeitung durch die intensive Nutzung standardisierter Komponenten (Baukastensysteme) sowie Verbundeffekte im Produktions-, Vertriebs-, Beschaffungs- und Kundendienstbereich auf vergleichsweise niedrigem Niveau halten.

Deutliche Unterschiede gegenüber der segmentspezifischen Version dieser Strategie zeigen sich in der Organisationsstruktur. Notwendig ist aus kundenorientierten und technischen Gründen ein hoher Differenzierungsgrad. Dabei dominiert an den Schnittstellen der Unternehmung zum Markt eine stark kundenorientierte Abteilungsbildung und in den übrigen Bereichen des Unternehmens eine starke Produktionsorientierung. Auch die Tatsache, daß in der Regel mit Projektgruppen gearbeitet wird, ändert nichts an der im Vergleich mit Technologieführern bei individualisierten Produkten unflexiblen Unternehmensstruktur.

Dennoch ist die generelle Technologiefolger- und Individualisierungsstrategie nicht ohne Chancen. Diese ergeben sich speziell aus dem relativ guten Überblick über die Entwicklung von Markt und Technik, denn der Folger beobachtet die Produktentstehung und die Markteinführungsphase sehr genau, versucht die erkennbaren Fehler des Führers zu vermeiden und betritt den Markt zu einem Zeitpunkt, zu dem das Wachstum voll einsetzt. Die Kostenvorteile werden voll an die Kunden weitergegeben. Auch daraus ergeben sich erhebliche Chancen, sofern die technische Leistung dem Standard entspricht. Vorteilhaft wirkt sich darüber hinaus die relativ geringe Abhängigkeit von einzelnen Marktsegmenten aus, so daß die Marktaustrittsbarrieren relativ niedrig sind.

Die Risiken resultieren vor allem aus der Gefahr einer mangelhaften Beherrschung neuer Technologien und einer zu späten Marktreife der eigenen Leistungen. Ein richtiges Timing ist eine wesentliche Erfolgsdeterminante. Riskant ist weiterhin die Dominanz des Preiswettbewerbs mit Unternehmen, die der gleichen strategischen Gruppe angehören, d.h. mit Unternehmen, die die gleiche Wettbewerbsstrategie verfolgen (vgl. Porter, 1980, S. 153).

V. Segmentspezifische Technologieführungs- und Standardisierungsstrategie

Der segmentspezifische Technologieführer, der eine Standardisierungsstrategie verfolgt, versucht mit einer Differenzierung durch technische Innovationen in Standardprodukten für ein Marktsegment oder für wenige Marktsegmente Wettbewerbsvorteile zu erlangen. Von Anfang an strebt er kleine oder große Seriengrößen an; die in der Einführungsphase eines technisch neuen Standardprodukts erreichbaren hohen Marktanteile müssen durch ein für den Kunden attraktives Preis-/Leistungsverhältnis abgestützt werden, wenn diese hohen Marktanteile auch in der Wachstumsphase eines Marktes erhalten bleiben sollen.

Das Unternehmen will ein Image aufbauen, das es als innovativen Anbieter kennzeichnet, der zum richtigen Zeitpunkt den neuesten Stand der Technik in Standardprodukten eines speziellen Marktsegments einführt. Dieses Imageziel kann nur dann erfüllt werden, wenn das "dominante Design" (vgl. Utterback/Abernathy, 1975, S. 639 - 656; Abernathy/Utterback, 1982, S. 105) der Produkte, d.h. die vom Markt akzeptierte Standardlösung schon relativ früh gefunden wird, so daß eine Rationalisierung in der Produktion (u.U. eine Automatisierung) und eine Politik der schnellen Marktdurchdringung über ein akzeptables Preis-/Leistungsverhältnis möglich ist. Aus dieser Bedingung ergeben sich hohe Anforderungen an die Früherkennung von Marktchancen und technischen Standardisierungsmöglichkeiten. "Kinderkrankheiten" in den Produkten und Produktionsprozessen dürfen bei einer solchen Strategie nicht vorkommen; sie würden das in diesem Falle äußerst wichtige Image eines technisch führenden Unternehmens bei Standardprodukten in dem bearbeiteten Marktsegment verhindern oder zerstören.

Hinsichtlich des strategischen Marketing-Mix sind wesentliche Merkmale dieser Wettbewerbsstrategie ein im Vergleich mit Preisen für konventionelle Standardprodukte gleicher Art mittleres bis hohes Preisniveau, ein Überwiegen des Direktabsatzes, eine Dominanz der persönlichen Kommunikation sowie ein relativ enges Produktprogramm.

Grundsätzlich muß das Preisniveau bei standardisierten Produkten niedriger sein als bei individuellen Problemlösungen (vgl. Abb. 2).

Dennoch gibt es aber auch bei standardisierten Produkten Preisniveauunterschiede bei den Wettbewerbern. Dem technologischen Führer werden i.d.R. höhere Preise zugestanden, als jenen Unternehmen, in deren Produkte nicht der letzte Stand der Technik realisiert ist. Voraussetzung ist allerdings, daß der technische Fortschritt bei den Kunden zu einer qualitativ besseren und/oder kostengünstigeren Problemlösung führt.

Direktabsatz und persönliche Kommunikation sind wegen den Marktwiderständen bei technischen Innovationen notwendig.

Das Profil der Forschung und Entwicklung ist durch eine starke Forschungs- und Entwicklungsorientierung sowie ein relativ hohes F&E-Investitionsniveau gekennzeichnet. Ausreichend ist allerdings ein relativ enges, marktsegmentbezogenes technisches Wissen.

Ein wichtiger Erfolgsfaktor dieser Strategie ist die Kostenpolitik. Kostendegressionseffekte sollen durch relativ hohe Stückzahlen erreicht werden, wobei die Degressionseffekte vor allem in der Produktion, dem F&E-Bereich und in der Beschaffung zu erwarten sind. Erfahrungseffekte im Umgang mit Produktneueinführungen in der Produktion und im Verkauf wirken ebenfalls stückkostensenkend. Grundsätzlich werden jedoch Kostenvorteile nur begrenzt im Preis weitergegeben; sie dienen vor allem der Finanzierung der relativ hohen F&E-Investitionen.

Die Organisationsstruktur ist durch einen relativ geringen Differenzierungsgrad, starke interfunktionelle Kooperation von F&E, Produktion und Marketing sowie durch ein hohes Maß formaler und informaler Kommunikation geprägt.

Hinsichtlich des Innovationstyps dominieren Produktinnovationen/Produktionsprozeßinnovationen. Zur Absicherung des Erfolgs ist allerdings den Produktionsprozeßtechnologien frühzeitig Aufmerksamkeit zu schenken.

Die Risikobereitschaft ist grundsätzlich hoch. Dies zeigt sich

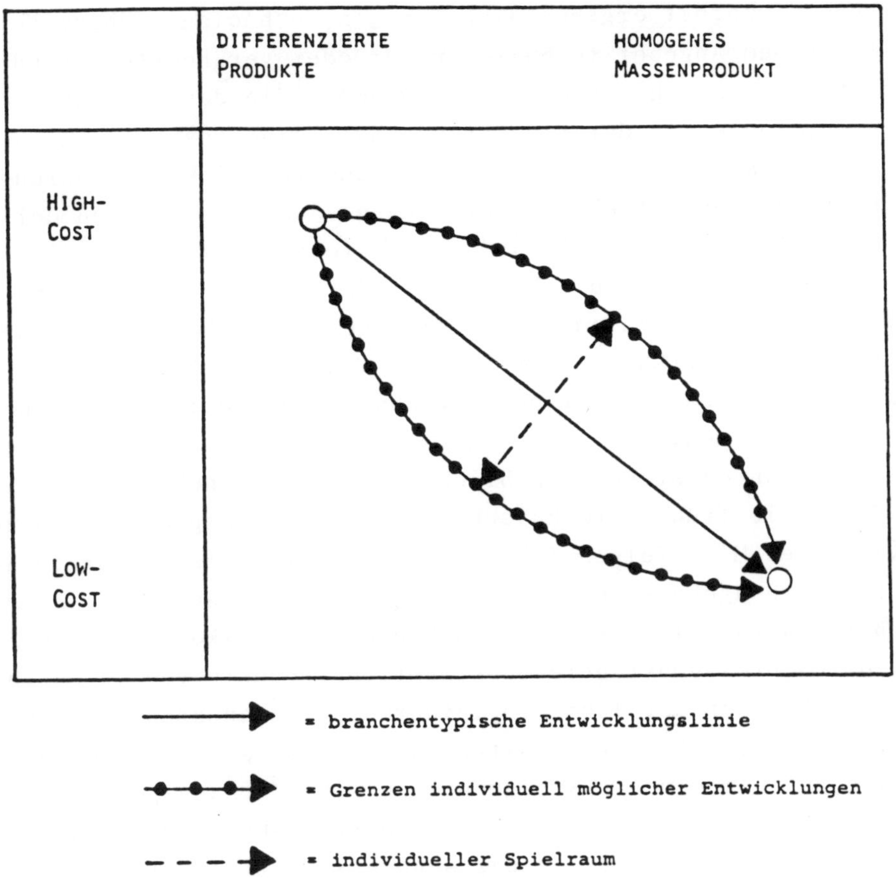

Abb. 2: Kostendegressions-Produktdifferenzierungs-Matrix

vor allem an der frühen Einbringung neuester, selbst weiterentwickelter Technik in Standardprodukte.

Die strategische Grundhaltung entspricht der eines Prospektors und/oder eines Analysierers (vgl. Miles/Snow, 1978, S. 31 - 94). Die Prospektierer suchen ständig nach neuen Techniken und neuen Marktchancen, und sie sind bereit, die Chancen zu nutzen. Mit dem Merkmalsprofil des Analysierers ist ein zweifaches Vorgehen verbunden: Mit einer auf Veränderung und Wahrnehmung von Marktchancen gerichteten flexiblen Unternehmenseinheit wird in den relativ dynamischen Umfeldern gearbeitet. Daneben gibt es relativ effiziente organisatorische Einheiten für stabile Produkt-/Marktfelder. Der segmentspezifische Strategieansatz begrenzt jedoch den Raum wahrnehmbarer Chancen in starkem Maße.

Die Chancen der beschriebenen Strategie sind wie folgt zu kennzeichnen. Zunächst ergeben sich für den Technologieführer Vorteile aus dem Angebot technisch neuer oder veränderter Standardprodukte. Technisch führende Unternehmen, die den Standard determinieren, können in der Einführungsphase eine Position aufbauen, die in der Wachstums- und Reifephase zu erheblichen Erfahrungs- und Kostensenkungseffekten führen kann. Auch das Streben der Kunden nach "integraler Qualität" (vgl. Pfeiffer, 1965, S. 43), d.h. nach Kompatibilität neu gekaufter Produkte mit dem bestehenden sozio-technischen System, wirkt sich bei Wiederholungskäufen für den technischen Frühanbieter positiv aus. Schließlich ergeben sich auch Chancen aus der hohen technischen Flexibilität innovativer Unternehmen.

Diesen Chancen stehen erhebliche Risiken gegenüber. Speziell die Strategie früher, technisch neuer Standardangebote kann zu gravierenden Mißerfolgen führen, wenn die technische Marktreife des Standardangebots und/oder das Nachfragepotential falsch eingeschätzt wird. Hinzu kommen ein hohes F&E-Risiko und die Gefährdung durch preisgünstigere Substitutionsprodukte von Technologiefolgern. Da auch der Technologieführer bei Standardprodukten relativ inflexible Produktionsstrukturen aufweist, und die Konzentration auf einzelne Marktsegmente zu einer Abhängigkeit von diesen Segmenten führt, sind die Marktaustrittsbarrieren hoch. Dies alles läßt in vielen Fällen die segmentspezifische Technologieführungs- und Standardisierungsstrategie als relativ riskant erscheinen.

VI. Segmentspezifische Technologiefolger- und Standardisierungsstrategie

Der segmentspezifische Technologiefolger bei Standardprodukten versucht Wettbewerbsvorteile durch kostenbedingte Preisvorteile und Qualität auf der Basis bewährter Technik zu erzielen. Erfolgreich ist die Strategie i.d.R. nur dann, wenn in der Wachstums- und Reifephase des Marktes relativ hohe Marktanteile aufbaubar sind.

Das strategische Imageziel ist dementsprechend das eines preisgünstigen Anbieters, der auf bewährte und zugleich aktuelle Technik zurückgreift, um zuverlässige Standardprodukte für ein spezielles Marktsegment zu produzieren.

Elemente des strategischen Marketing-Mix sind neben dem niedrigen Preisniveau, Direktabsatz und in starkem Maße auch indirekter Absatz, persönliche und nichtpersönliche Kommunikation (z.B. mittels Prospekten und Katalogen) sowie ein relativ enges Produktprogramm.

Für die Forschung und Entwicklung ergibt sich daraus das Streben nach Entwicklungen auf dem Stand bekannten technischen Wissens, ein relativ niedriges F&E-Investitionsniveau und eine segmentspezifisch schmale technische Know-how-Basis.

Zentraler Erfolgsfaktor ist die Kostenpolitik. Niedrige Stückkosten sollen durch eine kostenorientierte Produktstandardisierung, hohe Stückzahlen und Produktionsprozeßrationalisierung und -automatisierung erreicht werden.

Die Organisationsstruktur ist wenig differenziert, relativ unflexibel und in allen Funktionsbereichen in starkem Maße kostenorientiert.

Der vorherrschende Innovationstyp sind Produktionsprozeßinnovationen. Die Risikobereitschaft ist relativ gering; die strategische Grundhaltung entspricht der eines Verteidigers oder Reagierers, der durch konsequentes Kostensenkungsstreben seine Kostenführung aufbauen und behaupten will.

Die Chancen ergeben sich aus der relativen Preisgünstigkeit der Produkte, aus der relativen Transparenz der Entwicklung von Markt und Technik sowie den Möglichkeiten des Folgers, aus den Fehlern des Führers zu lernen. Die Konzentration auf ein Marktsegment erlaubt den Markteinstieg mit einem im Vergleich zu einem industrieweiten Engagement geringen Ressourcenpotential.

Die Risiken bestehen vor allem in der Gefahr eines zu späten Markteintritts, den Nachteilen eines Noch-Nicht-Lieferanten gegenüber dem bisherigen Lieferanten (zum "Out-Supplier-Problem" vgl. Backhaus, 1982, S. 329), der hohen Abhängigkeit von einzelnen Marktsegmenten, der wenig flexiblen Produktionsstruktur, der hohen Reagibilität der Preise sowie in einer zu schmalen Know-how-Basis.

VII. Generelle Technologieführungs- und Standardisierungsstrategie

Über die Merkmale einer segmentspezifischen Strategie gleicher Art hinaus und im Unterschied dazu weist die generelle Technologieführungs- und Standardisierungsstrategie folgende Eigenschaften auf (vgl. Kapitel V):

Wesentliche Imagekomponente ist die anerkannte Fähigkeit, technische Standards in verschiedenen Marktsegmenten zu setzen und die Entwicklung von Nachfrageverläufen zutreffend einzuschätzen.

Die umfassende Marktbearbeitung erlaubt den Aufbau eines dichten Netzes eigener Verkaufs- und Kundendienstniederlassungen. Neben der relativ breiten Produktpalette ist dieses Außendienstnetz wesentliches Merkmal des strategischen Marketing-Mix.

Ziel der Arbeit in Forschung und Entwicklung ist speziell auch eine breite technische Know-how-Basis und die Fundierung eines frühen Übergangs zur Produktionsprozeßautomatisierung in besonders erfolgversprechenden Marktsegmenten.

Im Bereich der Kostenpolitik machen sich Kostendegressionseffekte durch die Mehrfachnutzung von technischem Know-how in mehreren Marktsegmenten sowie durch Erfahrungseffekte beim wiederholten Anfahren von neuen Produktionsprozessen und bei der Neueinführung von Produkten im Markt positiv bemerkbar. Allerdings stehen diesen Effekten erhebliche Investitionen im F&E-Bereich gegenüber.

Die Organisationsstruktur weist die typischen Merkmale eines großen innovativen Unternehmens auf: hoher Differenzierungsgrad, starke interfunktionelle Kooperation und Kommunikation sowie der Einsatz von Projektgruppen. Insgesamt ergibt sich daraus ein hohes Maß an organisatorischer Flexibilität.

Gelingt es einem technisch führenden Unternehmen technische Standards in den verschiedensten Marktsegmenten zu bestimmen, dann ergeben sich daraus erhebliche Chancen in der Wachstums- und Reifephase eines Marktes. Vorteilhaft wirken sich auch die Verbundeffekte in F&E, Produktion und Marketing sowie das hohe Maß technischer und ökonomischer Flexibilität aus.

Die Risiken einer Strategie der generellen Technologie- und Preisführung sind sehr vielgestaltig. Erstens ist die Gefahr groß, daß die zwangsläufig relativ hohen Investitionen in der Forschung und Entwicklung nicht zu den gewünschten Produkt- und Produktionsprozeßinnovationen führen. Riskant ist zweitens auch der Aufbau von Produktions- und Vertriebskapazität in Orientierung am Nachfragevolumen der Wachstumsphase eines Marktes, und zwar aus verschiedenen Gründen. War z.B. das neue Produkt technisch noch nicht ausgereift, konnte also das "dominante Design" im Sinne von Abernathy und Utterback noch nicht erreicht werden, so führt eine Produktionsprozeßautomatisierung zu Fehlinvestitionen. Der gleiche Effekt tritt ein, wenn die Höhe des Nachfragevolumens überschätzt und die Marktwiderstände gegenüber dem technisch neuen Produkt unterschätzt werden.

Riskant ist drittens der Umstand, daß es mit fortschreitender Entwicklung einer Technologie von einer Schrittmachertechnologie über eine Schlüsseltechnologie bis zu einer Basistechnologie immer schwieriger wird, sich durch Differenzierung über technologische Innovationen abzusetzen, weil die Schritte der Weiterentwicklung zunehmend kleiner werden.

Große Hürden stellen auch das hohe F&E-Risiko, die Gefahr des Aufbaus von Überkapazitäten in der Produktion sowie die außerordentlich hohen Ressourcenanforderungen einer generellen Strategie der Technologieführung bei Standardprodukten dar.

Dieses Strategieprofil läßt erkennen, daß ein derartiger wettbewerbsstrategischer Ansatz i.d.R. die Grenzen der Machbarkeit übersteigt.

VIII. Generelle Technologiefolger- und Standardisierungsstrategie

Ähnlich wie die segmentspezifische Technologiefolgerstrategie bei Standardprodukten zielt auch die Erfassung sämtlicher oder vieler Marktsegmente eines Marktes auf die Erringung von Wettbewerbsvorteilen durch relativ niedrige Kosten in der Produktion und in der Produktgestaltung ab. Die industrieweite Orientierung soll vor allem positive Verbundeffekte in den verschiedenen betrieblichen Funktionsbereichen zum Tragen bringen. Dazu können z.B. in der Produktion Baukastensysteme und flexible, automatisierte Fertigungsstrukturen beitragen. Der Folger greift auf ausgereifte Technologien zurück, die beim Kunden das Risiko erheblich vermindern. Konsequent spricht der Technologiefolger auf der Nachfragerseite die frühe und späte Mehrheit der Übernehmer an. Die besonders risikofreudige Gruppe der Innovatoren überläßt er dem Technologieführer.

Im strategischen Marketing-Mix hat der generelle Technologiefolger bei Standardprodukten ein dichtes und effizientes Kundendienstnetz fest verankert. Im übrigen wird das relativ breite Produktprogramm nicht nur durch unternehmenseigene Personen im Außendienst betreut und vertrieben, sondern in starkem Maße auch durch fremde Absatzmittler.

Voraussetzung einer derartigen industrieweiten Technologiefolgerstrategie bei Standardprodukten ist in der Forschung und Entwicklung eine hohe technologische Kompetenz bei den Schlüssel- und Basistechnologien der verschiedenen Applikationen in einer Branche. Der Folger bemüht sich weniger um relativ produktferne Grundlagenforschung und Entwicklung, obwohl er über die Ergebnisse dieser Forschung informiert ist und selbst über eine starke Anwendungsentwicklung verfügt.

Im Zentrum der Kostenpolitik steht das Streben nach Kostenführung, die speziell über kostenorientierte Produktstandardisierung unter Verwendung standardisierter Komponenten, hohe Stückzahlen, Produktionsautomatisierung und Rationalisierung des Vertriebs erreicht werden soll.

Die stark kostenorientierte Führung bewirkt bei marktbedingt hohem Differenzierungsgrad eine relativ unflexible Organisationsstruktur.

Die sonstigen Merkmale dieser Strategie entsprechen weitgehend dem segmentspezifischen Technologiefolger- und Standardisierungskonzept.

Chancen ergeben sich aus den positiven Verbundeffekten in Produktion, Beschaffung, Vertrieb und Kundendienst sowie vor allem aus den Kosten- und Preisvorteilen gegenüber dem Technologieführer. Generell agiert der Folger in technischer und ökonomischer Hinsicht auf einer sichereren Informationsbasis als der Frühanbieter. Auch daraus können sich Chancen ergeben.

Folgende Risiken stehen den Chancen gegenüber: Die mangelhafte Beherrschung der Technik kann zu einem zeitlich zu späten Markteintritt führen, so daß die Startvorteile des Führers nicht mehr kompensiert werden können. Die Anforderungen an das Ressourcenpotential sind zwar geringer als bei genereller Technologieführerschaft; dennoch erfordert die Bearbeitung aller oder vieler Marktsegmente erhebliche personelle und finanzielle Mittel. Die starke Kostenorientierung führt darüber hinaus zu einer eingeschränkten Flexibilität, die insbesondere wegen der relativ schnellen Reaktionsmöglichkeit der Konkurrenten in der Preispolitik zu Schwierigkeiten führen kann.

D. Strategiekombinationen und Strategiewechsel

In den meisten großen Unternehmen sind in den verschiedenen strategischen Geschäftsfeldern nicht die gleichen Grundstrategien anzutreffen.

So ist es z.B. wahrscheinlich, daß eine Technologieführungsstrategie nur in einem Marktsegment angestrebt wird; in anderen Marktsegmenten beschränkt man sich darauf, früher oder vielleicht sogar später Folger zu sein. Für derartige Strategiekonstellationen in einem divisionalisierten Unternehmen sprechen die unterschiedlichen Chancen und Risiken in den Märkten sowie die relativen Stärken und Schwächen des Unternehmens im Wettbewerb.

Ebenso angebracht sind Strategiewechsel in Abhängigkeit von der Lebenszyklusphase in einer Branche. In jungen Branchen kann z.B. eine Technologieführung zweckmäßig sein, in reifen Branchen dagegen eine Technologiefolgerschaft. Oder in jungen Branchen bietet sich oft eine Individualisierungsstrategie häufiger an als eine Standardisierungsstrategie, weil ein dominantes Design bzw. ein technischer Standard für eine spezielle Problemstellung noch nicht gefunden ist. Im Verlauf der Entwicklung einer Branche werden also die einzelnen technologieorientierten Wettbewerbsstrategien unterschiedlich attraktiv sein. Es gilt, die erfolgversprechendsten Strategien frühzeitig zu erkennen und rechtzeitig einen Strategiewechsel vorzubereiten und einzuleiten.

Strategiekombinationen und Strategiewechsel sind äußerst schwierige Probleme. Sie erfordern Organisationsstrukturen, die simultan oder im Zeitablauf unterschiedliche Strategieanforderungen erfüllen können. Dies dürfte nur in begrenztem Maße gelingen, so daß Strategiehomogenität und -kontinuität weitaus häufiger vorkommen als Strategieheterogenität und Strategiewechsel.

E. Technologieorientierte Wettbewerbsstrategien und Technologie-Management

Technologieorientierte Wettbewerbsstrategien erfordern ein Manegement, das die technologische Kompetenz des Unternehmens steuert. Dieses Management bezieht sich auf den gesamten technologierelevanten Entscheidungsprozeß und schließt Entscheidungen über die Auswahl alternativer, neu zu entwickelnder Technologien, über Kriterien ihrer Anwendung in neuen Produkten und Prozessen und über die Bereitstellung von Ressourcen zur erfolgreichen Implementierung ein (Maidique/Patch, Corporate Strategy, 1982, S. 273 - 285). Damit wird das Technologiemanagement vom Produktionsmanagement abgegrenzt, dessen Entscheidungen allerdings stärker determiniert sind gegenüber der freien Gestaltungsfähigkeit des Technologiemanagements. Sieben Entscheidungsfelder (vgl. Maidique, ebenda) werden als Dimensionen des Technologiemanagements unterschieden:

(1) <u>Selektionsentscheidungen</u>

Technologische Selektionsentscheidungen betreffen die Auswahl der zu entwickelnden Technologien und die Anwendung von technischem Know-how bei der Produktentwicklung. Damit wird festgelegt, welcher Spezialisierungsgrad der technischen Know-how-Basis im Unternehmen entwickelt werden muß, welches Leistungs- und Kostenpotential für Produkte mit neuen Technologien erreichbar ist, nach welchen Kriterien eine Wettbewerbsposition aufgebaut wird und welche Anforderungen an das technologische Potential zum Aufbau einer bestimmten Wettbewerbsposition gestellt werden. Außerdem wird mit Selektionsentscheidungen direkt in den Ressourcenallokationsprozeß in F&E-Organisationen eingegriffen.

(2) <u>Höhe technologischer Kompetenz</u>

Die technologische Kompetenz eines Unternehmens umfaßt die Fähigkeiten und das Know-how, neue Technologien entwickeln und in neue Produkte umsetzen zu können. Wichtiges Kriterium für die Höhe der technologischen Kompetenz eines Unternehmens ist die Differenz der technischen Know-how-Basis zu der von Wettbewerbern, sowie vor allem der Geübtheit der Technologieentwicklung und Anwendung in Produkten. Die Höhe technologischer Kompetenz determiniert den Grad der Verpflichtung eines Unternehmens zu Aktivitäten in Forschung, Entwicklung oder Konstruktion. Die technologische Kompetenz betrifft aber nicht nur die F&E-Funktion eines Unternehmens, sondern alle produktbezogenen Unternehmensfunktionen, vor allem Produktion und Marketing.

(3) Quellen neuer Technologien

Das Entscheidungsfeld "Quellen neuer Technologien" umfaßt die Frage der Beschaffung neuer Technologien für die unternehmensinterne Technologieentwicklung (vgl. Schmalen, 1980, S. 1082 ff.). Auf der einen Seite erfordern intern entwickelte Technologien stetige Investitionen in F&E, sie sind mit höheren Risiken behaftet als extern akquirierte Technologien. Allerdings bieten sie die Chance, mit gesichertem Know-how eine starke Wettbewerbsposition mit hohen Mobilitätsbarrieren aufbauen zu können. Auf der anderen Seite haben extern akquirierte Technologien durch Vertrags-F&E, Lizenzierung u.a. den Vorzug, in starkem Maße zur Flexibilität bei der Anwendung neuer Technologien beitragen zu können. Externe Know-how Quellen neuer Technologien versprechen allerdings in den meisten Fällen keine gesicherte Marktstellung mit einzigartigem technischem Know-how.

(4) F&E-Investitionsniveau

Entscheidungen über das F&E-Investitionsniveau werden von Entscheidungen der übrigen Entscheidungsfelder determiniert. Das Investitionsniveau soll wegen des langfristigen Charakters der Investitionen Kontinuität aufweisen und somit keinen großen Schwankungen unterliegen. Ein wichtiges Kriterium seiner Festlegung ist der Vergleich mit dem Investitionsniveau des Durchschnitts der Industrie und mit den direkten Wettbewerbern (vgl. Ansoff/Stewart, Strategien, S. 7 - 9).

(5) Timing

Entscheidungen über das Timing der Markteinführung neuer Technologien und Produkte stellen einen entscheidenden Parameter im Wettbewerb dar und haben eindeutig wichtigen Wettbewerbscharakter. Es stellt sich vor allem die Frage, wie weit Wettbewerbsvorteile eines frühen Eintritts die Nachteile überwiegen, die in der Unsicherheit der Technologie- und Produktentwicklung und der Marktakzeptanz von neuen Produkten liegen.

(6) F&E-Organisation

Die F&E-Organisation determiniert wichtige Rahmenbedingungen für das unternehmensinterne Innovationspotential und ist damit für die Implementierungsfähigkeit von technologieorientierten Strategien von Bedeutung. Das Entscheidungsfeld bezieht sich auf die Organisationsstruktur im F&E-Bereich, die Mitarbeiterführung, die Nutzung unternehmensinterner synergetischer Potentiale sowie die Eingliederung in das System der gesamten Unternehmensorganisation. Es stellen sich Fragen nach:

- der Zentralisierung oder Dezentralisierung der F&E-Organisation,
- der Ablauforganisation und -kontrolle von Innovationsprojekten,
- dem Führungsstil, dem Motivationssystem und der Kreativitätsförderung in der Organisation,
- der Gestaltung des Planungs- und Kontrollsystems des F&E-Bereichs,
- der interfunktionalen Kooperation und besonders der Mitwirkung des Top-Managements im Entscheidungsprozeß und
- der Stellung der F&E-Organisation in der Gesamtorganisation des Unternehmens.

(7) F&E-Politik

F&E-politische Grundsätze betreffen übergreifende Problemkreise des Technologiemanagements. Das Entscheidungsfeld der F&E-Politik umfaßt die Problemkreise der
- Orientierung der F&E: Technologie- oder Marktorientierung (vgl. Nyström, 1979, S. 420),
- F&E-Personalpolitik (vgl. Roberts/Fusfeld, 1981, S. 24 ff.),
- F&E-Finanzierungspolitik und
- Patentierungspolitik für intern entwickeltes Know-how.

Die Dimensionen des Technologiemanagement sind in Abb. 3 dargestellt. Die Inputfaktoren des Technologiemanagement-Systems bilden Impulse, technisches Know-how und Investitionen, mit denen das System aktiviert wird. Impulse können von Kunden direkt, von Nachfragern insgesamt, von Wettbewerbern, von Zulieferern u.a. ausgehen. Das technische Know-how kann extern über verschiedene Quellen wie durch Gemeinschaftsforschung, Auftragsforschung, Lizenznahme, Akquisition oder durch Personalanwerbung beschafft werden. Investitionen sind schließlich notwendig, um die Aktionsbereitschaft des Systems zu gewährleisten. Investitionen müssen in F&E-Personal, -Anlagen und -Ausrüstungen getätigt werden.

Kern des Systems ist die Technologie- und Produktentwicklung innerhalb eines Unternehmens. Der Entwicklungsprozeß wird anhand der Selektionskriterien für die Auswahlentscheidung der zu entwickelnden Technologien und ihrer Anwendung in neuen Produkten durchgeführt und läuft i.d.R. projektbezogen ab. Notwendige Voraussetzung für die Durchführung von Entwicklungsprozessen in einem Unternehmen ist die Existenz organisatorischer Rahmenbedingungen, durch die F&E-Aktivitäten institutionalisiert und motiviert werden. F&E-politische Grundsätze sind notwendig, um übergreifende technologiepolitische Problemkreise in integrieren und auf eine konsistente Abstimmung des Gesamtsystems hinzuwirken.

Den Output des Technologiemanagement-Systems stellen das entwickelte neue technische Know-how und/oder neue Produkte und Prozesse dar. Dieser Output kann von dem Unternehmen selbst oder zusammen mit anderen (Unternehmen, Instituten etc.) bei der Leistungserstellung genutzt werden. Das entwickelte Know-how kann auch verkauft oder es können Nutzungsrechte an andere abgetreten werden (Lizenzvergabe). Wichtiges Kriterium für die Nutzung neuen technischen Know-hows ist das Timing, das zentrale Bedeutung für die Wettbewerbsstrategie hat und die Höhe der technologischen Kompetenz des gesamten Technologiemanagement-Systems determiniert.

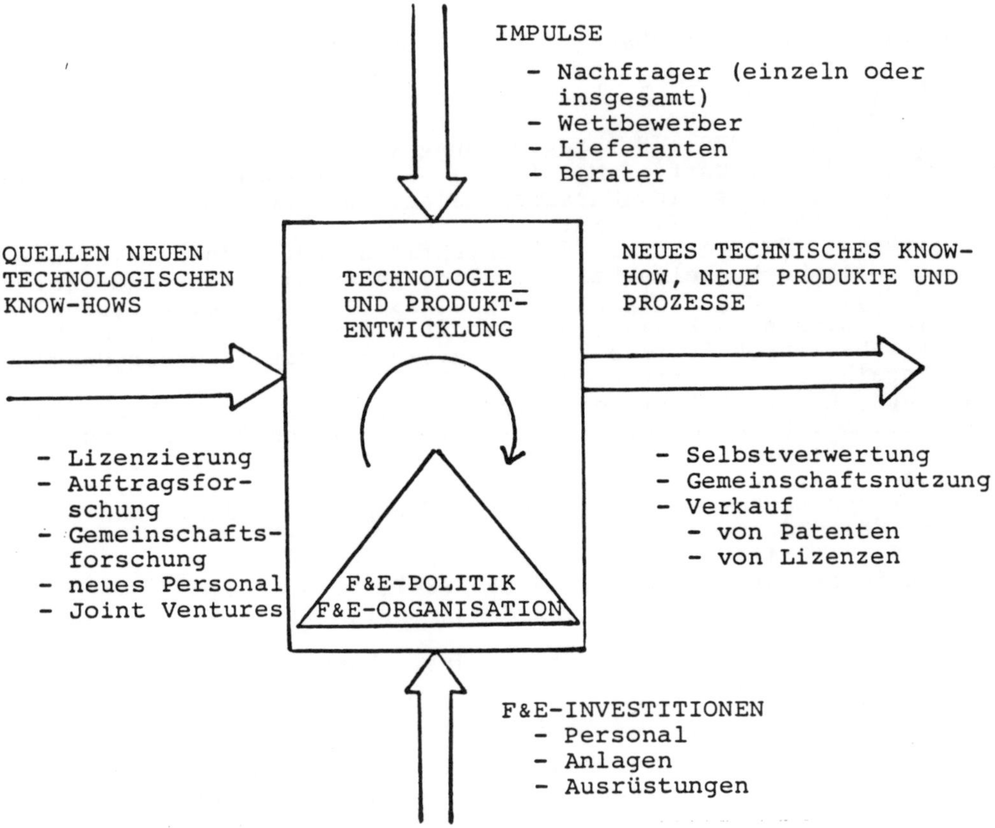

Abb. 3: Modell zum Technologiemanagement (Quelle: In Anlehnung an Maidique, Corporate Strategy, S. 6)

Dieses Modell (vgl. Abb. 3) kann dazu verwendet werden, das Technologiemanagement von Unternehmen und den Zusammenhang zwischen technologieorientierten Wettbewerbsstrategien von Unternehmen und dem Technologiemanagement zu analysieren. Von besonderem Interesse ist dabei die Kompatibilität von technologieorientierten Wettbewerbsstrategien mit technologiepolitischen Entscheidungen, aus der Aussagen über Fähigkeiten von Unternehmen zur Implementierung von technologieorientierten Strategien abgeleitet werden können.

Literaturverzeichnis

Abernathy, W.J., Utterback, J.M., (1982): Patterns of Industrial Innovation, in: Readings in the Management of Innovations, Hrsg.: Michael L. Tushman/William L. Moore, Boston u.a. 1982, S. 97 - 108.

Ansoff, H.I., (1979): Strategic Management, London 1979.

Ansoff, H.I., Stewart, J.M., (1967): Strategies for a Technology-Based Business, in: Harvard Business Review, Vol. 45 (Nov./Dec., 1967), S. 71 - 83.

Arbeitskreis "Marketing in der Investitionsgüter-Industrie" der Schmalenbachgesellschaft (1977): Standardisierung und Individualisierung - ein produktpolitisches Entscheidungsproblem, in: Anlagen-Marketing, Sonderheft 7 der Zeitschrift für betriebswirtschaftliche Forschung, 1977, Hrsg.: Werner Hans Engelhardt und Gert Laßmann, Köln 1977, S. 39 - 56.

Backhaus, K., (1982): Investitionsgütermarketing, München 1982.

Bitondo, D., Frohman, A., (1981): Linking Technological and Business Planning, in: Research Management, (Nov. 1981), S. 19 - 23.

Carroad, P.A., Carroad, C.A., (1982): Strategic Interfacing of R&D and Marketing, in: Research Management, (Jan. 1982), S. 28 - 33.

Kiel, G., (1984): Technology and Marketing: The Magic Mix?, in: Business Horizons, Vol. 27 (3/1984), S. 7 - 14.

Kotler, Ph., (1984): Marketing Management, Fifth Edition, N.J. 1984.

Maidique, M.A., (1980): Entrepreneurs, Champions and Technological Innovation, in: Sloan Management Review, Vol. 21 (2/1980), S. 59 - 76.

Maidique, M.A., Patch, P., (1982): Corporate Strategy and Technological Policy, in: Readings in the Management of Innovation, Hrsg.: M.L. Tushman/W.L. Moore, Boston u.a. 1982, S. 273 - 285.

Mathur, Sh.S., (1984): Competitive Industrial Marketing Strategies, Vol. 17 (4/1984), S. 102 - 109.

Miles, R.E., Snow, Ch.C., (1978): Organizational Strategy, Structure and Process, New York u.a. 1978.

Nyström, H., (1979): Company Strategies for Research and Development, in: Industrial Innovation - Technology, Policy, Diffusion - Hrsg.: Michael Baker, London 1979, S. 417 - 440.

Pfeiffer, W., (1965): Absatzpolitik bei Investitionsgütern der Einzelfertigung, Stuttgart 1965.

Pfeiffer, W., Metzge, G., Schneider, W., Ambler, R., (1982): Technologie-Portfolios zum Management strategischer Zukunftsgeschäftsfelder, Göttingen/Zürich 1982.
Porter, M.E., (1983): The Technological Dimension of Competitive Strategy, in: Research on Technological Innovation, Management and Policy, Hrsg.: Richard S. Rosenbloom, Greenwich, Connecticut/London 1983, Vol. 1, S. 1 - 33.
Porter, M.E., (1980): Competitive Strategy: Techniques for Analyzing Industries and Competitors, New York/London 1980.
Robert, E.B., Fusfeld, A.R., (1981): Staffing the Innovative Technology-Based Organization, in: Sloan Management Review, Vol. 21 (Spring 1981), S. 19 - 34.
Rosenbloom, R.S., (Hrsg.; 1983): Research on Technological Innovation, Management and Policy, Vol. 1, Greenwich, Connecticut/London 1983.
Souder, W.E., (1980): Promoting an Effective R&D/Marketing Interface, in: Research Management, (July 1980), S. 10 - 15.
Schmalen, H., (1980): Optimale Entwicklungs- und Lizenzpolitik, in: ZfB, 50. Jg., (10/1980), S. 1077 - 1102.
Tushman, M.L., Moore, W.L., (1982): Readings in the Management of Innovation, London 1982.
Utterback, J.W., Abernathy, W.J., (1975): A Dynamic Model of Process and Product Innovation, in: Omega, International Journal of Management Science, Vol. 3 (6/1975), S. 639 - 656.
Zörgiebel, W.W., (1983): Technologie in der Wettbewerbsstrategie - Strategische Auswirkungen technologischer Entscheidungen untersucht am Beispiel der Werkzeugmaschinenindustrie, Berlin 1983.

Ralf Kreutzer *

Global Marketing - Ansatzpunkte und Erfolgsbedingungen

*Dipl.-Kfm. Ralf Kreutzer ist wissenschaftlicher Mitarbeiter am Lehrstuhl für Allgemeine Betriebswirtschaftslehre und Absatzwirtschaft II, Prof. Dr. H. Raffée, Universität Mannheim und Mitarbeiter des Institut für Marketing.

A. Vorbemerkung

Die Internationalisierung als Basisstrategie des Marketing (vgl. Raffée, in diesem Band) gewann in den letzten Jahren kontinuierlich an Bedeutung. In diesem Kontext ist auch das Wiederaufgreifen einer bereits in den sechziger Jahren kontrovers geführten Diskussion zum Thema Global Marketing zu sehen (vgl. Elinder, 1964; Fatt, 1967; Williams, 1967; Alberta, 1964; Buzzell, 1968). Bei dieser Diskussion geht es um die grundsätzliche Frage, in welchem Ausmaß eine Standardisierung im internationalen Marketing möglich und zweckmäßig ist. Übergreifendes Ziel stellt dabei die Herstellung eines Gleichgewichts zwischen "weltweiter Effizienz und lokaler Effektivität" dar (Grey, 1984, S. 5).

B. Initialfaktoren der Global Marketing-Diskussion

Folgende Umweltkonstellation stellt den Hintergrund für den Ausbau von Internationalisierungsaktivitäten und damit auch für das erneute Aufgreifen des Problembereichs Global Marketing dar:

(1) Das Streben nach quantitativem Wachstum erfordert bei gesättigten Binnenmärkten (vgl. dazu den Beitrag von Meffert, in diesem Band) in zunehmendem Maße eine weltweite Ausrichtung der Marktbearbeitung, weil attraktive Wachstumsraten oftmals nur noch auf ausländischen Märkten realisierbar sind. Diesem Zwang zur verstärkten Bearbeitung ausländischer Märkte kommen dabei Tendenzen entgegen, die auf eine Anhebung des Anspruchniveaus weiter Bevölkerungsteile in den Entwicklungs- und Schwellenländern in Richtung des Lebensstandards in Industrienationen abzielen. Auch wenn eine beschränkte Kaufkraft der baldigen Befriedigung dieser neu erwachsenen Ansprüche entgegensteht, werden sich sowohl das Potential als auch das Ausmaß realisierter internationaler Aktivitäten in den kommenden Jahren beträchtlich erhöhen.

(2) Auch geographisch weit entfernte Länder rücken durch den kontinuierlichen Ausbau der Transport- und Reisemöglichkei-

ten (bspw. konkretisiert in Gestalt des Freizeit- und Geschäftstourismus) immer näher zusammen, wodurch ein Abbau der physischen Distanz zwischen Ländern erreicht wird. Einhergehend damit kommt es auch zu einer Überwindung der psychischen Distanz zwischen Ländern, u.a. weil der zunehmende Einsatz grenzüberschreitender, z.T. weltumspannender Kommunikationstechnologien (bspw. Satelliten-TV und -Rundfunk, Einspeisung ausländischer TV- und Rundfunksendungen in Kabelnetze) einen Abbau von Informationsdefiziten, in vielen Fällen sogar eine Angleichung des Informationsstandes ermöglicht. Hiermit sind Anstöße für die Relativierung, Reflexion und Assimilation kultureller Orientierungssysteme verbunden, die einen Abbau perzipierter Unterschiede zur Folge haben. Hierdurch kann auch die längerübergreifende Diffusion innovativer Ideen sowie neuer Produkte und Marketing-Konzeptionen wesentlich gesteigert werden.

Diese mit der steigenden Verbreitung elektronischer Kommunikationstechnologien verbundenen Entwicklungen finden in Globalisierungstendenzen bei Print-Medien eine starke Unterstützung. So erschienen in den vergangenen Jahren neue internationale Ausgaben bspw. von "Fortune" und "Business Week" sowie speziell auf Europa bzw. Asien ausgerichtete Ausgaben des "Wall Street Journal" (Chase, 1984, S. 25).

Auch wenn die nationalen Medien - gerade auch im Print-Bereich - momentan noch uneingeschränkt dominieren, zeichnet sich durch das vergrößerte Angebot doch ein Prozeß ab, der mit einem großen Bedeutungsverlust nationaler Medien verbunden sein kann.

(3) Der Kampf um Marktanteile, der angesichts einer mangelnden Innovationsdichte vieler Branchen oft nur noch über den Preis zu führen ist, fördert die allgemeine Suche nach Möglichkeiten zur Effizienzsteigerung und Kosteneinsparung im Rahmen unternehmerischer Aktivitäten, bspw. durch die Ausschöpfung von Synergiepotentialen. Diese Entwicklung verstärkt im Marketing-Bereich die Notwendigkeit einer umfassenden "Marketing-Rationalisierung" (vgl. Raffée, in diesem Band).

(4) Auf den Weltmärkten sind immer stärker werdende Tendenzen einer Globalisierung des Wettbewerbs zu verzeichnen, d.h.

multinational tätige Unternehmen treffen in einer Vielzahl von Ländern auf die gleichen Wettbewerber - die z.T. bereits mit standardisierten Marketing-Konzeptionen arbeiten (so bspw. japanische Unternehmen der Unterhaltungselektronik, vgl. o.V., 10/1984, S. 17). Hier stellt sich somit die Aufgabe, länderübergreifend wettbewerbsorientierte Strategien zu erarbeiten, die diesem Phänomen ausreichend Rechnung tragen.

(5) Last but not least sind die weltweit tätigen Werbeagenturen - wie bspw. BBDO, Saatchi & Saatchi, Grey, J.W. Thompson, Young & Rubicam, McCann-Erickson - zu erwähnen, die sich z.T. als Promotoren eines Global Marketing darstellen und ihre Hilfestellung als "change agent" anbieten (vgl. Raithel, 1984, S. 229; Schrader, 1984, S. 8; Grey, 1984).

C. Grundlegende Annahmen eines Global Marketing

Im Zusammenhang mit der Global Marketing-Diskussion werden immer wieder drei zentrale Prämissen eines Global Marketing genannt (Webber, 1969; Levitt, 1984, S. 62 f.; Grey, 1984, S. 2), die nachfolgend kritisch reflektiert werden:

(1) "Weltweite Homogenisierung der Wünsche" (one-world-culture).

(2) Weltweite politische und wirtschaftliche Annäherung der Länder und Systeme.

(3) Bereitschaft der Konsumenten, "auf spezifische Produktpräferenzen in bezug auf bestimmte Merkmale, Funktionsweisen, des Designs usw. zu verzichten, wenn der Preis niedrig und die Qualität gut ist."

zu (1)

Hinter der Prämisse einer weltweiten Homogenisierung der Wünsche steht die Annahme, daß die einzelnen Länder der Welt aufgrund der zunehmenden Nutzung von Reise- und Kommunikationsmöglichkeiten und der damit verbundenen Kontakte immer enger zusammenwachsen. Hiermit ist eine weltweite Konvergenz der Wünsche und Bedürfnisse zu verbunden, wodurch national und regional bedingte Präferenzen in bezug auf Sachgüter und Dienstleistungen sowie im Hinblick auf die kommunikative Ansprache, Distributionskonzepte usw. verschwinden. Darüber hinaus wird den global operierenden Unternehmen die Fähigkeit bescheinigt, durch ein strukturveränderndes Marketing nationale Unterschiede durch Umformung zu beseitigen (Levitt, 1984, S. 38 f., 47, 62).

Hinsichtlich der Tatsache, daß es durch die umfassenden Reise- und Kommunikationsmöglichkeiten zu einem Abbau der psychischen und physischen Distanz zwischen Ländern kommt, herrscht weitgehend Konsens. Schon Studien von Lerner (1957) und Feierabend/Feierabend (1966) belegen das Phänomen, daß es - insbes. in Entwicklungs- und Schwellenländern - nach Kontakten mit Repräsentanten eines "fortschrittlichen, modernen" Lebensstils grundsätzlich zu einer ausgeprägten Anspruchsinflation kommt, die die Erreichung eines ähnlichen Lebensstils postuliert. Eine verwandte Strukturierung der Wünsche und Bedürfnisse verschiedener Länder darf nun aber nicht mit einer ähnlich strukturierten Nachfrage gleichgesetzt werden, da die Kaufkraftverhältnisse in vielen Ländern einer Realisierung der Wünsche entgegenstehen. Zwar kann die mit einer Standardisierung oftmals einhergehende Kosten- und Preisreduktion zur Ausdehnung der Märkte auch auf kaufkraftärmere Absatzgebiete beitragen; diese Reduktion wird aber sicherlich nicht ausreichen, um in allen betroffenen Ländern eine Transformation von Bedürfnissen in Nachfrage zu ermöglichen.

Vor diesem Hintergrund gewinnt eine weltweite, länderübergreifende Segmentierung zur Identifikation von cross-cultural-groups bzw. transnationaler Zielgruppen an Bedeutung, die eine ähnliche Bedürfnis- und Nachfragestruktur aufweisen und folglich in gleicher Weise angesprochen und bedient werden können. Die Möglichkeit, weltweit gestreute Teilmärkte identifizieren zu können, stellt eine notwendige Bedingung für die Erarbeitung globaler Marketing-Konzeptionen dar. Globalisierung hat i.d.S. also nicht das Ende von Teilmärkten zur Folge, vielmehr erfahren bisher länderbezogene Teilmärkte eine weltweite Ausdehnung (Levitt, 1984, S. 47 f.).

Auf den ersten Blick erscheint es, als ob die von Levitt konstatierte weltweit zunehmende Homogenisierung der Wünsche in diametralem Widerspruch zu der von Naisbitt (1984, S. 324) festgestellten Entwicklung hin zu einer "Multiple-Option-Gesellschaft" oder - als Teilaspekt davon - zu einer Pluralisierung der Wertsysteme (Wiedmann, 1984, S. 45 f.) steht. Tatsächlich ist es aber sich die weltweit registrierbaren Wünsche auch darin immer ähnlicher werden, daß sie nicht ein "Entweder-oder-Angebot" zum Inhalt haben, sondern vielmehr ein breites Spektrum an Sachgütern und Dienstleistungen gefordert wird, aus dem nach individuellen Präferenzen ausgewählt werden kann.

Dadurch, daß Levitt in der Homogenisierung der Wünsche die Basis eines Global Marketing sieht, wird implizit eine Marktphilosophie deutlich, nach der - zumindest in größeren, im Hinblick auf ihre Bedürfnisstrukturen relativ homogenen Ländersegmenten - für Marketing-Konzeptionen Elemente zu finden sind, die in gleicher Weise zu wirken vermögen.

Die Möglichkeiten, durch struktur-veränderndes Marketing bestehende Wertstrukturen, Verhaltensmuster usw. zu beeinflussen, sind - im Gegensatz zur Annahme Levitts - sehr beschränkt. Zum einen bietet das Marketing-Instrumentarium per se nur eine begrenzte Beeinflussungsmöglichkeit hinsichtlich des fest verwurzelten Wertsystems, der Normenstruktur sowie der kulturell geprägten Kauf- und Konsumgewohnheiten (vgl. Raffée, 1979, S. 141 - 146; Wiedmann, 1982, S. 20 f.). Zum zweiten birgt ein unternehmerisches Vorgehen, welches sich gezielt gegen gewachsene Strukturen wendet, ein nicht unbeträchtliches Risikopotential (vgl. Kreutzer, 1983, S. 18 - 22).

zu (2)
Levitt (1984, S. 42) geht in seinem Szenario noch weiter und behauptet, daß sich nicht nur Wünsche und Vorstellungen verschiedener Völker, sondern auch ihre Wirtschaftssysteme und ihre Wirtschaftsinstitutionen einander angleichen werden. Weiterhin wird unterstellt (S. 62), daß es nach und nach gelingen wird, die "Mauern der wirtschaftlichen Isolation, des Nationalismus und des Chauvinismus niederzureißen".

Bei der Prognose einer Konvergenz der Wirtschaftssysteme und -institutionen stellt sich natürlich sofort die Frage, welches Land hierbei das große Vorbild sein wird, die USA, Japan, China, die UdSSR oder ...?

Doch auch unabhängig von einer solchen - durchaus nicht unproblematischen - Konvergenzthese stellt der Abbau von Isolationstendenzen sowie von nationalistischen und chauvinistischen Grundhaltungen tatsächlich eine Erfolgsdeterminante für ein Global Marketing dar; denn wenn eine "splendid Isolation" vermieden und "gewollte Unterschiede" zwischen den Ländern abgebaut werden, kann eine Globalisierungs-Strategie erfolgreicher sein, weil sie auf solchen Entwicklungen aufbaut und diese zu fördern vermag.

Angesichts jüngster Entwicklungen bspw. im Handel zwischen der Europäischen Gemeinschaft und den USA - Stichwort "Stahlkrise" - sowie protektionistischen Maßnahmen der USA gegen Import-Kraftfahrzeuge aus Japan und der Bundesrepublik (vgl. o.V., 98/1984, 141/1984 und 36/1985) ist eine allzugroße Zuversicht bzgl. des Abbaus nationalistischer Mauern u.E. nicht angebracht.

zu (3)

Bei der dritten Prämisse wird einseitig auf den Preis als zentrales Kaufentscheidungskriterium gesetzt; bei Levitt (1984, S. 45) wird diese Annahme noch durch die Aussage unterstrichen, daß "...der Käufer bei einem Produkt gerne auf seine Vorliebe für ein bestimmtes Merkmal, Design oder eine besondere Funktionsmethode verzichtet, wenn dafür der Preis 'stimmt'". Zwar ist es zutreffend, daß momentan - gerade auch in den Industrienationen - die Billigprodukte (insbes. bei Grundnahrungsmitteln) einen Boom erleben (LMZ, 1982, S. 7); es gilt aber nach wie vor: "Qualität geht immer dann vor Preis, wenn der Wohlstand steigt" (LMZ, 1982, S. 8). Vor diesem Hintergrund bedarf auch diese Prämisse einer situativen Relativierung, die insbes. dem Entwicklungsstand und dem damit verbundenen Kaufkraftniveau des betreffenden Landes Rechnung trägt.

Zu einer Abwanderung der Nachfrage in das Niedrigpreis-Segment wird es grundsätzlich nur in jenen Fällen kommen, in denen die Konsumenten die Kosteneinsparung höher bewerten als den möglichen Nutzenentgang (vgl. Hinterhuber, 1982, S. 98) bzw. wo eine Profilierung relativ homogener Produkte - bei einem Mangel echter Marktneuheiten - nur noch über attraktive Preisstellungen gegeben ist. Vor diesem Hintergrund entspricht es einer sehr einseitigen Perspektive, wenn Levitt allein auf die Strategie einer umfassenden Kostenführerschaft setzt. Führt man sich weitere strategische Grundkonzeptionen vor Augen, so fällt hier - neben der Strategie der Konzentration auf eine Marktnische - auf, daß gerade die dem Global Marketing widersprechende Strategie der Differenzierung ebenfalls als ein erfolgversprechendes Konzept der Wettbewerbsstrategie angesehen werden kann (vgl. Porter, 1983, S. 67; Hinterhuber, 1982, S. 97 - 99; Meffert, in diesem Band). Eine Differenzierungsstrategie kann nämlich gerade dann besonders erfolgreich sein, wenn die wichtigsten Wettbewerber ihr Marketing standardisiert haben und vor diesem Hintergrund große Marktsegmente existieren, die bereit sind, ein spezifischeres Eingehen auf ihre Bedürfnisstrukturen auch angemessen zu honorieren.

D. Konzeption eines Global Marketing

Die oben skizzierten, dem Global Marketing zugrundeliegenden Annahmen bilden - in ihrer situativ zu relativierenden Form - den Hintergrund für den Entwurf einer Global Marketing-Konzeption.

I. Ziele und Kennzeichen

Die Diskussion um ein Global Marketing ist inhaltlich ausgefüllt durch die Frage, in welcher Weise und in welchem Umfang eine Standardisierung von Marketingaktivitäten vorgenommen werden kann. Bei der Stoßrichtung einer Standardisierung existieren zwei grundsätzlich verschiedene Ansatzpunkte: Zum einen können Prozesse im Marketing standardisiert werden, zum anderen Marketing-Inhalte bzw. Marketing-Programme (vgl. Abb. 1). Übergeordnetes Ziel stellt dabei die Verbesserung der Wettbewerbsposition durch die mit einem Ausbau der Marketing-Rationalisierung einhergehenden Effizienzsteigerungen und Kostenvorteile bei den verschiedenen Marketing-Aktivitäten dar.

Bei der Standardisierungsintensität können mehrere Stufen unterschieden werden, in die sich alle heute anzutreffenden Formen der internationalen Marktbearbeitung einordnen lassen. Die vollständige Standardisierung kann als ein Endpunkt des Standardisierungs- bzw. Differenzierungskontinuums (vgl. Abb. 2) angesehen werden. Diese weiteste Fassung der Standardisierung ist dabei gekennzeichnet durch eine Ausgestaltung der Marketing-Konzeption, die - von länderspezifischen Besonderheiten abstrahierend bzw. auf länderübergreifende homogenere Segmente abgestimmt - identische Produkte zu unveränderten Preisen/Konditionen, über gleiche

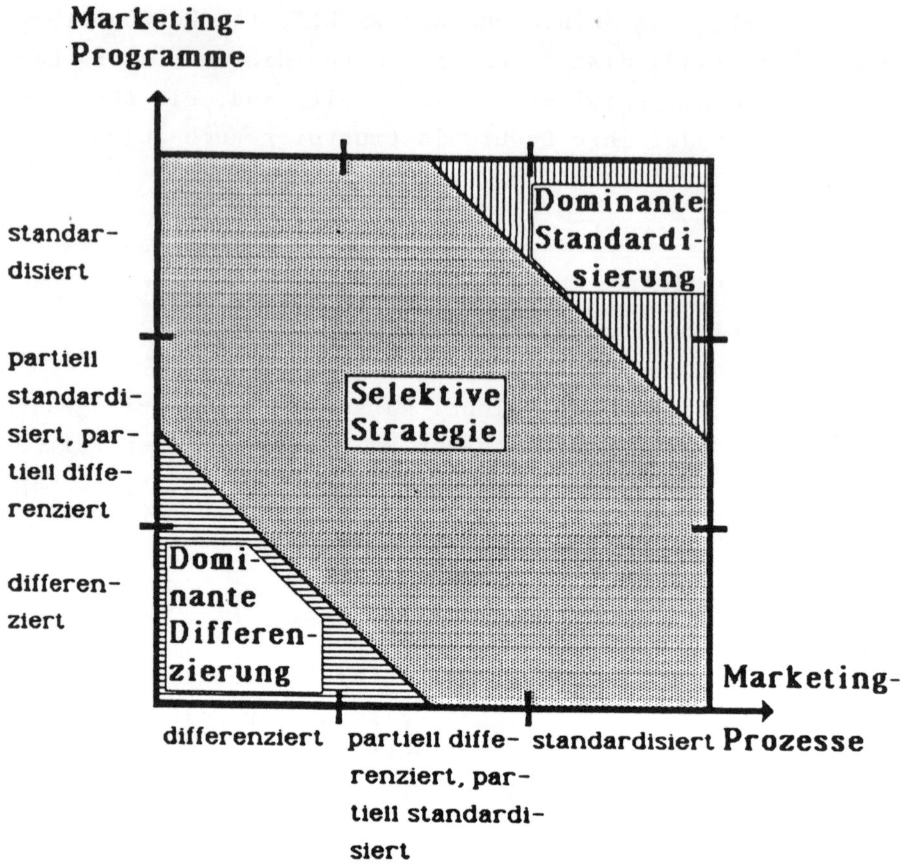

Abb. 1: Intensitätsstufen der Standardisierung

Distributionskanäle bei Anwendung des gleichen Kommunikationskonzepts vertreibt. Der andere Endpunkt des Kontinuums stellt die umfassende Differenzierung der Marketing-Aktivitäten dar, womit eine vollständige Adaption des Marketing-Konzepts an die individuellen Besonderheiten des jeweils zu bearbeitenden Landes und/oder der Zielgruppen angestrebt wird.

Sorenson/Wiechmann (1975, S. 54) haben hierzu im Rahmen einer Befragung von ca. 100 Führungskräften aus 27 erfolgreichen multinational tätigen Unternehmen festgestellt, daß es für deren Erfolg oft nicht so wichtig ist, ob ihre Marketing-Programme standardisiert sind oder nicht; die zentrale Bedeutung kommt nach diesen Ergebnissen vielmehr der Standardisierung von Prozessen (insbesondere des Planungsprozesses) zu (vgl. zu ähnlichen Ergebnissen auch Seebauer, 1977, S. 8). Da sich Unternehmen

Differenziertes Marketing		Standardisiertes Marketing
Lokal-Marketing	**Regional-Marketing**	**Global Marketing**
B e z u g s e i n h e i t		
Land	**Region**	**Welt**
A u s g e s t a l t u n g		
Marketing wird im Hinblick auf <u>ein</u> bestimmtes Land konzipiert → **Einzelland-bezogenes Marketing**	eine Standardisierung erfolgt für eine geographisch abgrenzbare - in sich <u>relativ homogene</u> - <u>Einheit</u> → **bspw. Euro-Marketing**	Marketing-Konzepte werden für den <u>weltweiten</u> Einsatz konzipiert (höchster Grad der Standardisierung) → **Welt-Marketing**

Abb. 2: Standardisierungs-Differenzierungs-Kontinuum

heute aber in zunehmendem Ausmaß auch darum bemühen, die oben skizzierten Ziele durch eine Standardisierung der Marketing-Programmen zu erreichen, werden im folgenden beide Ansatzpunkte der Standardisierung berücksichtigt.

Zuvor wird jedoch auf die Durchdringung des Global Marketing durch unterschiedliche Orientierungssysteme eingegangen.

II. Alternative Orientierungssysteme

Im internationalen Marketing können verschiedene Orientierungsmuster international tätiger Unternehmen unterschieden werden. Zur Einordnung der jeweiligen <u>Internationalisierung-Orientierung</u> kann dabei auf eine von Perlmutter (1972) entwickelte Klassifikation zurückgegriffen werden; danach können vier "reine" Orientierungsmuster unterschieden werden, die aber oft auch als Mischformen ausgeprägt sind (vgl. Abb. 3).

Der Gedanke liegt nahe, daß dem Global Marketing wohl am ehesten eine <u>geozentrische Orientierung</u> zugrunde liegen wird. Auch wenn dies in vielen Fällen zutrifft, besteht hierzu keine Zwangsläufigkeit. Gerade bei Unternehmen mit einer ausgeprägten Stammhaus- bzw. Stammland-Identität ist im Gegenteil immer wieder festzustellen, daß eine <u>ethnozentrische Perspektive</u> auch die

Internationalisierungs-Orientierung			
Ethnozentrische Orientierung	**Polyzentrische Orientierung**	**Regiozentrische Orientierung**	**Geozentrische Orientierung**
Orientierungsobjekt			
Unternehmensaktivitäten orientieren sich am Stammhaus bzw. am Stammland (Stammhaus-, Stammland-Orientierung)	Unternehmensaktivitäten werden auf das jeweils bearbeitete Land ausgerichtet (Gastland-Orientierung)	Unternehmensaktivitäten orientieren sich an homogenen Ländergruppen (Regionen-Orientierung	globale, länderübergreifende Ausrichtung der Unternehmensaktivitäten (Weltmarkt-Orientierung)
Informationsfluss			
großer Informationsfluß in Richtung Tochtergesellschaft (in Gestalt von Direktiven, Anweisungen, Ratschlägen)	geringer Informationsfluß zwischen Mutter- und Tochtergesellschaft als auch zwischen den Tochtergesellschaften selbst	hoher Informationsfluß - primär zwischen den Tochtergesellschaften einer Region	intensiver Informationsaustausch zwischen Mutter- und Tochtergesellschaft als auch zwischen den Tochtergesellschaften selbst
Bewertungs- und Kontrollprozesse			
es werden die Stammhaus-Standards eingesetzt	die Standards des jeweiligen Gastlandes sind relevant	die Standards orientieren sich an denen einer homogenen Ländergruppe	die weltweit gültigen Standards werden berücksichtigt
Marktbearbeitungs-Philosophie			
Ethno-Philosophie: "This works at home; therefore it must work in every country."	Poly-Philosophie: "Let the Romans do it their way. We really don't understand what is going on there, but we have to have confidence in them. As long as they earn a profit, we want to remain in the background."	Regio-Philosophie: "The United States is just one region on a par with Europe, Latin America, Africa, etc. in each product devision."	Geo-Philosophie: "It is the duty of the subsidiaries to help the headquarters solve problems anywhere in the world."

Abb. 3: Alternative Orientierungssysteme im internationalen Marketing (zur Unterscheidung vgl. Perlmutter, 1972)

Aktivitäten im Rahmen eines Global Marketing dominieren. Die dabei zugrundeliegende Verhaftung im eigenen Wert- und Erfahrungssystem, von Lee (1966, S. 106) als "self-reference criterion" bezeichnet, erschwert dabei eine vorurteilsfreie Wahrnehmung und Interpretation insbesondere von sozio-kulturellen Unterschieden durch die jeweiligen Entscheidungsträger und kann deshalb mit großen Risiken verbunden sein (Raffée/Kreutzer, 1984, S. 42). Hierdurch können die Mißerfolge von US-Unternehmen erklärt werden, die in den 60er Jahren mit dem Versuch gescheitert sind, amerikanische Marketing-Strategien unverändert in andere Länder zu übertragen. Um solche Mißerfolge zu vermeiden, ist das Global Marketing inhaltlich durch eine geozentrische Perspektive auszufüllen, die das "von-Markt-zu-Markt-Denken" bzw. das "von-Land-zu-Land-Denken" zugunsten einer markt- bzw. länderübergreifenden Betrachtungsweise überwindet.

III. Ansatzpunkte eines Global Marketing

1. Standardisierung von Marketing-Prozessen

Im Rahmen der Marketing-Prozesse geht es in erster Linie darum, die Strukturen und Ansätze zur Entwicklung, Durchsetzung und Kontrolle von Marketing-Konzeptionen sowie der sie begleitenden und durchdringenden Informationsprozesse zu standardisieren - unabhängig davon, ob deren Inhalte selbst standardisiert oder differenziert sind. Dabei kommen folgende Möglichkeiten und Ziele einer Standardisierung in Betracht:

Der Aufbau einer gemeinsamen Firmensprache (incl. Definition zentraler Leistungs- und Kostengrößen) kann die Kommunikation im Unternehmensverbund erleichtern und eine - im Rahmen von Planungs- und Kontrollprozessen notwendig werdende - weltweite Koordination und Aggregation zentraler Größen (bspw. von Budgets) ermöglichen.

Durch standardisierte Aus- und Weiterbildungsprogramme sowie durch institutionalisierte Gesprächskreise kann ein internationaler, unternehmensinterner Know-how-Transfer installiert werden. Dieser kann - begleitet von einem verstärkten internationalen Personaltransfer - auch zur kontrollierten Diffusion der unternehmensspezifischen Marketing-Philosophie (insbesondere auch im Hinblick auf ein mögliches CI- und CC-Konzept; vgl. dazu Rafffée/Wiedmann, in diesem Band) sowie allgemein zum Austausch von Ideen im Unternehmenskomplex und somit zur "cross fertilisation" beitragen. Auf diese Weise läßt sich das Potential neuer Ideen wesentlich umfassender ausschöpfen.

Entscheidungsprozesse sowie die zu ihrer Fundierung notwendigen Informationsaktivitäten können einheitlich strukturiert und ablauforganisatorisch standardisiert werden. Hierdurch lassen sich prozeßbezogene Abstimmungsnotwendigkeiten zwischen den einzelnen Länderniederlassungen sowie mit der Zentrale stark reduzieren. Durch die weltweite Transparenz von Planungs-, Realisations- und Kontrollprozessen sowie deren einzelne Moduln kann zum einen in hohem Maße sichergestellt werden, daß keine zentralen Aspekte vernachlässigt werden. Zum anderen wird hierdurch auch vermieden, daß Arbeitsschritte unterlassen bzw. mehrfach durchgeführt (so bspw. lokale Markt- oder Wettbewerbsanalysen) oder - etwa im Rahmen der Qualitätskontrolle - unterschiedliche Standards zugrundegelegt werden. Durch die länderübergreifende Transparenz können relevante Schnittstellen zu Planungsprozessen im Stammhaus (bspw. bzgl. der Konkretisierung von Marketingzielen, hinsichtlich länderbezogener Budgetansätze) oder in anderen Tochterunternehmen (etwa im Hinblick auf notwendige Marktabgrenzungen oder Preisabsprachen) frühzeitig definiert und so ihre Berücksichtigung bei der Erarbeitung des weltweiten Marketing-Plans besser gewährleistet werden (zu einem europaweit eingesetzten Planungsschema zur internationalen Mediaplanung im Hause Lintas vgl. Stockmann, 1977, S. 103).

Eine Standardisierung des Planungsprozedere kann aber auch dazu beitragen, daß die Planung weltweit stärker strategisch ausgerichtet wird und sich nicht mehr primär an kurzfristigen Zielen der einzelnen Länder orientiert. Last but not least ist mit den skizzierten prozessualen Vorgaben auch eine stark disziplinierende Wirkung im Hinblick auf die Tochterunternehmen verbunden.

Die von Sorenson/Wiechmann (1976, S. 89 f.) durchgeführte Untersuchung multinational tätiger Unternehmen unterstreicht die oben skizzierte Bedeutung international standardisierter Planungsprozesse. Auch Ergebnisse einer von Althans (1982, S. 161) durchgeführten Befragung international tätiger Werbeagenturen, wonach die "Erleichterung der Planung durch einheitliche Zielsetzung" sowie die "Vereinfachung von Koordination und Kontrolle" (mit jeweils 31 % der Nennungen) als dritt- bzw. vierthäufigster Grund für eine Standardisierung angeführt wurden, belegen insbes. die Wichtigkeit einer Standardisierung im Planungsbereich. Einschränkend muß hierbei erwähnt werden, daß immerhin 16 % der Befragten die in ihren Augen notwendige zentrale Kontrolle und Koordination für schwierig halten (vgl. Abb. 4).

Eine Standardisierung von Erhebungskonzepten und Erhebungsroutinen im Rahmen einer internationalen Marketingforschung ermöglicht die Vornahme länderübergreifender Vergleiche anhand der auf einheitlich strukturierten Informationen basierenden globalen Chancen-Risiken-Katalogen und lokalen Stärken-Schwächen-Profilen. Auf dieser Basis können auch Länderanalogien erarbeitet werden, denen unter dem Aspekt der Früherkennung eine große Bedeutung zukommt. Eine derartige Standardisierung kann nicht nur eine Effizienzsteigerung der Informationsplanung (vgl. Wiedmann/Kreutzer, in dieser Band) bewirken, sondern leistet auch einen wesentlichen Beitrag zur Kosteneinsparung im Informationsbereich.

Zu beachten ist in diesem Zusammenhang, daß die Standardisierung von Marketing-Prozessen - im Gegensatz zu einer Standardisierung von Marketing-Programmen - nicht zwangsläufig mit einer Zentralisierung von Marketing-Entscheidungen und damit auch von Marketing-Macht einhergehen muß; vielmehr eröffnet gerade die Erarbeitung von Standardkonzepten für die Marketingplanung weite Kooperationsfelder, deren Berücksichtigung letztendlich auch über die Akzeptanz dieser Konzepte entscheidet.

Gründe, die für eine Standardisierung sprechen	Gründe, die gegen eine Standardisierung sprechen
1. Reduzierung der Planungs- und Entwicklungskosten 50%	1. Ungenügende Berücksichtigung länderspezifischer Besonderheiten, zu unterschiedliche Mentalitäten 53%
2. Schaffung eines einheitlichen Produkt- und Firmenimage in allen bearbeiteten Märkten 38%	2. Zu große Unterschiede in der Medienlandschaft 25%
3. Erleichterung der Planung durch einheitliche Zielsetzung 31%	3. Ungenügende Berücksichtigung unterschiedlicher Produktgebrauchsbedingungen 22%
4. Vereinfachung von Koordination und Kontrolle 31%	4. Unterschiedliche Produktpositionierung bedingt differenzierte länderspezifische Werbung 22%
5. Ähnlichkeit der Zielgruppen 12,5%	5. Unterschiedliche Phasen im Produktlebenszyklus 19%
6. Ähnlichkeit der Produktpositionierung 9%	6. Notwendige zentrale Kontrolle und Koordination schwierig 16%
7. Ausnutzung guter Ideen, Know how Transfer 9%	7. "Not-invented-here"-Abwehrhaltung von Auslandsagentur und -kunde 12,5%
8. Zentralisierungstendenzen im Management internationaler Unternehmen 6%	8. Gefahr, als "Multi" gesehen zu werden 6%
9. Sonstige Gründe (steigende Mobilität der Konsumenten, Internationalisierung des Wettbewerbs, Ausnutzung des Media-Overlapping, Aufkommen von Satelliten-TV) 16%	9. Sonstige Gründe (Chauvinismus, schlechte Honorare, unterschiedliche Distributionsformen, begrenzte Kenntnis regionaler Märkte seitens der Zentralagentur) 19%
10. "keine" 3%	10. Angebliche Kosteneinsparungen sind geringer als angenommen 6%

Abb. 4: Gründe für und gegen eine Standardisierung von europaweiten Werbekampagnen (offene Frage, Mehrfachnennungen möglich) (Ergebnisse entnommen aus Althans, 1982, S. 161)

2. Standardisierung von Marketing-Inhalten bzw. Marketing-Programmen

Bei der inhaltlichen Dimension des Global Marketing geht es um die Standardisierung einzelner Marketing-Mix-Elemente bzw. ganzer Programmpakete (i.S. von Aktionsinstrumenten), die länderübergreifend eingesetzt werden sollen. Möglichkeiten einer solchen Standardisierung und damit erreichbare Ziele werden im folgenden präsentiert.

2.1 Standardisierung kommunikationspolitischer Aktivitäten

Hinsichtlich der Standardisierung kommunikationspolitischer Aktivitäten im internationalen Marketing bestehen grundsätzlich drei Möglichkeiten (vgl. Tostmann, 1985, S. 55):

(1) Auf eine länderspezifische Adaption wird vollkommen verzichtet (Satellitenspot für den Ford Sierra XR4i im Jahre 1983).

(2) Eine Adaption findet bei inhaltlicher Identität nur in bezug auf formale Gestaltungsaspekte (primär die Sprache) statt (Compact-Disc-Anzeigen von Philips; Coca-Cola-Kampagnen; 85er Video-Kampagne der BASF; Downy/Lenor-Kampagne; Lois-Jeans).

(3) Eine Adaption wird - in Abhängigkeit von Länderspezifika - auch im Hinblick auf inhaltliche Aspekte vorgenommen (General Foods' Orangengetränk Tang; Shell-Ratgeber), während lediglich noch die Rahmenfaktoren identisch bleiben.

Welche Standardisierungsintensität im Rahmen der Kommunikationspolitik bzw. allgemein im Rahmen des Marketing-Mix realisiert werden kann, ist abhängig vom zu kommunizierenden Objekt ("culture-free-product" vs. "culture-bound-product", Alltagsgüter vs. Prestigeartikel) sowie von der Ähnlichkeit bei der in den betroffenen Ländern bereits realisierten Marktposition (Phase im Produktlebenszyklus, Wettbewerbsposition) und der aktuellen bzw. potentiellen Zielgruppe (Entscheidungsverhalten, Nutzenerwartung, Wertvorstellungen/relevante Orientierungssysteme, Bildungsniveau, Kaufkraftstärke, Mediennutzung). Dem Einsatz standardisierter Kommunikationskonzepte muß vor diesem Hintergrund der Einsatz einer auch stark primärstatistischen Marketingforschung (vgl. Oakley/Zinser, 1983) vorausgehen, weil erst auf der Basis solcherart erlangbarer Informationen die "cross-cultural-groups" für die einzelnen strategischen Geschäftseinheiten identifiziert werden können. Im Verhalten bzw. in den Bedürfnisstrukturen dieser Zielgruppen spiegelt sich bereits ein Teil der für eine Marktbearbeitung relevanten gesamtgesellschaftlichen und gesamtwirtschaftlichen Rahmenbedingungen wider. Darüber hinaus sind aber insbesondere rechtliche und sprachliche Aspekte bei der Entwicklung länderübergreifender Konzeptionen zu würdigen.

Die Relevanz rechtlicher Aspekte für die Gestaltung der Kommunikationspolitik zeigt sich bspw. darin, daß in Großbritannien der Marlboro-Cowboy nicht gezeigt werden darf. Hier fordert der Werbekodex, daß Werbung nicht den Anschein erwecken sollte, als ob Rauchen mit besonders mutigen Menschen verknüpft sei.

Probleme gibt es aber auch bei einfachen sprachlichen Übertragungen von Anzeigen/Werbespots; so ist bspw. die deutsche Übersetzung ca. 30 bis 50 % länger als die englische Originalfassung (Raithel, 1984, S. 238 - 241).

Ein sehr effizientes Vorgehen, welches den oben skizzierten Möglichkeiten und Grenzen Rechnung tragen kann, besteht darin, daß die Zentrale - ggf. in Kooperation mit den Tochterunternehmen - eine internationale Dachkampagne entwirft (Meffert/Althans, 1982, S. 135; ähnlich Seebauer, 1977, S. 8). Liegen begründete Einwendungen gegen eine adaptionsfreie Realisierung vor, so ist die Dachkampagne als Kommunikationsplattform anzusehen, die als Grundlage für die Komposition regionaler Kommunikationsaktivitäten bzw. zumindest als Anregungsmaterial für die nationale Ausgestaltung dienen soll (eventuell mit fest vorgeschriebenen Elementen, bspw. Firmen- und Produktsymbolen, Argumentationsschienen usw.). Auf diese Weise kann einmal das akzeptanzmindernde "not-invented-here"-Syndrom in den Ländern zumindest abgemildert werden, ohne daß es aufgrund vollkommen verschiedener Kommunikationsstrategien bei grenzüberschreitenden Werbeträgern zu einer Verunsicherung der Konsumenten kommt.

So führten nicht ausreichend abgestimmte Werbekampagnen von PanAm zu Irritationen der Konsumenten über das Image dieser Unternehmung: "In one place it was advertised as 'the world's most experienced', in another place as an inexpensive low-fare carrier and in another place it was positioned humorously as the 'airline with a chuckle'." (Grey, 1984, S. 5).

Durch das Einräumen von Adaptionsmöglichkeiten läßt sich gleichzeitig eine Aussagenbanalisierung (Tostmann, 1985, S. 57) durch Uniformierung vermeiden, die mit der simultanen Berücksichtigung unterschiedlichster Restriktionen der betroffenen Ländern einhergehen kann. Sonst besteht nämlich die Gefahr, daß der Kommunikation jeglicher "Schwung und Pepp" verloren gehen, weil man sich gleichsam auf den "kleinsten gemeinsamen Nenner" geeinigt hat.

Durch eine Standardisierung der Kommunikationspolitik kann auf sehr effiziente Weise eine weltweit einheitliche Produkt- bzw. Unternehmensprofilierung, wie sie bspw. durch ein CI-Konzept postuliert wird, erreicht werden. Basiert der Aufbau universeller Weltmarken auf nur einer Marketing-Konzeption, so können die im Marketing-Bereich liegenden Synergiepotentiale optimal ausgeschöpft werden. Eine damit i.d.R. einhergehende Kosteneinsparung aufgrund von "economies of scale" (bspw. hinsichtlich Konzeptionsentwicklung und -testung) darf in ihrer Wirkung auf die Preisstellung nicht überschätzt werden, da die Kosten der Konzeptionserarbeitung an den Gesamtkosten der Werbung (Konzeptionierung und Realisierung) nur einen kleinen Anteil haben. Vor diesem Hintergrund verwundert es, daß nach der Untersuchung von Althans die Kostenreduktion unangefochten die Liste der Standardisierungsgründe für europaweite Werbekampagnen anführt (50 % der Nennungen, während auf das weltweit einheitliche Profil nur 38 % entfallen; vgl. Abb. 4).

Eine internationale Mediaplanung ist heutzutage nur in geringem Umfang realisierbar, weil hinsichtlich der rechtlichen Möglichkeiten (Vorschriften hinsichtlich Gestaltung, Spotlänge, Möglichkeiten werblicher Filmunterbrechungen; Werbeverbote für bestimmte Produkte wie auch in bestimmten Medien), der Verfügbarkeit (so bspw. bei TV-Werbezeiten, incl. Buchungsmodalitäten) sowie hinsichtlich der Glaubwürdigkeit und Reichweite (quantitativ und qualitativ) einzelner Werbemedien hohe länderspezifische Unterschiede existieren (vgl. Stockmann, 1977, S. 102). Mit der weiteren Verbreitung länderübergreifender Kommunikationstechnologien und der damit verbundenen Zunahme des Media-Overlapping bzw. Media-Overspill (vgl. Griffin, 1977) ist aber damit zu rechnen, daß sich Standardisierungsmöglichkeiten auch in diesem Bereich verstärken werden.

2.2 Standardisierung produktpolitischer Aktivitäten

Mit einer Standardisierung von Elementen der Produktpolitik (insbes. hinsichtlich des Grundnutzens sowie der damit verbundenen ästhetischen und physikalisch/funktionalen Produkteigenschaften) lassen sich insbes. auch im Produktionsbereich große Rationalisierungsreserven erschließen, weil hier durch hohe kumulierte Produktionsmengen große Kostensenkungspotentiale aufgebaut werden (Gälweiler, 1979).

Der Kernbereich der Produktpolitik in Gestalt des Grundnutzens ist einer Standardisierung grundsätzlich in hohem Maße zugänglich, weil viel Bedürfnisse (etwa hinsichtlich Transportmöglichkeiten und Kommunikation, Nahrungsmitteln usw.) eine weltweite Verbreitung aufweisen. Trotzdem müssen bei Standardisierungsbestrebungen im Bereich der Produktpolitik insgesamt - und nicht nur hinsichtlich der ästhetischen (Design/Formgestaltung, Farbgebung) und physikalisch/funktionalen Eigenschaften (technische Konstruktion, Materialart, Qualität) - länderbezogene Rahmenbedingungen berücksichtigt werden. Die Notwendigkeit hierzu resultiert insbes. aus

- unterschiedlichen Konsumtions- bzw. Verbrauchsgepflogenheiten (die noch anhaltende Diskussion um den Export von Kindertrockennahrung in Länder der Dritten Welt zeigt die Relevanz dieses Aspekts),
- verschiedene Erwartungshaltungen (bspw. hinsichtlich der Lebenserwartung von Gebrauchsgütern, wenn sich die "Wegwerf-Mentalität" noch nicht allgemein durchgesetzt hat),
- abweichenden Assoziationen bzw. Anmutungsqualitäten in Abhängigkeit von Form- und Farbgebung,
- verschiedenartigen ökologischen und infrastrukturellen Gegebenheiten (so etwa neben klimatischen Herausforderungen auch unterschiedliche Versorgungs- und Entsorgungsqualitäten),
- differierenden rechtlichen Anforderungen (bspw. in Gestalt unterschiedlicher Normungs- und Typungsvorschriften, Qualitätsnachweisen für Erstzulassungen usw.).

Vor dem Hintergrund dieser vielfältigen Aspekte wird deutlich, warum in der Althans-Untersuchung 22 % der befragten Werbeagenturen die Gefahr einer ungenügenden Berücksichtigung unterschiedlicher Produktgebrauchsbedingungen als Grund gegen eine Standardisierung nannten (vgl. Abb. 4).

Markenname und Markenzeichen weisen im Kontext der Produktpolitik den höchsten Standardisierungsgrad auf (Sorenson/Wiechmann, 1975, S. 39). Der Grund hierfür ist darin zu sehen, daß die Rahmenbedingungen bezüglich einer derartigen Standardisierung weniger restriktiv sind. Grenzen sind hier primär in nicht gewünschten Assoziationen bei bestimmten Namen zu sehen.

Die Gefahren, die mit einer unzureichenden Berücksichtigung sprachlicher Aspekte bei der Standardisierung von Markennamen verbunden sein können, werden am Beispiel General Motors deutlich. In Südamerika wurde ein Auto auf den Namen "Chevy Nova" getauft. Noch bevor mit dem Wagen erstmals Probleme auftauchten, spotteten schon die ersten spanischen Zungen: "Chevy no va" (Raithel, 1984, S. 238). Um solche Probleme zu vermeiden, greifen Unternehmen gerne auf künstliche Wortschöpfungen zu (wie bspw. die Namen Kodak, Exxon), die keinerlei negative Assoziationen aufkommen lassen (vgl. Görge, 1979, S. 413).

Ein großer Vorteil der internationalen Vereinheitlichung von Markennamen und Markenzeichen ist in einem wesentlich besseren weltweiten Marken-Schutz gegenüber einer zunehmenden Zahl von Imitationsprodukten zu sehen (vgl. Sorenson/Wiechmann, 1976, S. 84). Schließlich können durch Markenstandardisierung auch verkaufsfördernde, länderübergreifende Umbrella-Effekte bzw. Ausstrahlungseffekte (Diller, 1979) durch den Aufbau weltweiter Produktfamilien realisiert werden.

So hat sich bspw. in Westeuropa gezeigt, daß durch Einheitlichkeit von Markennamen, Verpackung und Werbung die Markenbekanntheit europaweit wesentlich erhöht werden kann. Aufgrund der hohen Mobilität der Konsumenten in dieser Region kann sich bei standardisierten Marken durch eine zusätzliche Konfrontation mit Produkt und Werbung im Ausland die Markentreue verfestigen, wodurch sich Wettbewerbsvorteile gegenüber nationalen Anbietern ergeben können (vgl. Sorenson/Wiechmann, 1975, S. 40 f.; Fröhlich, 1974, S. 139; Buzzell, 1968, S. 105 f.). Derartige Vorteile werden durch den Einsatz länderübergreifender Werbeträger (bspw. Satelliten-TV, globale Printmedien) in Zukunft noch an Bedeutung gewinnen.

Im Bereich der Service-Leistungen besteht sogar eine Notwendigkeit zu einem Mindestmaß an Standardisierung. Dies resultiert daraus, daß bei den Kunden nicht der Eindruck einer gewollten Ungleichbehandlung in verschiedenen Ländern aufkommen darf. Die Notwendigkeit, diesen Aspekt zu berücksichtigen, besteht insbesondere dann, wenn sich die Kunden (bspw. Ärzte, Computer-Fachleute, Chemiker, Ingenieure usw.) auf internationalen Veranstaltungen treffen bzw. überregional publizieren und auf diese Weise auch Erfahrungen mit bestimmten Anbietern austauschen (Buzzell, 1968, S. 106).

2.3 Standardisierung distributionspolitischer Aktivitäten

Distributionskonzepte lassen sich - sowohl in ihrer akquisitorischen wie in ihrer logistischen Komponente - oftmals nicht einmal im Grobkonzept standardisieren. Zu viele länderspezifische Faktoren müssen bei der Konzeptionierung des Distributionssystems berücksichtigt werden.

Die Entscheidung darüber, ob ein direkter oder indirekter Absatzweg aufgebaut wird, ist bspw. - neben der Frage der Verfügbarkeit entsprechender Absatzmittler - maßgeblich von der Bedeutung abhängig, die den verschiedenen Distributionssystemen (Großhandel und Einzelhandel) und einzelnen Absatzmittlern im zu bearbeitenden Land - auch aus rechtlichen und/oder politischen Erwägungen - beizumessen ist.

So können in Japan die Handelshäuser aufgrund ihrer dominierenden Stellung - zumindest im Stadium der Markterschließung - kaum umgangen werden, während in Saudi-Arabien gesetzliche Regelungen die Wahlmöglichkeiten dadurch einschränken, daß nur Saudis oder Gesellschaften mit ausschließlich saudiarabischem Kapitel Handelsunternehmen betreiben dürfen (Segler, 1982, S. 26). Schließlich können auch religiöse Verhaltensnormen dazu führen, daß nur beschränkt geeignete Distributionsorgane gefunden werden, weil die zu distribuierenden Produkte und damit alle diesbezüglichen Aktivitäten keine ausreichende gesellschaftliche Wertschätzung erfahren (Görge, 1979, S. 410).

Der Aufbau eines leistungsfähigen Reisenden- oder Handelsvertretersystems kann wiederum nur dann gelingen, wenn ausreichend qualifiziertes Personal im betreffenden Land zur Verfügung steht; denn eine primäre Rekrutierung aus dem Stammland kann die Grenzen ökonomischer Machbarkeit übersteigen und Akzeptanzprobleme zur Folge haben. Bekanntlich spielen gerade in Verkaufsgesprächen sozio-kulturelle Faktoren eine bedeutende Rolle, weil diese einen entscheidenen Einfluß auf die Wahrnehmung bestimmter Verhaltensweisen (Aggressivität, Mimik, Gestik usw.), die Länge (vgl. zum Beispiel Japan Rösch/Segler, 1983, S. 20 - 22) und Inhalte von Verhandlungen haben. Ein Verstoß gegen solche nicht-sprachlichen Kommunikationsgepflogenheiten - von Hall (1960) als "silent language" charakterisiert -, können unbefriedigende Gesprächs-

und Verhandlungsergebnisse zur Folge haben (Görge, 1979, S. 409 f.). Vor diesem Hintergrund ist es gerade auch für Außendienstmitarbeiter aus dem Stammland wichtig, daß ihnen die Relativität ihrer eigenen kulturellen Normen, Wertsysteme, Sitten und Gebräuche nahegebracht wird.

Die Frage, ob das logistische System zentralisiert und dezentralisiert werden soll, ist - neben bestimmten Produkteigenschaften - auch abhängig vom Grad der infrastrukturellen Erschließung (bspw. hinsichtlich Transportsystemen, Verkehrsverhältnissen) sowie von der geographischen Situation (Größe des Landes, Besiedelungsdichte, Topographie usw.). Auch hier sind Standardisierungsansätzen ebenfalls enge Grenzen gesetzt.

Wenn trotz dieser gravierenden Unterschiede und daraus resultierender individueller Anpassungsnotwendigkeiten Untersuchungsergebnisse auf ein hohes Maß an Standardisierung im Distributionssystem hindeuten (vgl. Sorenson/Wiechmann, 1975, S. 39 - 42), so ist dies nicht einseitig als Konsequenz zielorientierten Handels zu interpretieren, sondern ergab sich häufig aufgrund ähnlicher Gegebenheiten in den untersuchten Märkten. Die fehlende Zielorientierung kann - zumindest in einigen Fällen - durch die nur geringen Rationalisierungspotentiale oder auch fehlende Imagevorteile einer Standardisierung der Distributionskonzepte erklärt werden.

2.4 Standardisierung preispolitischer Aktivitäten

Einer Standardisierung der Preispolitik sind - insbesondere im Vergleich mit der Kommunikationspolitik - sehr viel engere Grenzen gesetzt. Der Grund hierfür ist - auch unabhängig von einer eventuell gewünschten Orientierung der Preisstellung an den Herstellkosten der jeweiligen Länder - in unterschiedlichen Konkurrenzpreisen, der steuerlichen Situation, dem Kaufkraftniveau des Landes bzw. der relevanten Zielgruppen und last but not least auch in politischen und rechtlichen Einflüssen auf die unternehmerische Preisgestaltung zu sehen (vgl. Fröhlich, 1974, S. 142); so können Höchst- oder Mindestpreise vorgeschrieben werden, müssen Kalkulationen offengelegt werden, bestehen Verbote der Preisbindung, Preisempfehlung, Grenzen der Rabattgewährung usw.

Ein Minimum an Standardisierung im Rahmen der Preissetzung versuchen einige multinationale Unternehmen allerdings dadurch zu erreichen, daß sie für ausländische Niederlassungen Preisrichtlinien entwickeln, die zumindest eine Festlegung der relativen Preisstellung enthalten (Müller, 1985, S. 10 - 14; vgl. Sorenson/Wiechmann, 1975, S. 42). Der Vorteil eines solchen Vorgehens liegt darin, daß die Tochterunternehmen zwar eine preisliche Flexibilität - gerade auch im Hinblick auf die jeweilige Position im Produktlebenszyklus und der damit verbundenen Marktsättigung - erhalten, länderübergreifend aber die Erreichung einer gleichartigen Positionierung erleichtert werden kann.

Die Notwendigkeit zu einem solchen Minimum an Standardisierung, die durch eine zentrale Koordination der Preissetzung zu gewährleisten ist, resultiert schon allein aus der Gefahr, daß sich sonst Einheiten desselben Unternehmensverbundes im internationalen Wettbewerb gegenseitig unterbieten (so wurden bspw. die Preise des Philips-Stammhauses in Holland durch die deutsche Tochtergesellschaft aufgrund günstiger Produktionsverhältnisse und höherer Wettbewerbsintensität um 30 % unterschritten; vgl. Buzzell, 1968, S. 106); außerdem kann nur durch ein Mindestmaß an preislicher Harmonisierung die Gefahr von organisierten bzw. unorganisierten Reimporten in Grenzen gehalten werden, die in einigen Branchen nicht unbeträchtliche Ertragseinbußen zur Folge haben (bspw. in der Pharma-Industrie).

3. Marketing-Mix-übergreifende Grenzen eines Global Marketing

Über die Kritik an den grundlegenden Prämissen eines Global Marketing und die bereits bei der Diskussion von Standardisierungsmöglichkeiten einzelner Marketing-Instrumente angesprochenen einschränkenden Bedingungen hinaus existieren weitere Faktoren, die Möglichkeiten eines Global Marketing beschränken.

3.1 Länderspezifische Grenzen

Ist ein international tätiges Unternehmen bemüht, weltweit ein einheitliches Erscheinungsbild zu erreichen, so kann dazu nicht unreflektiert ein Konzept zur Anwendung kommen. Aufgrund unterschiedlicher religiöser und/oder kultureller Rahmenbedingungen sowie verschiedener Sprachgepflogenheiten ist es bei einem objektiv gleichen marktlichen Auftreten durchaus möglich, daß es zu ganz verschiedenen Perzeptionen und Interpretationen von Worten, Aussagen und Bildern kommt, die vom anvisierten Image mehr oder weniger weit entfernt sein können (vgl. zu diesem Problembereich allgemein Keller, 1982, S. 158 - 162).

Bei einer solchermaßen nicht ausreichenden Berücksichtigung nationaler Gegebenheiten bzw. Anforderungen (vgl. dazu auch Laukamm, in diesem Band) besteht somit die Gefahr, daß eine "nationale Glaubwürdigkeit" nicht erreicht wird. Hierdurch kann zum einen Good will bei Kunden und Öffentlichkeit - gerade gegenüber multinational tätigen Konzernen - verspielt werden, zum anderen können aber auch kaufkraftstarke Segmente verlorengehen, die ihre Bedürfnisse durch weltweit standardisierte Problemlösungen nur unzureichend befriedigt finden bzw. aus dem Umsichgreifen von Uniformierungstendenzen in vielen Lebensbereichen ausbrechen möchten (vgl. Dellingshausen, 1984, S. 12; Naisbitt, 1984). Der damit offenkundig werdende Wunsch nach einer stärkeren Regionalisierung bis hin zu einer Individualisierung von Produkten eröffnet - wenn auch mit einer i.d.R. höheren Preisstellung - Chancen für national operierende Anbieter, aber durchaus auch für multinationale Unternehmen, die auf derartige Wünsche einzugehen vermögen (vgl. Raffée, 1984, S. 74 f; Tostmann, 1985; Buzzell, 1980, S. 345 - 351). Vor diesem Hintergrund muß bei einer Standardisierung (insbes. von Problemlösungspakten) zunächst einmal analysiert werden, ob eine positive Profilierung eher über den Preis oder über eine Anpassung an nationale Spezifika erreicht werden kann. Damit verbunden ist auch die Frage, ob eine langfristig angestrebte Gewinnmaximierung sicherer über eine Realisierung von Kostenvorteilen durch Standardisierung - ggf. unter Inkaufnahme von Umsatzeinbußen - oder über eine kostenintensivere Differenzierung erreicht wird, weil auch hier der Nettoeffekt auf den Gewinn noch positiv sein kann. Von den Ergebnissen einer solchen Analyse ist es dann abhängig zu machen, ob und wenn ja welche Elemente der Marketing-Konzeption standardisiert werden.

Darüber hinaus ist es in vielen Ländern aufgrund eines erwachenden Selbstbewußtseins - z.T. als Konsequenz einer "self-reliance-Bewegung", die eine "Individualisierung der Märkte" zur Folge haben kann - per se notwendig, eine nationale Ausrichtung der Unternehmensaktivitäten vorzunehmen. So wird heute bereits in einer Vielzahl von Ländern durch local-content-Vorschriften u.a. festgelegt, welche Anteile bestimmte lokale Inputfaktoren (bspw. Personal, Rohstoffe) am Gesamtbedarf der Unternehmung einnehmen müssen; eine Nichterfüllung solcher Vorschriften kann dabei Produktionseinschränkungen bis hin zu Produktionsverboten zur Folge haben. Solche Entwicklungen - die sich nach den Ergebnissen einer Studie von Negandhi noch verstärken werden (vgl. Agthe, 1982, S. 155) - sollten hinsichtlich des Risikopotentials sensibilisieren, das mit einer nicht ausreichenden Orientierung des Marketing an artikulierten wie nicht-artikulierten Forderungen von Ländern bzw. einzelnen Zielgruppen verbunden sein können.

Neben solchen Vorschriften stellt auch der Produktlebenszyklus eine zentrale Determinante für die Möglichkeiten der Standardisierung von Marketing-Programmen dar. Haben identische Produkte in unterschiedlichen Ländermärkten verschiedene Stadien des Lebenszyklus erreicht, so können - zumindest simultan - nicht die gleichen Strategien eingesetzt werden; es ist aber sehr wohl möglich, identische bzw. geringfügig an jüngste Entwicklungen adaptierte Strategien mit einem an den jeweils erreichten Phasen im Lebenszyklus orientierten time-lag aus dem "leading-market" in die "lagging-markets" zu transferieren. Hierdurch können dann ebenfalls noch gewisse Kosteneinsparungen durch Standardisierung realisiert werden.

Auch die - i.d.R. von der erreichten Phase im Lebenszyklus abhängige - Wettbewerbsintensität sowie das individuelle Auftreten einzelner Wettbewerber (bspw. hinsichtlich Preisgestaltung, Produktmerkmalen, Werbeaktivitäten usw.) haben im Zusammenspiel mit Kundenpräferenzen einen wesentlichen Einfluß darauf, ob Marketing-Programme standardisiert werden können oder differenziert werden müssen. Auch wenn aufgrund einer zunehmenden Globalisierung des Wettbewerbs durch international tätige Unternehmen Vorhersagen über das Verhalten von Wettbewerbern möglich werden, muß sich jedes Unternehmen doch eine grundsätzliche Sensibilität für eventuell adaptierte Vorgehensweisen der Konkurrenten bewahren.

Last but not least kommt auch etwaigen Unterschieden zwischen Wünschen und Bedürfnissen der Konsumenten in den verschiedenen Ländern eine zentrale Bedeutung zu. Weichen Konsumgewohnheiten in stärkerem Maße voneinander ab, so ist eine globalisierte Positionierung nicht erfolgversprechend.

Unterschiedliche Konsumgewohnheiten machten es bspw. notwendig, daß ein in den USA als Frühstücksgetränk positionierter Orangensaft in Frankreich als Erfrischungsgetränk eingeführt wurde, weil beim traditionellen französischen Frühstück kein Orangensaft getrunken wird (vgl. Grey, 1984, S. 13).

Deshalb ist es besonders risikoreich, wenn sich im Unternehmen eine Philosophie breitmacht, nach der gilt: "Wenn unser Marketing in Land A erfolgreich ist, warum soll es nicht auch im Land B erfolgreich sein?" (Sorenson/Wiechmann, 1976, S. 86). Die Gefahr, daß sich eine solche Philosophie im Unternehmen durchsetzt, besteht besonders dann, wenn als erster Schritt in Richtung Weltmarktbearbeitung strategische Brückenköpfe in "ähnlichen" Ländern errichtet (vgl. Raffée/Segler, 1984, S. 283) und erfolgreich mit identischen Marketing-Konzepten bearbeitet werden. Der zweite Schritt besteht hier dann oft darin, die gleichen Konzepte auch in Märkten einzusetzen, die größere Unterschiede hinsichtlich marketingrelevanter Aspekte aufweisen. Wird hier - wie von vielen US-amerikanischen Unternehmen in den 60er Jahren - die Notwendigkeit gründlicher Länderanalysen zur Absicherung der unmodifizierten Übertragbarkeit nicht erkannt, so besteht die Gefahr mangelnder Potentialausschöpfung bzw. gänzlicher Mißerfolge. Grundsätzlich muß bei Standardisierungsüberlegungen berücksichtigt werden, daß eine Standardisierung bei ungleichen Marktbedingungen gravierendere Konsequenzen hat als eine Differenzierung bei gleichen Marktbedingungen (Sorenson/Wiechmann, 1976, S. 87).

3.2 Unternehmensspezifische Grenzen

Grenzen werden dem Global Marketing - im Hinblick auf eine Standardisierung von Marketing-Programmen wie von Marketing-Prozessen - auch durch das lokale und regionale Management gezogen.

So wurde in der Grey-Studie (1984, S. 8) ermittelt, daß 79 % des Widerstandes gegen Globalisierungsansätze vom lokalen und 21 % vom regionalen Management kommen. Derartige Widerstandspotentiale gegen eine umfassende Standardisierung liegen u.a. darin begründet, daß die bislang einer gewissen "Laissez faire-Philosophie" folgende Autonomie der Tochterunternehmen und die damit einhergehende Marketing-Entscheidungsbefugnis sukzessiv zurückgedrängt wird (zu diesbezüglichen Durchsetzungsproblemen im Hause Nestlé vgl. o.V., 10/1984, S. 18).

Mit Standardisierungsansätzen sind deshalb fast zwangsläufig verschiedenartige Konfliktbereiche verbunden. So können die Bedeutung, die einzelnen Ländermärkten bzw. Tochterunternehmen im Konzern beigemessen wird sowie die damit verbundenen Konsequenzen - bspw. hinsichtlich Mitspracherecht, Zuteilung von Marketing-Ressourcen - völlig unterschiedlich gesehen werden (Bewertungs- bzw. Verteilungskonflikte). Darüber hinaus glauben die Mitarbeiter des Stammhauses häufig, daß sie über die neuesten Erfahrungen und Erkenntnisse hinsichtlich der Marketing-Technologie verfügen, während die Verantwortlichen in den Tochtergesellschaften dem entgegenhalten, daß die Zentrale die örtliche Marketing-Situation kaum kennt und daher in Gefahr ist, falsche strategische und operative Schlüsse zu Lasten des lokalen Managements und damit der erzielbaren Erfolge zu ziehen (Beurteilungskonflikt aufgrund unterschiedlicher Informationsniveaus).

Grenzen eines Global Marketing liegen auch in den individuellen Informationsbeschaffungs- und -verarbeitungsprozessen. "Zielinduzierte Informationspathologien" sowie das Streben nach Komplexitätsreduktion (zum grundlegenden Kapazitätsprinzip sowie dem damit zusammenhängenden Phänomen des "information overload" vgl. Silberer, 1979 und Raffée/Fritz, 1980) können sich hier in einer selektiven Wahrnehmung bzw. in einer selektiven Informationssuche konkretisieren und dabei von marketing-relevanten Unterschieden zwischen einzelnen Ländern abstrahieren. Schließlich besteht auch die Gefahr, daß bei der Entwicklung länderübergreifender Konzepte eine zu starke Orientierung an den aktuell sehr attraktiven Ländermärkten erfolgt, ohne daß die potentiellen Zukunftsmärkte zumindest gleichgewichtig in die Betrachtung eingehen.

Aus diesen Ausführungen wird deutlich, daß ein Global Marketing neuer, in ein weltweit ausgerichtetes Corporate Identity-Konzept (vgl. Birkigt/Stadler, 1980) eingebundener, Organisationsformen und Unternehmenskulturen bedarf. Nur auf diese Weise kann sichergestellt werden, daß das regionale Management die globale Identität sowie die daraus abgeleiteten globalen Marketing-Konzeptionen (incl. globalem Design) nicht konterkariert, sondern vielmehr konsequent in den länderbezogenen Aktivitätsprogrammen umsetzt und im Sinne der Unternehmensspitze weiterentwickelt.

Hierbei ist zu erwarten, daß sich japanische Unternehmen wesentlich leichter tun werden, weil sie sich aufgrund ihrer noch recht jungen Unternehmenskulturen nicht so stark durch Traditionen gefesselt sehen als dies bei vielen anderen, häufig auf Besitzstandswahrung versessenen Unternehmen der Fall ist (Raithel, 1984, S. 241).

Die im Hinblick auf ein Global Marketing weiterentwickelten Organisationsformen haben sich insbes. durch eine engere Kooperation zwischen Zentrale und regionalen Niederlassungen bei der Entwicklung der Marketing-Konzeptionen und deren Konkretisierung in Gestalt der Marketing-Programme (Strategieeinsatz und Marketing-Mix) auszuzeichnen. Insbesondere für erste derartige Kooperationen ist ein genügend großer Planungszeitraum vorzusehen, um die Internalisierung globaler Unternehmensziele zu ermöglichen und standardisierte Konzepte sukzessiv "verkaufen" zu können. Nur auf diese Weise kann gewährleistet werden, daß die Marketing-Pläne in den einzelnen Ländern akzeptiert werden und eine ausreichende Motivation zur Implementierung gegeben ist. Eine solch enge Kooperation kann ihren Niederschlag bspw. in international besetzten Projektgruppen finden (vgl. hierzu das Konzept der BASF bei der Entwicklung einer internationalen BASF-Video-Kassetten-Kampagne, die allerdings in Großbritannien auf Widerstand gestoßen ist; o.V. 5/1985, S. 12 und 7/1985, S. 14). Im Rahmen einer derartigen Zusammenarbeit haben hier die Regionalmanager dann auch die Möglichkeit nachzuweisen, aus welchen Gründen in ihrem Land eine Einheitlichkeit bei bestimmten Marketing-Elementen nicht realisierbar ist.

Parallel dazu ist an den Aufbau neuer Verantwortungsbereiche zu denken, die den Globalisierungstendenzen angemessen sind. Ein geeigneter Ansatz hierzu besteht in einer weltweiten, d.h. länderübergreifenden Produktverantwortung (so hat Unilever Produktkoordinatoren - zugleich Mitglieder des internationalen Vorstands - für Entwicklung, Produktion und Marketing der verschiedenen Produktbereiche eingesetzt; Schrader, 1984, S. 8). Auf diese Weise kann einerseits zur Überwindung einer engen produkt- bzw. landbezogenen Betrachtungsweise beigetragen werden, andererseits wird aber auch vermieden, daß die nationalen Manager zu Erfüllungsgehilfen degradiert werden (vgl. Tostmann, 1985, S. 57). Eine zumindest partielle Kompensation verlorener Freiheitsgrade kann eventuell noch dadurch erreicht werden, daß die regionalen Manager - soweit dies nicht bereits der Fall ist- regionale Marken bekommen, über die sie weitgehend ohne Abstimmung mit der Zentrale bestimmen können (Raithel, 1984, S. 241). Ein solches Vorgehen kann bspw. auch im Teststadium (Screening-Phase) von Neuprodukten erfolgen, wo die Kreativität der regionalen Manager herausgefordert werden soll.

Die Akzeptanzprobleme bei Standardisierungsansätzen, sowohl in den Niederlassungen als auch in der allgemeinen Öffentlichkeit, können ggf. auch dadurch abgeschwächt werden, daß das Stammland durch ein besonders positiv ausgeprägtes Image (zu Länderimages am Beispiel Japan und Bundesrepublik vgl. Hansen et al., 1983, S. 26 f.) zum Vorreiter und Ideal für andere Länder "hochstilisiert" wird. Durch den Aufbau solcher Orientierungsmärkte - etwa auch unter Aktivierung von "country-of-origin-effects" (vgl. dazu bspw. Erickson et al., 1984) - können dann auch kulturell und religiös bedingte Hindernisse erfolgreich umschifft werden, wenn der "Konsum eines gleichartigen Marketing-Programms" zur Imagefrage geworden ist. Die Erfolgschancen eines solchen "leading-country-concept" können dann wesentlich verbessert werden, wenn sich mehrere Unternehmen aus dem gleichen Land ein Länder-PR-Konzept mit der oben skizzierten Zielrichtung kooperativ erarbeiten und realisieren.

E. Resümee

Die aktuelle Diskussion um Global Marketing kann dazu beitragen, daß die Perspektive von den Unterschieden zwischen Ländern bzw. transnationalen Zielgruppen stärker auch auf bestehende Ähnlichkeiten abstellt. Dies bildet eine notwendige Voraussetzung, um überhaupt erst einmal Standardisierungspotentiale für Marketing-Programme erkennen zu können. Um die Ausschöpfung dieser Potentiale ausreichend informatorisch abzusichern, bedarf es in jedem Falle umfassender länder vergleichender Marketingstudien (incl. international vergleichbarer Mediaanalysen), die auch sozio-kulturellen Gegebenheiten ausreichenden Raum schenken; hier bestehen momentan noch Leerfelder, die durch empirische Untersuchungen auszufüllen sind. Die aus Studien gewonnenen Erkenntnisse der im Stammhaus für die Globalisierung verantwortlichen Manager sind abzurunden durch Vor-Ort-Erfahrungen mit Land, Markt und lokalem Management; bei letzterem, um Kooperationspotentiale und Widerstände frühzeitig abschätzen zu können. Im Rahmen der Informationsgewinnung und -verarbeitung ist zweckmäßigerweise so vorzugehen, daß zunächst die strategischen Erfolgsfaktoren des Unternehmens im jeweiligen Land identifiziert werden; Faktoren, die sich hierbei als besonders kritisch für den Unternehmenserfolg erweisen, sind dann im Hinblick auf das betreffende Land zu adaptieren, während die übrigen Faktoren weitgehend standardisiert zum Einsatz kommen.

Zu beachten ist hierbei, daß die Standardisierung von Prozessen und Programmen im Marketing nicht unverbunden nebeneinander stehen; vielmehr erleichtert eine ausgeprägte Standardisierung der Marketing-Prozesse nicht nur Programm-Standardisierungen, sondern gerade auch notwendige Programm-Differenzierungen, weil im Planungsprozeß durch länderübergreifende Standards gewährleistet werden kann, daß sich Differenzierungen im Rahmen der Unternehmungs-Gesamtkonzeption bewegen und somit keine Zersplitterung des gesamten Marketingkonzepts auftritt.

Auch wenn eine weltweite Standardisierung der Marketing-Programme als umfassendste Ausprägung eines Global Marketing aufgrund der Differenziertheit von Märkten in vielen Fällen nicht realisierbar erscheint, besteht doch zumindest die Möglichkeit, auf der Basis ländervergleichender Analysen eine Ländersegmentierung vorzunehmen, die den Einsatz eines Regional-Marketing möglich macht.

In einer Untersuchung von Beuttel et al. (1980, S. 97 - 100) wurde zwar festgestellt, daß im Jahre 1980 erst 15,9 % der exportierenden bundesdeutschen Unternehmen eine Bündelung einzelner Länder zu Marktgebieten vorgenommen haben. Die Tendenz zur Länderbündelung hat sich aber in der Zwischenzeit - auch im Kontext der Standardisierungsdiskussion - erheblich verstärkt (zu Ansätzen eines Regional-Marketing im ostasiatischen Raum vgl. Schneidewind, 1984, S. 96 f.). Trends in diese Richtung werden dabei auch durch technologische Entwicklungen, etwa in der Medienlandschaft, noch gefördert; so werden in Europa bspw. bereits 1988 83 Kanäle von Kommunikationssatelliten für die TV-Werbung zur Verfügung stehen (o.V., 41/1984, S. 95), wodurch sich ein weites Feld für Standardisierungen auftut.

Insgesamt kann somit festgehalten werden, daß Global Marketing kein allumfassendes Wundermittel oder Patentrezept für die 80er und 90er Jahre darstellt. Vielmehr muß jedes einzelne Unternehmen unter Bezugnahme auf seine spezifischen Erfolgsfaktoren (Image, Ressourcen, aber insbesondere auch Geist, Kultur und Tradition des Unternehmens) ermitteln, ob eine "unique selling proposition" in den anvisierten Ländern eher durch Standardisierung oder durch Differenzierung erreicht werden kann bzw. welche Standardisierungsmöglichkeiten bestehen, ohne daß eine erreichte bzw. anvisierte Erfolgsposition davon beeinträchtigt wird.

Literaturverzeichnis

Agthe, K.E., (1982): "Multi-local" statt "Multi-national" als strategisches Konzept eines multinationalen Unternehmens, in: Lück, W./Trommsdorff, V. (Hrsg.), Internationalisierung der Unternehmung als Problem der Betriebswirtschaftslehre, Berlin 1982, S. 147 - 170.

Alberta, R.E., (1964): Organizing of International Market Information, in: Dunn, S.W. (Hrsg.), International Handbook of Advertising, New York 1964.

Althans, J., (1982): Die Übertragbarkeit von Werbekonzeptionen auf internationale Märkte, Frankfurt/M. - Bern 1982.

Beuttel, W., Simmerl, J., Escherle, H.J., (1980): Entscheidungsverhalten bei Auslandsaktivitäten, Ergebnisse einer empirischen Untersuchung, München - Florenz 1980.

Birkigt, K., Stadler, M.M., (1980): Corporate Identity. Grundlagen, Funktionen, Fallbeispiele, München 1980.

Buzzell, R.D., (1968): Can you standardize multinational marketing?, in: HBR, Vol. 46, (6/1968), S. 102 - 113.

Buzzell, R.D., (1980): Can you standardize multinational marketing?, in: Thorelli, H./Becker, H. (Hrsg.), International Marketing Strategy, New York u.a. 1980, S. 339 - 352.

Chase, D., (1984): Der Kampf um den internationalen Anzeigenkuchen wird zunehmend härter, in: w&v, (49/1984), 3.12.1984, S. 25 f.

Dellingshausen, N. von (1984): "Die großen Wegbereiter gibt es nicht mehr in der Werbung", in: w&v, (22/1984), 1.6.1984, S. 10 - 14.

Diller, H., (1979): Ausstrahlungseffekte, in: Schanz, G. (Hrsg.), Betriebswirtschaftliche Gesetze, Effekte und Prinzipien, München 1979, S. 95 - 106.

Elinder, E., (1964): How International Can Advertising Be?, in: Dunn, S.W. (Hrsg.), International Handbook of Advertising, London 1964, S. 59 - 71.

Erickson, G.M., Johansson, J.K., Chao, P., (1984): Image Variables in Multi-Attribute Product Evaluations: Country-of-Origin-Effects, in: Journal of Consumer Research, Vol. 11, (September 1984), S. 694 - 699.

Fatt, A.C., (1967): The Danger of "Local" International Advertising, in: Journal of Marketing, Vol. 31, (January 1967), S. 60 - 62.

Feierabend, I.K., Feierabend, R.L., (1966): Aggressive behaviors within polities, 1948 - 1962: a cross-national study, in: The Journal of Conflict Resolution, Vol. 10, (3/1966), S. 249 - 271.

Fröhlich, F.W., (1974): Multinationale Unternehmen, Baden-Baden 1974.

Gälweiler, A., (1979): Boston-Effekt, in: Schanz, G. (Hrsg.), Betriebswirtschaftliche Gesetze, Effekte und Prinzipien, München 1979, S. 123 - 131.

Görge, A., (1979): Internationales Management, in: WiSt, 8. Jg., (9/1979), S. 407 - 413.

Grey, (1984): Global Vision with Local Touch, Grey's perspective on global marketing, New York 1984.

Griffin, P.M., (1977): Grenzverkehr der Publikumslieblinge, in: asw, 20. Jg., Sonderheft, (10/1977), S. 96 - 100.

Hall, E.T., (1960): The Silent Language in Overseas Business, in: HBR, Vol. 38, (3/1960), S. 87 - 96.
Hansen, U., Raffée, H., Riemer, M., Segler, K., (1983): Kooperation zwischen japanischen und deutschen Unternehmen, Arbeitspapier des Institut für Marketing, Nr. 23, Mannheim 1983.
Hinterhuber, H.H., (1982): Wettbewerbsstrategie, Berlin - New York 1982.
Keller, E. von (1982): Management in fremden Kulturen - Ziele, Ergebnisse und methodische Probleme der kulturvergleichenden Managementforschung, Bern - Stuttgart 1982.
Kreutzer, R., (1983): Möglichkeiten und Probleme der Analyse von Länderrisiken im internationalen Marketing, unveröffentlichtes Manuskript, Mannheim 1983.
Lee, J.A., (1960): Cultural Analysis in Overseas Operation, in: HBR, Vol. 44, (1966), S. 106 - 114.
Lerner, D., (1957): Communication Systems and Social Systems: A Statistical Exploration in History and Policy, in: Behavioral Science, Vol. 2, (4/1957), S. 266 - 275.
Levitt, T., (1984): Marketing Imagination, Die unbegrenzte Macht des kreativen Marketing, Landsberg 1984.
LMZ (Lebensmittelzeitung), Handel 2000, Sonderdruck aus Lebensmittelzeitung, (52/1982), 30.12.1982.
Meffert, H., Althans, J., (1982): Internationales Marketing, Stuttgart 1982.
Müller, W.R., (1985): Individualität führt zum Chaos, was der Mittelstand vom Globalmarketing hat, asw-Interview, in: asw, 28. Jg., (3/1985), S. 10 - 14.
Naisbitt, J., (1984): Megatrends - 10 Perspektiven, die unser Leben verändern werden, Bayreuth 1984.
Oakley, P., Zinser, R., (1983): Bedeutung und Probleme der Umfeldanalysen über Auslandsmärkte, in: Buchinger, G. (Hrsg.), Umfeldanalysen für das strategische Management, Wien 1983, S. 89 - 95.
o.V., (1984): Argumentations-Hilfe für Philips, in w&v, (10/1984), 9.3.1984, S. 17 - 20.
o.V., (1984): Eine Art Guerilla, in: Der Spiegel, (41/1984), 8. Oktober 1984, S. 93 - 100.
o.V., (1984): Mit rüden Methoden gegen Importautos, in: Süddeutsche Zeitung, (98/1984), 27.4.1984, S. 29.
o.V., (1984): USA bauen Schutzwälle gegen deutsche Autos, in: Süddeutsche Zeitung, (141/1984), 2o./21.6.1984, S. 33.
o.V., (1985): BASF schaltet auf "global" um, in: w&v, (5/1985), S. 12.
o.V., (1985): BASF: Ein Mann geht seinen Weg, in: w&v, (7/1985), S. 14.
o.V., (1985): USA wollen ihren Stahlmarkt weiter abschirmen, in: Süddeutsche Zeitung, (36/1985), 12.2.1985, S. 21.
Perlmutter, H.V., (1972): The Tortuous Evolution of the Multinational Corporation, in: Kapoor, A./Grub, P.D. (Hrsg.), The Multinational Enterprise in Transition, Princeton 1972, S. 53 - 66.
Porter, M.E., (1983): Wettbewerbsstrategie, Frankfurt/M. 1983.
Raffée, H., (1979): Bedarfslenkendes Marketing öffentlicher Unternehmen, in: Zeitschrift für öffentliche und gemeinwirtschaftliche Unternehmen, Bd. 2, (2/1979), S. 127 - 148.

Raffée, H., (1984): Strategisches Marketing, in: Gaugler, E./ Jacobs, O.H./Kieser, A. (Hrsg.), Strategische Unternehmensführung und Rechnungslegung, Stuttgart 1984, S. 61 - 81.
Raffée, H., Fritz, W., (1980): Informationsüberlastung der Konsumenten, in: Hoyos, C.G. u.a. (Hrsg.), Grundbegriffe der Wirtschaftspsychologie, München 1980, S. 83 - 90.
Raffée, H., Kreutzer, R., (1984): Ansätze zur Erfassung von Länderrisiken in ihrer Bedeutung für Direktinvestitionsentscheidungen, in: Kortzfleisch, G. von/Kaluza, B. (Hrsg.), Internationale und nationale Problemfelder der Betriebswirtschaftslehre, Festgabe für Heinz Bergner, Berlin 1984, S. 27 - 63.
Raffée, H., Segler, K., (1984): Marketingstrategien im Export, in: Dichtl, E./Issing, O. (Hrsg.), Exporte als Herausforderung für die deutsche Wirtschaft, Köln 1984, S. 277 - 307.
Raithel, H., (1984): Engpass beim Ego, in: mm, 14. Jg., (10/1984), S. 228 - 241.
Rösch, M., Segler, K., (1983): Kommunikation mit Japanern - Kooperation mit japanischen Unternehmen als Kommunikationsproblem, Arbeitspapier des Institut für Marketing, Nr. 21, Universität Mannheim 1983.
Schneidewind, D., (1984): Marketing-Strategien in ostasiatischen Märkten, in: ZfbF, 36. Jg., (1/1984), S. 75 - 97.
Schrader, J., (1984): "Druckknopf-Marketing ist nicht erfolgreich", in: w&v, (50/1984), 14.12.1984, S. 8 - 10.
Seebauer, R., (1977): Integration im Euromarketing, in: asw, 20. Jg., Sonderheft, (10/1977), S. 8 - 12.
Segler, K., (1982): Marketing in Saudi-Arabien, Arbeitspapier des Instituts für Marketing, Nr. 20, Mannheim 1982.
Silberer, G., (1979): Warentest - Informationsmarketing - Verbraucherverhalten. Die Verbreitung der Gütertestinformationen und deren Verwendung im Konsumentenbereich, Berlin 1979.
Sorenson, R.Z., Wiechmann, U.E., (1975): How multinationals view marketing standardization, in: HBR, Vol. 53, (May/June 1975), S. 38 - 167.
Sorenson, R.Z., Wiechmann, U.E., (1976): Marketing-Strategien multinationaler Firmen, in: mm, 6. Jg., (3/1976), S. 83 - 90.
Stockmann, F.-J., (1977): Wer denkt in Europa an internationale Mediaplanung?, in: asw, 20. Jg., (10/1977), S. 102 - 104.
Tostmann, T., (1985): Die Globalisierung der Werbung: Faktum oder Fiktion?, in: Harvard Manager, (2/1985), S. 54 - 60.
Webber, R.A., (1969): Convergence or Divergence, in: CJoWB, Vol. 4, (May/June 1969), S. 75 - 83.
Wiedmann, K.-P., (1982): Ansatzpunkte einer theoretischen und empirischen Erforschung des Problemfeldes Sozio-Marketing - Stand der Forschung und erste Skizze eines Forschungsprogramms, Arbeitspapier des Institut für Marketing, Nr. 18, Mannheim 1982.
Wiedmann, K.-P., (1984): Werte und Wertewandel, Begriffliche Grundlagen, Erklärungsskizzen und ausgewählte Tendenzen, Arbeitspapier des Institut für Marketing, Nr. 29, Mannheim 1984.
Williams, C.R., (1967): Regional Management Overseas, in: HBR, Vol. 45, (January/February 1967).

Hans Raffée und Klaus-Peter Wiedmann *

Wertewandel und gesellschaftsorientiertes Marketing - Die Bewährungsprobe strategischer Unternehmensführung

---

*Prof. Dr. Hans Raffée ist Inhaber des Lehrstuhls für Allgemeine Betriebswirtschaftslehre und Absatzwirtschaft II und Mitdirektor des Instituts für Marketing, Universität Mannheim. Dipl.-Kfm. Klaus-Peter Wiedmann ist Mitarbeiter am genannten Lehrstuhl und Mitglied des Instituts für Marketing, Universität Mannheim.

A. Einführung

Marketing - und insbesondere die Konzeption des strategischen Marketing - hat sich als spezielle Management-Technologie in praxi bisher außerordentlich bewährt. Es wäre indessen falsch, allein in einer Orientierung am klassischen Marketing ein beständiges, zeitloses Erfolgskonzept erkennen zu wollen. Angesichts neuartiger Herausforderungen an die Unternehmensführung muß das Marketingkonzept demgegenüber ständig weiterentwickelt und neuen Situationen angepaßt werden (vgl. dazu auch Dichtl und Meffert, in diesem Band).

Besonders wichtige Herausforderungen resultieren hier u.a. aus dem immer rascheren gesellschaftlichen bzw. sozialen Wandel, der seinen Ursprung in zahlreichen, z.T. krisenhaften Erscheinungen hat und sich nicht zuletzt in einem Bewußtseins- bzw. Wertewandel niederschlägt. Ändern sich die Wertvorstellungen innerhalb der Gesellschaft, so spiegelt sich dies über kurz oder lang auch im Verhalten der Konsumenten, Arbeitnehmer, Aktionäre, Wähler, Politiker etc. wider; es bilden sich neue situative Bedingungen und/oder speziell neue Wünsche, Erwartungen und Forderungen heraus, die es im Rahmen der Unternehmenspolitik zu beachten gilt. In der aktuellen Diskussion werden hierbei vor allem die stärkere Akzentuierung von ökologie- und gesundheitsbezogenen Wertorientierungen oder die zunehmende Bereitschaft zu Kritik und Widerspruch als zentrale Herausforderungen herausgestellt, die von Unternehmen geeignete strategische Antworten verlangen.

Im folgenden sollen nun zunächst einige Facetten des Phänomens "Werte und Wertewandel" beleuchtet und dann verschiedene Konsequenzen für das strategische Marketing von Unternehmen skizziert werden. Diese Orientierungsskizze wird durch weitere Beiträge dieses Bandes ergänzt: So greift bspw. Fritz die speziellen Herausforderungen auf, die vom vergleichenden Warentest als einer wichtigen Konkretisierung des Wertewandels ausgehen, Hansen/Raabe/Stauss stellen die Installation von Verbraucherabteilungen als eine strategische Handlungsalternative heraus, und wir werden uns noch einmal mit den Gestaltungsperspektiven einer strategisch ausgerichteten Kommunikationspolitik (Corporate Communications) auseinandersetzen.

B. Werte und Wertewandel - Ein flüchtiger Blick hinter die Kulisse

I. Werte als verhaltensprägende Konzeptionen des Wünschenswerten

1. Wertebegriff und Wertearten

Werte lassen sich allgemein als grundlegende explizite oder implizite Konzeptionen des Wünschenswerten charakterisieren; sie verkörpern Kriterien zur Beurteilung von Zielen, Objekten und Handlungen, übernehmen mithin die Funktion von Orientierungsstandards, Leit- bzw. Richtlinien und kanalisieren das Verhalten in bestimmte Richtungen /1/. Unter dem für Marketingentscheidungen wichtigen Blickwinkel der Erklärung menschlichen Verhaltens sind Werte sowohl als personale als auch umweltbezogene Einflußfaktoren zu identifizieren: Werte bilden einen "Schnittpunkt von Individuum und Gesellschaft" (Friedrichs, 1968, S. 104); als allgemeine Orientierungseinrichtungen wirken sie teils als äußere Leit- oder Richtlinien (gesellschaftliches Wertsystem = Außenaspekt), teils als im Individuum internalisierte Maßstäbe (individuelles Wertsystem = Innenaspekt) (Claessens, 1962, S. 27 f.).

Nach Maßgabe des Außenaspekts stellen Werte einen historisch gewachsenen, sozial kontrollierten und mehr oder weniger allgemein akzeptierten Ordnungs- und Orientierungsrahmen dar. Werte begegnen uns dabei auf verschiedenen Ebenen und in sehr unterschiedlicher Gestalt:

- Auf einer sehr allgemeinen, eher abstrakten Ebene sind zunächst sog. Grund- oder Basiswerte anzuführen, wie z.B. Freiheit, Gerechtigkeit, Ordnung, Wohlstand, u.ä.m.
- Die Basiswerte finden ihren Niederschlag in einzelnen Lebensbereichen oder Subsystemen der Gesellschaft (Politik, Wirtschaft, Religion, Familie, Freizeit). Die allgemeinen Basiswerte werden dabei gewissermaßen im Hinblick auf die Funktionsschwerpunkte, Erfordernisse oder Aufgabenstellungen der jeweiligen Lebensbereiche entsprechend akzentuiert und präzisiert. Das Resultat dieses, hier nicht näher zu beschreibenden Prozesses sind "Bereichswerte" bzw. bereichsbezogene Wertsysteme: Ausgehend von dem Basiswert Freiheit sind bspw. die freie Meinungsäußerung, unternehmerische Entscheidungsfreiheit, Konsumfreiheit, freie Partnerwahl usw. als Bereichswerte vorstellbar.
- Bereichsbezogene Wertsysteme sind in sich wiederum außerordentlich vielschichtig. Zu beachten ist dabei vor allem, daß es

sich bei Werten nicht nur um explizite Konzeptionen des Wünschenswerten handelt. Sie bilden demgegenüber die "Hintergrundvariablen" gesellschaftlicher Phänomene und Verhaltensweisen (vgl. auch Abb. 1). Hierin äußert sich ihr impliziter Charakter und zugleich die Komplexität dieses Ordnungs- und Orientierungsrahmens. So finden bspw. Werte ihren Ausdruck in bereichsspezifischen Normen- und Sanktionssystemen (z.B. System gesetzlicher Verordnungen), abstrakten Sozialorganisationen (marktwirtschaftliche Ordnung, soziale Schichtung) oder konkreten institutionellen Einrichtungen (Unternehmen, verbraucherpolitische Institutionen, Parteien), den Aufgabenstrukturen sowie Positionen innerhalb der jeweiligen Sozialorganisationen oder Institutionen und schließlich in konkreten Rollenerwartungen. Diese Phänomene lassen sich jeweils als "bereichsspezifische Wertkonkretisierungen" auffassen, über die der Einzelne mit dem gesellschaftlichen Wertsystem konfrontiert wird. Nach Hillmann (1981, S. 35) bilden dabei Rollenerwartungen "als situations-, positions- und funktionsbezogene Spezifikationen von Werten und Normen die hochgradig aufgefächerten Endglieder jener Kette, die die allgemeinen Werte einer Kultur und die alltäglichen Verhaltensweisen der Gesellschaftsangehörigen miteinander verknüpfen. So liegen den mannigfaltigen Rollenerwartungen letzten Endes allgemeine Werte zugrunde, die in den normativen Verhaltenserwartungen zum Ausdruck gelangen und auf diesem Wege in differenzierter Weise soziales Verhalten steuern". Die unterste Stufe bereichsspezifischer Wertkonkretisierungen bilden u.E. jedoch konkrete Verhaltensweisen unterschiedlicher (Bezugs-)Personen, mit denen "Werte vorgelebt werden"; vom Individuum werden hier z.B. über Idole bzw. Leitbilder Ideale und mithin Werte internalisiert ("... so sein wie Ghandi").

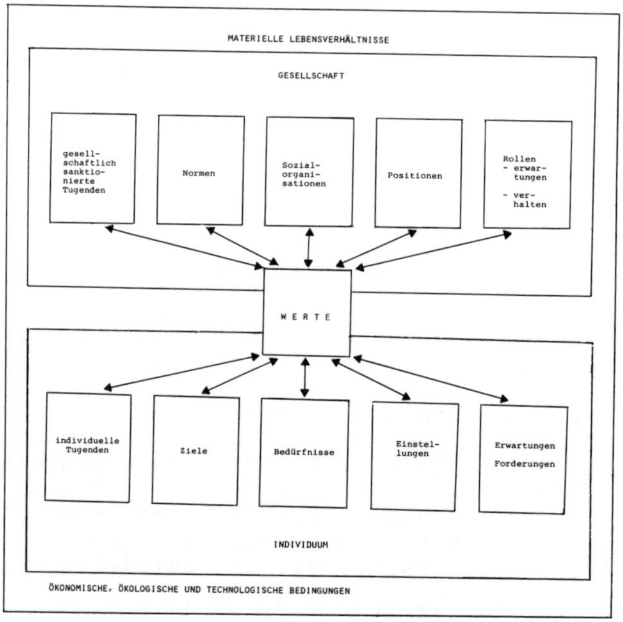

Abb. 1: Werte als Schnittpunkte zwischen Individuum und Gesellschaft

Aus der Perspektive des Individuums stellt das gesellschaftliche Wertsystem nicht nur ein Repertoir an Verhaltensstimuli dar, die aufgrund der mit ihnen jeweils assoziierten Belohnungen und Bestrafungen ihre Verhaltenswirksamkeit erlangen. Entscheidend ist darüber hinaus die Transformation gesellschaftlicher Wertsysteme in individuelle Wertsysteme im Zuge von Enkulturations- und Sozialisationsprozessen: Das Individuum wächst in die Gesellschaft hinein, wird in sehr unterschiedlicher Weise mit gesellschaftlichen Werten konfrontiert und bildet einhergehend damit persönliche Werthaltungen bzw. Wertorientierungen heraus. Diese Werthaltungen sind dann im Sinne individueller Beurteilungsmaßstäbe zu interpretieren, die die Zielbildungs- sowie Zielrealisationsprozesse einer Person beeinflussen (Innenaspekt der Werte).

Individuelle Werthaltungen sind nicht nur als bewußte Orientierungsstandards aufzufassen, die Wissenselemente im Gedächtnis repräsentieren und auf die ein Entscheidungssubjekt bei der Beurteilung von Objekten, Zielen und Mitteln zur Zielerreichung explizit rekurriert. Werte liegen demgegenüber häufig als internalisierte, unbewußte bzw. implizite Konzeptionen des Wünschenswerten vor und sind als "Hintergrundvariable" oder Teile der Persönlichkeitsstruktur zu betrachten. Werte werden nicht selten gewohnheitsmäßig verfolgt und verkörpern die "zweite Natur" des Menschen (z.B. Tugenden).

Das Wertsystem eines Individuums weist eine ähnlich komplexe Struktur wie das gesellschaftliche Wertsystem auf. Ausgehend von allgemeinen Grund- oder Basiswerten sind auch hier Bereichswerte sowie bereichsspezifische Wertkonkretisierungen (z.B. güterbezogene Ziele, wie etwa das "Häuschen im Grünen") zu beachten. In ihrer Rolle als Hintergrundvariable stehen Werte etwa in enger Verbindung zu anderen personalen Verhaltensdeterminanten (vgl. den Überblick in Abb. 1). Vor allem Bedürfnisse und Einstellungen lassen sich jeweils unmittelbar als bereichsspezifische Wertkonkretisierungen auffassen:

- Bei den Bedürfnissen ist zunächst zwischen den angebotenen, biotischen Vital- bzw. Primärbedürfnissen und den gelernten, sekundären Bedürfnissen bzw. Motiven zu unterscheiden. Während Primärbedürfnisse unabhängig von Werten auftreten und ihnen insofern eine eigene Realität zukommt (Scholl-Schaaf, 1975, S.

73), sind Sekundärbedürfnisse und die Art der Bedürfnisbefriedigung stets als kulturell überformt und von Werten geprägt anzusehen (Wiehn et al., 1977, S. 66). Je tiefgreifender Werte dabei vom Individuum im Rahmen von Sozialisations- und Enkulturationsprozessen gelernt sowie verinnerlicht werden, um so mehr erlangen sie hier sogar die Qualität von Motiven mit Quasi-Instinktcharakter (Hillmann, 1981, S. 28). Bedürfnisse - und vor allem Sekundärbedürfnisse oder Bedarfe - reflektieren also in besonderer Weise gesellschaftliche Vorstellungen und Werte. Klages (1984, S. 12) bezeichnet in diesem Kontext Bedürfnisse als die auf der Ebene des Handelns "aktualisierten" Werte.

- Ähnlich enge Beziehungen liegen zwischen Einstellungen und Werten vor; beides sind erworbene und relativ überdauernde (Prä-)Dispositionen, die affektive, kognitive und konative Komponenten aufweisen (vgl. Silberer, 1983). Teilweise wird hier von einer hierarchischen Ordnung bzw. einem "Wert-Einstellungs-System" ausgegangen (vgl. Abb. 2): Werte nehmen dabei als allgemeinere, zahlenmäßig beschränkte und - hinsichtlich ihrer Wichtigkeit - zentralere Ordnungskonzepte die oberste Ebene dieser Hierarchie ein. Ausgehend von Grundwerten mit dem höchsten Abstraktionsgrad werden sie auf den nachgelagerten Ebenen immer stärker konkretisiert und objektgerichtet (Bereichswerte), bis sie schließlich in das breitgefächerte Einstellungssystem übergehen. Einstellungen sind insofern spezifizierte Werthaltungen, die sich ausdrücklich auf bestimmte Objekte, Situationen usw. beziehen und in Werte (im Sinne übergeordneter Bezugs- bzw. Referenzsysteme) eingebunden sind (Silberer, 1983).

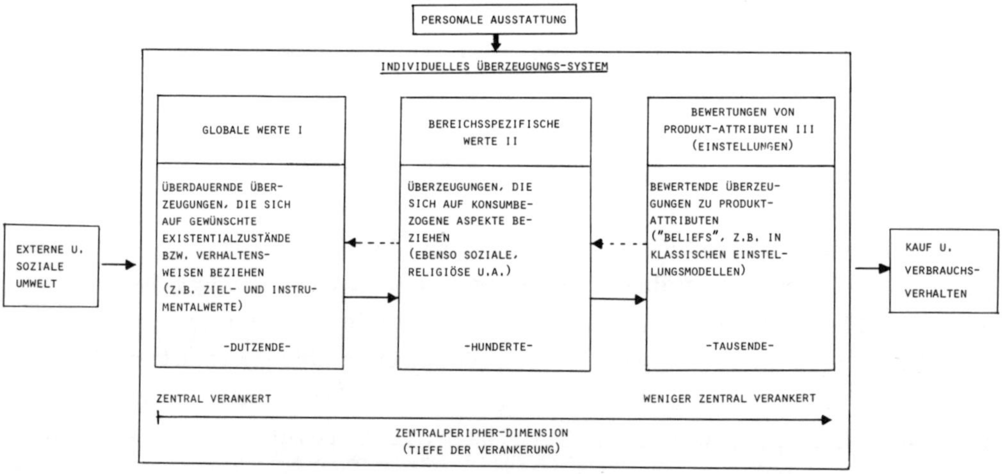

Abb. 2: Das Wert-Einstellungssystem (Dahlhoff, 1980, S. 27)

Zusammenfassend läßt sich festhalten, daß Werte zwar einerseits eigenständige Konstrukte darstellen, andererseits jedoch immer wieder als konstutitive und steuernde Faktoren hinter denjenigen Kategorien in Erscheinung treten, mit denen man versucht, die Innen- und Außenaspekte menschlichen Verhaltens zu erfassen. Werte in ihrer Kennzeichnung als Hintergrundvariable erscheinen insofern geeignet, bekannte Verhaltensdeterminanten im Sinne von Wertkonkretisierungen sinnvoll in ein umfassendes Konzept zu integrieren. Damit wird gleichzeitig eine ganzheitliche Betrachtungsweise gefördert, die den Blick für relevante Beziehungen zwischen einzelnen Verhaltensdeterminanten und nicht zuletzt für die gesellschaftliche Prägung individuellen Verhaltens schärft.

2. Die Verhaltensrelevanz individueller Werthaltungen: Werte als schwache Signale

Angesichts der vorliegenden Überlegungen entfalten Werte zum einen insofern eine verhaltenssteuernde oder -prägende Wirkung, als es sich direkt um die Beurteilungsmaßstäbe eines Individuums handelt, von denen ausgehend bspw. konkrete Ziele und Mittel zur Zielerreichung festgelegt werden. Zum anderen sind sie jedoch insbesondere deshalb verhaltensrelevant, weil sie sich in Einstellungen, Bedürfnissen oder generell in den aktivierenden Prozessen eines Individuums widerspiegeln /2/. Allerdings dürfen hier das von einer Person proklamierte Wertsystem (verbal-ideelle Ebene) und das tatsächlich verhaltensbestimmende Wertsystem (Verhaltensebene) nicht zwangsläufig gleichgesetzt werden (vgl. Hillmann, 1981, S. 83). Es kann durchaus vorkommen, daß eine Person im konkreten Fall ihr Verhalten keineswegs an den eben noch beschworenen Werten ausrichtet. So werden z.B. humane und soziale Werte deklaratorisch oftmals vor materielle Werte gestellt, obwohl dies nur bei einer Minderheit mit dem tatsächlichen Verhalten übereinstimmt. Die Gründe hierfür können recht unterschiedlicher Natur sein (vgl. auch Hillmann, 1981; Silberer, 1985):

- in einer bestimmten Situation - z.B. wenn entsprechende Verhaltenskontrollen fehlen - gewährleistet allein schon die Proklamation bestimmter Wertorientierungen ausreichende Belohnungen (soziale Anerkennung etc.);
- relevante Werthaltungen können sich als konfliktäre Zielvor-

stellungen in ihrem Einfluß zumindest teilweise neutralisieren (Silberer, 1985, S. 122) (ein aktives Engagement in der Friedensbewegung kann bspw. an einem ausgeprägten "Obrigkeitsdenken" oder an der Ablehnung jeglichen öffentlichen Protests scheitern);

- der persönliche Beitrag zur Verwirklichung eines als wichtig eingestuften Ziels bzw. Wertes wird als zu gering veranschlagt;
- schließlich gilt es grundsätzlich zu beachten, daß konkretes Verhalten neben Werten von zahlreichen weiteren Faktoren bestimmt wird, etwa durch begrenzte Ressourcen an Geld, Zeit, Energie, Kenntnissen usw. oder Begrenzungen bei den gegebenen Verhaltensalternativen (Silberer, 1985, S. 122) (die Unterstützung sozial Benachteiligter mag etwa am schlechten Ruf von Hilfsorganisationen scheitern).

Auf's Ganze gesehen wird man also die z.B. in mündlichen Befragungen geäußerten Wertorientierungen im Hinblick auf ihre Verhaltensrelevanz sehr vorsichtig zu interpretieren haben. Im Ramen der Marketingplanung ist jedoch auch die potentielle Verhaltensrelevanz proklamierter Werthaltungen besonders ernst zu nehmen. Wenn ein Individuum bspw. ein hohes Ökologiebewußtsein artikuliert, ist es für diesen Problembereich sensibilisiert und zu einem entsprechenden Verhalten zumindest leichter zu motivieren als andere, die der natürlichen Umwelt keinen oder nur geringen Stellenwert beimessen. Insofern kann es sich bei Werten um wichtige schwache Signale handeln, die mögliche Verhaltensänderungen bei den Austauschpartnern des Unternehmens frühzeitig ankündigen.

3. Die Einbettung von Werten in Wertsysteme und Varianten des Wertewandels

Im Zusammenhang mit der Frage nach der Verhaltensrelevanz von Werten ist nachdrücklich darauf hinzuweisen, daß weder gesellschaftliche Werte noch individuelle Wertorientierungen isoliert betrachtet werden dürfen. Sie sind demgegenüber jeweils als Elemente eines umfassenden Wertsystems zu begreifen, zwischen denen vielfältige Beziehungen bestehen.

Zwar vermag die Ausprägung eines einzelnen Wertes einen gewissen Aufschluß über die Denk- und Verhaltensstrukturen eines Individuums oder innerhalb einer Gesellschaft zu geben - insbesondere dann, wenn die Stellung oder Bedeutung dieses Wertes im jeweiligen Wertsystem beleuchtet wird (Wert-Zentralität). Letztlich verhaltensprägend ist dennoch immer das gesamte Wertsystem, also die in ihm jeweils anzutreffenden Wertakzentuierungen und speziell Wertmischungen bzw. Wertkombinationen: Nehmen im Wertsystem eines Individuums ökologiefreundliche Werthaltungen einen hohen Stellenwert ein, so wird dessen Verhalten sehr unterschiedlich ausfallen, je nach dem, ob gleichzeitig andere Werte, wie z.B. Gemeinsinn, Altruismus, Hedonismus, materieller Wohlstand u.ä.m., von geringer oder zentraler Bedeutung sind.

Bei der Erfassung von Wertsystemen spielt vor allem - dies wurde hier bereits deutlich - die Überlegung eine Rolle, daß sowohl gesellschaftliche Werte als auch individuelle Werthaltungen in sog. "Werthierarchien" eingebunden sind. Die Grobstruktur solcher Werthierarchien besteht hierbei in den eingangs skizzierten Differenzierungs- bzw. Konkretisierungsebenen: Die Basiswerte stellen gewissermaßen einen Orientierungsrahmen für die Herausbildung von Bereichswerten dar; die Bereichswerte beeinflussen wiederum die Ausprägung bereichsspezifischer Wertkonkretisierungen (vgl. speziell z.B. die Darstellung der Wert-Einstellungshierarchie in Abb. 2). Darüber hinaus sind auf jeder dieser Ebenen wiederum mehrere Werte (bzw. Wertkonkretisierungen) und zwischen ihnen bestehende Beziehungen der Über- und Unterordnung und somit ggf. auch Wertkonflikte zu beachten. Ferner können zwischen einzelnen Wertbereichen (Arbeit, Konsum, Familie, Politik) hierarchische Beziehungen bestehen (z.B. Dominanz des Konsums oder der Arbeitswelt), die sich auf die Wertakzentuierungen in allen Lebens- bzw. Wertbereichen auswirken.

Wirft man vor diesem Hintergrund die Frage nach dem "Wertewandel" auf, so wird unmittelbar deutlich, daß es hierbei weniger um das Auftauchen "neuer" Werte geht. Im Zentrum stehen vielmehr Veränderungen innerhalb des Wertsystems und speziell etwa die Verschiebung einzelner Werte auf einer Skala ihrer Bedeutung (vgl. z.B. Hillmann, 1981). Ausgehend davon sind neben der Wertinnovation u.a. neue Wertkombinationen oder -mischungen sowie die in Abb. 3 skizzierten Varianten des Wertewandels zu berücksichtigen. Überdies ist mit Blick auf Wertinnovationen festzuhalten, daß in ihnen nicht zwangsläufig ein Wertewandel seinen Ausdruck finden muß; wir begegnen hier u.U. lediglich neuen Konkretisierungen vorhandener Wertemuster (z.B. Datenschutz als Konkretisierung eines (Basis-)Wertes "Absicherung der Privatsphäre", der seinen Niederschlag früher bereits im Briefgeheimnis gefunden hat).

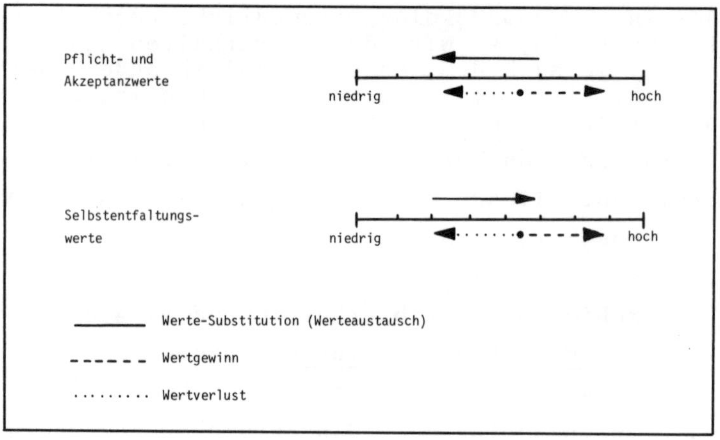

Abb. 3: Varianten des Wertewandels (in Anlehnung an Klages, 1984, S. 24)

II. Eine Orientierungsskizze zur Erklärung von Wertwandlungsprozessen

Bei der Veränderung individueller Wertsysteme kann es sich sowohl um mehr oder weniger alltägliche Wertschwankungen als auch um tiefgreifende, mittel- oder langfristig wirksame Umwertungen handeln. Während sich die alltäglichen Wertschwankungen jeweils innerhalb eines durch bestimmte Basiswerte geprägten Wertevorrats bzw. Wertemusters vollziehen (unterschiedliche Wertaktualisierungen im Lichte situativer Bedingungen), stellen tiefgreifende Umwertungen eine grundlegende Veränderung des vorliegenden Wertemusters dar. Zwischen diesen Polen sind im konkreten Fall jeweils unterschiedliche Intensitätsgrade eines Wertewandels denkbar.

Unabhängig davon, mit welcher Intensität sich Wertwandlungsprozesse im einzelnen vollziehen, kann zu deren Erklärung jeweils auf allgemeine Gesetzmäßigkeiten menschlichen Verhaltens zurückgegriffen werden.

Als harter Kern verschiedener Theorien ist dabei vor allem das sog. Gratifikationsprinzip herauszustellen /3/: Nach diesem theoretischen Leitprinzip bilden erwartete oder vorweggenommene Belohnungen und Bestrafungen (allgemein: Gratifikation) die maßgeblichen Antriebskräfte menschlichen Verhaltens (Schanz, 1977, S. 99). Dementsprechend vollzieht sich auch die Umwertung von Werten jeweils im Kontext des Strebens nach Belohnungen und des Vermeidens von Bestrafungen. Ohne an dieser Stelle einzelnen Theorien nachgehen zu können, die sich mit Hilfe des Gratifikationsprinzips identifizieren lassen (Lerntheorien, Motivationstheorien, Theorie der kognitiven Dissonanz etc.), ist hier generell festzuhalten, daß jeweils mit Unzufriedenheit, Angst, Resignation, Aggression aber auch mit satter Zufriedenheit, der Wahrnehmung neuer Handlungsspielräume mehr oder weniger starke Umbrüche im Wertsystem einzelner Bevölkerungsteile einhergehen (Kmieciak, 1976, S. 248 - 249).

Das Gratifikationsprinzip läßt sich u.a. dadurch weiter präzisieren, daß man eine Verbindung zur "Idee der Knappheit" herstellt. Demnach erhalten all jene Aspekte oder Objekte einen hohen Wert, die knapp sind bzw. als knapp wahrgenommen werden. Von daher spiegeln sowohl gesellschaftliche als auch individuelle Wertsysteme jeweils wahrgenommene Knappheitsverhältnisse wider (vgl. auch Silberer, 1985, S. 121). Unmittelbar deutlich wird dies etwa im Zusammenhang mit dem Anstieg der Bedeutung ökologiebezogener Werte im Zeichen der kontinuierlichen Verknappung des Gutes "natürliche Umwelt".

Bei dem Versuch, ausgehend von dieser theoretischen Basis, die Entstehung und Veränderung individueller sowie gesellschaftlicher Wertsysteme zu erklären, müssen stets mehrere Einflußfaktoren Beachtung finden. Zunächst üben etwa situative Bedingungen einen wesentlichen Einfluß auf Wertsysteme aus (Hillmann, 1981, S. 30; Wiedmann/Süss, 1985). Vereinfachend lassen sich hierbei folgende Einflußbereiche unterscheiden:

- materielle Lebensverhältnisse bzw. ökonomische, technologische und ökologische Bedingungen (z.B. Versorgung mit materiellen Gütern, Stand des technischen Wissens, natürliche Ressourcen, klimatische Verhältnisse oder konkret ein (sub-)tropisches Klima als Hemmfaktor für die Ausprägung eines Arbeitsethos);
- sozio-strukturelle und -kulturelle sowie politische Bedingungen (soziale Schichtung, Macht- und Herrschaftsstrukturen, Bildungs- und Berufsstrukturen, institutionalisierte Wert-, Normen- und Rollensysteme, soziale und politische Ideen, Religionsphilosophien wie z.B. die protestantische Ethik, die Max Weber für die Herausbildung materialistischer Wertsysteme verantwortlich machte, usw.).

Konkrete Wertwandlungsprozesse können jeweils durch Veränderungen einzelner oder mehrerer Faktoren aus diesen Bereichen ausgelöst werden (z.B. Erfindungen, Rationalisierungsvorgänge im Arbeitsbereich, neue Transportsysteme oder Kommunikationsmedien, neue Konsummöglichkeiten, Tendenzen zum Wohlfahrtsstaat, Ausbau des Bildungswesens) (ausführlicher dazu vgl. etwa Kmieciak, 1976, S. 242 ff.; Hillmann, 1981, S. 148 ff.). Diese "auslösenden Impulse" führen dann entweder direkt oder zumeist auf Umwegen zu einer Veränderung im Wertsystem. Greifen wir exemplarisch die Verbreitung neuer Kommunikationsmedien als einen auslösenden Impuls heraus, so sind mögliche "Umwege" darin zu erkennen, daß hierdurch neue Berufsrollen, (Aus-)Bildungsanforderungen, Konsummöglichkeiten sowie -technologien, Freizeitbeschäftigungen usw. entstehen /4/. Diese nachgelagerten Veränderungen - und nicht die Verbreitung neuer Kommunikationsmedien per se - sind letztlich entscheidend für die Herausbildung neuer Wertsysteme. Bei diesem mehrstufigen Veränderungsprozeß müssen wir ferner in Rechnung stellen, daß sich aus der vorliegenden Bedingungslage in einer Gesellschaft jeweils zahlreiche moderierende bzw. intervenierende Einflüsse ergeben, die ihm seinen spezifischen Anstrich verleihen. Als intervenierende Variable kommen dabei u.a. etwa auch die momentan vorherrschenden Berufs- und Bildungsstrukturen, Konsum- und Freizeitstrukturen etc. in Betracht. Darüber hinaus übernehmen bspw. das vorliegende Wertsystem (innovationsfreundliches versus -feindliches Klima), bestehende Macht- und Herrschaftsstrukturen, Wirtschaftsstrukturen, Aufklärungsarbeit durch Medien u.ä.m. die Rolle intervenierender Variablen.

Da es letztlich Individuen sind, die auf Veränderungen gesellschaftlicher Bedingungen reagieren und Umwertungen vornehmen, spielen personale Faktoren eine entscheidende Rolle, wenn es um die Erklärung von Wertwandlungsprozessen geht. Die verschiedenen Veränderungen situativer Bedingungen wirken sich dabei jeweils mehr oder weniger bewußt über Wahrnehmungs-, Denk- und Lernprozesse variierend auf die Bedürfnishierarchien sowie Bedarfsstrukturen, auf die Anspruchshaltungen, Interessen, Normvorstellungen usw. von Menschen aus. Damit gehen dann neue Wertkombinationen sowie Schwerpunktverlagerungen im Wertsystem einher (Hillmann, 1981, S. 149). Als relevante Einflußfaktoren sind in diesem Zusammenhang u.a. anzuführen: aktivierende und kognitive Prozesse, Dispositionen, Persönlichkeitsmerkmale und nicht zuletzt auch persönliche Lebensumstände (bis hin etwa zur Frage der persönlichen Betroffenheit von einzelnen gesellschaftlichen Bedingungen - einen Überblick über personale Einflußfaktoren vermittelt z.B. Kroeber-Riel, 1984). Aufgrund der verschiedenartigen Ausprägung dieser personalen Einflußfaktoren bei den Gesellschaftsmitgliedern weichen die Reaktionen auf gesellschaftliche Veränderungen z.T. erheblich voneinander ab: Sie erstrecken sich bspw. von einem dogmatischen Verharren in überkommenen Wertsystemen bis hin zu einer totalen Umwertung und darauf konsistent bezogener Verhaltensänderung (z.B. Aussteiger oder aktive Mitglieder von Bürgerinitiativen). Aus dieser Wertedynamik auf der individuellen Ebene resultieren dann Veränderungen des gesellschaftlichen Wertsystems.

Der gesellschaftliche Wertewandel darf allerdings nicht lediglich als Aggregation individueller Umwertungen verstanden werden. Vielmehr sind der zuvor erwähnte mehrstufige Veränderungsprozeß und die hierbei zwischen den Gesellschaftsmitgliedern (Individuen und Organisationen) stattfindenden Austauschbeziehungen in die Betrachtung miteinzubeziehen. Dies vor allem dann, wenn sich die individuelle Wertedynamik nicht im Rahmen des gesellschaftlich verankerten Wertemusters bewegt ("alltägliche Wertschwankungen"). Der Verlauf eines solchen gesellschaftlichen Wertwandlungsprozesses läßt sich idealtypisch in folgende Phasen einteilen /5/:

- Gesellschaftliche Veränderungen und Entstehung von Konflikten sowie strukturellen Spannungen,
- Bewußtwerden gesellschaftlicher Spannungen und Mißstände,
- Auftauchen von Wertinnovationen bzw. Wandlungspromotoren und Einflußnahme auf die Bevölkerung,
- Politisierung und Konfliktaustragung sowie -handhabung,
- Abbruch oder Institutionalisierung des Wertwandels,
- Verbreitung sowie weitere Ausdifferenzierung des neuen Wertsystems (Realisationsphase).

Der Vorteil einer Unterscheidung verschiedener Phasen des gesellschaftlichen Wertewandels liegt u.a. darin, daß in Abhängigkeit von einzelnen Stufen des Wandlungsprozesses jeweils spezifische Bedingungskonstellationen und darin wirksame Einflußfaktoren herausgearbeitet werden können. So sind bspw. in der "Bewußtwerdungsphase" andere Einflußfaktoren hervorzuheben als in der "Politisierungsphase" oder der "Institutionalisierungsphase". Allgemein gesehen rekrutieren sie sich jedoch jeweils aus den Sektoren der situativen Bedingungen innerhalb einer Gesellschaft sowie den Merkmalen der am Wandel beteiligten Aktoren. Ob und inwieweit sich z.B. einzelne Wertinnovatoren durchsetzen können, hängt u.a. von folgenden Faktoren ab: Abweichung der "neuen" Werte vom bestehenden Wertsystem, Interessen und Bedürfnisstrukturen in der Bevölkerung, Beeinflussungsmacht der Wertinnovatoren sowie der aktiven Wertstabilisatoren, gesellschaftliche Konflikthandhabungsmechanismen, Struktur der politischen Entscheidungsarenen u.ä.m.

III. Aktuelle Tendenzen des Wertewandels

1. Allgemeine Thesen zum Wertewandel

Die aktuelle Diskussion um vermeintliche Tendenzen des Wertewandels wurde wesentlich durch die u.a. auf Inglehart (1977, 1979, 1980 und 1981) zurückgehende These eines Wandels "von der materiellen zur post-materiellen Gesellschaft" beeinflußt. Gemeint ist damit der Bedeutungsverlust traditioneller Werte einer Industriegesellschaft, wie z.B. Berufserfolg, ökonomisches Wachstum, materieller Wohlstand etc., und die Hinwendung zu Werten, die eine humanere und weniger unpersönliche Gesellschaft, mehr Mitsprache, Selbstbestimmung und nicht zuletzt mehr Selbstverwirklichung akzentuieren.

Den in Längsschnittstudien für den Zeitraum von 1970 bis 1978 empirisch nachvollzogenen Anstieg der Postmaterialisten im Vergleich zu den Materialisten erklärt Inglehart (1979, S. 280) vor dem Hintergrund einer Veränderung materieller Lebensbedingungen mit Hilfe zweier Hypothesen:

- Der Mangelhypothese: "die Prioritäten eines Individuums reflektieren seine sozio-ökonomische Umwelt, man schätzt die Dinge subjektiv am höchsten ein, die verhältnismäßig knapp sind".
- Der Sozialisationshypothese: "das Verhältnis zwischen sozio-ökonomischer Umwelt und Wertprioritäten ist nicht eines der unmittelbaren Anpassung. Eine beträchtliche zeitliche Verzögerung spielt hierbei eine Rolle, da die Grundwerte einer Person zum größten Teil jene Bedingungen reflektieren, die während der Jugendzeit vorherrschten".

Materialisten finden sich demnach vor allem in älteren Bevölkerungssegmenten (Kohorten), die während ihrer Jugendzeit die Schrecken materieller Entbehrungen kennenlernen mußten. Demgegenüber akzentuierten die im materiellen Wohlstand aufgewachsenen jüngeren Segmente eher post-materielle Werte; sie wurden in erster Linie durch sozio-kulturelle Krisenmomente geprägt (mangelnde Zuneigung, Verarmung zwischenmenschlicher Beziehungen etc.). Da ältere Bevölkerungssegmente absterben, ergibt sich insgesamt eo ipso eine Verschiebung von der materiellen zur post-materiellen Gesellschaft - nach Inglehart vollzieht sich hier eine "stille Revolution".

Abgesehen von der z.T. heftigen Kritik am methodischen und theoretischen Ansatz von Inglehart /6/ sind in jüngster Zeit z.T. deutliche Gegentendenzen zu registrieren. Gerade bei Jugendlichen haben materialistische Wertorientierungen heute durchaus ihren Stellenwert: Leistung und Konsum, Besitz und Eigentum werden keinesfalls abgelehnt, was sich etwa in der Shell-Studie aber auch anderen Untersuchungen zeigt /7/. Interessanterweise spiegelt sich ein Rückgang der Postmaterialisten auch in einer kürzlich veröffentlichten Studie von Inglehart (1982) wider, in der für den Zeitraum von 1978 - 1980 neues Datenmaterial aufbereitet wurde. Trotz beträchtlicher Zuwächse des relativen Anteils der Materialisten (vgl. Abb. 4) hält Inglehart - gestützt auf eine "theorienfreundliche Interpretation" des ausgewerteten Datenmaterials - jedoch an seiner Grundthese fest (vgl. Boltken/Gehring, 1984).

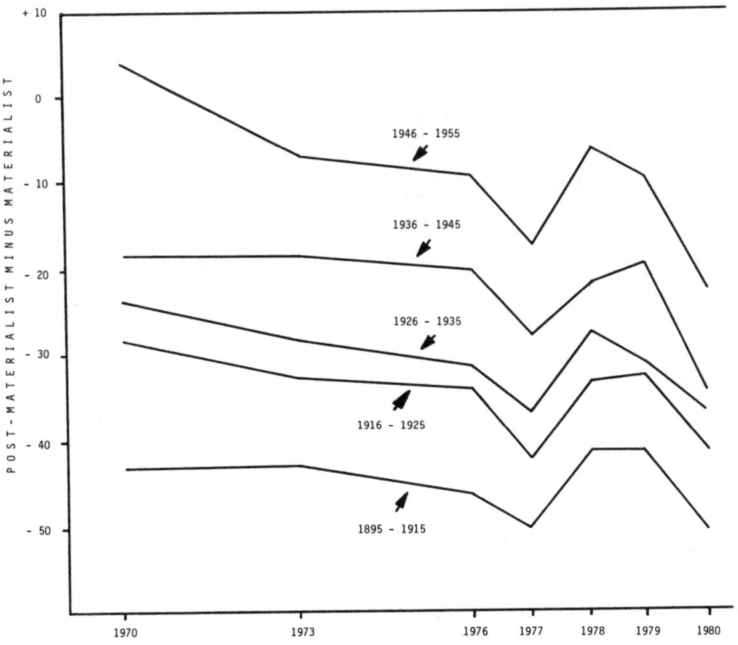

VALUE PRIORITIES OF WEST EUROPEAN PUBLICS, 1970 - 1980.
Cohort analysis of actual data from combined samples of British, French, German, Italian, Dutch and Belgian publics, interviewed in Europaen Community surveys from February 1970, through November, 1980.

Abb. 4: Wertprioritäten in westeuropäischen Ländern (1970 - 1980)
Quelle: Inglehart, 1982, S. 30

Der neuerliche Bedeutungsanstieg materialistischer Werte findet seinen Ursprung insbesondere darin, daß sich neben soziokulturellen, politischen sowie ökologischen Krisen auch eine "ökonomische Krise" nicht zuletzt in Gestalt eines eklatanten Mangels an Arbeitsplätzen deutlich bemerkbar macht. In allen Untersuchungen nimmt heute das Ziel der Sicherung und Schaffung von Arbeitsplätzen sowie Lehrstellen innerhalb der Gesamtbevölkerung den höchsten Rang ein; lediglich in einzelnen Bevölkerungsgruppen wird anderen Zielen ein höherer Wert beigemessen (vgl. Raffée/Wiedmann, 1983, S. 85 ff.). In der Stern-Untersuchung "Lebensziele" gaben ferner 72 % der Bundesbürger an, Besitz und Eigentum sei für sie ein sehr oder ziemlich wichtiger Wert, an dem sie ihr persönliches Leben ausrichten (vgl. ergänzend die Shell-Studie "Jugend 81", S. 19 - 20).

Obwohl materialistische Werte eine gewisse Wiederbelebung erfahren haben, darf u.E. allerdings nicht angenommen werden, das Bewußtseinspendel schlage nun wieder in die alte Richtung aus: Werte wie Arbeit, Konsum, Eigentum, Besitz, Luxus sind zwar nach wie vor "in Kraft"; sie haben jedoch ihren absoluten, nicht weiter hinterfragten Leitwertcharakter für das gesamte Leben eingebüßt. Neben materiellen Einschränkungen sind eben gleichzeitig auch ökologische, politische und sozio-kulturelle Probleme zu verzeichnen, die auf das Wertsystem der Bundesbürger einwirken und dieses prägen. Darüberhinaus vollzieht sich in vielen Bereichen ein sozialer Wandel (z.B. technologische Innovationen, Ausbau des Bildungswesens und Verlängerung der sog. Postadoleszenz-Phase, Intensivierung von Aufklärungskampagnen), der neue Perspektiven eröffnet und das Wertsystem beeinflußt /8/. Nachhaltig wirksame Wertverschiebungen sind dabei sowohl bei den persönlichen Lebenswerten als auch den gesellschaftsbezogenen Wertvorstellungen zu verzeichnen.

o Akzente bei den gesellschaftsbezogenen Wertvorstellungen

Im Sektor gesellschaftsbezogener Wertvorstellungen ist insbesondere auf das geschärfte Bewußtsein gegenüber aktuellen gesellschaftlichen Problemen hinzuweisen. Neben der Arbeitslosigkeit nehmen Ziele im Bereich Umweltschutz und im Gesundheitssektor, Werte wie Friedenssicherung und die Sicherung von Sozialleistungen, aber auch Ziele im sozialen und humanitären Bereich einen beachtlichen Stellenwert ein (vgl. Tabelle 1). So steht gerade etwa der Umweltschutz in der Stern-Untersuchung "Dialoge" (Tabelle 1) auf dem zweiten Rang in der Wertehierarchie der Bundesbürger. Zwar ist diese Einschätzung gewissen Schwankungen unter-

GESELLSCHAFTSPOLITISCHE ZIELE - WICHTIGKEIT, ZUSTÄNDIGKEITEN UND OPFERBEREITSCHAFT

	BEVÖLKERUNG 14-64 JAHRE, 38,73 MIO.= 100 %	Ziel ist sehr/ziemlich wichtig %	Zuständig ist/sind Staat %	Wirtschaft %	Bürger %	Opferbereitschaft der Bürger %
ARBEITSMARKT, AUSBILDUNG, SOZIALE SICHERHEIT	NEUE ARBEITSPLÄTZE, LEHRSTELLEN	97	77	68	5	58
	SICHERUNG DER SOZIALLEISTUNGEN	91	81	23	4	44
	RATIONALISIERUNGSPROBLEM VORBEUGEN	80	42	41	5	/
	MEHR BERUFL. WEITERBILDUNG, UMSCHULUNG	75	59	37	6	20
	MEHR MITBESTIMMUNG IM UNTERNEHMEN	55	21	19	6	/
	VORVERLEGUNG DES RENTENALTERS	53	47	12	2	24
WIRTSCHAFTS- UND VERMÖGENSSTRUKTUR	KLEIN- UND MITTELBETRIEBE FÖRDERN	80	71	26	3	/
	GROSSUNTERNEHMEN STÄRKER KONTROLLIEREN	74	64	7	2	/
	HÖHERE BESTEUERUNG DER GROSSVERDIENER	73	69	2	1	/
	BESITZ UND EIGENTUM FÖRDERN	63	53	18	9	/
	MEHR ANREIZE, SICH SELBSTÄNDIG ZU MACHEN	47	38	16	5	/
LEISTUNGS-ORIENTIERUNG	LEISTUNGEN DER ÖFFENTL. VERWALTUNG ÜBERSCHAUBARER MACHEN	79	70	5	4	/
	SELBSTVERANTWORTUNG, EIGENINITIATIVE DES EINZELNEN FÖRDERN	69	28	10	38	/
	LEISTUNGSDENKEN FÖRDERN	54	27	15	18	/
UMWELT	ERHALTUNG VON UMWELT UND NATUR	94	59	47	54	45
	UMWELTFREUNDLICHE PRODUKTE FÖRDERN	89	45	66	18	/
	ALTERNATIVE ENERGIEQUELLEN NUTZEN	83	55	57	18	/
	ROHSTOFF- UND ENERGIEVERSCHWENDUNG BEKÄMPFEN	86	56	48	40	/
	MENSCHENFREUNDLICHE STÄDTE SCHAFFEN	83	67	26	18	/
	FREUNDLICHERE GESELLSCHAFT	70	27	8	44	/
FORSCHUNG UND WISSENSCHAFT	MEHR FÖRDERUNG VON FORSCHUNG UND WISSENSCHAFT	65	52	34	2	12
	MEHR GESELLSCHAFTLICHES VERANTWORTUNGSBEWUSSTSEIN BEI DER FORSCHUNG UND ENTWICKLUNG	61	41	33	6	/
FRIEDENSSICHERUNG	FÜR ABRÜSTUNG IN OST UND WEST SORGEN	88	84	7	14	/
	MILITÄRISCHE VERTEIDIGUNGSKRAFT STÄRKEN	38	36	2	3	7
GESUNDHEIT	ÜBER SUCHTGEFAHREN BESSER AUFKLÄREN	83	45	7	18	/
	BESSERE MASSNAHMEN ZUR GESUNDHEITSVORSORGE	80	59	7	18	34
	BEWUSSTSEIN FÜR GESUNDE LEBENSWEISE STÄRKEN	79	28	7	39	/
SOZIALE VERANTWORTUNG	SOZIAL BENACHTEILIGTE STÄRKER UNTERSTÜTZEN	79	59	9	14	25
	MEHR VERSTÄNDNIS FÜR AUSLÄNDER	59	29	7	38	/
	MEHR FÜR DIE DRITTE WELT TUN	56	37	13	17	20

Quelle: Stern-Untersuchung "Dialoge" (vgl. Raffée/Wiedmann, 1983)

Tabelle 1: Stern-Untersuchung "Dialoge" (vgl. Raffée/Wiedmann, 1983)

worfen (in anderen Untersuchungen steht z.B. der Umweltschutz nach der Sicherung von Arbeitsplätzen und Sozialleistungen auf dem 3. Rang); nicht zuletzt im Lichte einer zunehmenden Sensibilisierung gegenüber den Folgen der Umweltbelastung (vgl. Tabelle 2) muß die Aufwertung ökologiebezogener Werte jedoch als eine der zentralen Verschiebungen im Wertsystem eingestuft werden. Obwohl das Ziel der Arbeitsplatzsicherung momentan höher im Kurs steht, ist dieses Thema nur bedingt geeignet, das gestiegene Umweltbewußtsein zurückzudrängen: lediglich 13 % der Bevölkerung glauben, daß der Umweltschutz die Wettbewerbsfähigkeit der Unternehmen beeinträchtigt und somit Arbeitsplätze gefährdet; über 62 % der Bevölkerung sehen keinen Konflikt zwischen Arbeitsplätzen und Umweltschutz (vgl. WiWo-Report, 1984, S. 83).

FOLGEN DER UMWELTBELASTUNG (EINSCHÄTZUNG ZWISCHEN 1970 UND 1984).

Wenn es mit der Umwelt so weitergeht wie bisher, was wird dann Ihrer Ansicht nach geschehen? Hier sind verschiedene Standpunkte (Vorlage einer Liste). Welcher davon kommt Ihrer eigenen Ansicht am nächsten?

	Dez. 1970	Nov. 1973	Mai/ Juni 1975	Sept. 1976	Sept./ Okt. 1977	Juli 1984
Wenn es mit der Umwelt so weitergeht, wird die Menschheit ihrem Untergang entgegengehen, und alles Leben stirbt aus	8	13	14	12	11	17
Die Natur wird zu einem großen Teil vernichtet, und es wird für Menschen, Tiere und Pflanzen immer bedrohlicher, unter diesen Bedingungen weiterzuleben	32	49	39	40	38	51
Sicher wird es schlimmer, aber Mensch und Natur werden sich auf diese Gefahren einstellen, und das Leben wird sich entsprechend anpassen	36	25	31	31	37	22
Ich glaube, so schlimm wird das gar nicht - mit diesen Gefahren werden wir schon fertig	19	8	12	12	12	8
Unentschieden	5	5	4	5	2	2
	100	100	100	100	100	100

Alle Angaben in Prozent
Allensbach-Repräsentativerhebung

Tabelle 2: Zur Einschätzung der Folgen von Umweltbelastungen (WiWo-Report, 1984, S. 63)

In Ergänzung zum Stellenwert einzelner Wertinhalte muß ferner die Bereitschaft verschiedener Bevölkerungssegmente Aufmerksamkeit finden, ihre Eigenverantwortlichkeit bezüglich der Entstehung und Bewältigung gesellschaftlicher Probleme anzuerkennen: Je nach Art der Fragenformulierung erkennen bspw. zwischen 54 % und 76 % der Bevölkerung ihre persönliche Mitverantwortung im

Sektor Umweltschutz an (vgl. Tabelle 1 sowie WiWo-Report, 1984, S. 88). 45 % erklären sogar ihre Bereitschaft, den Umweltschutz durch finanzielle Opfer zu unterstützen (vgl. Tabelle 1; ergänzend WiWo-Report, 1984, S. 88 - 89).

Im Zusammenhang damit - sowie in Verbindung mit mangelndem Vertrauen in Politik und Wirtschaft /9/ - lassen sich Tendenzen zu einer aktiveren und kritischeren Gesellschaft feststellen: Seinen Niederschlag findet dies zum einen im ausgeprägten Wunsch nach Transparenz und Kontrolle /10/ oder allgemein in einem gestiegenen politischen Interesse (vgl. Abb. 5; Klages, 1984, S. 52 ff. sowie 97 ff.); zum anderen in der Bereitschaft, Kritik und Widerspruch zu artikulieren oder aber selbst anzupacken, wenn es um die Lösung gesellschaftlicher Probleme geht.

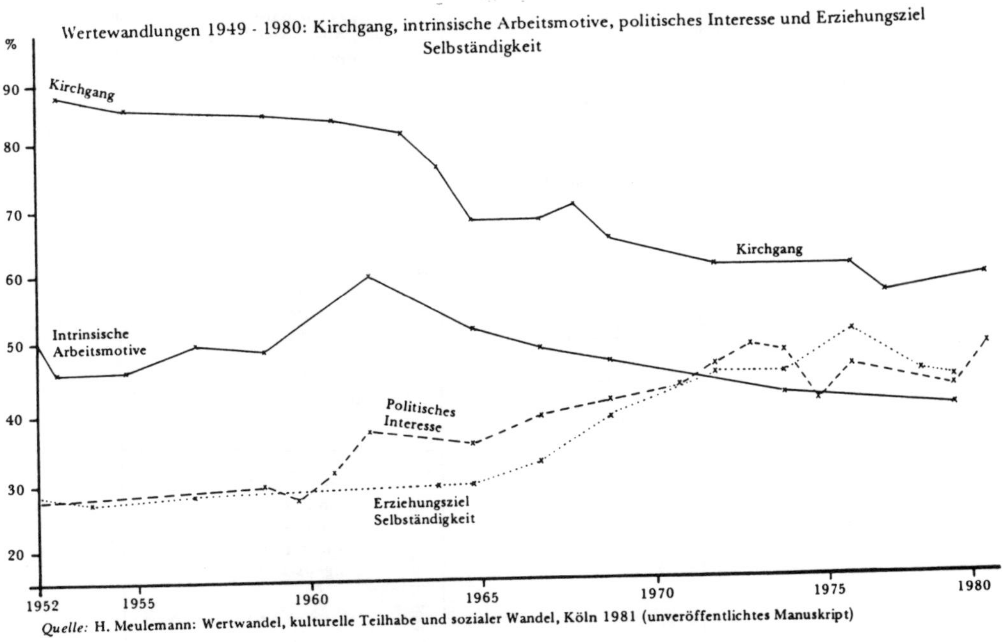

Abb. 5: Wertwandlungsprozesse (entnommen aus Klages, 1984, S. 124)

o Akzente bei den persönlichen Lebenswerten

Im Sektor persönlicher Lebenswerte wird heute die Aufwertung von Selbstentfaltungswerten und die Abwertung von Pflicht- und Akzeptanzwerten als "deutlichster Wertwandlungsschub angesehen, den es in neuerer Zeit auf deutschen Boden gab" (Kommission "ZGE", 1983, S. 39). Dieser Wertwandlungsschub stellt gleichzeitig eine gewisse Basis für die Akzentverschiebungen bei den gesellschaftsbezogenen Wertorientierungen dar. Einen Überblick über die hiervon betroffenen Werte vermittelt Abb. 6.

	Selbstzwang und -kontrolle (Pflicht und Akzeptanz)	Selbstentfaltung	
Bezug auf die Gesellschaft	„Disziplin" „Gehorsam" „Leistung" „Ordnung" „Pflichterfüllung" „Treue" „Unterordnung" „Fleiß" „Bescheidenheit"	idealistische Gesellschaftskritik	„Emanzipation" (von Autoritäten) „Gleichbehandlung" „Gleichheit" „Demokratie" „Partizipation" „Autonomie" (des Einzelnen) ....
Bezug auf das individuelle Selbst	„Selbstbeherrschung" „Pünktlichkeit" „Anpassungsbereitschaft" „Fügsamkeit" „Enthaltsamkeit"	Hedonismus	„Genuß" „Abenteuer" „Spannung" „Abwechslung" „Ausleben emotionaler Bedürfnisse"
		Individualismus	„Kreativität" „Spontaneität" „Selbstverwirklichung" „Ungebundenheit" „Eigenständigkeit" ....

Abb. 6: Die Unterscheidung in Pflicht- und Akzeptanzwerte sowie Selbstentfaltungswerte zur Kennzeichnung der hauptsächlich am Wertewandel beteiligten Werte
(Quelle: Klages, 1984, S. 18)

Die gestiegene Selbstentfaltungsmentalität der Bürger strahlt auch auf deren Wertorientierungen in einzelnen Lebensbereichen aus (Partnerschaft, Ehe und Familie, Freizeit, Arbeit und Konsum, Politik etc.). Auf der Grundlage vorliegender Untersuchungen können hier allerdings nur einige Aspekte thesenartig herausgestellt werden (ausführlicher dazu vgl. z.B. Buß, 1983; Klages, 1984; Kommission "ZGE", 1983):

- Im Zentrum steht zunächst die ausgeprägte Tendenz zur Selbstverwirklichung und das sinkende Interesse daran, sich zugunsten angebotener Leistungsprämien (Einkommen, sozialer Aufstieg) weiterhin Zwänge aufzuerlegen (Selbstbeanspruchung um der Leistungserzielung willen) (Kommission "ZGE", 1983, S. 39).
- Einhergehend damit ist insbesondere festzuhalten, daß heute "überindividuelle" Werte oder Gemeinschaftswerte ihre Relevanz weitgehend verloren haben (Buß, 1983, S. 12). Nichts wird um seiner selbst willen getan. Arbeit und Beruf, Ehe, Familie und Partnerschaft, soziales und politisches Engagement sowie Leistung stellen keine Werte per se dar; es muß jeweils ein Bezug zur Selbstverwirklichung, Persönlichkeitsentfaltung, zur Befriedigung persönlicher Bedürfnisse gegeben sein ("Instrumentalisierungstendenz"). Liegt ein solcher Bezug vor, ist nach wie vor mit Leistungsbereitschaft, Hingabe oder z.T. Aufopferung zu rechnen.
- Hierin kommt gleichzeitig die zunehmende Selbst- oder Ich-Bezogenheit, die Konzentration auf die Ich-Karriere zum Ausdruck: "Dem Bürger steht nichts näher als er selbst" (Buß, 1983). In Verbindung hiermit steht eine Tendenz zum Individualismus: Obwohl soziale Kontakte und soziale Verankerung mehr denn je geschätzt werden, besteht dennoch in hohem Maße der Wunsch nach Abhebung bzw. sozialer Differenzierung.
- Hinter dieser Entwicklung darf allerdings nicht ein Rückfall in materialistische, vulgär-egoistische Verhaltensmuster vermutet werden. Neben materiellen Bedürfnissen hat der einzelne vor allem psychische, geistige und seelische Bedürfnisse entdeckt, die ihm - auch ohne materiellen Gegenwert - ausreichende Belohnungspotentiale bei sozialen Kontakten oder einem Engagement für sozial Benachteiligte eröffnen. Hinter der Höherbewertung sozialer Beziehungen und dem Wandeln auf den Pfaden von Humanitas und Caritas verbergen sich insofern häufig kompakte Eigeninteressen.
- Auch unabhängig davon ist heute auf die wachsende "Psychologisierungstendenz" hinzuweisen: "Kaum etwas anderes beschäftigt den Deutschen derzeit mehr als die Tiefen seines Ichs und die feinen Verästelungen seines Seelenlebens" (Buß, 1983, S. 13). Einhergehend damit ist nicht nur ein gestiegener Bedarf an psychologischer Beratung und mehr Rücksicht auf die menschliche Psyche zu verzeichnen sondern generell auch die Neudefinition des Verhältnisses von Rationalität und Emotionalität. Emotionalität und Sensibilitätsbedürfnisse stehen heute hoch im Kurs.

- Nicht zu übersehen sind die hedonistischen Züge einer Hinwendung zur Selbstentfaltung. Selbsterfüllung, die Freuden des Augenblicks, die Befriedigung persönlicher Wünsche, die Suche nach Erlebnisqualitäten oder allgemein das Lustprinzip bilden wichtige Orientierungswerte; und zwar verbunden mit der nachlassenden Bereitschaft, sich zugunsten langfristiger Ziele zu beschränken. Symptomatisch hierfür ist der im Rahmen der Shell-Studie geprägte Satz: "Wir wollen alles, und das sofort!" Der Wunsch nach einem "vollen Leben" führt teilweise zu einem höheren Aktivitätsniveau, was speziell im Freizeitsektor seinen Niederschlag findet.
- Besondere Bedeutung erlangt im vorliegenden Zusammenhang das Streben nach mehr Selbstbestimmung. So stehen heute Werte wie Freiheit, persönliche Unabhängigkeit und die Ablehnung jeglicher Art von Reglementierung hoch im Kurs und führen bspw. zu verstärkten Emanzipationstendenzen und zur bewußten Dosierung von Bindungen in den unterschiedlichsten Lebensbereichen (vgl. Pross, 1982; Buß, 1983).
- Obwohl im Zusammenhang mit dem Streben nach Selbstbestimmung z.T. auch die persönliche Verantwortlichkeit und die Notwendigkeit eines persönlichen Engagements anerkannt werden, sind insgesamt allerdings dennoch die Ansprüche an andere und speziell etwa den Staat gestiegen. Sozialstaatliche Regulierung soll bspw. jene Entlastung und Sicherheit gewährleisten, die die Voraussetzung für die Beschäftigung mit dem eigenen Ich schafft (Buß, 1983).
- Insbesondere bei Jugendlichen ist heute der Wunsch nach sozialer Sicherheit stark ausgeprägt: "92 % halten einen gesicherten Arbeitsplatz, 90 % eine Arbeitslosen-, 86 % eine Kranken- und 83 % eine Rentenversicherung für wichtig oder sehr wichtig" (Saum, 1984, S. 11).
- Die Entlastungs- und Sicherheitsmentalität verstärkt gleichzeitig das Streben nach verläßlichen Bindungen, vertrauten Orientierungen und nach Überschaubarkeit (Buß, 1983, S. 14). Darüber hinaus findet hier z.T. auch der Wunsch nach Natürlichkeit und Einfachheit (Vereinfachung des Lebens, vereinfachte Weltsicht) seinen Ursprung. Diese Entwicklung liegt allerdings zu einem großen Anteil in der Psychologierungstendenz ("der Mensch als Maß aller Dinge") sowie in Ängsten begründet, die sich aus der Öko-Krise, der technologischen Dynamik, der mangelnden Überschaubarkeit institutioneller Einrichtungen usw. ergeben.

Mit der stärkeren Hinwendung zu Selbstentfaltungswerten werden häufig auch folgende Veränderungen bei den persönlichen Lebenswerten in Verbindung gebracht:

- gestiegenes Gesundheitsbewußtsein,
- Hinwendung zur Natur (Naturverbundenheit),
- Höherbewertung von Freizeit und Privatsphäre im Vergleich zur Arbeit (Freizeitorientierung, Rückzug in's Private).

In diesen Wertverschiebungen spiegeln sich in hohem Maße gesellschaftliche Entwicklungen unmittelbar wider. So entfaltete sich das Gesundheitsbewußtsein nicht zuletzt im Lichte von Berichten über Gesundheitsbedrohungen in modernen Industriegesellschaften, und die Naturverbundenheit ist im Kontext der Verknappung des Gutes "natürliche Umwelt" zu sehen. Mit Blick auf die gestiegene Freizeitorientierung erscheint der Bezug auf situative Bedingungen besonders wichtig: Zum einen verbergen sich hinter der Proklamation einer Entwicklung zur "Freizeitgesellschaft" häufig rationalisierungsbedingte Freisetzungen im Arbeitsbereich; zum anderen muß bei der Frage nach der Wertschätzung von Freizeit im Vergleich zur Arbeit Beachtung finden, daß sobald Arbeit und Beruf die Chance zur Selbstentfaltung bieten, dieser Lebensbereich zumindest bei Jugendlichen sogar höher im Kurs steht als die Freizeit (vgl. Abb. 7; ergänzend Klages, 1984, S. 107 - 109; sowie Saum, 1984, S. 11, der auf der Basis neuerer Untersuchungen feststellt: "Die Bedeutung der Arbeit für das eigene Leben ist heute fast ebenso groß wie 1962, zu Zeiten scheinbar ungebrochenen Wachstums".).

	1973 %	1979 %
Persönliche Freiheit	85	85
Ein Beruf, der mir gefällt	68	80
Freie Wahl des Arbeitsplatzes	63	67
Guter Verdienst	70	67
Eine schöne Wohnung	68	66
Viel Freizeit	56	64
Reine Luft, reines Wasser	61	63

Abb. 7: Wertverschiebungen in der jungen Generation

Unabhängig vom neuerlichen Bedeutungsanstieg der Arbeits- und Berufswerte in einzelnen Bevölkerungssegmenten, ist allerdings nach wie vor die Aufwertung von Freizeitwerten und speziell eines aktiven sowie geselligen Freizeitlebens als ein deutlicher Wertwandlungsschub zu begreifen (vgl. z.B. Opaschowski, 1982; Opaschowski/Raddatz, 1982). Während die "freie Zeit" - überspitzt formuliert - früher vielleicht noch eher als Regenerationsphase für den Arbeitsprozeß galt, wird sie heute als eigenständiger und zentraler Bereich der Selbstentfaltung eingestuft.

Versucht man die hier skizzierten Tendenzen des Wertewandels auf einen gemeinsamen Nenner zu bringen, so erscheint die Formel geeignet: "Lebensqualität statt nur materieller Lebensstandard!" Zu ergänzen ist u.E. noch, daß es sich hierbei um den Wunsch nach einer (ab-)gesicherten Lebensqualität handelt.

2. Werterosion, Wertedynamik und Pluralisierung der Wertsysteme als zentrale Resultate des Wertewandels

Die verschiedenen Aussagen zu aktuellen Tendenzen des Wertewandels enthalten prima facie einige mehr oder weniger deutliche Widersprüchlichkeiten (z.B. Individualisierungstendenz vs. Streben nach sozialem Kontakt, hedonistische vs. gesellschaftsbezogene Konsumorientierung). Auf mögliche "Zweifel am Verstand" wies hier etwa Noelle-Neumann (1984) im Zusammenhang mit den widersprüchlichen Ergebnissen der Repräsentativumfragen im Sommer und Herbst 1983 zum Thema Nato-Nachrüstung hin.

Hinter solchen Widersprüchlichkeiten verbirgt sich ein wichtiges Phänomen, welches die momentane Bewußtseinslage charakterisiert: die zunehmende Pluralisierung der Wertsysteme. Hierbei handelt es sich zunächst um ein gesellschaftliches Phänomen, und zwar insofern, als Wert-Widersprüche jeweils auf unterschiedliche Wertorientierungen innerhalb der Bevölkerung zurückzuführen sind (Pluralisierung des gesellschaftlichen Wertsystems). So gibt es etwa die große Gruppe derer, bei denen sich der Stellenwert von Arbeit, Beruf und Leistung zugunsten von Freizeit und Familie erheblich verschoben hat. Gleichzeitig stoßen wir - in jüngster Zeit wieder verstärkt - auf ein Segment, in dem Arbeit, Beruf und Leistung hoch im Kurs stehen. Ähnliches gilt mit Blick auf andere Wertinhalte: Das gesellschaftliche Wertsystem war selten bunter und facettenreicher als heute. Teilweise ging hiermit sogar eine starke "Polarisierung" der Bevölkerung und eine Bedrohung des gesellschaftlichen Wertekonsenses einher. Diese Polarisierungstendenz fand ihren Ausdruck etwa in einem spürbaren Generationenkonflikt. Aber auch innerhalb einzelner Generationen wurden Wertedifferenzen sichtbar: Erinnert sei hier etwa an die z.T. schon handgreiflichen Auseinandersetzungen zwischen verschiedenen Jugendgruppen (Popper, Skins, Punker, Rocker etc.). Zwar sind solche Polarisierungstendenzen inzwischen wieder etwas abgeklungen /11/; geblieben ist jedoch der Facettenreichtum des gegenwärtigen gesellschaftlichen Wertsystems.

Die Pluralisierung des gesellschaftlichen Wertsystems kann allerdings nur ein Teil der Widersprüchlichkeiten erhellen, auf die wir bei der Auswertung von Umfrageergebnissen stoßen. Sie erklärt nicht die zunehmende "Sowohl-Als-Auch-Position" unter den Befragten. Statt hier am Verstand der Befragten und/oder der Meinungsforscher zu zweifeln, muß vielmehr die "Pluralisierung individueller Wertsysteme" Beachtung finden (vgl. dazu: Kommission "ZGE", 1983, S. 43; Klages, 1984). Die Majorität hat bestehende Wertpolaritäten internalisiert und lebt mit einem "gemischten" Wertsystem (Klages, 1984, S. 132). Dies führt beim Individuum zu Wertkonflikten und -spannungen, die es in verschiedener Weise abzubauen versucht. Hierbei lassen sich u.a. folgende Ansätze der Konflikthandhabung bzw. Spannungsauflösung anführen (vgl. Klages, 1984, S. 132 ff.; Wiedmann, 1984a, S. 45 ff.):

- Wertinnovationen und Erhöhung der Ansprüche
  Der Einzelne sucht nach Möglichkeiten einer kreativen Kombination bislang nicht als kompatibel betrachteter Wertvorstellungen. Hiermit verbindet sich z.T. eine Erhöhung des Anspruchsniveaus, was sich etwa in der Formel "Lebensqualität statt nur Lebensstandard" dokumentiert: Der Bürger wünscht sichere Arbeitsplätze, persönliche Freiheit, eine intakte Umwelt, einen hohen Konsumstandard, eine humane Gesellschaft u.v.a.m.
- Ablehnung extremer Wertelemente, Labilität und psychische Mobilität
  Intraindividuelle Wertkonflikte werden ferner dadurch reduziert, daß extreme Standpunkte bzw. Wertelemente aus dem Wertsystem ausgeschlossen werden (z.B. fraglose Unterordnung und blinder Gehorsam im Feld der Pflicht- und Akzeptanzwerte, gewaltsamer Widerstand gegen Gehorsamszwänge im Dienste von Selbstentfaltungswerten - Klages, 1984, S. 133). Hiermit können natürlich nur extreme Wertkonflikte gehandhabt werden. Das auf diese Weise reduzierte Spannungs- oder Konfliktniveau begünstigt dann allerdings kreative Wertkombinationen sowie eine labile Gleichsgewichtslage des Denkens, Fühlens und Handelns bzw. die Fähigkeit zur psychischen Mobilität. Konkret bedeutet dies bspw., daß der Einzelne sich weniger "prinzipienkonform" verhält, sondern vielmehr in Abhängigkeit von unterschiedlichen Zeitpunkten oder situativen Bedingungen jeweils mehr dem einen oder anderen "Werte-Flügel" den Vorrang gibt (Klages, 1984, S. 134), oder sogar entsprechende Kombinationen vornimmt.

- Sphärentrennung
  Eine Sphärentrennung kann sich z.B. auf verschiedene Lebensbereiche beziehen: Zu denken ist etwa an einen gut gekleideten und sehr zuvorkommenden Bankangestellten, der uns abends als Rocker in einer abgewetzten Ledermontur begegnet. Allgemein läßt sich vermuten, daß Pflicht- und Akzeptanzwerte immer dann reaktiviert werden, wenn situative Bedingungen einen Anpassungsdruck auszuüben vermögen (z.B. Arbeitswelt), während Selbstentfaltungswerte dort dominieren, wo ein solcher Anpassungsdruck fehlt oder ausgeglichen werden kann (z.B. Freizeit, Familie) (vgl. ergänzend Klages, 1984, S. 134 ff.).

Diese Konflikthandhabungsmechanismen fördern auf's Ganze gesehen Wertschwankungen und somit die für die momentane Bewußtseinslage charakteristische Wertedynamik. In diesem Kontext ist teilweise auch von einem Wertezerfall oder einer Werterosion die Rede: Werte schleifen sich ab, "d.h. sie verlieren ihre Extreme und werden eben dadurch leichter miteinander vereinbar". Hierdurch verlieren sie gleichzeitig das Entschiedene, den Charakter einer gesellschaftlich festgelegten und sanktionierten Tugend. Werte werden zunehmend zu einer rein subjektiven Angelegenheit und sind in Abhängigkeit von subjektiven Nützlichkeitserwägungen zu sehen (Klages, 1984, S. 138 ff.). Diese Entwicklung fördert die zuvor erwähnte Abkehr von überindividuellen Werten und die höhere Selbstbezogenheit reflektiert gleichzeitig die Hinwendung zu einer ganzheitlicheren Perspektive: Der Einzelne läßt sich immer weniger in eine Rolle als Konsument, Arbeitnehmer, Familienmitglied etc. zwängen; er sieht sich vielmehr als Mensch und begreift sich als Maß aller Dinge. Dies führt dazu, daß bspw. in seinem Verständnis als Konsument ökonomische und soziale Belange aufeinanderprallen, materielle und postmaterielle Werte zusammenfließen und privat-individualistische und öffentliche Interessen eine neuartige Wahlverwandtschaft eingehen (Buß, 1983, S. 8).

C. Gesellschaftsorientiertes Marketing als Impulsgeber für die strategische Unternehmensführung

I. Umdenken als Voraussetzung: Die Orientierung an einer erweiterten Marketingphilosophie

Wird eine inhaltliche Ausrichtung der strategischen Unternehmensführung am Marketingkonzept gefordert, so steht zunächst die Orientierung an einer bestimmten Denkweise bzw. einzelnen Leitideen der Marketingphilosophie im Zentrum. Besondere Aufmerksamkeit fand hier die Leitidee der Kundenorientierung.

In seinem heute bereits zu den "Klassikern" zählenden Aufsatz "Marketing Myopia" wies Theodore Levitt (1960) am Beispiel amerikanischer Eisenbahngesellschaften vor mehr als 20 Jahren eindrucksvoll nach: ein Denken in eng produktbezogen formulierten Sachzielen und eine nur an technischen Problemen ausgerichtete Unternehmenspolitik können zur Kurzsichtigkeit (Myopia) gegenüber Bedarfs- und Marktentwicklungen führen, die den Unternehmenserfolg wesentlich beeinträchtigt! - Eine solche Analyse unternehmerischen Mißmanagements hatte wesentlichen Einfluß auf die Herausbildung der Marketingkonzeption: Noch immer bildet die Leitidee der Kundenorientierung (also die u.a. auf Levitt zurückgehende Forderung nach einem Denken in kundenbezogenen Problemlösungen) die Kernidee des Marketing und das Erfolgsrezept vieler Unternehmen.

Während immer noch bei weitem nicht alle Unternehmen der Notwendigkeit einer konsequenten Kundenorientierung ausreichend Rechnung tragen und damit verbundene "Marketing-Fehler" nach wie vor eine zentrale Mißerfolgsursache bilden, zeichnet sich im Kontext des Wertewandels bereits eine neue Variante der Marketing-Kurzsichtigkeit ab. Der Unternehmenserfolg wird nämlich in zunehmendem Maße auch davon beeinflußt, ob und inwieweit es gelingt, gesellschaftliche Entwicklungen und daraus resultierende Anforderungen systematisch zu berücksichtigen. Einhergehend damit genügt es immer weniger, den Blick allein auf ökonomische Tatbestände, isolierte Märkte und Marktprozesse zu richten. Auch eine eng rollenbezogene Sicht des Konsumenten, bei der nur kurzfristige, unmittelbar verhaltensrelevante Konsumbedürfnisse Aufmerksamkeit finden, führt zu einer Marketing-Kurzsichtigkeit, die schon kurz- oder mittelfristig Markteinbußen zur Folge haben kann: Die enge Markt- sowie Bedürfnisperspektive, die Starrheit, mit der an Althergebrachtem festgehalten wird, die Unfähigkeit vorauszudenken, unterstützt von einem auf schnelle Erfolge ausgerichteten Marketing, werden in zunehmendem Maße als Hauptgründe für den Niedergang von Unternehmen herausgestellt /12/.

Als Impulsgeber für eine erfolgreiche strategische Unternehmensführung ist im vorliegenden Zusammenhang die Konzeption des gesellschaftsorientierten Marketing bzw. Sozio-Marketing zu sehen. Kennzeichen dieser Konzeption sind zunächst die Leitidee einer erheblich erweiterten Umweltorientierung und das Prinzip der sozialen Verantwortung /13/.

o Die Leitidee einer erheblich erweiterten Umweltorientierung

Nach dieser Leitidee müssen neben den üblichen techno-ökonomischen Gesichtspunkten immer auch politisch-rechtliche, sozio-kulturelle sowie ökologische Aspekte und speziell gesellschaftliche Änderungsprozesse sowie langfristige Konsumentenbedürfnisse explizit strategisches Denken und Handeln prägen. Hiermit geht unmittelbar die Forderung nach einer langfristigen und ganzheitlichen Perspektive einher (vgl. dazu auch Wiedmann, in diesem Band).

o Das Prinzip sozialer Verantwortung

Die Leitidee einer erheblich erweiterten Umweltorientierung wird durch das Prinzip sozialer Verantwortung weiter präzisiert, in dem hier ausdrücklich ein gesellschaftsorientierter Kurs bzw. sozialverantwortliches Unternehmensverhalten als Maxime herausgestellt wird. Demnach soll nicht allein die in einem kurzsichtigen Gewinndenken verhaftete Frage des "Can it be sold?" die Leitidee des Marketing bilden; vielmehr soll demgegenüber die Frage "Should it be sold? Is it worth its costs to society?" strategisches Denken und Handeln prägen. Im einzelnen beinhaltet dies bspw. den Verzicht auf die Herstellung umweltschädlicher Produkte, auf die Realisation von Obsoleszenzstrategien, auf irreführende Werbepraktiken usw. oder den Versuch, bereits entstandene Schäden zu beseitigen bzw. zu mildern (Wiederaufbereitung verunreinigter Flüsse, Recycling-Maßnahmen zur Verminderung einer Ressourcenüberbeanspruchung).

Weder die Forderung nach einer erheblich erweiterten Umweltorientierung noch das Prinzip sozialer Verantwortung sind neu; neu ist jedoch der eingangs geschilderte Bedingungsrahmen, der die konsequente Befolgung dieser Leitmaximen durch Unternehmen immer nachdrücklicher zu einem der zentralen strategischen Erfolgsfaktoren werden läßt. Zwar mangelt es nicht an sozial getönten Verhaltenskodizes, die sich regelmäßig in Geschäftsberichten, unternehmensinternen Hauszeitschriften u.ä. finden oder von Verbänden und übergeordneten Organisationen (Vereinte Nationen, OECD) festgelegt werden.

Interessant ist hier etwa das sog. "Davoser Manifest", das bereits im Jahre 1973 auf einem europäischen Management-Symposium verabschiedet wurde. An die Stelle des Prinzips der Gewinn- und Rentabilitätsmaximierung soll hier das Prinzip der gesellschaftlichen Verantwortung im Sinne einer dienenden und interessenausgleichenden Rolle der Unternehmensführung gegenüber allen Bezugsgruppen des Unternehmens rücken: "Die sozialen Zielsetzungen werden dabei nicht nur als Restriktionen unternehmerischer Tätigkeit, sondern vielmehr als primäre Ziele verstanden" (Weitzig, 1979, S. 77).

Konfrontiert man solche Verhaltenskodizes mit der Realität unternehmerischen Handels, so sind - trotz einer nicht unbeträchtlichen Gewinnverwendung für soziale Zwecke (kulturelles Mäzenatentum, Gesundheitsvorsorge für Mitarbeiter etc.) - jedoch noch immer erhebliche Lücken zwischen Anspruch und Wirklichkeit zu konstatieren, vor allem was die soziale Verantwortung im Sektor der Gewinnerzielung anbelangt. Gut gemeinte Verhaltenskodizes nützen wenig, wenn sie sich nicht ausdrücklich in einer verbindlichen Unternehmensverfassung und vor allem in der Formal- sowie Sachzielkonzeption des Unternehmens niederschlagen. Erst in jüngster Zeit finden einzelne gesellschaftliche Entwicklungen und Anforderungen im Lichte der damit unmittelbar assoziierten Gewinnchancen stärker Beachtung. So wird bspw. die "Ökologie" von einigen Unternehmen inzwischen eindeutig als Wachstumsmarkt definiert (vgl. WiWo-Report, 1984). Solche Einsichten kommen allerdings häufig relativ spät, was z.T. Zweifel an der Phantasie und Kreativität bei der Identifikation jener Betätigungsfelder aufkommen läßt, bei denen eine Kompatibilität zwischen Unternehmensgewinnen und gesellschaftlichen Anforderungen gegeben ist oder zumindest gegeben sein könnte.

II. Informationen als Grundlage eines gesellschaftsorientierten Marketing

1. Ein Orientierungsrahmen für die Informationsgewinnung

Ausgehend von einer gesellschaftsorientierten Marketing- bzw. Unternehmensphilosophie sind zunächst neue Marktforschungs- sowie Planungsinstrumente einzusetzen, die für eine frühzeitige Erfassung gesellschaftlicher Entwicklungen (einschließlich des Wertewandels) sensibel sind und es ermöglichen, effiziente gesellschaftsbezogene Marketingstrategien zu entwickeln. Zwar werden gesellschaftliche Aspekte (rechtliche Rahmenbedingungen, demographische Trends etc.) im Zuge der Marketingplanung schon immer berücksichtigt. Zum einen dominieren in der Marktforschung auf's Ganze gesehen jedoch noch immer enge psychologische Konstrukte und nicht die Erfassung von Werten, sozialen Einflußfaktoren, gesellschaftlichen Veränderungen. Selbst bei der strategischen Umweltanalyse sowie beim Einsatz strategischer Analyseinstrumente, wie z.B. der Portfolio-Analyse, herrscht in der Regel eine enge ökonomische Perspektive vor. Zum anderen mangelt es jedoch vor allem an einer integrierten Analyse von gesellschaftlichen Entwicklungen einerseits, von Veränderungen der Marktbedingungen und speziell des Verhaltens unterschiedlicher Austauschpartner andererseits.

Das in Abb. 8 skizzierte Modell gibt einen groben Überblick über jene Informationsbedarfsfelder und -aktivitäten, die im Rahmen eines gesellschaftsorientierten Marketing von Bedeutung sind (ausführlicher dazu vgl. Wiedmann, 1984b, S. 12 - 17). Gleichzeitig wird die Grundstruktur eines mehrstufigen Analysekonzeptes aufgezeigt, bei dem im ersten Schritt allgemeine Umweltbedingungen erfaßt werden, im zweiten Schritt dann auf dieser Basis mögliche Reaktionen der Austauschpartner diagnostiziert werden (Reaktionen von Behörden, Medien, Kunden etc. auf die zunehmende Umweltverschmutzung, die Verbreitung neuer Technologien usw.), im dritten Schritt ausgehend von diesen Reaktionen wiederum Veränderungen in den allgemeinen Umweltbedingungen prognostiziert werden (neue Gesetze, Wettbewerbsbedingungen, Marktstrukturen etc.) und hiermit eine weitere Analyserunde eingeleitet wird. Zentrale methodische Bausteine zur inhaltlichen Anreicherung dieses abstrakten Analyserasters sind bspw. das Konzept der Sozialbilanzen und das allgemeine Planungskonzept des Marketing-Assessment (vgl. Wiedmann, in diesem Band).

In Verbindung mit dem Einsatz einzelner Marktforschungsmethoden kommt gerade der Einbeziehung von Werten in die Marketingplanung ein zentraler Stellenwert zu. Die Analyse gesellschaftlicher sowie individueller Wertsysteme und deren Veränderung im Zeitverlauf stellt gewissermaßen einen ersten robusten Schritt der praktischen Umsetzung des skizzierten Analyserasters dar, und zwar insofern, als

- gesellschaftliche Entwicklungen und mithin die Ausformung unterschiedlicher Bedingungen in einzelnen Umweltsektoren maßgeblich durch das vorliegende Wertsystem geprägt sind (unsere Wirtschafts- und Gesellschaftsordnung, Wettbewerbsprinzipien usw. haben ihren Ursprung in einem bestimmten Wertsystem; selbst die heute, giftige Blüten tragende ökologische Situa-

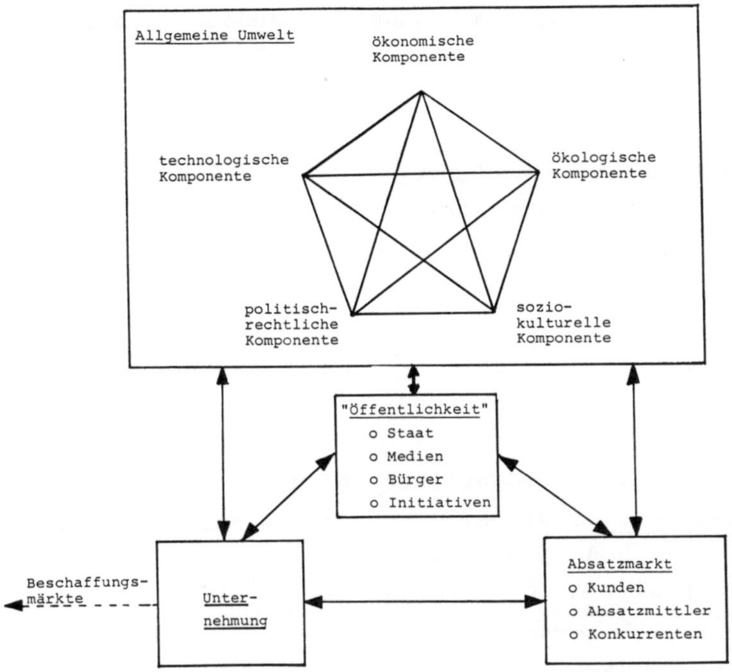

Abb. 8: Orientierungsrahmen zur Informationsgewinnung

tion ist letztlich Ausdruck eines stark individualistischen und kurzsichtig ökonomisch angelegten Wertsystems);

- die Reaktionen einzelner Austauschpartner einerseits durch deren Wertsysteme beeinfluß werden, andererseits sich vorliegende Wertsysteme im Lichte neuer Umweltbedingungen verändern (z.B. Zweifel am individualistisch, ökonomisch überformten Wertsystem im Zeichen der Öko-Krise).

Die Erforschung von Wertsystemen und deren Veränderung bildet nicht nur ein Basiskonzept bzw. einen harten Kern, wenn es um die Analyse gesellschaftlicher Entwicklungen und deren Chancen/Risiken-Gehalt geht. Darüber hinaus greift allein schon die Analyse des Verhaltens einzelner Austauschpartner (z.B. Kunden), die sich nur auf Einstellungen und ähnlich gelagerte Erklärungskonstrukte stützt, in einer dynamischen Umwelt zu kurz (Meffert/Windhorst, 1984, S. 116). Vielmehr sind in Gestalt der Werte grundlegende Orientierungsmuster einzubeziehen, die nicht allein durch spezifische Kaufsituationen (Markt- und Produktstimuli) ihren Zuschnitt erhalten, sondern darüber hinaus die Prägung menschlichen Verhaltens durch gesellschaftliche Bedingungen reflektieren.

2. Die Analyse von Wertsystemen und Wertwandlungsprozessen

Zur Erforschung aktueller Wertsysteme und Wertwandlungsprozesse bietet die Wissenschaft heute bereits ein breit gefächertes Instrumentarium an (z.B. Meßkonzepte, multivariate Analysetechniken zur Erfassung von Wertmustern und -hierarchien oder retrospektive Studien, Panelstudien, Kohortenanalysen etc. zur Erfassung eines Wertewandels) (vgl. z.B. den Überblick bei Silberer, 1983 und 1985).

o Allgemein zugängliche Untersuchungen als Informationsgrundlage

Trotz dieser, z.T. allerdings noch nicht voll ausgereiften methodischen Basis bleibt die Erforschung von Werten und Wertwandlungstendenzen ein außerordentlich schwieriges und nicht zuletzt aufwendiges Problem. Zur Reduzierung des Aufwandes sollten Unternehmen grundsätzlich Kooperationsprojekte zwischen einzelnen Mitstreitern oder auf der Verbandsebene anvisieren. Überdies bietet sich ein mehrstufiges Vorgehen an: Wichtig sind zunächst Anregungsinformationen, die eine gezielte Ausrichtung der Informationsgewinnung und damit auch des Einsatzes entsprechender Erhebungs- und Analyseinstrumente ermöglichen oder bereits kreative Prozesse zur Entwicklung strategischer Maßnahmenprogramme auslösen können. Teilweise läßt sich hier auf vorliegendes Datenmaterial zurückgreifen, das sich z.B. in wissenschaftlichen Publikationen, Kommissionsberichten, aber auch etwa in Gestalt von Untersuchungen einzelner Marktforschungsinstitute, Zeitschriften-Verlage usw. findet. Werden solche Studien durch das Unternehmen systematisch gesammelt und ausgewertet, so kann auf dieser Grundlage ein wichtiges Informations-Subsystem für die strategische Marketingplanung errichtet werden. Durch die Verknüpfung einzelner Studien im Rahmen eines entsprechenden Auswertungsprogrammes lassen sich dabei nicht nur einzelne aktuelle Wertausprägungen zu bestimmten Zeitpunkten festhalten, sondern u.U. auch Wertwandlungsprozesse nachvollziehen. Ein einfaches Raster zur Erfassung der Informationen aus unterschiedlichen Studien und somit als Grundlage zur Implementierung einer "Werte-Datenbank" ist in Abb. 9 skizziert (vgl. dazu Wiedmann, 1984b).

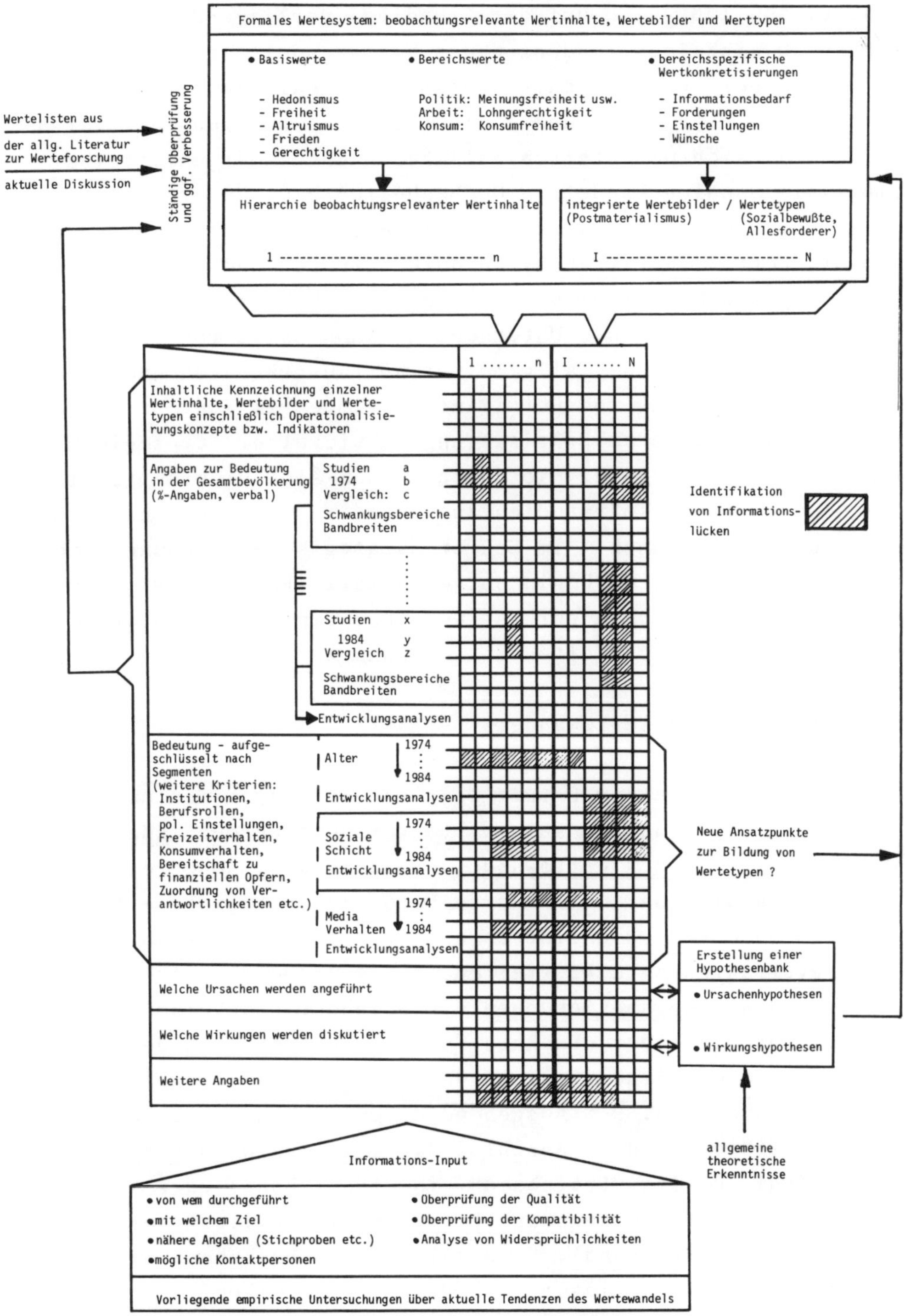

Abb. 9: "Werte-Datenbank" - Orientierungsskizze zur Erfassung von Sekundärstudien zum Wertwandel

Sicherlich läßt sich auf der Grundlage vorliegender Untersuchungen zu einzelnen Tendenzen des Wertewandels lediglich ein unvollkommenes "Werte-Mosaik" zusammensetzen. Dieses Mosaik wird zwangsläufig Leerfelder und - nicht zuletzt aufgrund der Tatsache, daß es sich um unterschiedliche, nicht immer unmittelbar kompatible Studien handelt - Unebenheiten bzw. Ungereimtheiten aufweisen. Diese Informationsgrundlage reicht jedoch häufig aus, um erste Betroffenheitsanalysen durchzuführen und alternative Strategieprogramme grob zu entwerfen. Der Schwerpunkt der Informationsaktivitäten eines Unternehmens kann damit von der eigenen empirischen Erforschung allgemeiner Wertausprägungen und -tendenzen auf die Erhebung von Detailinformationen im Kontext der Überprüfung sowie weiteren Präzisierung entwickelter Strategienprogramme verlagert werden. Hierdurch lassen sich einerseits die Aufwendungen für Primärstudien insgesamt reduzieren; andererseits sollte man ohnehin im Sektor strategischer Planung nicht erst dann nachzudenken beginnen, wenn harte Fakten bzw. umfassende, allen Ansprüchen gerecht werdende empirische Untersuchungen vorliegen - nicht selten ist es dann zu spät.

o Zur Prognose des Wertewandels

Über die Diagnose der Entwicklung von Wertesystemen und deren momentaner Ausprägung hinaus sollte versucht werden, künftige Entwicklungspfade des Wertewandels abzustecken. Neben einer einfachen Extrapolation der in Werte-Datenbanken registrierten Entwicklungstendenzen erscheint es hier vor allem zweckmäßig, auf Prognoseverfahren zurückzugreifen, die mehr oder weniger explizit Ursache-Wirkungsbeziehungen einbeziehen. Die Voraussetzung dafür bildet die zuvor erwähnte "Hypothesenbank", in der u.a. Aussagen über mögliche Ursachen des Wertewandels gespeichert sind (vgl. auch Abb. 9). Ausgehend davon können bspw. Indikatoren identifiziert und im Anschluß daran Indikatorprognosen durchgeführt (vgl. Raffée "Prognosen", in diesem Band) oder sog. indikatorzentrierte Früherkennungs-Programme installiert werden (vgl. Wiedmann, in diesem Band). Eine solche Hypothesenbank eignet sich gleichzeitig, um den Einsatz von Prognosetechniken, wie z.B. prognoseorientiertes Brainstorming, Expertenbefragungen sowie Delphi-Prognosen, vorzustrukturieren und zu unterstützen.

Zur Integration unterschiedlicher Prognoseansätze in ein umfassendes Prognosesystem bietet sich schließlich vor allem die Szenario-Technik an (vgl. Raffée "Prognosen" und Wiedmann, in diesem Band). Als Beispiel für die Anwendung der Szenario-Technik in der Praxis sei etwa auf die von Eckes in Auftrag gegebene und vom Battelle-Institut durchgeführte Studie "Handel 2000" hingewiesen.

3. Die Ermittlung der Konsequenzen von Wertwandlungsprozessen im Zuge einer Betroffenheitsanalyse

Im Kontext der Erforschung aktueller und zukünftiger Wertwandlungstendenzen ist jeweils eine Betroffenheitsanalyse durchzuführen, in deren Rahmen potentielle und/oder faktische Konsequenzen für das Unternehmen prognostiziert bzw. diagnostiziert werden. Als methodisches Grundgerüst eignet sich hier zunächst etwa der Ansatz der Impact-Analyse, bei dem in sog. Verflechtungsmatrizen jeweils einzelne Wertwandlungstrends und unternehmenspolitische Tatbestände einander gegenüber gestellt werden (vgl. Abb. 10) (Wiedmann/Kreutzer, in diesem Band). Hierdurch wird ein morphologisches Strukturierungsraster aufgespannt, welches kreative Analyseprozesse zu unterstützen vermag: Innerhalb dieses Rasters können einerseits mit Hilfe unterschiedlicher Techniken (Brainstorming, Delphi etc.) bereits vermeintliche Auswirkungen einzelner Trends diagnostiziert bzw. prognostiziert und daran anknüpfend mögliche strategische Antwortalternativen generiert werden. Eine der wesentlichen Aufgaben solcher Strukturierungshilfen ist es auf der anderen Seite jedoch, im Zuge kreativer Sitzungen zunächst intelligente Fragen aufzuwerfen, die es dann im Wege von Detailanalysen (z.B. Marktforschungsstudien) zu beantworten gilt.

Einige Konsequenzen des Wertewandels für die Absatzpolitik eines Unternehmens drängen sich hier unmittelbar auf:

- Gefordert ist zunächst sicherlich die Produktpolitik. So ergeben sich erhebliche Risiken für jene Produkte oder Angebotsprogramme, die nicht mit den durch den Wertewandel forcierten Erwartungen und Forderungen kompatibel sind; umgekehrt sind im Lichte des Wertewandels beträchtliche Marktchancen für jene Angebotsprogramme zu verzeichnen, die bspw. dem Trend zur Natürlichkeit oder generell der Öko- und Bio-Welle gerecht werden.

Gerade in jüngster Zeit mehren sich die Berichte über Markterfolge von Unternehmen, die sich am "neuen Trend" orientieren (naturbelassene Bio-Produkte im Nahrungsmittelsektor, Verwendung natürlicher Substanzen bei Körperpflegemitteln usw.) (vgl. asw, 1984; Beike, 1983). Die Hinwendung zu Selbstentfaltungswerten und speziell hedonistische Tendenzen setzten ferner Akzente für ein erlebnisorientiertes Produkt-Design (vgl. Kroeber-Riel, 1984a und 1984b) sowie für eine erlebnisorientierte Angebotsgestaltung schlechthin.

- Naheliegend sind ferner die Konsequenzen für die Kommunikationspolitik. Bezüge zu Themen wie Umwelt, Natürlichkeit, Gesundheit usw. sind inzwischen denn auch zu beliebten Werbeargumenten geworden. Teilweise auch dort, wo das Produkt selbst einen solchen Bezug nicht rechtfertigt oder ein solcher Bezug zumindest etwas gewollt anmutet. Übersehen wird dabei vielfach die Gefahr, daß einerseits eine ungerechtfertigte Werbekosmetik durch aktive Teile der Öffentlichkeit aufgedeckt und damit zu erheblichen Imageverlusten führen kann und andererseits allein schon die Massiertheit bestimmter Bilder, Argumente oder Worte (Bio-Yoghurt, Bio-Küchenmöbel, Bio-Mauersteine etc.) in der Werbung nicht nur zu Abnutzungserscheinungen führt, sondern auch Argwohn und ggf. Trotzreaktionen ("Reaktanzrisiko") heraufbeschwört. Eine werthaltungsbezogene Kommunikationspolitik sollte insofern sehr sorgfältig geplant werden. Entscheidend ist ferner, daß einzelne Argumente sachlich durch die angebotene Leistung gerechtfertigt sind. Dies schließt allerdings nicht aus, daß bei homogenen Produkten im Zeichen des Wertewandels versucht wird, mittels Werbung Produktdifferenzierungen bzw. neue Produktpositionierungen vorzunehmen oder neue emotionale Erlebniswerte zu vermitteln (vgl. z.B. Weinberg/Konert, 1984; Konert, 1984a und 1984b). Ein Beispiel hierzu ist etwa die Cigarillo-Werbung von Dannemann, die auf eine Neupositionierung vom Opa-Image weg ("Immer mit der Ruhe und einer guten Zigarre") in Richtung aktiver Lebensgenuß, Selbstentfaltung sowie erfolgreicher Individualismus abzielt (vgl. asw, 1984, S. 31 - 32).
- Schließlich sei noch exemplarisch auf Ansatzpunkte im Sektor der Verkaufsförderungspolitik hingewiesen. Interessant ist hier etwa die "Aktion Weißer Zylinder" der Adam Opel AG: Um sich als umweltbewußtes Unternehmen zu profilieren, gab Opel - gestützt auf eine Werbekampagne - eine Broschüre heraus, die Hinweise zum verbrauchsreduzierten und damit abgasärmeren Fahren enthält. Gleichzeitig empfahl Opel seinen Händlern, neben den üblichen Inspektionen preisgünstige Abgastests und Motoreinstellungen zu offerieren. Zur Unterstützung der Einführung dieser Sortimentserweiterung wurde kostenlos Aktionsmaterial zur Verfügung gestellt: Autoaufkleber (mit weißem Zylinder), Großplakate und Abgaswerttafeln, Poster, Reprovorlagen für Anzeigen, Dispenser u.ä.m. (asw, 1984, S. 27 - 28).

Eine gezielte Betroffenheitsanalyse wird nun natürlich vor allem dann erforderlich, wenn es darum geht, über die sich mehr oder weniger unmittelbar aufdrängenden Konsequenzen eines Wertewandels für die Absatz- oder generell Unternehmenspolitik hinaus, neue Herausforderungen aufzuspüren. Hierbei erscheint ein mehrstufiges Vorgehen zweckmäßig, bei dem nicht nur direkte Auswirkungen verschiedener Wertausprägungen beleuchtet werden. In "vorgeschalteten Impact-Analysen", die sich ebenfalls auf Verflechtungsmatrizen stützen, sollen vielmehr zusätzlich unterschiedliche Entwicklungs- oder Anforderungsszenarien erstellt werden, um im Anschluß daran mögliche Konsequenzen für die Unternehmenspolitik zu analysieren (aus Gründen einer vereinfachten graphischen Darstellung wurde dieser mehrstufige Analyseprozeß in Abb. 10 grob angedeutet).

Interessant ist im vorliegenden Zusammenhang etwa, daß bei der Einführung des Haarwaschmittels "Timotei", das wesentlich aus natürlichen Kräuterextrakten besteht, neben dem allgemeinen Trend zur Natürlichkeit und speziell dem Wunsch nach natürlichen Produkten nicht zuletzt auch die mit einem wachsenden Körperpflegebewußtsein sowie zunehmender Freizeit- und Sportaktivitäten verbundene Erhöhung der Haarwaschfrequenz eine wichtige Rolle gespielt hat: "Der Anteil der Verbraucher, der sich täglich bzw. alle zwei Tage die Haare wäscht, sprang von vier Prozent in 1977 auf 16 Prozent in 1981" (asw, 1984, S. 30).

Im Ergänzung zu Impact-Analysen, die möglichen Konsequenzen im Verbrauchersektor nachgehen, müssen ähnliche Analysen auch mit Blick auf andere Austauschpartner angestellt werden. Welche Änderungen in der Unternehmens- oder Marketingpolitik von Absatzmittlern sind zu erwarten? In welchem Ausmaß setzen Handelsorganisationen auf die "Öko- sowie Bio-Welle" (vgl. z.B. die entsprechenden Aktivitäten von Tengelmann, Edeka, Selex & Tania)? Wie ändert sich die Handelsstruktur; in welchen Bereichen sind Entwicklungen zum Versorgungs- oder Erlebnishandel zu registrieren? Kristallisieren sich weiterhin leistungsfähige Institutionen des öffentlichen Widerstands heraus? Welche Politik verfolgen verbraucherpolitische Institutionen; nimmt bspw. die Stiftung Warentest neue Kriterien in ihr Testprogramm auf?

Ferner sind wechselseitige Beeinflussungsbeziehungen zwischen den Veränderungen bei den verschiedenen Austauschpartnern zu untersuchen. Wie beeinflussen verbraucherpolitische Institutionen das Verhalten unserer Abnehmer? Wie reagiert der Handel auf das Verhalten von verbraucherpolitischen Institutionen oder z.B. auf Maßnahmen des Umweltbundesamtes? Streicht der Handel jene Produkte aus seinem Sortiment, die vor dem Hintergrund ökologischer Erwägungen in Mißkredit geraten sind? - Eine Erfahrung, die jüngst ein bekannter Markenartikler mit einer vom Umweltbundesamt in Verruf gebrachten Produktinnovation auf dem Waschmittelmarkt machen mußte.

Im Anschluß an die Beantwortung der hier aufgeworfenen Fragen im Wege des Einsatzes unterschiedlicher Analysetechniken (Brainstorming, Szenario-Technik, Marktforschungsstudien) lassen sich dann gezielt Chancen-/Risiken- sowie Stärken-/Schwächen-Analysen durchführen und weitere Planungsschritte einleiten (allgemein dazu vgl. Wiedmann/Kreutzer, in diesem Band).

Aus der Durchführung einer mehrstufigen Betroffenheitsanalyse ergeben sich sowohl für die Gestaltung des operativen als auch

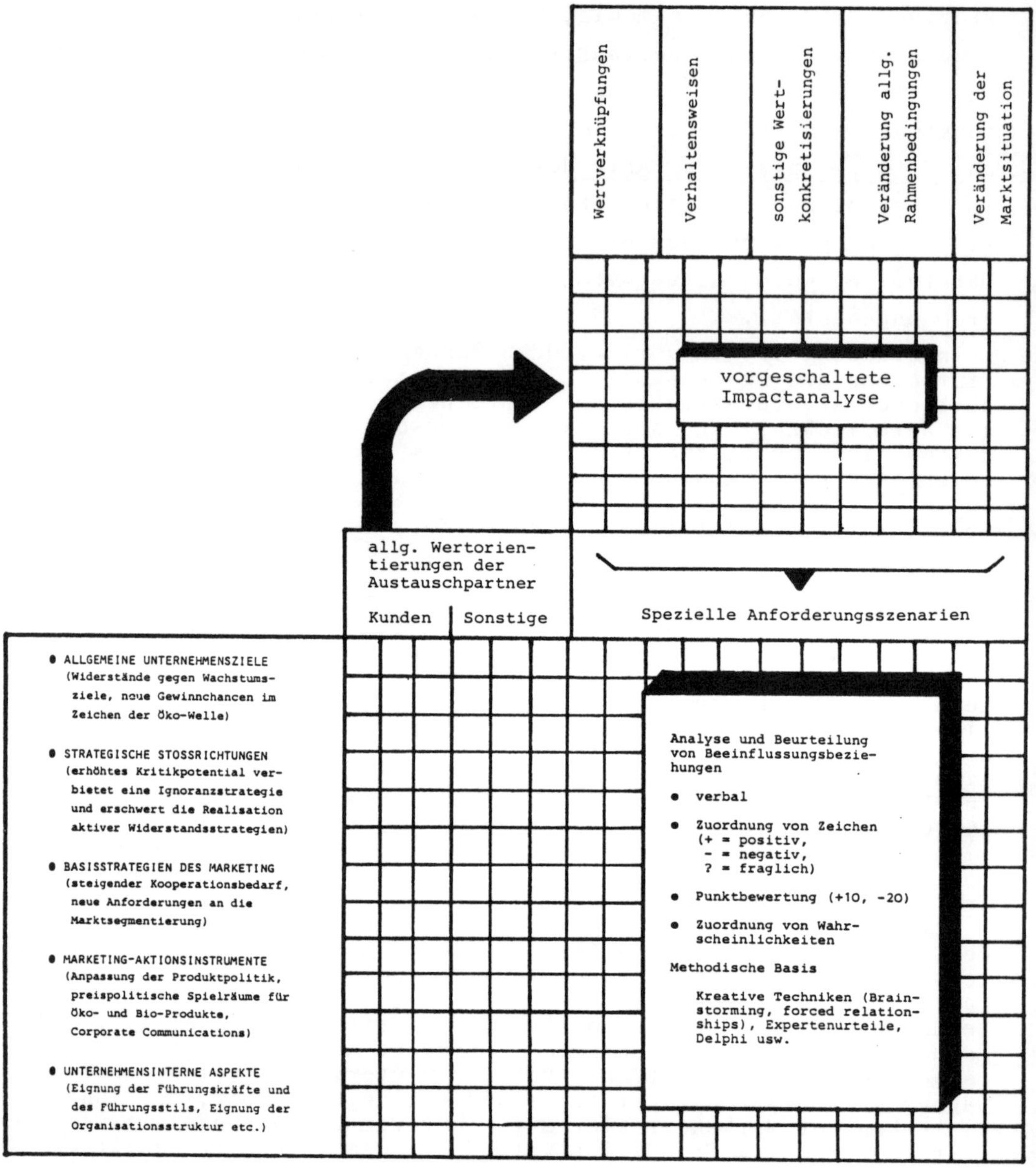

Abb. 10: Die Grundstuktur einer Betroffenheitsanalyse

des strategischen Marketing entsprechende Impulse. Von zentraler Bedeutung ist es dabei, daß der Blickwinkel nicht vorschnell auf operative Gestaltungsmaßnahmen eingeengt wird (z.B. Entwicklung neuer Werbekonzeptionen und deren Überprüfung durch die Marktforschung). Im Gegensatz dazu sollte gerade die Überprüfung und ggf. Neubestimmung der allgemeinen strategischen Stoßrichtungen sowie der Basisstrategien des Marketing besondere Aufmerksamkeit finden - zumal ihre Aufgabe darin besteht, den Einsatz einzelner Instrumente im operativen Marketing zielorientiert zu steuern.

III. Gestaltungsperspektiven eines strategischen Marketing im Zeichen des Wertewandels

1. Strategische Stoßrichtungen im Kontext eines gesellschaftsorientierten Marketing

Auf der Ebene strategischer Stoßrichtungen ist zu klären, in welcher Weise die Unternehmung generell auf die Herausforderungen reagieren soll, die aus dem Wertewandel oder allgemein einem gesellschaftlichen Wandel resultieren /14/. Obwohl die Orientierung an einer gesellschaftsorientierten Unternehmens- bzw. Marketingphilosophie bereits einen bestimmten Handlungsrahmen absteckt, sind innerhalb dieses Rahmens jedoch in Abhängigkeit von der vorliegenden Situation sehr unterschiedliche strategische Stoßrichtungen denkbar.

Grundsätzlich ist allerdings immer ein kreatives und innovatives Marketing zu fordern, welches sich durch eine prinzipielle Offenheit gegenüber neuen Entwicklungen auszeichnet und diese jeweils als Impuls für die unterschiedlichsten Aktivitäten aufgreift. Damit sollten indifferente Verhaltensformen - wie sie in der Praxis aufgrund einer kurzsichtigen, im Tagesgeschäft verhafteten Marketingperspektive nicht selten anzutreffen sind - von vorneherein ausscheiden. Nach Maßgabe des Prinzips sozialer Verantwortung (gesellschaftsorientiertes Marketing in engerem Sinne) verbietet es sich, daß das Handeln des Unternehmens im Widerspruch zu den langfristigen Interessen der Gesellschaft(smitglieder) steht.

Bei der Festlegung strategischer Stoßrichtungen geht es im Kern um die Frage, ob und inwieweit die Unternehmung auf einzelne Trends im Feld gesellschaftlicher Anforderungen stärker mit einer Anpassungs- oder Widerstandsstrategie antworten soll. Eine wichtige Entscheidungshilfe stellt hier etwa die zuvor skizzierte Betroffenheitsanalyse dar: Soweit positive Wirkungen auf die Realisation der Ziele, Strategien sowie Maßnahmen des Unternehmens zu verzeichnen sind, drängt sich die Entscheidung für eine Anpassungsstrategie natürlich unmittelbar auf. Über eine passive, lediglich "windfall profits" realisierende Anpassung hinaus bietet sich hier häufig sogar eine aktive Anpassungsstrategie an, bei der einzelne Tendenzen des Wertewandels nicht nur als Datum aufgegriffen, sondern gezielt zu forcieren versucht werden (z.B. durch Lobbying, Aufklärungskampagnen). Diese Strategie kommt für all jene Anbieter in Betracht, deren Sachgüter oder Dienstleistungen sich bspw. aufgrund der Öko-, Bio- oder Gesundheitswelle im Aufwind befinden. Um einerseits Wertwandlungsprozesse in gewünschte Bahnen lenken zu können, andererseits die notwendigen Handlungspotentiale zu schaffen (Kontakte zu Medien sowie Regierungsstellen, Entwicklung von Produktideen etc.), erscheint vor allem eine antizipative Anpassungsstrategie zweckmäßig. Demgegenüber herrschen in der Praxis jedoch zumeist reaktive Varianten einer Anpassungsstrategie vor ("Abwarte-Strategie"). Ein Beispiel hierfür ist die Errichtung spezieller Bio-Shops in den Lebensmittelabteilungen großer Kaufhäuser, nachdem Reformhäuser, Naturkostläden sowie z.T. Drogerien mit einem entsprechenden Sortiment erhebliche Erfolge erzielten (o.V., 1982). Sicherlich kann sich eine solche verzögerte Reaktion anbieten, um

- das Erfolgspotential einer bestehenden Absatzkonzeption solange wie möglich auszuschöpfen (Amortisationsaspekt),
- abzuwarten, ob und inwieweit sich einzelne Wertverschiebungen oder -innovationen tatsächlich durchsetzen und zu einem ertragreichen Marktpotential führen (Risikoaspekt),
- die Erfahrungen anderer Unternehmen zu nutzen (Trittbrettfahrer-Strategie bzw. "me-too"-Strategie).

Im Zuge einer detaillierten Chancen-/Risiken- sowie Stärken-/Schwächen-Analyse ist dann allerdings u.a. zu prüfen, ob die Erfahrungs- und Profilierungsvorsprünge der "Pionierunternehmen" jeweils einzuholen und mithin entsprechende Marktanteile zu erreichen sind. Erweist sich eine Abwarte-Strategie als zweckmäßig, so sollten dennoch alternative Schubladenpläne entwickelt und evaluiert werden.

Weitaus schwierigere Entscheidungsprobleme stellen sich dann, wenn die Betroffenheitsanalyse eher negative Konsequenzen für das Unternehmen oder generell für die Wirtschaft ausweist. Dies insofern, als Widerstandsstrategien in aller Regel sehr viel schwerer zu realisieren sind und/oder wenig erfolgversprechend sind. Als Varianten der Widerstandsstrategie sind bspw. anzuführen /15/:

- Ignoranz, d.h. bewußte Nichtbeachtung der sich stellenden Herausforderungen. Hiermit lassen sich die anstehenden Probleme ganz sicher nicht lösen. Im Gegenteil: zum einen verschärft sich häufig die Situation; zum anderen wird die Arena gesellschaftlicher Diskussion kampflos der Meinungskonkurrenz überlassen, die damit ihre Position ungehemmt weiter ausbauen kann (vgl. auch Raffée/Wiedmann "Corporate Communications", in diesem Band).
- Ausweich-Strategie, z.B. Standortverlagerung ins Ausland, um nicht unter den Geltungsbereich gesetzlicher Auflagen und Verfügungen zu geraten. Während diese Strategie kurz- und vielleicht auch mittelfristig wirkungsvoll sein mag, sind hier insbesondere mögliche langfristige Risiken zu beachten. So kann die Internationalisierung der Wirtschaft etwa eine Internationalisierung der Rechtssprechung und nicht zuletzt des öffentlichen Widerspruchs nach sich ziehen.
- Beeinflussung und Repression (aktiver Widerstand), d.h. Verhinderung oder Beeinflussung der Diffusion neuer Wertsysteme bzw. Forderungen durch die Einflußnahme auf das staatliche System (Lobbyismus, Parteienspenden, Wahlhilfe etc.) oder auf die öffentliche Meinung. Die Realisationschancen aktiver Widerstandsstrategien hängen von zahlreichen Bedingungen ab (vgl. Wiedmann, 1984b, S. 59 - 60). Auf's Ganze gesehen läßt sich jedoch feststellen, daß mit einem aktiven Widerstand immer erhebliche Anstrengungen und Aufwendungen verbunden sind. Dies, zumal der Wertewandel die Entwicklung zu einer aktiveren und kritischeren Gesellschaft begünstigt hat; ca. 30 % der Bevölkerung signalisierten in der Stern-Untersuchung "Dialoge" bspw. ihre Bereitschaft, Boykottaufrufe gegen Produkte und Unternehmen zu unterstützen. Überdies ist in Rechnung zu stellen, daß die verschiedenen Institutionen der Kritik und des Widerspruchs (Bürgerinitiativen, verbraucherpolitische Institutionen) zu einem erheblichen Machtfaktor avanciert sind und inzwischen ebenfalls das Beeinflussungsinstrumentarium des Marketing beherrschen.

Bevor die Entscheidung für eine Widerstandsstrategie gefällt wird ist immer eingehend zu prüfen, ob nicht vielleicht doch - und sei es auch nur partiell - eine Anpassung möglich oder letztlich sogar effizienter ist. Bei dieser Analyse ist u.a. folgendes zu beachten:

Zum einen dürfen nicht nur prima facie in Kauf zu nehmende, kurzfristige Gewinnverluste in Rechnung gestellt werden. Vielmehr müssen einerseits jene Kosten ins Kalkül miteinbezogen werden, die bei der Überwindung von Widerständen seitens verschiedener Austauschpartner anfallen. Hierzu zählen u.a. höhere Aufwendungen für PR und Werbung, für die Motivation der von Sinn- und Orientierungskrisen befallenen Mitarbeiter usw. Nicht zu vernachlässigen sind jene schwer quantifizierbaren "Kosten", die sich aus gesellschaftlichen Konflikten, einer weiteren Polarisierung der Interessenlager, staatlichen Reglementierungen und ggf. sogar der Gefährdung unseres marktwirtschaftlichen Ordnungssystems ergeben. Zwar scheint die Gefahr einer Ablehnung der Marktwirtschaft (noch?) relativ gering: laut WiWo-Report (1984, S. 64) trauen immerhin rund 63 % der Bevölkerung der Marktwirtschaft die Lösung der gravierenden Umweltprobleme zu; lediglich etwas mehr als 14 % plädieren für ein anderes Wirtschaftssystem. Diese Gefahr ist zumindest latent vorhanden. Selbst bei den CDU/CSU-Wählern liegt nur bei 75 % ein unerschüttertes Vertrauen in die Marktwirtschaft vor (vgl. WiWo-Report, 1984).

Auf der anderen Seite dürfen weitreichende Unterstützungspotentiale nicht übersehen werden, die sich einem gesellschaftsorientierten Marketing eröffnen. Die Ergebnisse der Stern-Untersuchung "Dialoge" signalisieren bspw. hier eine beträchtliche Bereitschaft in der Bevölkerung, die Verwirklichung einzelner Ziele durch finanzielle Opfer zu unterstützen (vgl. Tabelle 1). Selbstverständlich sind die tatsächliche Opferbereitschaft und damit z.B. verbundenen preispolitischen Spielräume oftmals geringer, als es in solchen Studien erhoben wurde. Immerhin dürfte aber das reale Potential dennoch beträchtlich sein. Es wird allerdings nur dann zu einem konkreten Opfer führen, wenn im Zuge eines kreativen und innovativen Marketing überzeugende Konzepte vorgelegt und aktivierende Strategien eingesetzt werden.

Nicht zu vernachlässigen sind schließlich die Chancen einer antizipativen Anpassungsstrategie, im Wege der Früherkennung genügend Zeit zu gewinnen, um Problemlösungen zu entwickeln, die sowohl den Zielen der Unternehmung als auch den Forderungen der Gesellschaft(smitglieder) entsprechen. Wäre z.B. die Umweltproblematik ernst genommen worden, als sie sich noch in ersten schwachen Signalen ankündigte, so würden sich heute zahlreiche Unternehmen in einer viel besseren strategischen Position befinden. In Kombination mit einer antizipativen Anpassung, die sich im ersten Schritt lediglich auf die interne Planung und speziell Forschung & Entwicklung bezieht, kann im Außenverhältnis einerseits entweder eine Verzögerungsstrategie oder eine Ignoranzstrategie verfolgt werden, um nicht unnötig "schlafende Hunde zu wecken". Andererseits kann es jedoch auch durchaus sinnvoll sein, sich schon frühzeitig an die Öffentlichkeit zu wenden, um eine mögliche Institutionalisierung von Widerspruch und Kritik zu vermeiden.

Insgesamt ist das Chancenpotential von Anpassungsstrategien sicher größer, als es von Managern aus ihrem Blickwinkel der kurzfristigen Gewinnerzielung oftmals gesehen wird. Dennoch kann und darf eine gesellschaftsorientierte Marketingphilosophie keinesfalls mit der Forderung nach einer Anpassung an alle gesellschaftlichen Trends gleichgesetzt werden. In einigen Fällen sind aktive Widerstandsstrategien durchaus legitim und - dem Prinzip sozialer Verantwortung folgend - teilweise sogar zu fordern. Zu denken ist etwa an einen Verfall bestimmter Leistungswerte und die damit verbundene Beeinträchtigung der internationalen Wettbewerbsfähigkeit, eine Mißachtung jeglicher ökonomischer Grunderfordernisse und den Versuch, Unternehmen zu "Wohlfahrtsinstitutionen" umzufunktionieren, die einseitige Zuschreibung von Verantwortlichkeiten und die mangelnde Bereitschaft der Bürger, Eigenverantwortung zu übernehmen, die Abkehr vom marktwirtschaftlichen Ordnungssystem usw.

Unternehmen müssen immer mehr lernen, sich auf dem schwierigen Terrain des gesellschaftlichen Wertemanagement zu bewegen; sie können sich nicht mehr eo ipso darauf verlassen, daß andere Institutionen (Staat, Kirche) diese Aufgabe in ihrem Sinne übernehmen. Erste Ansatzpunkte lassen sich hier etwa in einigen Anzeigenkampagnen des Bundesverbandes Deutscher Banken erkennen ("Sozial! Das kann nicht immer nur die Verantwortung der anderen sein!" - lautete etwa ein Slogan, der sich an die Adresse der Bürger und z.T. sicherlich auch der Politiker wendete).

2. Konkrete Basisstrategien im Kontext eines gesellschaftsorientierten Marketing

Mit den skizzierten strategischen Stoßrichtungen wird jeweils nur ein allgemeiner Kurs vorgegeben, der im Zuge eines Einsatzes des Marketing-Instrumentariums eingeschlagen werden soll. Zur zieladäquaten Steuerung des Einsatzes verschiedener Marketing-Instrumente werden zusätzlich sog. Basisstrategien relevant, die im Hinblick auf die Verwirklichung globaler strategischer Stoßrichtungen instrumentübergreifend alternative Realisationsmöglichkeiten aufzeigen. Hierzu gehören bspw. die Strategie des kalkulatorischen Ausgleichs, die Diversifikationsstrategie, die Strategie der Corporate Identity u.ä.m. (vgl. auch Raffée "Strategisches Marketing", in diesem Band).

o Kooperation als Erfolgsvoraussetzung

Von zentraler Bedeutung ist zunächst die Kooperationsstrategie: Die Aufgabenstellungen eines aktiven gesellschaftsorientierten Marketing sind so komplex, daß sie sich durch ein einzelnes Unternehmen kaum bewältigen lassen - unabhängig davon, ob eine Anpassungs-, Widerstands- oder Mischstrategie verfolgt wird. Abgesehen von der üblichen Zusammenarbeit zwischen einzelnen Unternehmen - sei es im Rahmen der Verbandspolitik oder speziell geschaffener Einrichtungen, wie z.B. der "Initiative geschütztes Leben", über die verschiedene Unternehmen der chemisch-pharmazeutischen Industrie gemeinsame Image-Kampagnen schalten - sind hier vor allem auch neue Wege der Kooperation ausfindig zu machen. Bei einer aktiven Anpassungsstrategie bietet sich eine Zusammenarbeit mit Behörden, verbraucherpolitischen Institutionen, Bürgerinitiativen, Kirchen usw. an. Dies sowohl im Zusammenhang mit einem "Werte-Management" (z.B. Beeinflussung von Wertvorstellungen innerhalb der Bevölkerung durch gemeinsame Aufklärungskampagnen) als auch im Hinblick auf die Erarbeitung konkreter Problemlösungen (Vertreter von Verbraucherinstitutionen, Bürgerinitiativen usw. als Mitglieder in kreativen Teams u.ä.m.). Ähnliche Kooperationsprojekte sind natürlich auch im Sektor einer aktiven Widerstandsstrategie vorstellbar.

o Die Strategie der Marktsegmentierung als Conditio sine qua non!

Spielt die Strategie der Marktsegmentierung bereits im traditionellen kommerziellen Marketing eine ganz entscheidende Rolle, so gilt dies - u.a. infolge einer zunehmenden Pluralisierung der Wertsysteme - für ein gesellschaftsorientiertes Marketing in besonderem Maße. Die Erwartungen und Forderungen an Unternehmen sowie die Einstellungen, die ihnen und ihrem Handeln entgegengebracht werden, variieren innerhalb der Gesellschaft erheblich. Zur Planung eines effizienten Public-Marketing bzw. einzelner PR-Aktivitäten ist es von daher etwa erforderlich, systematisch relevante Zielgruppen zu identifizieren und gezielt mit Hilfe segmentspezifischer Strategien und Maßnahmenprogramme zu bearbeiten: z.B. intensiver Dialog mit der aktiven und kritischen Öffentlichkeit, Motivation der positiv gestimmten Öffentlichkeit, sich gewissermaßen als PR-Agenten für das Unternehmen einzusetzen, Werte-Management gegenüber jenen Teilen der Öffentlichkeit, die unter Vernachlässigung ökonomischer Grunderfordernisse überzogene Forderungen vorbringen (vgl. Raffée/Wiedmann "Corporate Communications", in diesem Band).

Im Sektor des Absatzmarketing resultieren allein schon aus der verstärkten Hinwendung zu Selbstentfaltungswerten und speziell zum Individualismus neue Herausforderungen an die Marktsegmentierung: Der "neue" Konsument ist selbstbewußter und anspruchsvoller; er erwartet in höherem Maße Leistungen, die speziell auf ihn zugeschnitten sind, und mit denen er sich z.T. von den anderen abheben kann. Die persönliche Note der Produktverwendung rückt bei zahlreichen Konsumenten mehr und mehr in den Vordergrund.

Ferner ist festzustellen, daß Segmentierungsstrategien, die etwa allein auf demographischen oder eng kaufbezogenen Merkmalen basieren, heute mehr denn je zu kurz greifen. Vielmehr sollte demgegenüber gerade auch allgemeinen Wertvorstellungen Rechnung getragen werden, die die Bedürfnisse, Einstellungen und das Verhalten der Kunden in bestimmte Richtungen lenken. Angesichts des Wertewandels sind dabei einerseits die bislang bearbeiteten Segmente dahingehend zu überprüfen, ob und inwieweit sich jeweils Verschiebungen in den Erwartungen, Bedürfnissen, Verhaltensweisen ergeben haben: z.B. ein neues ästhetisches Bewußtsein, neue Produktverwendungsfunktionen, gestiegene Anforderungen hinsichtlich Umweltfreundlichkeit und Ressourcenschonung etc., gestiegene Aversion gegen bestimmte Werbestile /16/. Eine solche Segmentüberprüfung ist nicht zuletzt unter wettbewerbsstrategischen Gesichtspunkten wichtig: Werden relevante Verschiebungen zu spät erkannt, vermag u.U. die Konkurrenz ihre Marktposition auszubauen.

Andererseits gehen mit aktuellen Wertwandlungsprozessen neuartige Marktchancen in attraktiven Marktsegmenten einher, die es mit geeigneten Marktforschungstechniken aufzuspüren und durch entsprechende Produktinnovationen, Produktvariationen oder auch nur neue Vertriebswege, Verkaufsargumente usw. zu nutzen gilt. Das Potential "neuer" Wertmuster und speziell der Bedarf an z.B. Öko- und Bio-Produkten wird demgegenüber jedoch noch allzu oft unterschätzt (o.V., 1982): Wie empirische Untersuchungen zeigen, handelt es sich gerade bei den Trägern "neuer" Werte zu einem hohen Prozentsatz um Mitglieder höherer sozialer Schichten, die im Freundeskreis als Meinungsführer gelten und den Konsum keinesfalls ablehnen (vgl. z.B. Raffée/Wiedmann, 1983). Gelingt es, diese Segmente gezielt anzusprechen, so sind - trotz insgesamt eher stagnierender und schrumpfender Märkten - nach wie vor erhebliche Gewinne zu erzielen (vgl. dazu auch asw, 1984, S. 30; Beike, 1983; WiWo-Report, 1984, S. 64).

Die Ansatzpunkte einer Marktsegmentierung unter Berücksichtigung alternativer Wertvorstellungen der Abnehmer sind außerordentlich vielfältig. So mag es bei spezifischen Fragestellungen genügen, zunächst den Stellenwert einer bestimmten Werthaltung zu erfassen (z.B. hohes vs. geringes Umweltbewußtsein) und dann in Abhängigkeit von demographischen und sonstigen Merkmalen die üblichen Differenzierungen vorzunehmen. Insgesamt gewinnt hier jedoch vor allem die Bildung von Wertetypen an Gewicht, um dem eingangs erwähnten Systemcharakter von Werten gerecht zu werden. In der Literatur finden sich inzwischen bereits einige Beispiele zur Erstellung von Wertetypologien (vgl. z.B. Bargel, 1979; Meffert/Windhorst, 1984; Raffée/Wiedmann, 1983).

Greifen wir exemplarisch die im Rahmen der Stern-Untersuchung entwickelte Typologie heraus (vgl. Abb. 11, ausführlicher zur Beschreibung einzelner Typen vgl. Raffée/Wiedmann, 1983), so wird die Bedeutung des Umweltschutzes von den leistungsorientierten Pragmatikern und den vielseitig Verantwortungsbewußten zwar nahezu gleich eingestuft; aufgrund der Stellung anderer Werte bzw. des gesamten Wertemusters dieser Typen sind jedoch z.B. mit Blick auf ein ökologiebewußtes Konsumverhalten nicht unerhebliche Unterschiede zu erwarten. Bei den leistungsorientierten Pragmatikern dürfte etwa das Prestigemotiv im Sinne einer demonstrativen Vernunft (vgl. Heller, 1980), mittels derer man soziale Anerkennung zu bekommen glaubt, eine zentrale Rolle beim Kauf ökologiefreundlicher Produkte spielen. Dementsprechend fallen die Produkterwartungen etwa anders aus als bei den vielseitig Verantwortungsbewußten, die vielleicht stärker auf technisch-funktionale und weniger auf soziale Qualitätskomponenten Wert legen.

Eindringlich zu warnen ist im vorliegenden Zusammenhang allerdings vor einer unkritischen Übernahme vorgefertigter Wertetypologien: Wertetypen sind jeweils vor dem Hintergrund der spezifischen Problemsituation des Unternehmens herauszuarbeiten.

Die Erstellung problemspezifischer Wertetypologien ist in Anbetracht der zunehmenden Pluralisierung individueller Wertsysteme und der damit einhergehenden Aktualisierung unterschiedlicher Wertmuster in Abhängigkeit von situativen Bedingungen besonders wichtig. So mag in einer bestimmten Situation (Art des Produktes, Kaufsituation etc.) der Individualismus als grundlegende Orientierungsmaxime dienen, während in einer anderen Situation Werte wie Sicherheit, soziale Einbindung etc. den Ausschlag geben. Interessant ist hier etwa auch die Aufspaltung in Qualitätssegmen-

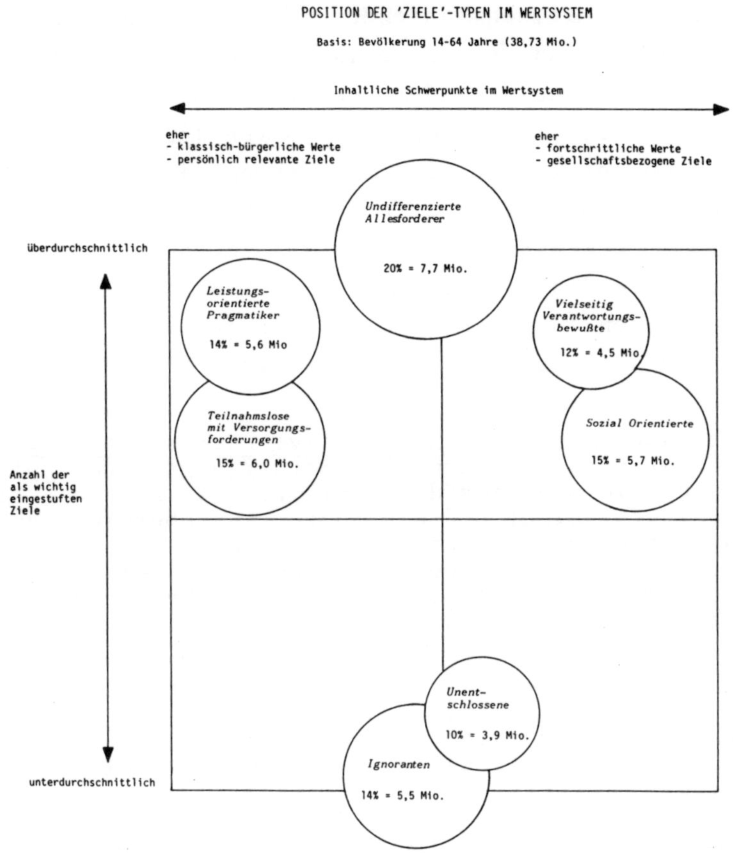

Abb. 11: Wertetypologie
(Quelle: Stern-Untersuchung "Dialoge"; Raffée/Wiedmann, 1983, S. 16)

te einerseits, Preissegmente andererseits (vgl. Raffée "Strategisches Marketing", in diesem Band).

o Die Diversifikationsstrategie

Im Rahmen einer Diversifikationsstrategie bietet sich vor allem das planmäßige Eindringen in neuartige Märkte bzw. Leistungsbereiche an, in denen im Sinne einer aktiven Anpassungsstrategie kommerziell erfolgversprechende Angebote zur Bewältigung aktueller gesellschaftlicher Probleme möglich sind (z.B. Öko-Produkte). Darüber hinaus ist ferner die Erfolgsträchtigkeit einer Diversifikation in jene Branchen zu überprüfen, in denen sich infolge des Wertewandels ein nachhaltiger Aufschwung abzeichnet oder vollzieht (z.B. Freizeit, entlastende Dienstleistungen).

Die Diversifikationsstrategie ist jedoch insbesondere für jene Unternehmen von herausragender Bedeutung, die mit ihrem angestammten Angebotsprogramm in's Schußfeld öffentlicher Kritik geraten sind oder noch geraten können. Aufmerksamkeit verdienen hier bspw. unterschiedliche Diversifikationsprojekte seitens der Zigarettenindustrie. Mit dem bspw. im Rahmen von Verkaufsförderungsaktionen zu beobachtenden Eindringen in den Dienstleistungssektor ("Marlboro-Reisen") und den Bekleidungssektor ("Camel-Kollektion") lassen sich jeweils recht unterschiedliche strategische Stoßrichtungen in Verbindung bringen.

- Zunächst kann hier eine antizipative Rückzugsstrategie ihren Niederschlag finden, indem neue Betätigungsfelder aufgebaut werden, auf die man sich dann zurückzieht, wenn die öffentliche Kritik weiter zunimmt und die Kosten zur Überwindung von Widerständen seitens der Öffentlichkeit eine (noch) ungünstigere Kosten-Nutzen-Relation ergeben oder wenn ein weiteres Ansteigen des Gesundheitsbewußtseins eine nicht zu beeinflussende Abwanderungstendenz bei den Kunden bewirkt.
- Teilweise läßt sich hinter einzelnen Diversifikationsprojekten allerdings auch eine aktive Widerstands-Strategie vermuten; und zwar insofern, als hier im Lichte eines drohenden generellen Werbeverbots neue Sortimentselemente anvisiert werden, von denen aus der Zigarettenabsatz im Wege des Image-Transfers auch dann weiter gefördert werden kann (vgl. dazu auch Raffée "Strategisches Marketing", in diesem Band).

o Sozio-Programme als strategisches Konzept

Eine besondere Variante der Diversifikation stellt schließlich die Ergänzung des eigentlichen Leistungsprogramms um spezielle "Sozio-Programme" dar, z.B. in Gestalt von Stiftungen, Umschulungs- und Arbeitsbeschaffungsprogrammen, Hilfsprogrammen für sozial Benachteiligte u.ä.m. Die Implementierung derartiger Sozio-Programme verkörpert insofern eine zentrale Herausforderung an das strategische Marketing, als heute bereits beachtliche Teile der Bevölkerung von den Unternehmen über das eigentliche Leistungsprogramm hinaus aktive Beiträge zur Verwirklichung gesellschaftlicher Ziele erwarten. Neben Beiträgen zur Entlastung der Arbeitsmarktsituation sowie zum Umweltschutz wird hier teilweise sogar ein Engagement bei der Verwirklichung allgemeiner humanitärer und kultureller Ziele von Unternehmungen erwartet (vgl. im einzelnen Tabelle 1). Neben vermeintlichen Risiken, die aus einer Nichtbeachtung solcher Erwartungen resultieren können, sind vor allem die sich hier eröffnenden Chancen in den Vordergrund zu stellen. Zwar ist das soziale Engagement deutscher Unternehmen nicht unbeachtlich; es ist wohl jedoch durchaus steigerungsfähig und steigerungsbedürftig. Vor allem mangelt es an einer konsequenten Integration einzelner Sozio-Programme in eine strategische Marketingkonzeption (vgl. z.B. das von Boehringer Mannheim initiierte "Arzt-Patienten-Seminar" in Eberbach und in Lampertheim): Dieses neue Profilierungs- und Wettbewerbsfeld muß erst noch systematisch erschlossen werden. Dies erfordert einerseits kreative Ideen, um Sozio-Programme auszuarbeiten, die ggf. gleichzeitig einen unmittelbaren Beitrag zur Verwirklichung der jeweiligen Unternehmensziele zu leisten vermögen. Zu denken ist bspw. an ein spezielles Informationsprogramm für Arbeitslose oder sozial Benachteiligte, das einen EDV-Hersteller als Informationsspezialisten in der Öffentlichkeit ausweist oder als Referenz bei der Akquisition öffentlicher Aufträge dienen kann.

Auf der anderen Seite ist eine systematische Planung erforderlich: Ähnlich wie das Kernangebot bzw. einzelne Sortimentssparten so müssen auch Sozio-Programme u.a. in weitere Marketingstrategien eingebettet sein. Hierzu zählen etwa einzelne Varianten der Kooperationsstrategie (z.B. Zusammenarbeit mit Medien, sozialen Organisationen, kirchlichen Einrichtungen oder staatlichen Stellen) oder der Strategie des kalkulatorischen Ausgleichs sowie der Marktsegmentierung (z.B. Implementierung spezieller Sozio-Programme in Abhängigkeit der Erwartungen wichtiger Kundensegmente).

o Die Strategie des kalkulatorischen Ausgleichs

Die Strategie des kalkulatorischen Ausgleichs nimmt im gesellschaftsorientierten Marketing immer dann einen hohen Stellenwert ein, wenn einzelne Engagements keine volle Kostendeckung gestatten: Es handelt sich hierbei um eine planmäßige Kombination von Gewinn- und Verlustträgern; sei es als Ausgleich zwischen einzelnen Leistungen (Programmausgleich), sei es als zeitliche Kopplung von Gewinn- und Verlustperioden (zeitlicher Ausgleich).

Während beim zeitlichen Ausgleich davon ausgegangen wird, daß es lediglich entwicklungsbedingte Durststrecken zu überwinden gilt und mit gesellschaftsorientierten Angebotsprogrammen sogar die "Cash Cows" von morgen herangezüchtet werden können, sieht der Programmausgleich ggf. auch eine permanente Alimentierung durch gewinnbringende Angebotsteile vor. Die Notwendigkeit der permanenten Alimentierung ergibt sich einerseits natürlich mit Blick auf die erwähnten Sozio-Programme, andererseits jedoch u.U. auch bei einzelnen Bestandteilen eines gesellschaftsorientierten Leistungsprogramms. Sie ist u.a. - abgesehen etwa vom Motiv einer altruistischen Gewinnverwendung - dann in Erwägung zu ziehen, wenn ein strategischer Vorteil zu erwarten ist. In diesem Zusammenhang lassen sich idealtypisch insbesondere image- und kontextbezogene Programme unterscheiden (Wiedmann, 1984b, S. 67 ff.).

- Die Zielrichtung imagebezogener Programme besteht im Kern darin, durch die Profilierung des Unternehmens einen entsprechenden Mittelrückfluß über z.B. die Absatzförderung des gesamten Leistungsprogramms zu erreichen. Zu denken ist hier bspw. an Sozio-Programme zur Unterstützung sozial Benachteiligter, zur Förderung von Kunst und Kultur und last not least zur Stimulation einer geänderten Lebensweise. Sie können einem Unternehmen bei attraktiven Kundensegmenten u.U. preispolitische Spielräume, eine höhere Marken- oder Firmentreue und andere strategische Vorteile verschaffen.
- Im Zentrum kontextbezogener Programme steht demgegenüber der Versuch, auf allgemeine Rahmendaten bzw. unternehmensrelevante Umweltbedingungen Einfluß zu nehmen. Das Motiv für die Implementierung von Sozio-Programmen kann hier bspw. in einem u.U. nur schwer in Gewinngrößen zu quantifizierenden Nutzen (z.B. Erhaltung des sozialen Friedens, der marktwirtschaftlichen Ordnung etc.) oder in sehr konkreten strategischen Vorteilen bestehen. Letzteres liegt z.B. dann vor, wenn Versicherungsunternehmen gesundheitsbezogene Sozio-Programme verwirklichen, die Hersteller nicht-alkoholischer Getränke Aufklärungskampagnen gegen den Alkoholkonsum schalten u.ä.m.

Von der Verwirklichung einzelner Sozio-Programme oder gesellschaftlicher Sortimentsteile läßt sich unmittelbar eine Verbindung zur Strategie der Corporate Identity ziehen. Dies u.a. deshalb, weil es einerseits mit solchen Programmen möglich ist, der Identität des Unternehmens im Bild der öffentlichen Meinung spezifische Akzente zu verleihen, andererseits die jeweiligen Programme an der Unternehmensidentität ausgerichtet und mit ihr kompatibel sein müssen.

o Corporate Identity als Basisstrategie

Im Visier der CI-Strategie steht zumeist die Selbstdarstellung des Unternehmens als geschlossenes Ganzes bzw. die Vermittlung der Unternehmenspersönlichkeit sowie des Unternehmensselbstverständnisses im Innen- und Außenverhältnis /17/. Durch das Bemühen um ein "widerspruchsfreies System unternehmerischer Handlungen und Kommunikationen" (Kneip, 1979, S. 68) soll hierbei gegenüber der internen und externen Öffentlichkeit ein "Corporate Image" aufgebaut werden, welches Identifikations- sowie Unterstützungspotentiale schafft und generell die Basis für Aspekte wie Glaubwürdigkeit, Vertrauen und Akzeptanz oder sogar Zuneigung bildet. Im Blick auf die Mitarbeiter des Unternehmens (interne Öffentlichkeit) nimmt insbesondere der Aufbau eines ausgeprägten "Wir-Gefühls" einen hohen Stellenwert ein, u.a. um die damit verbundenen Motivationseffekte und Einsatzmöglichkeiten der Mitarbeiter als PR-Agenten voll ausschöpfen zu können. Im Feld der externen Öffentlichkeit soll die Selbstdarstellung des Unternehmens - über das damit zu erzeugende Vertrauen - die Verwirklichung unternehmenspolitischer Maßnahmen erleichtern und speziell jeweils die Möglichkeit zu einem Image- bzw. Goodwill-Transfer eröffnen (vgl. dazu auch Raffée/Wiedmann "Corporate Communications", in diesem Band).

Zweifellos gewinnt gerade die CI-Strategie im Kontext des Wertewandels zunehmend an Bedeutung: im Innenverhältnis wird der Aufbau von Identifikationspotentialen angesichts der Hinwendung zu Selbstentfaltungswerten, zunehmender öffentlicher Kritik etc. zu einem zentralen strategischen Problem. Zwar wird dieses Problem durch die momentane Arbeitssituation und den neuerlich wieder z.T. zu beobachtenden Bedeutungsanstieg von Arbeits- und Berufswerten etwas entschärft; mehr und mehr sucht sich jedoch gerade der qualifizierte Managementnachwuchs seinen künftigen Arbeitgeber auch unter dem Blickwinkel aus, ob und inwieweit es sich um eine gesellschaftlich akzeptierte Branche oder ein sozialverantwortliches Unternehmen handelt.

Im Außenverhältnis ergeben sich Herausforderungen u.a. insofern, als die Öffentlichkeit aufmerksamer und kritischer geworden ist. Die Bürger wollen mehr über Unternehmen und deren Leistungen erfahren. Ferner darf das öffentliche Kritikpotential seitens der Medien, Verbraucherinstitutionen, Bürgerinitiativen etc. als Risikofaktor nicht unterschätzt werden. Beides erfordert einen intensiven Dialog mit der Öffentlichkeit, der über die Produktwerbung und vereinzelte PR-Aktivitäten hinausgeht (vgl. dazu Raffée/Wiedmann "Corporate Communications", in diesem Band).

IV. Anmerkungen zu den Transfer- und Implementierungsproblemen im Rahmen eines gesellschaftsorientierten Marketing

In Verbindung mit der Entwicklung gesellschaftsbezogener Strategie- sowie Maßnahmenprogramme bedarf es immer auch geeigneter Informations- und Aufklärungsprozesse, um die Mitarbeiter mit der Philosophie eines gesellschaftsorientierten Marketing vertraut zu machen und entsprechende Verhaltensbereitschaften zu schaffen (Transferproblem). Viele Manager begegnen dem Wertewandel der Bürger mit Vorurteilen und Unverständnis. Die Bevölkerungssegmente mit "neuen" Wertvorstellungen werden dabei oftmals noch als "linke Chaoten" eingestuft. Wie die Ergebnisse einer jüngst von Fietkau und Ullman (1984) referierten empirischen Studie zeigen, liegen Führungskräfte vom Bewußtsein der Gesamtbevölkerung weiter entfernt als z.B. Umweltschützer. Damit besteht zunehmend die Gefahr, daß Manager "nicht auf der Wellenlänge ihrer Austauschpartner liegen". Die Konsequenz ist u.U. ein mangelndes Verständnis auf beiden Seiten und die nachlassende Fähigkeit der Manager, sich in die Erwartungen ihrer Austauschpartner hineinzuversetzen und auf dieser Basis Problemlösungen zu entwickeln, die sowohl den langfristigen Interessen des Unternehmens als auch den Erwartungen und Forderungen der Gesellschaft gerecht werden.

Vor diesem Hintergrund bedarf es einer systematischen Unternehmensanalyse, bei der potentielle und faktische Stärken/Schwächen angesichts der sich stellenden Herausforderungen herausgearbeitet werden, um dann im Wege personeller und struktureller Maßnahmen die Voraussetzungen für ein effizientes gesellschaftsorientiertes Marketing zu schaffen (Implementierungsproblem). Neben geeigneten Schulungsprogrammen ist hier etwa dafür Sorge zu tragen, daß sich eine verengte ökonomische Gewinnperspektive nicht über die Hintertreppe entsprechender Kriterien der Personalbeurteilung und -entlohnung oder generell der angelegten Effizienzmaßstäbe einschleicht. Im Gegensatz dazu sind gezielt Anreize für ein langfristiges Gewinndenken zu schaffen, welches für einen effizienten Interessenausgleich zwischen Unternehmung und Gesellschaft sensibel ist.

Im Feld organisatorischer Maßnahmen gilt es u.a., erhöhten Anforderungen an eine flexible, kreative und innovative Organisation, an die Koordination und Steuerung einzelner Abteilungen, an die Fähigkeit zur Informationsgewinnung und -verarbeitung u. ä.m. durch geeignete Reorganisationsmaßnahmen Rechnung zu tragen. Ein erster robuster Schritt stellt hier nicht zuletzt die Einrichtung sog. Verbraucherabteilungen dar, worauf Hansen/Raabe/Stauss in ihrem Beitrag (in diesem Band) eingehen werden.

D. Ausblick

Es steht außer Frage, daß noch viele Unternehmen auch ohne ein gesellschaftsorientiertes Marketing zufriedenstellende Gewinne erzielen. Fraglich bleibt jedoch, ob sich unter der Oberfläche harter Fakten nicht schon heute künftige Wettbewerbsnachteile unbemerkt einschleichen. War es früher eine eng produktbezogene und technokratische Perspektive, die den Blick für relevante Markt- und Bedarfsentwicklungen verstellte, so sind es heute eine eng ökonomische Betrachtungsweise und die Konzentration auf isolierte Marktgegebenheiten, die zu einer Marketing-Kurzsichtigkeit führen.

Anmerkungen

1 Einen umfassenden Überblick über verschiedene Wertebegriffe vermitteln z.B. Gabele/Kirsch/Treffert, 1977, S. 2 ff.; Hillmann, 1981, S. 23 ff.; Silberer, 1983. Unsere Definition lehnt sich am Wertebegriff von Kluckhohn an: "A value is a conception, explicit or implicit, destinctive of an individual or characteristic of a group, of the desirable which influences the selection from available modes, means, and ends of action" (Kluckhohn, 1951, S. 395).

2 Vgl. dazu etwa Hillmann, 1981; allgemein zu den aktivierenden Prozessen innerhalb des Individuums z.B. Kroeber-Riel, 1984.

3 Zum Gratifikationsprinzip vgl. z.B. Schanz, 1977; Silberer, 1979, S. 54 ff.; Raffée/Wiedmann/Abel, 1983, S. 698 ff.; Fritz, 1984.

4 Vgl. in diesem Zusammenhang die Aussagen zum Wandel "von der Industriegesellschaft zur Informationsgesellschaft" bei Naisbitt, 1984; Kommission "ZGE", 1983.

5 Vgl. dazu z.B. Neuloh, 1980, S. 136; Wissmann/Hauck, 1982, S. 240; Stitzel, 1977, S. 19 - 21; Bossel, 1978, S. 12 - 14; Wiedmann, 1984b, S. 31; Wiedmann/Süss, 1985.

6 Vgl. z.B. Herz, 1979 und 1981; Bolten/Gehring, 1984; Lehner, 1979; Meyer/Rüegg, 1979; Wiedmann/Süss, 1985.

7 Vgl. z.B. Oppitz, 1981; Saum, 1984.

8 Vgl. dazu den Bericht der Kommission "ZGE", 1983.

9 Vgl. WiWo-Report, 1984, S. 64 sowie S. 78, und hier speziell das Ergebnis, daß 73 % der Bevölkerung der Auffassung sind, Unternehmen tun nur dann etwas für den Umweltschutz, wenn sie dazu gezwungen werden.

10 Vgl. dazu z.B. Raffée/Wiedmann, 1983 und 1983a und "Corporate Communications", in diesem Band.

11 Vgl. Klages, 1984, S. 132 ff.

12 Vgl. dazu auch Hansen/Stauss, 1983, S. 80 ff.; Dawson, 1979; Hayes/Abernathy, 1980; Anderson, 1982; Carson, 1978; Cavusgil/Kaynak, 1981.

13 Vgl. Wiedmann, 1982 und die dort angegebene Literatur; Raffée/Wiedmann, 1983; Raffée/Wiedmann/Abel, 1983.

14 Vgl. auch Fritz, 1985, S. 236; Hansen/Stauss, 1981, S. 12 - 16; Hansen/Raabe/Stauss, in diesem Band; Meffert, 1974, S. 177 - 178; Raffée, 1979, S. 31; Stitzel, 1977, S. 39 - 43; Stauss, 1984; Wiedmann, 1984b, S. 52 - 60.

15 Vgl. auch Hansen/Raabe/Stauss, in diesem Band.

16 Vgl. Müller, 1984, S. 268; Diehl/Ferber, 1983.

17 Vgl. z.B. Birkigt/Stadler, 1980; Wiedmann, 1984b, S. 68 - 81.

Literaturverzeichnis

Anderson, P.F., (1982): Marketing, Strategic Planning and the Theory of the Firm, in: Journal of Marketing, Vol. 46, (Spring 1982), S. 15 - 26.

ASW, (1984): Wertewandel. Was kommt, was geht, was gilt? Marketing antwortet, in: Absatzwirtschaft, Heft 2/1984, S. 26 - 33.

Bargel, T., (1979): Überlegungen und Materialien zu Wertdisparitäten in der Bundesrepublik Deutschland, in: Klages, H. und Kmieciak, P. (1979; Hrsg.), S. 147 - 184.

Beike, P., (1983): Der Trend zur Natürlichkeit - Möglichkeiten der Produktinnovation, Hamburg 1983.

Birkigt, K., Stadler, M.M., (1980; Hrsg.): Corporate Identity, München 1980.

Boltken, F., Gehring, A., (1984): Zur Empirie des Postmaterialismus: Quota und Random, Äpfel und Birnen, Kraut und Rüben, in: ZA-Information, 15/1984, S. 38 - 52.

Bossel, H., (1978): Bürgerinitiativen entwerfen die Zukunft, Frankfurt 1978.

Bruhn, M., (1978): Das soziale Bewußtsein von Konsumenten, Wiesbaden 1978.

Buß, E., (1983): Der neue Konsument - Referat aus der Sicht der Soziologie, in: Mayer, P.W. und das Lehr- und Forschungsteam Marketing an der Universität Augsburg (Hrsg.). Der neue Konsument - Herausforderungen an das Marketing von Industrie, Handel und Dienstleistungsanbietern, Arbeitspapiere zur Schriftenreihe "Schwerpunkt Marketing", Augsburg 1983, S. 3 - 23.

Carson, D., (1978): Gotterdammering for Marketing, in: Journal of Marketing, Vol. 42, (July 1978), No. 3, S. 11 - 19.

Cavusgil, S., Kaynak, E., (1981): The Affects of Consumerism on the Product Strategies of Business, in: Der Markt, 20. Jg., Heft 3/1981, S. 76 - 85.

Claessens, D., (1962): Familie und Wertsystem, Berlin 1962.

Dahlhoff, H.-D., (1980): Individuelle Wertorientierungen - Analyse und Aussagewert personenspezifischer Werthierarchien im Marketing, Arbeitspapier Nr. 23 des Instituts für Marketing der Universität Münster, Münster 1980.

Dawson, L.M., (1979): Resolving the Crisis in Marketing Thought, in: Management International Review, Nr. 3/1979, S. 77 - 84.

Dichtl, E., (1974): Die Bildung von Konsumententypen als Grundfrage der Marktsegmentierung, in: WiSt, 3. Jg., (1974), Heft 2, S. 54 - 59.

Diehl, U., Ferber, M., (1983): Spricht unsere Werbung die Frauen überhaupt noch an?, in: Media Spectrum, Nr. 8/1983, S. 24 - 26, und Nr. 9/1983, S. 30 - 33.

Euro-Advertising, (1983): Wertewandel in unserer Gesellschaft, Euro-Advertising Düsseldorf, Düsseldorf 1983.

Fietkau, H.-J., Ullman, A., (1984): Sind Manager Umweltmuffel?, in: Manager Magazin, Heft 10/1984, S. 194 - 201.

Friedrichs, J., (1968): Werte und soziales Handeln. Ein Beitrag zur soziologischen Theorie, Tübingen 1968.

Fritz, W., (1984): Warentest und Konsumgüter-Marketing, Forschungskonzeption und Ergebnisse einer empirischen Untersuchung, Wiesbaden 1984.

Fritz, W., (1985): Der vergleichende Warentest als Herausforderung für das strategische Marketing - Ergebnisse einer empirischen Untersuchung, in: ZfbF, Heft 3/1985, S. 232 - 249.
Gabele, E., Kirsch, W., Treffert, J., (1977): Werte von Führungskräften der deutschen Wirtschaft, München 1977.
Hansen, U., Stauss, B., (1983): Marketing als marktorientierte Unternehmenspolitik oder als deren integrativer Bestandteil?, in: Marketing ZFP, 5. Jg., Heft 2/1983, S. 77 - 86.
Hayes, R.H., Abernathy, W.J., (1980): Managing our Way to Economic Decline, in: Harvard Business Review, Vol. 58, (July/August 1980), S. 67 - 77.
Heller, E.D., (1980): Demonstrative Vernunft - eine neue Konsumentenorientierung, in: Absatzwirtschaft, Heft 10/1980, S. 108 - 114.
Herz, T., (1979): Der Wandel von Wertvorstellungen in westlichen Industriegesellschaften, in: Kölner Zeitschrift für Soziologie und Sozialpsychologie, Heft 2/1979, S. 282 - 302.
Herz, T., (1981): Wertwandel: Immunisierung und Abschottung, in: Kölner Zeitschrift für Soziologie und Sozialpsychologie, Heft 2/1981, S. 197 - 198.
Hillmann, K.-H., (1981): Umweltwandel und Wertwandel - die Umwertung der Werte als Strategie des Überlebens, Frankfurt/M. 1981.
Inglehart, R., (1977): The Silent Revolution, Changing Values and Political Styles among Western Publics, Princetown 1977.
Inglehart, R., (1979): Wertwandel in den westlichen Gesellschaften: Politische Konsequenzen von materialistischen und postmaterialistischen Prioritäten, in: Klages, H. und Kmieciak, P. (1979), S. 279 - 316.
Inglehart, R., (1979a): Lebensqualität: Eine Generationenfrage, in: Psychologie heute, Heft 9/1979, S. 22 - 29.
Inglehart, R., (1980): Zusammenhang zwischen sozio-ökonomischen Bedingungen und individuellen Wertprioritäten, in: Kölner Zeitschrift für Soziologie und Sozialpsychologie, 32. Jg., (1980), S. 144 - 153.
Inglehart, R., (1981): Post-Materialism in a Environment of Insecurity, in: The American Political Science Review, 75/1981, S. 880 - 900.
Inglehart, R., (1982): Changing Values and the Rise of Environmentalism in Western Societies, in: Preprint IIES-pre 82-14 des Internationalen Instituts für Umwelt und Gesellschaft, Berlin 1982.
Inglehart, R., (1983): The Persistence of Materialist and Post-Materialist Value Orientations, in: European Journal of Political Research, 11/1983, S. 81 - 91.
Klages, H., (1984): Wertorientierungen im Wandel, Frankfurt/New York 1984.
Klages, H., Kmieciak, P., (1979; Hrsg.): Wertewandel und gesellschaftlicher Wandel, Frankfurt/New York 1979.
Kluchhohn, C., (1951): Values and Value-Orientation in the Theory of Action, in: Parson, T. und Shils, E. (Hrsg.), Toward a General Theory of Action, Cambridge, Mass. 1951, S. 388 - 433.
Kmieciak, P., (1976): Wertstrukturen und Wertewandel in der Bundesrepublik Deutschland, Göttingen 1976.
Kneip, K., (1979): Corporate Identity: Managementaufgaben, in: Absatzwirtschaft, Heft 5/1979, S. 68 - 70.

Kommission "ZGE", (1983): Bericht der Kommission "Zukunftsperspektiven gesellschaftlicher Entwicklungen" erstellt im Auftrag der Landesregierung von Baden-Württemberg, Stuttgart 1983.
Konert, F.-J., (1984a): Emotionale Erlebniswerte auf gesättigten Märkten, Arbeitspapier aus der Schriftenreihe "Betriebswirtschaftliche Verhaltensforschung" der Universität Paderborn 1984.
Konert, F.-J., (1984b): Konsumgütermarketing im Zeichen veränderter Marktstrukturen, in: Marketing-ZFP, Heft 4/1984, S. 279-285.
Konert, F.-J., (1984c): Vermittlung emotionaler Erlebniswerte in der Anzeigenwerbung, Arbeitspapier aus der Schriftenreihe "Betriebswirtschaftliche Verhaltensforschung" der Universität Paderborn 1984.
Kroeber-Riel, W., (1984): Konsumentenverhalten, 3. Aufl., München 1984.
Kroeber-Riel, W., (1984a): Produkt-Design - Mit erlebnisbetonten Komponenten Produkt-Präferenzen schaffen, in: Marketing-Journal, Heft 2/1984, S. 136 - 141.
Kroeber-Riel, W., (1984b): Emotional Product Differentation by Classical Conditioning, in: Kinnear, T.C. (Hrsg.), Advances in Consumer Research 11, Proto 1984, S. 538 - 543.
Kroeber-Riel, W., (1983): Wirkung von Bildern auf das Konsumentenverhalten, Neue Wege der Marketingforschung, in: Marketing-ZFP, Heft 3/1983, S. 153 - 160.
Lebensziele, (1981): Lebensziele - Potentiale und Trends alternativen Verhaltens, Hamburg (Grüner & Jahr) 1981.
Lehner, F., (1979): Die "stille Revolution": Zur Theorie und Realität des Wertewandels in hochindustriellen Gesellschaften, in: Klages, H. und Kmieciak, P., (1979), S. 317 - 327.
Levitt, T., (1960): Marketing Myopia, in: Harvard Business Review, Vol. 38, No. 4, July-August 1960, S. 45 - 56.
Meffert, H., (1974): Konsumerismus, in: Marketing-Enzyklopädie, Bd. 2, München 1974, S. 163 - 182.
Meffert, H., (1980): Perspektiven des Marketing in den 80er Jahren, in: Die Betriebswirtschaft, Heft 3/1980, S. 59 - 80.
Meffert, H., Windhorst, K.-G., (1984): Sieben "Wertetypen" auf der Spur, in: Absatzwirtschaft, Heft 9/1984, S. 116 - 124.
Meyer, R., Rüegg, W., (1979): Werteforschung im systematischen internationalen Vergleich, in: Klages, H. und Kmieciak, P. (1979), S. 41 - 60.
Müller, G., (1981): Strategische Frühaufklärung, München 1981.
Müller, St., (1984): Unterschwellige Werbung. Das Ende einer Legende, in: Marketing-ZFP, Heft 4/1984, S. 267 - 272.
Müller, St., (1984b): Zur Akzeptanz der Werbung, in: Jahrbuch der Absatz- und Verbrauchsforschung, Heft 4/1984.
Naisbitt, J., (1984): Megatrends: 10 Perspektiven, die unser Leben verändern werden, 2. Aufl., Bayreuth 1984.
Neuloh, D., (1980): Soziologie für Wirtschaftswissenschaftler, Stuttgart/New York 1980.
Noelle-Neumann, E., (1977): Allensbacher Jahrbuch für Demoskopie, hrsg. von Noelle-Neumann, E., Wien, München, Zürich, Innsbruck 1977.
Noelle-Neumann, E., (1978): Werden wir alle Proletarier?, Wertwandel in unserer Gesellschaft, Zürich 1978.

Noelle-Neumann, E., (1981): Arbeitsmoral - Versuch einer Analyse weltweiter Einstellungsänderungen, Institut für Demoskopie, Allensbach, 1981.
Noelle-Neumann, E., (1981): The Germans, Public Opinion Polls 1967-1980, hrsg. von Noelle-Neumann, E., Institut für Demoskopie, Allensbach, Greenwood Press, London 1981.
Noelle-Neumann, E., (1983): Freude, Freiheitsgefühl und Produktivität, in: Frankfurter Allgemeine Zeitung Nr. 111, 14. Mai 1983, S. 13.
Noelle-Neumann, E., (1984): Der Zweifel am Verstand, in: Frankfurter Allgemeine Zeitung Nr. 161, 24. Juli 1984, S. 9.
Opaschowski, H.W., (1982): Freizeit-Daten. Zahlen zur Freizeitsituation und -entwicklung in der Bundesrepublik Deutschland, BAT Freizeit-Forschungsinstitut, Hamburg 1982.
Opaschowski, H.W., Raddatz, G., (1982): Freizeit im Wertewandel, BAT Schriftenreihe zur Freizeitforschung, Band 4, Hamburg 1982.
Oppitz, G., (1981): Kind und Konsum, München 1981.
o.V., (1982): Das unterschätzte Potential, in: Absatzwirtschaft, Heft 9/1982, S. 66 - 81.
Prognos, (1983): Die Bundesrepublik Deutschland 1985/1990/2000, Textteil, Stuttgart 1983.
Raffée, H., (1979): Marketing und Umwelt, Stuttgart 1979.
Raffée, H., (1982): Marketingperspektiven der 80er Jahre, in: Marketing-ZFP, 4/1982, S. 81 - 90.
Raffée, H., Wiedmann, K.P., Abel, B., (1983): Sozio-Marketing, in: Irle, M. (Hrsg.), Handbuch der Psychologie, Bd. 12, 2. Halbband: Methoden und Anwendungen in der Marktpsychologie, Göttingen/Toronto/Zürich 1983, S. 675 - 768.
Raffée, H., Wiedmann, K.P., (1983): Das gesellschaftliche Bewußtsein in der Bundesrepublik Deutschland und seine Bedeutung für das Marketing, Hamburg (Gruner & Jahr) 1983.
Raffée, H., Wiedmann, K.P., (1983a): Glaubwürdigkeits-Offensive, in: Absatzwirtschaft, Heft 12/1983, S. 52 - 61.
Raffée, H., Wiedmann, K.P., (1983b): Marketing-Kurzsichtigkeit - Zur Notwendigkeit erweiterter, gesellschaftsbezogener Marketingkonzepte, Arbeitspapier Nr. 24 des Instituts für Marketing, Universität Mannheim, Mannheim 1983.
Raffée, H., Wiedmann, K.P., (1984a): Die Bewußtseinslage der Nation - Eine Herausforderung an das unternehmerische Marketing, in: Marketing-ZFP, Heft 2/1984, S. 147 - 148.
Raffée, H., Wiedmann, K.P., (1984b): Wenn Werte wichtig werden, in: Manager Magazin, Heft 3/1984, S. 56 - 60.
Reichardt, R., (1979): Wertstrukturen im Gesellschaftssystem - Möglichkeiten makrosoziologischer Analysen und Vergleiche, in: Klages, H. und Kmieciak, P. (1979), S. 23 - 40.
Rokeach, M., (1973): The Nature of Human Values, New York 1973.
Saum, Th., (1984): Alte Werte rosten nicht, in: Psychologie heute, Heft 8/1984, S. 10 - 14.
Schanz, G., (1977): Grundlagen der verhaltenstheoretischen Betriebswirtschaftslehre, Tübingen 1977.
Scholl-Schaaf, M., (1975): Werthaltung und Wertsystem. Ein Plädoyer für die Verwendung des Wertkonzepts in der Sozialpsychologie, Bonn 1975.
Shell-Studie (Jugend 81): Jugend 81, Lebensentwürfe, Alltagskulturen, Zukunftsbilder, Studie im Auftrag des Jugendwerkes der Deutschen Shell, Opladen 1982.
Silberer, G., (1979): Warentest-Informationsmarketing-Verbraucherverhalten, Berlin 1979.

Silberer, G., (1983): Einstellungen und Werthaltungen, in: Irle, M. (Hrsg.), Marktpsychologie als Sozialwissenschaft, Göttingen/Toronto/Zürich 1983, S. 533 - 624.
Silberer, G., (1985): Wertewandel und Marketing, in: WiSt, Heft 3/1985, S. 119 - 124.
Specht, G., (1979): Die Macht aktiver Konsumenten, Stuttgart 1979.
Stauss, B., (1984): Strategische Marketingreaktionen auf verbraucher- und umweltpolitische Herausforderungen - ein Erklärungsmodell, unveröffentlichtes Manuskript, Hannover 1984.
Stitzel, M., (1977): Unternehmensverhalten und Gesellschaftspolitik, Stuttgart et al. 1977.
Tietz, B., (1978): Die Herausforderung des Ökologischen Marketing, in: Werbeforum, Schriftenreihe des BDW (Bund Deutscher Werbeberater e.V.), Bonn, Heft 1/1978.
Tietz, B., (1980): Strategien zur Unternehmensprofilierung, in: Marketing-ZFP, Heft 4/1980, S. 251 - 259.
Tietz, B., (1982): Die Wertedynamik der Konsumenten und Unternehmer in ihren Konsequenzen auf das Marketing, in: Marketing-ZFP, Heft 2/1982, S. 91 - 102.
Weinberg, P., Konert, F.-J., (1984): Emotionale Kommunikationsstrategien, Manuskript zum Vortrag Nr. 16, Verhaltenswissenschaftliches Kolloquium am 28.-29.9.1984 in Paderborn.
Weinberg, P., Konert, F.-J., (1984a): Messung produktspezifischer Erlebniswerte von Konsumenten, in: Planung und Analyse 11, Heft 7/8/1984, S. 313 - 316.
Weitzig, J.K., (1979): Gesellschaftsorientierte Unternehmenspolitik und Unternehmensverfassung, Berlin/New York 1979.
Wiedmann, K.P., (1982): Ansatzpunkte einer theoretischen und empirischen Erforschung des Problemfeldes Sozio-Marketing - Stand der Forschung und erste Skizze eines Forschungsprogramms, Arbeitspapier Nr. 18 des Instituts für Marketing, Universität Mannheim, Mannheim 1982.
Wiedmann, K.P., (1984a): Werte und Wertewandel, Arbeitspapier Nr. 29 des Instituts für Marketing, Universität Mannheim, Mannheim 1984.
Wiedmann, K.P., (1984b): Herausforderungen an eine marktorientierte Unternehmensführung im Zeichen des Wertewandels, Arbeitspapier Nr. 31 des Instituts für Marketing, Universität Mannheim, Mannheim 1984.
Wiedmann, K.P., Süss, C.H., (1985): Ansatzpunkte zur Erklärung von Wertwandlungsprozessen, Arbeitspapier Nr. 33 des Instituts für Marketing, Universität Mannheim, Mannheim 1985.
Wiehn, E.R., Birner, J.M., Mausch, H., Schuhmacher, K., (1977): Umweltsoziologische Theorieversuche, Konstanz 1977.
Wissmann, M., Hauck, R., (1982): Jugendprotest im demokratischen Staat, Bericht der Enquete-Kommission des Deutschen Bundestages, Bonn 1982.
WiWo-Report (1984): Unternehmer und Umweltschutz (I): Mißtrauen und Hoffnung, in: Wirtschaftswoche, Nr. 40/28.9.1984, S. 62 - 91.
Zapf, W., (1969): Einleitung, in: Zapf, W. (Hrsg.), Theorien des sozialen Wandels, Köln/Berlin 1969, S. 11 - 32.

Wolfgang Fritz *

Konsequenzen des vergleichenden Warentests für das strategische Marketing

*Dr. Wolfgang Fritz ist Hochschulassistent an der Fakultät für Betriebswirtschaftslehre der Universität Mannheim.

A. Problemstellung

Der vergleichende Warentest, der in der Bundesrepublik Deutschland insbesondere von der Stiftung Warentest, Berlin, realisiert wird, hat als Instrument der Verbraucherpolitik inzwischen eine erhebliche Bedeutung erlangt. Empirische Untersuchungen belegen, daß der Einfluß der Stiftung Warentest auf das Verhalten von Konsumgüteranbietern und -nachfragern seit ihrer Gründung im Jahre 1964 stetig zugenommen und gegenwärtig ein hohes Ausmaß erreicht hat (vgl. z.B. Raffée/Silberer, 1984; Silberer/Raffée, 1984; Fritz, 1984; Kaas/Tölle, 1981; Tölle, 1983; Specht/Hübner, 1982).

Dieser Bedeutungszuwachs der Stiftung Warentest läßt sich als Teilergebnis eines weitreichenden gesellschaftlichen Wandlungsprozesses verstehen, in dessen Zentrum eine zunehmend kritische Einstellung der Öffentlichkeit gegenüber Unternehmen, einzelnen Branchen, aber auch der Konsumgesellschaft als Ganzes steht und die sich in den kommenden Jahren eher ausweiten als abschwächen wird (vgl. Raffée, 1982, S. 82; Meffert, 1980, S. 65 f., 68, 69; Raffée/Wiedmann, 1983 sowie den Beitrag von Raffée/Wiedmann "Wertewandel", in diesem Band). Diese öffentliche Kritik, die sich u.a. in der Verbraucherpolitik manifestiert und sich nicht zuletzt in der Stiftung Warentest institutionalisiert hat, beinhaltet für die Marketing-Praxis der Unternehmen nicht nur operative und taktische, sondern vor allem auch strategische Herausforderungen. Die Unternehmen sollten diese Herausforderungen erkennen und ihnen durch geeignete Maßnahmen begegnen.

Das Ziel des vorliegenden Beitrags besteht darin, vor dem Hintergrund von Ergebnissen empirischer Untersuchungen (vgl. Fritz, 1984; Raffée/Silberer, 1984),

1. den Herausforderungscharakter des vergleichenden Warentests für das strategische Marketing zu verdeutlichen,
2. marketingstrategische Reaktionen der Unternehmen in ihrem empirischen Erscheinungsbild zu ermitteln sowie
3. ausgewählte marketingstrategische Handlungsmöglichkeiten zum Nutzen der betroffenen Unternehmen aufzuzeigen.

Die empirischen Untersuchungsergebnisse, über die der vorliegende Beitrag berichtet, stammen insgesamt aus drei mündlichen Befragungen (Vollerhebungen) von Industrieunternehmen in den

Branchen Elektro-Haushaltsgroßgeräte und Unterhaltungselektronik (vgl. Tabelle 1). Sie wurden in den Jahren 1980 bis 1982 durchgeführt; ihr Design und ihre Ergebnisse sind andernorts ausführlich dargestellt worden (vgl. Raffée/Silberer, 1984; Fritz, 1984).

Industriebefragungen (Vollerhebungen):	Umfang:
a) Hersteller getesteter Elektro-Haushaltsgroßgeräte (Waschvollautomaten)	N = 17
b) Hersteller getesteter Produkte der Unterhaltungselektronik (3-Weg-Kompaktanlagen)	N = 20
c) Hersteller nicht getesteter Waschvollautomaten oder 3-Weg-Kompaktanlagen	N = 16

Tabelle 1: Struktur und Umfang der Befragungen

B. Der vergleichende Warentest als Herausforderung für das strategische Marketing

Der vergleichende Warentest läßt sich als ein verbraucherpolitisches Instrument verstehen, das eine Anpassung der Anbieterleistungen an die Interessen der Konsumenten herbeiführen soll (vgl. Raffée/Fritz, 1984 a, 1984 b). Diese Anpassung soll insbesondere dadurch zustandekommen, daß der Warentest es den Konsumenten ermöglicht, bessere Kaufentscheidungen zu treffen, wodurch letztlich die Anbieter zu Leistungsverbesserungen veranlaßt werden sollen.

Empirische Untersuchungen, an denen der Verfasser beteiligt war, belegen, daß der Warentest tatsächlich einen erheblichen Einfluß auf die Kaufentscheidungen der Konsumenten ausübt. So erhöht er bei den Konsumenten, die sich an Testergebnissen orientieren, die Markttransparenz und vergrößert die Beweglichkeit der Nachfrage, indem er die Marken- und Geschäftstreue der Konsumenten herabsetzt. Ferner fördert der Warentest Beschwerde- und Verhandlungsaktivitäten der Konsumenten (vgl. Silberer et al., 1984, S. 124-129/133f./136f./149f.).

Aber nicht nur die Nachfrage der Konsumenten, sondern auch die Nachfrage der Handelsbetriebe gegenüber der Industrie wird durch Warentests in erheblichem Ausmaß beeinflußt. Es läßt sich empirisch belegen, daß der Warentest im Handelsbereich sogar in noch weit höherem Maße als im Konsumentenbereich zu Beschaffungsentscheidungen und Verhandlungsaktivitäten genutzt wird (vgl. Hilger et al., 1984, S. 136/141/177f.). Die Herausforderungen des Warentests gegenüber der Industrie werden somit durch den Handel noch verstärkt.

Die Herausforderungspotentiale des Warentests lassen sich aus der Sicht der Industrie vor allem in den erheblichen Wirkungen erkennen, die der Warentest auf die Erreichung wichtiger Marketingziele ausübt. Insbesondere die Umsatzerfolge werden vom Warentest nachhaltig beeinflußt. Erhalten Industrieunternehmen beispielsweise positive Testergebnisse, so erhöhen sich die Umsätze der betreffenden Produkte in den untersuchten Branchen im Durchschnitt um 23 % für den Zeitraum eines halben Jahres. Dagegen sinken die Produktumsätze aufgrund negativer Testergebnisse durchschnittlich sieben Monate lang um insgesamt 35 % (vgl. Tabelle 2). Es ist demnach festzustellen, daß der Warentest aufgrund des Einflusses der Testergebnisse auf die Nachfrage erhebliche Chancen und Risiken bei der Erreichung von Umsatzzielen enthält. Darin liegt für das industrielle Marketing zugleich die Herausforderung, durch geeignete Marketingmaßnahmen einen Erhalt positiver Testergebnisse sicherzustellen, um die damit verbundenen Umsatzchancen zu nutzen und die möglichen Umsatzrisiken negativer Testergebnisse zu vermeiden.

Diese warentestbedingte Herausforderung wird noch dadurch verstärkt, daß der Warentest neben der Realisierung des Umsatzziels auch die Erreichung anderer Marketingziele fördern oder begrenzen kann. So wird insbesondere auch das Unternehmensimage in der Öffentlichkeit durch positive Testergebnisse verbessert und durch negative Testergebnisse beeinträchtigt, wenn auch diese Testwirkung nicht so stark ausgeprägt ist wie der Umsatzeffekt (vgl. Fritz et al., 1984 a, S. 62).

Auch wenn die Wirkungen des Warentests auf Umsatz und/oder Image der Unternehmen in Einzelfällen bereits nach einigen Monaten abgeklungen sind, hat die darin sich ausdrückende Herausfor-

Umsatzwirkungen des Warentests:	Alle Hersteller getesteter Fabrikate	Hersteller von Waschvollautoten	Hersteller von 3-Weg-Kompaktanlagen
a) Steigerungen der Produktumsätze aufgrund positiver Testergebnisse beobachteten	66,0 %	76,5 %	52,6 %
- durchschnittliche Dauer der Steigerungen (Monate)	6,1	13,3	4,0
- durchschnittliches Ausmaß der Steigerungen	22,7 %	20,7 %	23,5 %
b) Rückgänge der Produktumsätze aufgrund negativer Testergebnisse beobachteten	71,0 %	91,0 %	54,0 %
- durchschnittliche Dauer der Rückgänge (Monate)	7,0	7,2	6,7
- durchschnittliches Ausmaß der Rückgänge	34,8 %	40,0 %	33,3 %

Tabelle 2: Wirkungen des Warentests auf die Umsatzerfolge von Industrieunternehmen (vgl. Fritz et al., 1984 a, S. 61)

derung eine langfristige und damit strategische Bedeutung für die Unternehmen. Sie müssen nämlich damit rechnen, daß ihre Produkte über einen langen Zeitraum hinweg wiederholt in die Tests der Stiftung Warentest einbezogen werden. So wurden beispielsweise die 37 befragten Hersteller getesteter Fabrikate im Zeitraum von 1976 bis 1981 insgesamt 556 mal in Warentests berücksichtigt, wobei 146 Tests Umsatzveränderungen herbeiführten (vgl. Fritz et al., 1984 a, S. 94). Im Durchschnitt wurden Erzeugnisse dieser Hersteller damit zwei- bis dreimal pro Jahr getestet, und mindestens jeder vierte Test verursachte dabei teilweise erhebliche Umsatzänderungen. Das strategische Herausforderungspotential findet seinen Ausdruck auch darin, daß viele Industrieunternehmen dem Warentest selbst, nicht zuletzt aufgrund seiner Wirkungen auf die Umsatzerfolge, ein erhebliches Machtpotential zuschreiben, das auch die Fähigkeit mit umfaßt, die Wettbewerbsstrukturen langfristig zu verändern (vgl. Fritz et al., 1984 b, S. 218/223).

Die in Tabelle 2 dargestellten Ergebnisse zeigen, daß negative Testergebnisse in der Regel in größerem Ausmaß zu Umsatzrückgängen führen als positive Testergebnisse zu Umsatzsteigerungen. Darüber hinaus halten die testbedingten Umsatzrückgänge im Durchschnitt auch länger an. Dennoch ist der Herausforderungscharakter des Warentests auf den betrachteten Märkten objektiv weniger durch das mit negativen Testergebnissen verbundene Risiko von Umsatzrückgängen geprägt als durch die Chance, aufgrund positiver Testergebnisse Umsatzsteigerungen zu erzielen. Von den oben genannten 146 Tests, die im Zeitraum von 1976 bis 1981 in den beiden untersuchten Branchen Umsatzveränderungen verursachten, führten nämlich 110 zu Umsatzsteigerungen aufgrund positiver Testergebnisse und nur 36 zu Umsatzrückgängen aufgrund negativer Testergebnisse (vgl. Fritz et al., 1984 a, S. 94).

Dennoch wird das strategische Herausforderungspotential von den befragten Unternehmen subjektiv anders wahrgenommen, worauf im folgenden Abschnitt eingegangen wird. Darüber hinaus sind nicht alle Unternehmen den Herausforderungen des Warentests in gleichem Maße ausgesetzt. Besonders hohen Risiken sehen sich vor allem mittelständische Unternehmen gegenüber, deren Erzeugnisse in Tests einbezogen werden. Dort können - nach Auffassung der befragten Unternehmen - testbedingte Umsatzrückgänge u.U. sogar ein existenzbedrohendes Ausmaß annehmen, da die Mittel zum Ausgleich solcher Einbußen in der Regel um so begrenzter sind, je kleiner das betroffene Unternehmen ist (vgl. Fritz et al., 1984 a, S. 80-88; Raffée/Fritz, 1984 c). Dieser Sachverhalt verdeutlicht besonders drastisch die Notwendigkeit, bei Überlegungen zur Sicherung der strategischen Überlebensfähigkeit der Unternehmen auch jene strategischen Herausforderungen zu berücksichtigen, die vom Warentest ausgehen.

C. Reaktionen der Unternehmen auf den vergleichenden Warentest

Tabelle 3 bietet einen Überblick über ausgewählte Reaktionen der Industrieunternehmen auf den vergleichenden Warentest. Sie zeigt, daß sich der Warentest in hohem Maße auf die einzelnen Marketingaktivitäten der Unternehmen auswirkt. Soweit die Hersteller getesteter Fabrikate angesprochen sind, liegen die Reaktionsschwerpunkte in den Bereichen der Informationsbeschaffung, der Produkt-, Distributions- sowie der Kommunikationspolitik, weit weniger jedoch im Bereich der Preispolitik.

Im einzelnen geben mehr als 80 % der Hersteller der getesteten Fabrikate an, Testergebnisse systematisch auszuwerten. Mehr als zwei Drittel dieser Hersteller berücksichtigen Prüfkriterien der Stiftung Warentest im Rahmen ihrer Produktentwicklung; mehr als die Hälfte dieser Hersteller haben auf Testergebnisse mit Produktverbesserungen reagiert, und ein Drittel der Hersteller nutzt Prüfkriterien der Stiftung Warentest in der Qualitätskontrolle. Weitere wichtige Reaktionen, die vor allem einen verstärkten Absatz positiv beurteilter Fabrikate bewirken sollen, sind in der von der überwiegenden Mehrheit der Hersteller vorgenommenen Verwendung von Testergebnissen im Rahmen des persönlichen Verkaufs sowie in Werbe- und Verkaufsförderungsaktionen zu erkennen.

Ein besonders interessanter Aspekt der Warentestwirkungen ist darin zu sehen, daß auch eine beträchtliche Zahl von Herstellern, deren Fabrikate gar nicht in Tests der Stiftung Warentest einbezogen worden sind, Testinformationen systematisch auswertet und in ihrer Produktpolitik sowie im Rahmen der Außendienstinformation und des persönlichen Verkaufs berücksichtigt. Demnach reagieren auch Unternehmen, die nur potentiell mit dem Warentest in Berührung kommen könnten, bereits auf seine möglichen bzw. antizipierten Herausforderungen.

Die Ergebnisse der Tabelle 3 belegen, daß die Unternehmen in den untersuchten Branchen dem Warentest große Beachtung schenken. Dementsprechend erschöpft sich die Auseinandersetzung mit dem Warentest auch keineswegs nur in operativen oder taktischen Aktionen, wie sie etwa in den Bereichen der Kommunikations- oder Distributionspolitik festzustellen sind. Der Warentest bewirkt

A. Testwirkungen bei Herstellern getesteter Fabrikate	Alle Hersteller getesteter Fabrikate	Hersteller von Waschvollautomaten	Hersteller von 3-Weg Kompaktanlagen
1. Informationsbeschaffung	%	%	%
Systematische Auswertung von Testergebnissen	83,8	88,2	80,0
2. Produktpolitik			
a) Berücksichtigung von Prüfkriterien der Stiftung Warentest in der Produktentwicklung	67,6	94,1	45,0
b) Produktverbesserungen aufgrund von Testergebnissen	54,1	76,5	35,0
c) Qualitätskontrollen mit Prüfkriterien der Stiftung Warentest	32,4	41,2	25,0
3. Preispolitik			
a) Preissenkungen nahmen vor			
- nach positiven Testergebnissen	6,0	11,8	0
- nach negativen Testergebnissen	13,0	18,0	8,0
b) Preiserhöhungen nahmen vor			
- nach positiven Testergebnissen	3,0	5,9	0
- nach negativen Testergebnissen	0	0	0
4. Distributionspolitik			
a) Außendienstinformationen über Testergebnisse	83,8	82,4	85,0
b) Verwendung von Testergebnissen im Verkaufsgespräch	91,9	88,3	95,0
5. Kommunikationspolitik			
a) Produktwerbung mit positiven Testergebnissen	58,0	52,9	63,0
b) Verkaufsförderung mit positiven Testergebnissen	78,0	58,8	95,0
B. Testwirkungen bei Herstellern nicht getesteter Fabrikate			
a) Systematische Auswertung von Testergebnissen		62,5 %	
b) Berücksichtigung von Prüfkriterien der Stiftung Warentest in der Produktentwicklung		31,2 %	
c) Verwendung von Testergebnissen im Verkaufsgespräch		56,2 %	
d) Außendienstinformation über Testergebnisse		62,5 %	

Tabelle 3: Ausgewählte Wirkungen des Warentests auf Marketingaktivitäten der Industrie (vgl. Fritz et al., 1984 a, S. 44-53 und 81-85)

nach den dargestellten Resultaten auch marketingstrategische Maßnahmen der Unternehmen, insbesondere in Gestalt einer Berücksichtigung von Prüfkriterien der Stiftung Warentest in der Produktentwicklung und der Qualitätskontrolle. Der Warentest beeinflußt damit in nicht unerheblichem Maße die Produktinnovationsstrategie der befragten Unternehmen. Dieser Einfluß ist im Bereich der Waschvollautomatenindustrie sehr viel stärker ausgeprägt als im Bereich der 3-Weg-Kompaktanlagenhersteller, was nicht zuletzt darauf zurückzuführen ist, daß die Stiftung Warentest Waschvollautomaten bisher weitaus häufiger getestet hat als 3-Weg-Kompaktanlagen.

Wie die Resultate andernorts publizierter Kausalanalysen zeigen, läßt sich die Berücksichtigung von Prüfkriterien der Stiftung Warentest im Rahmen von Produktinnovationsaktivitäten tatsächlich in hohem Maße auf die strategischen Herausforderungen des vergleichenden Warentests zurückführen. Ein zentrales Motiv für die Einbeziehung von Testkriterien in Produktentwicklung und Qualitätskontrolle besteht nämlich im Streben der Unternehmen nach Vermeidung testbedingter Umsatzrückgänge (vgl. Fritz, 1984, S. 371 f.; Fritz, 1984 b; Fritz et al., 1984 a, S. 76f.). Die Aussicht, aufgrund positiver Testergebnisse Umsatzsteigerungen zu erzielen, veranlaßt, diesen Ergebnissen zufolge, die Unternehmen dagegen kaum dazu, Testkriterien in ihre Produktinnovationsstrategie einzubeziehen (vgl. ebenda), obwohl mit einer den Testanforderungen genügenden Produktpolitik und den dadurch erzielbaren positiven Testergebnissen erhebliche Umsatzzuwächse erzielbar sind (vgl. Tabelle 2). Demnach sehen die befragten Unternehmen offensichtlich nur im Drohpotential negativer Testergebnisse eine strategische Herausforderung an ihre Produktpolitik, kaum dagegen in den Umsatzchancen, die positive Testergebnisse bieten. Auf diese zu einseitige Wahrnehmung der strategischen Herausforderung wird im folgenden Abschnitt zurückzukommen sein, denn sie kann dazu führen, daß eine umfassende und angemessene strategische Auseinandersetzung der Unternehmen mit dem vergleichenden Warentest unterbleibt.

D. Strategisches Marketing vor dem Hintergrund der Herausforderungen des vergleichenden Warentests

Wie die präsentierten Untersuchungsergebnisse zeigen, wird ein den Testanforderungen entsprechendes strategisches Marketing, das die Grundlage für den Erhalt positiver Testergebnisse schafft, durch hohe, sich wiederholende Umsatzsteigerungen und durch positive Imageeffekte belohnt. Dagegen kann ein dem Warentest nicht ausreichend gerecht werdendes Marketing aufgrund der daraus sich ergebenden negativen Testergebnisse zu erheblichen Umsatzrückgängen und Imageeinbußen führen. Unter bestimmten Bedingungen, etwa im Fall mittelständischer Unternehmen, können negative Testergebnisse sogar existenzbedrohende Folgen haben.

Teilweise versuchen die befragten Firmen zwar, Warentestinformationen im Rahmen ihres strategischen Marketing zu nutzen, insbesondere in Gestalt einer Berücksichtigung von Testkriterien in der Produktentwicklung. Dennoch haben die dargestellten Ergebnisse die Vermutung begründet, daß die marketingstrategische Verarbeitung des Warentests dessen großen strategischen Herausforderungen oftmals nicht ausreichend Rechnung trägt. Vor dem Hintergrund dieser Herausforderungen sollen im folgenden Vorschläge zur Verbesserung des strategischen Marketing formuliert werden. Diese Vorschläge betreffen hier sowohl die strategische Rahmenplanung als auch die strategische Maßnahmen- bzw. Programmplanung (vgl. dazu den Beitrag von Wiedmann/Kreutzer "Strategische Marketingplanung" in diesem Band).

I. Konsequenzen des Warentests für die strategische Rahmenplanung

Die Aufgabe der strategischen Rahmenplanung besteht in der Entwicklung eines geeigneten <u>strategischen Bezugsrahmens</u>, innerhalb dessen die Planung konkreter strategischer Maßnahmen und Programme erfolgen kann, die zur Bewältigung strategischer Herausforderungen erforderlich sind (vgl. Beitrag Wiedmann/Kreutzer "Strategische Marketingplanung" in diesem Band). Wie nun die erwähnten empirischen Untersuchungen belegen, werden die strategischen Herausforderungen des vergleichenden Warentests von vielen Unternehmen nicht angemessen in der strategischen Rahmenpla-

nung berücksichtigt. Dies läßt sich in bezug auf
(1) die Wahrnehmung dieser Herausforderungen,
(2) die Einstellung gegenüber dem Warentest und
(3) die Unternehmensziele feststellen.

Ad (1)

Es wurde oben bereits erwähnt, daß das maßgebliche Motiv für die Anpassung der Produktinnovationsstrategie an den Warentest im Risiko möglicher testbedingter Umsatzrückgänge besteht und die Aussicht auf Erzielung testbedingter Umsatzsteigerungen dabei kaum eine Rolle spielt. Diese einseitige, nur das Drohpotential des Warentests anvisierende Sichtweise ist zwar im Hinblick auf die erheblichen Umsatzrückgänge verständlich, die negative Testergebnisse auslösen können. Dennoch ignoriert diese Perspektive die großen Umsatzchancen, die positive Testergebnisse beinhalten (vgl. Tabelle 2). Die Umsatzwirkungen positiver Testergebnisse sind zwar in der Regel schwächer ausgeprägt als die negativer Testergebnisse; sie sind aber dennoch meist von beträchtlichem Ausmaß und treten häufig genug auf, um daran ausgerichtete Maßnahmen des strategischen Marketing zu rechtfertigen. Da in den untersuchten Branchen positive Testergebnisse weitaus häufiger vorkommen als negative (vgl. Abschnitt B), verzichtet eine reine Risikoorientierung des strategischen Marketing auf die Ausschöpfung jener strategischen Chancen, die positive Testergebnisse in besonderem Maße bieten. Diese einseitige Risikoorientierung, die im übrigen das strategische Marketing generell in der Praxis häufig kennzeichnet, verstellt den Blick auf eine Vielzahl strategischer Nutzungsmöglichkeiten des Warentests (vgl. Abschnitt D.II.). Daher setzt eine angemessene strategische Auseinandersetzung mit dem Warentest eine Korrektur der Wahrnehmung jener strategischen Herausforderungen voraus, die der Warentest schafft, und die neben Risiko- insbesondere auch Chancenaspekte umfassen. Erst auf dieser korrigierten Basis kann das Nutzenpotential des Warentests für das strategische Marketing voll ausgeschöpft werden.

Ad (2)

Werden die strategischen Herausforderungen des vergleichenden Warentests nicht nur als Bedrohungen, sondern auch als Gelegenheiten zur besseren Erreichung wichtiger Unternehmensziele begriffen, so kann sich daraus auch ein Beitrag zur Veränderung der Einstellung der Unternehmen gegenüber dem Warentest ergeben. Die befragten Industrieunternehmen weisen gegenüber der Stiftung Warentest bisher eine nur tendenziell positive Einstellung auf, die einen nicht unbeträchtlichen Spielraum für eine Einstellungsverbesserung zu erkennen gibt (vgl. Fritz et al., 1984 b, S. 216f./224f.). Wenn nun eine Korrektur in der Wahrnehmung der strategischen Herausforderungen des Warentests dazu führt, daß sein Chancenpotentiel verstärkt in den Blickpunkt des strategischen Interesses rückt, so wird sich dadurch vermutlich auch die Einstellung der Industrie gegenüber dem Warentest verbessern. Je positiver aber die Einstellung gegenüber dem Warentest ist, um so eher findet auch eine konstruktive strategische Auseinandersetzung mit dem Warentest statt, etwa in Gestalt einer an den Testanforderungen orientierten Produktinnovationsstrategie (vgl. Fritz, 1984, S. 353-363).

Allerdings ist dabei zu beachten, daß die nur begrenzt positive Einstellung der Industrie gegenüber dem Warentest lediglich zum Teil auf die zu einseitige Wahrnehmung des Herausforderungspotentials zurückgeführt werden kann, denn teilweise liegen der kritischen Haltung der Industrie auch sachlich nachweisbare Schwachstellen der Warentestpraxis zugrunde, beispielsweise in Gestalt der geringen Aktualität der Testergebnisse oder der problematischen Gewichtung einzelner Testkriterien zur Ermittlung von Gesamtnoten (vgl. Fritz et al., 1984 b, S. 225f.). Aber auch diese Schwachstellen der Warentestpraxis müssen in der strategischen Rahmenplanung der Unternehmen Berücksichtigung finden, denn sie sollten auf der Seite der Industrie z.B. auch Anlaß sein für die Planung konkreter Strategien der Kooperation mit der Stiftung Warentest, die Grundlagen für einen Abbau der Schwachstellen schaffen können (vgl. Abschnitt D.II.). Eine Verbesserung der Testpraxis wird letztlich positiv auf die Einstellung der Industrie zurückwirken und zugleich die Möglichkeiten vergrößern, die Chancen des Warentests in vollem Umfang strategisch auszuschöpfen.

Ad (3)

Neben einer Korrektur der Wahrnehmung der strategischen Herausforderungspotentiale des Warentests und einer damit verbundenen Verbesserung der testbezogenen Einstellung stellen für viele Unternehmen Modifikationen im Bereich der Unternehmensziele Voraussetzungen für eine volle strategische Nutzung des Warentests dar. Wie die Ergebnisse einer Kausalanalyse nämlich zeigen, unterbleibt eine angemessene Berücksichtigung der Testanforderungen in der Produktinnovationsstrategie u.a. dann, wenn Marktzielen, wie "Macht und Einfluß auf den Markt", "Marktanteil" und "Umsatz", im Zielsystem der Unternehmen von hoher Bedeutung sind und Produkt- und Umweltziele, wie "Angebotsqualität" und "Umweltfreundlichkeit/Schonung natürlicher Ressourcen", in geringerem Maße verfolgt werden (vgl. Fritz, 1984, S. 351-353). Eine angemessene strategische Auseinandersetzung mit dem Warentest bedarf daher auch der Korrektur im Bereich des unternehmerischen Zielsystems; sie findet um so eher statt, je wichtiger Produkt- und Umweltziele im Vergleich zu Marktzielen sind. Während Produktziele, insbesondere Qualitätsziele, bei den befragten Unternehmen bereits einen hohen Stellenwert einnehmen, wird Umweltzielen dort eine nur untergeordnete Bedeutung zuerkannt (vgl. Fritz et al., 1984). Dies begrenzt nicht nur die Möglichkeiten der strategischen Ausschöpfung des Chancenpotentials des Warentests, sondern darüber hinaus grundsätzlich auch die strategische Handlungsflexibilität der Unternehmen vor dem Hintergrund des Wertewandels in der Gesellschaft, der seinen Niederschlag nicht zuletzt im gestiegenen ökologischen Problembewußtsein der Öffentlichkeit gefunden hat (vgl. Beitrag Raffée/Wiedmann "Wertewandel" in diesem Band). Nicht nur unter dem Aspekt der strategischen Herausforderungen des Warentests ist daher eine stärkere Akzentuierung von Umweltzielen im unternehmerischen Zielsystem strategisch geboten.

II. Konsequenzen des Warentests für die strategische Maßnahmen- bzw. Programmplanung

Wichtige Aufgaben der strategischen Maßnahmen- bzw. Programmplanung bestehen einerseits in der Planung des strategischen Informationsmanagements, d.h. insbesondere in der Feststellung des strategischen Informationsbedarfs, der Planung entsprechender Maßnahmen der Informationsbeschaffung sowie in der Analyse und Prognose der Unternehmens- und Umweltsituation. Andererseits zählt auch die Planung konkreter Basis- und instrumentbezogener Strategien zum Bereich der strategischen Maßnahmen- bzw. Programmplanung (vgl. Beitrag Wiedmann/Kreutzer "Strategische Marketingplanung" in diesem Band). Wie nun im folgenden gezeigt wird, hat der vergleichende Warentest Konsequenzen für beide Aufgabenfelder der strategischen Maßnahmen- bzw. Programmplanung.

1. Zur Planung von Maßnahmen des strategischen Informationsmanagements

Häufig leidet das strategische Marketing vieler Unternehmen darunter, daß Informationen über zentrale Stärken und Schwächen im Vergleich zu den Konkurrenten nicht zur Verfügung stehen. Dies gilt insbesondere für mittelständische Unternehmen, deren Informationssystem meist sehr lückenhaft ist (vgl. o.V., 1980, S. 46f.). Nun stellen aber Warentests Informationsquellen dar, die nicht nur leicht zugänglich und auswertbar sind, sondern oftmals auch wichtige Informationen über Konkurrenten und über zentrale Aspekte der relativen Wettbewerbsposition der Unternehmen enthalten. Warentests beinhalten demnach Informationen, die für eine systematische Konkurrentenanalyse und eine darauf aufbauende Stärken-/Schwächenanalyse der Unternehmen von Bedeutung sind (vgl. zu diesen strategischen Analyseinstrumenten z.B. Porter, 1983, S. 78-109; Kreikebaum, 1981, S. 48-50/62-64). Mit Hilfe der Ergebnisse vergleichender Warentests lassen sich die qualifizierten Konkurrenzunternehmungen leichter identifizieren sowie relative Wettbewerbsunterschiede im Hinblick auf Produktqualität, Preis und Design ermitteln. Diese in Warentests enthaltenen Informationen stellen daher insbesondere im Bereich mittelständischer Unternehmen einen zumindest partiellen Ersatz für aufwendige Marktuntersuchungen dar. Dies zeigt sich auch in einem Untersuchungsergebnis, nach dem rd. 44 % der befragten mittelständischen Unternehmen, jedoch nur rd. 35 % der befragten größeren Unternehmen in Testberichten eine relevante Informationsquelle über Konkurrenzprodukte sahen (vgl. Fritz, 1984, S. 300/318; Fritz et al., 1984 a, S. 44/83). Aber dennoch nutzen mittelständische Unternehmen den Warentest als Informationsquelle offensichtlich in nicht ausreichendem Maße, was u.a. durch die unzureichende Berücksichtigung der Testkriterien in der Produktentwicklung belegt wird, auf die im folgenden Abschnitt näher einzugehen ist.

Der in Abschnitt C. präsentierten Tabelle 3 kann man entnehmen, daß die Auswirkungen des Warentests je nach betrachteter Branche bzw. je nach betrachtetem Markt unterschiedlich ausfallen. Marketingstrategische Testwirkungen sind offensichtlich um so eher zu erwarten, je häufiger die Stiftung Warentest das Angebot einer Branche testet. Dieser Umstand kann beispielsweise für die strategische Frühaufklärung der Unternehmen Bedeutung erlangen (vgl. zum Problemkreis "Frühaufklärung" z.B. Kirsch/Trux, 1981, S. 350-368; den Beitrag Wiedmann in diesem Band sowie Wiedmann, 1984). Beabsichtigen z.B. Unternehmen, die ihre Leistungen bisher in vom Warentest nicht oder nur selten erfaßten Branchen bzw. Märkten abgesetzt haben, etwa im Rahmen einer geplanten Diversifikationsstrategie künftig auch in testintensive Branchen bzw. Märkte einzutreten, so können die dort von der Stiftung Warentest verwendeten Prüfkriterien für die betreffenden Unternehmen den Charakter von Frühindikatoren des künftigen Markterfolges annehmen. Um Wettbewerbsnachteile zu vermeiden, bzw. um Markterfolge zu erringen, werden diese Unternehmen in ihrem strategischen Marketing den Anforderungen des Warentests in vergleichbarer Weise Rechnung tragen müssen wie ihre auf diesen Märkten bereits anbietenden potentiellen Konkurrenten.

Analoges gilt für Unternehmen, die in Branchen bzw. Märkten ihre Leistungen absetzen, die mit hoher Wahrscheinlichkeit künftig stärker als bisher in die Arbeit der Stiftung Warentest einbezogen werden. Dabei ist insbesondere an die Unternehmen verschiedener Dienstleistungsbranchen zu denken. Je mehr die Stiftung Warentest auch solche Branchen in ihre Testarbeit einbezieht, um so mehr ist insbesondere zu erwarten, daß die Berücksichtigung von Testkriterien bei der Leistungserstellung in einem Maße erfolgen wird, das dem u.U. ähnlich sein kann, wie es heute bereits im Bereich der Waschvollautomatenindustrie festzustellen ist. Daher sollten auch Unternehmen, die Branchen angehören, für die eine Zunahme der Testintensität prognostiziert werden kann, Testkriterien so früh wie möglich im Rahmen ihrer

Innovationspolitik berücksichtigen, um sich dadurch rechtzeitig strategische Erfolgspotentiale zu sichern.

Aber auch noch in anderer Hinsicht kommen Warentestinformationen als Frühindikatoren künftigen Markterfolges in Betracht. So berücksichtigen zum einen in testintensiven Branchen teilweise auch jene Hersteller, deren Fabrikate gar nicht getestet worden sind, Prüfkriterien der Stiftung Warentest in ihrer Produktentwicklung (vgl. Abschnitt C.). Dies geschieht vermutlich nicht zuletzt in der Absicht, im Falle eines möglichen Einbezugs in einen Warentest ein schlechtes Abschneiden zu vermeiden. Zum anderen aber kann eine Berücksichtigung von Warentestinformationen u.U. auch künftige Erfolge auf solchen Märkten wahrscheinlicher machen, die vom Warentest gar nicht erfaßt werden, z.B. auf ausländischen Absatzmärkten. So gab mehr als ein Viertel der befragten Hersteller getesteter Fabrikate an, Warentestinformationen produktpolitische Anregungen für ihre Auslandsmärkte entnommen zu haben, die nicht selten Wettbewerbsvorteile im Ausland etabliert haben dürften (vgl. Fritz et al., 1984 a, S. 46/47/95). Daher vermögen Warentestinformationen grundsätzlich auch Produktstrategien im <u>internationalen Marketing</u> Impulse zu geben. Damit ist bereits ein weiterer Bereich der strategischen Nutzung des Warentests angesprochen, nämlich die Planung konkreter Marketingstrategien, um die es in folgendem Abschnitt geht.

2. Zur Planung von Basis- und instrumentbezogenen Strategien

Ansatzpunkte für eine Verbesserung der strategischen Nutzung des Warentests im Rahmen der Planung konkreter Marketingstrategien ergeben sich aus den bereits wiederholt angesprochenen Untersuchungsergebnissen in mehrfacher Hinsicht. Solche Nutzungsmöglichkeiten werden im folgenden im Zusammenhang mit den Strategien der <u>Produktinnovation</u>, der <u>Kooperation</u>, der <u>Corporate Communications</u> und der <u>Marktsegmentierung</u> thematisiert.

Die Untersuchungsergebnisse verdeutlichen u.a., daß eine frühzeitige <u>Berücksichtigung der Testanforderungen im Rahmen der Produktinnovationsstrategie</u> dazu beitragen kann, den Markterfolg von Produkten langfristig sicherzustellen. Wie erwähnt, darf dabei der Beitrag des Warentests zur Sicherung des Markterfolges von Produkten nicht allein in einer Vermeidung von Umsatzrückgängen aufgrund negativer Testergebnisse gesehen werden; vielmehr ist die Erzielung sich wiederholender Umsatzsteigerungen, die aus positiven Testergebnissen entstehen, von mindestens gleichrangiger strategischer Bedeutung. Wie im vorigen Abschnitt erläutert wurde, gilt dies keineswegs nur für solche Unternehmen, die in Branchen bzw. auf Märkten operieren, denen der Warentest eine hohe Aufmerksamkeit schenkt.

Obwohl der Warentest für das strategische Marketing und insbesondere für die Produktinnovationsstrategie der Unternehmen von hoher Bedeutung ist, belegen die Ergebnisse von Kausalanalysen, daß bestimmte Unternehmen strategisch nicht angemessen auf den Warentest reagieren. Das gilt insbesondere für Unternehmen, die mit einem hohen Wettbewerbsdruck konfrontiert sind sowie für kleine und mittlere Unternehmen. Obwohl gerade diese Unternehmen sich besonders hohen strategischen Herausforderungen des Warentests gegenübersehen, unterbleibt eine Ausrichtung der Produktinnovationsstrategie an den Testanforderungen weitgehend (vgl. Fritz, 1984 b). Im Falle mittelständischer Unternehmen liegt die mangelhafte strategische Berücksichtigung des Warentests in der Produktpolitik vor allem daran, daß diese Unternehmen ihre Aktivitäten grundsätzlich weniger strategisch planen als Großunternehmen, da ihnen die personellen und organisatorischen Voraussetzungen dazu häufig fehlen (vgl. o.V., 1983, S. 30-33; Kreikebraum/Grimm, 1980, S. 529; o.V., 1980, S. 44/48). Diese vergleichsweise geringere strategische Orientierung kleiner und mittlerer Unternehmen behindert damit auch eine angemessene strategische Ausrichtung der Produktinnovationsaktivitäten an den Anforderungen des Warentests. Dies verdeutlicht, daß das in Abschnitt B. angesprochene vergleichsweise höhere testbedingte Risiko mittelständischer Unternehmen nur zum Teil auf die geringeren Ausgleichsmöglichkeiten für testbedingte Umsatzeinbußen zurückzuführen ist. Dieses höhere Risiko ist auch ein Ergebnis der Tatsache, daß mittelständische Unternehmen in ihrer Produktpolitik dem Warentest eine zu geringe strategische Aufmerksamkeit schenken.

Unternehmen, die einem hohen Wettbewerbsdruck ausgesetzt sind, tendieren ebenfalls dazu, Maßnahmen strategischer Auseinandersetzung mit dem Warentest im Bereich der Produktpolitik zu vernachlässigen und sich auf kurzfristig-reaktive testbezogene Anpassungsmaßnahmen zu beschränken, wie sie etwa in Produktänderungen aufgrund publizierter Testergebnisse erkennbar sind (vgl. Fritz, 1984, S. 373f. und 413f.). Damit ignorieren auch diese Unternehmen den strategischen Charakter der Herausforderungen, die vom Warentest ausgehen (vgl. Fritz, 1984 b).

Eine Vernachlässigung der strategischen Herausforderungen des Warentests im Rahmen der Planung der Produktinnovationsstrategie kann aber langfristig zu erheblichen Wettbewerbsnachteilen für die betroffenen Unternehmen führen. Selbst wenn eine hohe Wettbewerbsintensität etwa dafür verantwortlich ist, daß die Beschäftigung mit unmittelbar drängenden Problemen den Unternehmen kaum noch Raum für strategische Planung läßt, oder wenn kleinen und mittleren Unternehmen insbesondere die personellen und organisatorischen Voraussetzungen für strategische Planung oft fehlen, so darf dies im Interesse einer Vermeidung gravierender Wettbewerbsnachteile dennoch nicht dazu führen, daß strategische Überlegungen und Maßnahmen von den betreffenden Unternehmen gänzlich vernachlässigt werden. Dies gilt insbesondere dann, wenn die strategischen Maßnahmen relativ einfach zu verwirklichen sind wie gerade eine Berücksichtigung von Testkriterien in der Produktentwicklung und der Qualitätskontrolle. Diese Testkriterien werden nämlich, einschließlich ihrer Gewichtungen, zusammen mit jedem vergleichenden Warentest publiziert, und Kriterien- oder Gewichtungsänderungen sind durchaus nicht unvorhersehbar. Die langfristige Nutzung dieser Testkriterien im Rahmen der Produktplanung und der Qualitätskontrolle dürfte daher auch in kleinen und mittleren Unternehmen und in Unternehmen, die einem intensiven Wettbewerb ausgesetzt sind, nicht auf unüberwindliche Schwierigkeiten stoßen. Ebenso, wie sich strategische Planung bezahlt macht (vgl. o.V., 1983, S. 33), wird sich auch die strategische Berücksichtigung des Warentests in der Produktpolitik bzw. im Marketing generell langfristig auszahlen.

Auf diese Weise ließe sich auch das im Vergleich zu Großunternehmen höhere testbezogene Risiko zum Teil reduzieren, dem sich die mittelständischen Hersteller gegenübersehen. Zur Minderung der darüber hinaus noch vorhandenen, vergleichsweise höheren testbedingten Gefährdung mittelständischer Unternehmen, die nicht durch eine geringere Leistungsfähigkeit der Unternehmen, sondern durch mangelnde Kompensationsmöglichkeiten für testverursachte Umsatzeinbußen hervorgerufen wird, kommen Änderungen der gegenwärtigen Warentestpraxis zugunsten der mittelständischen Industrie in Frage, die andernorts bereits vorgeschlagen und erläutert worden sind (vgl. Raffée, 1983; Fritz et al., 1984 a, S. 104-106; Fritz, 1984, S. 444-446; Raffée/Fritz, 1984 a, 1984 b, 1984 c, 1984 d). Dazu zählt u.a. die Einführung einer uneingeschränkten Testoption, womit den mittelständischen Herstellern ein Wahlrecht zugestanden werden soll, ob sie ihre Produkte testen lassen oder nicht; darüber hinaus kommen Tests gegen Entgelt in Frage, die zusätzlich zum gegenwärtigen Testprogramm durchgeführt werden, eine vollständige Marktauswahl durch den Warentest ermöglichen und im Rahmen von Mittelstandsförderungsprogrammen finanziell unterstützt werden sollten (vgl. Raffée/Fritz, 1984 c). Solche Änderungen der Warentestpraxis könnten durch strategische Maßnahmen mittelständischer Unternehmen durchaus gefördert werden. Dabei ist an eine Intensivierung der Einflußnahme auf die Stiftung Warentest insbesondere auch auf Verbandsebene ebenso zu denken wie an eine stärkere Mitarbeit in den Gremien der Stiftung Warentest (vgl. Fritz, 1984, S. 446).

Aber nicht nur unter dem Mittelstandsaspekt stellen die Herausforderungen des Warentests zugleich auch Herausforderungen an unternehmerische Kooperationsstrategien dar. Auch andere Probleme der Warentestpraxis, die durch die erheblichen testbedingten Umsatzwirkungen ein besonderes Gewicht erlangen, lassen sich auf dem Wege einer verbesserten Kooperation zwischen Stiftung Warentest und Industrie zumindest begrenzen. Zu denken ist dabei z.B. an die relativ hohe Fehlerquote in der Testarbeit sowie vor allem an den partiell innovationshemmenden Einfluß des Warentests auf die Produktpolitik der Unternehmen (vgl. Fritz et al., 1984 a, S. 46f./55/101f.). Insbesondere der zuletzt genannte Problemaspekt ist für das strategische Marketing von hoher Bedeutung. Knapp ein Fünftel der befragten Hersteller gab an, daß der Warentest Innovationen beeinträchtigende Wirkungen entfaltet, was insbesondere auf eine zu geringe Aktualität der Testergebnisse sowie auf eine unzureichende Innovationsorientierung der Warentestpraxis zurückgeführt werden kann (vgl. Fritz et al., 1984 a, S. 46 f./107-111). Wenn aber die Testkriterien, die in hohem Maße in der Produktentwicklung berücksichtigt werden, dem technischen Fortschritt zu wenig Rechnung tragen, und wenn auch noch mit tendenziell veralteten Produkten aufgrund nicht aktueller Testergebnisse Umsatzsteigerungen erzielt werden können, dann wird es verständlich, daß manche Unternehmen im Warentest ein Innovationshemmnis sehen. Auch ein Abbau innovationshemmender Testwirkungen ließe sich durch eine Verbesserung der Zusammenarbeit zwischen der Industrie und der Stiftung Warentest in nicht unerheblichem Maße bewerkstelligen.

Je eher die Probleme der Testpraxis durch eine Kooperation zwischen der Stiftung Warentest und der Industrie behoben werden können, um so mehr erübrigen sich horizontale Kooperationsstrategien der Industrieunternehmen, mit denen "Anti-Teststrategien" verwirklicht werden sollen. Derartige Gegenmachtsstrategien wären im übrigen wegen des großen Einflusses des Warentests auf Anbieter und Nachfrager nur wenig sinnvoll. Eine frühzeitige Kooperation zwischen Industrie und Testinstitut dagegen ist im Interesse einer Vermeidung unerwünschter Probleme der Testpraxis u.a. auch in jenen Branchen erforderlich, die bisher von der Testpraxis noch nicht oder nur selten erfaßt worden sind, denen aber die Stiftung Warentest in der Zukunft vermutlich eine größere Aufmerksamkeit schenken wird.

Bei den bisher genannten strategischen Konsequenzen der Untersuchungsergebnisse standen die erheblichen Umsatzeffekte des Warentests im Vordergrund. Da aber der Warentest nicht nur den Umsatz sondern auch das Unternehmensimage in der Öffentlichkeit beeinflußt (vgl. Abschnitt B.), sind auch imagebezogene Maßnahmen des strategischen Marketing als Antwort auf die strategischen Herausforderungen des Warentests erwägenswert.

Als erster Schritt in dieser Richtung käme eine konsequente Berücksichtigung positiver Testergebnisse in Werbe- und Verkaufsförderungsaktionen in Frage, wodurch die sich aus positiven Testnoten ergebenden Umsatzsteigerungen zunächst noch vergrößern lassen (vgl. Fritz, 1984, S. 439). Darüber hinaus lassen sich auch Ausstrahlungseffekte positiver Testergebnisse auf die Umsätze im nicht getesteten Verkaufsprogramm schaffen oder vergrößern (vgl. Fritz et al., 1984 a, S. 59; Fritz, 1984, S. 311f.).

Als weitergehende strategische Maßnahme der Kommunikationspolitik, die den Warentest zur Darstellung des Gesamtunternehmens in der Öffentlichkeit systematisch nutzen kann, kommt die Strategie der Corporate Communications oder institutionellen Unternehmenskommunikation in Betracht (vgl. Raffée/Wiedmann, 1983, sowie Beitrag Raffée/Wiedmann "Corporate Communications" in diesem Band). Gerade angesichts des gefährdeten Images vieler Unternehmen und der gestiegenen Informationsansprüche der Öffentlichkeit sollten die Möglichkeiten einer auf das Gesamtunternehmen bezogenen, systematischen Nutzung positiver Testergebnisse im Rahmen einer Strategie der Corporate Communications nicht übersehen werden (vgl. Beitrag Raffée/Wiedmann, "Wertewandel", in diesem Band). Einer Strategie der Corporate Communications käme dabei die Aufgabe zu, die Imagewirkungen positiver Testergebnisse dergestalt zur vollen Entfaltung zu bringen, daß ein Image-Transfer von den auf einzelne Produkte bezogenen Testergebnissen auf das Gesamtunternehmen hin herbeigeführt wird. Dies dürfte den Unternehmen um so leichter fallen, je häufiger ihre Produkte getestet werden und dabei positive Testergebnisse erzielen, denn um so eher wird eine über das Einzelprodukt hinausgehende Leistungsfähigkeit des Gesamtunternehmens sichtbar, die, nach dem Urteil der Stiftung Warentest, den Verbraucherinteressen Rechnung trägt. Das Risiko des Transfers eines negativen Images von ungünstigen Testergebnissen auf das Gesamtunternehmen ließe sich durch die gleichzeitige Berücksichtigung von Testkriterien in der Produktentwicklung reduzieren, da sich dadurch der Gefahr eines Erhalts negativer Testergebnisse vorbeugen läßt (vgl. Fritz, 1984, S. 371f.).

Die Berücksichtigung des Warentests in der institutionellen Unternehmenskommunikation könnte wesentlich dazu beitragen, deren Glaubwürdigkeit und Effizienz sicherzustellen. Darüber hinaus könnte eine positive Testergebnisse integrierende Strategie der Corporate Communications der Öffentlichkeit einen weitgehenden "Wertekonsens" signalisieren, da eine an den Testanforderungen ausgerichtete Produktpolitik sowohl den Unternehmens- als auch den Verbraucherinteressen zuträglich ist. Die Kommunikation derartiger "Wertekonsense" ist für eine Erhaltung und Entfaltung von Potentialen öffentlicher Unterstützung gerade heute von großer Bedeutung (vgl. Raffée/Wiedmann, 1983, S. 53f.).

Die Effizienz kommunikationspolitischer Strategien mit Hilfe von Testergebnissen läßt sich insbesondere in Verbindung mit einer Strategie der Marktsegmentierung noch wesentlich steigern. Eine Mehrzahl empirischer Untersuchungen belegt nämlich, daß die Bedeutung von Testergebnissen für das Konsumentenverhalten in verschiedenen Marktsegmenten unterschiedlich ausgeprägt ist. So suchen insbesondere Angehörige besser gestellter sozialer Schichten bei annähernd allen verfügbaren Informationsquellen intensiver nach Warentestinformationen und beachten diese in höherem Maße bei ihren Kaufentscheidungen als schlechter gestellte Konsumenten (vgl. Silberer et al., 1984 a, S. 35-45/60-64/68-72; Kaas/Tölle, 1980, S. 300). Testergebnisse sind damit vor allem für das Verhalten jener Konsumenten von Bedeutung, die ein überdurchschnittliches Einkommens- und Bildungsniveau aufweisen (vgl. Silberer et al., 1984 a, S. 60-64). Zu dieser Gruppe von Konsumenten zählen insbesondere die sog. Information Seekers, die sich u.a. durch ein besonderes informationsaktives und erfolgsorientiertes Kaufverhalten auszeichnen (vgl. Thorelli/Becker/Engledow, 1975; Thorelli/Engledow, 1980; Tölle/Hofacker/Kaas, 1981). Da diesen "Information Seekers" vielfach die Rolle von Meinungsführern zukommt, dürfen sie als Multiplikatoren für Kommunikationsinhalte vom Marketing nicht übersehen werden (vgl. Thorelli/Engledow, 1980, S. 12; Tölle/Hofacker/Kaas, 1981, S. 49). Die "Information Seekers" sind insbesondere dann eine wichtige Zielgruppe für das Marketing, wenn es darum geht, warentestbezogene Kommunikationsinhalte einer breiteren Öffentlichkeit zu übermitteln. Dabei empfiehlt sich der Einsatz von Pressemedien (Zeitungen; Zeitschriften), die von den "Information Seekers" eher genutzt werden als Funk- bzw. Fernsehmedien (vgl. Thorelli/Engledow, 1980, S. 12). Eine differenzierte Ansprache der Öffentlichkeit unter besonderer Berücksichtigung der "Information Seekers" verspricht nicht zuletzt auch die Effizienz einer Strategie der Corporate Communications zu steigern, die sich des Warentests bedient.

E. Resümee

Der vergleichende Warentest beinhaltet ein hohes Herausforderungspotential für das strategische Marketing vieler Unternehmen. Dies zeigt sich vor allem im erheblichen Einfluß des Warentests auf deren Umsatz und Image. Teilweise reagieren die Unternehmen auf diese Herausforderungen u.a. mit der Übernahme der Testanforderungen in ihre Produktinnovationsstrategie. Eine volle strategische Ausschöpfung des Herausforderungspotentials des Warentests, das sowohl Risiken als auch Chancen der langfristigen Erfolgssicherung beinhaltet, findet jedoch kaum statt.

Vor dem Hintergrund der strategischen Herausforderungen des Warentests und der nur unzureichend entwickelten strategischen Reaktionen der Unternehmen wurden in diesem Beitrag Möglichkeiten einer verbesserten strategischen Nutzung des Warentests verdeutlicht. Diese Nutzungsvorschläge betrafen die strategische Rahmenplanung und die strategische Maßnahmen- bzw. Programmplanung. Im einzelnen wurde die Notwendigkeit einer Korrektur der Wahrnehmung des testbedingten Herausforderungspotentials, der Einstellungen gegenüber dem Warentest sowie der Gewichtungen relevanter Unternehmensziele als Voraussetzung für eine strategisch angemessene Berücksichtigung des Warentests begründet. Ferner wurden Nutzungsmöglichkeiten des Warentests im Zusammenhang mit der Konkurrentenanalyse, der Stärken-/Schwächenanalyse, der Früherkennung sowie den Strategien der Produktinnovation, Kooperation, Corporate Communications und Marktsegmentierung aufgezeigt. Eine stärkere Ausrichtung des strategischen Marketing am vergleichenden Warentest erscheint ebenso geboten wie auch möglich.

Literaturverzeichnis

Fritz, W., (1984): Warentest und Konsumgüter-Marketing. Forschungskonzeption und Ergebnisse einer empirischen Untersuchung, Wiesbaden 1984.

Fritz, W., (1984 a): Die Idee des theoretischen Pluralismus und ihre Verwirklichung im Rahmen empirischer betriebswirtschaftlicher Forschung, Arbeitspapier der Forschungsgruppe Konsumenteninformation, Universität Mannheim 1984.

Fritz, W., (1984 b): Der vergleichende Warentest als Herausforderung für das strategische Marketing von Industrieunternehmen. Ergebnisse einer empirischen Untersuchung, Arbeitspapier Nr. 27 des Instituts für Marketing, Universität Mannheim 1984 (auch: ZfbF 37 (3/1985), S. 232-249.

Fritz, W., Förster, F., Raffée, H., Silberer, G., (1984 c): Unternehmensziele in Industrie und Handel. Eine empirische Untersuchung zu Inhalten, Bedingungen und Wirkungen von Unternehmenszielen, Arbeitspapier Nr. 30 des Instituts für Marketing, Universität Mannheim 1984.

Fritz, W., Hilger, H., Raffée, H., Silberer, G., Förster, F., (1984 a): Testnutzung und Testwirkungen im Bereich der Konsumgüterindustrie, in: Raffée/Silberer (1984), S. 27-114.

Fritz, W., Hilger, H., Raffée, H., Silberer, G., Förster, F., (1984 b): Die Beurteilung der Stiftung Warentest aus der Sicht von Industrie und Handel, in: Raffée/Silberer (1984), S. 201-227.

Gaugler, E., Jacobs, O.H., Kieser, A., (Hrsg., 1984): Strategische Unternehmensführung und Rechnungslegung, Stuttgart 1984.

Geist, M.N., Köhler, R., (Hrsg., 1981): Die Führung des Betriebes, Stuttgart 1981.

Hahn, D., Taylor, B., (Hrsg., 1980): Strategische Unternehmensplanung, Würzburg/Wien 1980.

Hansen, U., Stauss, B., Riemer, M., (Hrsg., 1982): Marketing und Verbraucherpolitik, Stuttgart 1982.

Hilger, H., Fritz, W., Silberer, G., Raffée, H., Förster, F., (1984): Testnutzung und Testwirkungen im Bereich des Konsumgüterhandels, in: Raffée/Silberer, S. 115-200.

Kaas, K.P., Tölle, K., (1981): Der Einfluß von Warentestinformationen auf das Informationsverhalten von Konsumenten, in: Zeitschrift für Verbraucherpolitik 5 (1981), S. 293-309.

Kirsch, W., (1981): Unternehmenspolitik. Von der Zielforschung zum strategischen Management, München 1981.

Kirsch, W., Trux, W., (1981): Perspektiven eines strategischen Managements, in: Kirsch (1981), S. 290-396.

Köhler, R., (1981): Grundprobleme der strategischen Marketing-Planung, in: Geist/Köhler (1981), S. 261-291.

Kreikebaum, H., (1981): Strategische Unternehmensplanung, Stuttgart u.a. 1981.

Kreikebaum, H., Grimm, U., (1980): Strategische Unternehmensplanung in der Bundesrepublik Deutschland - Ergebnisse einer empirischen Untersuchung, in: Hahn, D., Tayler, B., (1980), S. 517-539.

Meffert, H., (1980): Perspektiven des Marketing in den 80er Jahren, in: Die Betriebswirtschaft 40 (1980), S. 59-80.

o.V., (1980): Rüstzeug für die 80er Jahre, in: Manager-Magazin, Heft 9/1980, S. 43-52.

o.V., (1983): Strategische Planung - Mehr Treffer garantiert, in: Wirtschaftswoche, Heft 34/1983, S. 30-33.
Porter, M.E., (1983): Wettbewerbsstrategie, Frankfurt/M. 1983.
Raffée, H., (1982): Marketingperspektiven der 80er Jahre, in: Marketing - ZfP 4 (1982), S. 81-90.
Raffée, H., (1983): Folgen von Testergebnissen aus wissenschaftlicher Sicht, in: IHK-Magazin, Heft 3/1983, S. 16-18.
Raffée, H., (1984): Strategisches Marketing, in: Gaugler/Jacobs/ Kieser (1984), S. 61-81.
Raffée, H., Fritz, W., (1984 a): The Effects of Comparative Product Testing in Industry and Trade - Findings of a Research Project, in: Journal of Consumer Policy 7 (1984), No. 4, S. 423-437.
Raffée, H., Fritz, W., (1984 b): Wirkungen vergleichender Warentests in Industrie und Handel. Ergebnisse eines Forschungsprojekts, in: Jahrbuch der Absatz- und Verbrauchsforschung, Heft 4/1984, S. 303-318.
Raffée, H., Fritz, W., (1984 c): Mittelständische Industrie: Nachteile durch Warentestpraxis, in: Mittelstandsmagazin 9/1984, S. 14-16.
Raffée, H., Fritz, W., (1984 d): Wirkungen vergleichender Warentests auf die Funktionsfähigkeit des Wettbewerbs, Arbeitspapier der Forschungsgruppe Konsumenteninformation, Universität Mannheim 1984.
Raffée, H., Silberer, G. (Hrsg., 1984): Warentest und Unternehmen. Nutzung, Wirkungen und Beurteilung des vergleichenden Warentests in Industrie und Handel, Frankfurt/M. 1984.
Raffée, H., Wiedmann, K.-P., (1983): Glaubwürdigkeits-Offensive, in: Absatzwirtschaft, Heft 12/1983, S. 52-61.
Silberer, G., Förster, F., Raffée, H., Fritz, W., Hilger, W., (1984): Erfolgsrelevante Wirkungen vergleichender Warentestergebnisse auf Kaufentscheidungen der Konsumenten, in: Silberer/Raffée (1984), S. 107-161.
Silberer, G., Förster, F., Raffée, H., Fritz, W., Hilger, H. (1984 a): Kontakte mit Testergebnissen der Stiftung Warentest und deren Verwendung im Konsumentenbereich - Ergebnisse verschiedener Umfragen, in: Silberer/Raffée (1984), S. 25-106.
Silberer, G., Raffée, H., (Hrsg., 1983): Warentest und Konsument. Nutzung, Wirkungen und Beurteilung des vergleichenden Warentests im Konsumentenbereich, Frankfurt/M. 1983.
Specht, G., Hübner, J., (1982): Die Nutzung von Informationen der Stiftung Warentest in Facheinzelhandlungen, in: Hansen/ Stauss/Riemer (1982), S. 390-399.
Thorelli, H.B., Becker, H., Engledow, J. (1975): The Information Seekers. An International Study of Consumer Information and Advertising Image, Cambridge, Mass., 1975.
Thorelli, H.B., Engledow, J.L., (1980): Information Seekers and Informations Systems. A Policy Perspective, in: Journal of Marketing 44 (1980), S. 9-27.
Tölle, K., (1983): Das Informationsverhalten des Konsumenten, Frankfurt 1983.
Tölle, K., Hofacker, Th., Kaas, K.P., (1981): Der "Information Seeker": Konsumbegeistert oder konsumkritisch? In: Marketing-ZfP 3 (1981), S. 47-50.
Wiedmann, K.-P., (1984): Frühwarnung, Früherkennung, Frühaufklärung, Arbeitspapier Nr. 25 des Instituts für Marketing, Universität Mannheim 1984.

Ursula Hansen, Thorsten Raabe und Bernd Stauss *

Verbraucherabteilungen als strategische Antwort auf verbraucher- und umweltpolitische Herausforderungen

*Prof. Dr. Ursula Hansen ist Direktorin des Instituts für sozioökonomische Betriebsforschung, Abteilung Markt und Konsum, Universität Hannover. Dipl-Kfm. Thorsten Raabe ist wissenschaftlicher Mitarbeiter und Dr. Bernd Stauss ist Akademischer Rat am genannten Institut.

A. Einführung - Gesellschaftspolitische Umfeldveränderungen als strategisches Problem der Unternehmung

Es wird in letzter Zeit von unternehmerischer Seite wie auch in vielen wissenschaftlichen Publikationen auf die zunehmende Dynamik im gesellschaftlichen Umfeld der Unternehmung und der daraus resultierenden Herausforderung an die Unternehmensführung hingewiesen. Wachsender Wettbewerb auf nationaler wie internationaler Ebene, Nachfragerückgänge in vielen Branchen sowie tiefgreifende technologische Neuerungen kennzeichnen nur ausschnittsweise die Dynamik in den traditionellen Rahmenbedingungen ökonomischen Handelns. Hinzu treten Herausforderungen aufgrund der sich vollziehenden vielschichtigen gesellschaftlichen Veränderungsprozesse: So zeigen z.B. Bürgerproteste bzw. -initiativen zunehmend Wirkung im gesellschaftlichen und politischen Bereich und markieren einen Trend zur stärkeren Verantwortungsnahme der Wirtschaftenden für die umwelt- und gesellschaftpolitischen Folgen ihres Handelns. Obwohl in zahlreichen marketingwissenschaftlichen Publikationen eindringlich für eine Einstellungsänderung auf Seiten der Unternehmensführung plädiert wird, den gesellschaftlichen Wandel zu akzeptieren und ihn kreativ zu nutzen, herrscht in der Praxis noch verbreitet die Einstellung vor, daß gesellschaftliche Kritik nur dann relevant sei, wenn sie sich im Kaufverhalten äußere (o.V., 1982, S. 44). Viele Unternehmen erliegen der Versuchung, an Marketingstrategien festzuhalten, die in der Vergangenheit erfolgreich waren, selbst wenn sich in den Markt- und weiteren Umfeldbedingungen bereits starke Veränderungsprozesse vollzogen haben (Bonoma, 1981, S. 115 f.).

Aus dieser Haltung können für die Unternehmensführung bzw. -planung bedrohliche strategische Nachteile resultieren: In langfristiger Perspektive hängen unternehmerische Existenz und Fortune nicht allein von Marktentwicklungen ab, sondern von der Fähigkeit, vielfältigen externen Ansprüchen entsprechen zu können. So werden etwa Produkte nicht nur von Kunden bewertet, sondern auch von anderen gesellschaftlichen Instanzen, wie z.B. Stiftung Warentest, Umweltschutzbehörden und den Medien. Für eine langfristige, strategische Unternehmensplanung birgt eine solche Haltung darüber hinaus das Risiko, daß kaufverhaltensbeeinflussende Prozesse zu spät erkannt werden; das in der Folge veränderte Marktverhalten kann dazu führen, daß die betrieblichen Planungsgrundlagen kurzfristig zu Makulatur werden.

Als strategisches Gebot der Stunde muß somit festgehalten werden, marktbezogene Strategien (leistungsbezogene Strategien und kommunikative Strategien) langfristig in weitere umfeldorientierte Unternehmensstrategien einzubetten und ein Instrumentarium zu schaffen, mit dem sich die Unternehmung als Ganzes über das marktliche Umfeld hinaus mit dem weiteren gesellschaftlichen Umfeld auseinandersetzt.

B. Grundlegende Anforderungen an Unternehmen zur strategischen Bewältigung diskontinuierlich auftretender externer Ansprüche

Strategische Führung strebt allgemein die Erreichung einer optimalen Position/Situation für das Ganze an. Optimalitätskriterium ist die Sicherstellung bzw. der Ausbau der Handlungsfähigkeit der geführten Einheit (Wündrich, 1977, S. 89).

Im folgenden sollen vier Problembereiche diskutiert werden, die u.E. im Zusammenhang mit der Gewährleistung unternehmerischer Handlungsfähigkeit vor dem Hintergrund gesellschaftspolitischer Wandlungsprozesse von verstärkter Bedeutung sind:

a) Die Möglichkeit einer Verringerung des langfristigen Konfliktpotentials durch intensive kurzfristige Konfliktregulierung.
b) Die Notwendigkeit einer systematischen Beobachtung und Erforschung des betrieblichen Umfeldes im Sinne eines Früherkennungssystems (vgl. hierzu auch Kubicek/Thom, 1976, Sp. 4408 f.; Ansoff, 1976, S. 137; Bonoma, 1981, S. 116 f.; Picot, 1981, S. 566; Köhler/Böhler, 1984, S. 93 f.;Wiedmann, in diesem Band).
c) Das Erfordernis der Sicherstellung einer gewissen organisationalen Flexibilität (Kubicek/Thom, 1976, Sp. 4008; Picot, 1981, S. 570).
d) Der Zwang zur Schaffung ergänzender Instrumentarien für die flexible Durchsetzung alternativer marktlicher und gesellschaftsbezogener Strategien.

zu a) Aktuelle Forschungsansätze der Zufriedenheits- bzw. Unzufriedenheitsforschung weisen auch in der Bundesrepublik ein nicht zu ignorierendes Unzufriedenheitspotential unter den Verbrauchern in bezug auf Marktleistungen und -verhalten von Unternehmen aus (vgl. Bruhn, 1982, S. 158). Von Unternehmerseite wird gegenüber Unzufriedenheitsäußerungen von Verbrauchern immer noch häufig reservierte Zurückhaltung bis hin zur offenen Ablehnung praktiziert, eine Haltung, die insbesondere aus strategischer Unternehmensführungsperspektive unbedingt revisionsbedürftig erscheint. Neben der Früherkennungsqualität, die den Informationen aus Unzufriedenheitsartikulationen häufig zugemessen werden kann (Hansen, 1979, S. 126) spricht u.E. die Chance einer Reduktion des langfristigen Konfliktpotentials für eine intensive kurzfristige Konfliktregulierung. Durch kulante und prompte Beschwerderegulierung sowie durch gezielte Informations- bzw. Aufklärungsaktivitäten lassen sich ggf. Konflikte bereits im Vorfeld einer breiten gesellschaftlichen Artikulation entschärfen, ein Umstand, aus dem eine weitere Entlastung für die langfristige strategische Planung der Unternehmung resultieren würde.

zu b) Als gängigstes Instrument zur Bewältigung dieses Aufgabenfeldes findet in den Unternehmen die Marktforschung bzw. -prognose Anwendung. Sie kennzeichnet sich insbesondere durch eine systematische quantitative Vorgehensweise; ihr Einsatz setzt allerdings bereits eine gewisse Kenntnis des zu erforschenden Problems voraus, ist also durch das im Vorfeld der Maßnahmenplanung erlangte Problembewußtsein vordefiniert und bezieht sich darüber hinaus in der Regel ausschließlich auf Erkenntnisobjekte im marktlichen Umfeld der Unternehmung. Vor dem Hintergrund zunehmender Relevanz umwelt- und verbraucherpolitischer Artikulationen folgt aus diesem Umstand, daß zur Sicherstellung einer erweiterten strategischen Handlungsfähigkeit Maßnahmen ergriffen werden müssen, die der Unternehmung eine verstärkte Sensibilität auch für Prozesse im weiteren gesellschaftspolitischen Umfeld verleihen.

Die in diesem Zusammenhang im Rahmen der Unternehmensführungstheorie diskutieren Frühwarn- bzw. -erkennungssysteme fußen z.T. auf diffusionstheoretischen Überlegungen der Kommunikationsforschung, die zu dem Schluß kommen, daß sich bevorstehende gesellschaftliche/marktliche Wandlungsprozesse stets durch "schwache Signale" ankündigen (Krampe/Müller, 1981, S. 396; Ansoff, 1976, S. 131; Hahn/Krystek, 1979, S. 76). Deren rechtzeitige Kenntnis und richtige Deutung versetzt die Unternehmung in die Lage, den durch frühzeitige Maßnahmenplanung sich abzeichnenden Bedrohungen wirkungsvoll zu begegnen bzw. Chancen zu nutzen.

Als spezifische Anforderungsqualität an eine entsprechende Umfeldforschung und -beobachtung sind Aspekte wie Kontinuität, Ungerichtetheit und qualitative Orientierung an Umfeldsignalen hervorzuheben (vgl. auch Picot, 1981, S. 566 f.). Aus diesem Umstand folgt, daß sich die Unternehmung quasi einer "schwebenden Wachsamkeit" als Ausdruck einer kontinuierlichen sensiblen Beobachtung des gesamten ökonomischen und außerökonomischen Umfeldes bemühen sollte.

zu c) Die Realisierung eines Frühwarn- bzw. Früherkennungssystems für die betriebliche Strategieplanungs- und Rationalisierungspraxis setzt gezielte organisations- und personalpolitische Maßnahmen voraus: Neben Maßnahmen zur Sicherung eines entsprechenden

Nachfrageverhaltens der Unternehmensmitglieder gegenüber qualitativen Informationen aus dem Umfeld der Unternehmung wird die Notwendigkeit der Sicherstellung einer gewissen strukturellen Flexibilität der Organisation hervorgehoben (Kubicek/Thom, 1976, a.a.O.; Picot, 1981, S. 570). Zu diesem Zweck wird in der einschlägigen Literatur u.a. vorgeschlagen, die Organisationsstruktur umfeldorientiert zu differenzieren durch Schaffung von Organisationseinheiten, die mit relevanten Ausschnitten aus dem Umfeld korrespondieren (Lawrence/Lorsch, 1967, S. 108).

Entscheidend für die angestrebte Flexibilisierung der Unternehmung sei, daß durch diese organisationalen Maßnahmen eine Internalisierung der bestehenden Konflikte und eine weitgehende Professionalisierung der betroffenen Mitarbeiter erreicht werden; im Sinne eines Frühwarn- bzw. Früherkennungssystems könnte diesen Einheiten darüber hinaus eine "Sensor"-funktion zugeordnet werden (vgl. hierzu Hahn/Krystek, 1979, S. 77). Unter der Voraussetzung multilateraler, kurzer Informationswege innerhalb der Organisation (Kubicek/Thom, 1976, Sp. 4009), wird erwartet, daß die Unternehmung in die Lage versetzt werde, den an sie gerichteten Ansprüchen frühzeitig und angemessen zu entsprechen.

<u>zu d)</u> Dem Unternehmen steht grundsätzlich Wahlfreiheit bei der Planung und Durchführung von Reaktionsstrategien auf gesellschaftliche Wandlungsprozesse zu, sofern nicht beispielsweise durch den Gesetzgeber bereits einschränkende Maßnahmen ergriffen worden sind. Nach Feldmann (1971, S. 58 f.) lassen sich diese Reaktionsstrategien unterscheiden in (vgl. ergänzend auch Raffée/Wiedmann "Wertewandel", in diesem Band):

- <u>Ignoranz</u> im Sinne einer Nichtwahrnehmung oder bewußten Nichtbeachtung verbraucher- bzw. umweltpolitischer Forderungen,
- <u>Widerstand</u> gegen die gesellschaftlichen Veränderungen mit Hilfe z.B. von PR-Maßnahmen oder Lobbytätigkeit,
- <u>Anpassung</u> des Marketinginstrumentaleinsatzes entsprechend den Notwendigkeiten, die sich aus der gesellschaftspolitisch bedingten Veränderung des Handlungsrahmens ergeben,
- <u>Innovation</u> als frühzeitige und kreative Nutzung der gesellschaftspolitischen Impulse für die Revision des Marketinginstrumentaleinsatzes.

Von diesen Reaktionsstrategien ist die erste eher passiver, die übrigen drei sind eher aktiver Natur. Da u.E. die Ignoranz als Reaktionsform langfristig nur in Ausnahmefällen erfolgreich sein wird und sie dem Strategiegedanken grundsätzlich widerspricht, sehen wir einen verstärkten Bedarf der Unternehmen an Instrumentarien zur Verbesserung der Planung und Durchsetzung der genannten aktiven marktlichen und gesellschaftsbezogenen Strategien. Diese sollten in bezug auf die unternehmerische Leistung eine Initiativ- bzw. Impulsfunktion wahrnehmen. Ein erweiterter Handlungsspielraum bei der Durchsetzung flankierender kommunikativer Strategien läßt sich u.E. durch die Schaffung von Instrumentarien gewinnen, die den unmittelbaren Dialog mit dem betrieblichen Umfeld ermöglichen. Die unmittelbare kommunikative/interaktive Beziehung von Unternehmensmitgliedern und Verbrauchern im Dialog ermöglicht eine hohe Authentizität und Flexibilität bei der Realisierung kommunikativer Strategien, was eine Steigerung der Glaubwürdigkeit und somit Wirksamkeit der vertretenen Positionen erwarten läßt.

Zusammenfassend lassen sich vier grundsätzliche Anforderungen zur strategischen Bewältigung sich wandelnder gesellschaftlicher Ansprüche an die Unternehmen diagnostizieren:

1. Das langfristige Konfliktpotential zwischen Unternehmung und Verbraucherschaft bzw. Gesellschaft ist präventiv durch intensive kurzfristige Konfliktregulierung zu mindern. Zu diesem Zweck bietet es sich an, die Beschwerdehandhabung kulant zu gestalten sowie sämtliche Servicefunktionen im Hinblick auf ihre Konfliktregulierungseignung zu stärken.
2. Zur Vermeidung von überraschenden Diskontinuitäten innerhalb der strategischen Planungsbezugsgrößen muß sich strategische Planung zunehmend an Informationen orientieren, die über das marktliche Umfeld hinaus auch das weitere gesellschaftliche Umfeld der Unternehmung erfassen. Besonderes Gewicht ist neben der traditionellen Marktforschung auf eine erweiterte Umfeldforschung und -beobachtung zu legen, die sich durch Kontinuität und insbesondere durch eine Orientierung an qualitativen Signalen mit Frühwarncharakter kennzeichnet.
3. Zur Sicherstellung einer angemessenen Informationsgewinnung sowie -verwertung empfiehlt es sich, die Organisation durch Schaffung von umfeldorientierten Subsystemen zu differenzieren. Um die damit geförderte Internalisierung bestehender Konflikte mit dem unternehmerischen Umfeld für eine flexiblere Reaktionsplanung und -durchführung zu nutzen, sollten multilaterale und kurze Informationsbeziehungen zu allen relevanten Subsystemen sowie der Unternehmensführung sichergestellt werden.
4. Es ergibt sich ein gesteigerter Bedarf an Instrumentarien, die insbesondere eine Initiativfunktion zur Realisierung von aktiven Reaktionsstrategien der Unternehmung wahrnehmen. Zur Stärkung kommunikativer Reaktionsstrategien empfiehlt es sich, insbesondere dialogische Kommunikationsformen mit dem Konsumenten zu intensivieren.

In der anschließenden Analyse von Verbraucherabteilungen als strategische Antwort auf verbraucher- und umweltpolitische Herausforderungen an die Unternehmung soll überprüft werden, inwieweit dieses Konzept dazu beiträgt, den genannten strategischen Anforderungen zu genügen.

C. Die Verbraucherabteilung als strategisches Konzept

I. Mögliche Funktionen einer Verbraucherabteilung

Als Reaktion auf die zunehmende Bedeutung des Konsumerismus hat eine Vielzahl von Unternehmen - insbesondere in den USA - Verbraucherabteilungen (Consumer Affairs Departments) eingerichtet. Aufgrund der Mitgliederzahl in der "Society for Consumer Affairs Professionals in Business" schätzt Fornell bereits im Jahre 1978 die Zahl der amerikanischen Unternehmen mit eigenständigen Verbraucherabteilungen auf mehr als 1000 (Fornell, 1978, S. 289). Drei Jahre später stellt er fest: "Almost all major U.S. corporations competing in consumer markets now have a formalized organizational unit for the handling of consumer affairs" (Fornell, 1981, S. 191). Die quantitativen Schätzungen für Unternehmen in europäischen Ländern (Schweden, Schweiz, Frankreich, Belgien, Niederlande) und in Japan /1/ liegen weit darunter. In Deutschland werden nur vereinzelt entsprechende Aktivitäten gemeldet (o.V., 1979; Raithel, 1979; o.V., 1981).

Verbraucherabteilungen dienen generell dem Zweck, den unternehmerischen Kenntnisstand über Verbraucherwünsche und -probleme sowie die Kommunikationsbeziehungen zwischen Unternehmen und Konsumenten zu verbessern (McGuire, 1973, S. 4). Da dieses Grundanliegen in der Praxis recht unterschiedlich im Hinblick auf spezifische strategische Ziele interpretiert wird, gibt es in der Realität differierende Gestaltungsformen. Verbraucherabteilungen unterscheiden sich in Umfang und Fristigkeit der Aufgabenstellung, in Größe, Ausstattung und innerer Struktur, in der Form der hierarchischen Eingliederung und in dem Ausmaß ihrer Entscheidungskompetenz (Hansen, 1979, S. 121). Dennoch läßt sich festhalten, daß zumindest eine - in der Regel aber mehrere - der folgenden Aufgaben wahrgenommen werden (McGuire, 1973, S. 5; Rodger, 1978, S. 137 f.):

- Förderung, Bearbeitung und Analyse individueller, verbraucherinitiierter Kommunikation (Beschwerden, Anfragen, Vorschläge)
- Suche und Analyse indirekter bzw. kollektiver Verbraucherartikulationen, einschließlich der Herstellung und Pflege von Kontakten zu verbraucherrelevanten Institutionen
- Entwicklung und Verbreitung von Verbraucherinformationen
- Sensibilisierung und Schulung des Personals in Fragen der Verbraucherpolitik
- Wahrnehmung einer internen "Verbraucher-Ombudsmann-Rolle".

Die faktische Aufgabenzuweisung und der Stellenwert dieser Aufgaben im Rahmen eines Aktivitätenmix hängen wesentlich davon ab, welche strategischen Teilziele (unmittelbare Verminderung des Konfliktpotentials oder permanente Sicherung des strategischen Handlungspotentials durch Früherkennung und/oder Organisationsflexibilisierung) angestrebt und welche externen Reaktionsstrategien (Ignoranz, Widerstand, Anpassung, Innovation) präferiert werden. Von diesen Faktoren ist es abhängig, welche Funktionen die Verbraucherabteilung zu erfüllen hat bzw. eine dominierende Bedeutung erhalten (müssen).

Verbraucherabteilungen erfüllen entweder allein durch ihre Existenz oder aber durch die Art der Aufgabenwahrnehmung bestimmte Funktionen gegenüber Verbrauchern und verbraucherpolitischer Umwelt (externe Funktionen) sowie gegenüber anderen unternehmerischen Einheiten (interne Funktionen). Folgende Übersicht bietet eine Zusammenstellung der wichtigsten möglichen Funktionen (Stauss, 1984).

Im folgenden soll untersucht werden, welche Funktionen der Verbraucherabteilung für die Realisierung der verschiedenen Anforderungen an Unternehmen zur Bewältigung externer Anspruchsartikulationen und für die Durchsetzung verschiedener Reaktionsstrategien relevant sind und welche Konsequenzen für die organisatorische Ausgestaltung der Verbraucherabteilung zu ziehen sind, damit die jeweiligen Funktionen optimal erfüllt werden können. In einem ersten Schritt erfolgt die Analyse des Beitrages von Verbraucherabteilungen zur kurzfristigen Zufriedenstellung von Verbrauchern und zur unmittelbaren Konfliktreduzierung (Verbraucherabteilung als Instrument des "Kundendienstes"). Dann wird die Funktionsanalyse auf die permanente Herstellung strategischer Handlungsfähigkeit ausgedehnt (Verbraucherabteilung als Instrument der Früherkennung und der Organisationsflexibilisierung). Abschließend wird untersucht, welche Funktionen der Verbraucherabteilung im Vordergrund stehen, wenn diese organisatorischen Einheiten selbst in umfassende unternehmerische Reaktionsstrategien eingebunden sind.

II. Strategische Funktionsanalyse

1. Verbraucherabteilung als Instrument der kurzfristigen Konfliktreduzierung

Voraussetzung für die Sicherstellung einer unmittelbaren Lösung von Problemen individueller Verbraucher und für die Verminderung des aktuellen Konfliktpotentials ist, daß Unternehmen frühzeitig über Art und Umfang der Probleme Kenntnis erlangen. Dies ist insbesondere dann der Fall, wenn sich die Verbraucher direkt mit ihren Beschwerden, Anfragen und Vorschlägen an das Unternehmen wenden. Um dies zu erreichen, muß den Verbrauchern die direkte Artikulation erleichtert werden (Zugangsfunktion). Die eintreffenden Beschwerden müssen kulant und zügig bearbeitet und die anfragenden Konsumenten schnell und problemadäquat mit Informationen versorgt werden (Abhilfe- und externe Informationsfunktion). Es läßt sich zeigen, daß die angesprochenen Funktionen von einer Verbraucherabteilung wesentlich besser als im herkömmlichen Marketingzu-

Übersicht : Mögliche Funktionen einer Verbraucherabteilung

Externe Funktionen

Abhilfefunktion: Beseitigung von individueller Verbraucherunzufriedenheit, die auf Mißverständnissen oder unternehmerischen Fehlleistungen beruhen, durch Abhilfe und Schadensregulierung.

Externe Informationsfunktion: Belieferung der Verbraucher mit problemadäquaten Verbraucherinformationen.

Zugangsfunktion: Abbau von Kommunikationsschwellen durch Publizierung des Zugangskanals und explizite Zuständigkeitserklärung für alle Verbraucherprobleme.

Kanalisierungsfunktion: Lenkung der individuellen Verbraucherunzufriedenheit auf das Unternehmen und Ablenkung der Verbraucher von anderen Reaktionsformen wie Abwanderung, öffentlicher Protest oder negative Mund-zu-Mund-Propaganda.

Selbstregulierungsfunktion: Verhinderung übergreifender Problemlösungen, z.B. öffentlich-rechtlicher Eingriffe, durch unternehmensindividuelle Aktivitäten.

Public Relations-Funktion: Verbesserung des Ansehens der Unternehmung bei Verbrauchern und in der allgemeinen Öffentlichkeit.

Interne Funktionen

Interne Informationsfunktion: Gewinnung, Aufbereitung und problemgerechte Weiterleitung der durch verbraucherinitiierte Kommunikation und Beobachtung der verbraucherpolitischen Trends gewonnenen Informationen im Unternehmen.

Impulsfunktion: Ausarbeitung und Vorlage von verbraucherorientierten Veränderungsvorschlägen.

Bildungsfunktion: Unterrichtung des Personals über Verbraucherprobleme und verbraucherpolitische Forderungen und Schulung im Sinne verbraucherorientierter Einstellungs- und Verhaltensänderungen.

Kontrollfunktion: Überwachung der Marketingtätigkeit in bezug auf verbraucherorientierte Grundsätze bzw. die Realisierung von Verbraucherrechten.

Pufferfunktion: Abschottung der Marketingabteilung vor der ständigen Konfrontation mit verbraucherpolitischen Ansprüchen.

Rationalisierungsfunktion: Effiziente und rationelle Erledigung konsumenteninitiierter Vorgänge durch Zentralisierung und Benennung hauptamtlich verantwortlicher Mitarbeiter.

sammenhang erfüllt werden können. Damit wird zum einen individuelle Verbraucherunzufriedenheit unmittelbar reduziert und das latente Konfliktpotential auf das Unternehmen selbst gerichtet (Kanalisierungsfunktion). Zum anderen ist gleichzeitig eine innerbetriebliche Effizienzsteigerung bei der Aufgabenerfüllung zu erwarten (Rationalisierungsfunktion).

Die Zugangsfunktion: Nur ein Bruchteil der faktischen Verbraucherprobleme mit dem Produkt oder dem sonstigen Marktverhalten der Unternehmen wird von Konsumenten gegenüber dem Unternehmen artikuliert. Jede Verbraucherinitiative zur Meldung von Anliegen erfordert hohe psychische, materielle und zeitliche Kosten. Insofern unterbleibt eine Vielzahl möglicher Kommunikationen, weil einzelne Verbraucher diese Kosten als zu hoch einschätzen oder die Erfolgswahrscheinlichkeit ihrer Intervention als zu gering ansehen. Das ist insbesondere dann der Fall, wenn sie sich bürokratischen Großsystemen gegenübersehen, denen sie sich unterlegen fühlen und die den Eindruck erwecken, als sei es unmöglich, eine zuständige Stelle zu finden und dort wirklich mit eigenen Problemen Gehör zu finden. Diese Kommunikationsbarriere wird mit der Errichtung von Verbraucherabteilungen ganz wesentlich abgebaut. Hier ist eine organisatorische Einheit, in der Regel sogar in personifizierter Form (Ombudsmann, Ombudsfrau), die sich explizit als Ansprechstelle für alle Verbraucherprobleme ausweist. Insofern ist mit der Etablierung einer Verbraucherabteilung kein Abwimmeln, Vertrösten oder zirkuläres Weiterleiten im Kreis der Nichtzuständigkeit mehr möglich. Die Verbraucher können leicht ihren adäquaten Ansprechpartner oder Beschwerdekanal herausfinden. So ist durch die bloße Existenz einer Verbraucherabteilung bei entsprechender öffentlicher Verbreitung eine Ermunterung für Verbraucher zu erwarten, sich mit ihren Beschwerden, Anfragen und Vorschlägen an das Unternehmen zu wenden. Empirische Studien stützen die Berechtigung dieser Erwartung (Blum/Stewart/Wheatley, 1974, S. 17).

Die Abhilfefunktion: Der Verbraucherabteilung werden all diejenigen Abwicklungs- und Koordinationsarbeiten zugewiesen, die mit der Lösung von Beschwerdeproblemen verbunden sind. Man kann in der Regel davon ausgehen, daß entsprechende Tätigkeiten auch vor der Errichtung einer Verbraucherabteilung im Unternehmen erledigt

wurden, zum Beispiel im Zusammenhang der Vertriebs- oder Kundendienstabteilung. Durch die Überweisung dieser Arbeiten an die Verbraucherabteilung erhalten sie allerdings einen neuen, höheren Stellenwert. Jetzt ist eine organisatorische Einheit hauptamtlich für die Abhilfe zuständig; sie ist zudem organisatorisch abgegrenzt von den Marketingabteilungen, deren Entscheidungen Ursache für die Beschwerde waren. Damit ist sichergestellt, daß die Artikulationen von Verbraucherunzufriedenheit mit Engagement und Interesse entgegengenommen und unvoreingenommen geprüft werden können. Durch die Konzipierung dieser Einheit als "Verbraucherabteilung" wird zudem die Erwartung institutionalisiert, daß dem Verbraucherstandpunkt ein weitgehendes Verständnis entgegengebracht wird. So wird das Ziel von Mitarbeitern in Verbraucherabteilungen sein, möglichst viele der anfallenden Probleme zur Zufriedenheit der Konsumenten zu lösen und nicht das im Marketingbereich noch weitgehend dominierende Ziel, möglichst viele Beschwerden als unberechtigt anzusehen und abzuwehren. Insofern ist anzunehmen, daß durch die Beschwerdebearbeitung in der Verbraucherabteilung eine verbesserte Erfüllung der Abhilfefunktion erfolgt, daß die Verbraucher früher und leichter zu ihrem Recht kommen und somit mehr Verbraucherzufriedenheit erreicht wird.
Die externe Informationsfunktion: Zur Reduzierung aktueller Konflikte mit individuellen Verbrauchern und zur Hilfe bei der Lösung von Konsumproblemen ist es erforderlich, daß die Konsumenten mit problemadäquaten Informationen über wesentliche Eigenschaften des Produktes, über die sichere und rationelle Produktnutzung, über etwaige Folgen aus Produktion und Konsum für Verbraucher und Umwelt sowie über die Rechtsverhältnisse (Allgemeine Geschäftsbedingungen, Garantie u.ä.) informiert werden. Die Verbraucherabteilung kann diese Funktion der externen Information besonders gut erfüllen. Da sämtliche konsumenteninitiierte Kommunikation in dieser Abteilung anfällt, ist eine besonders gute Einsicht in die unternehmensspezifischen Probleme der Verbraucher möglich. Daher ist die Verbraucherabteilung in der Lage, den quantitativen und qualitativen Informationsbedarf der Konsumenten realitätsgerecht einzuschätzen und bedarfsgerechte Entscheidungen über Inhalt, Gestaltung und Verbreitungskanäle von Verbraucherinformationen zu fällen. Wegen der Zentralisierung

der Informationsaufgaben und wegen der engen Kopplung des Informationsangebots an die Informationsnachfrage erscheint es naheliegend, daß Unternehmen mit der Errichtung einer Verbraucherabteilung eine verbesserte Erfüllung der externen Informationsfunktion gelingt.

Die Kanalisierungsfunktion: Die Erleichterung der kommunikativen Initiative für Verbraucher erfüllt zugleich die Funktion, daß ein größerer Teil der Verbraucherunzufriedenheit als bisher auf das Unternehmen hin kanalisiert wird. Damit kann erreicht werden, daß anderweitige Konsumentenreaktionen eingeschränkt werden. Unzufriedene Konsumenten, die sich nicht beim Unternehmen beschweren, wenden sich Konkurrenzprodukten zu oder steigen zumindest temporär aus dem Markt aus, sie verbreiten ihre negativen Erfahrungen in ihrem sozialen Umfeld oder artikulieren ihren Protest öffentlich gegenüber Verbraucherorganisationen oder Medien. Durch Kanalisierung der Verbraucherunzufriedenheit können solche Artikulationen vermieden werden und damit zugleich erhebliche Einbußen an Ansehen, Umsätzen oder Gewinnen (Fornell, 1978, S. 297). Diese Kanalisierungsfunktion wirkt sich also für das Unternehmen in ihrem positiven Beitrag für die Erreichung der klassischen Unternehmensziele aus, verbraucherpolitisch wirkt sie als Schwächung der politischen Artikulation von Verbraucherinteressen (Hansen/ Stauss, 1979 a, S. 19). Diese Funktion wird um so besser erfüllt werden, je intensiver die Zugangs- und Abhilfefunktion betrieben wird. Nur durch nachdrückliche Impulse zur Stimulierung konsumenteninitiierter Kommunikation und durch kulante Beschwerdebearbeitung können die als gravierender angesehenen Konsumentenreaktionen vermieden werden.

Die Rationalisierungsfunktion: Durch die Konzentration aller verbraucherinitiierten Kommunikation in der Verbraucherabteilung entsteht dort ein hohes Maß an Kenntnissen, Kompetenz und Professionalität. Insofern wird mit der Wahrnehmung von Aufgaben der Beschwerderegulierung und Anfragenbearbeitung durch diese Organisationseinheit nicht nur das unternehmerische Ziel der unmittelbaren Zufriedenstellung von Verbrauchern erreicht, sondern es lassen sich zugleich auch Rationalisierungseffekte herbeiführen.

Ohne eine Verbraucherabteilung sind in den Unternehmen die diesbezüglichen Aktivitäten - sofern vorgenommen - verschiedenen Stellen zugeordnet, häufig fehlen klare Kompetenzzuweisungen. Das führt dazu, daß bei Anfragen und Beschwerden der jeweilige Einzelfall seinen eigenen Bearbeitungsweg nimmt, was zeitaufwendig ist und damit für den sich beschwerenden Verbraucher unbefriedigend und für das Unternehmen kostspielig. Auch muß die Beantwortung von Anfragen und Vorschlägen oder die Lösung von Beschwerdeproblemen gleichsam "nebenbei" erfolgen, nämlich neben und zusätzlich zu der eigentlichen Marketingaufgabe. Dies bewirkt, daß solche Tätigkeiten vornehmlich als "Störung" empfunden werden, im täglichen Handlungsdruck zurückgestellt oder wenn möglich abgewehrt werden. Diese Abwehrhaltung wird noch dadurch verstärkt, daß es hoher psychischer Aufwendungen bedarf, Kommunikationen sachgerecht und freundlich zu bearbeiten, in denen häufig in drastischer Form Kritik an der eigenen Arbeit geleistet wird. Mit der Installierung einer Verbraucherabteilung sind die meisten der hier angesprochenen Probleme zu bewältigen. Alle Beschwerden, Anfragen und Vorschläge fallen gebündelt an einer Stelle an. Eine Reihe von Problemen kann routinemäßig gelöst werden; andere werden unmittelbar an die relevanten Entscheidungsträger weitergeleitet, und die Verbraucherabteilung kontrolliert die zügige und sachgerechte Bearbeitung.

2. Verbraucherabteilung als Instrument der Früherkennung

Die strategische Anforderung der Früherkennung wird erfüllt, wenn ein unternehmerisches Sensorsystem in der Lage ist, Probleme frühzeitig zu identifizieren, Problemursachen zu diagnostizieren, Wirkungen des Problems auf Ziele und Instrumente der Unternehmenspolitik zu evaluieren und Problemkenntnis an die richtigen Entscheidungsträger zu vermitteln. Die Verbraucherabteilung stellt ein entsprechendes Sensorsystem dar, wenn der internen Informationsfunktion entsprechendes Gewicht beigemessen wird. Die interne Informationsfunktion: Mit dieser Funktionszuweisung übernimmt die Verbraucherabteilung die Aufgabe, verbraucherpolitisch relevante Informationen zu suchen, zu interpretieren und innerbetrieblich einzubringen. Dies betrifft sowohl die durch konsumenteninitiierte Kommunikation erhaltenen Informationen wie auch diejenigen, die durch systematische Beobachtung des verbraucherpolitischen Umfeldes und durch Interaktionen mit verbraucherrelevanten Instanzen und Organisationen gewonnen werden.

Fornell sieht die interne Informationsfunktion als die wichtigste aller Funktionen einer Verbraucherabteilung an. Werden diese organisatorischen Einheiten nur als bloße Servicestationen für Konsumenten betrachtet, in denen eine Einzelfallbearbeitung individueller Verbraucherprobleme erfolgt, aber unterlassen wird, die Ursachen von Unzufriedenheiten und Mißverständnissen zu analysieren, wird sich das Verständnis über grundlegende Verbraucherprobleme nicht erhöhen. Zum Schaden des Unternehmens wird dann das Informationspotential konsumenteninitiierter Kommunikation nicht genutzt. Stattdessen gilt es nach seiner Ansicht, Informationsinput für Unternehmensleitung und Marketing zu liefern, also die Marktforschungsergebnisse zu ergänzen und zu vertiefen und damit die Basis für fundierte, an Konsumentenbedürfnissen ausgerichtete Marketingentscheidungen zu verbessern (Fornell, 1978, S. 295, 297). Durch umfassende Erfüllung der internen Informationsfunktion wird die Grundvoraussetzung für die Sicherstellung strategischer Handlungsfähigkeit geschaffen.

Allerdings müssen zwei Bedingungen erfüllt sein. Zum einen müssen die von Verbraucherabteilungen beschafften Informationen als Frühwarn- bzw. Problemerkennungsindikatoren geeignet sein, zum anderen müssen organisatorische Voraussetzungen für die angemessende Informationsweitergabe realisiert werden.

Für die Prüfung der Frühwarneignung von Informationen können als Kriterien die Relevanz, Eindeutigkeit, Frühzeitigkeit und wirtschaftliche Vertretbarkeit, gegebenenfalls auch die Vollständigkeit der Informationen herangezogen werden.

Die von verbraucherpolitischen Organisationen, Medien oder politischen Instanzen aufgestellten Forderungen sind insofern relevant, als die Fordernden mit der Artikulation zugleich deutlich machen, daß sie die ihnen zur Verfügung stehenden Machtmittel zur Durchsetzung einzusetzen bereit sind. Eindeutigkeit wird immer dann gegeben sein, wenn produkt- oder unternehmensspezifische Ansprüche geäußert werden; bei branchenfremden oder gesamtwirtschaftlichen Inhalten verbleibt der Verbraucherabteilung die

Interpretationsaufgabe, die mögliche zukünftige Bedeutung für das Unternehmen zu prognostizieren. Frühzeitig sind die Informationen in der Regel deshalb, weil gesellschaftspolitisch engagierte Institutionen und Minderheiten häufig bereits Forderungen aufstellen, bevor diese in der Bevölkerung weit verbreitet sind und daher ein politischer Handlungsbedarf besteht. Die wirtschaftliche Vertretbarkeit wird durch schwierige Kosten-Nutzen-Überlegungen bestimmt, über die keine grundsätzlichen Aussagen gemacht werden können. Allerdings gilt es zu bedenken, daß interessierte Anspruchsteller normalerweise selbst für die Verbreitung ihrer Forderungen sorgen. Zudem sind die Personalkosten für die weitere Aufbereitung und Interpretation in Relation zum herkömmlichen Marktforschungsetat und zum kaum quantifizierbaren strategischen Nutzen zu stellen.

In analoger Weise ist die Eignung von konsumenteninitiierter Kommunikation, hier beschränkt auf Beschwerden, zur Problemfrüherkennung zu prüfen. Beschwerdeinformationen sind relevant und eindeutig, weil der für diese Artikulation erforderliche Einsatz an zeitlichen, materiellen und psychischen Ressourcen vom Verbraucher nur dann geleistet wird, wenn er ein klares Problemverständnis hat und das Problem als bedeutsam ansieht. Als frühzeitig können die Informationen insbesondere dann eingeschätzt werden, wenn sich die These bestätigt, daß zu den Beschwerdeführern problembewußte Minderheiten (opinion leaders) gehören. In diesem Fall lassen selbst zahlenmäßig geringe Beschwerderaten auf zukünftig sich verstärkende Trends schließen. Beschwerdedaten werden vom Konsumenten "kostenlos" geliefert. Der tatsächliche Aufwand für eine aktive und aufgeschlossene Beschwerdepolitik und für die Informationsverarbeitung muß gegen die akquisitorischen Effekte einer fairen Problemlösung und die Vermeidung von Opportunitätskosten durch Verhinderung alternativer Verbraucherreaktionen abgewogen werden.

Sowohl individuelle wie kollektive Verbraucherartikulationen garantieren allerdings keine Vollständigkeit der Informationen. Dies spricht aber nicht gegen ihre grundsätzliche Eignung als Frühwarnsignale, sondern zeigt nur die Notwendigkeit, bei Problemwahrnehmung initiativ zu werden, um über Ursache, Umfang und Stellenwert des Problems weitere Informationen zu produzieren (z.B. durch Marktforschung).

Für die bestmögliche Realisierung der internen Informationsfunktion ist es nicht nur erforderlich, daß geeignete Informationen gesucht und analysiert werden. Es bedarf auch einer systematischen und problembezogenen Aufbereitung der Information und einer entsprechenden Einspeisung in das unternehmerische Informationssystem. Schon die Informationsaufbereitung setzt voraus, daß Klarheit über die Adressaten besteht, weil nur so eine empfängerorientierte Darstellung erfolgen kann, die eine Voraussetzung für die Informationssnutzung ist. Insbesondere die strategisch wichtigen Informationen aus dem Bereich der kollektiven Verbraucherartikulation haben ihre Adressaten in der Unternehmensleitung, während für operativ relevante Informationen all diejenigen Stellen Adressaten sind, die marktpolitische Entscheidungen treffen (Hansen, 1979, S. 180). Insofern bedarf es zur Unternehmensleitung eines kurzen Informationsweges. Auf diese Weise können mit Hilfe der Verbraucherabteilung eingefahrene Kommunikationssysteme revidiert werden, die über verschiedene Filter dafür sorgen, daß die Unternehmensspitze von schlechten Nachrichten verschont bleibt (McGuire, 1973, S. 36 f.). Für die Kommunikation zu den operativen Einheiten sind zahlreiche und unformalisierte Informationswege erforderlich, um der Vielfalt der Informationen und der Unregelmäßigkeiten ihres Anfalls gerecht zu werden (Hansen, 1979, S. 131).

3. Verbraucherabteilung als Instrument der Organisationsflexibilisierung

Ein wesentliches Instrument zur Verhinderung eingefahrener Handlungsformen und starrer Aufgabenerfüllungen ist die Installierung produktiver Interabteilungskonflikte, die für ein ständiges Infragestellen der derzeitigen Praxis und für Bemühungen um neue Problemlösungen sorgen. Dies wird durch Einrichtung einer Verbraucherabteilung erreicht, wenn sie in die Lage versetzt wird, die Impulsfunktion auszufüllen.

Die Impulsfunktion: Diese Funktion kann als Steigerung der internen Informationsfunktion angesehen werden. Während bei Wahrnehmung der Informationsfunktion der Verbraucherabteilung die Aufgabe zufällt, eingehende Informationen zu suchen, zu sammeln, aufzubereiten und an die maßgeblichen Entscheidungsträger weiterzugeben, impliziert die Impulsfunktion eine eigenständige Interpretation und konstruktive Verarbeitung der Informationen. Die Anregungen von Verbrauchern und verbraucherpolitischen Institutionen werden damit von der Verbraucherabteilung aufgenommen und als Grundlage für die Entwicklung neuer Ideen und Vorschläge verwendet, mit denen die Verbraucherperspektive gegenüber anderen Ressorts offensiv eingebracht wird (Bruhn, 1974, S. 68). Der Verbraucherabteilung wird eine interne Ombudsmann-Rolle zugewiesen; sie hat die eingehenden Verbraucheranliegen in innovatorische Impulse umzusetzen, um das Marketing "in eine verbraucherfreundliche Bahn zu lenken" (Holliger, 1980, S. 150).

Die Impulsfunktion hat aber nur dann einen organisationsflexibilisierenden Effekt, wenn die Verbraucherabteilung in der Lage ist, ihren Vorschlägen und Initiativen Nachdruck zu verleihen.

Bei der Wahrnehmung rein kommunikativer Funktionen werden durch die Verbraucherabteilung faktische und potentielle Konflikte der Unternehmung mit der Umwelt bewußtgemacht. Für die Zwecke der Flexibilisierung müssen jedoch die Umweltkonflikte in Interabteilungskonflikte gewandelt werden. Das setzt voraus, daß der Verbraucherabteilung über die kommunikative Funktion hinausgehende Mitsprachekompetenzen in allen Unternehmensentscheidungen eingeräumt werden, die Verbraucherbelange betreffen. Dabei kann es sich um institutionalisierte Anhörungs-, Kontroll- und Mitentscheidungsrechte handeln.

Die Praxis bestehender Verbraucherabteilungen zeigt allerdings, daß sie insgesamt nur mit geringfügigen Mitspracherechten ausgestattet sind und daher über wenig formale Autorität verfügen: "The typical department is not integrated within the decision-making structure of its organization and has little influence in such matters as advertising, product quality, pricing, and marketing" (Fornell, 1981, S. 191).

Mangelnde formale Autorität kann durch Zuweisung informeller Autorität zumindest teilweise ausgeglichen werden. Erforderlich hierfür ist zum einen eine weitgehende Selbständigkeit der Verbraucherabteilung vom operativen Marketing-Management und eine direkte Unterstellung unter das Top-Management (Aaker/Day, 1973, S. 116 f.; Moore, 1978, S. 100). Diese organisatorische Einordnung dokumentiert den hohen Wert, den der Verbraucherabteilung durch die Unternehmensspitze beigemessen wird. Da die Einstellung der Unternehmensleitung zu organisatorischen Einheiten von den anderen Abteilungen reflektiert wird, festigt die Direktunterstellung die informelle Autorität der Abteilung und stärkt deren Wirkungsmöglichkeiten.

Informelle Autorität kann auch durch die Besetzung der Verbraucherabteilung mit Persönlichkeiten geschaffen werden, deren Sachkompetenz und Engagement zweifelsfrei erwiesen sind. In diesem Sinne erscheint es folgerichtig, daß einige US-Unternehmen Personen zu Leitern von Verbraucherabteilungen berufen haben, die sich durch verbraucherpolitische Aktivitäten in der Öffentlichkeit einen Namen gemacht haben - und diesen bei mangelnder verbraucherpolitischer Durchsetzungsfähigkeit im Unternehmen verlieren könnten (Peterson, 1974; Schoenfeld, 1978; Jones, 1979).

4. Verbraucherabteilung als Instrument im Rahmen unternehmerischer Reaktionsstrategien

In der bisherigen Betrachtung wurde untersucht, welche Rolle die Verbraucherabteilung spielen kann, um Unternehmen strategisch handlungsfähiger zu machen angesichts verbraucherpolitischer Herausforderungen. Im folgenden wird gezeigt, daß die Verbraucherabteilung durch Schwerpunktverlagerung auf spezifische Funktionen selbst als Instrument im Rahmen unterschiedlicher unternehmerischer Reaktionsstrategien eingesetzt werden kann. Von den oben genannten Strategiealternativen Ignoranz, Widerstand, Anpassung und Innovation werden hier nur die aktivsten Varianten Innovation und Widerstand betrachtet.

a. Verbraucherabteilung als Instrument im Rahmen der Reaktionsstrategie "Widerstand"

Widerstand stellt die aktive Abwehr externer Ansprüche dar. Eine Verbraucherabteilung kann durchaus als Instrument im Rahmen einer solchen Widerstandsstrategie dienen, wenn der Schwerpunkt auf die Puffer-, die Selbstregulierungs- und die PR-Funktion gelegt wird.

Die Pufferfunktion: Konträr zur Innovations- und Kontrollfunktion besteht die Pufferfunktion der Verbraucherabteilung darin, daß sie die operativen Marketingabteilungen von der externen Verbraucherunzufriedenheit abschottet. Die Verbraucherabteilung entlastet dann die Marketingabteilung von der Beschwerderegulierung und damit auch vom direkten Kontakt mit kritischen Verbrauchern und Verbraucherorganisationen. Die Verbraucherabteilung übernimmt damit die Funktion, auf der einen Seite die Verbraucher zu beschwichtigen und auf der anderen Seite die Marketingabteilung weitgehend unbehelligt von Vorwürfen an ihren Entscheidungen festhalten zu lassen. Pfeffer und Salancik sehen in der Pufferfunktion die wesentliche Aufgabe der Verbraucherabteilung: "A consumer affairs department can deal with complaints about the product with a letter and a free sample, but the production and development departments remain unaffected" (Pfeffer/Salancik, 1978, S. 274). Wird die Pufferfunktion in den Vordergrund gerückt, kommt den Aufgaben der Beschwerdebearbeitung und Verbraucherinformation die zentrale Bedeutung zu, während die Sensibilisierung des Personals für verbraucherpolitische Belange und die Wahrnehmung einer Ombudsmann-Rolle als Aktivitäten entfallen. Die Verbraucherabteilung dient dann primär der doppelten Aufgabenstellung "buffer the organization and lessen the force of the external influences" (Pfeffer/Salancik, 1978, S. 274).

Die Selbstregulierungsfunktion: Die Widerstandsstrategie umfaßt in der Regel auch das Bemühen, gesellschaftlich umfassende Probleme auf privatwirtschaftliche und unternehmensindividuelle Weise zu lösen. Verbraucherabteilungen haben dann die Funktion, verbraucherpolitisch brisante Fragen in "eigener Regie" zu behandeln und auf diese Weise staatlichem Handeln zuvorzukommen bzw. dieses Handeln überflüssig zu machen. Raithel hält diese Funktionszuweisung für entscheidend: "Wenn nun Unternehmen den Ombudsgedanken aufgreifen, geht es ihnen im Prinzip darum, ihren Freiheitsraum offensiv zu verteidigen" (Raithel, 1979, S. 60). Die Selbstregulierungsfunktion setzt insbesondere die frühzeitige Wahrnehmung kollektiver Verbraucherartikulationen voraus, damit das politische Gewicht einzelner Forderungen abgeschätzt werden kann und rechtzeitig Maßnahmen entwickelt und realisiert werden können.

Die Public Relations-Funktion: Zu den Maßnahmen der Widerstandsstrategie gehören auch PR-Aktivitäten. Insofern können Verbraucherabteilungen auch primär zur Erfüllung dieser Funktion installiert werden. Der Stellenwert dieses Aspektes als Grund für die Einrichtung von Verbraucherabteilungen erscheint manchen Beobachtern evident. So urteilt Webster, "that many companies first established the position largely as a public relations gesture" (Webster, 1973, S. 94). Die weitverbreitete Skepsis auf verbraucherpolitischer Seite gegenüber Verbraucherabteilungen beruht auch auf der Einschätzung, "ins Unternehmen integrierte 'Verbraucheranwälte' seien nur eine andere Form von Unternehmens-Public-Relations" (Holliger, 1980, S. 150). Allerdings erscheint es zweifelhaft, ob langfristig die "bloße" PR-Funktion im Rahmen einer grundlegenden Widerstandsstrategie erfüllbar ist. Durchschaute Substanzlosigkeit einer vorgeblichen Verbraucherorientierung kann Verbraucherunzufriedenheit erhöhen, Verbraucherprotest verstärken und das unternehmerische Image nachhaltig verderben. Insofern ist es denkbar, daß die PR-Funktion langfristig eher von einer Verbraucherabteilung erfüllt wird, die im Zusammenhang einer innovativen Reaktionsstrategie steht und insofern nicht primär auf Public Relations-Effekte ausgerichtet ist.

b. Verbraucherabteilung als Instrument im Rahmen der Reaktionsstrategie "Innovation"

Die grundsätzliche Reaktionsstrategie der Innovation umfaßt die frühzeitige und kreative Nutzung verbraucherpolitischer Impulse für die Revision des Marketinginstrumentaleinsatzes. Diese Strategie setzt eine entsprechende verbraucherzentrierte Unternehmensphilosophie voraus. In diesem Rahmen kommt der Verbraucherabteilung eine zentrale Bedeutung zu. Besondere Relevanz haben hier neben der bereits angesprochenen Impulsfunktion die Schulung des Personals (Bildungsfunktion) und die Überwachung der Unternehmensaktivitäten in bezug auf die Einhaltung verbraucherorientierter Grundsätze (Kontrollfunktion).
Die Bildungsfunktion: Zur innerbetrieblichen Durchsetzung der innovativen Reaktionsstrategie ist es erforderlich, daß alle Mitarbeiter über die Grundsätze der verbraucherorientierten Unter-

nehmensphilosophie unterrichtet, über Verbraucherwünsche und -probleme sowie verbraucherpolitische Trends informiert und in strategieadäquaten Verhaltensweisen geschult werden. Für diese Aufgabe ist die Verbraucherabteilung besonders geeignet, da sie über die beste diesbezügliche Kompetenz verfügt.

Die Kontrollfunktion: Im Rahmen einer innovativen Strategie kann die Verbraucherabteilung die Funktion übernehmen, das Marketing aus verbraucherpolitischer Perspektive zu kontrollieren. Sie überwacht die Einhaltung verbraucherbezogener Grundsätze, indem sie diese in bezug auf konkrete Marktaktivitäten auslegt. In diesem Sinne übernimmt sie beispielsweise die Rolle eines "Advertising watchdog" (McGuire, 1973, S. 39), überprüft Werbeaussagen auf irreführende Aspekte und fordert die Marketingabteilung zum Nachweis der werblichen Behauptungen auf. Wie bei der Impulsfunktion wird auch mit der Kontrollfunktion der Verbraucherabteilung eine Ombudsmann-Rolle zuerkannt; sie hat den Standpunkt der Verbraucher gegenüber dem operativen Marketingmanagement zu vertreten. Der Unterschied liegt nur darin, daß bei der Impulsfunktion die Aspekte einer alternativen Problemlösung und des antizipativen Eingriffs stärker betont werden, während bei der Kontrollfunktion eine ex post-Einflußnahme vorliegt, da bereits vorliegende Entscheidungen begutachtet werden. Bezüglich der organisatorischen Voraussetzungen zur Erfüllung der Kontrollfunktion gilt das zur Impulsfunktion Ausgeführte.

D. Zusammenfassung

Unternehmungen sehen sich derzeitig zunehmenden verbraucher- und gesellschaftspolitischen Herausforderungen gegenüber. Nicht nur die Nachfrager in den engeren unternehmensbezogenen Märkten, sondern verschiedene gesellschaftliche Institutionen im weiteren Umfeld stellen Ansprüche und artikulieren Zufriedenheit bzw. Unzufriedenheit mit dem unternehmerischen Handeln. Somit sind kurzfristige, an den engeren Märkten orientierte Marktstrategien unzureichend. Dies gilt insbesondere für Großunternehmen.

Die Einrichtung einer Verbraucherabteilung stellt eine der möglichen Antworten dar. Sie ist in zweifacher Hinsicht als strategisch zu bezeichnen. Zum einen ist eine derartige Organisationsentscheidung bereits an sich eine strategische Entscheidung. Zum anderen haben die von Verbraucherabteilungen wahrzunehmenden Funktionen vielfach strategische Qualitäten im Umgang mit dem gesellschaftspolitischen Kontext des unternehmerischen Handelns.

Um ihre grundsätzliche strategische Bedeutung abschließend beurteilen zu können, haben wir uns die Frage zu stellen, inwiefern die Verbraucherabteilung überhaupt als Einrichtung neben den üblichen Marktforschungs-, Vertriebs-, Marketing- und Serviceabteilungen sinnvoll ist. Dies ist dann zu bejahen, wenn sie entweder Aufgaben übernehmen kann, die von den anderen marktorientierten Abteilungen nicht so kompetent wahrgenommen werden können, oder wenn - darüber hinausgehend - sie sogar zur Lösung von Problemen hinzugezogen wird, die von diesen erst verursacht werden.

Das Konzept der Verbraucherabteilung ist auf dem Boden eines zunehmenden Konfliktpotentials zwischen Unternehmung und marktlicher bzw. gesellschaftlicher Umwelt entstanden. Sie stellt für die Unternehmung eine neue institutionelle Möglichkeit der Konflikterkennung und -regulierung dar.

Die Unternehmung schafft sich einen Sensor für die Umwelt, der aufgrund seiner spezifischen Aufgabenstellungen und Zielvorgaben ein entsprechendes Problemverständnis einbringt und aufgrund zusätzlicher, insbesondere auch dialogischer Kommunikationsformen mit individuellen Verbrauchern und gesellschaftlichen Institutionen sonst nicht erhältliche Informationen über Konsumentenzufriedenheit bzw. -unzufriedenheit gewinnt. Letztere bieten der Unternehmung die notwendige informationelle Basis für eine Intensivierung kurzfristiger Konfliktregulierungen zur präventiven Minderung langfristigen Konfliktpotentials. Unterstützend wirkt hier das durch die Aufgabenstellung bewirkte, an Verbraucherinteressen orientierte Einstellungsprofil der in Verbraucherabteilungen beschäftigten Personen.

Durch die Einrichtung einer Verbraucherabteilung werden Konflikte zwischen Unternehmung und Umwelt zu Interabteilungskonflikten umgewandelt. Daraus entsteht mehr Flexibilität für die Interaktionen mit der Umwelt. Allerdings müssen innerhalb der Unternehmung zwischen den betroffenen Abteilungen Konfliktregelungsmechanismen gefunden werden, ähnlich wie dies auch in Matrixorganisationen der Fall ist. Keineswegs sollten die Marketingabteilungen durch die Verbraucherabteilung in die Rolle gesellschaftlicher "Buhmänner" geraten. Die Verbraucherabteilung kann sich anregend bei der Entwicklung von Reaktionsstrategien auf gesellschaftliche Wandlungsprozesse entfalten. Sie bringt spezifische Informationen und Problemverständnis in strategische Entscheidungsprozesse ein, die zukünftige Konflikte mit der Umwelt innerbetrieblich vorwegnehmen.

Somit stellt die Verbraucherabteilung eine strategische Einrichtung dar, die mit der Wahrnehmung interner und externer Funktionen beauftragt werden kann, durch die der Unternehmung angesichts zunehmender verbraucher- und gesellschaftspolitischer Herausforderungen ein zusätzliches strategisches Konflikterkennungs- und -lösungspotential erwächst.

Anmerkung

1 Im Rahmen eines längeren Forschungsaufenthaltes in Japan konnte sich U. Hansen über die großen Anstrengungen japanischer Unternehmen im Hinblick auf verbraucherseitige Konfliktregulierung informieren.

Literaturverzeichnis

Aaker, D.A., Day, G.S., (1972): Corporate Responses to Consumer Pressures. In: Harvard Business Review, Vol. 50, November/Dezember 1972, No. 6, pp. 114 - 124.
deutsche Übersetzung: Unternehmerische Reaktion auf den Druck des Konsumerismus.
In: Hansen, U., Stauss, B., Riemer, M., (Hrsg., 1982): Marketing und Verbraucherpolitik, Stuttgart 1982, S. 71 - 86.

Ansoff, H.J., (1976): Managing Surprise and Diskontinuity - Strategic Response to Weak Signals. In: ZfbF, 28. Jg., 1976, H.2, S. 129 - 152.

Blum, M.L., Stewart, J.B., Wheatley, E.W., (1974): Consumer Affairs: Viability of the Corporate Resonse. In: Journal of Marketing, Vol. 38, April 1974, pp. 13 - 19.

Bonoma, T.V., (1981): Market success can breed "marketing inertia". In: Harvard Business Review, Vo. 59, 1981, No. 5, pp. 115 - 121.

Bruhn, M., (1974): Konsumerismus - Prüfstein des Marketing. In: Marketing Morgen. Kölner Schriften zum Marketing, Hrsg. Kölnische Rundschau, Köln 1974.
Bruhn, M., (1982): Konsumentenzufriedenheit und Beschwerden. Erklärungsansätze und Ergebnisse einer empirischen Untersuchung in ausgewählten Konsumbereichen, Frankfurt/Main, Bern 1982.
Feldmann, L.P., (1971): Societal Adaptation: A New Challenge for Marketing. In: Journal of Marketing, Vol. 35, 1971, No. 3, pp. 54 - 60.
Fornell, C., (1978): Corporate Consumer Affairs Department - A Communications Perspektive. In: Zeitschrift für Verbraucherpolitik ZVP/JCP, 2. Jg., 1978, Nr. 4, S. 289 - 302 deutsche Übersetzung: Verbraucherabteilungen in Unternehmen - Ein kommunikationsorientierter Ansatz. In: Hansen, U., Stauss, B., Riemer, M., (Hrsg., 1982): Marketing und Verbraucherpolitik, Stuttgart 1982, S. 473 - 487.
Fornell, C., (1981): Increasing the Organizational Influence of Corporate Consumer Affair Departments. In: The Journal of Consumer Affairs, Vol. 15, Winter 1981, No. 2, pp. 191 - 213.
Hahn, D., Krystek, U., (1979): Betriebliche und überbetriebliche Frühwarnsysteme für die Industrie. In: ZfbF, 31. Jg., 1979, H. 1, S. 76 - 88.
Hansen, U., (1979): Verbraucherabteilungen als Frühwarnsysteme. In: ZfB, 49. Jg., 1979, Ergänzungsheft 2, S. 120 - 134.
Hansen, U., Stauss, B., (1979): Die Einrichtung von Verbraucherabteilungen als unternehmerische Reaktion auf den Konsumerismus. In: Uni Hannover, 6. Jg., 1979, H. 1, S. 18 - 20.
Hansen, U., Stauss, B., (1979): Verbraucherabteilungen in Unternehmen - eine Chance für Unternehmen und/oder Verbraucher? Zu Fornells Beitrag in ZVP/JCP, 2, 1978/4. In: Zeitschrift für Verbraucherpolitik ZVP/JCP, 3. Jg., 1979, H. 1, S. 86 - 91.
Hollinger, E., (1980): Ins Unternehmen integrierter Verbraucherschutz. Ein schwei zer Beispiel. In: Zeitschrift für Verbraucherpolitik ZVP/JCP, 4. Jg., 1980, H. 2, S. 150 - 153.
Jones, M.G., (1979): The Role of Consumer Affairs Professionals. Vortragsmanuskript, address at the First Annual meeting of the Consumer Education and Information Association of Virginia, held at Virginia Poliytechnic Institut and State University, Blacksburg, Virginia, May 2, 1979 (Vice President, Consumer Affairs, Western Union).
Köhler, R., Böhler, H., (1984): Strategische Marketing-Planung: Kursbestimmung bei ungewisser Zukunft. In: Absatzwirtschaft, 27. Jg., 1984, Nr. 3, S. 93 - 101.
Krampe, G., Müller, G., (1981): Diffusionsfunktionen als theoretisches und praktisches Konzept zur strategischen Frühaufklärung. In: ZfbF, 33. Jg., 1981, Nr. 5, S. 384 - 401.
Kubicek, H., Thom, N., (1976): Umsystem, betriebliches. In: Grochla, E., Wittmann, W.: Handwörterbuch der Betriebswirtschaft, 4. Auflage, Stuttgart 1976, Sp. 3977 - 4017.
Lawrence, P.R., Lorsch, J.W., (1976): Organization and Environment, Boston (Mass.) 1976.
McGuire, E.P., (1973): The Consumer Affairs Department: Organization and Functions, The Conference Board Report No. 609, New York 1973.
Mitchell, J., (Ed. 1978): Marketing and the Consumer Movement, London u.a. 1978.

Moore, C., (1978): Handling Consumer Complaints. In: Mitchell, J., (Ed. 1978), pp. 97 - 107.
o.V., (1979): "Schiedsmann" und Schnelldienst. Erstmaliger Service in der Konsumgüterindustrie. In: Markenartikel, 41. Jg., 1979, H. 2, S. 79 - 80.
o.V., (1981): Schiedsrichter für Kunden? In: Test, 16. Jg., 1981, H. 4, S. 306 - 307.
Peterson, E., (1974): Consumerism as a retailer's asset. How a supermarket chain turned the planks of the consumer advocates' platform into a marketing tool. In: Harvard Business Review, May-June 1974, S. 91 - 101.
Deutsche Übersetzung in: Hansen, U., Stauss, B., Riemer, M., (Hrsg. 1982), Marketing und Verbraucherpolitik, Stuttgart 1982, S. 430 - 450.
Pfeffer, J., Salancik, G.R., (1978): The External Control of Organizations. A Recource Dependence Perspective, New York u.a. 1978.
Picot, A., (1981): Strukturwandel und Unternehmensstrategie, Teil 2. In: WiSt, 10. Jg., 1981, H. 12, S. 563 - 571.
Raithel, H., (1979): Wenn der Ombudsmann kommt. In: Manager Magazin, Jg. 9, 1979, Nr. 11, S. 60 - 69.
Rodger, L., (1978): Future developments in marketing. In: Mitchell, J. (Ed. 1978), pp. 129 - 140.
Schoenfeld, D., (1978): Representing the Consumer in Business: J.C. Penney - a US case study. In: Mitchell, J. (Ed. 1978), pp. 220 - 228.
Stauss, B., (1984): Marketing öffentlicher Unternehmen, Manuskript, Hannover 1984.
Wimmer, F., (1979): Corporate Consumer Affairs Departments: Are They Really in the Interest of the Consumer? A Comment on Fornell. In: Zeitschrift für Verbraucherpolitik, 1/79, S. 91 - 95.
Webster, F.E. jr., (1973): Does business misunderstand consumerism? In: Harvard Business Review, Sept.-Oct. 1973, No. 5, S. 89 - 97.
Wündrich, H., (1977): Strategie-Begriff kritisch betrachtet. In: Absatzwirtschaft, 20. Jg., 1977, Nr. 11, S. 84 - 90.

Hans Raffée und Klaus-Peter Wiedmann *

Corporate Communications als Aktionsinstrumentarium des strategischen Marketing

*Prof. Dr. Hans Raffée ist Inhaber des Lehrstuhls für Allgemeine Betriebswirtschaftslehre und Absatzwirtschaft II, Universität Mannheim; Dipl.-Kfm. Klaus-Peter Wiedmann ist wissenschaftlicher Mitarbeiter an diesem Lehrstuhl.

A. Einführung

Der Verzicht auf einen intensiven Dialog mit der Öffentlichkeit wird zunehmend zur "strategischen Falle" der Unternehmenspolitik. Angesichts gravierender Umweltprobleme, Werksstillegungen, Entlassungen und damit einhergehenden Reaktionen in der Öffentlichkeit dürfen sich Unternehmen nicht mehr in Schweigen hüllen. Sie sollten vielmehr versuchen, durch eine offensive institutionelle Kommunikation ihre Position zu sichern, Vertrauen zu gewinnen und negative Entwicklungen abzuwenden.

Vor diesem Hintergrund macht ein neues Schlagwort die Runde - Corporate Communications (CC): Als Import aus den USA wird hier eine neue Form der Werbung propagiert, bei der nicht mehr einzelne Produkte, sondern die jeweiligen Unternehmen oder gesellschaftlich relevante Themen im Mittelpunkt stehen. Durch die Verdeutlichung der Unternehmensposition, gesellschaftlicher Problemlösungsbeiträge etc. sollen u.a. das angeschlagene Image aufpoliert, Mißverständnisse ausgeräumt, ungünstige Entwicklungen abgewendet und insgesamt höhere Erfolge erzielt werden - ein Allheilmittel also?

Obwohl CC ganz sicher kein Allheilmittel darstellt, wird dieses Instrumentarium immer wichtiger; und es ist vor allem dann effizient, wenn CC in ein strategisches, gesellschaftsbezogenes Marketing-Gesamtkonzept eingebettet ist, eine Strategie der Glaubwürdigkeit eingeschlagen wird und CC davon ausgehend systematisch geplant wird.

Als Beleg für den Erfolg einer solchen Kommunikation werden jeweils zahlreiche Beispiele aus den USA angeführt /1/; Beispiele, die ganz offensichtlich auch deutsche Unternehmen in zunehmendem Maße zu neuen Wegen der Kommunikation veranlassen, wie die Kampagnen der chemischen und pharmazeutischen Industrie, einiger Banken und Versicherungen usw. zeigen: Man stellt sich als umweltfreundlich und verantwortungsbewußt dar und weist auf gesellschaftliche Problemlösungsbeiträge hin. Dann und wann zeigt man durchaus auch die Zähne. So z.B. der Verband Deutsche Hypothekenbanken, der dem Unmut über die Staatsverschuldung in einer Anzeigenkampagne Luft macht; "Jetzt sind Sie dran!" lautete seinerzeit der zunächst an die Adresse der Politiker gerichtete Slogan.

Kaum beginnen auch in der Bundesrepublik Deutschland erste zarte Pflanzen auf dem Feld offensiver institutioneller Kommunikation eine gewisse Blütenpracht zu entfalten, setzt bereits heftige Kritik ein. Zwar wird nicht generell die Erfolgsträchtigkeit von CC in Abrede gestellt. Man erhebt jedoch vor allem den Vorwurf, es werde lediglich "alter Wein in neuen Schläuchen" serviert: Was sei CC anderes als vernünftig angelegte PR bzw. Öffentlichkeitsarbeit? Dieser Einwand ist nicht zuletzt deshalb ernst zu nehmen, weil er u.U. den Blick für neue Kommunkationserfordernisse im Zuge strategischer Unternehmensführung verstellen kann. Im folgenden soll daher versucht werden, das CC-Konzept als einen zentralen Baustein eines strategischen Marketing zu verdeutlichen.

B. Corporate Communications als Konzept strategisch ausgerichteter Kommunikationspolitik

I. Allgemeine Kennzeichnung der Corporate Communications und deren Integration in das strategische Marketing

Sicherlich greift CC auch auf Erkenntnisse und Methoden der Imagewerbung, PR oder Öffentlichkeitsarbeit zurück. Sie ist jedoch umfassender angelegt, verbindet in noch stärkerem Maße die Absatz- und Beschaffungswerbung mit der Öffentlichkeitsarbeit, um auf diese Weise Synergieeffekte zu realisieren, und ist vor allem systematisch in ein strategisches Marketing (Marketing "nach außen und nach innen") integriert. CC wird als ein strategisches Aktionsinstrumentarium verstanden, um Erfolgspotentiale bei allen relevanten Umweltpartnern und bei den Mitarbeitern aufzubauen, voll auszuschöpfen und insbesondere langfristig zu sichern: sie übersetzt die Identität eines Unternehmens in Kommunikation und bildet das strategische Dach für die unterschiedlichsten Kommunikationsaktivitäten nach innen und außen. Auf der Basis dieser ganzheitlichen Perspektive kommt eine breite Palette von Instrumenten zum Einsatz, ausgehend vom äußeren Erscheinungsbild (Corporate Design) über einzelne PR-Instrumente,

Lobbyismus, Unternehmenswerbung (Corporate Advertising) etc. bis hin zu einer auch an langfristigen Unternehmens- und Imagezielen ausgerichteten Produktwerbung, Personalwerbung usw.

Im Vergleich zur PR stellt CC zunächst also insofern ein erweitertes Konzept dar, als CC darauf abzielt, die Kommunikationsmaßnahmen im Feld der Öffentlichkeitsarbeit und der Absatz- sowie Beschaffungspolitik zu einem umfassenden Kommunikations-Mix zu kombinieren. Dabei sollen nicht nur - wie nach traditionellem PR-Verständnis bereits üblich - imagebildende PR-Maßnahmen die Zielerreichung im Absatz- und Beschaffungsektor fördern. Vielmehr müssen auch umgekehrt die Kommunikationsmaßnahmen im Absatz- und Beschaffungsbereich so geplant werden, daß sie einen positiven Beitrag zur Imageprofilierung leisten. Überdies sind im Rahmen der CC-Politik - mitunter unabhängig von allgemeinen PR-Absichten - Ausstrahlungseffekte zwischen absatz- und beschaffungspolitischen Kommunikationsmaßnahmen zu analysieren und voll auszuschöpfen. Zu denken ist bspw. an Personalanzeigen, die ja nicht nur von potentiellen Mitarbeitern, sondern auch von Kunden, Lieferanten, Geldgebern, Mitgliedern von Bürgerinitiativen etc. registriert werden. Teilweise eröffnen sich hier neue Kommunikationsschienen, auf denen ganz gezielt z.B. Kunden indirekt angesprochen werden können. Eine solche indirekte Ansprache kann u.U. deshalb wirkungsvoller sein, weil vom Kunden keine Beeinflussungsabsicht perzipiert wird. Einige Unternehmen, wie z.B. Unternehmensberatungsgesellschaften, denen eine direkte Absatzwerbung schlecht zu Gesicht stünde, schöpfen derartige Kommunikationschancen bereits kräftig aus. Einhergehend mit der systematischen Planung verschiedener Ausstrahlungseffekte sind mit Blick auf das Werbetiming u.a. Pulsationsstrategien zu prüfen, bei denen sich Kommunikationsmaßnahmen in einzelnen Teilbereichen geschickt abwechseln, um so eventuell auftretende "Ermüdungserscheinungen" bei den Rezipienten zu vermeiden /2/.

Obwohl in diesen Beispielen der grundlegende Charakter von CC als eines strategischen Aktionsinstrumentariums seinen Ausdruck findet, ist unter einem anderen Blickwinkel PR als das umfassendere Konzept zu interpretieren. Dies allerdings nur dann, wenn man die neueren Entwicklungsstufen der PR-Konzeption in Rechnung stellt, wie sie heute in Gestalt der Public Affairs oder - als

Weiterentwicklung davon - des Public Marketing diskutiert werden /3/.

Public Marketing verkörpert - neben dem Absatz- und Beschaffungsmarketing - die dritte Säule eines strategischen Marketing. Im Zentrum steht dabei die konsequente Ausrichtung aller betrieblichen Ziele, Aktivitäten und Leistungen an den Anforderungen der Gesellschaft bzw. den Bedürfnissen und Erwartungen aller direkten sowie indirekten Austauschpartner. Es geht hier also in erster Linie um eine Denkhaltung in allen Bereichen des Betriebes (Haedrich und Kreilkamp, 1983, S. 433; Kotler und Mindak, 1978) /4/ mit der Zielrichtung, durch einen gesellschaftsorientierten Kurs relevante Unterstützungs- und mithin Erfolgspotentiale eines Unternehmens aufzubauen, voll auszuschöpfen und langfristig zu sichern. Neben dem Einsatz spezieller Kommunikationsinstrumente (Pressekonferenzen, Imagekampagnen etc.) sind von daher zahlreiche weitere Aufgaben der PR bzw. des Public Marketing zu beachten: So ist z.B. im Wege eines internen Einflußmanagement dafür Sorge zu tragen, daß sich die Zielsetzung und Leistungserstellung tatsächlich an den Anforderungen der Öffentlichkeit orientieren. Hierzu sind ggf. Informationen zu erheben und entsprechende Gestaltungsvorschläge zu unterbreiten, wodurch im Konzept des Public Marketing auch z.B. produktpolitische Aspekte eine Bedeutung erlangen (vgl. Raffée, 1979, S. 9). Über die Beeinflussung der betrieblichen Leistungserstellung hinaus, kann es in einigen Fällen sogar sinnvoll sein, in Gestalt eines kulturellen Mäzenatentums, der Unterstützung sozial Benachteiligter u.ä.m. zusätzliche Sozio-Programme zu initiieren. Hierauf wird weiter unten noch etwas näher einzugehen sein.

Während nun also CC ein kommunikationsbezogenes Aktions- oder Planungskonzept des strategischen Marketing ist, verkörpert PR bzw. Public Marketing eine der inhaltlichen Säulen, auf der strategisches Marketing steht. Strategisches Marketing erhält dabei aus den Sektoren des Public, Absatz- und Beschaffungsmarketing Impulse in Gestalt von Informationen, Programmvorschlägen und Forderungen. Diese bilden u.a. die Basis für die Planung langfristiger Zielkonzeptionen und strategischer Stoßrichtungen, die sich sodann in der Entwicklung strategischer Aktionsprogramme niederschlagen und wiederum über die Schienen des Public-, Absatz- und Beschaffungsmarketing realisiert werden sollen. CC akzentuiert hierbei alle, an der strategischen Unternehmenspolitik ausgerichteten Kommunikationsprogramme. In Abhängigkeit von der vorliegenden Situation kann es dabei u.U. zweckmäßig sein, CC als eine eigenständige Abteilung zu institutionalisieren, die als Planungsgrundlage für die Sektoren des Public-, Absatz- und Beschaffungsmarketing entsprechende Gestaltungsvorschläge erarbeitet. Darüber hinaus könnten jedoch von dieser Abteilung auch selbständig übergreifende, auf Synergieeffekte bedachte Kommunikationsprogramme geplant und realisiert werden, die die Kommunikationsaktivitäten in den Sektoren des Public-, Absatz- und Beschaffungsmarketing unterstützen, entlasten oder ggf. sogar ersetzen. Die einzelnen Beziehungen zwischen CC und Public-Marketing sowie deren Integration in das strategische Marketing werden in Abb. 1 noch einmal zu verdeutlichen versucht.

II. Globale Zielbereiche und strategische Stoßrichtungen der Corporate Communications

1. Überblick

Obwohl das CC-Konzept in Abhängigkeit von der jeweils spezifischen unternehmensinternen und -externen Situation präzisiert und konkret ausgestaltet werden muß, lassen sich trotz aller Unterschiedlichkeiten einige globale Zielbereiche und strategische Stoßrichtungen herausarbeiten. Auf einige wurde zuvor schon hingewiesen: So z.B. auf die generelle Zielsetzung, bei allen Austauschpartnern Unterstützungspotentiale aufzubauen, voll auszuschöpfen und langfristig zu sichern, sowie die Forderung, systematisch Synergieeffekte zu nutzen. Besonders hervorzuheben ist ferner die Notwendigkeit, eine Strategie der Glaubwürdigkeit einzuschlagen, womit wir uns in den nachfolgenden Abschnitten noch beschäftigen werden.

An dieser Stelle sind vor allem drei Zielbereiche der CC zu pointieren, die mögliche Kommunikationsschwerpunkte aufzeigen und den Aktionsradius einzelner CC-Programme abstecken:

- <u>Leistungsbezogene Kommunikation</u>

  Spezifische Informationen und Anreize zur Annahme und/oder Abgabe von Leistungen (z.B. Absatz- bzw. Produktwerbung, Lieferantenwerbung, Personalwerbung).

- <u>Imagebezogene Kommunikation</u>

  Kommuniziert werden keine spezifisch leistungsbezogenen Handlungsanreize, sondern im Zentrum steht der Versuch, generell Unterstützungspotentiale für das Unternehmen zu erlangen oder zu sichern bzw. deren Entzug zu verhindern. Im einzelnen kommen Maßnahmen zur Erhöhung des Bekanntheitsgrades, zur Sicherung positiver Einstellungen oder Vertrauenswerbung bzw. Verteidigung gegenüber Beschuldigungen (Advocacy Advertising), Korrektur falscher Einschätzungen usw. in Betracht.

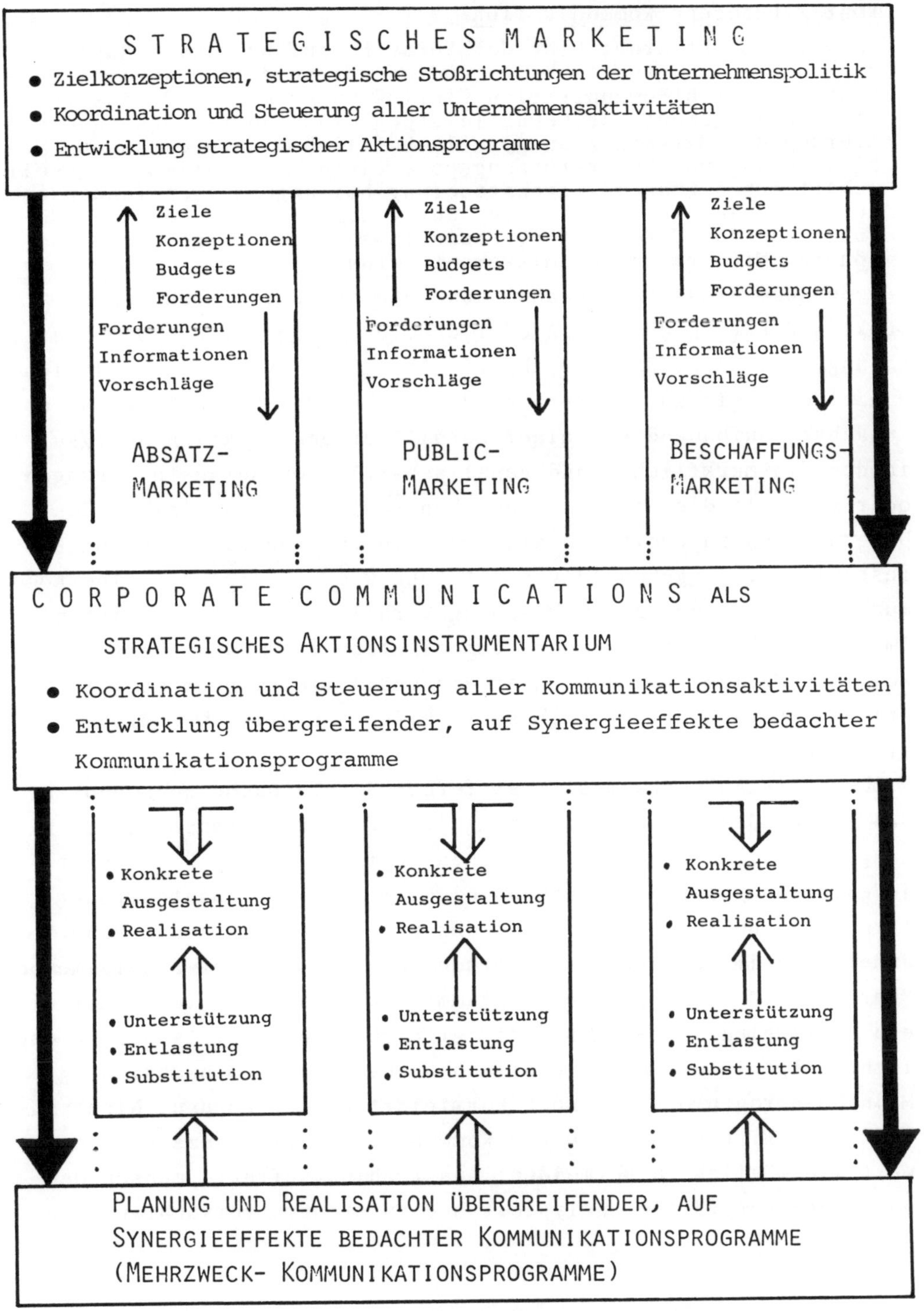

Abb. 1: Corporate Communications als strategisches Aktionsinstrumentarium (Wiedmann 1984)

- Kontextbezogene Kommunikation

  Im Mittelpunkt steht hier der Versuch, auf bestimmte Rahmenbedingungen bzw. gesellschaftliche und organisationsinterne Tatbestände durch Kommunikation Einfluß zu nehmen (z.B. internes Einflußmanagement zur Gewährleistung einer ausreichenden Orientierung des Marketing an gesellschaftlichen Anforderungen, Mobilisierung von Unterstützungspotentialen in bestimmten gesellschaftlichen Fragen, Gegensteuerung bei ungünstigen Tendenzen des Wertewandels, Reduzierung der gesellschaftlichen Anforderungen an das Unternehmen, Beeinflussung der Bürger im Sinne höherer Mitwirkung und Mitverantwortung).

Jede Kommunikationsmaßnahme kann nun entweder ihren Schwerpunkt stärker in dem einen oder anderen Zielbereich haben oder so angelegt sein, daß gleichgewichtige Beiträge zur Realisation einzelner Ziele zu erwarten sind. Aufgabe der CC-Politik ist es zunächst, aufbauend auf einer detaillierten Situationsanalyse, in der die marktlichen und gesellschaftlichen Herausforderungen oder generell die Stärken/Schwächen sowie Chancen/Risiken des Unternehmens zu ermitteln sind, die relevanten Zielschwerpunkte festzulegen. Ausgehend davon ist dann wiederum für einzelne Kommunikationsmaßnahmen das Mischungsverhältnis zwischen leistungs-, image- und kontextbezogener Kommunikation in Abhängigkeit vom jeweiligen Medium, von den zu erreichenden Zielgruppen etc. zu bestimmen. Daraus ergibt sich schließlich das Briefing für die kreative Umsetzung.

Besondere Aufmerksamkeit ist ferner der Tatsache zu schenken, daß - zumindest in der Tendenz - jede Kommunikationsmaßnahme Wirkungen in allen drei Zielbereichen entfaltet. So z.B. strahlt jede leistungsbezogene Werbeanzeige im Feld der Absatzwerbung (Produktwerbung) auf das Image des Unternehmens aus und kann Veränderungen im Kontext des Unternehmens bewirken (etwa allgemeiner "Werbefrust" infolge eines bestimmten Werbestils). Von daher wird ein "Kommunikations-Assessment" erforderlich, mittels dessen mögliche Folgewirkungen systematisch abgeschätzt und beabsichtigte Maßnahmenprogramme ggf. noch korrigiert werden können. Nicht intendierte Wirkungen einzelner Kommunikationsprogramme sind soweit wie möglich zu vermeiden; Ausstrahlungseffekte müssen demgegenüber sorgfältig analysiert und zu steuern versucht werden.

2. Leistungsbezogene Kommunikation

Eine sorgfältige CC-Planung erhält im Sektor leistungsbezogener Kommunikation besonderes Gewicht. Nicht selten werden jedoch gerade hier z.B. Auswirkungen der Produktwerbung auf das Image und den Kontext des Unternehmens nur unzureichend beachtet. Wer heute noch in einer Anzeige mit folgenden Argumenten für sein Produkt wirbt: "... bei einem seidenweichen Schub aus der unerschöpflichen Kraft von 217 Kw (295 PS) und einem fast vibrationsfreien Lauf bis ca. 225 km Spitze ...", spricht nicht nur eine Sprache, die - von einer bestimmten Zielgruppe abgesehen - wohl kaum noch in die veränderte Bewußtseinslandschaft paßt (Lakaschus, 1983). Vielmehr wird er es auch schwer haben, sich andernorts als gesellschaftsbewußtes Unternehmen zu profilieren. Bei Unternehmen, die in ihren Anzeigen ungerechtfertigterweise mit "Bio-Argumenten" werben und gleichzeitig damit höhere Preise durchzusetzen versuchen, sollte man nicht überrascht sein, wenn dies bei der aktiven Öffentlichkeit Kritik und Widerspruch hervorruft und ggf. sogar Gegenmaßnahmen initiiert werden (vgl. z.B. einige Sendungen der Reihe "Abenteuer im Supermarkt" in SWF 3).

Als Gegenbeispiel kann hier eine Anzeige von BMW angeführt werden (vgl. Abb. 2). In dieser Anzeige sind zugleich in interessanter Weise leistungs-, image und kontextbezogene Kommunikationsinhalte kombiniert, so daß es schwerfällt, sie eindeutig einem Zielbereich zuzuordnen. Das Unternehmen versteht es nicht nur, seine Produkte und sich selbst ins richtige Licht zu rücken, sondern versucht auch, durch Kommunikationsinhalte wie z.B. "Automobil oder Umwelt?, neue Technik statt neuer Klagen, Freiheit ist Verantwortung - weniger des Staates als vielmehr jedes einzelnen etc." in die Arena der gesellschaftlichen Wertediskussion zu steigen (kontextbezogene Kommunikation).

3. Imagebezogene Kommunikation

Der Identität eines Unternehmens müssen im Bild öffentlicher Meinung klare Konturen verliehen werden. Das Image der Unternehmung bildet eine zentrale Urteilsbasis für Kunden, Mitarbeiter, Aktionäre, Lieferanten, Behörden usw., wenn es um die von ihr angebotenen und/oder nachgefragten Leistungen geht. Das Image kann dabei die Rolle einer Schlüsselinformation ("Information Chunk") einnehmen, um angesichts der heutigen Informationsvielfalt in der Medienlandschaft Informationsüberlastungen zu vermeiden: Vertrauen ist hier ein Mittel zur Reduktion von Komplexität. Von daher bilden Aufbau und Pflege eines positiven Unternehmensimage eine wichtige strategische Stoßrichtung der CC-Politik.

Ausgehend von einer sorgfältigen Analyse des bestehenden Unternehmensimage und der derzeitigen sowie angestrebten Unternehmensidentität im Vergleich zu den gesellschaftlichen Erwartungen und Forderungen sind jeweils die Schwerpunkte eines imagebezogenen CC-Programms festzulegen. Populärstes Instrument zur Realisation solcher Ziele ist z.Zt. die Unternehmenswerbung (Corporate Advertising); ihr wird ein vergleichsweise außerordentlich hoher Beitrag zur Verwirklichung dieser Ziele bescheinigt. /5/ Vielzitiertes Fallbeispiel ist die Kampagne des amerikanischen Mischkonzerns "United Technologies Corporation" (UTC): mit Hilfe der Unternehmenswerbung gelang es, nicht nur den Bekanntheitsgrad wesentlich zu erhöhen sondern damit gleichzeitig zum "heißen Börsentip" aufzusteigen. Bemerkenswert ist auch der Fall "Chrysler": in Anzeigen und TV-Spots verbürgte sich der Firmenchef in einer kritischen Phase des Unternehmens persönlich für die Qualität der Produkte sowie für die Zukunft des Konzerns; damit motivierte er Mitarbeiter, Händler, Kunden und last not least die Geldgeber in Regierung und Banken. Geradezu zum Synonym für effiziente imagebezogene CC ist schließlich inzwischen bereits die Kampagne der Esso AG geworden: durch die "Anpack-Kampagne" soll es bei bestimmten Zielgruppen gelungen sein, das Image von einem verbraucherfeindlichen, profitgierigen Ölmulti zu einem verantwortungsbewußten, z.B. als Arbeitsstätte außerordentlich attraktiven Unternehmen, zu wandeln.

Sicherlich ist solchen Erfolgsmeldungen mit Skepsis zu begegnen - imagebezogene CC ist kein verbriefter Erfolg; allein die Erfolgschance sollte jedoch Anlaß genug sein, um entsprechende Planungsüberlegungen hinsichtlich einer solchen CC einzuleiten. Hervorzuheben ist dabei noch einmal der Aspekt des "Image-Transfer":

Automobil oder Umwelt?

Wenn es Ihr Stil ist, neue Probleme mit neuer Technik statt mit neuen Klagen zu beantworten, sollten Sie sich mit BMW auseinandersetzen.

Wenn wir uns vornehmen, schneller zu sein, dann bezieht sich das auch auf das Lösen von Problemen.
Sportlichkeit – das heißt bei BMW zwar Geschwindigkeit.
Aber auch die Geschwindigkeit, mit der man neuen Problemen mit ebenso neuen, innovativen Lösungen entgegentritt.
Auch hier herrscht bei uns jenes Engagement, das uns genauso wie bei unserem Einsatz für den Sport auszeichnet.
Wir haben einmal vor anderen dafür gesorgt, daß der Mensch Freude am Fahren gewann.
Jetzt arbeiten wir auch dafür, daß er sie nicht verliert.

Während noch versucht wird, dieses oder jenes Automobil so sportlich wie einen BMW zu machen, sind wir in der Entwicklung ein großes Stück weiter.
Das Automobil belastet neben seinen unschätzbaren positiven Auswirkungen unsere Umwelt.
Doch BMW Automobiltechnik zeigt, daß es möglich ist, diesen Konflikt und damit die Probleme von heute und morgen zu lösen.
Das Mittel: Der konsequente Einsatz von umweltfreundlicher Elektronik.
Und diese arbeitet bei BMW praktisch in jedem Automobil.
Fast 90% der Modelle haben die besonders umweltfreundliche elektronische Einspritzanlage.
Und schon 35% werden mit der Digitalen Motor-Elektronik ausgerüstet.
Sie sorgt in BMW Hochleistungs-Triebwerken in jeder Situation für magerstes Kraftstoff-Luft-Gemisch und trägt damit zu günstigsten Abgaswerten bei.
Selbst die Modelle 316 und 518 haben bereits eine umweltfreundliche Gemischaufbereitungs-Anlage – den elektronisch gesteuerten Vergaser.
Auch er garantiert in problematischen Fahrsituationen, z.B. im Stadtverkehr bei noch kaltem Triebwerk, daß so wenig wie möglich Kraftstoff zu so wenig wie möglich Abgas verbrannt wird.

BMW Elektronik kann noch erheblich mehr: Sie kann menschlichen Fehlleistungen ebenso entgegenwirken wie der Tendenz herkömmlicher Technik, sich zum Schlechten hin zu verändern.
Falsche Einstellungen am Vergaser, Veränderungen am herkömmlichen Zündsystem im Laufe der Fahrzeit können erheblich mehr Verbrauch – bis zu 50% – und damit auch entsprechend mehr Abgas bedeuten.
Fachleute schätzen, daß im Durchschnitt 10% zuviel verbraucht und damit zuviel Abgas produziert wird.
BMW Elektronik kann dies ein für allemal ausschließen.

Die Einführung von bleifreiem Benzin ist ein Schritt für die Zukunft.
Ganz entscheidende Verbesserungen lassen sich allerdings schon heute realisieren: durch entsprechende technische Intelligenz.
Und die hat BMW frühzeitiger und konsequenter entwickelt und eingesetzt.
Nicht nur, um BMW Automobile leistungsfähiger, sondern auch, um sie erheblich umweltfreundlicher zu machen.

Geben Sie mit BMW Hochleistung ein Beispiel für ein neues Verständnis von persönlicher Freiheit.
Einen exklusiven Automobilhersteller erkennt man heute nicht allein daran, daß er in der Lage ist, besonders leistungsfähige Fahrzeuge zu bauen wie z.B. den neuen BMW M 635 CSi*.
Sondern vor allem auch daran, wieviel Technik zum Vorteil der Umwelt er heute bereithält.

Freiheit ist Verantwortung – weniger des Staates als vielmehr jedes einzelnen.
Und dafür muß jeder mehr Bewußtsein am Steuer seines Automobils entwickeln.
Wir haben alles dafür getan, daß das nirgendwo einfacher ist als in einem BMW.

*Einsatz ab Frühjahr '84

BMW

Abb. 2: Anzeigenbeispiel

Ausstrahlungseffekte vom Unternehmensimage auf die angebotenen und/oder nachgefragten Leistungen (et vice versa) sind strategisch zu nutzen und systematisch zu planen. Solche Ausstrahlungs- oder Synergieeffekte, wie z.B. Anreize für qualifizierte Stellenbewerber oder positive Auswirkungen auf den Kapital- und/oder Absatzmarkt (etwa im Falle Esso bzw. UTC beobachtet), treten heute häufig noch als nicht beabsichtigte CC-Konsequenzen auf. Die Nutzung der sich hier eröffnenden Chancen bleibt damit oftmals dem Zufall überlassen.

Neben möglichen Ausstrahlungs- und Synergieeffekten gilt es, neue Strategien der Profilierung gegenüber bestimmten Umweltpartnern zu realisieren. Interessant ist hier bspw. die von einigen pharmazeutischen Unternehmen (Nordmark, Pfizer etc.) eingeschlagene "Stellvertreterstrategie": /6/ Durch Anzeigenkampagnen wird das Image von Ärzten und Apothekern zu verbessern versucht, insbesondere um bei diesen für pharmazeutische Unternehmen wichtigen Zielgruppen im Ansehen zu steigen und damit entsprechende Verschreibungen und Markenempfehlungen zu erreichen.

4. Kontextbezogene Kommunikation

Eine der zentralen Stoßrichtungen effizienter CC - in praxi zumeist weniger beachtet, aber gerade im Lichte eines strategischen Marketing besonders wichtig - muß mehr und mehr die kontextbezogene Kommunikation bilden. Angesichts gesellschaftlicher Trends stellt hier insbesondere die Sicherung eines "Wertekonsenses" eine Herausforderung dar. Im Kern geht es hier um die Erhaltung, Kanalisierung oder Änderung gesellschaftsbezogener Wertvorstellungen und Einstellungen der Bürger, die die Akzeptanz der Unternehmen und deren Leistungen in der Gesellschaft berühren oder sonstige unternehmensrelevante Sachverhalte betreffen (z.B. Einstellungen gegenüber der Marktwirtschaft, den Unternehmensgewinnen, der Arbeit u.ä.m.).

Zwar kann dieser Zielrichtung der CC auch bereits in stärker imagebezogenen Kampagnen Rechnung getragen werden: So etwa, wenn Ölmultis demonstrieren, daß ihre Gewinne in zukunftsbezogene Forschung und in die langfristige Sicherstellung der Energieversorgung fließen. Doch auch darüber hinaus ist diesem Aspekt verstärkt Aufmerksamkeit zu schenken.

Gerade vor dem Hintergrund eines strategischen Marketing bildet eine wertbezogene CC-Politik ein wichtiges Aufgabenfeld. Unternehmen sollten die Herausbildung von Stimmungsbildern oder neuen Wertvorstellungen nicht allein den Medien, Bürgerinitiativen usw. überlassen. Natürlich darf man sich bezüglich eines "Wert-Management" keinen übertriebenen Hoffnungen hingeben und dessen Realisationsprobleme unterschätzen. Wer sich jedoch heute nicht in die Arena gesellschaftlicher Diskussion begibt, läuft Gefahr, daß die Meinungsbilder und Wertvorstellungen von morgen einseitig durch andere Personen und Institutionen geprägt werden.

Daß verschiedene Unternehmen - nicht zuletzt auf Verbandsebene - dieses Aufgabenfeld des strategischen Marketing bereits sehr ernst nehmen, illustrieren einige ausgewählte Beispiele: Hervorzuheben ist etwa der Versuch des Bundesverbandes deutscher Banken, die Einstellung gegenüber dem Sozialstaat zu beeinflussen und an einer noch breiteren Anerkennung der Eigenverantwortung durch den Bürger mitzuwirken (Slogan: "Banken: Sozial - das kann nicht immer nur die Zuständigkeit der anderen sein"). Interessant ist auch die Anzeigenserie der Deutschen Bank, in der "weniger Staat" gefordert wird. Erwähnt sei schließlich noch die zuvor angesprochene BMW-Anzeige oder die Anzeige der Daimler-Benz AG, in der das Thema "Verunreinigung der Atmosphäre durch das Auto" aufgegriffen wird und Probleme im Zusammenhang mit bleifreiem Benzin, Motorleistung, Benzinverbrauch darzulegen versucht werden. Wie immer man diese Kampagnen auch im einzelnen beurteilt, prinzipiell stellen sie zumindest einen ersten Schritt in die richtige Richtung dar.

Trotz erster Bemühungen sind jedoch auf der anderen Seite die z.T. eklatanten Defizite im Feld kontextbezogener Kommunikation nicht zu übersehen. Noch immer werden gesellschaftliche Zielkonflikte zwischen Versorgungszielen im Konsumsektor, Arbeitsplätzen, Ökologie etc. von Unternehmensseite zu wenig thematisiert. Zwar finden sich in den Anzeigenkampagnen der chemischen Industrie oder der "Initiative geschützter leben" ansprechend verpackte Hinweise auf positive Problemlösungsbeiträge seitens der Industrie. Dies allein reicht jedoch nicht aus; es muß auch bezüglich der Schattenseiten Stellung bezogen werden. In diesem Zusammenhang gilt es vielmehr, Vertrauen und vor allem Verständnis für objektive Sachzwänge und Problemsituationen zu gewinnen. Einhergehend damit ist intensive Aufklärungsarbeit zu leisten, wobei dem Bürger ins Bewußtsein zu rücken ist, daß nicht eine ausgezeichnete Versorgung mit Gütern verlangt werden kann, ohne zugleich die entsprechenden Kosten in Kauf zu nehmen. Derartige Aufklärungsmaßnahmen haben freilich nur dann eine Erfolgschance, wenn Unternehmen ihr Bemühen um einen weitestgehenden Konfliktausgleich glaubwürdig vorweisen oder zumindest glaubhaft in Aussicht stellen können.

Demgegenüber war die öffentliche Argumentation der Unternehmer und Unternehmensverbände im Tarifkonflikt um die 35-Stundenwoche wohl kaum eine Sternstunde unternehmerischer Kommunikationspolitik: Man hatte sich zunächst starr auf die 4o-Stundenwoche festgelegt, anstatt die Notwendigkeit der Kostenneutralität eventueller Arbeitszeitverkürzungen in's Zentrum einer kontextbezogenen Kommunikation zu stellen. (Ähnlich das in diese Richtung zielende Motto "Wer weniger arbeitet, sollte auch mit weniger Einkommen zufrieden sein" in der Anzeige des Bundesverbands deutscher Banken. Vgl. Abb. 3).

C. Zur Notwendigkeit strategisch ausgerichteter Kommunikationspolitik und ausgewählte Aufgabenfelder der Corporate Communications

I. Wertewandel als Herausforderung an die Kommunikationspolitik und als Impulsgeber für Corporate Communications

Die verstärkte Notwendigkeit einer CC resultiert wesentlich aus dem Wertewandel. Er hat nicht nur generell zu einem geschärften Bewußtsein gegenüber aktuellen gesellschaftlichen Problemen innerhalb unserer Gesellschaft sondern auch zu neuen Ansprüchen gegenüber Unternehmen geführt. Unabhängig von einem konkret wahrgenommenen Verschulden sozialer Probleme wird heute von den Unternehmen zusätzlich ein aktiver Beitrag zur Verwirklichung gesellschaftlicher Ziele erwartet. Aus einer kürzlich abgeschlossenen, vom Stern initiierten Untersuchung "Dialoge - der Bundes-

Thema „Arbeitszeit"

Banken: Wer weniger arbeitet, sollte auch mit weniger Einkommen zufrieden sein

Selbständige erleben es täglich: Je mehr sie leisten, desto besser sind sie beschäftigt. Aber sie kennen auch die Kehrseite: Je weniger sie ihren Kunden für's Geld bieten, desto weniger Kunden haben sie.

Diese Erfahrung gilt nicht nur für den einzelnen Selbständigen, den Handwerksmeister etwa. Sie gilt für die Wirtschaft schlechthin und für alle, die beruflich weiterkommen wollen. Wer seine eigene oder die Entwicklung eines Betriebes vorantreiben will, wird kaum auf die Idee kommen, weniger zu leisten und für die gekürzte Leistung den ungekürzten Preis zu verlangen.

Wir Banken haben Verständnis dafür, wenn jemand mehr Freizeit und vorgezogene Pensionierung höher einschätzt als die volle Arbeitszeit und zugleich hofft, damit auch noch zur Milderung der Arbeitslosigkeit beizutragen. Aber wir meinen, wer einen Teil seiner Arbeit anderen überlassen will, der muß ihnen dann auch gerechterweise den Lohnanteil überlassen.

Bundesverband deutscher Banken

Die Privatunternehmen der Kreditwirtschaft: Großbanken, Regionalbanken, Privatbankiers, Hypothekenbanken.

Abb. 3: Anzeigenbeispiel

bürger als Partner" geht bspw. hervor: einzelne Bevölkerungssegmente erwarten von Unternehmen neben Beiträgen zur Entlastung der Arbeitsmarktsituation sowie zum Umweltschutz bereits ein aktives Engagement bei der Verwirklichung allgemeiner humanitärer und kultureller Ziele. /7/

Einhergehend mit diesen Erwartungen kristallisiert sich der Wunsch nach Transparenz und Kontrolle heraus. Der Bürger will mehr über die Unternehmen im allgemeinen und deren gesellschaftliche Problemlösungsbeiträge im besonderen erfahren. Im Rahmen der zuvor erwähnten Stern-Untersuchung wurden hierzu einige relevante Informationsbedarfe erfaßt; die Ergebnisse sind in der folgenden Tabelle festgehalten. Aus dieser Tabelle geht gleichzeitig hervor, in welchem Maße sich auch öffentliche und soziale Institutionen einem ausgeprägten Informationsbedarf gegenübersehen; in diesem Sektor gewinnt also das Konzept der CC ebenfalls mehr und mehr an Gewicht.

Aus den Ansprüchen gegenüber Unternehmen bezüglich eines Beitrags zur Verwirklichung gesellschaftlicher Ziele ergeben sich sowohl Chancen als auch Risiken. Chancen zunächst insofern, als sich den Unternehmen durch ein frühzeitiges Aufgreifen relevanter Informationsbedarfe neue Profilierungsmöglichkeiten eröffnen: Stellt eine Unternehmung ihre gesellschaftlich relevanten Problemlösungsbeiträge im Sektor Umweltschutz, Arbeitsplatzsicherung etc. heraus, so kann das hierdurch erzeugte positive Meinungsbild (mittel- und langfristig) zu wichtigen Wettbewerbsvorteilen führen (und zwar nicht nur bei jenen Bevölkerungssegmenten, die schon heute entsprechende Beiträge fordern).

Vor dem Hintergrund einer zunehmend kritischeren Einstellung gegenüber der herkömmlichen Werbung ("Werbefrust"), ergeben sich ferner neue Ansatzpunkte für die Planung einer aktivierenden Kommunikation: Sind es heute noch zumeist spärlich bekleidete Damen, heile Konsumwelten etc., die einer Marke oder einem Unternehmen zu einem bestimmten Flair (Jugendlichkeit, Frische u.ä.m.) verhelfen sollen, so könnten dies künftig - zumindest bei bestimmten Verbrauchersegmenten - gesellschaftliche Problemlösungsbeiträge sein. Als erste Beispiele hierfür sind u.a. zu nennen: Die Hervorhebung einer Kunstförderung in der Zigaretten-Werbung für "Roth-Händle", eine Informationsbroschüre für Schulabgänger

I N F O R M A T I O N S B E D Ü R F N I S S E

Bevölkerung 14-64 Jahre, 38,73 Mio=100%	dringend erforderlich %	dringend/ auch erforderlich %
Welche Maßnahmen die Wirtschaftsunternehmen zum Umweltschutz ergreifen	48	86
Welche Anstrengungen die deutsche Wirtschaft unternimmt, um gegenüber dem Ausland konkurrenzfähig zu bleiben	32	76
Wofür die Unternehmensgewinne verwendet werden	28	71
Welche Ziele die Wirtschaftsunternehmen mit dem Einsatz neuer Technologien verfolgen und welche Auswirkungen das für die Gesellschaft hat	27	71
Was die Wirtschaftsunternehmen für das Allgemeinwohl tun	27	76
Welche Aufgaben die Banken in unserer Wirtschaft und Gesellschaft haben und was sie leisten	15	61
Welche chemischen Zusätze die Produkte enthalten und was sie bewirken	52	85
Welche Maßnahmen zur Friedenssicherung ergriffen werden können	50	85
Was Umweltschutz beinhaltet und was jeder einzelne dazu beitragen kann	49	88
Welche Berufe Zukunftschancen haben; Umschulungs-, Aus-, Weiterbildungsmöglichkeiten	49	85
Welche Möglichkeiten der Gesundheitsvorsorge es gibt und welche Einrichtungen dabei helfen	36	84
Welche Probleme sozial benachteiligte Gruppen haben und wie ihnen geholfen werden kann	23	75
Was soziale Marktwirtschaft ist und was sie für den einzelnen bedeutet	20	67
Welche Probleme die Ausländer in unserem Land haben, und wie ihnen geholfen werden kann	19	63
Welche Probleme die Entwicklungsländer haben und wie ihnen geholfen werden kann	17	60
Wie die Steuergelder verwendet werden und warum	62	91
Wie es einem erleichtert werden kann, Behörden, Ämter, öffentliche Beratungsstellen zu nutzen	36	80
Was die Gewerkschaften insgesamt leisten und wofür sie sich über Lohnerhöhungen hinaus einsetzen	30	77
Wofür die Kirchen Steuergelder und Spenden verwenden und warum es sich lohnt, sie zu unterstützen	28	70
Welche Aufgaben die staatlichen Sicherheitsorgane (Polizei, Bundeswehr, Grenzschutz) in unserer Gesellschaft haben und wie sie ihnen nachkommen	27	72
Welche Aufgaben die einzelnen Ministerien haben und was sie leisten	25	70
Was soziale, caritative und sonstige Hilfsorganisationen leisten und wie der einzelne sie unterstützen kann	18	69

Tabelle : Informationsbedürfnisse
(Quelle: Dialoge - Der Bürger als Partner)

bei der Deutschen Bank oder die Unterstützung einer Herausgabe zweier Bildbände ("Rettet die Vögel", "Rettet den Wald") durch die Firma Alpirsbacher Klosterbräu. Im Falle "Alpirsbacher Klosterbräu" dürfte das ökologiebezogene Engagement dazu beitragen, das Bemühen um ein naturreines Brauwasser wirkungsvoll zu unterstreichen.

Den skizzierten Chancen steht das Risiko eines negativen Artikulations- und Mobilitätsverhaltens (Abwanderung und Widerspruch) seitens gesellschaftsbewußter Kunden gegenüber, wenn entsprechende Ansprüche nicht erfüllt werden und/oder deren Erfüllung unzureichend kommuniziert wird. Aus den Ergebnissen des erwähnten Stern-Untersuchungsprojektes geht bspw. hervor, daß heute bereits mehr als ein Viertel der Bevölkerung bereit ist, Boykottaufrufe gegen Produkte oder Unternehmen zu unterstützen. Ferner wird deutlich: Bei den problembewußten Bürgern handelt es sich keineswegs (nur) um "linke Chaoten", sondern in hohem Maße um Mitglieder höherer sozialer Schichten, Personen mit dem Status von Meinungsführern und damit insgesamt um wichtige Kundensegmente.

Teils unmittelbar im Zusammenhang mit der Herausforderung durch einzelne Tendenzen des Wertewandels, teils aber auch unabhängig davon ergeben sich zahlreiche Aufgabenfelder für die CC-Politik, von denen wenigstens einige nachfolgend andiskutiert werden sollen.

II. Aufgabenfelder der Corporate Communications

1. Minderung von Anfälligkeit gegenüber der "öffentlichen bzw. veröffentlichten Meinung" als Aufgabenfeld der Corporate Communications

Das Risiko einer negativen Beeinflussung des Unternehmensimage und generell einer "ungünstigen" Beeinflussung von Wertvorstellungen des Bürgers durch Medien, Bürgerinitiativen etc. ist eine Herausforderung, die die zentrale Bedeutung von CC unterstreicht. Durch eine gezielte sowohl image- als auch kontextbezogene CC-Politik sollte versucht werden, einseitigen Verantwortungszuweisungen, überzogenen Ansprüchen sowie einer verengten, z.B. techno-ökonomische Sachzwänge vernachlässigenden Problemperspektive entgegenzutreten und insgesamt die Position der Unternehmen zu festigen (vgl. ansatzweise die oben erwähnten Kampagnen des Bundesverbandes deutscher Banken, der Daimler-Benz AG sowie des Verbandes deutscher Hypothekenbanken).

Wenn heute vereinzelte Bürgerinitiativen oder Pressenotizen genügen, um Unternehmen nachhaltig zu desavouieren, so ist dies nicht zuletzt auch die Konsequenz einer mangelnden, nicht kontinuierlich durchgeführten CC, bei der die Unternehmensposition wirksam dargelegt und die Bereitschaft signalisiert wird, das Pro und Contra einzelner Tatbestände umfassend abzuwägen.

Wie wichtig eine gefestigte Position im Bild der öffentlichen Meinung ist, zeigt sich gerade auch in Krisenzeiten. Die Analyse von Firmenkrisen verdeutlicht, daß eine Pressenotiz ausreichen kann, um die Öffentlichkeit und vor allem die kreditgewährenden Banken aufzuschrecken. Dies wird bspw. im Falle Bauknecht oder Wienerwald berichtet; und auch Arbed Saarstahl hat - so ihr Vorstandsvorsitzender Juergen Krackow - wesentlich unter der öffentlichen Darstellung gelitten. /8/ Ob Banken zusätzliche Kredite bewilligen, Kunden weitere Einkäufe tätigen, Lieferanten Vorkasse verlangen, ist häufig auch davon abhängig, wie ein Unternehmen seine öffentlichen Beziehungen gepflegt oder vernachlässigt hat. Hierbei kann es nicht (allein) um ein "PR-Krisenmanagement" gehen (vgl. z.B. die erwähnte Chrysler-Kampagne). Vielmehr ist dies ein Problemfeld eines strategischen Marketing und damit auch einer kontinuierlichen, langfristig angelegten CC-Politik.

2. Mobilisierung von Unterstützungspotentialen als Aufgabe der Corporate Communications

Sowohl bei eher grundsätzlichen und gesellschaftspolitischen Auseinandersetzungen als auch bei der Bewältigung konkreter Krisensituationen muß CC darauf abzielen, Unterstützungspotentiale innerhalb der Gesellschaft zu identifizieren und zu mobilisieren. Aus dem Stern-Untersuchungsprojekt gehen - wenigstens grob - Bevölkerungssegmente hervor, die hier als Ansprechpartner in Betracht kommen können, indem sie sich bspw. für eine "konzertierte Aktion" zwischen Staat, Wirtschaft und Bürger aussprechen und die Verantwortlichkeit für die Bewältigung aktueller Probleme nicht allein bei Unternehmen sehen.

Ein im vorliegenden Zusammenhang imponierendes Beispiel der Mobilisierung von Unterstützungspotentialen durch CC ist der Fall des US-Konzerns Grace: Eine fünfteilige Anzeigenserie mit Appellen wie "Let's stop taxation before it brings our economy to a stand still" etc. hat nicht nur dazu beigetragen, eine beabsichtigte, drastische Erhöhung der Kapitalertragsteuer zu verhindern. Nicht zuletzt durch die Unterstützung der aktiven Öffentlichkeit wurde darüber hinaus sogar erreicht, daß der Kongreß beschloß, die Obergrenze für die Kapitalertragsteuer von 49 auf 28 Prozent zu senken. /9/

3. Corporate Communications als Ansatz zur "Marketing-Rationalisierung"

Ein ernst zu nehmendes Aufgabenfeld der CC ist - wie eingangs schon erwähnt - im systematischen Ausschöpfen möglicher Synergie- bzw. Ausstrahlungseffekte und mithin in Beiträgen zur "Marketing-Rationalisierung zu erkennen. Durch eine imagebezogene CC-Politik kann es u.U. gelingen, Synergieeffekte so zu nutzen, daß das Kommunikationsbudget insgesamt reduziert wird oder das vorhandene Budget noch effektiver zum Einsatz gelangt. Vor allem bei großen Mehrproduktunternehmen würden - aufbauend auf einer kontinuierlichen Imagepolitik - weniger aufwendige Kampagnen, in denen spezifische Handlungsanreize herausgestellt werden, genügen, um einzelne Marken zu positionieren oder attraktive Stellenbewerber anzusprechen. Aber auch mittelständische Unternehmen mit einer breiten Produktpalette müssen sich die Frage vorlegen, ob das knappe Kommunikationsbudget nicht in höherem Maße in die Imagepolitik investiert werden sollte.

D. Thesen hinsichtlich effizienter Corporate Communications

Trotz der zahlreichen Chancen, die eine CC eröffnet, dürfen damit einhergehende Risiken nicht vernachlässigt werden. Gerade bei einer Kommunikationspolitik, die im Kern auf dem Unternehmensimage aufbaut und die Produktwerbung, Personalwerbung etc. daran "anhängt", besteht bspw. die Gefahr negativer Ausstrahlungs- bzw. Durchschlagseffekte: Gerät ein Produkt ins Schußfeld öffentlicher Kritik, so strahlt dies u.U. auf die gesamte Unternehmung und die von ihr angebotenen Leistungen aus. Auch der wertbezogene Bereich einer CC-Politik ist "kein einfaches Geschäft". Wird die Beeinflussungsabsicht von der Öffentlichkeit negativ perzipiert, so kann es zu sog. Bumerang- oder Reaktanz-Effekten kommen: die Rezipienten zeigen Trotzreaktionen und reagieren genau entgegengesetzt zu der beabsichtigten Werbewirkung. /10/ Gleiches gilt für jene Fälle, in denen sich Unternehmen in unrealistisch anmutender Weise als verantwortungsbewußt (z.B. als Umweltschützer par excellence) herauszustellen versuchen.

Um derartige Risiken zu begrenzen, muß CC systematisch geplant werden. Dabei sind verschiedene Anforderungen zu beachten, von denen hier einige besonders wichtige kurz skizziert werden sollen.

I. Die Integration in ein strategisches, gesellschaftsbezogenes Marketing-Gesamtkonzept

So wichtig CC-Politik auch sein mag, sie allein genügt sicherlich nicht, um in der Arena gesellschaftlicher Diskussion zu bestehen. CC ist langfristig nur dann effizient, wenn sie in ein strategisches, gesellschaftsbezogenes Marketing-Gesamtkonzept eingebettet ist. Grundlage hierfür ist zunächst eine Unternehmensphilosophie mit einer erheblich erweiterten Umweltperspektive: Eine kurzfristige Kunden- und Marktorientierung ist durch eine Gesellschaftsorientierung zu ergänzen. Neben technologischen und ökonomischen Anforderungen müssen dabei auch politisch-rechtliche, sozio-kulturelle und ökologische Aspekte sowie gesellschaftliche Änderungsprozesse und langfristige Kundenbedürfnisse explizit strategisches Denken und Handeln prägen.

Den Kern eines gesellschaftsbezogenen Marketingkonzepts hat

das Leistungsprogramm zu bilden, denn mehr denn je zählen Leistungen und nicht kommunikationspolitische Schönfärberei. Es ist daher zu versuchen, die Leistungspolitik dem sozialen Wandel und den daraus resultierenden gesellschaftlichen Anforderungen anzupassen. Das Kernprogramm eines Unternehmens sollte dabei durch zusätzliche sog. Sozio-Programme (Mäzenatentum, Hilfsprogramme für sozial Benachteiligte, Forschungsförderung etc.) gezielt abgerundet werden. Hierdurch kann das Bemühen um gesellschaftliche Problemlösungsbeiträge - wie zuvor im Falle "Alpirsbacher Klosterbräu", "Rothhändle" etc. angedeutet - wirkungsvoll unterstrichen werden.

Zentraler Baustein eines solchen Marketing-Gesamtkonzepts stellt u.a. die Strategie der Corporate-Identity dar. Hierbei geht es um mehr als etwa nur um eine "grüne Fassade" des Firmengebäudes, die ohnehin lediglich einen bescheidenen Beitrag zur Besänftigung entschlossener Umweltschützer oder einer besorgten Öffentlichkeit liefern kann. Im Rahmen dieser Strategie soll die gesamte Unternehmenswirklichkeit (Identität und Politik bzw. Unternehmenskultur, Betriebsklima, Ziele, Werte, Ressourcen, Konzeptionen etc.) stringent an einer langfristigen Zielkonzeption ausgerichtet, im Erscheinungsbild dokumentiert sowie nach "Innen und Außen" konsistent kommuniziert werden.

II. Die Orientierung an einer Strategie der Glaubwürdigkeit

Die Abstimmung zwischen Unternehmenswirklichkeit, Erscheinungsbild und Kommunikationsstrategie im Hinblick auf eine langfristige Zielkonzeption sowie insbesondere eine gesellschaftsorientierte Leistungspolitik bilden die Grundvoraussetzung für eine glaubwürdige und effiziente CC. Zur Erzielung von Glaubwürdigkeit können darüber hinaus jedoch auch verhaltenswissenschaftlich fundierte Kommunikationsstrategien wertvolle Hilfe leisten. /11/ Um bspw. die zuvor erwähnte Gefahr von Bumerang- und Reaktanzeffekten zu begrenzen, bietet sich u.a. etwa eine "zweiseitige Argumentation" an, bei der auch Probleme dargelegt, Konflikte aufgezeigt und evtl. sogar bislang begangene Fehler eingestanden werden. Hierzu gehört u.U. auch, daß man sich durch öffentliche Stellungnahmen von den "schwarzen Schafen" des eigenen Lagers zu distanzieren versucht. Schließlich ist auf das "Timing" hinzuweisen; CC wirkt dann unglaubwürdig, wenn sie nur im Sinne der Krisen-PR betrieben wird. Vielmehr muß der Dialog mit der Öffentlichkeit frühzeitig aufgenommen und kontinuierlich geführt werden; es gilt, langfristig ein Vertrauenskapital aufzubauen.

Bei der jüngst zu beobachtenden Distanzierung der Firma "Boehringer-Mannheim" vom in Mißkredit geratenen Namensvetter "Boehringer-Ingelheim" in Zeitungsanzeigen (vgl. Abb. 4), ist zwar einerseits die prompte Reaktion insbesondere im Interesse der Absatzsicherung zu begrüßen. Auf der anderen Seite ist jedoch zu fragen, ob diese Maßnahme angesichts der Kommunikationsversäumnisse der Vergangenheit ausreicht; eventuell besteht sogar die Gefahr, daß mit solcher Krisen-PR negativen Effekten sowohl bei den Wettbewerbern als auch bei bestimmten gesellschaftlichen Gruppen Vorschub geleistet wird.

III. Die Fundierung durch (Früherkennungs-)Informationen

Bei der Planung der CC-Politik reicht eine einfache Lagediagnose, die sich etwa in einer Imageanalyse erschöpft, sicherlich nicht aus. Die Konzentration auf Imageanalysen greift allein schon deshalb zu kurz, weil es sich bei Images bzw. den ihnen zugrundeliegenden Einstellungen bereits um relativ stabile Prädispositionen handelt. Haben sich bestimmte Einstellungen erst einmal verfestigt, so wirft dies sehr viel schwierigere Gestaltungsprobleme auf, als wenn man versucht, sich im Sinne einer Früherkennung an Imageprognosen zu orientieren. Als Frühindikatoren kommen dabei bspw. sich abzeichnende Bedürfnisse, Erwartungen und Forderungen bei relevanten Austauschpartnern sowie die potentiellen und/oder faktischen Leistungsmöglichkeiten des Betriebes in Betracht. Hierzu sind unter anderem Stärken- und Schwächen-Analysen im Lichte der sich abzeichnenden Anforderungen sowie Motiv- und Erwartungsanalysen durchzuführen. Zum Teil kann im vorliegenden Zusammenhang auch auf sekundärstatistisches Material zurückgegriffen werden, so z.B. auf allgemeine Untersuchungen zu aktuellen Trends des Wertewandels. Vor dem Hintergrund solcher Informationen lassen sich dann gezielt Betroffenheitsanalysen durchführen, die einerseits Risiken einer Nichtbe-

Mannheim + Ingelheim

Zwei deutsche Firmen
tragen den Namen Boehringer:

Die Boehringer Mannheim GmbH in Mannheim
und C.H. Boehringer Sohn mit Sitz in
Ingelheim.

Wir, die Boehringer Mannheim GmbH
in Mannheim, sind durch unsere Leistungen
auf dem Gebiet der Entwicklung und Herstellung
hochwirksamer Arzneimittel und Diagnostica
weltweit bekannt.

Wir stellen keine Pflanzenschutzmittel her
und wir haben kein Werk in Hamburg.

Zwischen der Boehringer Mannheim GmbH und
C.H. Boehringer Sohn gibt es keine irgendwie
gearteten Zusammenhänge.
Wir begegnen uns auf dem Markt
als Konkurrenten.

Die Boehringer Mannheim GmbH

125
Jahre im Dienst
der Gesundheit

Abb. 4: Anzeigenbeispiel

achtung aktueller Trends, andererseits mögliche Profilierungschancen für die jeweilige Unternehmung aufzuzeigen vermögen.

Eine gezielte CC-Politik setzt also generell eine konsequente Fundierung durch Informationen über gesellschaftliche Entwicklungen und über die jeweiligen Umweltpartner voraus. Besondere Aufmerksamkeit müssen dabei die sog. "schwachen Signale" finden. Bereits erste Tendenzen eines Wertewandels, sich bei einzelnen Segmenten abzeichnende Informationsbedürfnisse sowie eine sich andeutende Änderung im gesellschaftlichen Klima, Gerüchte, Kolportagen etc. sind sorgfältig zu registrieren und hinsichtlich ihrer unternehmenspolitischen Relevanz zu analysieren. Dies darf freilich nicht zu einem "blinden Aktivismus" führen; z.T. kann es nur darum gehen, frühzeitig entsprechende Schubladenpläne zu entwickeln. In "der Sache Boehringer gegen Boehringer" hätten solche Schubladenpläne und z.T. bereits konkrete CC-Programme z.B. schon in Angriff genommen werden müssen, als Angehörige der Greenpeace-Organisation vor mehreren Jahren ein entsprechendes Transparent am Schornstein eines Werkes der Fa. Boehringer-Ingelheim in Hamburg angebracht hatten. Dies gilt nicht nur für Boehringer-Ingelheim, sondern auch für Boehringer-Mannheim, die schon damals eine mögliche Bedrohung hätten registrieren und CC-Programme entwickeln müssen.

IV. Die konsequente Ausrichtung an Zielgruppen

Die systematische Fundierung durch Informationen wird ferner vor dem Hintergrund der Strategie der Marktsegmentierung relevant. Obwohl im Rahmen der CC-Politik Synergieeffekte genutzt werden sollten, sind darüber hinaus einzelne Segmente gezielt anzusprechen. Wichtige Segmentierungskriterien sind dabei u.a.: quantitative und qualitative Ausprägung der Informationsbedürfnisse, Einstellung gegenüber dem (den) Unternehmen (positive, indifferente oder negative Öffentlichkeit), Art und Ausmaß der Erwartungen an Unternehmen hinsichtlich gesellschaftlicher Problemlösungsbeiträge usw. /12/

Aufbauend auf solchen Informationen sind situationsadäquate Strategien einer konzentrierten oder differenzierten Marktsegmentierung zu entwickeln. Wichtige Ansatzpunkte stellen hier u.a.

die Konzentration auf Meinungsführer, der Einsatz der Mitarbeiter als Diffusionsagenten, die Mobilisierung der aktiven, nichtunternehmensfeindlichen Öffentlichkeit etc. dar.

Wenig zweckdienlich ist im vorliegenden Zusammenhang vor allem die sowohl in der Praxis als auch in einigen PR-Lehrbüchern verbreitete Meinung, daß Personen mit einer nur schwer beeinflußbaren negativen Einstellung gegenüber dem Unternehmen oder einer Branche als CC-Zielgruppe nicht in Betracht kommen. Wird die kritische bzw. "negative Öffentlichkeit", die sich etwa in Bürgerinitiativen institutionalisiert hat, nicht genügend ernst genommen, so resultieren daraus gefährliche strategische Lücken. Abgesehen von einer Beeinträchtigung der Wirksamkeit image- und/oder kontextbezogener Maßnahmen gegenüber der grundsätzlich positiv gestimmten Öffentlichkeit durch die Kritik einzelner Bevölkerungsteile, handelt es sich hierbei oftmals um die Vertreter einer aktiven Öffentlichkeit, die aufgrund ihres Einsatzes einiges bewirken können (erinnert sei etwa an die verzögerten Genehmigungsverfahren bei der Errichtung von Kernkraftwerken). Überdies zählen die "kritischen Bürger" nicht selten zu den Vorreitern neuer Ideen und Werte, mit denen allein schon im Dienste der Früherkennung ein intensiver Dialog aufgenommen werden sollte: Waren es zunächst erklärtermaßen nur "linke Chaoten" und "Querulanten", die sich für den Umweltschutz einsetzten, so halten heute dieses Ziel über 90 % für sehr oder ziemlich wichtig, und eine Partei wie die Grünen ist inzwischen zu einem nicht unbeträchtlichen Machtfaktor avanciert. Die erwähnte Stern-Untersuchung zeigt ferner, daß 35 % der Bevölkerung ganz oder überwiegend der Meinung sind, daß sich nur Bürgerinitiativen ernsthaft um das kümmern, was die Leute bewegt.

CC muß sich also grundsätzlich der Auseinandersetzung mit der aktiven und kritischen Öffentlichkeit stellen; eine Ausweichstrategie ist hier wenig zweckmäßig. Solche Ausweichstrategien liegen auch dann vor, wenn nicht immer unternehmensfreundlich berichtende Zeitungen und Zeitschriften boykottiert werden, die wichtige Zielgruppen ansprechen. Damit wird ein bedeutsamer Schauplatz in der Arena gesellschaftlicher Diskussion zugunsten der Meinungskonkurrenz kampflos aufgegeben. Im Gegensatz dazu sollte das vorhandene Anzeigenpotential genutzt werden, um in der betreffenden Zeitung oder Zeitschrift gegen diese zu argumentieren und die Position des Unternehmens darzulegen. Überdies wäre etwa zu prüfen, ob nicht generell - also nicht erst dann, wenn man angegriffen wurde - in Kooperation mit anderen Unternehmen oder auf Verbandsebene eine Kampagne initiiert werden sollte, in der man sich kritisch mit der Berichterstattung einiger Medien auseinandersetzt. Ähnlich wie der Medieneinfluß zu einer kritischen Einstellung der Bürger gegenüber Unternehmen geführt hat, könnte es hiermit u.U. gelingen, die Saat des Zweifels auch mit Blick auf dubiose Journalisten aufgehen zu lassen. Dies setzt freilich eine objektive Argumentation voraus; ferner darf nicht (nur) aus persönlicher Betroffenheit heraus argumentiert werden. Daß es sich hierbei trotz möglicher Ansätze um eine äußerst schwierige Aufgabe handelt, ist nicht zuletzt in den CC-Versäumnissen der Vergangenheit begründet.

V. Der systematische Einsatz eines Corporate Communications-Mix

CC muß "didaktisch" aufgebaut sein und sich immer einer Kombination mehrerer, aufeinander abgestimmter Instrumente bedienen. Die Kommunikationsinhalte müssen zunächst in einfacher, sehr anschaulicher Weise verständlich gemacht werden und durch aktivierende Stimuli geprägt sein (z.B. innerhalb von TV-Spots, Anzeigen etc.). Auf dieser vorbereitenden Grundlage können dann komplexe(re) Informationen im Rahmen von Broschüren, Informationsveranstaltungen u.ä. kommuniziert werden. Wer glaubt, daß Packungsaufdrucke, veröffentlichte Sozialbilanzen etc. genügen, der überschätzt die Informationsverarbeitungskapazitäten und -bereitschaften weiter Teile der Bevölkerung.

Besonderes Gewicht sollte bei einer CC schließlich dem Dialog im Sinne einer zweiseitigen Kommunikation eingeräumt werden. Hierfür können Bürgerforen, Verbraucherabteilungen, Stellen für Beschwerden und Anregungen einen geeigneten Ausgangspunkt bilden, etwa gestützt auf den Einsatz neuer Medien (z.B. Btx) oder Anzeigen, in denen u.a. Kunden zur Artikulation ermutigt und entsprechende Telefonnummern genannt werden. Solche Maßnahmen bilden zugleich eine wichtige Basis für ein effizientes Innovations-Management.

E. Ausblick

Die genannten Anforderungen an eine CC sind freilich noch sehr allgemein. Es wird die Aufgabe sowohl der Marketing-Praxis als auch der Marketing-Wissenschaft sein, sich dieses Aktionsinstrumentarium eines strategischen Marketing noch weiter zu erschließen. Die Wissenschaft wird dabei im Rahmen ihrer kritischen Funktion CC auch aus einer gesamtgesellschaftlichen Perspektive heraus zu analysieren und dabei eventuell zu beachtende Negativwirkungen aufzuzeigen haben. Darüber hinaus müssen - etwa in Gestalt des nicht-kommerziellen Marketing - Möglichkeiten aufgezeigt werden, damit sich durch CC nicht einseitig Machtpotentiale für den Unternehmenssektor herauskristallisieren.

Anmerkungen

1 Vgl. z.B. Demuth, 1982; Kirchmann, 1983, S. 7 - 8.

2 Zur Gegenüberstellung von gleichmäßiger Werbestrategie und Pulsationsstrategie vgl. Simon, 1983, S. 60 - 63.

3 Vgl. Weitzig, 1979, S. 22 - 36; Raffée, 1979, S. 9; Raffée und Wiedmann, 1984, S. 270 - 273.

4 Im Gegensatz zu Kotler und Mindak, die auch für diese erweiterte Konzeption den Begriff Public Relations verwenden, erscheint es uns zweckmäßiger, von Public Marketing zu sprechen.

5 Vgl. dazu, wie auch zu den folgenden Beispielen, etwa Richter, Stahl und Demuth, 1982.

6 Vgl. auch Kirchmann, 1983.

7 Eine ausführliche Darstellung der Anlage sowie der Ergebnisse dieser Untersuchung findet sich bei Raffée und Wiedmann, 1983.

8 Vgl. o.V., Public-Relations: Nagelprobe in der Krise, in: Wirtschaftswoche, 29. April 1983.

9 Vgl. dazu auch Demuth, 1982; Richter, Stahl und Demuth, 1982.

10 Zur Reaktanztheorie vgl. etwa die Darstellung bei Silberer, 1980.

11 Eine umfassende Darstellung relevanter verhaltenswissenschaftlicher Erkenntnisse als Grundlage effizienter Kommunikationspolitik findet sich bei Kroeber-Riel, 1980; Kroeber-Riel und Meyer-Hentschel, 1982.

12 Zur Deckung dieses Informationsbedarfs kann etwa auf die erwähnte Stern-Untersuchung zurückgegriffen werden. Das hier erhobene Datenmaterial ermöglicht die Abgrenzung von Segmenten mit unterschiedlichen Wertvorstellungen, Informationsbedürfnissen, Erwartungen an Unternehmen sowie Bereitschaften zur Mitwirkung usw.; gleichzeitig gibt die Studie Aufschluß über demographische Merkmale (inkl. einer Rolle als Meinungsführer) sowie über das Media- und Freizeitverhalten.

Literaturverzeichnis

Demuth, A., (1982): Baisse des Schweigens, in: Manager Magazin, Heft 3/1982, S. 38 - 41.

Haedrich, G. und Kreilkamp, E., (1983): Zur Situation der Öffentlichkeitsarbeit in deutschen Unternehmen, in: Die Betriebswirtschaft, Heft 3/1983, S. 431 - 443.

Kirchmann, J., (1983): Hintertür - Werbung auf neuen Wegen, in: Capital, Heft 5/1983, S. 27 - 29.

Kirchmann, J., (1983): Institutionelle Werbung - Schöne Grüße vom Gorilla, in: Werben & Verkaufen, Nr. 25/26, Juni 1983, S. 7 - 8.

Kotler, Ph. und Mindak, W., (1978): Marketing und Public Relations. Should they be Partners or Rivals? in: Journal of Marketing, Vol. 42, Heft 1/1978, S. 13 - 20.

Kroeber-Riel, W., (1980): Konsumentenverhalten, 2. Aufl., München 1980.

Kroeber-Riel, W. und Meyer-Hentschel, G., (1982): Werbung - Steuerung des Konsumentenverhaltens, Würzburg/Wien 1982.

Lakaschus, C., (1983): Wandeln Werte Werbung - wandelt Werbung Werte? in: Werben % Verkaufen, Nr. 50, Dezember 1983, S. 52 - 53.

Raffée, H., (1979): Marketing und Umwelt, Stuttgart 1979.

Raffée, H. und Wiedmann, K.P., (1983): Das Gesellschaftliche Bewußtsein in der Bundesrepublik Deutschland und seine Bedeutung für das Marketing, Hamburg 1983.

Raffée, H. und Wiedmann, K.P., (1983): Öffentlichkeitsarbeit öffentlicher Betriebe, in: Zeitschrift für öffentliche und gemeinwirtschaftliche Unternehmen, Heft 2/1984, S. 267 - 284.

Richter, G., Stahl, U. und Demuth, A., (1982): Institutionelle Kommunikation - Theorie, Praxis, Wirkungen, Frankfurt 1982.

Silberer, G., (1980): Reaktanz bei Konsumenten, in: Graf Hoyos, C., Kroeber-Riel, W., Rosenstiel, L.v. und Strümpel, B., (Hrsg.), Grundbegriffe der Wirtschaftspsychologie, München 1980, S. 344 - 351.

Simon, H., (1983): Pulsierende Werbung, in: Absatzwirtschaft, Heft 5/1983, S. 60 - 62.

Weitzig, J.K., (1979): Gesellschaftsorientierte Unternehmenspolitik und Unternehmensverfassung, Berlin/New York 1979.

Wiedmann, K.P. (1984): Von der Öffentlichkeitsarbeit zum Public Marketing, unveröffentlichtes Manuskript, Mannheim 1984.

Das umfassendste betriebswirtschaftliche Nachschlagewerk für Wissenschaft und Praxis

Enzyklopädie der Betriebswirtschaftslehre (EdBWL)

EdBWL I/1-3:
Erwin Grochla/
Waldemar Wittmann (Hrsg.)
Handwörterbuch der Betriebswirtschaft (HWB)
4., völlig neu gestaltete Auflage.
Erster Teilband (A-Ge)
1974. XVI Seiten, 1696 Spalten. Ln.
Zweiter Teilband (Gl-Rech)
1975. XII Seiten, 1686 Spalten. Ln.
Dritter Teilband (Ree-Z) mit Gesamtregister
1976. XVI Seiten, 1628 Spalten. Ln.
Gesamtpreis DM 630,—.
Die Bände 1-3 werden nur zusammen abgegeben.
Ungekürzte Studienausgabe
2 Bände. XLIV Seiten, 5010 Spalten.
Geb. DM 145,—.

EdBWL II:
Erwin Grochla (Hrsg.)
Handwörterbuch der Organisation (HWO)
2., völlig neu gestaltete Auflage 1980.
XXXII, 2554 Spalten. Ln. DM 275,—.

EdBWL III:
Erich Kosiol/Klaus Chmielewicz/
Marcell Schweitzer (Hrsg.)
Handwörterbuch des Rechnungswesens (HWR)
2., völlig neu gestaltete Auflage 1981.
XLVIII, 2064 Spalten. Ln. DM 275,—.

EdBWL IV:
Bruno Tietz (Hrsg.)
Handwörterbuch der Absatzwirtschaft (HWA)
1974. VIII, 2452 Spalten.
Ln. DM 285,—.
Ungekürzte Studienausgabe
Kart. DM 98,—.

EdBWL V:
Eduard Gaugler (Hrsg.)
Handwörterbuch des Personalwesens (HWP)
1975. XXIV, 2162 Spalten.
Ln. DM 285,—.

EdBWL VI:
Hans E. Büschgen (Hrsg.)
Handwörterbuch der Finanzwirtschaft (HWF)
1976. XXIV, 1990 Spalten.
Ln. DM 280,—.
Ungekürzte Studienausgabe
Kart. DM 98,—.

EdBWL VII:
Werner Kern (Hrsg.)
Handwörterbuch der Produktionswirtschaft (HWProd)
1979. XXXII, 2446 Spalten.
Ln. DM 275,—.
Ungekürzte Sonderausgabe
Geb. DM 98,—.

EdBWL VIII:
Adolf G. Coenenberg/
Klaus v. Wysocki (Hrsg.)
Handwörterbuch der Revision (HWRev)
1983. LXVIII, 1922 Spalten.
Ln. DM 260,—.

EdBWL IX:
Norbert Szyperski (Hrsg.)
Handwörterbuch der Planung (HWPlan)
Ca. 2000 Spalten. Ln. ca. DM 275,–.
(in Vorbereitung).

Alfred Kieser/Gerhard Reber/
Rolf Wunderer (Hrsg.)
Handwörterbuch der Führung
(in Vorbereitung).

C. E. Poeschel Verlag · Stuttgart